知识产权经典译丛

国家知识产权局专利复审委员会组织编译

专利法
(Patent Law)
(第3版)

Janice M. Mueller [著]

沈 超 李 华 吴晓辉 齐 杨 路 勇 [译]

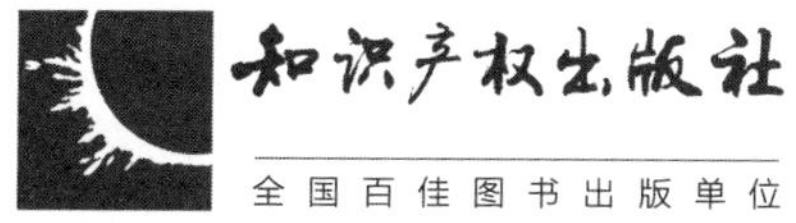
知识产权出版社
全国百佳图书出版单位

图书在版编目（CIP）数据

专利法/（美）J. M. 穆勒（J. M. Mueller）著；沈超，等译. —北京：知识产权出版社，2013.8（2018.1 重印）

ISBN 978-7-5130-0014-7

Ⅰ. ①专… Ⅱ. ①穆…②沈… Ⅲ. ①专利权法—研究—美国 Ⅳ. ①D971.23

中国版本图书馆 CIP 数据核字（2012）第 148979 号

内容提要

本书分为12章，介绍了美国专利制度的基础、专利权利要求、公开内容的要求、新颖性及权利丧失、非显而易见性要求、实用性要件、潜在的可专利客体、授权专利的更正、专利侵权、专利侵权抗辩、专利侵权救济、国际性的专利事务等。本书适合作为大学教材，同时也是律师、企业管理人员等了解、学习掌握美国专利制度的参考用书。

读者对象：专利律师、代理人、审查员，高校法学专业的师生。

责任编辑：卢海鹰　倪江云　　**责任校对**：韩秀天
封帧设计：卢海鹰　倪江云　　**责任出版**：卢运霞
特邀编辑：廖敏艳

知识产权经典译丛
国家知识产权局专利复审委员会组织编译
专利法（第3版）
［美］J. M. 穆勒　著
沈　超　李　华　吴晓辉　齐　杨　路　勇　译

出版发行：知识产权出版社有限责任公司　　**网　　址**：http://www.ipph.cn
社　　址：北京市海淀区气象路50号院　　**邮　　编**：100081
责编电话：010-82000860 转 8122　　**责编邮箱**：wangyumao@cnipr.com
发行电话：010-82000860 转 8101/8102　　**发行传真**：010-82000893/82005070/82000270
印　　刷：保定市中画美凯印刷有限公司　　**经　　销**：各大网上书店、新华书店及相关专业书店
开　　本：720mm×960mm　1/16　　**印　　张**：36.75
版　　次：2013年8月第1版　　**印　　次**：2018年1月第2次印刷
字　　数：620千字　　**定　　价**：99.00元
京权图字：01-2010-7809
ISBN 978-7-5130-0014-7

本书献给 Giles Sutherland Rich 法官（1904—1999）这位完美导师对专利法的热情及其纯粹的生命不断地指导和启发着我们。

《知识产权经典译丛》
编审委员会

序

PREFACE

当今世界，随着经济全球化进程的加快和知识经济的迅猛发展，知识产权制度在国家经济社会发展中的地位和作用日益突出，国家核心竞争力日益表现为对知识产权的创造、应用、管理和保护能力。2008年6月5日，国务院颁布实施《国家知识产权战略纲要》。大力加强知识产权工作，实施国家知识产权战略，成为关系我国经济社会长远发展的一项重大战略任务。

20世纪80年代以来，我国先后制定实施了《专利法》《商标法》《著作权法》等主要知识产权法律制度，并适时加入了各主要知识产权国际公约、条约或协议，如《保护工业产权巴黎公约》《保护文学和艺术作品伯尔尼公约》《与贸易有关的知识产权协定》等。从制度建设层面看，我们用不到三十年的时间走过了发达国家百余年的发展历程；在知识产权战略推进、行政管理、司法保护等方面，也取得了举世瞩目的成就，对我国经济社会发展发挥了重要作用。然而，长期以来，知识产权保护问题一直是世界知识产权大国向我国施加经济、文化、外交压力的一个重要筹码。一方面，这是各知识产权大国实行知识产权垄断、以知识产权为武器抑制发展中国家的全球战略的组成部分；另一方面，就我国自身而言，与知识产权大国相比，仍存在着制造力有余而创造力不足、自有知识产权资源稀缺、公众知识产权意识不强等实际情况。因此，要建设创新型国家，使我国成为知识产权大国、强国，获得在知识产权领域与知识产权大国平等对话的地位，仅仅靠几部看得见的知识产权制定法和日常知识产权执法工作是不够的，必须同时加强知识产权理论建设，逐步形成崇尚创新、保护知识产权的思想基础，为知识产权制度在我国的切实施行和国家知识产权战略的贯彻实施提供社会文化意识保障。

我们还应当认识到，知识产权工作是“实现中华民族伟大复兴”事业的重要组成部分。要实现民族的复兴，国家的富强，除了埋头苦干、扎实做好自身工作外，还要善于用古今中外包括知识产权文化在内的一切优秀文化、先进文化来滋养自己、壮大自己。为此，有必要有计划、成系列地从国外精选一批知识产权经典作品，以满足我国知识产权理论研究和实务工作的需要。国家知识产权局专利复审委员会携手知识产权出版社，组织翻译出版《知识产权经典译丛》，是一项很有意义的工作，可以使我国知识产权文化建设迈上一个新台阶。衷心希望通过这套丛书的出版，让我们品味经典，把握现在，开创未来，继而开阔业界视野，奏响社会共鸣，并以此为契机，促进我国知识产权文化的大发展、大繁荣！

田力普

前言

FOREWORD

美国专利法变化速度之快是一个神奇甚至有时令人疯狂的特质。在科学技术的发展、关于专利在自由市场经济中作用的公共政策辩论、业内对立法改革必要的分歧以及来自联邦巡回上诉法院的（对几乎全部美国地区法院作出的专利案件判决的上诉具有全国性的管辖权）源源不断的先例判决的驱动下，《美国专利法》从来不会停滞不前。本书第3版中加入的大量新内容就是这一多变环境的最好体现。

本书第2版出版后的3年中，专利法的变化越来越快。美国联邦最高法院对一些重大专利相关案件进行了复核，这无疑是这些年中最重大的一项发展。联邦最高法院近期判决的明显倾向，使得专利权所有人和对专利提出质疑或避免侵权方之间的势力平衡，正在从前者向后者倾斜。例如，在 *eBay, Inc. v. MercExchange, L. L. C.* 案①中，联邦最高法院指出，专利权所有人（像其他财产权所有人一样）在侵权成立时，并不会自动取得永久性禁令救济。在 *MedImmune, Inc. v. Genentech, Inc.* 案②中，联邦最高法院扩大了通过确认之诉质疑授权专利推定存在的有效性和可执行性的机会。在 *KSR Int'l Co. v. Teleflex, Inc.* 案③中，联邦最高法院摒弃了传统的对现有技术教导进行结合的"教导/建议/动机"标准，强调了"公知常识"在发明人贡献评价中的重要性，并且将"可预见性"（forseeability）提升为另一项考虑因素，从而降低了证明发明创造显而易见性的难度。

在联邦巡回上诉法院于过去3年里作出的几百个判决中，*In re Seagate Tech., LLC* 案④无疑带来最大的实际影响，并使专利制度的势力平衡再次偏离专利权人。在 *Seagate* 案中作出全席判决的法院提高了认定侵权人有意制造或销售所要求保护发明创造的标准，从而降低了专利权人获得加重损害赔偿及律师费的可能。在 *Seagate* 案之后，专利权人要想指控故意侵权必须证明侵权人的行为从客观角度讲是轻率（reckless）的。在 *In re Bilski* 案⑤中，联邦

---

① 547 U. S. 338（2006）.

② 549 U. S. 118（2007）.

③ 550 U. S. 398（2007）.

④ 497 F. 3d 1360（Fed. Cir. 2007）（全席判决）。

⑤ 545 F. 3d 943（Fed. Cir. 2008）（全席判决）。

巡回上诉法院在其全席判决中试图解决长久以来关于商业方法可专利性的分歧，并试图在可专利的方法发明创造和不可专利的抽象概念或基本原理之间建立一个更清楚的界限。

与联邦最高法院和联邦巡回上诉法院作出的惊人成果相反，在本书第2版发行后的3年间，两次专利法改革草案都没能在国会得到通过。在本书第3版付印之际，国会刚在参、众两院推出2009年专利法改革草案，但此草案被通过的前景仍不明朗。⑥ 专利领域内部存在的技术与制药/生物技术行业间的争夺再次威胁着立法改革的努力。更重要的是，由于法院对于很多（即使不是全部）具有划分工业阵营性质的争论问题作出了司法判决，因而对于全面立法行为的需求就越来越少。

本人对诸多专利法专业的学生、学术同人以及法律从业者深表谢意。他们对本书上一版的反馈意见对本版的改编来说是十分宝贵的。本人对提供研究资助的匹兹堡大学，以及完成了出色助研工作 Helen Song（Pitt Law Class of 2009）都表示感谢。所有的错误均出于作者本人。关于此书的任何问题及评论，欢迎电邮联系作者 mueller2@ pitt. edu。

J. M. 穆勒

2009 年 3 月

⑥ 在本书中文译本出版时，该法案已经通过。——译者注

CONTENTS 目录

第 1 章
美国专利制度的基础

A. 介绍及章节概览

作为本书的读者，您可能还没有完全确信专利法对于美国及国际经济的重要性。然而，专利权及其损害赔偿问题作为本国和全球贸易政策中不可或缺的一部分，已被越来越广泛地接纳，专利法也从一度被认为技术性强而且晦涩的法律领域演变成了法律领域中的主流。

很多美国法学院的学生发现，在法学院的课程中，专利法是最为激动人心、最富有挑战性并且与当前社会重大问题息息相关的一门课程，而本书正是为他们而写作的。本书的内容对于那些希望对专利法有更深了解，并已经在民事诉讼以及公司业务领域具有执业经验的律师来说，也是非常有帮助的。此外，对于希望采用专利手段来保护自己的发明创造的工程师和科学家来说，同样会因本书受益。以上所有人都意识到能够适应日益细化的专利、著作权、商标以及商业秘密（合称**知识产权**或 **IP**）法律的必要性，这同时也反映出这些专门法律领域在美国司法和经济基础建设中的显著意义。①

在认识到专利法为何是一门有待进一步探究的重要学科以后，本章余下的篇幅将用于介绍专利法主要的基础性原则，旨在帮助读者更好地理解本书的其他部分。本书第 1 章简要介绍了专利这种强有力的知识产

① 美国巡回上诉法院法官 Richard A. Posner 曾经写过，“近些年有关知识产权的法律争端层出不穷。没有任何一个法律领域表现出如此动荡。” Richard A. Posner. *The Law & Economics of Intellectual Property*, DAEDALUS, Spring 2002, at 5，网址为 http://mitpress. mit, edu/jounals/pdf/daed_131_2_5_0. pdf。

权保护形式及其所体现的排他性权利，即在一段法定时间内禁止他人未经许可而模仿或者使用已取得专利的发明创造。本章也为读者提供了一项美国专利样本以及对该专利各个部分的解释，并着重强调专利权利要求的重要性。简单地说，专利**权利要求**就是用精雕细琢的语言来定义专利权人排他性权利的单句。②此外，本章还回顾了美国专利法的经济学和哲学基础，介绍了美国专利法的各项基础法源，包括宪法、联邦法律法规以及习惯法（例如司法判决）。接下来，本章还介绍了美国专利制度中的“玩家”，也就是授予专利权的政府机关和执行专利权的法院，并对这些机关的互动关系进行了介绍。最后，本章对专利的**申请过程**，即对准备、递交专利申请以及与美国专利商标局（USPTO）进行互动从而取得专利的过程进行了总结。

B. 为什么要学习专利法

1. 信息经济的崛起

在20年以前，几乎没有几所美国法学院开设知识产权课程。大多数开设了知识产权课程的法学院，所提供的也仅仅是一两门专利法以及著作权法的基础课程，或者是一门涵盖专利法、著作权法及商标法，具有介绍性的“知识产权概论”课程。然而，21世纪的法律格局发生了很大的变化。现在，很多美国法学院都开设了一系列涵盖知识产权各个方面的基础课程和高级课程。③并且，20余所美国法学院还开设了一般法律学位（Juris Doctor）以外的知识产权法学硕士（LL. M.，亦称 master of laws）学位。④

---

② 本书的第2章将对专利权利要求的撰写和解释进行详细介绍。

③ 见 Kenneth L. Port 所著文章，*Intellectual Property Curricula in the United States*, 46 IDEA 165, 165, 170（2005）（统计发现，144所美国法学院开设了知识产权概论课程，139所美国法学院开设了专利法课程，“除了7所法学院以外，美国所有的法学院都开设了至少一门知识产权课程”）；Roberta R. Kwall 所著文章，*The Intellectual Property Curriculum: Findings of Professor and Practitioner Surveys*, 49 J. LEGAL EDUC. 203, 205 - 216（1999）。

④ 美国律师协会列出有如下美国法学院开设了知识产权法 LL. M. 学位：Akron, Albany, Boston Univ., Cardozo（N. Y.）, Chicago-Kent, Dayton, DePaul（Chicago）, Fordham（N. Y.）, Franklin Pierce（N. Hamp.）, George Mason（Va.）, George Washington（D. C.）, Golden Gate（San Francisco）, Houston, Indiana Univ.（Indianapolis）, John Marshall（Chicago）, Michigan State, Univ. of San Francisco, Santa Clara（Cal.）, Thomas Colley（Michigan）, Washington Univ.（St. Louis）, And Univ. of Washington（Seattle）。见美国律师协会法律教育及律师资格准许部门的有关文章，*Post J. D. Programs by Category*, http://www.abanet.org/legaled/postjdprograms/postjdc.html（最近访问时间为2008年7月9日）。很多其他的美国法学院为 J. D. 学生开设了知识产权法主修方向或者证书项目。

知识产权课程的不断增设反映了美国和全球经济的巨变，这种变化也将律师培训的标准提高到能够协助客户在全球范围创造、保护以及实施**知识产权**（**IPRs**）。近些年，美国目睹了“知识产权相关产业”（例如高科技和娱乐产业）重要性的迅速提升，并一跃成为美国国内生产总值（GDP）的重要贡献者之一。⑤目前，美国向外输出信息、娱乐、软件、电影、书籍以及类似产业的“知识产品”的速度正在迅速增长。⑥正如畅销书《阁楼上的林布兰》中所描述的一样，企业已经认识到并且正在积极利用知识产权中所蕴含的潜在经济实力。⑦ 并且，很多企业现在都在资产负债表中将专利以及其他知识产权视为企业的重要资产。

法学院学生对专利法也越来越有兴趣，因为专利法与当前很多公共利益及公共关注的问题都有关联。例如，关于人类基因组片段、胚胎干细胞以及药物靶点申请专利的争议；⑧ 亚马逊公司“One-Click”订购系统这样的商业方法要求专利保护的争议；⑨ 因处方药的高昂价格（多数处方药都有专利保护）引起的消费者抗议和政府调查；⑩ 在发展中国家出现的HIV/AIDS危机，以及由此产生的以低廉价格获得治疗这种疾病的专利药物的需求，例如AZT与“三合一鸡尾酒”等。⑪

---

⑤ 例如，美国政府在信息基础设施方面的特别工作组的报告称：“一半以上的美国劳动力的工作是基于信息产业的，通信及信息领域的增长高于美国经济中的任何其他领域。”详见信息基础设施特别工作组的报告（INFORMATION INFRASTRUCTURE TASK FORCE），INTELLECTUAL PROPERTY AND THE NATIONAL INFORMATION INFRASTRUCTURE：THE REPORT OF THE WORKING GROUP ON INTELLECTUAL PROPERTY RIGHTS（Sept. 1995），网址为www. uspto. ogv/go/com/doc/ipnii/ipnii. pdf。

⑥ 见第1页脚注1中Posner的文章第5页（文中指出：“信息经济的崛起使得知识产权诉讼的日益增加变得不可避免，而信息经济的基础就是知识产权，也是现今美国向外输出的最主要产品”）。

⑦ Kevin G. Rivette 和 David Kline 所著 REMBRANDTS IN THE ATTIC（《阁楼上的林布兰》）：Unlocking the Hidden Value of Patents（Harvard Bus. School Press 1999）。

⑧ 见如Eliot Marshall所著的*Patent on HIV Receptor Provokes an Outcry*, 287 SCIENCE 1375（2000）。

⑨ 见 Patti Waldmeir 和 Louise Kehoe 所著的*E-Commerce Companies Sue to Protect Patents: Intellectual Rights Given Legal Test*, *Financial Times*, FINANCIAL TIMES, Oct. 25, 1999, at 16。

⑩ 见 Tatiana Boncompagni 所著的*Patently Political*, AMERICAN LAWYER, Sept. 13, 2002, at 96（描述了联邦贸易委员会对 Hatch-Waxman 法案关于品牌药物（brand-name drugs）公司与学名药物（generic drugs）公司之间诉讼和解的看法）；以及 Julie Appleby 和 Jayne O'Donnell 所著的*Consumers Pay as Drug Firms Fight Over Generics* , USA TODAY, June 6, 2002, at A1。

⑪ 见 Tina Rosenberg 所著的*Look at Brazil*, N. Y. TIMES, Jan. 28, 2001, §6（Magazine）at 26（报道了非洲发生的HIV/AIDS灾难，全球对于药品专利的不同保护，发展中国家对病人进行治疗的挑战，以及巴西对HIV/AIDS药品生产实施强制许可措施）。

国际贸易和商法专业的学生也发现，对专利法的理解对于他们的专业领域同样重要。知识产权（包括专利权）曾经被认为是国际贸易中比较专门并且晦涩的一部分。然而，近些年，对知识产权的认识及实施已经占据了全球贸易的中心舞台。国际范围的知识产权协议，例如世界贸易组织（WTO）管理的《与贸易有关的知识产权协定》（TRIPS 协定）⑫，持续在“北方”和“南方”激发哲学和经济方面的辩论，亦即在主张给予知识产权强有力保护的工业化发达国家和一贯不主张给予知识产权过度保护的发展中国家之间的辩论，而这种辩论主要是基于双方在经济和公共健康方面的考量而形成的。⑬

1995 年生效的 TRIPS 协定⑭是全球知识产权保护的分水岭。截至 2008 年 9 月，已经有 153 个成员签署了这项协定。⑮ 签署 TRIPS 协定的成员必须同意，在其专利、著作权、商标和商业秘密法律中，为可保护的创新提供某种最低标准的保护。这些成员还必须承诺为保护知识产权设立最低的、并且可以接受的执行措施。通过 TRIPS 协定对 WTO 的争端解决规则和程序的谅解（Dispute Settlement Understanding，DSU）的实施，使成员现在拥有了一项强有力的武器，即通过贸易制裁对那些未能尽到 TRIPS 协定规定责任的成员进行挑战。⑯

2. 教育性前提

很多法学院的学生认为他们必须有理科或者工科的本科学位才能学习专利法。这种观点并不正确。对专利法的学习就是将法律规则应用于技术，这是因为专利完全是有关产生和保护发明创造的。尽管科学或者

---

⑫ 见关贸总协定—多边贸易谈判（乌拉圭回合）：Agreement on Trade-Related Aspects of Intellectual Property Rights, Including Trade in Counterfeit Goods, Dec. 15, 1993 I. L. M. 81（1994）（以下简称“TRIPS 协定”）。

⑬ 一般见 Keith E. Maskus 所著 INTELLECTUAL PROPERTY RIGHTS IN THE GLOBAL ECONOMY（Inst. For Int'l Econ. 2000）。

⑭ TRIPS 协定于 1994 年 4 月 15 日在摩洛哥的马拉喀什签订，于 1995 年 1 月 1 日生效。

⑮ 见 WTO 的发布的 *Members and Observers*，网址为 http://www.wto.org/english/thewto_e/whatis_e/tif_e/org6_e.htm（最近访问时间为 2008 年 9 月 7 日）（其中记载，截至 2008 年 7 月 23 日，WTO 已经有 153 个成员）。所有 WTO 的成员都必须遵守 WTO 的 TRIPS 协定，见 Scope of the WTO, April 15, 1994, Marrakesh Agreement Establishing the World trade Organization Art. II（2）— Results of the Uruguay Round, 33 I. L. M. 1125（1994）（指出“所有的协议以及附件 1 ~ 3 中的法律文书……都是 TRIPS 协定的组成部分，对所有成员都有效力”）。其中的“附件 1”包括 TRIPS 协定中的 Annex 1C。

⑯ 这些及其他国际性的话题将在本书的第 12 章（“国际性的专利事务”）中进行详细介绍。

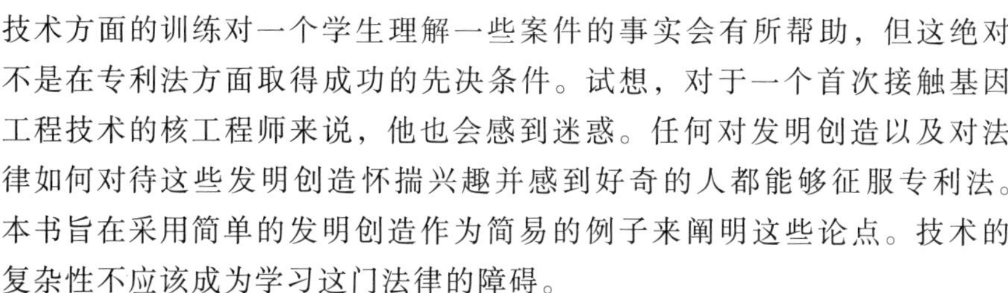

技术方面的训练对一个学生理解一些案件的事实会有所帮助，但这绝对不是在专利法方面取得成功的先决条件。试想，对于一个首次接触基因工程技术的核工程师来说，他也会感到迷惑。任何对发明创造以及对法律如何对待这些发明创造怀揣兴趣并感到好奇的人都能够征服专利法。本书旨在采用简单的发明创造作为简易的例子来阐明这些论点。技术的复杂性不应该成为学习这门法律的障碍。

在专利法律执业中只有一方面需要技术背景。为了参加美国专利商标局（USPTO）举办的专利代理资格考试，考生必须具备理科和技术专业方面的本科学位或者修满相应的学分，而这些专业在 USPTO 的 *General Requirements Bulletin for Admission to the Examination for Registration to Practice in Patent Cases Before the United States Patent and Trademark Office* (*2008*)[17] 中都有所记载。通过专利代理资格考试意味着可以成为注册专利代理人或者专利律师，从而可以代表客户处理与 USPTO 相关的业务，例如递交和代理专利申请。

很多没有技术背景的律师在专利代理以外的专利领域执业。另外，并不是只有在 USPTO 注册的专利律师才能参与专利诉讼、专利许可，或者在其他知识产权法例如商标、著作权和商业秘密领域执业。

对于有意在知识产权法领域包括专利法领域发展的法学院学生来说，由美国知识产权法协会和美国律师协会出版的 *Careers in Intellectual Property Law* 这本小册子中的信息是非常实用的。[18]

C. 什么是专利

1. 专利作为保护知识产权的一种模式

专利与著作权、商标和商业秘密一样，都是以法律手段保护知识产权的一种模式。拥有知识产权代表着拥有一种包含人类智慧成果的无形产品财产权，这种无形产品通常被称为“知识产品”，包括如发明创造、想法构思、信息、艺术创作、音乐、品牌名称、名人身份、工业秘密以及客户名单等。

---

⑰ http://www.uspto.gov/web/offices/dcom/olia/oed/grb.pdf。通过由各州工程学考核委员会所管理的基础工程考试的人，也有资格参加专利代理考试。同前，at 8（“C 类：实际的工程或者科学经历”）。

⑱ http://www.aipla.org/Content/NavigationMenu/Student_Center/Careers_in_IP_Law/Careers_in_IP_Law.htm（最近一次访问时间为 2008 年 9 月 9 日）。

2. 知识产权的不当占有问题

我们都了解，(立法者) 建立了不同的法律保护模式来保护不同的知识产品，而并没有适用与不动产或者有形对象相同的法律。这是为什么呢？正如下文中所描述的，各种知识产品在本质上的不同决定了这样分而治之的法律结构。

由于知识产品（例如信息）是无形的，所以就会存在“不当占有的问题”。知识具有不可见、取之不尽并且不具有排他性这些特点。与有形财产不同，如果我与另一个人分享我的想法，并不会导致这个想法被分割，也不会导致我失去这个想法。相对应的是，如果我只有一个橄榄球，把这个橄榄球送给我的朋友，将意味着我不再在物理上占有这个橄榄球。但是，如果我发明了一种采用带有凹槽的海绵来制造橄榄球的方法，使得这种橄榄球比现有的橄榄球飞得更高、更远，即便在向我的朋友透露这个想法以后，我仍然是这个想法的拥有者。正如托马斯·杰弗逊在1813年在给他的同僚艾萨克·麦克弗森的信中所写的：“借用我的蜡烛点亮自己蜡烛的人，照亮了他自己而无损于我……因此，发明创造在本质上就不可能是财产的主体。”⑲那么，一旦我将自己的想法透露给另一个人，我将如何继续通过这个想法获利？在这个意义上，知识是不具有排他性的。

由于知识产品是用之不尽并且不具有排他性的，那么发明人如何通过创造这些产品而获利呢？创造知识产品的一个主要担忧在于，创造这些产品的成本可能是非常高的，而复制这些产品的成本却常常微乎其微。我们可以通过开发一种治疗致命疾病的新药的过程作为例子来说明这个道理。试想，多年的时间以及数百万元的资金都投入这种新药的研究、开发以及测试中，但是一旦这种新药的化学结构被公开了，那么复制这种药的成本仅仅是几分钱。鉴于复制药品是这么轻而易举并且成本低廉，那么我们如何鼓励公司继续去投资开发新技术呢？我们如何能够在这样的技术领域继续鼓励创新呢？

正如下面将要详述的，专利是解决这种窘境的途径之一。⑳ 专利权赋

---

⑲ Graham v. John Deere Co., 282 U.S. 1, 9 n.2 (1996)（引注6：THOMAS JEFFERSON, THE WRITINGS OF THOMAS JEFFERSON 180 - 181）(H.A. Washington ed., Washington D.C., Taylor & Maury 1854, 2d)。

⑳ 其他曾被提出用于解决这种市场失调的方案包括：政府对于研发的补贴以及对取得技术成就的给予奖励（例如诺贝尔奖）。

予专利权人在一段有限时间内将所有竞争对手从这种药品的市场中排除的权利，从而允许专利权人回收在开发这种新药中所投入的成本。换句话说，专利权人在该专利有效的时间内将是这种专利药的唯一来源。这种通过获得垄断利润而引发的回收成本的可能成为技术创新的一种激励。

3. 公 共 产 品

缺乏创新动力的后果就是导致新发明创造的匮乏。经济学家将这种“市场失灵”现象称为“公共产品问题”。除了发明创造，公共产品的其他经典范例包括灯塔以及国防系统。在此，我们以一个为公共电视台筹集资金的长期连续节目为例。当我们每个人在看电视的时候都有不捐款的动机（也就是不按比例承担这些公共产品的费用），因为我们知道不管我们捐款与否我们都会获益（都能观看这个电视台播出的节目）。如果没有能够排除这种“搭便车”（没有任何成本就享受这些公共产品）现象的机制，将会导致公共产品的匮乏。

知识产权制度就是为了克服这种市场失灵而产生的。其中，专利权代表着政府赋予发明人的一项具有时间限制的、关于其发明创造的财产权。更具体地说，专利财产权就是在专利有效期限内禁止他人在授予该专利的国家制造、销售、许诺销售、进口，甚至使用该项专利。[21]

以财产权的形式来保护发明创造并不是一个全新的概念。早在15世纪晚期，威尼斯共和国就已经建立了全面的专利法，并提供了排除他人使用某种有价值的发明创造的权利。[22]在1624年，英国颁布的《垄断法》禁止所有的垄断行为，但是却保留了一项例外给“在英国领土内的任何新产品……”,[23]美国的专利制度就是源于这些先例的。

4. 对于允许模仿鼓励竞争的一般规则的例外

在自由市场经济（例如美国）中，一般原则是允许通过模仿竞争对手的产品或者服务来形成竞争，只要这种竞争在法律上不被认定为“不正当”。[24] 对于这种允许模仿并且鼓励自由和开放竞争的一般原则来说，

㉑ 《美国专利法》第154条（a）款（1）项以及第271条（a）款。

㉒ 见 BRUCE W. BUGBEE, THE GENESIS OF AMERICAN PATENT AND COPYRIGHT LAW 22－23（Public Affairs Press, Wash., D.C., 1967）（书中再现了威尼斯1474年3月19日所确立的法案“比英国的垄断法早出现150年，并且为世界上第一个专利制度奠定了基础”）。

㉓ 同前 at 39（引用英国1624年的《垄断法》）。

㉔ 见 J. Thomas McCarthy, McCarthy on Trademarks and Unfair Competition §1.2（4th ed. 2008）（将公共领域定义为“常规”，并且将知识产权定义为“例外”）。

专利权应该被认为是一种精心设计的例外。

以前，模仿其他人的产品或服务而形成竞争被认为是一种特权，但是更准确的理解应该是，这些模仿行为是一种竞争的权利，只要这种竞争是正当的。尽管从技术层面讲，专利并不是不正当竞争法所管辖的部分，㉕但从广义上说，侵犯他人的专利权已经被社会认定为是错误的竞争行为，并且模仿者应该接受例如禁令（禁止继续模仿）以及赔偿等惩罚。㉖

5. 专利文件及其组成部分

专利的含义至少可以在两个层面上进行诠释。“专利”这个词一方面指由美国政府颁发的官方文件。图1.1体现了一项典型的美国专利，所保护的是用在热饮杯上的隔热杯套。读者可以浏览一下这篇文件并且熟悉一下这项专利各个部分。这篇文件统称为专利**说明书**（specification），其中包括：（1）**书面说明**（written description），（2）附图（在必要的时候，为了让别人能够制造和使用这项发明创造，专利说明书要包括附图）（drawings），（3）权利要求书（claims）。

作为专利文件中最重要的部分，**权利要求书**被安排在专利说明书的最后，并且每项权利要求都是按编号排列的单句段落。尽管本书第2章的主题就是“专利权利要求”，但是在这里还是要对权利要求进行简要的介绍。就像一块地的契约定义了地产主禁止他人未经允许擅自进入的地理范围一样，专利的权利要求界定了专利权人禁止他人制造、使用、销售、许诺销售或者进口其发明创造的权利范围。为了使专利制度能够正常运作，专利权利要求必须提供清晰的界定，这样，市场的其他参与者才能有所参考。㉗ 专利权利要求的解释和范围的界定也是专利诉讼的焦

㉕ 传统意义上的“不正当竞争法”包括商业侵权，例如商标侵权、虚假广告以及侵占商业秘密，但是不包括违反专利法或者著作权法的行为，另有专门的机制管理这些行为。见脚注24中所引用文章§1.10（列出了不正当竞争的一些例子）。

㉖ 在本书第11章（“专利侵权救济”）将对违反专利法而产生的救济进行详细介绍。

㉗ James Bessen & Michael J. Meurerjch, Patent Failure: How Judges, Bureaucrats, and Lawyers Put Innovators at Risk（2008）中，有一章的题目叫做“如果界限不明，那么就不能够成为财产”，Bessen和Meurer教授简明扼要地捕捉到了上述概念。他们认为：

> 专利越来越无法提供有关专利权范围的清楚公示。因此，对于创新者来说确定一项技术是否会侵犯他人的专利权也越来越难，从而导致了越来越多的非故意侵权。同样，创新者还发现，在他们进行技术开发以及作出决定以前，去寻找并且进行相应的专利许可谈判的成本也越来越高。因此，由于大量界定不清的专利权的存在，使得适用于有形财产的清理审查程序的作用被大大削弱。

US005425497A

United States Patent [19]

Sorensen

[11] **Patent Number:** **5,425,497**

[45] **Date of Patent:** **Jun. 20, 1995**

[54] **CUP HOLDER**

[76] Inventor: **Jay Sorensen**, 3616 NE. Alberta Ct., Portland, Oreg. 97211

[21] Appl. No.: **150,682**

[22] Filed: **Nov. 9, 1993**

[51] **Int. Cl.⁶** **B65D 3/22**

[52] **U.S. Cl.** **220/738**; 220/903; 294/31.2

[58] **Field of Search** .... 294/27.1, 31.2, 33, 294/149, 152; 220/710.5, 753, 758, 759, 412, 738, 739, 903; 229/1.5 B, 1.5 H, 89, 90

[56] **References Cited**

U.S. PATENT DOCUMENTS

1,632,347	6/1927	Pipkin .	
1,771,765	7/1930	Benson .	
1,866,805	7/1932	Haywood	294/31.2
2,028,566	1/1936	Seipel et al. .	
2,266,828	12/1941	Sykes .	
2,591,578	4/1952	McNealy et al. .	
2,617,549	11/1952	Egger .	
2,661,889	12/1953	Phinney .	
2,675,954	4/1954	Vogel .	
2,853,222	9/1958	Gallagher .	
2,979,301	4/1961	Reveal	229/1.5 H X
3,049,277	8/1962	Shappell .	
3,123,273	3/1964	Miller	229/1.5 B
3,157,335	11/1964	Maier	229/1.5 B
3,908,523	9/1975	Shikaya .	
4,685,583	8/1987	Noon	294/31.2 X
5,092,485	3/1992	Lee .	
5,145,107	9/1992	Silver et al. .	

Primary Examiner—Johnny D. Cherry
Attorney, Agent, or Firm—Kolisch, Hartwell, Dickinson, McCormack & Heuser

[57] **ABSTRACT**

A cup holder is disclosed in the form of a sheet with distal ends. A web is formed in one of the ends, and a corresponding slot is formed in the other end such that the ends interlock. Thus the cup holder is assembled by rolling the sheet and interlocking the ends. The sheet can be an elongate band of pressed material, preferably pressed paper pulp, and is preferably formed with multiple nubbins and depressions. In one embodiment, the sheet has a top and bottom that are arcuate and concentric, and matching webs and cuts are formed in each end of the sheet, with the cuts being perpendicular to the top of the sheet.

6 Claims, 1 Drawing Sheet

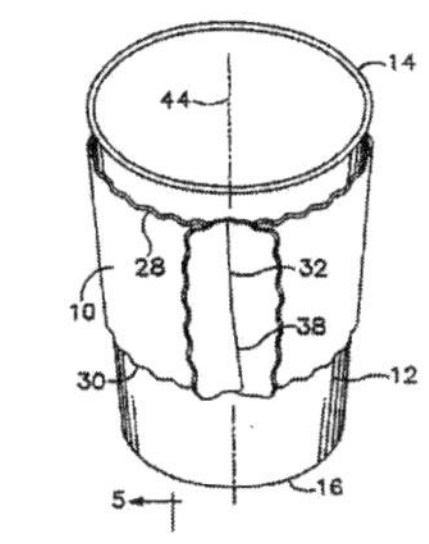

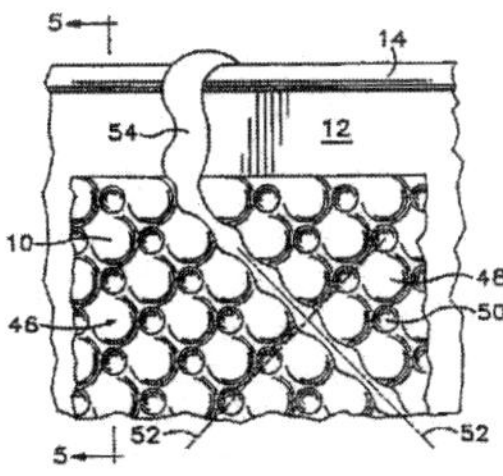

图 1.1　Java Jacket®

美国专利第 5，425，497 号（1995 年授权）

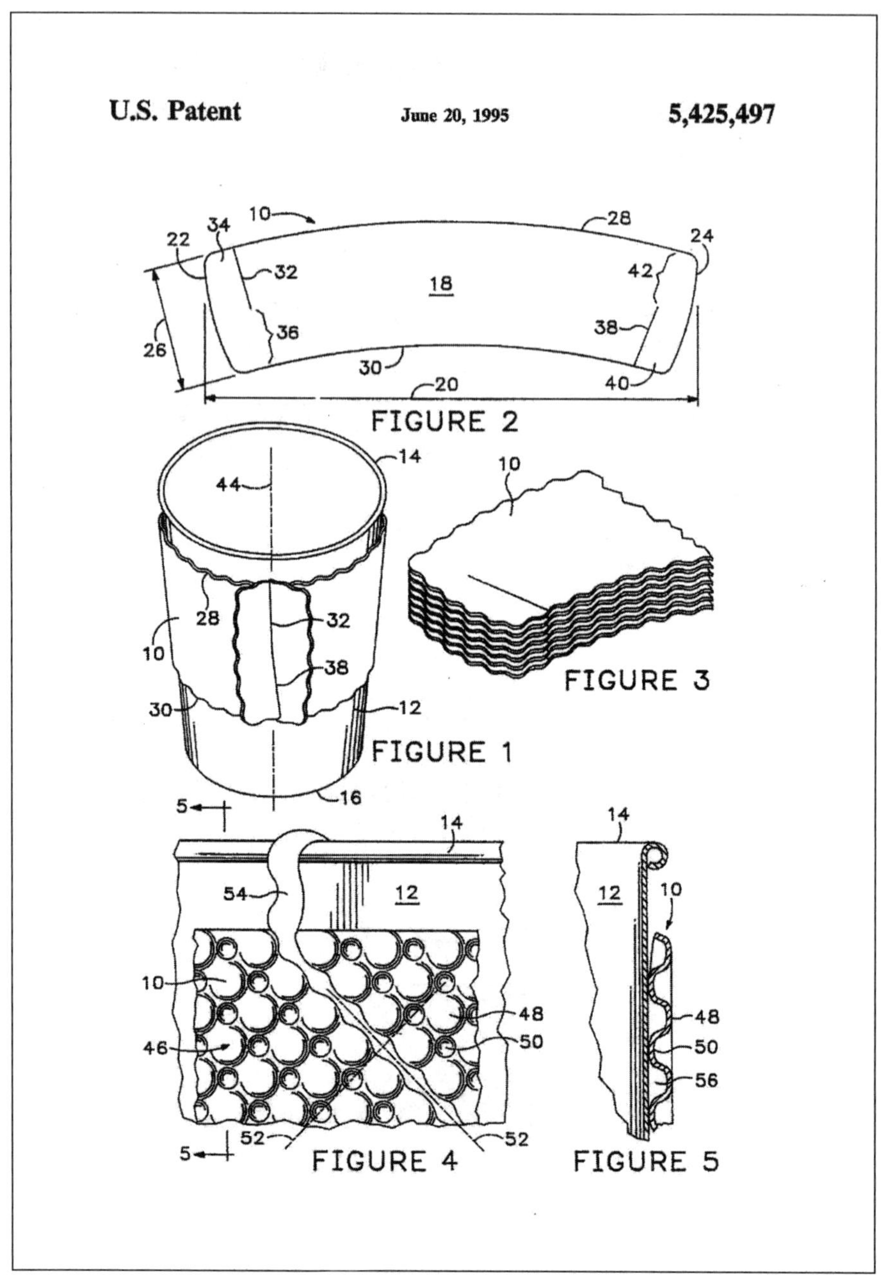

图 1.1 Java Jacket®（续）

5,425,497

1

CUP HOLDER

FIELD OF THE INVENTION

The present invention relates generally to holders for cups. More particularly, the invention relates to a disposable cup holder that can be stored flat and then assembled by a user to fit around a cup. The resulting cup and holder combination increases the gripability and insulation value of the cup.

BACKGROUND ART

A cup holder is a removable device that encompasses a cup to provide added features to the cup. These features can include gripability, insulation value, and decoration. By gripability it is meant that the cup and holder combination is easier to hold in a human hand. Insulation value is important if the cup is holding hot or cold liquids, particularly if the cup is a thin disposable paper cup which has little inherent insulation value. Decoration can include features that make the cup more appealing, such as texture or color, or features that communicate to the user of the holder, such as advertising or instructions.

A conventional cup holder includes a three-dimensional body into which the cup is inserted. These bodies can be in the shape of an annular ring, such as that shown in U.S. Pat. No. 2,028,566, or in the shape of a cup that is oversized relative to the cup to be held, such as that shown in U.S. Pat. No. 2,617,549. In order to provide insulation value from a material that is thermally conductive, such as paper, the cup holders are usually provided with annular grooves or vertical flutes so that the holder is only in contact with the cup at the valleys in the grooves or flutes. These grooves or flutes provide a structural integrity to the cup holders such that they must be packaged in substantially the same form as they will be used. Thus a significant volume is required to store a quantity of the cup holders. Therefore it is cumbersome for a retailer selling drinks in cups to use the cup holders because a significant amount of shelf space is required just to have a sufficient quantity of cup holders accessible for immediate use.

It is an object of the invention to reduce the volume required to store cup holders.

Conventional cup holders may also require significant amounts of handling and operations to be assembled. It is a further object of this invention to reduce the number of steps involved in making a cup holder ready for ultimate use by the consumer.

An object of the invention is to produce a cup holder by bending a sheet and interlocking the ends.

It is a further object of the invention to improve the gripability of a cup.

Yet another object of the invention is to thermally insulate the hand of a user from the liquid held in a cup.

Another object of the invention is to form a cup holder from a substantially flat sheet of pressed paper pulp.

SUMMARY OF THE INVENTION

The invented cup holder is designed for use with an upright cup. The cup is in turn designed for holding hot or cold liquids, and has an open rim and closed base.

The invented cup holder is formed from a sheet of flat material, preferably pressed paper pulp. The sheet is formed to have a length defined by a first end and a second end. The sheet has a width defined by a top and

2

a bottom. Two cuts are made in the sheet, the first cut extending partially across the width of the sheet and adjacent one end. The second cut also extends partially across the width of the sheet, but is adjacent the end of the sheet opposite from the first cut. Preferably, one of the cuts severs the top of the sheet and the other of the cuts severs the bottom of the sheet. A holder conforming to a cup can then be made by rolling the sheet into a substantially cylindrical shape and interlocking the first end with the second end by interlocking the first cut with the second cut. Once the cylindrically shaped cup holder is made, a cup can be inserted into the cup holder.

The sheet includes a texture to increase the gripability and insulation value of the cup holder. In one embodiment, the texture includes multiple nubbins and depressions interspersed about the sheet, preferably in a uniform repeating geometrical pattern. The depressions can be aligned in rows forming troughs, so that any liquid that should spill on the cup holder will tend to trickle along the troughs.

If the cup holder is to hold a tapered cup, the holder fits the cup better if the top and bottom of the sheet are arcuate and essentially concentric. Preferably, the first cut is substantially non-parallel to the second cut such that the first cut and the second cut extend along lines that are substantially perpendicular to the arcuate top. When a sheet so formed is made into a cup holder, the resulting holder is tapered with a top and bottom that define planes essentially parallel to the planes defined by the rim and base of the cup to be held. The cuts will also be aligned with the taper of the cup when the holder is assembled, that is, the cuts will extend along a line that is substantially perpendicular to the above planes.

Alternatively, the present invention can be viewed as a combination of a cup and a cup holder. The cup holder is an elongate band having ends that detachably interlock. When the ends are so interlocked, the elongate band extends in a continuous loop. One method of interlocking the ends is by forming interlocking slots in the band. Preferably, the band includes a texture to increase the gripability and insulation value of the combination. The texture can include multiple nubbins and depressions interspersed about the band, preferably in a uniform repeating geometrical pattern. If the cup used as part of the combination is tapered, the tipper and lower surfaces of the band can be concentric arcuate shapes so that the continuous loop formed from the band is approximately conformed with the cup.

BRIEF DESCRIPTION OF THE DRAWINGS

FIG. 1 is a perspective view of an assembled cup holder formed in accordance with one embodiment of the present invention, in combination with a cup.

FIG. 2 is a top plan view of the cup holder of the present invention, shown unassembled.

FIG. 3 is a perspective partial view of a stack of the cup holders shown in FIG. 2.

FIG. 4 is a partial :front elevation of the combination shown in FIG. 1, shown with liquid spilled on the cup holder.

FIG. 5 is a partial front sectional view of the combination shown in FIG. 4, taken along the line 5—5 shown in FIG. 4.

图 1.1 Java Jacket® （续）

DETAILED DESCRIPTION AND BEST MODE OF CARRYING OUT THE INVENTION

Referring to FIG. 1, the cup holder 10 is shown in combination with a cup 12. Cup 12 is usually a tapered paper cup with an open rim 14 and a closed base 16. Cup holder 10 is shown in its assembled state in FIG. 1, and can be described as a continuous loop.

Cup holder 10 is shown unassembled in FIGS. 2 and 3, and is in the form of a sheet 18, also described as an elongate band having distal ends. Sheet 18 has a length 20 defined by a first end 22 and a second end 24. Sheet 18 also has a width 26, defined by a top 28 and a bottom 30. Top 28 and bottom 30 are preferably arcuate in shape. Thus top 28 can be described as an elongate arcuate surface and bottom 30 can also be described as an elongate arcuate surface. Elongate arcuate surface 28 is essentially concentric with elongate arcuate surface 30, such that the radius of surface 28 is longer than the radius of surface 30 by an amount approximately equal to width 26.

A first cut 32 is made in sheet 18 adjacent first end 22. First cut 32 extends partially across width 26, and preferably severs top 28 such that a first tab 34 and first web 36 are formed. A second cut 38 is made in sheet 18 adjacent second end 24. Second cut 38 extends partially across width 26, and preferably severs bottom 30 to form a second tab 40 and second web 42.

When sheet 18 is configured as described above, a cup holder can be assembled as follows. Sheet 18 is rolled into a substantially cylindrical shape, and cuts 32 and 38 are interlocked with webs 42 and 36, respectively, thereby interlocking first end 22 with second end 24. The resulting cup holder forms a continuous loop as shown in FIG. 1, and can hold cup 12 by inserting cup 12 into cup holder 10. Elongate arcuate surface 28 forms an open annular top that is substantially parallel with rim 14 of cup 12. Elongate arcuate surface 30 forms an open annular bottom that is substantially parallel to base 16 of cup 12. Cup 12 extends through the open top and open bottom and, as shown in FIG. 5, encircles cup 12 so that cup holder 10 has an inner surface 58 and an outer surface 60. First cut 32 and second cut 38 extend along a line shown generally at 44. Line 44 is substantially perpendicular to rim 14 of cup 12. Alternatively, line 44 can be described as extending along the taper of cup 12.

As shown in FIGS. 4 and 5, sheet 18 is provided with a texture indicated generally at 46. Texture 46 includes multiple nubbins 48 and oppositely shaped discrete, approximately semi-spherically shaped depressions 50 distributed on substantially the entire inner surface 58 of sheet 18. Nubbins 48 and depressions 50 are arranged in a repeating geometrical pattern. Preferably, depressions 50 are aligned in rows forming troughs indicated generally by line 52 in FIG. 4.

Should liquid spill on cup holder 10, as indicated generally at 54 in FIG. 5, liquid 54 will tend to trickle along troughs 52. When the combination of cup holder 10 and cup 12 is held by a human hand, the hand will tend to be held away from troughs 52 by nubbins 48. Thus the hand will be kept out of contact with liquid 54. Furthermore, as shown in FIG. 4, when cup holder 10 is placed on an upright cup 12, troughs 52 extend along lines that intersect both rim 14 and lines extending along the taper of cup 12 at acute angles. Thus the flow of liquid 54 down cupholder 10 is slowed relative to the flow of liquid down vertically oriented flutes.

In addition, texture 46 provides an increased gripability to the cup and cup holder combination. Specifically, nubbins 48 provide a surface texture which is more easily held by a human hand.

Texture 46 also adds an insulation value to the combination because depressions 50 define non-contacting regions 56 of sheet 18, and thus reduce the surface contact between cup holder 10 and the hand of a user and cup 12, respectively. Thus conductive heat transfer is reduced. The insulation value is also increased by air gaps 56 formed by texture 46.

Furthermore, texture 46 is pleasing in appearance, and therefore provides decoration for cup holder 10.

Cup holder 10 as described above and shown in the figures is made from a reversible, two-sided sheet 18. That is, when sheet 18 is rolled to form a continuous loop, either of the textured sides can serve as the outside of cup holder 10. The reversibility of cup holder 10 is particularly evident when, as shown in FIG. 5, inner surface 58 and outer surface 60 are mirrored, that is, when each depression 62 on inner surface 58 defines a nubbine 48 on outer surface 60 and each depression 50 on outer surface 60 defines a nubbin 64 on inner surface 58. Non-reversible cup holders are, however, envisioned within the scope of the present invention.

Alternatively, the present invention can be viewed as a method of making a cup and cup holder combination. The method includes the steps of providing a flat sheet with a texture, forming the flat sheet into an elongate band 18 having a top elongate arcuate surface 28 and a bottom elongate arcuate surface 30. Elongate arcuate surface 28 is severed with a first cut 32 extending partially across elongate band 18. Elongate arcuate surface 30 is severed with a second cut 38 extending partially across elongate band 18. Elongate band 18 is then rolled to form a substantially cylindrical shape, and first cut 32 is interlocked with second cut 38 to form a continuous loop. A cup 12 is then inserted into cup holder 10.

Many materials are envisioned for use in making sheet 10, however pressed paper pulp is preferred. Pressed pulp, similar in properties to that used to make semi-rigid paper products such as egg cartons, is pleasing to the touch, partially absorbent, easily formed and relatively inexpensive.

INDUSTRIAL APPLICABILITY

The invented cup holder and cup and cup holder combination are applicable in any situation where the gripability, insulation value, or decoration of a cup needs to be augmented. It is particularly applicable for a cup holder for holding paper coffee cups.

While a preferred embodiment of the invented cup holder and cup and cup holder combination have been disclosed, changes and modifications can be made without departing from the spirit of the invention.

We claim:

1. A cup and holder combination comprising:

a cup for holding hot or cold liquids; and

a holder defined by a band mounted on and encircling the cup, the band having an open top and an open bottom through which the cup extends and an inner surface immediately adjacent the cup with a plurality of discrete, spaced-apart, approximately semi-spherically shaped depressions distributed on substantially the entire inner surface of the band so that each depression defines a non-contacting region of the band creating an air gap between the

图 1.1　Java Jacket®（续）

5,425,497

5

band and the cup, thereby reducing the rate of heat transfer through the holder.

2. The cup and holder combination of claim 1, wherein the band also has an outer surface opposite the inner surface, with a plurality of discrete, spaced-apart, approximately semi-spherically shaped depressions distributed on substantially the entire outer surface of the band.

3. The cup and holder combination of claim 2, wherein the inner and outer surfaces of the band are mirrored, with each depression on the inner surface defining a nubbin on the outer surface and each depression on the outer surface defining a nubbin on the inner surface.

4. A holder for encircling a liquid-containing cup to reduce the rate of heat transfer between the liquid contained in the cup and a hand gripping the holder encircling the cup, comprising a band of material formed with an open top and an open bottom through which

6

the cup can extend and an inner surface immediately adjacent the cup, the band including a plurality of discrete, spaced-apart, approximately semi-spherically shaped depressions distributed on substantially the entire inner surface of the band so that each depression defines a non-contacting region of the band creating an air gap between the band and the cup, thereby reducing the rate of heat transfer through the holder.

5. The holder of claim 4, wherein the band also has an outer surface opposite the inner surface, with a plurality of discrete, spaced-apart, approximately semi-spherically shaped depressions distributed on substantially the entire outer surface of the band.

6. The holder of claim 5, wherein the inner and outer surfaces of the band are mirrored, with each depression on the inner surface defining a nubbin on the outer surface and each depression on the outer surface defining a nubbin on the inner surface.

* * * * *

图 1.1　Java Jacket® （续）

点。在分析专利的有效性和是否构成侵犯专利权的分析中，对专利权利要求的文字要进行逐字逐句地分析。在判断是否应该为一项专利申请授权的时候，USPTO 首先也是要将权利要求的文字与相关现有技术进行比较。这个过程在本章 H 部分（“专利申请过程概览”）中将有所详述。

6. 消极的排他权

在某种意义上说，一项专利就是如图 1.1 中所展示的一份由政府颁发的官方文件。然而，更重要的是，一项专利代表着一项财产权。一纸专利文书仅仅是一种有形的权利象征，象征着由美国联邦政府所赋予的、带有时间限制的财产权。很重要的是，这项财产权是一种**消极**权利，也就是说，在专利权有效的期限内他人不得在美国制造、使用、销售、许诺销售或者进口取得专利的发明创造。㉘ 就像不动产的权利人有权禁止他人进入其领地一样，㉙ 专利权人可以要求法院禁止他人在未经许可的情况下在该国制造、使用、销售、许诺销售或者进口其发明创造到该国。专利权人也可以**许可**第三方制造、使用、销售、许诺销售或者进口这项已经取得专利的发明创造，而不用担心被控侵权。获得这种许可的途径通常就是向专利权人缴纳**许可费**。

不难发现，专利权并不包括制造、使用、销售、许诺销售或者进口发明创造的积极权利或确认性权利。任何确认某人可以利用其发明创造的积极权利都是源自习惯法，而不是联邦专利法。㉚ 事实上，有很多原因导致一个人拥有专利但是却不能实施该项被专利的发明创造。例如，刑法可能禁止生产某种被政府禁止但是却获得了专利的武器。一种新药或者新的治疗方法可能已经获得了专利，但是食品药品监督管理局（FDA）

㉘ 《美国专利法》第 154 条（a）款（1）项；同前，第 271 条（a）款。

㉙ 见 Restatement（First）of Property §1 cmt. a, illus. 1（1936）（权利的定义）（认为 A 作为 Blackacre 的地产主，“通常有权禁止 B（或者其他人）从 Blackacre 上走过的权利”，并且 B “通常有不从 Blackacre 上走过的义务”）。

㉚ 见 Crown Die & Tool Co. v. Nye Tool & Machine Works, 261 U.S. 24, 36（1923）（可见，“是专利权人发明或者发现了有用的事物，从而拥有了自行制造、使用以及贩卖该产品的习惯法权利，这也随之引发了政府赋予专利权人禁止他人制造、使用或者贩卖其发明创造的权利。”）习惯法并没有给发明人提供任何禁止他人的权利。见 Deepsouth Packing Co. v. Laitram Corp., 406 U.S. 518, 525－526（1972）。这种禁止他人的消极权利是由专利法所赋予的。同前，at 525 n.8（“专利权人在其发明创造中所拥有的财产权及其禁止性权利，都是从这些法律规定中所产生的；本院一直认为，除非依据议会设立的专利法案，发明人基于该项发明创造获得了一项专利，否则发明人在其发明创造中的财产权是不能构成提起诉讼的依据的；发明人所获得的权利将受到这些法律的规制和调节，并且不能超越这些规范。”）（引用了 Brown v. Duchesne, 60 U.S.（19 How.）183, 195（1857））。

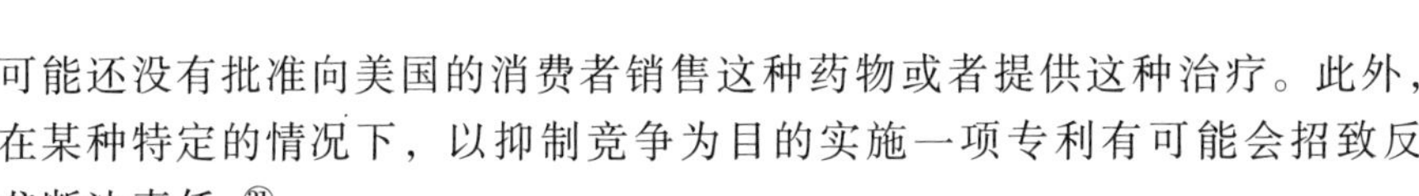

可能还没有批准向美国的消费者销售这种药物或者提供这种治疗。此外，在某种特定的情况下，以抑制竞争为目的实施一项专利有可能会招致反垄断法责任。㉛

另一种可能阻止一项专利的实施的情况可能涉及由他人所拥有的**牵制性专利**。在这种情况下，由A所拥有的从属专利就被由B所拥有的主导专利所牵制了，尽管A和B基于各自的发明创造都能够获得独立的专利保护。举一个山顶洞人时代的例子，那个时候还没有家具存在，至少根据我们目前所知是这样的。假设山顶洞人社会设立了原始的专利制度，并且第一项专利颁发给了发明人A设计的椅子。在A的专利中，仅仅公开了一种椅子的实施例（一个具体的例子），这种椅子的造型就如现在在教室或者办公室里可见的那样有一个直的靠背和四条腿。因为发明人A是一名“开拓者”，所以其专利应该得到相对比较宽的解释范围，从而对更多基础发明的产生起到促进作用。㉜

现在继续假设，在发明人A的椅子专利仍然有效期限内，不相关的发明人B独立发明了一种摇椅。发明人B获得了基于这种摇椅的所谓的“改进型专利”。相对于发明人A专利中所公开的椅子，发明人B的摇椅具备充分的新颖性和非显而易见性，因此B是可以独立获得其专利的。但是，如果发明人B要制造或者销售他发明的摇椅，他就会侵犯发明人A的专利权，因为发明人A的专利范围很宽，涵盖了所有的椅子。㉝

发明人B基于其具有新颖性和非显而易见性的发明创造获得了专利这个事实，并没有赋予发明人B一项确认性的权利使其可以实施其专利。

同样地，发明人B的专利赋予其一项消极权利以禁止他人制造和销售这种摇椅。因此，尽管发明人A的专利范围被很宽泛地解释为涵盖所有的椅子（包括摇椅），但是发明人A现在也不能生产摇椅了。也就是说，如果发明人A想要制造和销售摇椅，就必须要从发明人B那里获得

㉛ 实施专利权的潜在反垄断法责任将在本书第10章（“专利侵权抗辩”）中进行介绍。

㉜ 见 In re Hogan, 559 F. 2d 595, 606 (CCPA 1977) (Markey, C. J.)（认为如果专利申请人确实是“开拓者”，“他们应该得到范围宽泛的权利要求，从而保护（其发明创造中的）宽泛的概念”，将他们的权利要求范围限制在所公开的实施例以内，“就是拒绝给予开拓性发明创造宽泛的保护范围，从专利法的宪法性目的即促进有用技术的发展来看，这样的政策是短视且没有根据的”）。

㉝ Mark Lemley 教授曾经以 *Hughes Aircraft Co. v. United States*, 717 F. 2d 1351 (Fed. Cir. 1983) 案为例，指出“这样的侵权判断并没有对被控侵权者所作出的改进的价值加以考虑”。（该案判决认为政府被控侵权的由卫星上的计算机实施的卫星控制系统，侵犯了地面模拟控制系统的相关专利）。Mark A. Lemley, *The Economics of Improvement in Intellectual Property Law*, 75 Tex. L. Rev. 989, 1006 (1997)。

许可，以避免侵权责任。[34]

在美国的实际情况中，专利间互相牵制的窘境有时候是通过达成协议来解决的，也就是各方签署交叉许可协议。然而，如果各方不能通过协商得到一个解决方案，那就没有人能够因为这些技术的进步而获益，公众的利益也就因此被损害。[35] 作为一种选择，有些国家的专利制度会对基础的牵制性专利实施强制许可，前提是在后的改进型专利的客体被认定为“重大的技术进步和显著的经济意义”。[36] 然而，美国目前还没有设立这种强制许可。

7. 专利期限

一项专利能够持续多长时间？美国宪法中明确规定，发明人“在一定期限内”对其发明创造享有排他性的权利。但是，宪法中并没有具体说明所谓的“一定期限”是多少年。比照英国当时的**专利期限**[37]，美国的第一项专利自授权之日起延续了14年。1861年的专利法将美国的专利期限延长至自授权之日起17年。[38]

在专利申请接受USPTO的审查且还未被授权以前的时间在当时与专利的期限是没有关系的。[39]

在1995年6月8日，美国关于专利期限的立法发生了重大的转变。这项改变在专利期限的立法方面协调了美国与其他国家的关系，并且也大大降低了获取“潜水艇”专利（在授权前很多年都悄悄以被审查状态

---

[34] 许可就是专利权人（许可人）与另一方（被许可人）之间的协议，约定许可人不会因为被许可人制造、使用、销售、许诺销售或者进口该项被专利的发明创造而对被许可人提起诉讼。通常，许可人承诺不起诉的基础就是取得被称为专利使用费的报酬，这项报酬是基于被许可人对该发明创造的使用情况而计算的。本书第10章（“专利侵权抗辩”）会对许可进行详细的介绍。

[35] 见脚注33中提到的Lemley教授的文章，at 1010。Lemley教授还指出，尽管在理论上可以利用“反等同原则”为B进行不侵权辩护，但是这项原则很少被用于摆脱字面侵权责任。有关反等同原则作为解决牵制性专利问题的积极解释，可以参考Robert P. Merges所著的“*Intellectual Property Rights and Bargaining Breakdown: The Case of Blocking Patents*”, 62 Tenn. L. Rev. 75（1994）。有关字面侵权、等同原则以及反等同原则的概念将在本书第9章（“专利侵权”）中详细介绍。

[36] 见脚注12中提到的TRIPS协定，art. 31（1）（设立了在牵制性专利存在的情况下实施强制许可的专门条件）。

[37] 此外，早期的美国国会还对很多专利的期限进行了延长；法院也不认为“在一定期限内”对这些延长构成任何障碍。见Eldred v. Ashcroft, 537 U.S. 186, 201-202（2003）。

[38] Act of March 2, 1861, ch. 88, §16, 12 Stat. 246, 249（1861）.

[39] 联邦巡回上诉法院接受合理的“专利申请懈怠”（prosecution laches）抗辩，即便专利申请人在取得专利授权中的延迟是符合专利法及USPTO相关规定的，“专利申请懈怠”仍然可以构成对侵权指控的有力抗辩。

潜伏在USPTO里的专利）的动机。[40]这次改法规定，凡在1995年6月8日当天或以后递交的专利申请，如果被授权，相应的专利将于美国最早的有效申请日20年后失效。[41] 凡在1995年6月8日已经生效的专利，或者是在该日期前已经递交到USPTO的专利申请，其专利期限截止于自申请日起20年或者自授权日起17年中较晚之日。[42]

尽管专利律师们常常简称“专利的期限为20年”，但是这种说法并不准确。专利期限或者可实施的阶段是从专利被USPTO授权时（“授权日”）才开始的。专利完全是法律规定的产物。一项专利申请在被授予专利权以前，是没有任何专利存在的，因此也就不存在任何专利侵权诉讼的基础。

专利的期限截至自美国最早的有效申请日起20年。[43] 专利的期限是20年减去专利申请被授权以前的时间。一般来说，美国专利申请被授权前的时间大约为2.5年，至少对于机械方面的发明创造来说是这样的。[44] 因此，如图1.2所示，所谓的20年期限实际上通常只有17.5年。

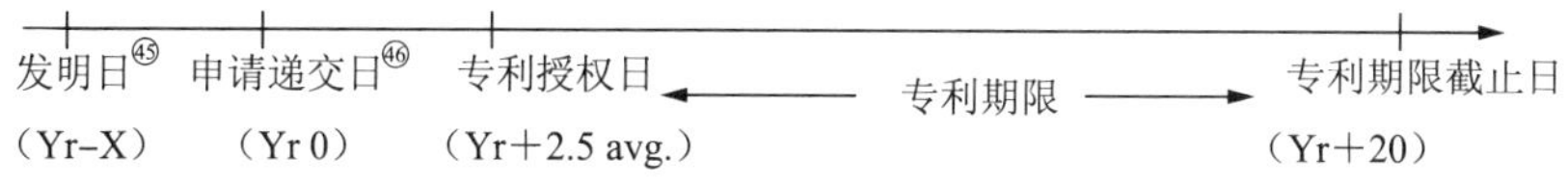

图1.2 典型的美国专利时间表（不按比例）

---

[40] 在 Ricoh Co. v. Nashua Corp., No. 97-1344, 1999 U.S. App. LEXIS 2672, at *8 (Fed. Cir. Feb. 18, 1999) 一案（没有先例），联邦巡回上诉法院将美国关于专利期限的立法变革描述为“有效地解决了‘潜水艇专利’的问题，（所谓‘潜水艇专利’）即在原始申请递交后的很多年里，利用延续申请来要求保护那些在原始申请中被公开但是没有被纳入权利要求的发明内容”）。

[41] 《美国专利法》第154条（a）款（2）项。

[42] 同上，第154条（c）款（1）项。

[43] 同上，第154条（a）款（2）项。

[44] 美国专利商标局发表的 *Performance and Accountability Report Fiscal Year* 2007, at 112 tbl. 4 (2007)，网址为 http://www.uspto.gov/web/offices/com/annual/2007/2007annualreport.pdf［以下简称“USPTO Report FY 2007”］。

[45] 考虑到这个例子的目的，**发明日**可以认为是**将发明创造付诸实践**的日期，也就是说，在该日发明人建立了能够实现该发明创造目标的客观存在的实施例。“Yr-X”用来表示从发明日到专利申请递交日之间的时间长短并不固定，只要该发明创造没有以某些形式在公共领域公开即可。见《美国专利法》第102条（b）款（该条款为在世界任何地方首次取得专利或者首次以印刷的出版物形式公开其发明创造内容，或者首次在美国公开使用或销售该发明创造的专利申请提供了1年的宽限期）。

在某些情况下，**发明日**可以追溯到该发明创造的**构思**日，也就是发明人对该发明创造有了完整可行的构思的日子（并且随后依据该构思付诸实践），只要发明人在将发明创造从构思转化为实践的过程中作出了合理的**努力**即可。见 Mahurkar v. C. R. Bard, Inc., 79 F.3d 1572, 1577-1578 (Fed. Cir. 1996)。

本书第4章（“新颖性及权利丧失（《美国专利法》第102条）”）将对发明日的确定进行详细介绍。

[46] 在本图中所标记的专利申请递交日代表了非临时申请的递交日。有关非临时申请和临时申请的具体内容将在本章H部分（“专利申请过程概览”）进行详细介绍。

由于在现今这种“20年期限”制度中，专利申请被USPTO授权以前的时间会从专利的期限中扣除，所以一个很重要的问题就是，保证专利权人的利益不会因为USPTO而不是专利权人自身引起的延迟而受到损害。因此，1994年的《乌拉圭回合协议法案》，在确立20年专利期限的同时，也在专利法中增加了专利期限调整的概念，以弥补上述延迟。在美国专利法中有关专利期限调整的相关法条为《美国专利法》第154条（b）款。[47]第154条（b）款（1）项（A）目涉及USPTO的准时回复。其规定，如果由于USPTO在专利申请被授权前没有能够按时作为而造成该申请的授权延迟数天，那么专利的期限就应被相应的延长同样地天数。第154条（b）款（1）项（B）目还规定了专利申请从递交到授权的时间不能超过3年。如果由于USPTO的延迟导致专利申请在递交日后3年仍然未被授权，那么专利的期限将被延长的天数就是从该申请递交到被授权的时间扣除3年以后余下的天数。这部分中的延迟不包括因为请求继续审查（RCE）[48]、冲突程序（interference proceeding）、向上诉委员会或者巡回上诉法院上诉或者由专利申请人要求而产生的延迟时间。此外，该条款中所规定的期限调整应扣除由于申请人未能自USPTO发出审查意见之日起3个月内作出回复而产生的延迟。[49] 第154条（b）款（1）项（C）目规定，当申请人在冲突程序、保密命令以及上诉过程中成功的克服了有关可专利性的不利决定后，因这些过程产生的延迟可以通过调整专利期限而得到弥补。

上述任何由于USPTO的延迟而导致的专利期限的调整中应该扣除由于申请人的过失而导致的延迟时间，也就是应该扣除申请人未能“尽合理的努力以促使对该申请审查的完成”而导致的延迟时间。[50] USPTO会对申请人应获得的专利期限调整作出决定，并会将该决定与核准通知书一同发出。[51] 如果专利申请人对于专利期限调整决定有不同意见，可以要

---

[47] USPTO针对2000年5月29日及以后递交的专利申请的相关规则是37 C. F. R. §1.702（2008）（“由于审查的延迟而作出的专利期限调整的根据是1999年的《专利期限保障法案》（于2000年5月29日或以后递交的原始申请，外观设计申请除外）”）。还可见37 C. F. R. §1.703（“由于审查延迟而引起的专利期限调整的幅度”）；37 C. F. R. §1.704（“专利期限调整的幅度的降低”）；以及37 C. F. R. §1.705（“专利期限调整的判断”）。

对于在1995年6月8日和2000年5月28日之间递交的专利申请，可以见37 C. F. R. §1.701的规定（“根据《乌拉圭回合协议法案》规定的由审查延迟所引起的专利期限的延长（从1996年6月8日起至2000年5月28日以前所递交的原始申请，不包括外观设计申请）”）。

[48] 见《美国专利法》第132条（b）款；以及本章H部分（“专利申请过程概览”）。

[49] 见《美国专利法》第154条（b）项（2）项（C）（ii）。

[50] 见《美国专利法》第154条（b）款（2）项（C）（i）。

[51] 见《美国专利法》第154条（b）款（3）项（B）（i）。

求USPTO给予重新考虑[52]，或者可以通过在哥伦比亚特区的联邦法院向USPTO的局长提起民事诉讼来寻求司法审查。[53]

上述由《美国专利法》第154条（b）款规定的专利期限的调整与《美国专利法》第156条所规定的专利期限的恢复是有所区别的。[54]《美国专利法》第156条中的规定是由1984年的《药品价格竞争和专利期恢复法案》的第二部分而引入的[55]，这部法案更广为人知的名字是Hatch-Waxman法案。在美国，医药和医疗公司往往在得到美国食品药品监督管理局（U.S. FDA）最终许可向公众销售产品之前，就已经递交并且获得了新药和新医疗器械的美国专利。

为了持续鼓励药品和医疗器械的研发，Hatch-Waxman法案对专利权期限进行了有限的恢复，以弥补那些在进入市场以前由于联邦法规要求必须取得许可而产生的延迟。因此，根据《美国专利法》第156条要求延长专利期限的专利权人应向USPTO的局长提出申请。[56]

D. 经济考量

专利被描述为"政府对于自由市场经济的大规模干预"，并且"涉及操纵社会成本和利益以增加国民财富"。[57] 没有人会否认专利对我们的经济确实很有影响。专利是由政府创建的有价值的财产权，并且有潜力成为鼓励创新的强大动力。专利不仅影响着产品和服务的供给以及价格，也影响着国际贸易的流向。本节将对与专利相关的一些最基本的经济学原理进行简要的介绍。[58]

---

[52] 见《美国专利法》第154条（b）款（3）项（B）（ii）。

[53] 见《美国专利法》第154条（b）款（4）项（A）。

[54] 见《美国专利法》第156条（"专利期限的延长"）。

[55] Pub. L. No. 98-417, 98 Stat. 1585（1984）。

[56] 《美国专利法》第156条（d）款（1）项。

[57] R. Carl Moy所著的*The History of the Patent Harmonization Treaty: Economic Self-Interest as an Influence*, 26 John Marshall L. Rev. 457, 473（1993）。

[58] 对于希望了解更多有关专利制度所带来的经济方面影响的读者，可以关注由美国司法部和美国联邦贸易委员会联合举办的"知识经济中的竞争与知识产权政策法规"（Competition and Intellectual Property Law and Policy in the Knowledge-Based Economy）2002系列听证会。在这次听证会上展示了一些有关该问题的学术性思考。2002年2月20日、25日和26日发表的有关"知识产权、竞争和创新的经济思考"的证词和演讲，可以在网络上获取。Federal Trade Commission, *Schedule of Hearings*, 网址为http://www.ftc.gov/opp/intellect/detailsandparticipants.shtm（最后访问时间2008年9月19日）［以下简称"FTC/DOJ Hearings"］。由这些听证会所产生的最终报告名为"联邦贸易委员会，为了促进创新：竞争与专利政策法规之间的妥善平衡"（2003）（Federal Trade Commission, To Promote Innovation: The Proper Balance of Competition and Patent Law and Policy），网址为http://www.ftc.gov/os/2003/10/innovationrpt.pdf获取［以下简称"FTC Report"］。

1. 专利是垄断吗?

法院和评论家们有时候以轻蔑的语气将专利称为“垄断”，暗示专利权是用于反竞争目的的。[59] 然而，更妥善的看法是将专利视为由政府赋予的、具有时间限制的、潜在的垄断权利，从社会的角度来看，专利可以发挥“好的”也可以发挥“不好的”作用。[60]

在女王伊丽莎白一世统治英国的时候，专利被作为私人交情送给皇家密友。[61] 例如，女王可能授予一名皇室亲友销售盐的独占权，授予另一名亲友售醋的独占权，又可能授予另一名亲友销售纸牌的独占权。这样的专利的确是“不好的”或者说是“令人厌恶的”垄断，因为他们独占了公众之前本可以从众多供应商处广泛获得的商品。由于这些“基本”商品的来源变成了唯一的（专利权人），这些商品的价格也就随之上涨，所供应的数量也随之下降。这种所谓的“专利”鼓励的仅仅是某些个人对于皇室的忠诚而不是创新。

今天的专利与伊丽莎白女皇给予她亲友的那种皇家特权是截然不同的。当代的专利所蕴含的是禁止他人制造、销售、许诺销售、使用或者进口具备“新颖性”和“创造性”的发明创造的权利。[62]由此可见，当代的专利仅仅有权控制新技术的贡献，而不具备将现有技术从公众那里夺走的能力。专利不会从公众那里拿走任何早已属于公众的发明创造。

现如今法律上所担心的那种有害的专利独占，是以反对竞争为目的来行使专利权的情形，也就是专利权的行使违反了美国反垄断法（包括《谢尔曼法案》）的情形。[63] 正如本书将在第 10 章（“专利侵权抗辩”）中将详细介绍的，违反反垄断法的前提必须是具有“市场支配能力”的专利权人采取了违反竞争的行为。但是，当代的反垄断法也承认，仅仅拥有专利权并不一定意味着拥有构成违反《谢尔曼法案》必需的

---

[59] 见如 Jamesbury Corp. v. Litton Indus. Prod., Inc., 756 F. 2d 1556, 1559 (Fed. Cir. 1985)（劝诫地区法院陪审团有关“必须‘保护’公众免于‘垄断’的指令并无法律基础，并且很有可能是带有偏见的，应该避免这种偏见”）。

[60] 见 Giles S. Rich 所著的 *Are Letters Patent Grants of Monopoly*?, 15 W. New Eng. L. Rev. 239, 251 (1993)。

[61] 同上，at 241 - 242。

[62] 本书第 4 章和第 5 章将对有关新颖性和非显而易见性的法定要求进行详细介绍。

[63] 15 U. S. C. § §1 及其随后的条款。反垄断指控涉及《谢尔曼法案》第 2 部分中的单方面行使专利权，并规定垄断以及试图垄断“州与州之间或者各州与外国之间交易或者贸易”都是违法的。15 U. S. C. §2。还可见本书第 10 章 F 部分（“反垄断反诉”）。

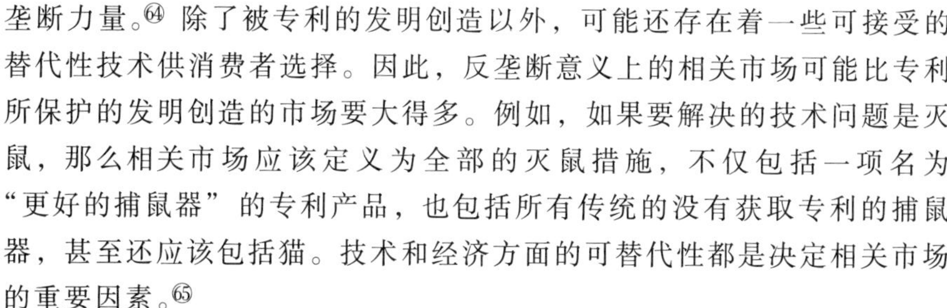

垄断力量。[64] 除了被专利的发明创造以外，可能还存在着一些可接受的替代性技术供消费者选择。因此，反垄断意义上的相关市场可能比专利所保护的发明创造的市场要大得多。例如，如果要解决的技术问题是灭鼠，那么相关市场应该定义为全部的灭鼠措施，不仅包括一项名为“更好的捕鼠器”的专利产品，也包括所有传统的没有获取专利的捕鼠器，甚至还应该包括猫。技术和经济方面的可替代性都是决定相关市场的重要因素。[65]

2. 专利的成本/收益分析

美国的法律制度确认并执行专利权的决定，为其带来了一定程度的社会成本和收益。对于成本和收益这两个方面理解及认识，是全面了解专利制度的重要前提。[66]

a. 成　　本

专利制度给公众带来了一系列的短期成本或者说是负担。这一点在微观经济学的层面就可以看出来，没有专利产品的完全竞争市场[67]与由某个人掌握了这些产品专利的市场形成了鲜明的对比。专利权的引入，将

---

[64] 见美国司法部的规章 *Antitrust Guidelines for the Licensing of Intellectual Property* 4, at §2.2 (1995)，网址为 http://www.usdoj.gov/atr/public/guidelines/0558.pdf。还可以见 Richard A. Posner 所著的 *Transaction Costs and Antitrust Concerns in the Licensing of Intellectual Property*, 4 J. Marshall Rev. Intell. Prop. L. 325, 329 (2005)，网址为 http://www.jmripl.com/Publications/Vol4/Issue3/posner.pdf（称专利的“垄断性”实施是“令人遗憾的”，因为其“将一种排他性权利与经济上的垄断混为一谈”）。

[65] 见 Unitherm Food Sys., Inc. v. Swift-Eckrich, Inc., 375 F.3d 1341, 1364 (Fed. Cir. 2004)。

[66] 对专利经济影响的经典研究是 Staff of Subcomm. on Pat. Trademark & Copyright of the Comm. on the Judiciary, 85th Cong., An Economic Review of the Patent System (Comm. Print 1958) (prepared by Fritz Machlup pursuant to S. Res. 236)。其他有关专利法经济学的重要作品还包括 Ward S. Bowman, Jr. 所著的 *Patent and Antitrust Law: A Legal and Economic Appraisal* 15-32 (1973)，以及 F. M. Scherer 所著的 *Industrial Market Structure and Economic Performance* 379-399 (1970)。

在 2002 年由美国司法部和美国联邦贸易委员会联合主办的题为“知识经济中的竞争与知识产权政策法规”（Competition and Intellectual Property Law and Policy in the Knowledge-Based Economy）公共听证会上，发表了很多更近期的有关专利制度经济学研究的学术作品。见脚注 58 中的 FTC/DOJ Hearings。由 Bronwyn H. Hall 所著的 *Testimony for the FTC/DOJ (Antitrust) Hearings on Competition and Intellectual Property Law in the Knowledge-Based Economy* (Feb. 26, 2002) 是对有关专利制度影响创新的近期研究的有益总结，网址为 http://www.ftc.gov/opp/intellect/020226bronwynhhalltest.pdf.

[67] 完全竞争市场是一个经济学上的概念，指的是在“完全”竞争状态运作的一种假象市场，在这样的市场中有大量的企业，但没有一个企业能够影响市场价格，并且所有的企业都拥有“完全”市场信息。更多有用的微观经济学概念见 Economist.com, Economics A-Z, http://www.economist.com/research/economics/（最后访问时间为 2008 年 6 月 27 日）。

导致产品的供给量相对于完全竞争市场的供给量有所减少，也会导致产品的价格相对于完全竞争市场中的定价有所提升。[68]

创建和维护专利制度也会产生一定的管理成本。作为美国商务部下属机构的美国专利商标局，是负责颁发专利的联邦政府机构。作为历史最悠久的联邦政府机构之一，USPTO 在 2007 财政年度的全职员工人数为 7 000名[69]，全年的运营预算大约为 18 亿美元。[70] 值得称道的是，USPTO 这些年在经费方面一直都是“自给自足”的，而议会常常会把 USPTO 的收入转给其他政府机构支配。[71]

专利制度的另一项成本就是不同机构在相同的技术领域进行的重复的、相交叠的研发开销。一项发明创造只能获得一项美国专利。在当前的美国专利制度之下，专利将颁发给在先的发明人。[72] 在后的发明人，尽管独立开发出相同的发明创造，仍然不能获得专利，且一般来说需要从在先发明人处获得许可，以避免侵权责任。因此，从经济学的角度来看，在后发明人对相同的发明创造所进行的研发工作将被视为重复和浪费。[73]

专利制度给社会增加的成本还包括，因为他人拥有的现存专利而放弃的研究和开发。这些现存的专利可能是有效也可能是无效的。就像“稻草人”一样，有效性存在问题的现有专利可能会成为他人在相同领域进行继续开发的阻碍。当一项无效的专利这样被执行的时候，社会所承

---

[68] 有关专利法的微观经济学介绍见 Paul E. Schaafsma 所著的 *An Economic Overview of Patents*, 79 J. Pat. & Trademark Off. Soc'y 241 (1997)。

[69] 美国专利商标局公布的 *Out Business*: *An Introduction to PTO*, http://www.uspto.gov./web/menu/intro.html（最后访问时间为 2008 年 6 月 27 日）。

[70] 脚注 44 中的 USPTO Report FY 2007, at 2（报告了截至 2007 年 9 月 30 日“可供花销的预算资源”）。

[71] 见知识产权所有人协会（Intellectual Property Owners Ass'n）公布的 *Adequate Funding for the USPTO and Ending Fee Diversion*, http://www.ipo.org/AM/Template.cfm? Section = Home&Template = /CM/ContentDisplay.cfm&ContentID = 3360（最后访问时间为 2009 年 9 月 9 日）（指出“自 1990 年以来，有 7.5 亿美元的 USPTO 用户费被用于不相关的政府项目……”）。

[72] 《美国专利法》第 102 条（g）款（1）项。美国的“先发明”制度有别于世界上其他国家所采用的“先申请”制度。见本书第 12 章（“国际性的专利事务”）。然后，如果 2007 年 4 月在参众两院的立法提案能够通过的话，将改变美国的先发明制度。见 2007 年专利法修正草案（Patent Reform Act 2007），H. R. 1908, 110th Cong. §3 (2007)；S. 1145, 110th Cong. §3 (2007)。

[73] 在过去，美国专利申请在授权前都是处于不公开状态的。这样的情况加剧了前面提到的浪费的、重复性的研发开销问题。研发人员无法通过专利说明书的公开来了解其竞争对手正在从事的研发内容，除非竞争对手的专利被授权。这种不公开所导致的问题随着 1999 年美国《发明人保护法案》的通过而得到了缓解。该法案规定大多数的美国专利申请都要在申请日起 18 个月进行公开。见《美国专利法》第 122 条（b）款以及本章 H 部分（“专利申请过程概览”）。

担的成本就是丧失了原本可能产生的潜在的重要创新。[74]

诉讼开销是专利制度的另一成本，特别是当侵权并非故意时。[75] 只有一小部分专利会涉及诉讼，但是只要是涉及诉讼就会是一个漫长而昂贵的过程。例如，在2007年，具有中等风险度的专利侵权诉讼案，平均的诉讼成本约为250万美元。[76]

尽管律师费和诉讼费都是由当事人给付的，但是公众在其中仍然承担了一定的成本，因为司法系统是由税收来支持的。另外，分配给冗长的专利案件的司法资源，对于其他类型的案件来说是望尘莫及的。因此，决策者对于专利诉讼的高额成本的顾虑日渐增多。[77]

b. 收　　益

在衡量专利制度的成本的时候一定要考虑到这个制度带给公众的很多重要收益。正如亚伯拉罕·林肯曾经说的，专利制度"为天才之火浇上了利益之油"。[78] 从根本上来说，专利制度是一种激励制度。专利所代

---

[74] 与此相反的一种观点是专利"勘探理论"（prospect theory of patents）。见 Edmund W. Kitch 所著的 *The Nature and Function of the Patent System*, 20 J. L. & Econ. 265 (1977)。Kitch 将专利权类比为美国19世纪的采矿请求权，那个时候的采矿请求权是给予最先到达现场的请求人在其所请求的所有区域里采矿的一种排他性权利。Kitch 认为，给予最先发明某种技术的发明人涵盖很宽范围的专利权，会提高而不是降低，对于该技术进行后续改进的激励，并且会更好地服务于社会。Kitch 将技术创新的过程描述为"开采蕴藏了各种矿产资源的一系列矿山"，或者"开发已知技术可能性的机会"。同前，at 266。因为每一座矿山都可能有多个企业想在那里开发，只有存在一种机制能够确保"以有效速度和有效数量来分配所有的矿山所蕴藏的资源"的时候，开发过程才能够是有效率的。同前。Kitch 认为，专利制度的作用就相当于"在一座矿山被发现以后，授予发现他的人对该矿山的排他性和公示的所有权。"同前。

[75] Bessen 和 Meurer 教授的解释是，关于当专利不能就什么样的行为是允许、而什么样的行为是不允许而提供清楚、直接的公示时，就会发生非故意侵权。见脚注27中所引用 Bessen & Meurer, at 147（随着时间的推移，研究者发现，"在不同的技术领域，非故意侵权在专利侵权诉讼中都扮演着重要的角色。简言之，缺乏明确的界定及其所引发的非故意侵权是导致专利无法为积极创新提供激励的核心"）。

[76] 见 American Intellectual Property Law Association, Report of the Economic Survey 25 (2007)（这个调查的结果是基于侵权诉讼标的在100万~2 500万美元的专利诉讼进行的）。AIPLA 的调查结果是，这样的案件从诉讼开始到"开示程序结束"所需费用的中间值约为125万美元，而"全部费用"的中间值约为250万美元。对于诉讼标的低于100万美元的专利侵权案件，从诉讼开始到"开示程序结束"的费用中间值和"全部费用"的中间值分别为35万美元和60万美元。对于诉讼标的高于2 500万美元的专利侵权案件，从诉讼开始到"开示程序结束"的费用中间值和"全部费用"的中间值分别为300万美元和500万美元。

[77] 见脚注58中的 FTC Report, ch. 5, at 2, 3, 25。

[78] 亚伯拉罕·林肯的这番话被刻在了位于华盛顿的美国商务部办公楼的大门上。USPTO 作为美国商务部的下属机构，其办公地点也曾经在这栋大楼里，但是目前已经迁至弗吉尼亚州北部。

表的这种带有时间限制的排他性权利，对于新发明创造的产生是莫大的激励，而社会也将从中得利。[79]

在专利权存在的不同阶段，可以看到专利制度存在和对于这种制度的认可所带来的特定收益。在大多数情况下，专利申请会自美国的最先申请日起 18 个月公开，[80] 而该项专利申请中所公开的信息也就为公知领域增添了更多的内容。美国专利法要求专利申请所公开的内容具备**可实施性**，也就是他人无须过度实验，就可以（在专利权人的许可之下或者专利到期后）制造和使用这项发明创造。[81] 专利对于新的技术信息的传播起着重要的作用。只要专利申请一公布，公众就可以对其中所包含的信息进行阅读、研究以及学习。有些人甚至可能会尝试“围绕”该专利进行开发，即开发能够达到与该专利相同目的的装置和方法，而这种装置或方法又与该专利存在着足够的区别，从而可以避免侵权。当一项专利在美国被**实施**或（使用）的时候，即专利权人和/或被授权人在专利期限届满前在美国确实制造并且销售了该专利产品的时候，美国本土经济也会从中受益。这种行为会产生买卖，创造工作机会，也会带动投资。一项专利到期以后就会进入公知领域，届时任何人都可以制造和使用这项发明创造（只要这种制造和使用不被其他的专利、政府规定或者其他因素所限制）。

功利主义理论（如下所述）的观点认为，为了获得上述长期收益，作为代价就必须要承担专利制度所带来的短期成本。然而，数十年来，一直困扰着经济学家们的问题就是如何确定激励和回报之间的精确平衡。从专利的保护范围和时间上来讲，到底给予专利什么程度的保护才是“最优”，才能引发“适当”程度的发明创造？学者就此问题进行了长期的辩论，[82] 但也许永远也不可能得到彻底的解决。非常可能的是，针对不同类

---

[79] 一些学者质疑传统观点，认为专利所有权所蕴含的排他性只是“专利权私有价值的开端”。Clarisa Long 所著 *Patent Signals*, 69 U. Chi. L. Rev. 625, 627 (2002)。Long 教授将专利视为“一种可信的信息公布途径”，“从而可以减少专利权人和观测者之间的信息不对称”。她认为，在某些情况下，专利传达其所有者信息的能力可能比排他性权利的本质更有价值。同前，at 627 – 628。

[80] 见《美国专利法》第 122 条（b）款。18 个月公开的机制是 1999 年美国发明人保护法案带给美国专利制度的最主要的改变。在这之前，美国的专利申请在最终被授权以前都是处于保密状态的。见本章 H 部分（“专利申请过程概览”）。

[81] 《美国专利法》第 112 条；又见 In re Wands, 858 F. 2d 731, 737 (Fed. Cir. 1988).

[82] 见如 Frederic M. Scherer 所著的 *Nordhaus' Theory of Optimal Patent Life: A Geometric Reinterpretation*, 62 Am. Econ. Rev. 422 (1972); William D. Nordhaus, Invention, Growth, and Welfare: a Theoretical Treatment of Technological Change (MIT Press, Cambridge 1969)。

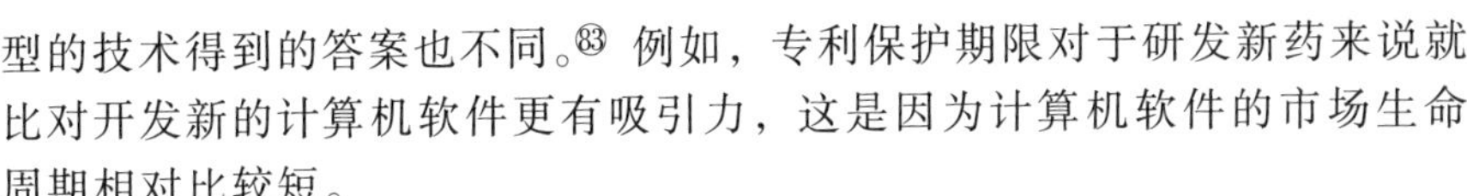

型的技术得到的答案也不同。[83] 例如，专利保护期限对于研发新药来说就比对开发新的计算机软件更有吸引力，这是因为计算机软件的市场生命周期相对比较短。

E. 专利保护的哲学原理

学者们确定了保护包括专利在内的知识产权的四项基本理论/原理。[84]“自然权利”（natural rights）以及“服务报酬”（reward for services rendered）理论是建立在根本公平性以及公平对待作出创新的个体这两个概念之上的。相对地，“垄断利润激励”（monopoly profits incentive）以及“换取秘密”（exchange for secrets）两项原理被认为是“功利主义”或者是注重经济利益的理论。功利主义的着眼点是追求全社会的福祉，而不是着重犒赏发明人个体。一般的观点认为，美国专利制度所遵循的是功利主义理论而不是自然权利原理。

1. 自然权利

对于欧洲大陆的知识产权制度有着重大的影响的自然权利（或“伦理”）说，是基于17世纪的英国哲学家约翰·洛克（John Locke）所提出的“劳动财产”理论。[85] 洛克认为，上帝将世界赐给人类所“共有”，所有的人对于自己的身体和自身的劳动都享有财产利益。当一个人的劳动与人类共有的物体混合在一起，那么这个物体就成为这个人的财产。例

---

[83] 一项由卡耐基梅隆大学进行的有关美国制造业领域的研发实验室的调研显示，对于专利对于药品行业创新的刺激远大于其他行业。由 Wesley M. Cohen 等人所著的 *Protecting Their Intellectual Assets: Appropriability Conditions and Why U. S. Manufacturing Firms Patent (or not)* (Nat'l Bureau of Econ. Research, working Paper No. 7522, 2000)，网址为 http://www.nber.org/papers/w7552.pdf。卡耐基梅隆大学的研究在 Wesley M. Cohen 所著的 *Patents: Their Effectiveness and Role* (Feb. 20, 2002) 中有所总结，网址为 http://www.ftc.gov/opp/intellect/cohen.pdf［以下简称“Cohen 2002”］（这些内容是为 FTC/DOJ 关于在知识经济中的竞争与知识产权法听证会所准备的）。Cohen 教授发现“复合性产品产业中”通常有多项专利对产品（如计算机或者通信设备）进行保护，而在“分离性产品产业”相对来说对产品（如药品和化学产品）进行保护的专利就没有那么多。同前，at 13。在复合性产品产业中，由一家企业拥有一项产品（例如计算机）中的全部专利权是不大可能的。因此，企业之间需要彼此依赖，并且很可能的情况是利用自身的专利来确保能够加入到交叉许可的谈判中，旨在从竞争对手那里获得补充性的技术。同前，at 14。相反，在分离性产品产业中，专利是用来建立“专利围墙”以阻挡替代性产品的产生，而不是用来迫使双方进行交叉许可的。

[84] 对于知识产权法律的哲学基础的最重要的研究包括 Edwin C. Hettinger 所著的 *Justifying Intellectual Property*, 18 Phil. & Pub. Aff. 31 (1989)；Justin Hughes 所著的 *The Philosophy of Intellectual Property*, 77 Geo. L. J. 287 (1988)；以及 Edith Tilton Penrose 所著的 *The Economics of the International Patent System* (Baltimore: Johns Hopkins Press, 1951)。

[85] John Locke, Second Treatise of Government, ch. V, §27 (1690).

如，一个人从公园里拾了一堆橡栗，这个人将其劳动与橡栗混合在一起。这样的行为使得这个人在这堆橡栗中产生了财产利益。如果另一个人未经允许拿走这些橡栗，就构成了偷窃。然而，这个例子中捡拾橡栗的人必须没有试图占有全部的橡栗，洛克理论的限制性条件就是，个人所有权的成立是建立在为其他人保留了“足够并且良好”的共有部分的前提上的。另外，这个人也不可以从社会共同财产中提取超过其使用量的共有财产（洛克理论中的“无浪费条件”）。

将洛克理论应用于知识产权所产生的一些问题是，被赋予的财产权看起来是永久的，并且永远不会使知识产权回归到公共领域。自然权利理论并没有解决平衡财产权与提高公共领域知识水平之间关系的核心问题。洛克理论也没有能够解决多个创新者之间的权利分配问题。当代学者意识到，发明创造产生的过程是一个积累的过程，[86] 也就是一个发明人的工作通常是在前人的发明创造上面建立起来的。[87]

2. 服务报酬

第二种将知识产权划为财产权的原理，把知识产权定位成服务报酬。这种理论认为发明人向社会提供了有用的服务，社会就应该给予报酬。发明人有权得到报酬，社会从道义上讲也有义务根据发明创造对社会的作用，给予发明人相应的报酬。

服务报酬理论的一个问题是并不对偶然的发明创造给予报酬，而只奖励有意识的努力和刻苦工作。服务报酬理论的另一个问题是，认为**专利权人**在市场上能够得到的价格是衡量其对社会作出贡献的恰当手段。而实际上，价格反映了专利权人是获得专利产品的唯一源头，从而在定价时也不用满足竞争需要的事实。要想理解为什么说专利权人基于其发明创造所取得的价格并不总能精确的反映其社会功效，可以参考那些“超越其所在时代”的发明创造。这些发明创造最终被认为对社会具有重要的意义，但是它们在刚刚进入市场的时候，因为“道德”或者其他的原因，并没有得到社会的认可，甚至遭到指责，避孕用品就是一个例子。相反的，另一些发明创造可能会在市场上被过高的估价，远高于它们对于社会的本来价值，就像能够揭示心情的首饰或者会长草的泥质小动物

---

[86] 见如 Arti K. Rai 所著的 *Fostering Cumulative Innovation in the Biopharmaceutical Industry: The Role of Patents and Antitrust*, 16 Berkeley Tech. L. J. 813（2001）；Clarisa Long 所著的 *Patents and Cumulative Innovation*, 2 Wash. U. J. L. & Pol'y 229（2000）；Suzanne Scotchmer 所著的 *Standing on the Shoulders of Giants: Cumulative Research and the Patent Law*, 5 J. Econ. Persp. 29（1991）。

[87] 牛顿（Isaac Newton）在谈到他在发明方面的天才时说，“如果说我看得比别人更远些，那是因为我站在巨人的肩膀上”。The Columbia World of Quotations No. 41418（Robert Andrews et al. eds. 1996），网址为 http://www.bartleby.com/66/18/41418.html。

这类“一时流行”的产品一样。

3. 垄断利润的激励

垄断利润激励原理认为创新是有利于社会的，并且认为（目前）给予专利20年的独占性保护期，是能够为社会带来最佳革新水平的正确激励方式。经济学家们在20年的期限是否有道理的问题上各持己见。针对不同类型的技术所得到的答案也不同。[88] 对于药品行业来说，20年的保护期被认为是绝对必要的，而对于计算机软件或者商业方法领域来说，20年的保护期就不一定能够带来最佳的革新水平了。其实在很多情况下，“先行一步的优势”对于在这些技术领域产生创新的刺激已经足够了。联邦快递的例子就见证了这一点，新颖的一夜速递模式为运输行业带来了革命性的影响，而联邦快递并没有为这种方法申请专利。

4. 换取秘密

换取秘密原理认为大多数创新都会被作为秘密保护起来，除非是在专利制度的激励下才会公开。根据这种理论，专利制度被描述为一种交换条件（*quid pro quo*），或者说是讨价还价的筹码，发明人在有限的时间内获得禁止他人利用其发明创造的权利，而作为交换，发明人必须公开如何制造和使用其发明创造，且必须保证在专利过期后他人能够根据公开的内容实施该发明创造。

对于换取秘密理论的批评是，这种理论没有考虑到创新的“成熟时间”这个概念。这种批评理论认为，多名发明人常常在相同的时间针对同一问题进行研发，并且如果其中一个发明人没有找到并且也没有公开其解决方案，那么其他人可能很快也会找到解决该问题的办法。例如，在 *Kewanee Oil Co. v. Bicron Corp.* 案[89]中，美国最高法院的判决指出，联邦专利法并不优先于州营业秘密法，如果 Watson and Crick 没有开发出 DNA 的双螺旋结构，那么很有可能 Linus Pauling 就会将其开发出来。[90] 因此，秘密交换理论中认为需要专利制度来确保发明创造的公开，否则这些发明创造就会被作为秘密保留起来的说法，就值得推敲了。

---

[88] 见脚注83中所提到的 Cohen 2002。

[89] 416 U.S. 470 (1974).

[90] 见脚注89中所引用的案件，at 491 n. 19。最近的学术研究显示，作为 James Watson，Francis Crick，和 Maurice Wilkins 的合作者，X 射线结晶学家 Rosalind Franklin 在 DNA 的双螺旋结构的发现过程中也扮演了重要的角色，但却鲜为人知。一般见 Brenda Maddox，Rosalind Franklin：The Dark Lady of DNA（Harper Collins 2002）；Anne Sayre，Rosalind Franklin and DNA（2d ed. W. W. Norton 2000）。在37岁的 Franklin 因卵巢癌病逝4年以后，Watson，Crick 还有 Wilkins 在1962年因为发现了 DNA 的双螺旋结构而获得了诺贝尔奖。见 Merry Maisel & Laura Smart，San Diego Supercomputer Center，Women in Science：A Selection of 16 Significant Contributors 3（1997），网址为 http://www.sdsc.edu/ScienceWomen/GWIS.pdf（“分子生物学家的先驱 Rosalind Elsie Franklin（1920—1958）”）。

针对这种对专利制度的批评的一种回复是，尽管两个或者多个发明人可能会对相同的发明创造在同时进行着平行开发，但这两个发明人很有可能都会将其研发的成果作为秘密保留起来。在没有专利制度的情况下，从经济学的角度来讲，所有人都有可能将自己的发明创造作为秘密保留起来。因此，从经济学角度来讲，如果将开发结果作为秘密保留对于所有人来说是更加可行的选择的话，那么平行开发就不一定能确保对发明创造的公开。在很多情况下，专利制度代表了一种经济学角度的激励，足以克服将发明创造作为营业秘密保护起来的吸引力，从而以一种具有时限的排他性权利作为代价换取对新发明创造的公开。[91]

F. 美国专利法的主要来源

美国专利法的3个主要来源是：（1）美国宪法；（2）成文法中的联邦专利法；（3）联邦法院解释并应用这些法规的判决。[92]

1. 宪　　法

议会建立专利制度的权力源于美国宪法中的知识产权（IP）条款。知识产权条款记载于《美国宪法》第1条第8款，该款明确规定了议会的权力，除此之外还规定了收税的权力，为国防进行准备的权力，等等。

知识产权条款比第8款中的其他条款更加详细，规定了议会有权

> 为促进科学和实用技艺的进步，在一定时间内给予作者和发明人排他性权利，以保护其作品和发明。[93]

知识产权条款（有时也被称为“进步条款”）有着有趣的平行结构，将议会的两项权力融合在同一条款之中——建立专利制度的权力和著作权制度的权力。在知识产权条款于1787年被核准的时候，“科学”这个词比今天有着更宽泛的含义。在当时，“科学”一词是知识和学问的总称。[94]从而在知识产权条款中，“科学”一词被认为所指代的是可以被授予著作权的客体。“实用技艺”被认为所指代的是可被授予专利权的客体，这是因为“技艺”的含义是“技术”或者“工业”。因此，知识产

---

[91] 本书作者对 Tim Holbrook 教授就此观点所提供的深刻见解表示感谢。

[92] 除了这些本国法源以外，其他国家的专利法以及有关外国申请和实施专利的多国条约和协议对于美国专利法都有着很强的影响。本书第12章将专门对这些国际专利问题进行讨论。

[93] U. S. Const. , art. I, §8, cl. 8.

[94] Edward Walterscheid 所著的 *The Nature of the Intellectual Property Clause: A study in Historical Perspective* (*part* 1), 83 J. Pat. & Trademark Off. Soc'y 763, 781 (2001); Giles S. Rich, The "Exclusive Right" Since Aristotle, Address at the Foundation for a Creative American Bicentenial Celebration (May 9, 1990), *reprinted in* 14 FED. CIR. B. J. 127 (2004 – 2005)。

权条款中与著作权相关的部分规定，为促进“科学”的发展，“作者”应该被授予一项具有时限的排他性权利，以保护其“作品”。而知识产权条款中与专利相关的部分则规定，为促进“实用技艺”的发展，“发明人”应当被授予一项具有时限的排他性权利，以保护其“发明”。

尽管知识产权条款赋予了议会权力，但最高法院也将该条款解释为对于议会在实现“促进科学和实用技艺发展”这个宪法目标过程中的职权限制。议会所建立的专利制度不可以授权给已经存在于公共领域的现有技术，也不能授权给现有技术的显而易见的延伸。正如最高法院在审理 *Graham v. John Deere Co.* 案[95]时所作出的具有标志性意义的判决中所说的：

> 议会在行使专利权力的时候不可以超越宪法所规定的限制。也不可以对创新、革新或者由此获得的社会效益都不加考虑，就扩大专利的垄断性。另外，议会所建专利制度的效果不能是把公共领域的现有技术据为己有，或者是限制对现有产品的使用。专利制度所保护的客体必须是创新、革新以及有用的知识，正如宪法中所要求的，这些客体必须能够“促进实用技艺……的进步”。[96]

2. 联邦法律法规

根据宪法的授权，美国议会在1790年建立了第一部联邦专利法。[97]在这次立法后的头3年里，对专利申请的审查是实质审查，也就是将专利申请与在先开发的技术（**现有技术**）进行比较，从而确定该申请要求获得专利的发明创造是不是新的并且是有用的。然而，很快议会就发觉进行这样的实质审查所带来的行政负担过大，于是就在1793年的专利法案中，对美国的专利制度进行了修改，不再基于现有技术对专利申请进行实质审查，而是改为形式性的“注册”制度。后来，这种注册制度遭到了强烈批评，指责这种制度授权产生了很多原本无效的专利。于是，在1836年的专利法案中，议会又将专利制度修改为今天仍在沿用的实质审查制度。

美国专利法随后的两次重要修改包括1870年以及1952年的专利法案。1870年的专利法案要求所有专利都必须包括权利要求，即以单句来定义专利权人的排他性权利范围。[98] 1952年的专利法案修改后的形式就

---

[95] 383 U. S. 1 (1996) . 本书第5章（“非显而易见性要求（《美国专利法》第103条）”）将对 *Graham* 案这件有分水岭意义的案件进行详细的分析和讨论。

[96] 383 U. S. 1 (1996), at 1.

[97] 1790年4月10日生效的法案，ch. 7, 1 Stat. 109。

[98] 见本书第2章（“专利权利要求”）。

是今天的美国专利法。Giles S. Rich（当时的律师，后来成为法官）和 Pasquale J. Federico（USPTO 官员）是这部法案的起草者。[99] 在1952年的专利法案中第一次规定了有关**非显而易见性**的要求，该要求体现在《美国专利法》第103条中。[100] 此外，1952年的法案还首次对**直接侵权**、**诱导侵权**以及**协助侵权**进行了相关规定，分别体现在《美国专利法》第271条（a）款至（c）款中。[101]

《美国法典》第35编的内容是有关专利的法定条款，其直接影响着USPTO工作，同时也通过USPTO的规章得以实施。这些规章（有时也被称为USPTO"rules"）对应《联邦规章汇编》（C. F. R.）第37编。USPTO还发行了《专利审查指南》（*Manual of Patent Examining Procedure*，MPEP），这是一部供专利审查员使用的内部操作手册。[102] MPEP对于专利从业人员和法院来说都是非常有用的资源，但是其并不具有法律的效力。

3. 案 例 法

从1982年起，解释专利法律法规的主要决策机关是下面我们将要具体介绍的美国联邦巡回上诉法院（U. S. Court of Appeals Federal Circuit，CAFC）。联邦巡回上诉法院（CAFC）会组成3名法官的合议庭对专利案件的上诉进行审理。巡回法院合议庭作出的在先判决对于在后案件的审判来说是具有约束力的在先判例，并且只有在该法院全体法官出席（CAFC所有处于"活跃"状态的法官，目前共计12名）的审判中才可以改法或者推翻现存的在先判例。[103] 联邦巡回上诉法院还接受两家法院的判决作为有约束力的先例，也就是由现在已经不存在的美国海关和专利上诉法院（Court of Customs and Patent Appeals，CCPA）以及权利申诉法院（Court of Claims）所作出的上诉判决，申诉法院现化身为特殊的初审法院叫做联邦权利申诉法院（Court of Federal Claims）。[104]

美国最高法院很少会复核联邦巡回上诉法院对专利案件的判决。但是，一旦最高法院提审，那么最高法院的判决对联邦巡回上诉法院就有

---

[99] 尽管不是官方的"立法史"，但Federico所著的*Commentary on the* 1952 *Patent Act*，35 U. S. C. A. 1（1954 ed.）*reprinted at* 75 J. Pat. & Trademark Off. Soc'y 161（1993）仍然被联邦巡回上诉法院认为是"对于理解法案起草者的立法意图来说无比珍贵的深刻见解"。Symbol Techs.，Inc. v. Lemelson Med.，277 F. 3d 1361，1366（Fed. Cir. 2002）。

[100] 本书第5章的主题就是《美国专利法》第103条所规定的非显而易见性要求。

[101] 本书第9章会对这些专利侵权理论进行详细介绍。

[102] MPEP有电子版本，网址为 http://www. uspto. gov/web/offices/pac/mpep/mpep. htm 这是第8版并于2008年经过第7次修改的版本。现行的版本已经是于2010年7月经过第8次修改的版本。——编者注

[103] 见 Fed. Cir. R. 35（a）（2008）。

[104] South Corp. v. United States，690 F. 2d 1368，1369（Fed. Cir. 1982）.

具有约束力。[105]

G. 专利案件的司法主管机关

在专利案件中，一系列不同的行政以及司法机关拥有决策权。总的来说，USPTO负责专利申请的审查和授权，被授权的专利随后在美国联邦法院系统中得以执行（或者被质疑）。在下文中我们将对图1.3所示的裁判构架进行进一步的介绍。

---

[105] 自1996年以来由美国最高法院作出的著名的专利案件判决包括：Quanta Comp., Inc. v. LG Elecs., Inc., 128 S. Ct. 2109（2008）（认为专利权利用尽原则同样适用于方法专利；LG公司基于Quanta公司及其他计算机制造公司组合使用Intel公司获得专利许可的产品以及非Intel出品的存储器和总线的事实而起诉这些公司侵犯其专利的权利，在Intel公司销售"体现"了LG公司方法专利并获得专利许可的计算机微处理器以及芯片组以后就被用尽了；KSR Int'l Co. v. Teleflex, Inc., 550 U.S. 398（驳回了联邦巡回上诉法院在分析涉案专利相对于对比文件组合的非显而易见性时过分死板的应用了"教导/启示/动机"的判断标准的判决）；Microsoft Corp. v. AT&T Corp., 550 U.S. 437（2007）（认为Microsoft出口载有Windows软件的"母盘"用于在海外制造的计算机上复制并安装该软件的行为并没有引发《美国专利法》第271条（f）款所规定的侵权责任，该条款禁止将美国专利保护的发明创造的"组成部分"出口用于在美国境外进行"组装"；MedImmune, Inc. v. Genentech, Inc., 549 U.S. 118（2007）（认为事项管辖适用于由被许可人所提出的、挑战被许可专利有效性、可实施性和是否被侵权的确认之诉；即便被许可人为了保护自己的目的已经给付了许可费用，仍然可以根据《美国宪法》第3条向法院提出诉讼）；eBay, Inc. v. MercExchange, L.L.C., 547 U.S. 388（2006）（在判断是否将永久禁令作为专利侵权纠纷的救济时，最高法院适用了衡平法法院传统的四要素标准；认为联邦巡回上诉法院在涉案专利被宣布有效并且侵权事实成立后断然发出永久禁令是错误的）；Ill. Tool Works, Inc. v. Indep. Ink, Inc., 547 U.S. 28（2006）（认为当销售商将购买第2项产品（被搭售产品）作为向客户销售第1项产品（搭售产品）的附加条件时，第1项产品受专利保护并不一定意味着具备反垄断法意义上的市场势力）；Merck KgaA v. Integra Lifescience I, Ltd., 545 U.S. 193（2005）（就有关管理药物检测的《美国专利法》第271条（e）款（1）项安全港范围进行了更宽泛的解释）；Holmes Group, Inc. v. Vornado Air Circulation Sys., Inc., 535 U.S. 826（2002）（认为联邦巡回上诉法院对上诉案件的管辖权并不能延伸至根据专利法提出诉讼请求的反诉案件）；Festo Corp. v. Shoketsu Kinzoku Kogyo Kabushiki Co., 535 U.S. 722（2002）（驳回了联邦巡回上诉法院关于专利申请历史禁止反悔中的"完全禁止反悔"原则；认为专利权人缩小一项权利要求中的特征，就被假设其决定放弃该特征的全部等同内容，除非专利权人能够证明下列情况才能够推翻这种假设：（1）所要求保护的等同内容在当时是不可预见的；（2）对权利要求进行修改的根本原因与要求保护的等同内容只是略微相关；（3）有其他原因不能合理期待专利权人在权利要求中记载该等同内容）；Dickinson v. Zurko, 527 U.S. 150（1999）（认为行政程序法案的司法审核标准适用于联邦巡回上诉法院对于USPTO在判断申请可专利性过程中寻求事实行为的审核）；Pfaff v. Wells Elecs. Inc., 525 U.S. 55（1998）（"为取得专利进行适当准备"是触发《美国专利法》第102条（b）款"销售限制"情形）；Warner-Jenkinson Co. v. Hilton Davis Chem. Co., 520 U.S. 17（1997）（重申等同原则的可行性）；Markman v. Westview Instruments, Inc., 517 U.S. 370（1996）（将对专利权利要求进行解释的责任从陪审团转移给法官）。

1. 美国地区法院

根据《美国法典》第28编第1338条,[106] 对于全部或部分根据专利法提起的诉讼，美国联邦地区法院，而非各州法院，具有原始的事项管辖权（subject matter jurisdiction）。

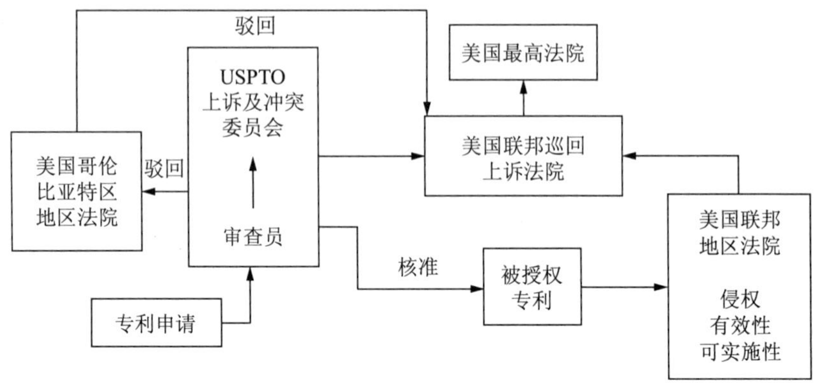

图1.3　USPTO、美国联邦地区法院、美国联邦巡回上诉法院
以及美国联邦最高法院在专利案件中的互动关系

在 *Christianson v. Colt Indus. Operating Corp.* 案[107]中，最高法院提出了“起诉状释明原则”（well-pleaded complaint rule），指出第1338条中所规定的“根据专利法提起”的诉讼的事项管辖仅适用于能够在起诉状中说明：(1) 原告的起诉理由是基于联邦专利法的；(2) 原告要求救济的权利不可避免的依赖于涉及联邦专利法的实质问题的解决，因为在这些案件中专利法构成了清楚阐释诉求的必要元素。[108] 普通的专利侵权诉讼，以

---

[106] 《美国法典》第28编第1338条规定：

§1338. 专利、植物多样性保护、著作权、掩膜作品、外观设计、商标以及不正当竞争

(a) 地区法院应该拥有根据议会法案提起的任何有关专利、植物多样性保护、著作权以及商标的民事案件的原始管辖权。这样的管辖规定，排除了法院对于专利、植物多样性保护以及著作权案件的管辖。

(b) 地区法院应该拥有以不正当竞争为由提起的、附带有关著作权、专利、植物多样性保护或者商标法实质问题的民事案件的原始管辖权。

(c) 上述(a), (b) 子条款的规定同样适用于法典第17编第9章 [17 USCS §§901及其他] 规定的针对掩膜作品的排他性权利，以及法典第17编第13章 [17 USCS §§1301及其他] 规定的针对外观设计的排他性权利，适用程度与著作权相同。

[107] 486 U. S. 800 (1988).

[108] 486 U. S. 800 (1988), at 808 - 809.

及寻求对不侵权和/或专利无效进行确认的确认之诉[109]，都属于“起诉状释明原则”中的第（1）类情况。更麻烦的是像 *Christianson* 案这样的案件，本来是反垄断法诉讼却引发了专利法的问题。[110] 在这种情况下，法院要判断这场争议是否属于“起诉状释明原则”中的第（2）类情况，也就是尽管诉状本身并没有主张专利法起诉理由，但仍要判断原告获得救济的权利是否不可避免地依赖于该专利法问题的解决。[111]

此外，如果原告的起诉并不是基于专利法的，例如商业外观的侵占，而被告的反诉（counterclaim）是根据专利法提出的，那么这样的争讼将不被视为“根据专利法提出的”。这个决定影响到案件可以上诉的法院。在审理 *Holmes Group, Inc. v. Vornado Air Circulation Sys., Inc.* 案[112]时，最高法院对《美国法典》第 28 编第 1338 条中“根据专利法提起”这部分文字的解释是，联邦巡回上诉法院对于专利案件的上诉管辖并不只是包括在反诉中（而不是在起诉中）根据专利法而提起诉讼的案件。这种案件的上诉应该由联邦地区法院所在区域的巡回上诉法院管辖。例如，由伊利诺伊州北区联邦法院审理的、在反诉中涉及专利法问题的反垄断案件，其上诉应该由美国第七巡回上诉法院管辖，而不是由联邦巡回上诉法院管辖。[113]

2. 美国联邦巡回上诉法院

在 1982 年以前，明显“根据专利法提起”的普通专利侵权案件的上诉是由对该案件作出判决的联邦地区法院所在区域的地区巡回上诉法院所管辖。例如，1982 年以前在位于芝加哥的伊利诺伊州北区联邦法院审理的一件专利侵权案件，其上诉就应该由美国第七巡回上诉法院受理。

对择地行诉以及专利法案件审理缺乏统一性的担忧，促使议会在

---

[109] 在本书第 10 章将对被控专利侵权者所提出的确认之诉进行详细介绍。

[110] 见 *Christianson* 案，486，U.S. at 804－805（自动步枪制造商 Colt 的前雇员 Christianson 向持有专利的 Colt 提起了反垄断法诉讼，指控 Colt 警告其以前的客户不要与 Christianson 做生意因为 Christianson 已经被控窃取 Colt 的商业秘密，以便将 Christianson 从市场中驱逐出去）。

[111] 见 *Christianson*, 486 U.S. at 808。

[112] 535 U.S. 826（2002）.

[113] 关于对 Holmes Group 判决的批评，可以见 Molly Mosley-Goren 所著的文章 *Jurisdictional Gerrymandring? Responding to Holmes Group v. Vornado Air Circulation Systems*, 36 J. Marshall L. Rev. 1（2002）; Janice M. Mueller 著的文章 “*Interpretive Necromancy*” *or Prudent Patent Policy? The Supreme Court's* “*Arising Under*” *Blunder in* Holmes Group v. Vornado, 2J. Marshall Rev. Intell. Prop. L. 57（2002），网址为 http://www.jmripl.com/Publications/Vol2/Issue1/mueller.pdf。

1982 年成立了美国联邦巡回上诉法院。[114] 对于在起诉状中清楚的主张根据专利法提出诉讼理由的案件，其在全美范围内的上诉管辖权都归联邦巡回上诉法院所有。在《美国法典》第 28 编第 1295 条中规定，联邦巡回上诉法院的上诉管辖包括满足以下条件的任何案件，即地区法院对此等案件的管辖是完全或者部分的基于《美国法典》第 28 编第 1338 条而成立的。[115] 因此，如果今天位于圣荷西的美国加利福尼亚州北区的联邦地区法院审理了一件专利侵权案件，那么其上诉就应该由联邦巡回上诉法院所管辖，而不是由第九巡回上诉法院管辖。

尽管也有对建立联邦巡回上诉法院持不同意见者[116]，但是绝大部分的

---

[114] 关于联邦巡回上诉法院的传记、统计以及其他方面的工作信息，可以访问网站 http://www.cafc.uscourts.gov（最后访问时间 2008 年 9 月 19 日）。联邦巡回上诉法院所作出的先例判决可以在 http://www.cafc.uscourts.gov/dailylog.html 下载（最后访问时间 2008 年 6 月 30 日）。更多有关创建联邦巡回上诉法院的历史背景，可见联邦巡回上诉法院历史协会所著的 *History of the United States Court of Appeals for the Federal Circuit*，网址为 http://www.federalcircuithistoricalsociety.org/historyofcourt.html（最后访问时间为 2008 年 6 月 30 日）；17 Fed. Cir. B. J. 123 – 234（2007）（包括收录在“联邦巡回上诉法院 25 周年纪念版”内的随笔和文章）；Jim Davis 所著的 *Formation of the Federal Circuit*, 11 Fed. Cir. B. J. 547（2001）；Donald R. Dunner 所著的 *Reflections on the Founding of the Federal Circuit*, 11 Fed. Cir. B. J. 545（2001）；Clarence T. Kipps, Jr. 所著的 *Remarks*, 11 Fed. Cir. B. J. 563（2001）；Daniel J. Meador 所著的 *Retrospective on the Federal Circuit: The First 20 Years — A Historical View*, 11 Fed. Cir. B. J. 557（2001）；Pauline Newman 所著的 *Origins of the Federal Circuit: The Role of Industry*, 11 Fed. Cir. B. J. 541（2001）；还可以见 Judicial Conf. of the United States, The United States Court of Appeals for the Federal Circuit: A History 1982 – 1990（Marion T. Bennett, ed., 1991）。有关联邦巡回上诉法院的两个前身之一的 CCPA 的历史，可以见 Giles S. Rich, Judicial Conf. of the United States, A Brief History of the United States Court of Customs and Patent Appeals（1980）。

[115] 《美国法典》第 28 编第 1295 条规定：

> § 1295. 美国联邦巡回上诉法院的管辖
>
> （a）美国联邦巡回上诉法院对下列案件具有绝对的管辖权
>
> （1）由下列法院作出最终判决的案件的上诉，包括美国地区法院、美国运河区域地区法院、关岛地区法院、维京群岛地区法院或者北马仁安纳岛地区法院，前提是依据本法第 1338 条，这些法院对被上诉案件具有全部或部分的管辖权，但是，根据议会法案的规定著作权、掩膜作品或者商标以及第 1338 条（a）款中所规定的案件的管辖权应遵从本法第 1291 条和第 1294 条的规定……

[116] 见 Craig A Nard 和 John F. Duffy 所著 *Rethinking Patent Law's Uniformity Principle*, 101 Nw. U. L. Rev. 1619（2007）（回顾了联邦巡回上诉法院的历史和对该法院的批评，并提倡建立分散的专利法体制架构，在这种架构下，可以将地区法院作出的专利案件的判决的上诉分派给至少一个现存的其他上诉法院）；Adam B. Jaffe & Joshua Lerner 所著的 *Innovation and Its Discontents: How Our Broken Patent System Is Endangering Innovation and Progress, and What to Do About It* 96 – 126（Princeton Univ. Press 2004）；Matthew F. Weil & William C. Rooklidge 所著的 *Stare Un-Decisis: The Sometimes Rough Treatment of Precedent in Federal Circuit Decision-Making*, 80 J. Pat. & Trademark Off. Soc'y 791（1998）；Allan N. Littman 所著的 *Restoring the Balance of Our Patent System*, 37 IDEA 545（1997），网址为 http://www.ipmall.org/hosted_resources/IDEA/37_IDEA/37 – 3_IDEA_545_Littman.pdf。

观点认为建立CAFC的“实验”是成功的。[117] 从实际操作角度讲，CAFC的建立形成了一个统一的、相对连贯的专利案例法体系，与1982年以前由各区域的巡回法院所作出的各不相同的判决相比，CAFC所建立的体系对于各地区法院和诉讼当事人来说具有更大的确定性。[118]

3. USPTO 专利上诉及冲突委员会

除了对于由地区法院所作出的专利案件判决的上诉案件具有管辖权以外，联邦巡回上诉法院还对USPTO专利上诉及冲突委员会（以下简称“委员会”）作出决定的上诉案件具有管辖权。[119]委员会隶属于USPTO，负责审理对审查员在USPTO各程序中作出决定的上诉，其受理范围包括对于在单方专利审查程序[120]或者单方**再审查**程序中[121]拒绝授予专利权决定的上诉，或者对于拒绝“**再颁**专利”决定的上诉[122]，以及对于在双方**再审查**程序中作出决定的上诉[123]，本书随后的章节还将对委员会的具体职能进行介绍。在USPTO的双方**冲突程序**中，委员会还负责在竞争者之间决定一项发明创造最早的优先权日期及其发明人。[124]

---

[117] 见如Daniel J. Meador所著的*Remarks in the United States Court of Appeals for the Federal Circuit, April* 2, 2007, 17 Fed. Cir. B. J. 125, 126 (2007) （“该法院设计的优点在于从其前身法院所继承到的广泛的管辖范围，确立了在专利法和其他领域中的全国统一性，也避免了专业化的问题”）；Steven Andersen所著的*Federal Circuit Gets Passing Marks to Date But There's a Lot of Room for Improvement*, Corp. Legal Times (March, 2000), at 86；Jonathan Ringel所著的*A New Order: 20 Years of the Federal Circuit*, IP Worldwide (Dec. 2001), at 40；Victoria Slind-Flor所著的*Formerly Obscure Court Is in Spotlight*, Nat'l L. J. (Apr. 30, 2001), at B9。

[118] 对联邦巡回上诉法院的产生和发展的研究中比较重要的是由Rochelle Cooper Dreyfuss所著的*The Federal Circuit: A Case Study in Specialized Courts*, 64 N. Y. U. L. Rev. 1 (1989)。Dreyfuss教授有关联邦巡回上诉法院最新的研究包括在*In Search of Institutional Identity: The Federal Circuit Comes of Age*, 23 Berkeley Tech. L. J. 787 (2008)，网址为http://ssrn.com/abstract=1226432。由John R. Allison和Mark A. Lemley所著的文章*How Federal Circuit Judges Vote in Patent Validity Cases*, 10 Fed. Cir. B. J. 435 (2001) 囊括了联邦巡回上诉法院在审理专利有效性案件中所作出判决的经验数据。Robert L. Harmon, Patents and the Federal Circuit (8th ed. 2007) 是一部有关联邦巡回上诉法院所作出的专利案件判决的精简实用纪要。Donald S. Chisum, Patent Law Digest (2007 ed.) 是一本包括了联邦巡回上诉法院所有重要专利案件判决摘要的单册作品。

[119] 见28 U. S. C. §1295 (a) (4) (A)；《美国专利法》第141条。

[120] 见《美国专利法》第134条（a）款。还可以见本章H部分（“专利申请过程概览”）。

[121] 见《美国专利法》第134条（b）款。再审查是USPTO的一项行政程序，用于就新的有关可专利性的实体问题对已经被授权的专利进行重新审查。本书第8章（“授权专利的更正”）将对此进行介绍。

[122] 见《美国专利法》第251条及第134条（a）款。再颁程序是USPTO的一项行政程序，给予在某些方面存在缺陷的专利进行修改并再次被授权的机会。本书第8章也将对此进行介绍。

[123] 见《美国专利法》第315条。双方的再审查程序的介绍也包括在本书第8章中。

[124] 见《美国专利法》第135条。本书第4章将对确定发明创造优先权的规则进行介绍。

4. 哥伦比亚特区地区法院

联邦巡回上诉法院间或还会根据《美国专利法》第 145 条受理对于哥伦比亚特区地区法院作出拒绝授予专利权的民事案件的上诉，以及根据《美国专利法》第 145 条受理对于哥伦比亚特区地区法院对冲突程序民事案件的上诉。[125] 在这些程序中，在冲突程序中败诉的一方或者在专利审查中其权利要求被 USPTO 驳回的一方可以在哥伦比亚特区的地区法院对 USPTO 的局长提起诉讼。如果原告一方赢得这场民事诉讼，那么哥伦比亚特区地区法院就会命令 USPTO 为专利授权。如果原告一方在这场民事诉讼中败诉，该原告可以对哥伦比亚特区地区法院的判决在联邦巡回上诉法院提起上诉。

尽管一般来说，这条诉讼途径与根据《美国专利法》第 141 条从 USPTO 直接向联邦巡回上诉法院上诉相比，所需的费用和时间都要更多。但是，采用这条民事诉讼途径的优点是，原告可以将没有被 USPTO 采纳的新证据在哥伦比亚特区地区法院提出。通过这个途径所提起的民事诉讼从本质上说是对可专利性的重新审查，且有机会进行审前开示程序（pre-trial discovery）。相对地，根据《美国专利法》第 141 条的要求，直接向联邦巡回上诉法院提起的上诉必须是“记录在案”的，因此不允许提交新的证据。

5. 美国国际贸易委员会

最后，根据经修订的《1930 年关税法案》第 337 节（以下简称“337 条款”），国际贸易委员会（ITC）对于涉及进口的专利案件具有管辖权。[126] 根据 337 条款规定，进口“侵犯有效并且可实施的美国专利”的产品或者进口产品的“制造、生产、加工、开采或者其形成是通过一种方法，这种方法是有效并且可实施的美国专利权利要求所包括的内容”，都是违法行为。[127] ITC 对被控违反 337 条款案件的调查通常是在美国专利权人的敦促下开始的。[128] ITC 的调查包括由一位 ITC 行政法官主持的庭审程序，负责对案件的实体进行初步判决，且 ITC 会对该判决进行复核。[129] 如果专利侵权的事实被认定，那么 ITC 通常会发出禁止该侵权产品进入

---

[125] 见 28 U. S. C. §1295（a）（4）（C）。

[126] 见 19 U. S. C. §1337（标题为“进口贸易中的不公平做法”）。

[127] 19 U. S. C.，§1337（a）（1）（B）。“只有在与被涉案专利所保护的产品相关的产业在美国已经存在或者正在建立过程之中”的情况下，这条规定才能够适用。详见 §1337（a）（2）。

[128] 同上，§1337（b）（标题为“委员会对违反规定进行的调查”）。

[129] 见美国国际贸易委员会的文章 *Trade Remedy Investigations*，网址为 http://www.usitc.gov/trade_remedy/int_prop/index.htm（最后访问时间为 2008 年 7 月 12 日）。

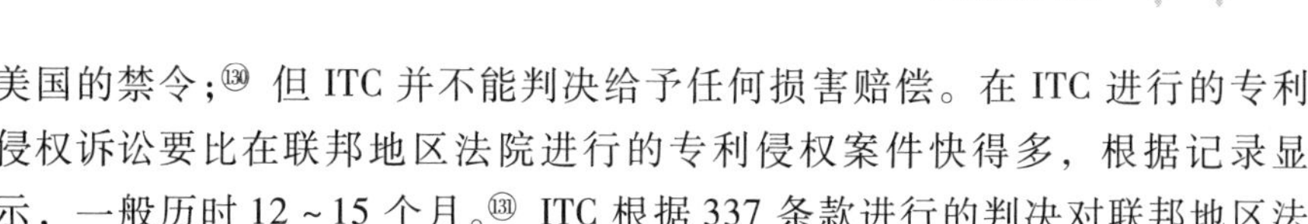

美国的禁令；[130] 但 ITC 并不能判决给予任何损害赔偿。在 ITC 进行的专利侵权诉讼要比在联邦地区法院进行的专利侵权案件快得多，根据记录显示，一般历时 12 ~ 15 个月。[131] ITC 根据 337 条款进行的判决对联邦地区法院没有约束力，很多当事人在两个法庭都会提起诉讼。[132]

H. 专利申请过程概览

1. 介　　绍

专利申请过程的英文"prosecution"与刑法中常用的"**控诉**"这个含义并无关系。在专利领域，这个词的含义是准备、并向 USPTO 递交专利申请，以及随后与 USPTO 沟通以获得美国专利的过程。这种沟通涉及在专利申请人与 USPTO 审查员之间进行的历时数年的谈判，而谈判的核心就是在考虑到相关现有技术的情况下，该专利申请可被允许的权利要求范围。因此，专利申请过程有时也被称为"专利游说"。[133]

2. 递交专利申请

这个过程始于向 USPTO 递交一项专利申请。专利申请人完全可以自行递交该申请，而不需要有专利律师或专利代理人的代理。但是，建议申请人还是要聘用有能力的代理人，这样可以降低丧失重要法律权利的风险。[134] 专利申请有两种：**临时**申请和**非临时**申请。临时申请制度相对比较新，直到 1995 年 6 月 8 日才开始实行。在那以前，专利申请只能以非

---

[130] 见 19 U. S. C. § 1337（d）（标题为"禁止产品进入美国"）。禁令是 ITC 所能发出的最"主要救济"。见美国国际贸易委员会文章 *Trade Remedy Investigations*，网址为 http://www. usitc. gov/trade_ remedy/int_ prop/index. htm（最后访问时间 2008 年 7 月 12 日）。

[131] 见美国国际贸易委员会的文章 *Section* 337 *Investigations*: *Answers to Frequently Asked Questions* 21（2004），网址为 http://www. usitc. gov/trade_ remedy/int_ prop/pub3708. pdf。

[132] 见 Colleen V. Chien 所著的 *Patently Protectionist? An Empirical Analysis of Patent Cases at the International Trade Commission*（Santa Clara Univ. School of Law Legal Studies Research Papers Series, Working Paper No. 08 - 56, 2008），网址为 http://ssrn. com/abstract = 1150962。

[133] 在本章所进行的有关专利申请的讨论只可能是一种综述。有关专利申请的准备和申请过程的更详细的信息，有很多很好的参考文献，包括：James E. Hawes, *Patent Application Practice*（2d ed. Thomson/West 2008）；David Pressman, *Patent It Yourself*（Nolo 2008）；Irah H. Donner, *Patent Prosecution*: *Practice and Procedure Before the U. S. Patent Office*（5th ed. BNA 2007）；Thomas A. Turano, *Obtaining Patents*（James Pub. 1997）；以及 Jeffrey G. Sheldon, *How to Write a Patent Application*（PLI 1992）。还可以见脚注 102 中所提到的 MPEP。

[134] 获准在 USPTO 执业的人可以代理发明人在 USPTO 进行相关业务。获准在 USPTO 执业的律师被称为"专利律师"，而获准在 USPTO 执业的非律师被称为"专利代理人"。可以见美国专利商标局的文件 *Patent Attorney/Agent ZIP File*，网址为 https://oedci. uspto. gov/OEDCI/index. jsp 列出了在 USPTO 注册的专利律师和代理人（最后访问时间 2008 年 6 月 30 日）。

临时申请的形式（那时简称“申请”）递交。[135]

《美国专利法》第 111 条（b）款对临时申请进行了规定，规定临时申请必须包括说明书（如果需要附图才能理解该发明创造，还应包括附图），但是与非临时申请不同的是，权利要求书以及发明人誓词都不是必需的。事实证明，临时申请作为一种用于建立本国优先权日的快捷、廉价的手段被广泛地使用。[136] 临时申请的递交也使专利申请人可以在体现该临时申请发明创造内容的产品上标注“专利申请中”（patent pending）的字样。[137] 临时申请也可以用来证明专利申请人在该临时申请的申请日或者以前就已经构思好了该申请的发明创造。[138] 最后一点，根据《巴黎公约》有关优先权的规定，在外国就同一发明创造递交专利申请时，该临时申请的申请日同样可以作为优先权日。[139]

USPTO 并不对临时申请进行实质审查，在某种程度上讲，临时申请仅仅是用于占位。如果专利申请人决定继续该申请，其可以在临时申请的递交日起 12 个月内递交相应的非临时申请。USPTO 则会对该非临时申请（或者说是“全面服务”）进行实质审查。只要非临时申请中的权利要求内容在临时申请中都有充分的支持，那么根据《美国专利法》第 112 条（a）款的规定，该申请人可以要求在后的非临时申请享有在先临时申请的申请日，其效果就是可以使非临时申请的申请日最多提前 12 个月。[140] 这样做的好处

---

[135] 见 Uruguay Round Agreements Act（《乌拉圭回合协议法案》），Pub. L. No. 103－465，tit. V，subtit. C，§532，108 Stat. 4983－88（Dec. 8，1994）（“专利期限与内部优先权”）。

[136] 在 2007 财政年度 USPTO 就收到大约 132 000 件临时专利申请，并在相同的时间段内收到 439 000 件非临时专利申请。见脚注 44 中的 USPTO Report FY 2007 at 112 tbl. 1。在 2007 财政年度，大实体（large entities）递交的临时申请的申请费为 210 美元，而小实体（small entity）递交临时申请的申请费为 105 美元。见美国专利商标局所公布的 *FY 2008 Fee Schedule*，网址为 http://www.uspto.gov/web/offices/ac/qs/ope/fee2007september30_2008august01.htm（最后访问时间为 2008 年 9 月 19 日）。（最新的收费标准可以详见 http://www.uspto.gov/web/offices/ac/qs/ope/fee2009september15.htm。——编者注）

[137] 见美国专利商标局公布的 *Provisional Application for Patent*（2005），网址为 http://www.uspto.gov/web/offices/pac/ProvApp.pdf。

[138] 见 Charles E. Van Horn 所著 *Practicalities and Potential Pitfalls When Using Provisional Patent Applications*，22 AIPLA Q. J. 259，299－300（Summer/Fall 1994）。

[139] 同上，at 270－273（“在美国以外要求获得优先权”）；《巴黎公约》第 4 条（A），网址为 www.wipo.int/clea/docs_new/pdf/en/wo/wo020en.pdf。本书第 12 章将对外国优先权进行具体介绍。

[140] 见《美国专利法》第 119 条（e）款（1）项。在专利诉讼中试图、却未能成功要求享有临时申请的申请日以避免第 102 条（b）款的法定限制的例子可以参考 New Railhead Mfg.，L. L. C. v. Vermeer Mfg. Co.，298 F.3d 1290（Fed. Cir. 2002）。

是，当 USPTO 的审查员将非临时申请的权利要求与现有技术进行比较，从而在进行新颖性和非显而易见性的评估时，审查员只会考虑在临时申请的申请日以前的现有技术。当专利申请人必须要求享有在先临时申请的申请日时，审查员会判断非临时申请中的权利要求是否能够在临时申请中得到充分的支持。如果答案是肯定的，那么审查员在进行有关《美国专利法》第 102 条所规定的新颖性和权利丧失分析时，将把临时申请的申请日视为推定发明日。[141] 换句话说，在该临时申请递交后，如果其他人就相同或相似的发明创造递交了专利申请，或者公开了该发明创造的内容，都不会对该非临时申请构成现有技术。基于上述的原因，审查员会略过这些材料。另外，如果该非临时申请最终被授权，那么该专利的 20 年的期限会从非临时申请的申请日起计算，而不是从临时申请的申请日起计算。[142] 临时申请所经历的这段长达 12 个月的时间是不会计算在专利权的期限之内的。

当然，专利申请人不是必须以递交临时申请作为专利申请过程的开始。很多的专利申请人都是直接就递交“全面服务”的非临时申请。《美国专利法》第 111 条（a）款对非临时申请进行了规定。非临时申请必须包括说明书，说明书中必须包括至少一项权利要求，[143] 还要包括附图（如果这是理解该发明创造所必需的），[144] 以及申请人的誓词，声明其深信自己是该申请中发明创造的“最原始也是最早的发明人”。[145] 递交非临时申请（和临时申请一样）也必须缴纳相应的费用。[146]

---

[141] 见脚注 102 中所提到的 MPEP，§201. 11. I. A（规定：“如果必须享有在先的临时申请申请日以在冲突程序中获胜，或者克服对比文件，审查员必须认真审查以确认临时申请的说明书充分的提供了：（1）在后递交的非临时申请中权利要求客体的书面描述；（2）可实施的内容，使得本领域普通技术人员无须过度实验，就可以制造和使用要求保护的发明创造”）。还可以参考本书第 3 章（“公开内容的要求（《美国专利法》第 112 条（a）款）”）以及第 4 章（“新颖性及权利丧失（《美国专利法》第 102 条）”）。

[142] 见《美国专利法》第 154 条（a）款（3）项（“本编第 119 条中所述的优先权，在判断专利权的期限时不应计算在内”）。

[143] 见《美国专利法》第 112 条（b）款（“专利说明书的结尾应该包括一项或者多项权利要求，具体、清楚地指出发明人认为是其发明创造的客体”）。

[144] 《美国专利法》第 113 条。

[145] 《美国专利法》第 115 条。

[146] USPTO 的收费办法每年都会修改，可以访问网站 http://www.uspto.gov/go/fees/（最后访问时间为 2008 年 9 月 9 日）。除了申请费，在 2004 年 12 月 8 日或以后递交非临时申请的申请人，还要缴纳“检索费”和“审查费”。这三项费用均需在递交专利申请时缴纳。如果申请被授权，还要缴纳授权费。在授权后的专利期限内还要缴纳维持费，以维持该专利有效。

3. USPTO 进行的审查

《美国专利法》规定："USPTO 局长应对促使专利申请及所谓的新发明创造进行审查。经审查后，如申请人依法应取得专利权的，局长应授予其专利。"⑭⑦ 专利申请案件在 USPTO 审查员中间的分配，主要依据所涉及的技术类型而定。审查员的工作就是判断专利申请和所要求保护的发明创造是否符合专利授权的法定要求。我们将在本书随后的章节中对这些要求逐一进行详细介绍。总的来说，审查员首先要先仔细研读专利申请以便理解其所要求保护的发明创造。审查员会核查专利申请中所包括的表格以及其他内容，从而判断该申请是否符合专利法有关权利要求书和说明书方面的要求。⑭⑧ 审查员还会对所要求保护的发明创造是否属于可专利的客体进行判断，⑭⑨ 也会对该发明创造是否有用（是否具有"实用性"）进行判断。⑮⓪ 审查员最重要也最艰巨的任务就是，判断该专利申请权利要求书中所描述的发明创造，是不是新的（"新颖的"）⑮① 和"非显而易见的"。⑮② 为了完成这项判断，审查员要对现有技术进行检索，检索范围包括美国以及其他国家的专利和非专利印刷出版物，并且将现有技术的教导和申请人权利要求书中所描述的发明创造进行对比。

根据审查员检索和审查的结果，审查员可能在最初就"核准"（批准）申请人的某些权利要求而驳回其他的权利要求，或者（在很少的情况下）可能核准所有的权利要求，也可能（通常在更多的情况下）驳回（reject）所有的权利要求。审查员还可能针对书面描述和/或附图发出形式上的形式驳回（objections）。审查员会将所有这些判断（以及相关的解释）集中在一份被称为"审查意见通知书"（"examiner's action"或者"office action"）的官方书面文件中，并传送给申请人；⑮③ 本章 H 部分图

---

⑭⑦ 《美国专利法》第 131 条。

⑭⑧ 同上，§112；还可见本书第 2 章（"专利权利要求"）和第 3 章（"公开内容的要求（《美国专利法》第 112 条（a）款）"）。

⑭⑨ 《美国专利法》第 101 条（规定了可专利的客体包括制造方法、机器、制造品、物质组合及其改进）；还可以见本书第 7 章（"潜在的可专利客体（《美国专利法》第 101 条）"）。

⑮⓪ 《美国专利法》第 101 条；还可见本书第 6 章（"实用性要求（《美国专利法》第 101 条）"）。

⑮① 《美国专利法》第 102 条；还可见本书第 4 章（"新颖性及权利丧失（《美国专利法》第 102 条）"）。

⑮② 《美国专利法》第 103 条；还可见本书第 5 章（"非显而易见性要求（《美国专利法》第 103 条）"）。

⑮③ 见《美国专利法》第 132 条（a）款（规定"无论在进行审查的任何时候，当任何权利要求被审查员驳回，或者被指出该申请存在任何形式的缺陷，或者对该申请提出了任何要求，局长应将此情况通知申请人，说明驳回、指出形式缺陷或提出要求的理由，并应附送判断是否应该继续该申请所需用的信息和参考材料……"）。

1.4 为读者展示了一份审查意见通知书的示例。鉴于 USPTO 工作的积压以及审查员的工作量的考虑，审查的过程并不是非常迅速。目前，申请人在递交申请大约两年后才会收到第一次审查意见通知书。[154]

在收到第一次审查意见通知书以后，申请人可以在法定期限内（最长 6 个月）答辩。[155] 未能及时答辩意味着该申请将被视为放弃。[156] 假设申请人打算继续该申请而不是放弃，那么申请人一般都会提交一份针对审查员驳回意见的书面答复。[157] 在这份答复中，申请人可以就该申请的可专利性进行论证，以“反驳”（克服）审查员发出的驳回意见。申请人还可以提供测试数据或其他证据来支持其论证。[158] 很多时候，申请人会选择通过修改权利要求的方式来缩小权利要求的范围，以规避现有技术的影响并且克服驳回意见。根据《美国专利法》第 112 条（a）款的规定，在专利审查过程中，修改权利要求的文字（从而缩小或者扩大权利要求范围），或者增加新的权利要求，都是允许的，只要这些修改或者新的权利要求的内容在最初递交的专利申请中都能得到充分的支持。[159] 为了答复审查员所发出的形式驳回意见，申请人也可以相应的对说明书和/或附图进行修改，但是不可以从根本上改变申请人在申请中所记载的发明创造，否则将违反所谓的关于“新内容”的禁忌。[160]

一旦申请人答复了第一次审查意见通知书，不论是否对权利要求进行了修改，USPTO 的审查员都将再次对该申请进行审查。[161] 随后，审查员

---

[154] 在 2007 财年，机械方面的专利申请收到第一次审查意见通知书的时间大约是自申请日起 23 个月，化学方面的申请大约是 26 个月，软件方面的申请一般是 31 个月。见脚注 44 中所提到的 USPTO Report FY 2007, at 112 tbl. 4。

[155] 见《美国专利法》第 133 条；37 C. F. R. § 1. 134。

[156] 见《美国专利法》第 133 条。

[157] 对审查意见的答复也可以是口头的，可以通过电话会晤或者在 USPTO 与审查员面谈。但是，口头回复之后必须递交书面的答复。见 37 C. F. R. § 1. 133（b）。

[158] 37 C. F. R. § 1. 132（“为否认实质或形式驳回意见所作的证词”）。

[159] 见 Liebe-Flarsheim Co. v. Medrad, Inc., 358 F. 3d 898, 909 n. 2 (Fed. Cir. 2004)（“在专利申请过程中，申请人扩大其权利要求范围以覆盖其竞争者的产品的行为并不是不可以，只要说明书中能够为范围扩大后的权利要求提供支持”）；Gentry Gallery, Inc. v. Berkline Corp., 134 F. 3d 1473, 1479 (Fed. Cir. 1998)（“可以在专利申请过程中增加权利要求，只要所增加的权利要求的内容可以得到说明书的支持”）。尽管在专利申请过程中，修改权利要求以缩小其范围可以导致该申请被授权，但是这可能会限制专利权人在随后利用等同原则针对其竞争对手来实施其专利的能力。

[160] 见《美国专利法》第 132 条（a）款（“任何修改都不能引入说明书中没有公开过的新内容”）。

[161] 同上。注意“再次审查”在这里上下文中的意思是对同一申请进行第二次审查，而不是《美国专利法》第 301 条中所提到的“重新审查”（那是一项完全不同的程序）。

会发出第二次审查意见通知书。就像在第一次审查意见通知书中一样，审查员在第二次审查意见通知书中可能会核准一些或者所有的权利要求，也可能会驳回一些或者全部的权利要求。审查员发出的第二次审查意见通知书通常就是最终审查意见。[162]

如果在最终审查意见通知书中，审查员维持了原驳回意见（尽管申请人对此不能苟同），或者审查员第二次驳回了任何一项权利要求，申请人不能自动的继续与审查员就驳回意见进行论证。这个时候，申请人只能向 USPTO 的专利上诉及冲突委员会就该审查员作出的审查决定进行上诉，[163] 或者花钱“购买”更多的时间来继续对该申请的审查。不必递交新的申请，但却能实施上述在后情形的简化途径就是递交继续审查请求（RCE）。从 2000 年起，针对 1995 年 6 月 8 日或者以后递交的非临时申请都可以递交继续审查请求。[164] 另外，在一项专利申请未决之前，申请人还可以递交第二项或者说是该申请的“延续性”申请。该延续性申请包括在先的第一项申请的全部信息，并且也可以包括第一项申请以外的其他内容。鉴于延续性申请制度有其自身的复杂度，本书将在随后对其另行介绍。[165]

前面的讨论并不代表审查员一定会驳回申请人的所有权利要求。根据对权利要求的范围与现有技术水平的分析，审查员可能当即核准一些（或者是全部）权利要求（这被称为“第一次审查意见核准”）。另外，在第一次审查意见通知书中被驳回的权利要求，有可能在审查员考虑了申请人的答复意见或者修改之后，在第二次审查意见通知书中得以核准。

在申请过程中的任何时刻，一旦审查员认为申请人的部分或者全部

---

[162] 见 37 C. F. R. §1. 113（a）。

[163] 见《美国专利法》第 134 条（a）款（“专利申请人如有任何要求两次被驳回，就可以向专利上诉及冲突委员会对审查员的驳回决定提出上诉，只要申请人递交了上诉的费用”）。有关向委员会提起上诉的详细信息，可以见脚注 102 中所提到的 MPEP 第 1200 条。

[164] 见《美国专利法》第 132 条（b）款（规定“局长应该建立规则从而在申请人主动要求的情况下可以继续对专利申请的审查”）；37 C. F. R. §1. 114（“继续审查的请求”）。见 Robert Bahr 所著的文章 *Request for Continued Examination（RCE）Practice*，82 J. Pat & Trademark Off. Soc'y 336（2000）。

[165] 在收到最终审查意见通知书时，申请人还可以根据 37 C. F. R. §1. 116 递交“最终驳回后的修正”（amendment after final）。

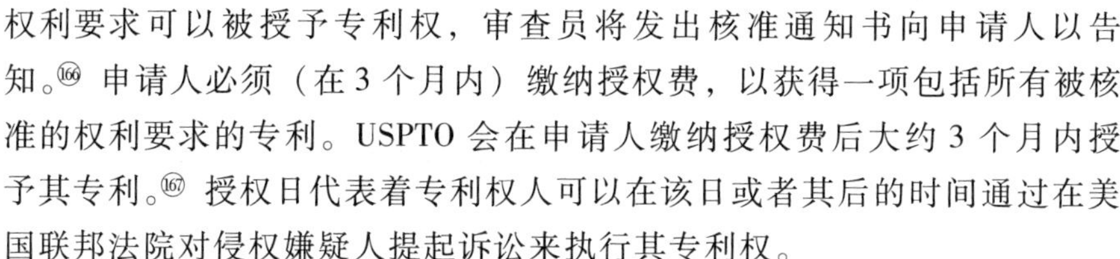

权利要求可以被授予专利权，审查员将发出核准通知书向申请人以告知。[166] 申请人必须（在3个月内）缴纳授权费，以获得一项包括所有被核准的权利要求的专利。USPTO会在申请人缴纳授权费后大约3个月内授予其专利。[167] 授权日代表着专利权人可以在该日或者其后的时间通过在美国联邦法院对侵权嫌疑人提起诉讼来执行其专利权。

a. 审查意见通知书以及申请人的答复范例

为了说明专利申请过程中的一些基本原理，在此提供一件专利在申请过程中的档案文件作为范例来进行讲解。[168] 图1.4所示为美国专利7241196号（以下简称“'196专利”）的首页，其发明名称为“可加热的毛绒动物”（heated stuffed animal）。

'196专利中的发明创造对传统的毛绒动物进行了改造，在其躯干中加入了加热源。这种可加热的毛绒动物提供了一种装置，“当人怀抱这个毛绒动物的时候，会感到温暖、舒适并且得到安慰”。[169] 毛绒动物里的加热部件是可调的，使用者或者儿童的父母可以提前对想要达到的温度和持续时间进行选择。

就像在专利申请过程中常见的，'196专利作为申请被递交到USPTO的时候，所包含的权利要求范围是比较宽泛的。在2005年4月1日递交的11/096629号申请中，权利要求1的内容为：

> 1. 一种可加热毛绒动物，包括：
> 头部，四肢以及躯干部分；
> 位于所述躯干部分内部的加热装置，使用者在怀抱该毛绒动物的时候会有温暖、舒适以及被安慰的感觉。

---

[166] 见《美国专利法》第151条。

[167] 见Mark Montague等人所著的文章 *Examination Before the USPTO* 收录在 *Advising High-Technology Companies* §3：5.1：［F］之中（Nathaniel T. Trelease ed.，PLI 2004）。

[168] 从2004年起，公众可以通过美国专利商标局的PAIR（Patent Application and Information Retrieval）系统来免费浏览已经被授权的专利以及被公开的专利申请的档案文件。详见美国专利商标局有关PAIR系统的介绍 *Patent Application Information Retrieval*，网址为http：//portal. uspto. gov/external/portal/pair（最后访问时间为2008年9月9日）没有被公开的专利申请的状态信息和档案文件的获取是受限的，但是Private PAIR系统（网站为htpp：//www. uspto. gov/ebc/index. html，以下简称“Private PAIR”）的注册使用者是可以对这些信息进行浏览的。

[169] U. S. Patent No. 7，241，196，col. 2，ll. 57－58（issued July 10，2007）（记载了权利要求1的内容）。

US007241196B1

(12) **United States Patent**
Nikliborc

(10) **Patent No.: US 7,241,196 B1**
(45) **Date of Patent: Jul. 10, 2007**

(54) **HEATED STUFFED ANIMAL**

(76) Inventor: **Stan Nikliborc**, deceased, late of Fullerton, CA (US); by **Marion Nikliborc**, legal representative, 1909 E. Evergreen Ave., Fullerton, CA (US) 92835

(*) Notice: Subject to any disclaimer, the term of this patent is extended or adjusted under 35 U.S.C. 154(b) by 0 days.

(21) Appl. No.: **11/096,629**

(22) Filed: **Apr. 1, 2005**

Related U.S. Application Data

(60) Provisional application No. 60/558,843, filed on Apr. 2, 2004.

(51) **Int. Cl.**
A63H 3/02 (2006.01)

(52) **U.S. Cl.** **446/369**; 446/295

(58) **Field of Classification Search** 446/14, 446/72, 77, 73, 295, 369, 390, 484; 219/200, 219/201, 430, 378, 439, 462, 528, 529, 549
See application file for complete search history.

(56) **References Cited**

U.S. PATENT DOCUMENTS

1,558,278 A * 10/1925 Phillips 383/96
4,204,110 A * 5/1980 Smit et al. 392/443
4,954,676 A * 9/1990 Rankin 219/200
4,979,923 A * 12/1990 Tanaka 446/72
5,002,511 A * 3/1991 Maki 446/14
6,019,659 A * 2/2000 Walters 446/72
6,325,695 B1 * 12/2001 Weiner 446/369
6,488,561 B2 * 12/2002 Weiner 446/369
6,752,103 B1 * 6/2004 Howell 119/71

* cited by examiner

Primary Examiner—Nini F. Legesse
(74) *Attorney, Agent, or Firm*—Kenneth L Tolar

(57) **ABSTRACT**

A heated stuffed animal includes a head portion, a torso portion and a plurality of limbs. Embedded within the animal is a heater assembly including an encircling heating element extending from a battery casing that is accessible via a slit on the rear surface of the torso portion. The operating temperature and duration of the heater assembly can be selectively programmed with a pair of adjustable dials positioned on the casing.

6 Claims, 2 Drawing Sheets

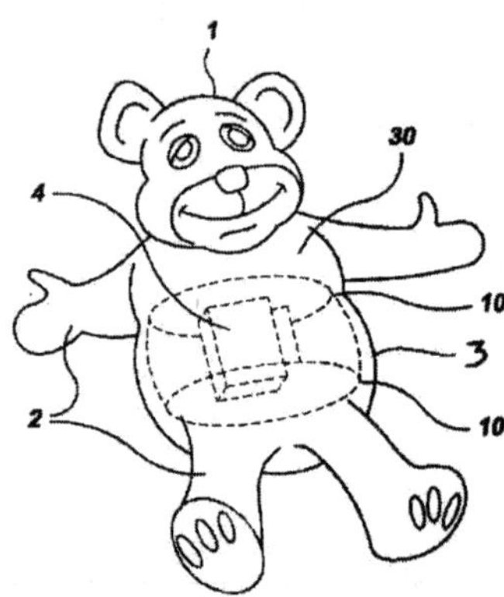

图 1.4

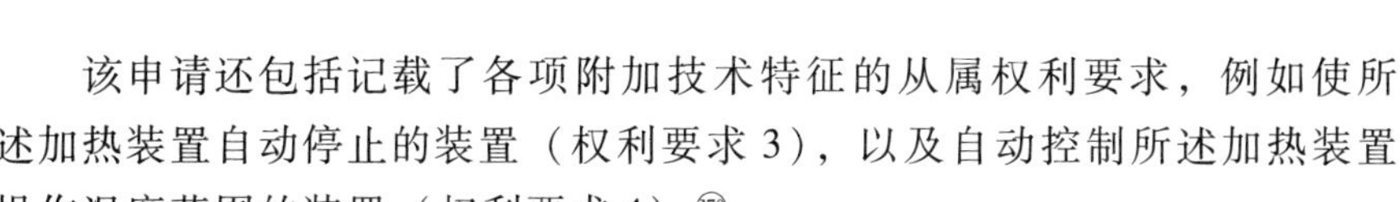

该申请还包括记载了各项附加技术特征的从属权利要求，例如使所述加热装置自动停止的装置（权利要求3），以及自动控制所述加热装置操作温度范围的装置（权利要求4）。[170]

在第一次审查意见通知书中，USPTO的审查员依据《美国专利法》第102条（b）款驳回了该申请中的所有权利要求。[171] 审查员认为该申请权利要求中的每一项特征都在有关毛绒动物的现有技术中被公开。[172] 图1.5是USPTO审查意见通知书的部分内容。

在回答审查意见通知书的过程中，申请人取消了全部原始权利要求，并以一组新的权利要求取而代之，从而有效地缩小了权利要求的范围。其中范围最宽的权利要求中增加了之前被记载在从属权利要求中的技术特征。修改后的独立权利要求（范围最宽的权利要求）如下所述：

> 9.（新增）一种可加热毛绒动物，包括：
> 头部，四肢以及躯干部分；
> 位于所述躯干部分内部的加热装置，使用者在怀抱该毛绒动物的时候会有温暖、舒适以及被安慰的感觉；
> 用于在可调时间段之后自动关闭所述加热装置的装置；
> 用于自动控制所述加热装置的操作温度范围的装置。

在申请人向USPTO递交的答复意见中，特别强调了修改后的权利要求9中所记载的能够定时关闭所述加热装置的装置的重要性。因为这个装置的存在，儿童的父母或者其他的使用者事先知道毛绒动物中的加热装置会在设定的时间停止工作，从而就能够放心地进入梦乡。因此，申请人认为该项申请中的发明创造与现有技术所公开的毛绒动物相比，是可以被授予专利的，因为现有技术中的毛绒动物仅仅包含了一个温度计，却不包含在预定时间段以后自动关闭加热装置的那个装置。

---

[170] 第2章（"专利权利要求"）解释了"独立权利要求"和"从属权利要求"之间的区别，以及在撰写专利权利要求中所采用的"means for [function]"语式的特殊含义。

[171] 见U.S. Patent Application No. 11/096, 629, Office Action Summary（2006年8月3日发出）。

[172] 审查员引用了Walters的专利U.S. Pat No. 6, 019, 659和Weiner的专利U.S. Pat. No. 6, 488, 561作为依据《美国专利法》第102条（b）款破坏涉案专利申请新颖性的对比文件。见Heated Stuffed Toy, U.S. Patent No. 6, 019, 659 (issued Feb. 2000); Heated Stuffed Animal, U.S. Patent No. 6, 488, 561 (issued Dec. 3, 2002)。由于篇幅限制，在这里就不转载Walters和Weiner的专利了。

Office Action Summary	Application No.	Applicant(s)
	11/096,629	NIKLIBORC ET AL.
	Examiner	Art Unit
	Nini F. Legesse	3711

-- The MAILING DATE of this communication appears on the cover sheet with the correspondence address --

Period for Reply

A SHORTENED STATUTORY PERIOD FOR REPLY IS SET TO EXPIRE 3 MONTH(S) OR THIRTY (30) DAYS, WHICHEVER IS LONGER, FROM THE MAILING DATE OF THIS COMMUNICATION.

- Extensions of time may be available under the provisions of 37 CFR 1.136(a). In no event, however, may a reply be timely filed after SIX (6) MONTHS from the mailing date of this communication.
- If NO period for reply is specified above, the maximum statutory period will apply and will expire SIX (6) MONTHS from the mailing date of this communication.
- Failure to reply within the set or extended period for reply will, by statute, cause the application to become ABANDONED (35 U.S.C. § 133). Any reply received by the Office later than three months after the mailing date of this communication, even if timely filed, may reduce any earned patent term adjustment. See 37 CFR 1.704(b).

Status

1)☒ Responsive to communication(s) filed on *01 April 2005*.

2a)☐ This action is **FINAL**. 2b)☒ This action is non-final.

3)☐ Since this application is in condition for allowance except for formal matters, prosecution as to the merits is closed in accordance with the practice under *Ex parte Quayle*, 1935 C.D. 11, 453 O.G. 213.

Disposition of Claims

4)☒ Claim(s) *1-8* is/are pending in the application.

4a) Of the above claim(s) _____ is/are withdrawn from consideration.

5)☐ Claim(s) _____ is/are allowed.

6)☒ Claim(s) *1-8* is/are rejected.

7)☐ Claim(s) _____ is/are objected to.

8)☐ Claim(s) _____ are subject to restriction and/or election requirement.

Application Papers

9)☐ The specification is objected to by the Examiner.

10)☐ The drawing(s) filed on _____ is/are: a)☐ accepted or b)☐ objected to by the Examiner.

Applicant may not request that any objection to the drawing(s) be held in abeyance. See 37 CFR 1.85(a).

Replacement drawing sheet(s) including the correction is required if the drawing(s) is objected to. See 37 CFR 1.121(d).

11)☐ The oath or declaration is objected to by the Examiner. Note the attached Office Action or form PTO-152.

Priority under 35 U.S.C. § 119

12)☐ Acknowledgment is made of a claim for foreign priority under 35 U.S.C. § 119(a)-(d) or (f).

a)☐ All b)☐ Some * c)☐ None of:

1.☐ Certified copies of the priority documents have been received.

2.☐ Certified copies of the priority documents have been received in Application No. _____.

3.☐ Copies of the certified copies of the priority documents have been received in this National Stage application from the International Bureau (PCT Rule 17.2(a)).

* See the attached detailed Office action for a list of the certified copies not received.

Attachment(s)

1) ☒ Notice of References Cited (PTO-892)
2) ☐ Notice of Draftsperson's Patent Drawing Review (PTO-948)
3) ☐ Information Disclosure Statement(s) (PTO-1449 or PTO/SB/08) Paper No(s)/Mail Date _____.
4) ☐ Interview Summary (PTO-413) Paper No(s)/Mail Date. _____ .
5) ☐ Notice of Informal Patent Application (PTO-152)
6) ☐ Other: _____.

U.S. Patent and Trademark Office
PTOL-326 (Rev. 7-05) **Office Action Summary** Part of Paper No./Mail Date 20060802

图 1.5 第一次审查意见通知书节选

Application/Control Number: 11/096,629　　　　Page 2
Art Unit: 3711

DETAILED ACTION

Claim Rejections - 35 USC § 102

The following is a quotation of the appropriate paragraphs of 35 U.S.C. 102 that form the basis for the rejections under this section made in this Office action:

> A person shall be entitled to a patent unless –
>
> (b) the invention was patented or described in a printed publication in this or a foreign country or in public use or on sale in this country, more than one year prior to the date of application for patent in the United States.

Claims 1-8 are rejected under 35 U.S.C. 102(b) as being anticipated by Walters (US Patent No. 6,019,659).

Walter discloses a heated stuffed animal (see Fig. 1) as claimed comprising a heater means (22) with automatically temperature controlling means (40), and a power source (32) casing as claimed (see Fig. 2).

Claims 1-8 are rejected under 35 U.S.C. 102(b) as being anticipated by Weiner (US Patent No. 6,488,561).

Weiner discloses a heated stuffed animal (see Fig. 1) as claimed comprising a heater means (3) with automatically temperature controlling means (6), and a power source casing as claimed (see Fig. 1).

Conclusion

Any inquiry concerning this communication or earlier communications from the examiner should be directed to Nini F. Legesse whose telephone number is (571) 272-4412. The examiner can normally be reached on 9 AM - 5:30 PM.

图 1.5　第一次审查意见通知书节选（续）

这样的论述显然说服了USPTO的审查员，证明了修改后的权利要求是应该被核准的。因此，在进行了包括电话会晤在内的进一步沟通之后，该申请于2007年7月10日被USPTO授权为7，241，196号专利。[173]

4. 专利申请的公开

在以前，所有的专利申请在没有被USPTO授权之前都是处于保密状态的。公众只有在专利申请被授予专利权的时候才能够了解到该申请的内容。这样的制度导致了所谓的“潜水艇”专利的出现，即申请人通过不断的递交延续申请而使得该申请的内容一直保持在保密状态（具体情况将在下面详细描述）。当这样的申请最终被授权的时候，常常会造成竞争对手的恐慌，因为他们之前对这些专利（申请）的存在毫无所知，而现在他们突然可能变成了侵权者。

这种情况在实施了1999年的《美国发明人保护法案》中的“18个月公开”程序以后得到了明显的改善。[174]现行法律中默认的规则是，一项美国非临时发明申请专利会在自申请日起18个月自动公开。[175]当然，申请人也可以向USPTO提出保证而避免上述公开，申请人需保证未曾也不会就相同的发明创造在要求自申请日18个月后进行公开的其他国家递交专利申请或者根据18个月自动公开要求的多国条约提出专利申请。[176]也就是说，只有纯粹的本国申请才能够避免18个月公开的程序。[177] 2004年的官

---

[173] 在这项专利的首页列出了其专利号“7，241，196 B1”。“B1”（或者“类别码”）是世界知识产权组织（WIPO）的标准代码，代表这是一篇专利文献并且是第一次被公开；即在这之前该专利没有被公开过。见美国专利商标局的发表的“*Kind Codes*” *Included in USPTO Patent Documents*，网址为 http://www.uspto.gov/web/forms/kindcodesum.html（最后访问时间为2008年9月9日）。与大多数专利不同的是，’196专利的申请人选择放弃在申请日起第18个月的自动公开。这样的选择是通过该申请人在申请过程中递交了名为“NonPublication Request Under《美国专利法》第122条（b）款（2）项（B）（i）”的声明文件实现的，在该文件中申请人须声明该发明创造未曾也不会成为在那些要求在申请后18个月进行公开的国家或者根据多边协议（例如《专利合作条约》）而递交的专利申请的客体。

[174] 见1999年的《美国发明人保护法案》，S. 1948，106th Cong. tit. IV，§§4501－4502（1999）（“在国外公开过的本国专利申请的公开”）（as implemented by Pub. L. No. 106－113，113 Stat. 1501（1999））。18个月公开成为了对在1999年11月29日法案生效当日及以后递交的专利申请的默认规定。首次根据此规定公开的申请的公开日是2001年3月左右。

[175] 未决申请是在USPTO的网站上公开的。见美国专利商标局发表的 *Published Applications*（*published since* 15 *March* 2001），网址为 http://www.uspto.gov/patft/index.html（最后访问时间为2008年9月19日）。

[176] 见《美国专利法》第122条（b）款（2）项（B）（i）。

[177] 对保密专利和外观设计专利申请也没有18个月公开的规定。见《美国专利法》第122条（b）款（2）项（A）（ii），（iv）。

方统计显示，85% 由大型实体递交的美国专利申请都在申请日后 18 个月进行了公开。[178]

5. 延续性申请实务

假设申请人从审查员那里收到其申请中一些权利要求的最终驳回意见，但是该申请中的其他一些权利要求得到了核准。申请人可以（当即）基于被核准的权利要求获得一项专利，并且同时让那些被驳回的权利要求继续被审查（而不是向专利上诉及冲突委员会对驳回意见进行上诉）。在这种情况下，申请人的一个可能的选择就是递交所谓的**延续申请**。递交延续申请是延长申请过程的一个途径；延续申请使得以递交在先专利申请为开端的获取专利的交易得到了延长。[179] 目前，对于递交延续申请的数量还没有限制，[180] 但滥用延续申请的行为可能导致在专利权人试图实施其专利的时候引发"专利申请懈怠"的抗辩。[181] 此外，延续申请将原始申请的过程延长的越长，那么最后被授权的专利的期限就越短。[182]

在上文中所介绍的延续申请是 3 种延续性申请中的一种，**延续性申请**是在后递交的、包含部分或者全部在先递交申请（在下文统称"母申请"）内容的专利申请的通称，并且在后申请与在先母申请至少要有 1 位共同的发明人。[183]延续性申请必须在母申请的申请过程结束（母申请被放弃或者被

---

[178] 美国国家审计总署（United States General Accounting Office）的报告 *Report to Congressional Committees: Patents: Information About the Publication Provisions of the American Inventors Protection Act* 4（2004），网址为 http://www.gao.gov/new.items/d04603.pdf（报告称，在 2000 年 11 月 29 日至 2003 年 11 月 28 日之间递交的专利申请中，USPTO"已经公开或者计划公开的申请有 85% 的申请人是大型实体，相较于之前 74% 的申请人都是小型实体"）。

[179] 见 R. Carl Moy, Moy's Walker on Patents §3：43（4th ed. 2007）。

[180] 2007 年一家联邦地区法院初步禁止 USPTO 实施限制申请人就一项原始申请所能提出的延续申请和继续审查请求（RCEs）次数的新规定。见 Tafas v. Dudas, 511 F. Supp. 2d 652（E. D. Va. 2007）（认为原告/请求动议人 Glaxo Smith Kline 是有可能在实质层面赢得其权利要求的，而根据《美国专利法》第 2 条（b）款（2）项，USPTO 是无权颁布这项新规定的，并且这项规定是与专利法案中的各项其他规定包括 §120 背道而驰的）。

[181] 本书第 10 章（"专利侵权抗辩"）将对专利申请懈怠的辩护进行介绍。见 Mark A. Lemley and Kimberly A. Moore 所著的 *Ending Abuse of Patent Continuations*, 84 B. U. L. Rev. 63（2004）。

[182] 见《美国专利法》第 154 条（a）款（2）项（规定"专利权利期限始于专利被授权当日，止于在美国提出该申请之日起 20 年，或者，如果根据《美国专利法》第 120 条、第 121 条或者第 365 条（c）款，该申请包含着与一项或多项在先申请的明确相关性，则权利期限止于自最早的在先申请申请日起 20 年"）。

[183] 见脚注 102 中所提到的 MPEP §201.11.II.B（规定"延续性申请包括分案申请、延续申请以及部分延续申请"）；Transco Prods., Inc. v. Performance Contracting, Inc., 38 F.3d 551, 555（Fed. Cir. 1994）。

授权）之前递交。[184]从程序上来说，目前申请人可以递交任何类型的延续性申请的相关条款是37 C. F. R. §1.53（b）。[185] 3种延续性申请包括：

1. **延续申请**：基于与母申请相同的发明创造，并且是在母申请的申请过程结束之前递交的第2项申请。尽管延续申请的权利要求范围可能与母申请并不相同，但是延续申请包含母申请的全部内容，而不增加任何母申请中没有的内容。

2. **部分延续申请**：在母申请的申请过程结束之前递交的第2项申请，其包含母申请的部分或全部内容，并且还增加了母申请中没有的内容。

3. **分案申请**：基于从母申请中分离出来的独立的发明创造，并且是在母申请的申请过程结束之前递交的第2项申请。分案申请所包含及所要求保护的内容都包含在母申请中。当母申请要求保护多项发明创造的时候，就应该递交分案申请。这是因为一项专利只能要求保护一项发明创造，因此其他的发明创造必须从该专利中“分离”出去，另行递交申请。分案申请的递交通常是由于USPTO的审查员发出**限制要求**（restriction requirement）而导致的。[186]

延续性申请的法律基础是《美国专利法》第120条和第121条。第120条规定只要延续性申请的权利要求在母申请的说明书中能够得到支持，并且符合《美国专利法》第112条（a）款的要求（如果母申请相对

---

[184] 见《美国专利法》第120条（“如果在第一项申请被授权、或者被放弃、或者程序终止以前递交……”）。

[185] 37 C. F. R. §1.53（b）（2008）。在1997年12月1日以前，持续性申请是根据37 C. F. R. §1.60（延续申请或分案申请）以及37 C. F. R. §1.62（延续申请、部分延续申请或分案申请的“申请档案延续性”程序）。然而，1997年12月1日规则60和62被规则53（d）［37 C. F. R. §1.53（d）］中的“继续审查申请”（continued prosecution application，CPA）所代替。从1997年到2003年，延续申请或者分案申请（但是不包括部分延续申请）可以作为CPA递交。自2003年7月14日起，CPA就不再适用于发明专利申请了。见United States Patent & Trademark Office，Manual of Patent Examining Procedure §706.07（h），pt. XIII. B（8th ed.，2d rev. 2004）（包括对比图表）网址为http://www.uspto.gov/web/offices/pac/mpep/old/E8R2_700.pdf。目前根据规则53（d）制定的CPA仅适用于外观设计专利申请。见Donald S. Chisum，4A013 Chisum on Patents §13.03［7］（2008）。

[186] 见《美国专利法》第121条（规定“当一项专利申请包含两项或者多项独立且彼此区别的发明创造时，局长可以对此进行限制并要求该项申请只能包含其中的一项发明创造”）。

于在延续性申请中的权利要求能够满足可实施性、最佳方式以及书面描述的要求），那么延续性申请中的这些权利要求就可以享有母申请的**在先申请日**。[187] 这些权利要求的有效申请日就是母申请的申请日。从实际层面讲，这意味着那些记载了与该延续性申请相同或相似的发明创造、且有效申请日或出版日期落在母申请的申请日和该延续性申请的申请日之间的、由其他人递交的专利和出版物都可以被忽略不计，也就是说，对于该延续性申请中可以享有母申请的申请日的权利要求来说，这些专利和文献都无法构成现有技术。

相对地，如果延续性申请中的权利要求在母申请中无法得到充分的支持，那么这些权利要求就不能享有母申请的申请日，而只能以该延续性申请的递交日作为申请日。尽管想要规避在两个日期之间的现有技术，也无法将这些权利要求的申请日追溯到母申请的申请日。因此，有效申请日或者出版日期落在母申请和延续申请的递交日之间，并且记载了与延续性申请相同或者相似的发明创造的、由其他人递交的专利或者出版物，就会构成这些权利要求的现有技术。

总之，对于延续性申请的权利要求来说，只有那些所要求保护的内容被包含在母申请中的权利要求才能享有母申请的申请日，而含有（相对于母申请而言的）新内容的权利要求则不能享受这种待遇。[188]

例如，发明人 Jack 在 2005 年 1 月 1 日递交了一项专利申请作为母申请，该申请记载了一种木质部件，且没有包含任何更宽泛的文字说明该部件也可以由除了木头以外的其他材料制成。该母申请的权利要求 1 如下：

---

[187] 见《美国专利法》第 120 条（“享受美国在先申请日”）。该条款中的部分规定如下［楷体字部分为强调内容，方括号中的内容为参考解释］：

> 如果一项［延续性］专利申请所要求保护的发明创造同样记载于一项美国在先申请或者一项根据第 363 条递交的［根据《专利合作条约》（PCT）递交的，并且指定美国的国际申请］专利申请之中［统称“母申请”］，并且这种记载满足第 112 的要求，且该在后的申请的发明人就是在先申请的发明人或其中一员，那么该在后申请就应与该在先申请具有相同的果效，只要该在后申请是于在先申请或者以类似的方式享有该在先申请申请日的专利申请（该申请包含或者被修改后包含对在先申请日［母申请］的特别指定）被授予专利权、被放弃、或者程序结束以前递交的即可。

这里核心的内容是“具有相同的果效”，在这个上下文里的意思就是“应该享受”该母申请的“申请日”。

[188] 见 Transco, 38 F. 3d at 556。

1. 一种木质部件。

Jack 很快发现他发明的这种部件也可以由塑料、金属或者其他固体材料制成。在 2006 年 1 月 1 日，在该母申请的申请过程还没有结束的时候，Jack 递交了第 2 项申请作为母申请的部分延续申请（CIP），重复母申请的全部内容，但还增加了关于该部件可以由塑料、金属或者其他固体材料制成的内容。Jack 的 CIP 申请将原来母申请中的权利要求 1 改写为现在的从属权利要求 2，并且增加了范围更宽的新的独立权利要求 1，权利要求如下：

1. 一种由固体材料制成的部件。
2. 如权利要求 1 所述的部件，其中所述固体材料为木头。

在递交了 CIP 申请以后，Jack 放弃了母申请。

在随后对该 CIP 申请进行的审查过程中，USPTO 的审查员检索到一篇 2005 年 6 月 1 日出版的作者为独立发明人 Jill 的出版物。这篇出版物记载了由木头和铁制成的（与 Jack 的申请）完全相同的部件。在这本书第 4 章中我们就会了解，根据《美国专利法》第 102 条（a）款的规定，Jack 的 CIP 申请中的权利要求 1 已经被这篇出版物所预见（破坏了其新颖性）。这是因为在这篇出版物中所记载的金属部件（同样也记载了木质部件）破坏了 Jack 要求保护的“固体材料”制成的部件的新颖性。Jill 所发表的出版物相对于 CIP 申请中的权利要求 1 构成了现有技术，因为 CIP 申请中的权利要求 1 的申请日就是 CIP 申请的递交日（2006 年 1 月 1 日），而不是母申请的申请日（2005 年 1 月 1 日）。然而，CIP 申请的权利要求 2 就不会被 Jill 发表的出版物中所记载的木质部件所预见。这是因为，CIP 申请中的权利要求 2 可享有母申请的申请日 2005 年 1 月 1 日作为其申请日（因为母申请中记载了一种木质部件并且满足了《美国专利法》第 112 条（a）款关于可实施性、书面描述以及最佳实施例的要求）。2005 年 1 月 1 日是 CIP 申请权利要求 2 的有效申请日。因为 Jill 的文章是在这个日期后发表的，因此这篇文章就无法构成 CIP 申请权利要求 2 的第 102 条（a）款现有技术。不考虑其他可能影响可专利性的因素，Jack 可以基于 CIP 申请中的权利要求 2 获得专利（而不能基于 CIP 申请的权利要求 1 获得专利）。

如上所述，在确定延续性申请中的某项权利要求是否可以享有母申

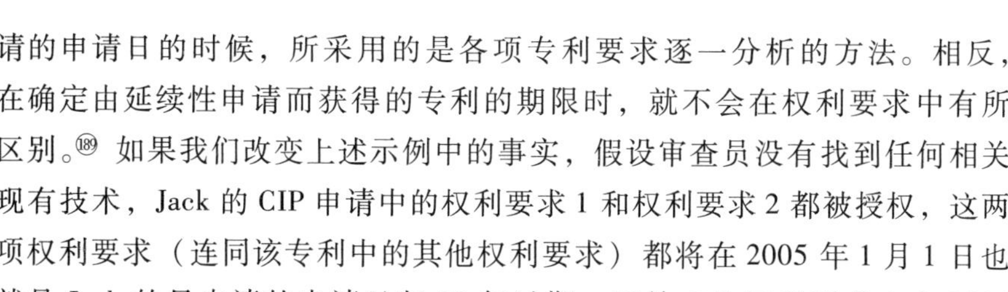

请的申请日的时候，所采用的是各项专利要求逐一分析的方法。相反，在确定由延续性申请而获得的专利的期限时，就不会在权利要求中有所区别。[189] 如果我们改变上述示例中的事实，假设审查员没有找到任何相关现有技术，Jack 的 CIP 申请中的权利要求 1 和权利要求 2 都被授权，这两项权利要求（连同该专利中的其他权利要求）都将在 2005 年 1 月 1 日也就是 Jack 的母申请的申请日起 20 年过期，而并不是权利要求 1 在 2026 年 1 月 1 日过期，而权利要求 2 在 2025 年 1 月 1 日过期。

6. 专利重复授权

一项发明创造只能获得一项美国专利。如果专利申请人就发明创造 X 获得了一项专利，而随后又递交了另一项申请还是要求保护发明创造 X（或发明创造 X 的显而易见的变形），USPTO 的审查员会因为在后申请违反了“禁止重复授权”原则而驳回其权利要求。[190] 如果在后申请要求保护的发明创造与申请人之前已经被授权的专利完全相同，则这种驳回就属于“相同发明创造型”的重复，这种驳回是基于《美国专利法》第 101 条的规定“凡发明或发现任何新颖且有用［发明创造］的人可以因此取得一项专利权……”（楷体字作为强调）。这种相同发明创造型的重复也被称为“法定”重复。另外，如果在后申请所要求保护的并不是完全相同的发明创造，而要求保护仅仅是对该发明创造的显而易见的变形，那么这种驳回则属于“显而易见型”重复。这种形式的重复是在司法判决中被认定的，在专利法条文中并没有明确的基础，因此这种专利重复也被称为“非法定”重复。

禁止专利重复授权原则的政策基础是禁止专利权人通过基于其已经获得专利的发明创造或者该发明创造的显而易见的变形获得第 2 项专利，从而不正当的“延长其垄断”的行为。也就是说，这项原则的目的是为

---

[189] 根据《美国专利法》第 154 条（a）款（2）项的规定，延续性申请的所有权利要求都会在母申请的申请日后 20 年过期，不论某项权利要求是否能够满足第 112 条的规定而得到母申请的支持。见美国专利商标局的文章 *Changes to Implement 20 – Year Patent Term and Provisional Applications*, 60 Fed. Reg. 20195, 20205（April. 25, 1995）(to be codified at 37 C. F. R. pts. 1, 3)（针对 Comment 5 里面说的“专利期限并不是因权利要求而异的”进行了解释），网址为 http://www. uspto. gov/web/offices/com/doc/uruguay/20_year_term. html（最后访问时间 2008 年 8 月 14 日）。

[190] 典型的引发专利重复授权问题的情形是同一实体拥有已授权的专利和仍然没有被授权的专利申请。然而，专利重复授权问题同样会产生于两项或者多项没有被授权的专利申请之前，或者是一项或多项未被授权的申请和一项已经被公开的专利申请之间。见脚注 102 所提到的 MPEP 第 804 条。

了禁止专利权人通过获得第2项专利而延长禁止他人实施在其第1项专利中所记载的发明创造的期限。[191] 专利权人的排他性权利范围是由专利权利要求的语言来界定的。因此，专利重复授权的分析必然会涉及专利权人在后申请中的*权利要求*与其已经获得专利的*权利要求*的比较。[192] 在本书后面的章节中我们将看到，对权利要求的对比首先要求我们理解权利要求中词语的含义。要理解这些词语的含义，我们可以参考相应专利或专利申请的说明书和附图的内容。但要注意的是，将专利重复授权的分析视为涉及现有技术分析则是错误的，也就是说，在专利重复授权分析中，在先递交的专利不应被视为在后递交申请的现有技术。[193] 这是因为，在假设《美国专利法》第102条所规定的法定限制不能适用的情况下，[194] 在先递交的专利与在后递交的申请具有相同的发明人，因此不满足《美国专利法》第102条所规定的现有技术的特征，即在先递交的专利所记载的并不是“他人”的发明创造。[195]

有关专利重复授权分析的一个很好的案例就是 *In re Vogel* 案[196]，该案涉及对肉制品进行包装以防止变质的方法。Vogel最初获得的专利是关于对猪肉制品的进行保质的方法。Vogel这项专利的权利要求1为：

> 1. 一种处理猪肉制品的方法，包括：将刚被屠宰并且还热着的猪躯体去骨成为碎肉；在碎肉仍然温热并且柔软的时候，对碎肉进行研磨；在大约80华氏度以上的温度且仍然柔软的时候，对研磨后的碎肉进行搅拌，搅拌的时间不超过躯体被放血后3.5个小时，将温热柔软的经搅拌后的碎肉装入不透气的包装袋中。

---

[191] 见 In re Zickendraht, 319 F. 2d 225, 232 (CCPA 1963) (Rich, J., concurring) (指出“在专利已经过期的前提下，公众应该……能够自由地使用该专利曾保护的发明创造，同时在考虑到本领域的技术水平以及该发明创造以外的现有技术的前提下，公众也应该能够自由的使用在该发明创造产生时对于本领域技术人员来说的该发明创造显而易见的改变或变形”)。

[192] 见 General Foods Corp. v. Studiengesellschaft Kohle mbH, 972 F. 2d 1272, 1277 (Fed. Cir. 1992) (专利重复授权的问题就是关于权利要求保护内容的问题”)。

[193] 见 In re Vogel, 422 F. 2d 438, 441 – 442 (CCPA 1970) (“在考虑 [本申请的权利要求是否只是另一项申请所公开和保护的发明创造的显而易见的变形] 问题时，不应该将另一项申请的内容视为本申请的现有技术”)。

[194] 见《美国专利法》第102条 (b) 款。

[195] 同上，§ § 102 (a), (e), (g) (2).

[196] 422 F. 2d 438 (CCPA 1970).

Vogel随后递交了第2项专利，广泛的要求保护适用于“肉”的方法，并特别适用于牛肉。该申请的权利要求10为：

> 10. 一种延长袋装肉制品保存寿命的方法，包括：在室温条件下，将刚刚屠宰后并且基本上仍处于放血温度的躯体上的肉去除；在屠宰后一段暴露时间内，当肉温处于放血温度和室温之间时，对肉进行粉碎；在所述暴露时间内且在肉的温度降低到室温以前，将粉碎后的肉用弹性包装材料密封起来，这种包装材料在摄氏30度的透氧性为0.01×10（-10）到0.1×10（-10）cc.-mm/sec/cm（2）/cm Hg；并且在包装好肉之后，立即将包装后的肉温降到低于室温的保存温度。

该申请权利要求11从属于权利要求10，并进一步将所述的肉定义为牛肉。USPTO驳回了第2项申请中的权利要求10和权利要求11，认为相对于Vogel已经获得的专利中的权利要求1（结合参考文献Ellies），这两项权利要求不能被授权。USPTO的驳回属于根据《美国专利法》第101条所作出的基于相同发明创造的专利重复授权的驳回。

美国关税及专利上诉法院（CCPA）在考虑是否在上诉中维持该驳回意见的时候，建立了如下有关专利重复授权的分析标准。根据该法院的解释，首先要问的问题是，是否“相同的发明创造被要求保护了两次”?[197] 所谓“相同的发明创造”，该法院指的是“完全一样的客体”，这意味着权利要求范围完全相同。也就是说，在做专利重复授权分析时，有关“卤族元素”的发明创造与有关“氯元素”（卤族元素的一种）的发明创造并不是相同的。但是，长度为“36英寸”的部件与长度为“3英尺”的部件就是相同的发明创造。该法院进一步指出，“用于对‘相同的发明创造’进行判断的一个好的测试，可能也是唯一客观的测试，就看一项权利要求被字面侵权的时候，而另一项权利要求是否并没有被字面侵权。如果结果是肯定的，那么就说明这两项权利要求并没有记载相同的发明创造。”[198] 通过应用这个测试，该法院得出的结论是，Vogel的申请中的权利要求10和权利要求11与其已经获得的专利并不属于相同发明创造型的重复，USPTO的判断是错误的。申请权利要求10（处理肉的方

[197] 441 F.2d 438（CCPA 1970）.

[198] 同上。

法）和权利要求11（处理牛肉的方法）所记载的发明创造与专利权利要求1（处理猪肉的方法）所记载的发明创造并不相同。[199] 例如，采用权利要求10和权利要求11中所记载的方法对牛肉进行处理会对该两项权利要求构成字面侵权，却不会对Vogel的专利中的权利要求1构成字面侵权（因为该权利要求所记载的是猪肉的处理方法）。

在*Vogel*案中，该法院继续提出第2个问题："被上诉的权利要求是否仅仅记载了在先专利所保护的发明创造的显而易见的变形？"[200] 对于权利要求11（限制为处理牛肉的方法）来说，答案是否定的。该项权利要求所记载的并非专利权利要求1中处理猪肉的方法的显而易见的变形。该法院认为"针对猪肉的特定时间和温度方面考量并不适用于牛肉"；"并没有记录显示这两种肉变质的条件是类似的"。[201] 因此，无论是相同发明创造型或者显而易见型的重复都不适用于权利要求11。因此，USPTO基于专利重复授权对权利要求11作出的驳回意见被推翻了。[202]

最后，该法院采用了"仅仅是显而易见的变形"的测试方法对该申请中权利要求10（处理肉的方法）与已授权专利的权利要求1（处理猪肉的方法）进行了比较。这一次判断的结论是，存在显而易见型的重复。法院解释道，"'肉'从字面上包括猪肉。唯一出现在权利要求10中却没有在Vogel的专利中的特征就是包装材料的透气性范围；但是，根据Ellies的记载，这个特征仅仅是一种显而易见的变形。"如果给予申请中权利要求10完整的专利保护期限，将会使Vogel对于专利权利要求1中所记载的处理猪肉的方法的垄断得到不正当的延长。

与相同发明创造型专利重复授权的驳回意见不同，[203] 显而易见型专利

---

[199] 441 F. 2d 438（CCPA 1970）（认为"专利的权利要求所记载的是猪肉。被上诉的申请权利要求7和权利要求10所记载的是肉，这两者并不是一回事。可能会侵犯该申请权利要求7和权利要求10的很多处理方法，都不会侵犯到该专利的任何权利要求。该申请权利要求11记载的是牛肉。牛肉和猪肉也不是一回事"）。

[200] 同上。

[201] 同上。

[202] 在进行非显而易见型专利重复授权分析时，根据专利申请递交的时间顺序以及其他一些因素的不同，USPTO目前采用了"单向显而易见性"或"双向显而易见性"两种测试。更详细的信息可以见脚注102中所提及的MPEP第804条。

[203] 相同发明创造型的专利重复授权驳回是不能够通过递交专利期限放弃声明来克服的。这是因为这种驳回意见的基础是法定的。见脚注193中的*Vogel*案，at 441（"如果判断的结果是相同的发明创造被要求保护了两次，则《美国专利法》第101条禁止为第2项专利授权，无论申请人是否提交期限放弃声明"）。

重复授权的驳回意见对申请人试图获得第2项专利的尝试来说并不是致命的。申请人可以根据《美国专利法》第253条的规定，[204] 通过递交专利期限**放弃声明**来克服显而易见型专利重复授权的驳回意见。在专利期限放弃声明这份文件中，申请人郑重同意如果该项因显而易见型专利重复授权被驳回的申请被授予专利的话，这项专利将与该申请人的第1项专利（专利重复授权驳回意见的基础）同时到期。[205] 因此，专利期限放弃声明解决了在后申请授权将延长对某一发明创造垄断的担忧。所以，专利权人最终可以获得两项（或者更多项）专利，这些专利所保护的发明创造互为显而易见的变形，但这些专利会在同一天到期。允许这样的结果，既保持了专利制度对专利权人持续改进其原始专利的激励，又没有允许专利权人延长阻止他人实施其发明创造以及显而易见的变形的期限。

---

[204] 《美国专利法》第253条的第2段规定："类似的，任何专利权人或申请人可以放弃或是将其专利期限（或是即将获得专利的期限）的全部或部分贡献给公众。"

[205] 在专利期限放弃声明（terminal disclaimer）中，申请人还必须保证在专利的整个期限内，涉案的两项（或是多项）专利的所有权必须是属于同一实体的。见37 C.F.R. §1.321（c）(3)（规定用于克服显而易见型专利重复授权驳回意见的期限放弃声明必须"包括这样的条款约定，根据该申请获得的专利只有构成驳回意见基础的申请或专利共同属于同一实体的时候才是可以实施的"）两项（或多项）互为显而易见变形的专利，如果一旦所有权分拆，分拆后的两方（或多方）专利权人可能会分别向相同的潜在侵权人提起侵权诉讼。这一条款就缓解了这些专利权人的竞争对手可能会为此要应付多重诉讼的烦恼。

第2章
专利权利要求

A. 引　言

本章将会重点介绍专利的**权利要求**，可以说，权利要求是一项专利中最重要的部分。专利权利要求就是用精确的语言来定义专利权人排他性权利的单句。① 每件美国专利（utility patent）都必须以一项或者多项权利要求作为结束，同时每一项权利要求必须具体并且清楚地说明该权利要求所要求保护的客体，也就是发明人本人所认定的发明创造。②

鉴于权利要求对于理解本书其他章节的内容具有重要的意义，因此特别安排在第2章就开始对权利要求予以介绍。权利要求在美国专利制度的各个方面都具有核心的位置。USPTO对专利申请的权利要求进行审查，并且将这些权利要求与现有技术进行比较，从而对该申请的可专利性进行判断。在联邦法院涉及专利的诉讼中，权利要求是法官和陪审团在对专利有效性以及专利侵权作出判断时的主要着眼点。

判断权利要求中词语的含义是解释权利要求的关键步骤，并且常常在对专利侵权和专利有效性的判断中起着至关重要的作用。因此，专利权利要求的撰写是在所有法律执业过程中最具挑战性和重要性的任务之一。所以，本章不仅包括了解释专利权利要求的法律原则，还包括了一系列常用的权利要求撰写技巧和格式。在专利法中，“这场游戏的名字叫做权利要求”。③

---

① 参见本书第1章（“美国专利制度的基础”）中对专利所蕴含的排他性权利的本质介绍。

② 《美国专利法》第112条（b）款（2008）。

③ Giles S. Rich所著的*Extent of Protection and Interpretation of Claims — American Perspectives*, 21 Int'l Rev. Indus. Prop. & Copyright L. 497, 499（1990）。

1. 专利权利要求的历史发展

美国专利权利要求的发展历程反映了从历史上的**中心界定制**（central claiming）转移到目前的**周边界定制**（peripheral claiming）的过程。

起初，专利权利要求的撰写采用的是中心界定法。中心界定法的含义是权利要求记载发明创造的最优选实施例，但是被理解为包含所有等同实施例。这样的权利要求通常会明确地参考说明书中某一部分。例如，1858 年授权的一件专利记载了一种书写工具，权利要求如下：

> 一种由铅笔芯和橡皮或者其他位于铅笔笔杆上具有清除功能的材料形成的组合，这个组合的结构以及排列都依据前述的方式和目的所安排。④

在 1836 年的专利法案中，权利要求被首次提及。但是，直到 1870 年，权利要求才成为专利申请的法定必要部分。在这些立法规定以前，专利申请人通过书面描述向世界公开其发明创造。这种描述解释了如何制造和使用该发明创造，也说明了该发明创造与在先的产品和方法有何不同。⑤ 如果当时的专利中包括权利要求，那些权利要求也只不过是事后想法，其法律重要性完全不及书面描述。

在 1870 年的美国专利法案中，权利要求被规定为专利申请的必要部分。从此，权利要求的撰写方式逐渐演化成为现在在美国所适用的周边界定制。周边界定的含义是"权利要求清楚地记载专利权人财产权的边界或周边范围，从而形成专利权人在有限时间内的排他性权利"。下面将对这个概念进行详细阐述。

2. 专利权利要求的定义

专利权利要求就是定义专利权人财产权利范围的单句，这种财产权就是专利权人在专利有效期内排除他人在该国制造、使用、销售、许诺销售或者进口该发明创造的权利。⑥ 在解释专利权利要求的概念时常用的一个比喻就是，对于一项发明创造来说，权利要求就好像是不动产（土

---

④ U. S. Patent No. 19, 783（授权日为1858 年3 月30 日）（发明名称为"铅笔和橡皮的组合"［combination of lead-pencil and eraser］）。原文如下：The combination of the lead and india-rubber or other erasing substance in the holder of a drawing-pencil, the whole being constructed and arranged substantially in the manner and for the purposes set forth. ——译者注

⑤ Evans v. Eaton, 16 U. S. 454, 514 –515 (1818).

⑥ 《美国专利法》第 154 条（a）款（1）项；271（a）。

地）的契约：契约中对该不动产的描述定义了一块地的边界，但是并没有描述这块地内部的特征（这块地是否平坦、是否有坡、是否栽种了植物、是否建造了任何结构或者是否有水流过这片土地）。[⑦]

就像不动产的契约一样，专利权利要求定义了专利权人排他性权利的边界。权利要求就像言语筑起的围墙一样围绕着专利权人的无形财产。但是，了解专利权利要求不包含的内容同样是非常重要的：专利权利要求并没有描述如何制造和使用一项发明创造，也没有记载该发明创造的最佳方式。那些是书面描述或者说明书附图要扮演的角色，是专利申请中除权利要求以外的其他组成部分。

实际上，一项发明创造或者说专利申请人所作出的创造性贡献常常与专利权利要求最终记载的内容大相径庭。这种差异源自专利申请过程的不可预见性：专利申请在递交的时候通常包括一系列有着不同范围的权利要求，范围变化从宽到窄。在如第 1 章中所描述的申请过程中，USPTO 通常会检索相关的现有技术，并且会认为这些现有技术破坏了该申请中范围最宽的那些权利要求的新颖性或者非显而易见性。除非申请人认为可以对该驳回意见提起上诉，否则申请人或者申请人的律师通常会对权利要求进行修改，缩小权利要求的范围，从而使得修改后的权利要求相对于所引用的现有技术具备新颖性和非显而易见性。[⑧] 因此，构成专利权人排他性权利言语边界的权利要求，可能会演化成与发明人最开始所预见的发明创造非常不同的内容。[⑨] 正如一位著名的专利法学者所说的：

> 我们究竟为什么要对权利要求进行分析？去弄清发明人到底发明了什么？不然！权利要求常常与发明人的发明相去甚远。

---

⑦ 例如，下面这段来自不动产契约中的描述：

自 Wells Street 的北侧的一点起（POB），从 Polk Road 的东边界与 Wells Street 的北边界交会处往东 50 英尺；然后往东 90 度 200 英尺；然后往北 300 英尺；然后往西 200 英尺；然后回到 POB（原文如下：Beginning at a point（POB）on the North side of Wells Street 50 feet East from the corner formed by the intersection of the East boundary of Polk Road and the North boundary of Wells Street; thence East 90 degrees 200 feet; thence North 300 feet; thence West 200 feet; thence direct to the POB）。

⑧ 专利申请人能够以这种方式对权利要求进行修改的前提是该申请能够满足《美国专利法》第 112 条（a）款的规定，对修改后的权利要求有足够的支持。详见本书第 3 章（“公开内容的要求（《美国专利法》第 112 条（a）款）”）。

⑨ 见例如 Elekta Instruments S. A. v. O. U. R. Scientific Int'l, Inc., 214 F. 3d 1302, 1308 (Fed. Cir. 2000)（结论是在涉案专利的审查过程中所作出的修改，使得对该案权利要求的解释排除了说明书中公开的优选实施例同时也是唯一的实施例）。

> 在专利诉讼中，对权利要求的分析是要弄清专利权人有权排除被告所做的事情。不管发明人发明了什么，对于权利要求的分析决定了专利权人排他性权利的范围。我认为这就是专利权利要求唯一的功能。我认为，在每一场有关权利要求的研讨会上都应该强调这个不言而喻的道理……告诉（读者），不要再说权利要求定义了发明创造。这不是一个好习惯，但这种说法却比比皆是。⑩

3. 重要的参考著作

有关美国专利权利要求实践方面的重要参考文献就是 Landis 的著作 *Mechanics of Patent Claims Drafting*。⑪ 在 USPTO 成立之前，很多专利权利要求的技巧就已经在实践中形成了，并且由约定俗成的规则而不是法律法规进行管理。Landis 的著作是对这些实践经验的最好总结。所有的专利律师和专利代理人都应该拥有或者至少熟悉这部著作。

B. 权利要求清楚性的要求（《美国专利法》第 112 条（b）款）

1. 自我词汇编纂者规则

《美国专利法》第 112 条（b）款要求每件专利都必须以一项或者多项权利要求作为结束，且每一项权利要求必须具体并且清楚地说明所要求保护的客体，亦即被发明人视为其发明创造的内容。对于专利律师来说，这条法规就是有关**清楚**的要求。

那么接下来一个很合理的问题就是，专利申请要求保护的发明创造是新的并且非显而易见的技术，在其之前没人了解、销售和使用过这些技术，如何才能满足权利要求清楚性的要求。在这种情况下，在现存的英语词汇中可能都不存在能够充分描述该发明的用语。在其他情况下，一件传统装置的机械运转都可能是极难用语言描述的。例如，为著名的儿童玩具 SLINKY®⑫ 撰写权利要求就是一个挑战。你可以尝试为 SLIN-

---

⑩ Janice M. Mueller 于 81 J. Pat. & Trademark Off. Soc'y 755, 758 – 759 (1999) 所发表的文章 "*A Rich Legacy*"（引用了 Giles S. Rich 法官的话）。

⑪ Robert C. Faber, *Landis on Mechanics of Patent Claim drafting* (5th ed. Pract. Law Inst. 2007)，可以在 Westlaw "PLIREF-PATCLAIM" database 里看到）。

⑫ SLINKY® 是一种螺旋弹簧玩具。如果把它放在楼梯上，它就会在重力和惯性的共同作用下沿着阶梯不断伸展再复原，呈现"拾级而下"的有趣状态。详见 http://en.wikipedia.org/wiki/Slinky。——译者注

KY®撰写一项清楚的权利要求来测试一下你撰写权利要求的能力。你会如何描述它的结构特征呢，比如它的延长结构，还有螺旋的形状？是否必须写明螺旋的具体圈数？是否可以把 SLINKY®撰写成一个弹簧呢？是否必须把制作 SLINKY®的材料（金属或是塑料）在权利要求中具体地写出来呢？

所幸的是，尽管现有的词汇可能不太够用，但是专利法允许专利申请人创造并使用新的词汇来撰写权利要求，这就使得为新技术撰写清楚的权利要求成为可能。换句话说，专利申请人可以成为其自身的词汇编纂者，也就是说专利申请人可以为其权利要求创造和定义词汇。这样，一项专利的书面描述部分就成为字典或者词汇索引，用于定义并且解释权利要求中用语的含义。对于每一个新创用语都可以有明确的定义（例如，书面描述中可以这样记载“在此，‘gizmo’指的是具有两个杠杆臂，三个滑轮，四个齿轮的全铝制机器”）。在其他情况下，可以通过在书面描述中连贯一致的使用，含蓄地对该用语加以定义。⑬

如果专利申请人选择**不**对其权利要求中的用语进行定义，既不用明确的方式也不用含蓄的方式，那么读者该如何理解这些用语的含义？案例法规定，如果专利书面描述没有提供专门的定义，那么权利要求中用语的含义就是该发明领域中普通技术人员所了解的该用语的通常含义。⑭这种处理方法与合同法中将未定义的合同用语按“交易惯例”进行解释的原则⑮是类似的。

---

⑬ 见 Bell Atlantic Network Servs., Inc. v. Covad Communications Group, Inc., 262 F. 3d 1258, 1271 (Fed. Cir. 2001)。

⑭ 见 Vitronics Corp. v. Conceptronic, Inc., 90 F. 3d 1576, 1582 (Fed. Cir. 1996)。*Vitronics* 案判决之后，需要进行用语解释的时候，联邦巡回上诉法院更加倾向于使用字典而不是依赖于专利书面描述。见本书第 9 章（“专利侵权”）B. 4 部分。

⑮ 见 U. C. C. § 2 - 202 (2008)。那些没有定义的用语的含义就被解读为“在文件起草时的交易惯例中的含义”。同前，at cmt. 2。交易惯例在 U. C. C. § 1 - 205 (2) (2008) 中被定义为“在某地、职业或交易中被有规律的遵守的实践或者方法，并且在日后交易中产生疑问时同样被遵守”。正如 Corbin 教授解释的：

> 正如法庭会按照法语对两个讲法语的人之间用法语签订的合同进行解释一样，法庭会按照交易惯例对熟悉交易常用用语的双方所签订的合同进行解释……法律要求法庭尽可能地将其自身置于当事双方的位置，包括当事双方所知道的和所不知道的，当事双方的语言和用法。5 A. Corbin on Contracts § 24. 13, at 111 (Joseph M. Perillo, ed., LEXIS Publ. 1998) (1952)。

2. "清楚"的标准

当专利法要求专利权利要求"必须具体并且清楚地说明所要求保护的客体，也就是被发明人视为其发明创造的内容"[16] 时，是从谁的角度来判断一项权利要求是否充分满足了法条所要求的"具体"和"清楚"呢？这个出发点就是假想的**本领域普通技术人员**（PHOSITA），这是在很多其他的专利法相关的话题中都会涉及的概念。也就是说，专利权利要求的解释并不是按照法官、陪审团或者科学专家对权利要求中用语的理解作出的，而是必须以 PHOSITA 的标准来判断权利要求是不是清楚的。PHOSITA 是一种假想存在，代表着该发明创造所在技术领域的"普通"人（例如一名科学家、工程师、技师或者其他工作人员）的技能和理解能力。[17]

Solomon v. Kimberly-Clark Corp. 案[18]很好地体现了这一原则。Solomon 的专利是关于一种用于承载女性卫生用品的一次性保护内衣。被控侵权者 Kimberly-Clark 公司认为根据《美国专利法》第 112 条（b）款，该项专利无效，因为 Solomon 没有在权利要求中记载被其认定为是其发明创造的内容。这个说法源于 Solomon 的证词，声称其发明创造的"凹陷"部分的厚度是一致的。[19] 然而，与 Solomon 的证词相反，联邦地区法院（以及审理上诉案件的联邦巡回上诉法院）对该权利要求的解释是凹陷部分的厚度是不同的。

联邦巡回上诉法院驳回了 Kimberly-Clark 的请求，并且认为，根据《美国专利法》第 112 条（b）款的要求，该专利的权利要求是有效的。法庭认为，对被授权的专利权利要求有效性的评价应该是从 PHOSITA 的角度出发的，这种评价是不应该基于涉案专利以外的证据——比如发明人的证词——来作出的。发明人的观点可能和 PHOSITA 的观点并不相同。

---

[16] 《美国专利法》第 112 条（b）款。

[17] John Golden 教授认为应该放弃被普遍接受的、从 PHOSITA 的角度出发来解释权利要求的做法。因为要想获得基本的可预见性，普通工程师或者科学家的观点从法律角度讲可能会"是一知半解，并且是比较个人化的"。Golden 教授认为一个更好的出发点可能是从"可以从技术人员那里获取知识的专利律师"的角度。从这个角度出发可以"更好地遵守解释权利要求的原则和技巧，而这些原则和技巧是在积极解释权利要求的社群中是广为人知并且被固定遵守的"。详见 John M. Golden 所著的文章 *Construing Patent Claims According to Their "Interpretive Community": A call for an Attorney-Plus-Artisan Perspective*, 21 Harv. J. L. & Tech. 321 (2008)。

[18] 216 F. 3d 1372 (Fed. Cir. 2000).

[19] Kimberly-Clark 的无效证据还包括该发明创造的样品，这个样品的凹陷部分的厚度一致。

第112条原则有关清楚的全部要求就是，根据该专利的书面描述对权利要求进行解读的时候，PHOSITA可以合理地获知专利权人排他性权利范围。法庭还强调，当一项专利被授权以后，发明人根据其主观目的或理解所作出的有关权利要求的表述在很大程度都是（与评价权利要求是否清楚）不相关的。在授权以后，必须客观地从假想的PHOSITA的角度出发来解读权利要求。⑳

那么，PHOSITA到底要求专利权利要求是多么“清楚”呢？在*Orthokinetics, Inc. v. Safety Travel Chairs, Inc.*案㉑中，涉案专利是关于一种可折叠的便携式儿童轮椅，这种轮椅可以被很容易地安装在汽车座椅上或从座椅上拆除。㉒ 图2.1为这种便携轮椅示意图。该发明的本质就是这种轮椅可以改变其尺寸以适应不同的汽车空间。该专利权利要求中记载了“其中所述（儿童轮椅的）前腿部分的尺寸使其能够被置入汽车门框和汽车座椅之间的空间之中”。㉓ 被控侵权方称，这种尺寸的可变性使得该权利要求无法满足《美国专利法》第112条（b）款有关“清楚”的要求。

联邦巡回上诉法院不同意这种观点。在解释该权利要求的时候，某一辆特定的轮椅是否能够放入某些特定汽车或者不能放入另一些特定的汽车都是无关紧要的。该权利要求中所记载的“so dimensioned”“相对该发明客体来说已经足够准确了”。㉔ “专利法并不要求该专利罗列出适用于各种不同型号汽车空间的所有可能长度，更不用说把这些内容记载在权利要求之中”，法庭这样解释道。这会把一项专利变成产品的说明书，而专利并不是产品的说明书。只要在那时PHOSITA可以制造和使用该发明创造且不需要进行过度的实验，所公开的内容就具有可实施性，㉕ 并且

⑳ 相对地，USPTO在对专利申请进行审查的时候，审查员会以说明书为基础，在合理的前提下对权利要求给予最宽泛的解释。见In re Graves, 69 F. 3d 1147, 1152 (Fed. Cir. 1995)。在审查中基于权利要求最宽泛解释的目的就是为了降低在“权利要求被授权后，会被赋予比授权时更宽的范围”的可能性。In re Yammamoto, 740 F. 3d 1569, 1571 (Fed. Cir. 1984)。USPTO的做法对于申请人来说并不是不公平的，因为“在专利授权以前，在审查过程中可以很容易的对权利要求进行修改”。Burlington Indus., Inc. v. Quigg, 822 F. 2d 1581, 1583 (Fed. Cir. 1987)。

㉑ 806 F. 2d 1565 (Fed. Cir. 1986).

㉒ 见U. S. Patent No. 3, 891, 229（1975年6月24日授权）。

㉓ *Orthokinetics*, 806 F. 2d at 1575. 原文为：wherein said front leg portion is so dimensioned as to be insertable through the space between the doorframe of an automobile and one of the seats thereof. ——译者注

㉔ 同上，at 1576。

㉕ 《美国专利法》第112（a）款规定的可实施性的讨论会在本书第3章（“公开内容的要求（《美国专利法》第112条（a）款）”）。

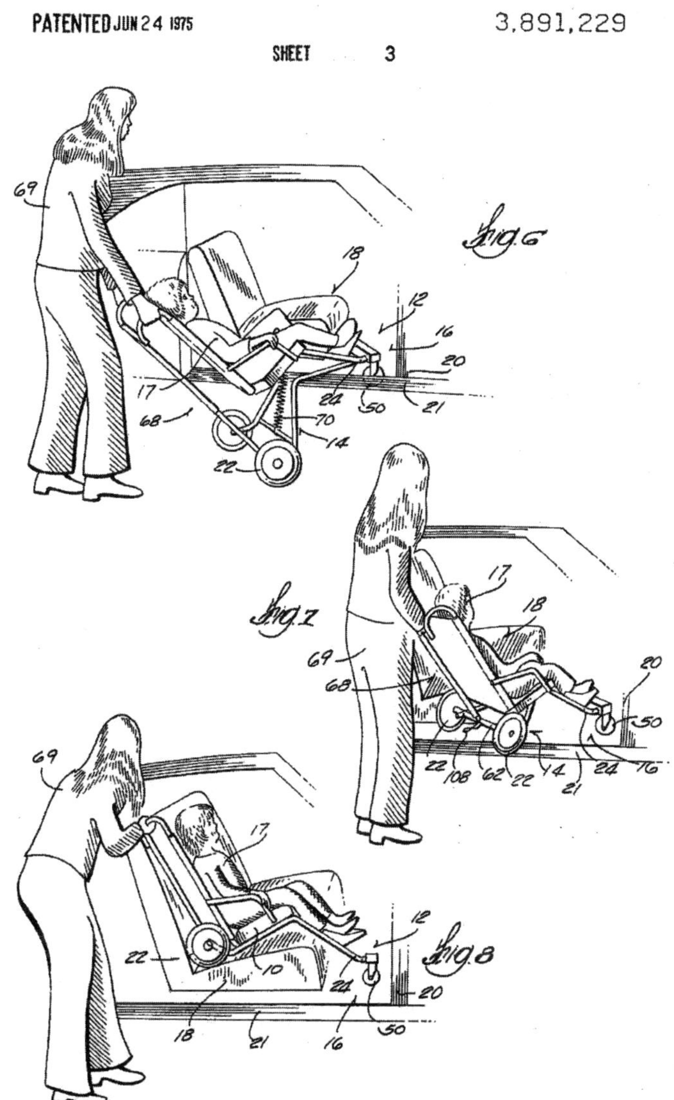

图 2.1 *Orthokinetics* 的 3，891，229 号美国专利

只要 PHOSITA 可以合理地判断某一轮椅是否侵犯了该权利要求，这项权利要求就是足够清楚的。

采用例如“基本上”（substantially）或“大致”（about）这样的副词来限定权利要求中的数量或者结构特征也不一定就会导致该权利要求无法满足《美国专利法》第 112 条（b）款有关清楚的要求。在 *Verve, LLC v. Crane Cams, Inc.* 案[26]中的专利是关于一种改进型内燃机的"推杆"。这种推杆可以驱动"气门臂"从而控制内燃机汽缸进气和出气阀门的开合。该专利权利要求所记载的推杆是由一整块金属制成的，其形状是"细长的中空管……并且具有基本一致的侧壁厚度……"[27] 地区法院准予了被控侵权人有关简易判决的申请，理由之一是因为权利要求中"基本"(substantially) 这个词的含义相对于内部证据（涉案专利及其申请历史文件）是"不清楚"的，所以不满足第112条（b）款的要求，导致该专利无效。地区法院还认为侵权责任的认定依赖于"基本"这个词是否使该权利要求范围涵盖了被控侵权的推杆。

联邦巡回上诉法院撤销了关于不清楚的简易判决，并且将该案件发回重审，认为地区法院"以要求专利说明书和申请历史文件这些内部证据作为解释技术词汇含义的唯一参考"是在法律问题上的错误判断。[28] "可以在该发明创造的背景下采用关于某项用语的使用和含义的外部证据来协助解释因权利要求和说明书引起的任何歧义",[29] 上诉法院这样指示道。正确的分析应该是考虑"机械领域的经验人士在阅读这些专利文件的时候"是否能够理解"基本一致的侧壁厚度"的含义。[30] 为了保障发明人在其作出的发明创造中的权益，在符合发明创造性质的前提下，采用类似"基本"这样的措辞以包容小范围变化也是允许的。联邦巡回上诉法院的结论是，"当'基本'这个词能够合理的描述发明客体并且可以将该发明客体与现有技术区分开来，且该领域的技术人员也可以据此了解该发明的范围的时候，这种表达就是清楚的。"[31]

与上面讨论的案例相反，因为 *Datamize, LLC v. Plumtree Software, Inc.* 案中的专利权利要求记载了一项"美观"（aesthetically pleasing）的特征,[32] 导致该权利要求无法满足《美国专利法》第112条（b）款有关清楚的要求。Datamize 的专利是关于一种软件程序，这种软件使人能够定

㉖ 311 F. 3d 1116 (Fed. Cir. 2002).

㉗ 同上，at 1119。原文如下：The claimed push rod was made from a single piece of metal in the form of an "elongated hollow tube having... *substantially* constant wall thickness throughout the length of the tube..." ——译者注

㉘ 同上。

㉙ 同上。

㉚ 311 F. 3d 1120 (Fed. Cir. 2002).

㉛ 同上。

㉜ 417 F. 3d 1342 (Fed. Cir. 2005).

制用户的电子信息亭的界面，电子信息亭就是那些在博物馆、机场、银行、酒店以及商店里越来越常见的、为顾客提供信息的系统。该专利的权利要求记载了定制信息亭界面的方法，其中这样定制的界面具有“美观”的外形和感觉。巡回上诉法院一开始就指出，专利权利要求语言中的一些模糊之处并不一定就是致命的问题，只有那些“不适用解释”或者“模糊到无法解释”的权利要求才应该因为不清楚而被无效掉。在本案中的“美观”是完全依赖于系统用户的主观意见的。因此，该权利要求的语言不够清楚，使得权利要求无法发挥其重要的示明作用。“对‘美观’的纯主观解释是无法使公众了解该专利权人的排他性权利的，这是因为权利要求的含义依赖于个人对于界面的审美意见，而这些是变幻莫测且不可预料的。关于什么是美，仁者见仁，智者见智。而权利要求中的用语要想称得上清楚，需要一个客观的标准。”[33] 在此，专利权人没有能够为“判断界面是否‘美观’的标准作出任何合理的、可行的、客观的定义”。

有时候，在专利申请过程中会产生一些在权利要求语言上的错误，从而导致权利要求无法满足《美国专利法》第112条（b）款有关清楚的要求。看起来显然的笔误可能会演变成影响到专利有效性的致命问题。正是因为有这样的风险，对权利要求的撰写和修改都应该是非常精确和仔细的。有关这种情况的一个例子是 *Novo Indus.*, *L. P. v. Micro Molds Corp.* 案[34]。Novo 的专利是关于一种支撑组件，用于支撑遮挡窗户内部的数个垂直板条（或百叶窗）中的一条。这种支撑组件能够重新对齐错位的板条，并且包括一种“停止装置”，能够在板条极端扭转的情况下防止支撑头的扭转。在专利申请过程中，USPTO 的审查员以不满足《美国专利法》第103条规定的非显而易见性为由驳回了 Novo 申请中的权利要求15～17。[35] Novo 删除了这些权利要求，并以新的权利要求19加以替代。权利要求19的子段落（a）～（i）包括了被取消的权利要求的所有特征以及一项新的特征。权利要求19被重新排序并被授权为权利要求13如下（在（g）特征里的部分内容采用楷体字以示强调）：

> 13. · 种支撑组件，用于可动的支撑垂直型百叶窗数个垂直板条中的一个，所述支撑组件包括：

---

[33] 417 F. 3d 1350 (Fed. Cir. 2005).

[34] 350 F. 3d 1348 (Fed. Cir. 2003).

[35] 本书第5章将对《美国专利法》第103条有关非显而易见性的要求进行介绍。

a）一个框架，

b）一个支撑头，可动的安装在所述框架上面并可以在所述框架上旋转，

c）一个齿轮装置，

d）…… f）……

g）一个停止装置，位于一个可以与所述支撑头旋转的上面，该停止装置一直向外延伸并与所述框架上两个彼此分开的停止部件中的一个相啮合，

h）所述停止装置包括一个向外延伸的突出结构，在旋转的时候以基本上180度的弧度与所述框架上的每个所述停止部件相啮合，并且

i）所述驱动齿轮包括一个基本上为圆形的结构，在该圆形结构上有着彼此间隔的数个齿轮齿，沿着所述驱动齿轮的外沿形成了一个环形结构。[36]

很明显，权利要求13的子段落（g）的语言与Novo所取消的权利要求的用语并不完全一致，而是增加了在被取消的权利要求16中所没有的“a rotatable with”。审查员核准了包含该字样的权利要求。而Novo也从来没有要求USPTO颁发更正证书（certificate of correction）。[37]

在随后的侵权诉讼中，当事人双方都认为被授权的权利要求13有错误，但对是否可以更正错误存在分歧。地区法院并没有接受任何一方的

㊱ 原文如下：

13. A carrier assembly for movably supporting one of a plurality of vertical oriented slats in a vertical blind assembly, said carrier assembly comprising:

a) a frame...

b) a support finger movably mounted to rotate on said frame...

c) a gear means...

d)... f) ...

g) stop means formed on a *rotatable with* said support finger and extending outwardly therefrom into engaging relation with one of two spaced apart stop members formed on said frame

h) said stop means comprising one outwardly extending protrusion disposed to engage each of said stop members on said frame upon rotation through an arc of substantially 180 degrees, and

i) said drive gear including a substantially round configuration and a plurality of gear teeth formed thereon in spaced relation to one another along an outer periphery of said drive gear to define a circular configuration thereof;... ——译者注

㊲ 有关更正证书（certificates of correction）的内容将在本书第8章（“授权专利的更正”）中进行介绍。

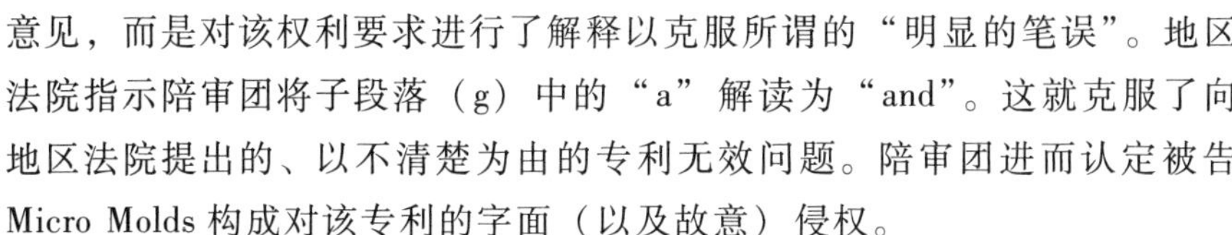

意见，而是对该权利要求进行了解释以克服所谓的“明显的笔误”。地区法院指示陪审团将子段落（g）中的“a”解读为“and”。这就克服了向地区法院提出的、以不清楚为由的专利无效问题。陪审团进而认定被告 Micro Molds 构成对该专利的字面（以及故意）侵权。

联邦巡回上诉法院对该案上诉的审理是基于最高法院 1926 年对 *I. T. S. Rubber Co. v. Essex Rubber Co.* 案[38]的判决作出的。在该判决中，最高法院指出，审理专利侵权案件的法院可以对权利要求作出合理解释从而对明显的错误加以更正。鉴于随后的立法发展中又增加了 USPTO 的更正证明程序，联邦巡回上诉法院认为地区法院对权利要求加以解释而更正的错误只能是 *Essex* 类的错误。特别是，“只有在（1）这种更正不涉及有关权利要求语言和说明书的合理辩论，并且（2）申请历史文件并没有表明对该权利要求还存在其他解释”[39] 的情况下，地区法院才可以对该专利进行更正。

Novo 案无法满足这些标准，因为从该专利的表面上来看，这个错误并不是显然的。在地区法院审理该案的过程中，围绕着如何正确解释该权利要求进行了大量的辩论。专利权人 Novo 向地区法院提出包括两种不同更正方法的建议，从而还引发出了第 3 种更正。联邦巡回上诉法院建议，正确的做法（可能应该算是第 4 种更正）是加入被遗漏的字，比如“挡板/下摆”（skirt）或者“转盘”（disk）。由于无法确认“什么样的更正才是妥当的，或者无法确认应该如何解释该项权利要求”，联邦上诉法院判决以无法满足《美国专利法》第 112 条（b）款有关清楚的要求为由，认定权利要求 13 无效。该项权利要求属于“模糊到无法解释”，并且根据其本身的情况也无法“适用任何权利要求解释原则”。

与 *Novo* 案相反的，在 *Hoffer v. Microsoft Corp.* 案[40]中的权利要求的错误就是由地区法院来更正的。根据 Hoffer 专利的记载，权利要求 22 从属于权利要求 38。在涉及该专利的一场诉讼当中，地区法院发现在被授权的专利中不存在权利要求 38，因而认定权利要求 22 不清楚，从而认定该权利要求无效。这个错误是由 USPTO 在该专利授权以前对权利要求进行重新排序的时候产生的，原来的权利要求 38 的序号被改变了。审查员在进行专利印

㊳ 272 U. S. 429 (1926).

㊴ *Novo*, 350 F. 3d at 1354.

㊵ 405 F. 3d 1326 (Fed. Cir. 2005).

刷准备的时候，对所有的权利要求进行了重新排序，但是忘记对权利要求22的引用关系进行调整，因此权利要求22仍然从属于所谓的“权利要求38”。地区法院认为其“无力”对这个错误进行更正，而联邦巡回上诉法院并不这样认为。在这个案件中，权利要求22的引用关系上的错误是显然的，并且根据申请历史也可以清楚的获知权利要求22所应该从属的权利要求是哪一项。联邦上诉法院在判决中引用了*Novo*案，并认为：“如果一项专利中的错误是无害的，且关于该错误也不存在合理争议，那么就像对待其他法律文件一样，法庭是可以对这个错误进行更正的。”[41] 因此，地区法院以不清楚为由而认定权利要求22无效的判决被推翻。

3. 前述基础

“前述基础”这个概念是在专利申请过程中逐渐演化出来的一种技巧，旨在帮助专利撰写者满足《美国专利法》第112条（b）款有关清楚的要求。这项技巧帮助撰写者确保“权利要求中所用的词汇和短语……都可以在［该申请的］的书面描述中找到清楚的支持或者前述基础，从而以书面描述为参考的权利要求的用语就具备了确定的含义”。[42]

下面介绍如何利用前述基础这项技巧。在一项专利权利要求中，第一次提及某个特征的时候，在这个词的前面应该使用不定冠词“a”（大多数时译为：一个/一种……）。在这以后，当撰写者每次提到这个特征的时候，就称其为“said”（所述）特征或者“the”（该）特征。

例如，下面这个有关玩具橄榄球的权利要求：

1. 一种海绵橄榄球，包括：

A. 一个球身，具有一个长轴和一个外部表面；

B. 所述外部表面包括数条与所述长轴对齐的凹槽；

C. 其中，每条所述凹槽的最小深度为0.25英寸，最大深度为0.5英寸。[43]

---

[41] 405 F. 3d 1331 (Fed. Cir. 2005).

[42] 37 C. F. R. §1.75 (d) (1) (2008).

[43] 原文如下：

1. A foam football comprising:

A. A body having a longitudinal axis and an external surface;

B. Said external surface comprising a plurality of grooves aligned with said longitudinal axis;

C. Wherein each of said grooves has a minimum depth of about 0. 25 inches and a maximum depth of about 0. 5 inches. ——译者注

在“橄榄球”“球身”“长轴”“外部表面”以及“凹槽”第一次被提到的时候，被称为“一种海绵橄榄球”“一个球身”“一个长轴”，以及“数条凹槽”。[44] 这以后，这些词分别被称为“所述外部表面”“所述长轴”以及“所述凹槽”，以表明撰写者所指代的是与最初提到的“外部表面”“长轴”“外部表面”相同的内容，而不是其他的“外部表面”“长轴”或者“凹槽”。[45]

C. 专利权利要求的剖析

每项专利权利要求都包括3个部分：前序、连接和主体部分。下面以一项权利要求为例，来具体介绍每个部分的职能：

> 1. 一种部件，包括：
> A部分；
> B部分；以及
> C部分，将所述A部分固定在所述B部分上；
> 其中，所述A部分是由铜制成的，所述B部分是由铅制成的，所述C部分是由金制成的。[46]

1. 前序部分

前序部分是对发明创造客体的简明表述。在上面的权利要求1中，“一种部件”就是前序部分。前序部分不一定要照搬《美国专利法》第101条中所记载的4种法定可专利的客体名称（方法、机器、制造物或物质组合），只要从整体上可以了解到该权利要求的客体是属于这4种中的一种或者多种即可。在上面的例子中，很明显该权利要求中的“部件”

---

[44] “a **plurality**”这个词在专利法中的含义是两个或两个以上。

[45] 见United States Pat. & Trademark Office, Manual of Patent Examining Procedure (8th ed., 7th rev. 2008)，网址为http://www.uspto.gov/web/offices/pac/mpep/mpep.htm［以下简称MPEP］, at §2173.05 (e)（有关“缺乏前述基础”作为驳回理由的讨论）。

[46] 原文如下：

1. A widget comprising:

Part A;

Part B; and

Part C, attaching said Part A to said Part B;

Wherein said Part A is made of copper and said Part B is made of lead and said Part C is made of gold. ——译者注

属于制造物或者机器。[47]

权利要求的前序部分有时候不仅仅包含一两个词而已。在这种情况下，前序部分的内容有时候就会被作为限定该权利要求的特征之一。当然这并不是必然的。例如，下面这项权利要求（是前面那项权利要求的变形）：

> 1. 一种用于海事应用的部件，包括：
> A 部分；
> B 部分；以及
> C 部分，将所述 A 部分固定在所述 B 部分上；
> 其中，所述 A 部分是由铜制成的，所述 B 部分是由铅制成的，所述 C 部分是由金制成的。[48]

这项权利要求的前序部分是一个完整的短语，“一种用于海事应用的部件”。在这里要确定的问题是，“用于海事应用”到底是不是限定该权利要求的特征之一，从而判断如果有相同的部件，但是用于陆地的而不是水上的，是否就不会对该权利要求构成字面侵权。

一般来说，联邦巡回上诉法院的原则是，如果前序部分的文字赋予了该权利要求“生命、含义以及活力”，或者前序部分记载了必不可少的结构或步骤，那么前序部分的内容对于该权利要求就具有限定作用。[49] 特别是，如果前序部分的用语在权利要求主体部分被重复和提及，那么前序部分很有可能就是具有限定作用的。然而，如果该权利要求的主体部分（连接部分后面的内容）记载了结构完整的发明创造，而前序部分只是描述了该发明创造欲达到的目的或者用途的话，前序部分的内容一般

---

[47] 有关可被授予专利权的客体在本书第 7 章中进一步介绍。

[48] 原文如下：

1. A widget for use in marine applications comprising:
Part A;
Part B; and
Part C, attaching said Part A to said Part B;
Wherein said Part A is made of copper and said Part B is made of lead and said Part C is made of gold. ——译者注

[49] 见 Catalina Marketing Int'l, Inc. v. Cool Savings.com, Inc., 289 F.3d 801, 808 (Fed. Cir. 2002)。

就不具有限定性。[50]

在上面的例子中，“海事应用”并没有在权利要求主体部分被提及，并且主体部分记载了结构完整的发明创造。“海事应用”只是说明了该部件的预期用途。因此，该前序部分就不太可能被解读为具有限定性。未经授权而在陆地上使用该权利要求所记载的部件仍然会构成对该权利要求的字面侵权（假设该权利要求主体部分所记载的全部特征都被满足的情况下）。

2. 连 接 部 分

上面例子中权利要求的连接部分就是“包括”这个词。连接部分是影响权利要求范围的关键词或者专门术语。在美国专利权利要求撰写实践中，有3种基本的连接部分：**包括、由……组成、基本由……组成**。[51]下面将对每种连接部分逐一进行讨论。

a. “包括”（comprising）型连接部分

“包括”型连接部分的含义是“including”或者“containing”在其后所列举的要素。一项权利要求采用“comprising”型连接部分就意味着该权利要求的范围是开放式的。如果他人的产品具有一项“开放”式权利要求中明确记载的所有元素及任何其他特征，那么这个产品就被该权利要求所覆盖或者说会构成对该权利要求的字面侵权。

例如，“一种部件包括A，B，C”的权利要求覆盖了部件ABC、部件ABCD、部件ABCXYZ以及其他类似的产品。[52]复制该项发明创造，并且仅仅增加一些该权利要求没有记载的附加特征，是无法避免对该“包括”型权利要求的侵权的。

在*CIAS, Inc. v. Alliance Gaming Corp.*案中，联邦巡回上诉法院考虑到，将与“comprising”型连接部分相似的“comprised of”作为连接部分是否会给权利要求带来不同的解释。[53]答案是否定的。涉案专利的权利要

---

[50] 见Catalina Marketing Int'l, Inc. v. Cool Savings. com, Inc., 289 F. 3d 810（Fed. Cir. 2002）（联邦巡回上诉法院推翻了地区法院关于不侵权的建议判决决定，理由是该权利要求是关于一种选择和分配优惠券的系统，其前序部分记载了“位于预先指定的位置例如零售店”（located at predesignated sites such as consumer store），这样的前序部分并不具有限定作用，因为“申请人并没有靠该前序部分来定义其发明创造，且该前序部分对于理解该权利要求主体部分的内容来说也不是至关重要的”。另外，申请人也并没有依靠该前序部分来区别于现有技术）。

[51] 见*Ex parte Davis*, 80 U. S. P. Q. 448, 450（Bd. Pat. App. & Int 1948）（介绍了采用这3种“规范性”术语来“促进权利要求撰写方式的统一性”）。

[52] 成立字面侵权的条件是权利要求所记载的每一项必需的要素都要在被控侵权产品中有所体现。如果他人的产品没有体现该权利要求的哪怕只是一项要素，也不构成侵权。例如，部件ACXYZ就不对上述权利要求构成字面侵权，因为该产品欠缺权利要求中的要素B。

[53] 504 F. 3d 1356（Fed. Cir. 2007）.

求1记载了“一种用于从一组类似的授权物品中甄别出假货的系统，该组物品中的每一件都附有包括根据可识别序列而编译的机读码在内的独特授权信息，该系统包括：［各种功能性限定特征］”。[54] 联邦巡回上诉法院推翻了地区法院将“comprised of”解读为封闭型连接部分，从而认为“（根据可识别序列而编译的机读码）”[55] 以外的其他特征都被排除在外的判决。联邦巡回上诉法院承认“comprised of”没有像“comprising”那样常常被用作权利要求的连接部分，但是，“通常来说，当‘comprised of’被用于连接短语的时候，其固有含义是与‘comprising’相仿的，意味着接下来的元件或者步骤并不具有局限性。‘comprising’的常规用法同样适用于‘comprised of’。”[56] 上诉法院的观点在几个地区法院那里得到了支持，并延续了关于“comprised of”的“常规解释”，即“comprised of”是开放性的，“其本身并不排除其他附加元件或步骤存在的可能性”。*CIAS* 案中被控侵权的 Alliance 编码系统包括根据“保密”序列以及根据权利要求记载的“可识别”序列进行编码的元件。联邦巡回上诉法院对于“comprised of”的解释，意味着地区法院在 *CIAS* 案中认定 Alliance 不侵权的判决成为错误的判决。

b. “由……组成”（consisting of）型连接部分

包含“由……组成”型连接部分意味着一项专利权利要求的范围是封闭性的。只有当他人的产品包括了该权利要求明确记载的全部特征，且不包含任何其他特征（除了通常依附于与权利要求所记载特征的一些杂项外）的时候，才会被“封闭性”权利要求所涵盖或者构成字面侵权。[57] 例如，“一种部件包括 A，B，C”的权利要求就会涵盖部件 ABC，

---

[54] 原文如下：［a］counterfeit detection system for identifying a counterfeit object from a set of similar authentic objects, each object in said set having unique authorized information associated therewith *comprised of* machine-readable code elements coded according to a detectable series, the system comprising: ［various means-plus-function elements］. ——译者注

[55] Machine-readable code elements coded according to a detectable series. ——译者注

[56] 504 F. 3d 1360（Fed. Cir. 2007）.

[57] 关于上述对“consisting of”的理解，在联邦巡回上诉法院中存在着不同的意见。在 *Norian Corp. v. Stryker Corp.*, 363 F. 3d 1321（Fed. Cir. 2004）一案的审理中，涉案专利权利要求是关于一种套件，“consisting of”数种化学组成物。被控侵权产品包括相同的化学组成物外加一项物理组成物——一把刮铲。大部分法官认为该套件产品仍然侵犯了涉案专利的权利要求。见同前，at 1331－1332。持反对意见的法官认为，法庭不应该“帮助专利权人改变其权利要求的限定性，从而改变（对‘consisting of’这个连接部分）的常规解读”。同前，at 1335（Schall 法官持部分反对意见）。

而不会涵盖部件 ABCD，也不会涵盖部件 ABCXYZ。

因此，采用“由……组成”型连接部分的权利要求的范围很可能就比采用“包括”型连接部分的权利要求范围窄。所以，专利申请人一般都会在其申请中采用“包括”型连接部分，只有在为了获得核准而不得不缩小权利要求范围的时候才会采用“由……组成”型连接部分。

c. “基本由……组成”（consisting essentially of）型连接部分

这种类型的连接部分比较常用于化学物质组合权利要求之中，并且可以认为其营造了一种部分封闭的权利要求。采用“基本由……组成”型连接部分意味着该权利要求是封闭性的，除非所附加的特征不会改变该化学物质组合的基本功能或者性质。[58]

例如，一项权利要求记载了“一种黏合剂，基本包括 A，B，C”，这项权利要求会涵盖他人的黏合剂 ABC 以及黏合剂 ABCD，如果 D 只是给该黏合剂上色用的染色剂，并且不影响该黏合剂的黏性。而这项权利要求将不能涵盖黏合剂 ABCX，如果 X 改变了黏合剂的基本性质，将该黏合剂从类似于 SuperGlue®一样能够形成强力、永久性黏合的物质变成了类似于 Post-It®贴纸（即时贴）上面的那种可以被去除的不干胶。[59]

3. 主体部分

专利权利要求的主体部分包括发明创造的全部特征，并且应该具体记载各个特征之间的关系或者彼此间的互动。例如，一项权利要求记载了“一种部件包括 A，B，以及用于将 A 与 B 相连的装置”。这项权利要求的主体部分是“包括”以后的全部内容。由此可见，该主体部分记载了 3 个要素：特征 A、特征 B 以及用于将 A 与 B 相连的装置（解释如下）。

专利权利要求的主体部分所包括的特征数目没有最多或者最少的限制。但是在任何情况下，每一项权利要求都必须包括足以描述一项新颖、非显而易见并且具有实用性的发明创造的所有特征。权利要求所描述的产品必须是可操作的，也就是说必须能够工作。只要在这些条件能够被满足的前提下，就可以为比较大型产品的组成部分撰写一些权利要求来

---

[58] 见 PPG Indus. v. Guardian Indus. Corp., 156 F.3d 1351, 1354 (Fed. Cir. 1998)。

[59] 见 *Ex parte Davis*, 80 U.S.P.Q. 448, 450 (Bd. Pat. App. & Int. 1948)（认为权利要求记载的黏性物质包括 3 种成分，而现有技术文献公开的黏性物质包括 4 种成分。权利要求所采用的“基本由……组成”的连接部分排除了该第四种成分的存在［从而使该权利要求可以被核准］，因为该种成分“改变了权利要求中由 3 种成分构成的黏性物质的基本属性……”）。

保护所谓的“子组合”发明创造。例如，汽车的化油器、轮胎以及前灯都可以构成子组合发明创造，因为它们各自都由大量的子部件构成，并且有其各自的用途。[60]

确定在专利权利要求的主体部分应该包括多少项特征的过程是一个权衡的过程，就是平衡专利权人实施其专利、禁止他人侵权的能力，与该权利要求能够经受住对其有效性挑战之间的关系。这两个概念都影响到权利要求的范围。不言而喻，一项权利要求所包含的特征越多其范围就会越窄；而权利要求所包含的特征越少，其范围就越宽。例如，一项记载了“一种部件，包括特征 A，B，C”的权利要求的范围就比另一项记载了“一种部件，包括特征 A 和 C”的权利要求的范围要更窄。

这种权利要求范围的不同源于**全要件原则**，本书将在第 9 章进一步介绍这个概念。总的来说，全要件原则要求，认定被控侵权产品侵犯了某一项专利权利要求的前提是，被控侵权产品必须体现了该权利要求中的每一项特征（更妥善的说法是每一项**限定性特征**），无论是以字面的方式或是等同的方式。[61] 因此，包含的特征越多，要想证明该权利要求被侵权就越难，因为该权利要求中的每一项特征都必须在被控侵权产品中有所体现。

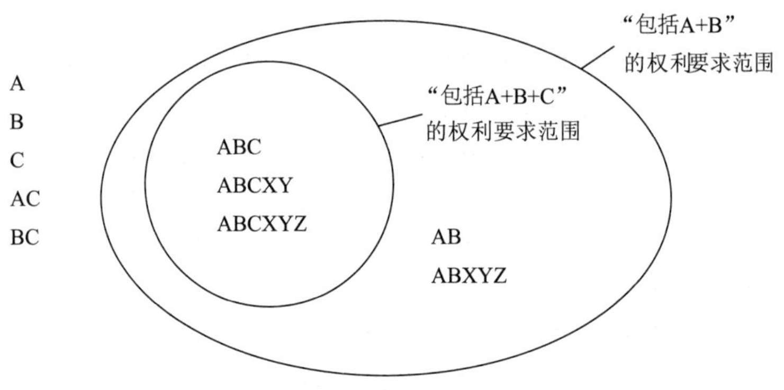

图 2.2 权利要求范围

图 2.2 通过韦恩图的方式展示了权利要求范围的概念。如图 2.2 所示，外面的圈代表“一种部件，包括特征 A 和 B”的权利要求。对该权利要求构成字面侵权的产品包括仅具备 AB 的部件，还包括（由于采用了

[60] 有关子组合的更多例子，可以参考脚注 11 中 Faber 的著作 § 59。

[61] 这里“字面的方式或是等同的方式”指的是在本书第 9 章中将要分析的两种有关侵权的理论：（1）字面侵权；（2）根据司法过程中产生的等同原则认定的侵权。

“包括”型连接部分）具备ABC或者ABCXY或者ABXYZ的部件。但是，如果该权利要求增加了一项特征，变成“一种部件，包括特征A，B和C”（由较小的内圈代表）的时候，能够对其构成字面侵权的被控产品则必须（至少）具备ABC三个特征。由于仍然采用“包括”型连接部分，被控侵权产品ABCXY或者ABCXYZ仍然对其构成字面侵权。由于缺少特征C，部件AB和ABXYZ仅仅对之前包含两项特征的权利要求构成侵权，对包含3项特征的权利要求则不构成侵权。由于可能侵犯该包含3项特征的权利要求的产品集合较小（如图2.2所示，内圈所包围的面积较小），其权利要求范围就比该包含两项特征的权利要求的保护范围更窄。

对于权利要求范围的确定是在排他性权利范围与其有效性之间的一个权衡。换句话说，对权利要求范围的确定不应该脱离对其有效性的考量。一项权利要求具有相对较宽的范围，能够对抗更多的被控侵权产品，也就意味着其更有可能因为不具备新颖性[62]或非显而易见性[63]而被宣告无效。例如，在图2.2中大圈代表的权利要求“一种部件，包括特征A和B”就比权利要求“一种部件，包括特征A，B和C”更可能被宣告无效。这些关系印证了Giles Rich法官很喜欢的一句话：

> 最强的主张（权利要求）同时也是最弱的，最弱的主张（权利要求）同时也是最强的。

这句名言的含义就是保护范围最宽的权利要求（所谓最强的，也就是在实施中可以对抗最多可能的侵权产品的）也是最有可能由于现有技术的存在而被宣告无效的，反之亦然。

D. 独立和从属权利要求

专利权利要求的撰写可以采取独立或从属两种方式。从属权利要求引用（或者从属于）其他在先权利要求，而独立权利要求并不引用任何其他权利要求，自成一统。一项从属权利要求包括（通过引用而涵盖）其所从属的权利要求的全部特征，并在此基础上进一步增加一些特征。因此，从属权利要求的作用不过是以简便的方式重复其他权利要求特征的基础上增加一些新特征的手段而已。

这些有关权利要求的原则都在下面引用的《美国专利法》第112条

---

[62] 见本书第4章（“新颖性及权利丧失（《美国专利法》第102条）”）。

[63] 见本书第5章（“非显而易见性要求（《美国专利法》第103条）”）。

中有所规定：

> 3. 每一项权利要求的撰写可以采用独立权利要求的方式，或者如果案件内容允许，也可以采用从属权利要求或者多重从属权利要求的形式撰写。
>
> 4. 采用从属方式撰写的权利要求应该包括对在先权利要求的引用，并具体记载有关发明客体的进一步特征。一项从属权利要求应该被解读为包含其所引用的权利要求的全部特征……[64]

权利要求区别解释原则（the principle of *claim differentiation*）指出，从属权利要求的存在就表明了其所引用的独立权利要求所包含的范围并不限于该从属权利要求的范围。例如，假设一件专利的权利要求 1 为“一种部件，包括 A，B 和 C”，以及权利要求 2 为“权利要求 1 所述的部件，其中 A 是红色的”。这就意味着权利要求 2 中的部件必须包括红色的 A，（任何颜色的）B，以及（任何颜色的）C。而权利要求 2 的存在表明独立权利要求 1 中的部件并不限于包含红色的 A；（除非书面描述中包含某种限定），权利要求中的特征 A 可以是任何颜色的，不管是红色、蓝色、绿色或是任何其他颜色。权利要求 2 的存在将权利要求 2 中的部件与权利要求 1 中的部件区别开来。这个例子中的权利要求 2 也可以被认为是权利要求 1 的子集或种属，包括了属于权利要求 1 的一类部件。

图 2.3 所示的是一件假想专利，包括 20 项权利要求，其中有 2 项独立权利要求和 18 项从属权利要求。

如图 2.4 所示，这种典型的权利要求布局可以用两个倒置的金字塔形状来象征其从宽到窄的权利要求范围的变化。

E. 专门化的权利要求形式

除了上面介绍过的撰写权利要求的基本技巧以外，在撰写美国专利权利要求时还会采用一系列公认的格式。是否采用专门化的权利要求格式是撰写者的选择。不论是在授权前的审查过程中，还是在专利侵权诉讼中，权利要求格式的选择对于权利要求的范围和诠释都有着显著的影响。最常用的权利要求格式包括“手段加功能”型（“means-plus-function” claims），“方法限定产品”型（“product-by-process” claims），*Jepson* 型，以及 *Markush* 型权利要求。下面将对上述格式逐一介绍。

---

[64] 《美国专利法》第 112 条。

权利要求1. 一种部件，包括A，B，和C。
　　[独立权利要求（其范围在20项权利要求中是最宽的）]
权利要求2. 权利要求1所述部件，其中A是紫色的。
　　[从属权利要求，比权利要求1的范围窄]
权利要求3. 权利要求2所述部件，其中B是绿色的。
　　[从属权利要求，比权利要求2的范围窄]
权利要求4. 权利要求3所述的部件，其中C是棕色的。
[从属权利要求，比权利要求3的范围窄]
……
权利要求10. 一种部件，由A，B，和C组成。
　　[第2项独立权利要求，比第1项独立权利要求即权利要求1的范围要窄，因为其采用了"由……组成"型连接部分]
权利要求11. 权利要求10所述部件，其中A是紫色的。
权利要求12. 权利要求11所述部件，其中B是绿色的。
权利要求13. 权利要求12所述的部件，其中C是棕色的。
……
权利要求20. 权利要求19所述的部件，所述A与所述B相邻。
　　[该专利中范围最窄的权利要求，或者叫"图示型"权利要求，即所覆盖的范围与专利权人销售给公众的产品完全相同。]
原文如下：
Claim 1. A widget comprising A, B, and C.
Claim 2. The widget of claim 1, wherein said A is purple.
Claim 3. The widget of claim 2, wherein said B is green.
Claim 4. The widget of claim 3, wherein said C is brown.
Claim 10. A widget consisting of A, B, and C.
Claim 11. The widget of claim 10, wherein said A is purple.
Claim 12. The widget of claim 11, wherein said B is green.
Claim 13. The widget of claim 12, wherein said C is brown.
...
Claim 20. The widget of claim 19, and said A is adjacent to said B.

图2.3　权利要求分组示例

权利要求1
（范围最宽）

权利要求9

权利要求10

权利要求20
（范围最窄）

图2.4　图2.3中各组权利要求保护范围的演示

1. 手段加功能型（Means-Plus-Function）权利要求要素（《美国专利法》第 112 条（f）款）

a. 引　　言

功能性权利要求（functional claiming）指的是通过记载发明创造的功能而不是结构来保护一项发明创造。例如，可以采用功能性权利要求保护一种“用于将 A 与 B 固定在一起的装置”，而不是写成一种特定的结构，例如“一个钉子”。

《美国专利法》第 112 条（f）款对某种功能性权利要求有所规定。该法条规定（由两项或两项以上要素构成的）组合权利要求的撰写可以采取记载要素所具备的功能而非结构的方式，也就是将该要素描述成一类可以发挥某种功能的“手段”（means），而并不记载其具体的结构。尽管这种手段加功能型的权利要求通常更多的用于机械或者电学领域，而不是化学或者生物技术相关的领域，学习专利法的学生都应该了解手段加功能型权利要求的起源和作用。

美国最高法院于 1946 年在 *Halliburton Oil Well Cementing Co. v. Walker* 案的判决中禁止以功能性描述的方式对权利要求的新颖性部分进行记载。[65] 议会通过立法的方式通过《1952 年专利法案》第 112 条（c）款推翻了 *Halliburton* 禁令。现在，有关手段加功能型权利要求的规定体现在《美国专利法》第 112 条（f）款（也就是该法条的最后一段）中：

> 6. 一项组合权利要求的要素可以被描述为一个能够发挥特定功能的装置或者步骤，而并不需要记载其结构、材料或者动作来支持对该要素的描述，这种权利要求的范围应当被解释为覆盖说明书中所记载的相应结构、材料或者动作及其等同内容。[66]

由于该法条规定了“一项组合权利要求中的要素”，那么“采取单一手段的权利要求”，也就是那些以手段加功能的方式记载了其唯一要素的权利要求是不被允许的。然而，即使权利要求的每项要素都是采用手段加功能方式来表达的，只要这项权利要求包含两项或者更多要素，就仍然是被允许的。因此，权利要求“一种部件，包括用于将 A 与 B 固定在一起的装置”就是不被允许的，但是权利要求“一种部件，包括 A，B，以及用于将 A 与 B 固定在一起的装置”就是允许的。类似地，权利要求

---

[65] 329 U. S. 1（1946）.

[66] 《美国专利法》第 112 条（f）款。

“一种部件，包括［具备功能X］的装置以及［具备功能Y］的装置”是允许的，因为该权利要求包含两项手段加功能型要素。

通常，权利要求的撰写者会采用手段加功能的方式来撰写那些可以由多种不同结构或元件来扮演的要素。专利申请并不需要记载全部的结构或元件，只要在书面描述中明确记载了至少一项“相应结构”即可。[67]这样，专利申请无须要记载过量的内容，权利要求也可以覆盖相对较多的可能结构。

例如，关于运动鞋的一项权利要求可以记载：

> 一种运动鞋包括：
> （i）左上部分，
> （ii）右上部分，
> （iii）鞋底部分，与所述左上部分和右上部分整体连接，以及
> （iv）用于将所述左上部分与所述右上部分以可拆卸的方式固定在一起的装置。[68]

这项权利要求包含4个要素。要素（i）～（iii）都是结构要素，记载的都是有形物。要素（iv）记载了具备某种功能的“手段”（（iv）中的装置），具体到本权利要求中就是“将所述左上部分与所述右上部分以可拆卸的方式固定在一起”的功能，而并没有记载任何可以用于完成该固定功能的结构，属于手段加功能的表达方式。

b. 对手段加功能型权利要求要素的诠释

如果只是按照字面意思对上面运动鞋的权利要求进行解释，而不参考《美国专利法》第112条（f）款的话，该“手段”元素可能被理解为包括整个宇宙中能够实现该固定功能的任何可能结构。如此宽泛的权利要求很

---

[67] 见 McGinley v. Franklin Sports, Inc., 262 F. 3d 1339, 1347 (Fed. Cir. 2001)（在该案的判决中，法院驳回了被控侵权者关于以手段加功能型方式表达的权利要求要素不应包括任何等同物的论点，并认为该论点是“毫无依据的”，法院指出“法律保证了手段加功能型权利要求拥有除专利文件所记载的内容以外的一定范围的等同物……”）。

[68] An athletic shoe comprising:
(i) a left upper portion,
(ii) a right upper portion,
(iii) a sole portion integrally connected to said left upper portion and to said right upper portion, and
(iv) means for detachably fastening said left upper portion to said right upper portion. ——译者注

可能会被认为不符合《美国专利法》第112条（b）款有关清楚的要求（也很有可能会被认为不符合《美国专利法》第112条（a）款有关可实施性的要求）。然而，由于要素（iv）是以手段加功能格式撰写的，因此必须根据《美国专利法》第112条（f）款的规定对其进行解释。由于该条规定缩小了权利要求的范围，因此（f）款使该权利要求免于不清楚的认定。

第112条（f）款的最后一句规定专利权利要求中的手段要素“应该被解释为覆盖说明书中所记载的相应结构、材料或者动作及其等同内容”。这是一项强制性的规定，要求在解释权利要求中手段加功能要素的时候，必须参考书面描述的内容。专利中的书面描述部分必须公开与权利要求中记载的手段“相应的结构”（或者相应的材料或者动作）。不能满足这个要求的专利权利要求就无法满足第112条（b）款关于清楚的要求。正如在*In re Donalson Co.*案判决中所解释的.[69]

> 尽管《美国专利法》第112条（f）款规定权利要求中可以包含手段加功能性的语言，权利要求仍然需要“具体并且清楚的说明所要求保护的客体”[第112条（b）款]。因此，如果在权利要求中使用了手段加功能性的语言，在说明书中必须充分地体现该语言的含义。如果申请人没有在说明书中提供充分的内容，那就意味着申请人没有按照第112条的要求来具体地指出并且清楚地说明所要求保护的发明创造。[70]

作为“相应的结构”的范例，假设上述运动鞋专利的书面描述中记载了“一副鞋带，可以用于以可拆卸的方式将所述左上部分和所述右上部分固定在一起”，并且该专利的附图也对鞋带的用法有所描述。按照第112条（f）款的要求，权利要求要素（iv）中的用于固定的装置应该解读为书面描述中所记载的结构，也就是，一副鞋带，及其“等同物”。相应结构的等同物有时也被称为“法定等同”，且（通常）并不需要在该专利中有明确记载。有关什么才能作为鞋带等同物的判断是专利诉讼中需要解决的问题。例如，有人可能认为纽扣、挂钩、扣眼以及拉链都是鞋带的法定等同物。这种判断被认为是一个事实问题。[71]

---

[69] 16 F. 3d 1189 (Fed. Cir. 1994)（全席判决）。

[70] 同上，at 1195。

[71] 见 In re Hayes Microcomputer Prods., Inc. Patent Litig., 982 F. 2d 1527, 1541 (Fed. Cir. 1992)（指出“对（第112条（f）款权利要求要素）字面侵权的判定属于事实问题”）。

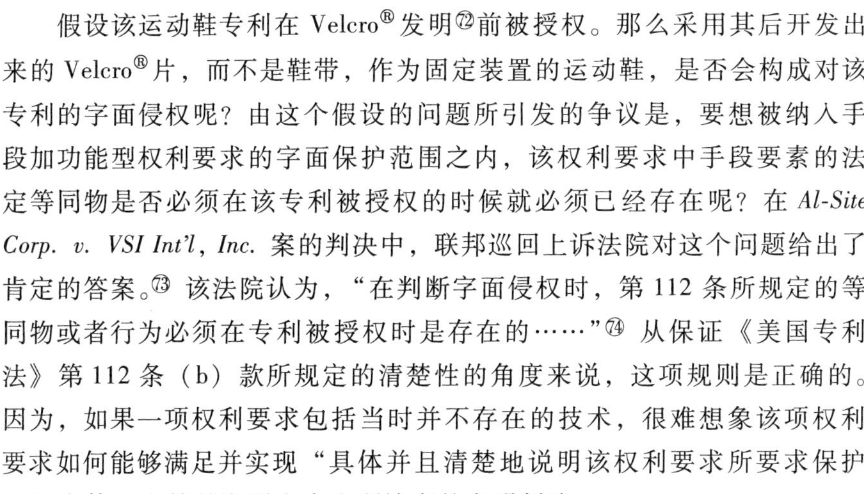

假设该运动鞋专利在 Velcro® 发明[72]前被授权。那么采用其后开发出来的 Velcro® 片，而不是鞋带，作为固定装置的运动鞋，是否会构成对该专利的字面侵权呢？由这个假设的问题所引发的争议是，要想被纳入手段加功能型权利要求的字面保护范围之内，该权利要求中手段要素的法定等同物是否必须在该专利被授权的时候就必须已经存在呢？在 *Al-Site Corp. v. VSI Int'l, Inc.* 案的判决中，联邦巡回上诉法院对这个问题给出了肯定的答案。[73] 该法院认为，“在判断字面侵权时，第 112 条所规定的等同物或者行为必须在专利被授权时是存在的……”[74] 从保证《美国专利法》第 112 条（b）款所规定的清楚性的角度来说，这项规则是正确的。因为，如果一项权利要求包括当时并不存在的技术，很难想象该项权利要求如何能够满足并实现“具体并且清楚地说明该权利要求所要求保护的”客体，也就是发明人本人所认定的发明创造。

c. 第 112 条（f）款所规定的法定等同物与等同原则的区别

在此提醒读者留意一些可能造成迷惑的内容。手段加功能型权利要求的字面范围包括了其法定“等同”。至少从这个层面上讲，《美国专利法》第 112 条（f）款所规定的法定等同与司法实际所创建的**等同原则**中的“等同”（在本书后面的章节中会有所介绍）[75] 并不是相同的概念。正如 Chisum 教授曾经说过的：“等同原则是将一项专利权利要求与被控侵权产品或者方法进行比较，而第 112 条（f）款的规定是将（说明书中的）结构、材料、行为与另一（被指控为该专利权利要求所覆盖的产品或者方法中的）结构、材料或者行为进行比较。”[76]

尽管存在这样的不同，联邦巡回上诉法院还是允许将等同原则下的非实质区别判断方法[77]用于《美国专利法》第 112 条（f）款。证明存在非实质性区别的途径之一就是“功能、方法和结果”三步法，[78] 联邦巡

---

[72] 一种尼龙刺粘扣，两面一碰即粘合，一扯即可分开。——译者注

[73] 174 F. 3d 1308（Fed. Cir. 1999）.

[74] 同上，at 1320。

[75] 见本书第 9 章（“专利侵权”）内容。即便被控侵权设备没有落在权利要求的字面范围内，而是与权利要求中的发明创造存在非实质区别，根据等同原则，仍然成立专利侵权。

[76] 5A－18A Donald S. Chisum, Chisum on Patents §18.03（2008）（出版信息省略）。

[77] 见 Chiuminatta Concrete Concepts, Inc. v. Cardinal Indus. Co., 145 F. 3d 1303, 1309（Fed. Cir. 1998）（指出“恰当的判断方法是被控侵权设备与说明书中所记载的内容之间的区别是否是非实质性的”）。

[78] 见 Graver tank & Mfg. Co. v. Linde Air Prods., 339 U. S. 605, 608（1950）。

回上诉法院还指出这个方法中只有“方法和结果”部分适用于《美国专利法》第 112 条（f）款。[79] 因为要想证明对一项手段加功能型权利要求的**字面侵权**，被控侵权的组件必须与权利要求中所记载的手段要素具有完全相同的功能，而不仅仅是具有非实质性区别。因此，“功能、方法以及结果”判断法中的“实质相同的功能”的部分不适用于对手段加功能型权利要求字面侵权的判断。

前面的叙述集中在了手段加功能型权利要求的字面范围上。那么，依据司法过程中所建立的等同原则，是否存在对手段加功能型权利要求的侵权呢？这个问题，在某种程度上是在问，法定等同是否还可以拥有司法上的等同。一方面，一些联邦巡回上诉法院的法官对于这个问题的答案是否定的，他们反对这个让专利权人能够“咬第二口苹果”的主意。[80]而另一方面，其他联邦巡回上诉法院法官认为，当等同物是后来发展起来的技术，即该技术是在专利被授权后开发出来的情况下，存在着依据等同原则而成立侵权的可能性。[81]还有其他的法官认为，在被控侵权的组件与手段加功能型权利要求中的手段要素的功能具有非实质性区别，而不是完全相同的情况下，也存在适用等同原则的可能性。[82] 这个范畴内的判例法仍然在不停变化着，并且值得那些撰写并且实施手段加功能型权利要求的人加以密切注意。

2. 方法限定产品型（Product-By-Process）权利要求

“方法限定产品型”权利要求主要用于保护化学和生物技术领域的发明创造，但是并不仅仅适用于这些客体。方法限定产品型权利要求是始于专利局[83]的一种权利要求撰写技巧，用于保护的产品例如物质组合或者制造

---

[79] 见 *Al-Site Corp. v. VSI Int'l Inc.*, 174 F. 3d 1308, 1321 n. 2。

[80] 见 Dawn Equip. Co. v. Kentucky Farms, Inc., 140 F. 3d 1009, 1022 (Fed. Cir. 1998)（Plager 法官表达了“附加观点”）（认为对《美国专利法》第 112 条（f）款的正确理解是，“在司法过程中产生的等同原则不适用于以手段加功能方式表达的权利要求特征”）。

[81] 见 NOMOS Corp. v. BrainLAB USA, Inc., 357 F. 3d 1364, 1369 (Fed. Cir. 2004)（认为“当被控侵权设备没有采用相同或者等同的结构，从而无法成立手段加功能型权利要求的字面侵权时……当被控侵权技术是随后发展起来的技术时，就有可能适用等同原则”）；*Chiuminatta*, 145 F. 3d at 1310 – 1311（认为当被控侵权设备是在权利要求所保护的发明创造以前开发的技术时，“如果无法成立第 112 条（f）款规定的等同，那么也无法适用等同原则”）。

[82] 见 Interactive Pictures Corp. v. Infinite Pictures, Inc., 274 F. 3d 1371, 1381 – 1382 (Fed. Cir. 2001)（区别于 Chiuminatta 案，并指出“由于不具备完全相同的功能，而导致无法成立满足《美国专利法》第 112 条（f）款的侵权，并不意味着依据等同原则的侵权也会随之被自动排除”）。

[83] 方法限定产品型权利要求是在 1891 年由美国专利局批准实施的。见 In re Bridgefor, 357 F. 2d 679, 682 (CCPA 1966)。

物，且无法通过这些产品的结构对其进行确认（例如结构不可知或者不能确定）。唯一能够确认该产品的方法就是通过对生产该产品的方法进行记载。允许以方法限定产品的途径来撰写权利要求的根本原因是“为保护发明创造而申请专利的权利不应该由于英语语言本身的局限性而被剥夺，在适当的情况下，可以通过生产方法来定义产品……已知技术中有关专利申请客体的局限性不能剥夺基于该发明创造申请专利的权利”。[84]

在考查方法限定产品型权利要求的可专利性（新颖性[85]和非显而易见性[86]）时，USPTO 只考虑产品的特征，而不考虑权利要求中用于限定产品的方法特征。事实上，美国专利商标局在审查该类型权利要求的时候会忽略这些方法步骤。例如，下面的方法限定产品权利要求：

一种 X 物质的组合，由包括下列步骤的方法制成：
(a) 获取 Y，
(b) 将 Y 与 Z 混合形成一种混合物，
(c) 将该混合物加热到 100 摄氏度并加热 30 分钟，
(d) 冷却该混合物以形成析出物，
(e) 回收该析出物，并且
(f) 将 X 物质从所述析出物中分离出来。[87]

USPTO 在对该项权利要求的可专利性进行审查的时候会视其为有关 X 产品的权利要求，而不会被权利要求中制备 X 的方法步骤（a）~（f）所限制。因此，如果现有技术公开了由任何方法所制备的完全相同的 X 产品，那么该项权利要求的新颖性都将被破坏（不具有新颖性），不论现有技术中的制备方法是否公开了该权利要求中所记载的步骤，也不论是

---

[84] 见 In re Bridgefor, 357 F. 2d 679, 682 (CCPA 1966)。

[85] 见本书第 4 章（“新颖性及权利丧失（《美国专利法》第 102 条）”）。

[86] 见本书第 5 章（“非显而易见性要求（《美国专利法》第 103 条）”）。

[87] 原文如下：

A composition of matter X, made by a process comprising the steps of:
(a) obtaining Y,
(b) mixing Y with Z to form a mixture,
(c) heating the mixture to a temperature of 100 degrees C for 30 minutes,
(d) cooling the mixture to form a precipitate ,
(e) recovering said precipitate, and
(f) isolating X from said precipitate. ——译者注

采用了基因工程或是核扩散技术还是采用了任何其他的方法产生 X。

1992 年，就如何在专利侵权诉讼中适当的诠释方法限定产品型权利要求的问题，联邦巡回上诉法院内部发生了激烈的论战。在 1991 年，在 *Scripps Clinic & Res. Found. v. Genentech, Inc.* 案[88]的判决中，联邦巡回上诉法院指出，由于在判断侵权或者有效性的时候，应该对权利要求给予相同的待遇，因此一项专利中的方法限定产品型权利要求不应该被其所记载的方法步骤所限制。[89] 换句话说，根据 *Scripps Clinic* 案的判决，联邦地区法院应当像 USPTO 那样，忽略权利要求中所记载的方法步骤，从而给予方法限定产品型权利要求以宽泛的解释。

然而，在接下来的一年，联邦巡回上诉法院的另一合议庭得出了 *Scripps* 案合议庭判断错误的结论。[90] 审理 *Atlantic Thermoplastics Co. v. Faytex Corp.* 案[91]的合议庭认为："方法限定产品型权利要求中的方法步骤是侵权判断时必须考虑的特征。"[92]

将 *Atlantic Thermoplastics* 规则应用到上面的方法限定产品权利要求，意味着该项权利要求的范围将显著缩小，从而其经济价值也就会随之降低。想要证明侵权事实成立的专利权人，不仅要证明被控侵权人的产品 X 与权利要求所记载的相同，还要证明该产品是经过与权利要求所记载的相同的方法所制备的。[93]

尽管与 *Scripps Clinic* 案的判决存在冲突，并且当时的首席 Nies 法官、Rich 法官、Newman 法官以及 Lourie 法官都持反对意见，[94] 联邦巡回上诉

---

[88] 927 F. 2d 1565 (Fed. Cir. 1991)。*Scripps Clinic* 案的判决意见是由 Newman 法官会同当时的首席法官 Markey 法官，以及被指派的一位联邦地区法院法官所作出的。

[89] 见同上，at 1583 (指出"由于在判断专利有效性和侵权时候，应该对权利要求给予相同的待遇，因此，对方法限定产品型权利要求的正确解读应该是，其不限于按照权利要求所记载的方法制造出来的产品")。

[90] 见 Atlantic Thermoplastics Co. v. Faytex Corp., 970 F. 2d 834, 838 n. 2 (Fed. Cir. 1992) (指出"如果在先法院没有考虑美国最高法院的先例，且在后法院认为如果在先法院考虑了最高法院的先例的话，在先法院的合议庭就会作出不同的判决，那么在先法院的判决对在后法院的审判不具有规范性"，并据此得出结论 *Scripps Clinic* 案的判决对正在进行的审判不具有规范作用)。

[91] 同上，at 834。*Atlantic Thermoplastics Co.* 案的意见是由 Rader 法官会同 Archer 法官和 Michel 法官作出的。

[92] 同上，at 846－847。

[93] 通过其他方法制备的 X 产品是否侵权是依据等同原则要解决的问题。见本书第 9 章 ("专利侵权")。

[94] 见 Atlantic Thermoplastics Co. v. Faytex Corp., 974 F. 2d 1279 (Fed. Cir. 1992) (拒绝重审的反对意见)。

法院法官的大多数仍然全席决定拒绝重新审理 *Atlantic Thermoplastics* 案。因此，这两个判决同时存在的局面带来了很多不确定性，也给那些必须要实施包含方法限定产品型权利要求的专利权人造成了困惑。[95]

3. 吉普森（*Jepson*）型权利要求

Jepson 型权利要求源自于美国专利局1917年的决定，[96] 这种格式常常用于保护机械领域的发明创造，但并不局限于此。一项 *Jepson* 型权利要求包括以"in"这个词作为开头，并以"an improvement comprising"或者"the improvement comprising..."作为结尾的前序部分。例如，联邦巡回上诉法院将下面以 *Jepson* 格式撰写的权利要求视为要求保护"一种双壁垒球拍"（a double-walled softball bat）：

> In a hollow bat having a small-diameter handle portion and a large-diameter impact portion, *an improvement comprising* an internal structural insert defining an annular gap with an inside wall of the impact portion of the bat and the impact portion elastically deflectable to close a portion of the annular gap and operably engage the insert. [97]

采用 *Jepson* 格式的权利要求默示承认在前序部分中所记载的任何内容都属于现有技术。[98] 尽管专利权利要求前序部分的语言不一定会被认为具有限定性，但是 *Jepson* 型权利要求的前序部分一般是被认为具有限定性的。[99] 这是因为专利权人对 *Jepson* 格式的选择就暗示着将前序部分视为定义发明创造的部分结构特征。

因此，在上述例子中，申请人默示承认了 a"hollow bat having a small-diameter handle portion and a large-diameter impact portion"是现有技术。具有新颖性的是权利要求中"improvement"的那部分，在上述例子中就是"the internal structural insert"。然而，禁止他人实施其专利的权利

---

[95] 见 Ronald D. Hantman, *Why not the statute? Revisited*, 83 J. Pat & Trademark Off. Soc'y 685, 711（2001）（描述了初审法院在确定那些在先判例对其具有规范性时所面临的困难）。

[96] 见 *Ex parte* Jepson, 1917 Dec. Comm'r Pat. 62, 243 Off. Gaz. Pat. Office 526（1917）。

[97] DeMarini Sports, Inc. v. Worth, Inc., 239 F. 3d 1314, 1319（Fed. Cir. 2001）（重点在表明 *Jepson* 型权利要求格式）。

[98] 这一规则的例外情况是前序部分记载的内容是专利权人自己的技术。见 Reading & Bates Constr. Co. v. Baker Energy Res. Corp, 748 F. 2d 645, 649 – 650（Fed. Cir. 1984）。

[99] 见 Epcon Gas Sys., Inc. v. Bauer Compressors, Inc., 279 F. 3d 1022, 1029（Fed. Cir. 2002）。

是由整个权利要求所定义的，也就是由改进部分（improvement）和前序部分共同定义的。[100] 因此，要想确认对 *Jepson* 型权利要求的侵权，被控侵权设备必须字面或者等同的满足包括前序部分在内的所有特征。[101]

4. 马库什（*Markush*）型权利要求

Markush 型权利要求最早是在 1925 年由美国专利局以决定的方式被正式准予使用的，[102] 其主要是用于保护化学和生物技术领域的发明创造，但并不局限于这些领域。“马库什群组”（*Markush groups*）用于保护以结构式表达的一类化合物，该化合物中的取代基可以从定制的备选列表中（人为确定的种类）进行选择，每项选择都会使所得到的化合物具有与该专利所宣称的内容相同的实用性。[103]

例如，下面的一项 *Markush* 型权利要求：

> 一种物质组成包括 C_2H_5-R，其中 R 选自 W，X，Y，Z 组成的群组。[104]

这项权利要求中的马库什群组列出了 R 所有可能的种类：W，X，Y 或 Z。马库什群组中所包含的种类没有数目要求。并且，马库什群组中的各备选种类可以具有不同的化学或物理属性，只要每个备选项在构成权利要求中的组合时可以得到与该专利宣称的内容具有相同实用性的产品即可。

例如，在 *In re Harnisch* 案[105]中，CCPA 认为 *Markush* 型权利要求所要求保护的是被称为“氧杂萘邻酮或香豆素的化合物”（coumarin compounds）的一类“染料”（dyes）。USPTO 认为马库什群组中的各化合物

---

[100] 见 Pentec, Inc. v. Graphic Controls Corp., 776 F. 2d 309, 315 (Fed. Cir. 1985)（指出“尽管采用 *Jepson* 格式撰写权利要求默示承认该权利要求的前序部分属于现有技术，……所要求保护的发明创造是由前序部分的内容和改进部分共同组成的”）。

[101] 见 *Epcon Gas*, 279 F. 3d at 1029。

[102] 见 *Ex parte* Markush, 1925 Dec. Comm'r Pat. 126, 340 Off. Gaz. Pat. Office 839 (1925)。

[103] 见 In re Driscoll, 562 F. 2d 1245, 1249 (CCPA 1977)（指出“对采用这种方式描述一类化合物的通常理解是，申请人认为 *Markush* group 里的组成物并没有落入任何已知的类别里，而是彼此以可替代的方式满足本发明创造的目的，因此，无论这种替代是在基础结构方面的置换与否，该化合物在总体上体现了所记载的实用性”）。

[104] 原文如下：Acomposition of matter comprising C_2H_5-R, where R is selected from the group consisting of W, X, Y and Z. ——译者注

[105] 631 F. 2d 716 (CCPA 1980).

在“功能上并不等同”，从而以包含“不适当的马库什群组”为由驳回了该权利要求。而法院推翻了USPTO的这一决定。法院认为尽管马库什群组中的化合物有的是化学中间物（chemical intermediates），但是所有这些化合物全部都是染料。马库什群组中的化合物“与科学分类并不矛盾”，[106]并且都是同一发明创造的一部分，从而存在基于该发明创造的“单一性”，[107] 所以该马库什群组是适当的。

在对一些包含 *Markush* 型权利要求的专利申请进行审查的过程中，USPTO可能会认为马库什群组中的选项是“独立并且截然不同的”。如果存在这种情况，USPTO就会要求申请人临时从中选出一组以继续进行审查。[108]

---

[106] 631 F. 2d 722（CCPA 1980）.

[107] “发明创造的单一性”在欧洲专利实践中被广为认知。见 European Patent Convention（2007），art. 82，网址为 http://www.epo.org/patents/law/legal-texts/html/epc/2000/e/ar82.html（已更新为 http://www.epo.org/law-practice/legal-texts/html/epc/2010/e/ar82.html。——编者注）（规定“欧洲专利申请应仅涉及一项发明创造，或者一组属于一项总的发明构思的发明创造”）。CCPA在 *Harnisch* 案的判决中引用了“发明创造的单一性”这个概念是因为该法院认为“相较于‘Markush practice’这个高深并且局域化的概念，单一性这个概念更具描述性，在国际范围内也更广为理解”。*Harnisch*, 631 F. 2d at 721。

[108] MPEP中的相关内容：

> ［马库什群组中的选项被认为是“独立并且截然不同的”］其中两个或多个选项彼此并不相关且不同，当现有技术对比文件对其中一个选项构成预见的时候并不会对其他选项造成影响从而使该权利要求成为《美国专利法》第103条所谓的显而易见。在专利申请中的 *Markush* 型权利要求包含了至少两项彼此独立或截然不同的选项时，审查员可能会要求申请人临时选出其一，继而进行实质审查。审查员应该要求申请人在 *Markush* 型权利要求中选出一种……在作出选择以后，对该 *Markush* 型权利要求的审查将会针对所选择的选项进行，并且在判断可专利性的时候也是针对这一选项。如果该 *Markush* 型权利要求不能被授权，那么临时选择将会生效，审查将会限于 *Markush* 型权利要求以及所选择的选项，而那些在专利法意义上与所选择选项截然不同的选项则会被视为撤回。

MPEP，同脚注45，§803.02。

第3章
公开内容的要求
（《美国专利法》第112条（a）款）

A. 引　　言

1. 法律框架

《美国专利法》第112条（a）款（标题为“说明书”）包含了对美国专利申请**公开**内容的3个要求：

> 说明书应该包括**对发明创造的书面描述**以及制造和使用该发明创造的方式和方法，采用完整、清晰、简洁而确切的语言，使任何熟悉该发明创造所属或密切相关领域技术的人都能制造和使用该发明创造，说明书还应该公开发明人所认定的实施其发明创造的最佳方式。①

在美国，当专利律师谈到一项专利“所公开的内容”或者“教导”的时候，一般指的就是说明书中除了权利要求以外的内容（专利的“书面描述”部分，包括说明书附图）。② 下面将对该法条中有关专利公开内容的3个要求逐一进行介绍：（1）**可实施性**；（2）**最佳方式**；（3）**发明创造的书面描述**。

---

① 《美国专利法》第112条（a）款（2008）。

② 见In re Rasmussen, 650 F. 2d 1212, 1214（CCPA 1981）（“公开内容是说明书所教导的内容，而不是权利要求所保护的内容”）。

这些有关公开内容的要求与提供专利申请信息的质量有关，而与所要求保护的发明创造的技术价值无关。即便发明创造是新颖的,③ 非显而易见的,④ 并且是具有实用性的,⑤ 但如果该专利申请无法满足《美国专利法》第112条（a）款有关公开内容的要求，申请人仍然无法获得专利。

例如，*In re Glass* 案⑥中的发明人递交了一项人工生长用于增强耐火材料的高强度晶体的设备和方法。尽管USPTO没有质疑该发明创造的新颖性或实用性，美国海关和专利上诉法院（CCPA）同意USPTO关于该申请的公开内容根本无法满足《美国专利法》第112条（a）款要求的结论。该申请没有公开制造方法的重要参数，例如发明人承认是形成晶体所必要的温度、压力以及蒸汽饱和条件。这样做的原因可能是申请人并没有掌握这些信息，或者是想要将这些信息作为技术秘密保护起来。不管是什么原因，该发明人都不能基于该发明创造获得专利权，因为该申请没有满足《美国专利法》第112条（a）款有关可实施性的要求。⑦

尽管已授权专利具有可被推翻的有效性推定（rebuttable presumption of validity)，包括满足《美国专利法》第112条（a）款中全部3项要求的有效性推定，但在诉讼中，如果对方可以提出清楚且令人确信的证据，证明该专利实际上不满足公开内容的任何一项法定要求，那么该专利仍然会在诉讼中被认定无效。⑧

总之，要想获得一项专利，不仅要求发明创造要满足各项法定要求（在本书随后章节中将具体介绍)，还要保证专利申请的公开内容满足相应的法定要求。这两方面要求如图3.1所示。

2. 作为交换条件的公开内容

《美国专利法》第112条（a）款有关公开内容的规定有效地实现了

---

③ 见本书第4章（“新颖性及权利丧失（《美国专利法》第102条)”)。

④ 见本书第5章（“非显而易见性要求（《美国专利法》第103条)”)。

⑤ 见本书第6章（“实用性要求（《美国专利法》第101条)”)。

⑥ 492 F. 2d 1228（CCPA 1974）.

⑦ 同上，at 1233（认同USPTO的决定，认为“该申请的说明书留下了太多需要猜想、推断以及需要实验验证的内容，因此依法不能支持上诉案件中的任何权利要求”)。

⑧ 见《美国专利法》第282条。在本书第10章（“专利侵权抗辩”）中会对专利有效性推定以及推翻该推定所需要承担的责任进行具体介绍。

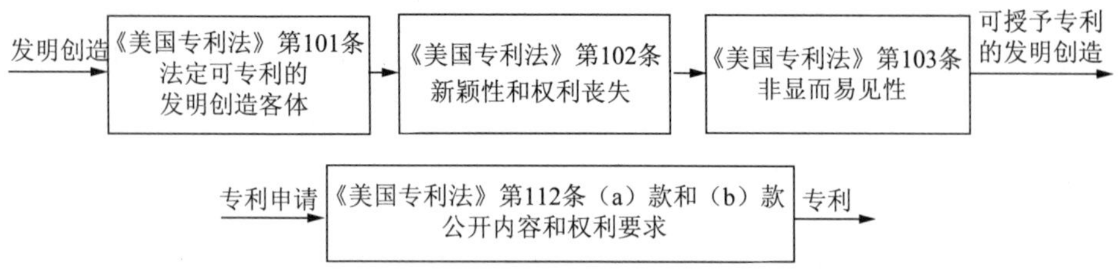

图 3.1　获得专利的途径

带有价值交换性质的专利制度；换句话说，法律规定申请人以具体和清楚的方式公开其具有实用性、新颖性和非显而易见性的方法、机器、制造物或者物质组合，联邦政府接收到这些公开内容并且最终将其公之于众，作为交换，政府赋予发明人基于其发明创造的带有时间限制的排他性权利。⑨

当然，基于各种策略和/或经济原因，发明人可能选择不通过专利途径，而是采用商业秘密的方式来保护其发明创造。⑩ 然而，商业秘密的保护力度远不及专利，并且秘密一旦泄露，损失不可想象。⑪ 专利制度赋予发明人更强有力的保护，也确保了技术创新最终将会回馈于社会而不是被压制。

3. 公开内容的时间要求

对一项专利申请是否符合《美国专利法》第 112 条（a）款有关公开内容的 3 个要求（可实施性、最佳方式以及发明创造的书面描述）的考查应该以申请日为准，而不是参照其后的任何时间（例如，不是以被控侵权人在侵权诉讼中依据《美国专利法》第 112 条（a）款提出积极抗辩、质疑专利有效性的时间为准⑫）。专利申请在递交的时候就必须满足有关公开内容的要求。⑬ 不能通过在申请日以后增加新信息（称为**新内**

⑨ 本书第 1 章（“美国专利制度的基础”）对“排他性权利”有介绍。

⑩ 见 United States v. Dubilier Condenser Corp., 289 U.S. 178, 186 (1933)（承认发明人“本可以将其发明创造作为秘密保护起来，并且从中获取无限利益，”但是“考虑到发明创造的公开能够使公众从中获益，就应该授予发明人相应的专利权”）。

⑪ 见《美国统一商业秘密法案》(*Uniform Trade Secrets Act*) §1（4）（1995 年修订）（将商业秘密定义为“通过努力获得并且在合理的情况下被作为秘密保护起来……的信息”）。

⑫ 见 In re Hogan, 559 F.2d 595, 605 - 607 (CCPA 1977)（涉案权利要求一般性的要求保护一种聚合物，法庭认为，申请日后由第三方开发的该聚合物的新形式并不会使最初的公开内容丧失可实施性；对可实施性的考查应该是以申请日为标准的）。

⑬ 见 In re Glass, 492 F.2d 1228, 1232 (CCPA 1974)（指出“对专利申请是否满足第 112 条（a）款规定的判断应该是以申请日为准的”）。

容[14]）来补充说明书的教导，以达到满足《美国专利法》第112条（a）款要求的目的。申请人也不能依赖申请日以后他人公布的信息作为补充，证明在该申请被授权的时候是满足法律有关公开内容的要求的。[15] 就算这些信息是包含在他人在先递交但是仍未公开的专利申请中也不可以。[16] 如果申请人没有在递交其专利申请的时候提供具有可实施性的信息，那么就没有机会再提交这些信息了。[17]

USPTO允许专利申请人通过引用的方式（通过包括交叉引用的方式而不是复制实际的内容）将“必要内容”从外部文献纳入该申请，以满

---

⑭ 《美国专利法》第132条禁止增加“新内容”。该条款“禁止向原始公开内容中加入新内容。这项规定可以用于驳回向最初递交的摘要、说明书、或者附图中加入新内容的修改”。In re Rasmussen, 650 F. 2d 1212, 1214 - 1215（CCPA 1981）。

> 新内容即指：
>
> “新内容”这个词是专利法中的一项技术性法律词汇，即一项专业术语。其含义从来没有被清楚地定义过，并且也无法定义。其与侵权、显而易见性、优先权、放弃（专利申请）等术语类似，都是用来描述最终的法律结论，并且从本质上标志着基于事实分析的推理过程的结论。换句话说，法条并没有告诉我们如何判断什么是或什么不是所谓的“新内容”。我们必须根据实际情况来判断什么样的修改是被禁止增加的“新内容”，而什么不是。

In re Oda, 443 F. 2d 1200, 1203（CCPA 1971）（Rich, J.）禁止增加新内容的基本原则就是“在专利［或者申请］中所最初记载的发明创造不能被改变”。同上，at 1204 - 1205。

对“新内容”中的“新”字的解释并不是以其文学含义为准的。CCPA的解释是，“在说明书中加入的任何原本没有包含在其中的内容都可以被称为是新的，但是这并不意味着这些内容一定属于被禁止增加的‘新内容’。”同上，at 1203。例如，在*Oda*案的审理中法庭认为，将“nitrous”改为“nitric”并没有引入新内容。Oda的美国专利申请是将Oda的日本申请翻译成了英文。在翻译的过程中，书面描述中所采用的词汇“nitric acid”被误翻为“nitrous acid”。在该专利被授权后，Oda递交了再颁专利申请，旨在纠正该译文错误。USPTO驳回了再颁申请中的权利要求，认为说明书包含了新内容。而CCPA推翻了USPTO的结论。证据显示，该领域的化学家完全可以发现这个错误，并且知道这是由译文错误引起的。见同上，at 1206（法庭的结论是“本领域普通技术人员不仅会发现说明书存在错误，也会发现那到底是什么错误……那么，当了解错误性质的时候，也就知道如何去改正它”）。

⑮ 见*Glass*, 492 F. 2d at 1232（引用了《美国专利法》第132条中有关禁止增加“新内容”的规定，并且指出，由于申请日被作为推定的发明创造付诸实践之日，如果能够满足可实施性的信息只有在申请日之后发表的文献中才能找的到，那么该申请的公开内容就无法证明在申请日所递交的是一项完整的发明创造）。

⑯ 见同上，at 1231（法庭赞同USPTO拒绝核准Glass专利申请的决定，理由是Glass的专利申请依赖于四件申请在先的专利；尽管这四件专利可以被作为《美国专利法》第102条（e）款现有技术，但是在其申请日之时“它们并没有体现‘本领域普通技术人员’所知晓的一般内容，”因为在申请日之时其内容并没有为公众所知晓）。

⑰ 同上，at 1232。

足《美国专利法》第112条（a）款有关公开内容的要求，这些外部文献包括：（1）美国专利；（2）已经公布的美国专利申请。⑱ 申请人不能将非专利文献、外国专利或者外国专利申请（无论公布与否）中的信息作为必要内容纳入其专利申请。之所以禁止引用美国专利和已公布的美国专利申请以外的文献，是因为“这些文献对公众来说是很难或者无法获得的”，这么规定是为了使公众“检索和获取参考文献”的负担降到最低。⑲

当专利申请要保护的发明创造涉及生物材料（比如细菌、DNA、植物培养组织以及种子）时，申请人通常会在如美国典型微生物菌种保藏中心（American Type Culture Collection，ATCC）这样的生物菌种保藏单位对该生物材料的样品进行保藏。⑳ 如果不能通过言语来充分描述生物材料从而满足第112条（a）款的要求，那么进行生物保藏就是必需的（而不是选择性的）。㉑ 在 *In re Lundak* 案㉒中，联邦巡回上诉法院认为，虽然Lundak在申请日以后7天才在ATCC对其样品（一种新的人体细胞系）进行了保藏，但是并没有违反有关禁止增加新内容的规定。法院查明，截至申请日之时，Lundak已经在他加州大学的同事那里以及其他一些地方保藏了这种细胞系。截至申请日之时，上述行为就构成了发明创造推定付诸实践的事实。如果USPTO在审查Lundak的申请时需要对该细胞系

---

⑱ 见37 C. F. R. §1.57（c）（2008）。作为参考的专利或专利申请中的必要信息不能是通过引用方式纳入的。见同上。换句话说，以引用方式纳入的必要内容只能有“一层”。“必要内容”包括满足《美国专利法》第112条（a）款规定的可实施性、最佳方式和/或书面描述要求必不可少的内容。见同上。

⑲ 见 United States Pat. & Trademark Office, Manual of Patent Examining Procedure（8th ed., 7th rev. 2008），网址为 http://www.uspto.gov/web/offices/pac/mpep/mpep.htm［此后称 MPEP］, at §608.01（p）。亦可见 In re Hawkins, 486 F.2d 569, 572（CCPA 1973）（判决引用了USPTO上诉委员会的意见，即“外国专利局可以获得资料，美国专利商标局不一定就能够获得，美国专利商标局也许永远都不可能获得那些资料”）。审理 *Hawkins* 案的法庭最终推翻了USPTO的决定，即在申请日以后、向美国专利申请加入其最初递交时就有所引用的英国专利申请的相应内容，属于被禁止的增加“新内容”。法庭认为，“至少，所引用的英国专利申请的内容对于本产品的实用性来说……并不是《美国专利法》第132条所禁止的新内容。被引用的英国专利申请内容在最初递交的美国专利申请中有着明确的引用和指代。”同上，at 575。

⑳ 有关在ATCC进行保藏的更多信息，可以见 http://www.atcc.org/DepositServices/PatentDepository/tabid/237/Default.aspx（最后访问时间为2008年9月9日）。

㉑ USPTO有关生物保藏的规则远比本书的介绍范围广更具体。有兴趣的读者可以见37 C. F. R. §§1.801－1.809。

㉒ 773 F.2d 1216（Fed. Cir. 1985）.

进行审查，USPTO 可以根据《美国专利法》第 114 条要求 Lundak 提供样品。㉓ 联邦巡回上诉法院认为，"不论这个要求是由申请人自身来满足，还是根据申请人的指令、由其所委托保藏该样品的第三方来满足"，都是可以的。㉔ 总之，第 112 条（a）款有关公开内容的要求"并没有要求在申请日以前，向独立的保藏单位提交发明创造的样品。"㉕ 最初，Lundak 在大学同事那里保藏了其发明创造的样品，后来又在 ATCC 保藏了样品，上述行为满足了关于 USPTO 可以在专利申请的过程中获取 Lundak 的细胞系样品的要求。㉖

在本书随后的章节里，读者可能会发现，在考查一项申请是否满足第 112 条（a）款要求的日期可能会与考查其是否具有新颖性和非显而易见性的日期是不同的。这是因为，美国专利制度是先发明制度㉗，因此发明创造的新颖性和非显而易见性是以其"发明日"为标准来评价的。㉘ 尽管在**推定付诸实践**理论的指导下，USPTO 一般认为申请日就是发明日，㉙ 但是仍然可以通过适当的提交证据来证明该申请存在更早的实际发明日。㉚

B. 可实施性要求（the enablement requirement）

有关可实施性的要求源于专利法的规定：

㉓ 《美国专利法》第 114 条规定："当发明创造涉及物质组合时，为了进行检查或实验，专利局可以要求申请人提供样品或者组成部分。"

㉔ *Lundak*, 773 F. 2d at 1222.

㉕ 同上。

㉖ 保藏生物材料的第二项重要要求是，在该专利授权以后公众可以获得该生物材料。Lundak 在 ATCC 做了保藏并且在说明书中对该保藏有所记载，这就满足了上述第二项要求。特别是，在对生物材料进行保藏的时候必须与保藏单位达成协议，保证所保藏的材料在"专利过期以后仍然可以（为公众所）获得"。37 C. F. R. §1. 806（"保藏期限"）。

㉗ 如果在 2007 年 4 月向参、众两院递交的立法议案能够被通过的话，那么美国专利制度将改变为发明人先申请制（该议案已经于 2011 年通过。——译者注）。见 Patent Reform Act of 2007, H. R. 1908, 110th Cong. §3（2007）; S. 1145, 110th Cong. §3（2007）。

㉘ 见《美国专利法》第 102 条（a），(e)，(g)；《美国专利法》第 103 条。在这里，"新颖性"不同于第 102 条（b）款中所涉及的"权利丧失"，后者考查的是在专利申请递交日 1 年以前该发明创造是否就已经进入公知领域的情况。

㉙ 发明人递交一份满足《美国专利法》第 112 条（a）款要求的专利申请的行为就构成"推定付诸实践"。推定付诸实践的构成不要求发明人实际作出其发明创造的模型或是任何样品，只要发明人在其申请中能够提供有关该发明创造的足够的公开内容即可。相反，**实际的付诸实践**要求发明人客观实现能够满足发明目的的该发明创造的实施例。

㉚ 本书第 4 章（"新颖性及权利丧失（《美国专利法》第 102 条）"）介绍了如何根据 37 C. F. R. §1. 131 向 USPTO 递交证词从而证明该发明创造是"早于"对比文件的。

> 说明书应该包括对发明创造的书面描述以及制造和使用该发明创造的方式和方法，采用完整、清晰、简洁而确切的语言，使任何熟悉该发明创造所属或密切相关领域技术的人都能制造和使用该发明创造……㉛

可见，有关可实施性的规定要求发明人必须既公开“如何制造”又公开“如何使用”其发明创造。例如如果所要保护的发明创造是一种新的化合物，那么该申请的可实施性内容就必须既包含如何合成该化合物，又要揭示如何使用这种化合物（例如用于治疗某种人体疾病的药物组分）。

要求专利申请的公开内容具备可实施性的终极目标就是，通过向本领域普通技术人员提供如何制造和使用该发明创造的信息，从而使公众实际“掌握”该发明创造。该专利一旦过期，专利权人的排他性权利也就随之过期，本领域普通技术人员应该“不需要进行过度的实验”（下文将详细介绍）就可以制造和使用该发明创造。也就是说，一旦专利过期，公众就可以以这些具有可实施性的公开内容作为蓝图，随意地制造和使用该发明创造，而不用承担任何责任。

《美国专利法》第 112 条（a）款关于公开内容要包括“如何使用”发明创造的要求与第 101 条所规定的实用性要求（将在本书后续章节进行介绍）紧密相关。㉜ 如果发明人不知道其发明创造的实用性是什么，那么从逻辑上讲，也就无法描述如何使用该发明创造。㉝

1. 过度实验

《美国专利法》第 112 条（a）款规定的可实施性要求中“过度实验”这个限定条件来自案例法。只要专利申请的公开内容使本领域普通技术人员“无须进行过度的实验”就能制造和使用该发明创造，那么其公开内容就是具有可实施性的。㉞ 即便为了制造和使用所要求保护的发明创造，本领域普通技术人员可能需要进行一定量的实验，都没有关系；但是，当所需进行实验的数量达到“过度”标准的时候，该专利申请就

㉛ 《美国专利法》第 112 条（a）款。

㉜ 见本书第 6 章（“实用性要求（《美国专利法》第 101 条）”）。

㉝ 见 In re Brana, 51 F. 3d 1560, 1564 (Fed. Cir. 1995)（判决指出，“很显然，如果所要求保护的发明创造不具备实用性，其专利说明书无法提供如何使用该发明创造的内容”）。

㉞ 见 In re Wands, 858 F. 2d 731, 737 (Fed. Cir. 1988)（承认“过度的实验”并不是成文法中的条件）。

违反了可实施性的规定。[35] 专利申请的公开内容不必包括本领域众所周知的内容;[36] 否则，专利文件就不再是专利文件，而变成产品制造说明书了。

联邦巡回上诉法院在 *In re Wands* 案[37]的判决中提出了数条关于确定需要进行的实验是否“过度”的考虑因素，包括:

(1) 必须进行的实验的数量;

(2) 提供了多少指导;

(3) 是否提供了实际完成的例子;

(4) 发明创造的性质;

(5) 现有技术的水平;

(6) 该领域技术人员的相对技术水平;

(7) 本技术是不是可预见的;

(8) 权利要求保护范围的宽窄。[38]

以下将对这些因素中的一部分逐个进行介绍。在 USPTO 对专利申请进行审查的过程中，应该参考 *Wands* 因素；同样，法院在审理专利诉讼案件过程中，如果已授权专利的有效性因可实施性问题而受到挑战，也应参考 *Wands* 因素。在确定一项专利的公开内容是否具备可实施性的时候，并不需要考虑每一项 *Wands* 因素；然而，这些因素仅仅是“说明性的，而不是强制性的”。[39] 针对某个具体的案件事实，某些因素可能比其他的因素与该案件更加相关。[40]

---

[35] In re Wands, 858 F. 2d 736 - 737 (Fed. Cir. 1988). 例如，在 *White consol. Indus., Inc. v. Vega Servo-Control, Inc.*, 713 F. 2d 788 (Fed. Cir. 1983) 一案中，联邦巡回上诉法院对联邦地区法院认定专利无效的决定表示赞同，因为根据其公开内容，要想实施该专利所保护的机床数控系统所需要进行的实验数量多到无法满足可实施性的要求的程度。记录显示，要想实施该专利所保护的系统必须: (1) 获得作为商业秘密保护的软件; (2) 由 1.5 ~2 个人进行数以年计的独立开发来编写软件。同上，at 790 - 792。

[36] Wands, 858 F. 2d at 735.

[37] 同上，at 731。

[38] 同上，at 737 (引用了 In re Forman, 230 U. S. P. Q. 546, 547 (Bd. Pat. App. & Int. 1986))。

[39] Amgen, Inc. v. Chugai Pharm. Co., 927 F. 2d 1200, 1213 (Fed. Cir. 1991).

[40] 说明书公开内容是否满足《美国专利法》第 112 条 (a) 款有关可实施性的要求这个问题是联邦巡回上诉法院要重新审理的法律问题。在法官审理的案件中，要根据“明显错误”标准来审核有关 *Wands* 因素的事实调查，而在陪审团审理的案件中，则要采用“无法得到实质证据的支持”的标准。

2. *Wands* 因素：可预见的发明创造 vs. 不可预见的发明创造

由于各个案件具体事实不同，有关可实施性的事实分析结论也各有不同。但是，这项 *Wands* 因素常常被作为判断发明创造是“可预见的”还是“不可预见的”的核心。[41] 一般来说，机械和电学发明创造常常被认为是可预见的。如果对一项发明创造的一个实施例的描写是充分的，那么基于众所周知的物理规律、热力学以及其他的基本科学原理，可以很容易的预见到该发明创造范围内的其他实施例是如何得以制造和使用的。[42]

㊶ 见 In re Fisher, 427 F. 2d 833（CCPA 1970）。在 *Fisher* 案的判决中，常常被引用的一段 CCPA 论述如下：

> 很显然，如果在后专利在某种程度上是基于在先专利的教导发展起来的，那么就可以允许先专利的发明人对在后专利拥有控制权。就算在后的改进对于在先的教导来说是非显而易见的，可是没有在先的教导就不可能有在后的改进，因此，在后的改进仍然属于在先发明人贡献的范畴。然而，同样显然的是，如果在先专利的权利要求没有得到满足《美国专利法》第 112 条（a）款的公开内容的支持，那么在先发明人就不能拥有上述控制权。该法律条款要求，专利权利要求的范围必须与说明书的可实施性范围有着**合理的相关性**。在涉及**可预见因素**的案件中，例如机械或者电学元件，一个实施例就足以支持很宽泛的可实施性，因为本领域技术人员不需克服任何困难就可以想象如何实现其他实施例，并且根据已知的规律可以预料到这些实施例的功能和效果。在涉及**不可预见因素**的案件中，例如大多数化学反应以及生理活性，可实施性的范围则是与不可预见因素程度成相反关系的。

同上，at 839。

㊷ 即便是在机械领域，这一规则也存在例外情况。例如，Liebel-Flarsheim Co. v. Medrad, Inc., 481 F. 3d 1371（Fed. Cir. 2007）一案中，涉案专利的公开内容仅包含一个实施例，而其机械权利要求的范围比该实施例的范围要宽。专利权人认为该专利的公开内容是具有可实施性的，但审理该案件的法庭却驳回了专利权人的论点。Liebel 的两项涉案专利是关于可置换针筒的注射器，该注射器可以承受为病人传输造影剂时的高压。最初递交的权利要求包含位于装针筒的开口前端的压力套，但是后来在对权利要求进行修改的时候去掉了这个特征。在诉讼中该专利的有效性受到了挑战。Liebel 认为该专利提供了有关最佳实施例（带有压力罩的注射器）的具有可实施性的公开内容，也就充分的为被授权的权利要求（带有或不带有压力罩的注射器）提供了具有可实施性的公开内容。联邦巡回上诉法院认同地区法院对 Liebel 论点的驳回。联邦巡回上诉法院认为，Liebel 的专利说明书仅仅描述了带有压力罩的注射器，其说明书将不带有压力罩的注射器描述为“不切实际的”，这事实上就是对后者的相反教导。见同上，at 1379。基于发明人的证词，证明其没有成功的制造出不带压力罩的注射器，联邦巡回上诉法院得出结论，认为本领域普通技术人员要想作出不带有压力罩的注射器，需要进行过量的实验。结果，发明人认为开发不带有压力罩的系统是“过于冒险的”。Liebel 成功的对其权利要求的范围进行了宽泛的解释，却因公开内容相对该权利要求不具有可实施性而导致了专利的无效。这再一次印证了联邦巡回上诉法院的一句名言：“（你）最好清楚（你）要的是什么。”

例如，一项机械发明创造的权利要求，“一种部件包括通过扣件与B部分固定在一起的A部分”（a widget comprising part A attached to part B by means of a fastener）。如果专利申请中公开了A是通过一个普通的钉子与B固定在一起的，就可以预见到，采用螺丝钉、胶水或尼龙搭扣（Velcro）作为扣件应该也是可以完成上述功效的。至少，在该部件所属技术领域的普通技术人员，无须进行过度实验就可以对上述变化的可行性给予评价。

对于化学和生物技术领域的发明创造来说，通常是无法预见具有可替代性的实施例的。在这些技术领域中，至少某些方面是不可预见的，分子或者化合物结构上的微小变化都会导致其性质和功能的重大变化。为了满足可实施性的要求，与上述例子中那种简单的机械设备相比，这些领域专利申请的公开内容就需要提供更加详细的、有关如何制造以及如何使用该发明创造的信息。[43] 当然，这一原则也存在例外，就是最初是不可预见的技术，但是随着时间的推移，逐渐更加广为人知，因此也就更加的具有可预见性。[44]

很多发明创造涉及多个组成部分或因素，有机械的，有化学的，有生理学的，等等。例如，将DNA核苷酸层叠在硅片上形成的“基因芯片”，用于对病人的遗传变异进行排查，从而判断患上某种疾病的可能

---

[43] 联邦巡回上诉法院在一件带有分水岭性质的生物技术案件中遇到了“不可预见的技术”，即*Amgen, Inc. v. Chugai Pharm. Co.*, 927 F.2d 1200 (Fed. Cir. 1991) 案。Amgen的权利要求是关于一种经过提纯和分离的编码促红细胞生成素（erythropoietin，简称EPO，一种刺激红细胞生成的蛋白质）DNA序列，以及宿主细胞转化或转染的DNA序列。联邦巡回上诉法院赞同一审法院的意见，认定该专利无效。原因是其说明书没有提供与权利要求范围相应的具有可实施性的公开内容。联邦巡回上诉法院指出，该专利的权利要求“覆盖了所有可能的与EPO‘足够相似的’以增加红细胞产生的、对带有氨基酸序列的多肽进行编码的DNA序列”。同上，at 1212。而“能够产生类似于EPO的产品的DNA编码序列的数量是巨大的”。同上，at 1213。考虑到一审法院认为涉案技术是不可预见的，联邦巡回上诉法院对该专利公开内容的可实施性进行了以下评价：

> 考虑到EPO基因结构的复杂性，以及改变其结构所产生的多种可能性，另外也无法确定这些变化产生的类似物是否具有实用性，我们认为，要想证明这些类似物是在涉案权利要求范围以内的，仍然需要提供更多的信息，包括其制造方法，以及产生类似EPO性能的化合物结构要求。仅仅了解EPO基因以及大量性能未知的类似物，是不足以要求保护具有类似EPO性能的全部可能的基因序列的。

同上，at 1214。

[44] 见Enzo Biochem, Inc. v. Calgene. Inc., 188 F.3d 1362, 1375 n.10 (Fed. Cir. 1999)（认为“随着科技的高速发展，曾经被认为不可预见的技术后来可能会变成可预见的”）。

性。[45] 该发明创造的某些部分可能会被认为是可预见性发明，而其他部分则不能。无法将该发明创造单纯定性为隶属于机械或是化学领域的技术。与其将一项发明创造作为一个整体来进行分类以判断其可预见性，不如对发明创造的各个部分或因素分别进行考量。正如在 *In re Cook* 案的判决中所说的，[46] "比较可取的方法是，在任何领域中，以可预见和不可预见这种二分法来看待［这个问题］，而不是以'机械案件'和'化学案件'来进行区分。"[47]

3. *Wands* 因素：权利要求的范围

在可实施性判断中的另一个重要的 *Wands* 因素是，专利申请中权利要求的保护范围。书面描述以及附图所提供具有可实施性的公开内容必须与权利要求范围形成"合理的对应关系"。[48] 换句话说，申请人所寻求的排他性权利范围必须与专利申请中所公开的创造性贡献有着合理的关联性。

为一项新颖并且非显而易见的发明创造赋予"合理"的权利要求范围，这个任务表面上看起来简单，实际上需要仔细平衡各方面的政策考量。如果一位发明人被赋予的权利要求范围比其具有可实施性的公开内容的范围要大，那么公众的利益就会受损，因为后续的技术改进者会被发明人这项专利所阻挡，在这个领域从事后续研究的积极性也将因此受挫。另外，如果赋予发明人的权利要求保护范围仅局限于专利申请所公开的具体实施例，那么最终所获得的专利的经济价值就非常有限。[49] 正如联邦巡回上诉法院的 Newman 法官曾经简明扼要地指出，"在定义排他性客体的边界时必须十分小心：必须对发明人有所保护，从而鼓励商业发

---

[45] 见例如 *Using Gene Chips, Scientists Identify Unique Form of Disease*, Genomics & Genetics Wkly (News RX, Atlanta, Ga.), Dec. 21, 2001, at 6。

[46] 439 F. 2d 730 (CCPA 1971).

[47] 同上，at 734。

[48] 见 In re Fisher, 427 F. 2d 833, 839 (CCPA 1970)。还可见 In re Angstadt, 537 F. 2d 498, 502 (CCPA 1976)（将对可实施性的判断总结为"公开内容提供给本领域普通技术人员的可实施性的范围是否与权利要求的保护范围相称"）。

[49] 在一篇有关专利保护范围的重要文章中，Merges 教授和 Nelson 教授指出，"表面上看来，将专利权人的权利范围限制为说明书所公开的实施例（截至递交专利申请时发明人实际完成的发明创造内容）是合理的。但是，模仿者很快就会基于这些实施例作出一些细小的变化。如果将可实施性的范围定义的那么窄，那么专利权人在试图行使其专利权时，就会面临以不具有可实施性导致专利无效的抗辩。这样的规定很快就会使专利失去意义。" *Robert P. Merges & Richard R. Nelson*, *On the Complex Economics of Patent Scope*, 90 Colum. L. Rev. 839, 845 (1190)。

展；但是权利要求的范围必须与发明人的贡献相称。”[50]

美国最高法院在著名的 Samuel Morse 案中也曾经面对相同的政策权衡。Morse 发明了电报，但在权利要求中却宽泛的要求保护“采用电流作为动力，我将其称为电磁，用于在任何距离产生或者打印出可辨认的文字、信件或者标志……”[51] 最高法院认为 Morse 的权利要求范围“过于宽泛”，从而认定该权利要求无效。[52] 现在看来，对该判决的解读就是“没有得到与权利要求范围相称的、具有可实施性的公开内容的支持”。

在专利申请人以“属”权利要求来保护其发明创造，且该申请仅仅公开了该属中的一种或多种的情况下，要平衡权利要求范围与专利申请的公开内容之间的关系就更加具有挑战性。一项专利申请要想满足可实施性的要求，要公开多少个示意性的实施例？例如，（如本书第 1 章中假想的情况一样）在一个不存在家具的地方，如果有一位发明人第一个想到并且作出了 4 条腿、直靠背的椅子，是否就应该允许该发明人控制后续开发出来的所有椅子，无论这些椅子的设计如何？该发明人是否应该有权禁止他人制造和销售该发明人从未考虑过的摇椅、躺椅以及豆袋椅？再比如，一位申请人公开了惰性气体氩在其发明创造（一种在衬底上淀积硅以形成半导体芯片的新方法）中的用途，但其方法权利要求只是一般性的记载了使用任何惰性气体的步骤。到底在多大范围内可以允许该发明人禁止他人使用那些其本人从未制造或者测试过的实施例呢？

对于这些问题，并没有一个普适的答案。但是联邦巡回上诉法院曾经这样指出：

> 法律并没有要求专利申请人公开其权利要求范围内的每一种实施例，即便该申请属于不可预见的技术领域。然而，不论是通过示例还是专业术语，该申请必须包括充分的公开内容，从而教导该领域的普通技术人员能够按照该权利要求所记载的

---

[50] In re Wands, 858 F. 2d 731, 741 (Fed. Cir. 1988)（Newman 法官持部分赞成及部分反对意见）。

[51] O'Reilly v. Morse, 56 U. S. 62, 112 (1853)（摘录了 Morse 专利的第 8 项权利要求）；见同上，at 113（法庭认为 Morse 的第 8 项权利要求“过于宽泛，并且不符合法律规定”，这是因为 Morse “所要求的排他性权利覆盖了他未曾描述，实际上也未曾发明的方式和方法，因此在其专利中也就不可能有所记载”）。权利要求原文如下：the use of the motive power of the electric or galvanic current, which I call electro-magnetism, however developed, for making or printing intelligible characters, letters, or signs, at any distances... ——译者注

[52] 同上。

内容去制造和使用该发明创造……[53]第112条(a)款所要求的只不过是客观的可实施性……而关于这些教导是如何表达的,是采用示例或是宽泛的专业术语,都没有关系。[54]

4. *Wands*因素:实际完成的例子(working examples)

为了满足可实施性要求,专利申请通常都包括*Wands*案中提到的"实际完成的例子",尽管法律并没有这样规定。[55](实际完成的)例子就是关于如何制造和/或使用发明创造的、具体并带有示意性质的操作指南。如果发明创造比较简单,那么该专利申请中就可能不包括这样的例子。例如,在本书第1章中曾经提到过一种用在热饮杯上的隔热杯套,该专利就没有包含实际完成的例子。[56]

专利申请可能包含两种不同的例子。[57]"实际完成的例子"所公开的是实际进行的实验或者测试结果。"假想的例子"(prophetic examples),也称为书面例子,是对该领域普通技术人员如何实践或测试该发明创造提出的建议。[58]撰写假想例子时应采用现在时或者将来时,而不应采用过去时,因为这些例子在现实中并没有被实际操作过。

5. 新兴的(nascent)以及后续发展起来的(after-arising)技术

如果申请人声称,其专利权利要求覆盖了在递交时并不存在的实施例,法院应该如何判断其公开内容是否具有可实施性?当案件涉及高速发展的科技领域时,法院越来越多的需要面对"后续发展起来"的技术,就像在*Chiron Corp. v. Genetech, Inc.*案[59]中的情况一样。涉案的Chiron专利源自1995年递交的一项部分延续申请(CIP);涉案专利是以1984年递交的一项专利申请为母申请的一系列CIP申请中的最后一件。[60]该专利的权利要求是关于与乳腺癌细胞相关的人体c-erbB-2抗原(HER2)相结

---

[53] In re Vaeck, 947 F. 2d 488, 496 & n. 23(Fed. Cir. 1991)(Rich法官执笔,具体内容略去)。

[54] 同上, at n. 23。

[55] 见In re Borkowski, 422 F. 2d 904, 908(CCPA 1970)(指出"如果在没有记载实施例的情况下,一项专利申请因为其特有的公开方式仍然能够使本领域普通技术人员不需要进行过量的实验就可以实施该发明创造,那么说明书就不必包含任何实施例")。

[56] 见本书第1章摘录的5,425,497号美国专利(1995年6月20日授权)。

[57] 见脚注19中引用的MPEP, §2164.02("工作实例")。

[58] 见例如, In re Strahilevitz, 668 F. 2d 1229, 1233(CCPA 1982)(描述具有制备基质结合抗体的方法)。

[59] 363 F. 3d 1247(Fed. Cir. 2004).

[60] 在本书第1章H.5部分对部分延续申请进行了介绍。

合的单克隆抗体。Chiron 以 Genentech 销售 Herceptin 为由，起诉 Genentech 专利侵权。Herceptin 是一种用于乳腺癌长期治疗的人源化抗体。地区法院将 Chiron 的权利要求宽泛的解释为，不仅包括采用传统的（鼠源）杂种细胞技术制造的单克隆抗体，也包括那些采用现代基因工程技术制造的抗体。后一种抗体包括将一个以上种类的编码区域结合起来的嵌合抗体，以及主要来自人类的 DNA 编码区域的“人源”抗体（Genentech 的被控侵权产品中所采用的抗体类型）。地区法院的解释部分的基于 1995 年递交的专利申请中书面描述的内容（而不是该系列中更早的专利申请），其中记载道：“抗体……包括……嵌合抗体以及人源抗体。”在上诉中，联邦巡回上诉法院也认为这样的权利要求解释是正确的。

在联邦巡回上诉法院审理过程中的焦点是，1980 年递交的 Chiron 专利申请是否满足《美国专利法》第 112 条（a）款有关可实施性的要求，进而是否可以支持在诉讼中对涉案权利要求的宽泛解释。在案件审理前当事人双方都同意，如果涉案的 Chiron 专利权利要求无法享受其在 1984 年、1985 年或者 1986 年递交的专利申请链的优先权日的话，[61] 那么该专利就会因为现有技术的存在而被认定无效。陪审团所得到的结论对 Chiron 不利，他们认为，1984 年、1985 年或 1986 年递交的专利申请都不满足可实施性和发明创造书面描述的要求。陪审团判决形式并没有要求陪审团具体说明可实施性和/或书面描述的要求是否得到了满足。

就涉案的 Chiron 专利权利要求中的单克隆抗体而言，Chiron 案合议庭中的 3 名联邦巡回上诉法院法官都认为，Chiron 于 1985 年和 1986 年递交的申请都不满足可实施性的要求。由 Rader 法官执笔的大多数意见认为，在 1985 年和 1986 年的时候，通过基因工程产生的抗体（根据地区法院解释，该种抗体是在涉案权利要求范围内的）属于“新兴”技术。Rader 法官指出，对于这样的“新兴”技术来说，具有可实施性的公开内容必须提供“具体并且有用的教导”。[62] Rader 法官将“新兴”技术定位为一种“知识的延续”，即介于专利权人“在公开内容中所省略”的“常规”技术与申请日“后续发展起来”的（“专利文件无法提供可实施的

---

[61] 根据《美国专利法》第 120 条的规定，在后递交的专利申请可以要求享有在先递交的相关专利申请的申请日。见本书第 1 章 H.5 部分。

[62] *Chiron*, 363 F.3d at 1254（引用了 Genentech, Inc. v. Novo Nordisk, A/S, 108 F.3d 1361, 1368 (Fed. Cir. 1997)（针对临时禁令的授予提起上诉，理由是 Genentech 的专利因不具有可实施性而无效）。

内容的……"）技术之间的技术。"因为除了专利权人所提供的指导性内容以外，本领域的普通技术人员并不具备或者具备非常少量的"有关该"新兴"技术的知识，因此该专利必须提供具有可实施性的公开内容。有关成功采用基因工程制造抗体的科技文献发表于1984年5月，在Chiron于1984年递交专利申请之后，在递交1985年和1986年专利申请以前。尽管如此，联邦法院指出，1985年和1986年所递交的专利中并没有提供关于基因工程制造抗体的具体并且有用的教导。在上述分析中应用了*Wands*因素后，法院得出结论认为制造这样的抗体需要进行过量的实验，且这种技术在开发的初期是"不可预见的"。1985年和1986年递交的专利申请并没有提供任何关于如何制造和使用基因工程抗体的内容，也没有提供任何实际完成的例子。专家证明，在1985年或1986年时制造嵌合抗体"并不是常规的"，当时只有一些实验室具备相关的设备。

然而，关于1984年递交的专利申请是否为基因工程制造的单克隆抗体提供了具有可实施性的公开内容这个问题，Rader法官和Bryson法官提出了不同意见。由Rader法官执笔的多数意见认为（与陪审团的意见相反），针对其权利要求所保护的抗体，1984年的专利申请是满足可实施性要求的。嵌合抗体（权利要求1保护范围内的一种抗体）在1984年该申请递交的时候还并不为人所知。根据*In re Hogan*案[63]的判决，Rader法官认为，该申请没有义务为这种后续发展起来的技术提供具有可实施性的公开内容，而如果陪审团认定该专利不满足《美国专利法》第112条（a）款有关书面描述的要求的话，Rader法官表示可能会认同该决定。[64]

Bryson法官并不同意多数意见中对*Hogan*案的适用，并且支持陪审团［隐含表达］的意见，认为1984年的申请并没有为涉案专利权利要求1所涵盖的嵌合抗体提供可实施的内容。Bryson法官发现，Chiron是在宣称其1984年递交的申请为覆盖了当时并不存在的技术的权利要求提供了支持。这样的话，权利要求被赋予的保护范围就超越了可实施的范围，

---

[63] 559 F. 2d 595（CCPA 1977）.

[64] 见Chiron, 363 F. 3d at 1255（指出"陪审团本可以发现1984年的申请并没有为权利要求所记载的新客体内容，即嵌合抗体，提供任何支持。在1984年递交该申请的时候，嵌合抗体技术还不存在。1984年所提交的申请文件无法体现Chiron的科学家已经掌握了该技术，也没有对该技术进行任何记载"）。

Bryson法官从而认为，这些权利要求就不应该享有1984年申请的优先权日，因为1984年递交的申请并没有为这些权利要求提供具有可实施性的公开内容。在Bryson法官看来，正确处理涉及新技术案件的方法应该是：“在可能的情况下，应以发明创造产生时本领域的普通技术人员为出发点来对权利要求进行解释，而不应以涵盖申请人根本就没有实施、并且也还未开发出来的技术为目的，而对权利要求进行解释。”[65]

C. 最佳方式的要求

1. 最佳方式与可实施性的区别

从某种意义上讲，可以将《美国专利法》第112条（a）款有关最佳方式的要求视为可实施性要求的升级。根据美国专利法的规定，申请人仅仅公开一种制造和使用其发明创造的方式还不够；还有责任进一步公开在申请日时“实施其发明创造”（carrying out [the] invention）的最佳方式。[66] 联邦巡回上诉法院所指出，有关可实施性与最佳方式的区别在于：

> 可实施性侧重在使公众能够掌握权利要求的客体。然而，如果在递交专利申请的时候发现申请人开发出了作为实施该发明创造的最佳方式的某种设备或技术，那么根据最佳方式的要求，申请人有义务将这些信息也公之于众。[67]

2. 政策原因（policy rationale）

与可实施性要求不同，有关最佳方式要求的政策考量从来都不明朗。尽管CCPA解释称“设立这一［最佳方式］要求的唯一目的就是阻止发明人在申请专利的同时向公众隐瞒他已经想到的该发明创造的优选实施例”,[68] 但是在可实施性要求之外增加这一要求的必要性到底何在？

一些法院认为，设立最佳方式要求的目的在于，在一项专利过期以后，公众不仅应该掌握制造和使用该发明创造的至少一种实施例，还应该通过包含最佳方式的公开内容，从而使公众在商业上处于与该过期专

---

[65] Chiron, 363 F. 3d at 1263（Bryson法官对陪审团的判决表示赞同）。

[66] 《美国专利法》第112条（a）款规定，除了具有可实施性的公开内容和发明创造的书面描述以外，说明书还“应该记载发明人认为实施其发明创造的最佳方式”。

[67] Spectra-Physics, Inc. v. Coherent, Inc., 827 F. 2d 1524, 1532 (Fed. Cir. 1987).

[68] In re Gay, 309 F. 2d 769, 772 (CCPA 1962).

利持有人可以开展竞争的位置。[69] 尽管这个目的听上去是十分美好的，它对于专利申请人的要求可能超出了“促进有用技术”的宪法目标。一些专家倡导废除最佳方式的要求，他们认为这项要求毫无必要的加重了美国专利诉讼已经极其高昂的费用和复杂的过程。[70] 众议院提出的 2007 年专利法改革议案，如果被采纳，就不再会将最佳方式作为诉讼或者授权后认定专利无效的理由。[71]

另一件被用于谴责美国专利法中关于最佳方式要求的事实就是，其他大多数国家专利法都没有关于最佳方式的要求。[72] 事实上，其他国家没有最佳发挥要求这个事实会使在美国申请专利的外国申请人处于不利位置。正如在本书第 12 章中（“国际性的专利事务”）所讨论的，外国人可能需要依靠其本国申请的在先申请日，以克服 USPTO 审查员在审查其美国专利申请时所引用的现有技术。该申请人可以根据《美国专利法》第 119 条，要求将其外国申请的申请日作为其美国申请的申请日，这是《巴黎公约》优先权在美国本土的体现。[73] 如果要根据《美国专利法》第 119 条享有该外国申请的申请日，该外国申请（“优先权申请”）在其申请日之时就必须满足第 112 条（a）款中的所有要求，包括最佳实施方式的要

---

[69] 见 Christianson v. Colt Indus. Operating Corp., 870 F. 2d 1292, 1303 n. 8 (7th Cir. 1989)（对于“设立最佳方式要求的目的就是在专利过期以后使公众与专利权人能够公平竞争”的观点表示赞同）；与此相反，3－7 Donald S. Chisum, Chisum on Patents §7. 05 (2008)（不同意第 7 巡回法院的观点，认为该观点“忽略了专利制度和商业市场的现实情况”，并且指出“在专利申请递交时所公开的最佳方式很少会到专利过期的时候仍然具有竞争价值”）。

[70] 见 National Research Council of the National Academies, A Patent System for the 21st Century 82－83 (Stephen A. Merrill et al. eds., 2004) 网址 http://www.nap.edu/html/patentsystem/0309089107.pdf（建议修改或者废除最佳方式的要求，因为作为诉讼中的一个要素，最佳方式要求依赖于当事人的想法，因此产生高额的开示程序费用，并且使专利侵权诉讼的结果变得难以预料）；Advisory Comm'n on Patent Law: A Report to the Secretary of Commerce 100－103 (1992)（根据 Recommendation V-G (i) 建议取消最佳方式的义务）。

[71] 见 H. R. 1908. PCS, 110th Cong. §13 (2007) 网址 http://thomas.loc.gov（议案题目为“Patent Reform Act of 2007 (Placed on Calendar in Senate)”）。

[72] 见 Donald S. Chisum, *Best Mode Concealment and Inequitable Conduct in Patent Procurement: A Nutshell, A Review of Recent Federal Circuit Cases and a Plea for Modest Reform*, 13 Santa Clara Computer & High Tech. L. J. 277, 279 (1997)（认为“与新颖性和专利侵权这些专利法标准不同，最佳方式和不正当行为（inequitable conduct）在如欧洲、日本等世界上主要的专利制度中都没有相应的规定”）。

[73] 见 Paris Convention for the Protection of Industrial Property art. 4, July 14, 1967, 21 U. S. T. 1983, 828 U. N. T. S. 305（“Right of Priority [优先权]）。本书第 12 章（“国际性的专利事务”）对优先权和《巴黎公约》中的其他方面都有所介绍。

求。[74] 但是，由于该外国申请所递交的国家没有关于最佳方式的要求，该外国优先权申请可能就没法提供实施该发明创造的最佳方式。如果是这样，申请人就不能享有该外国申请的在先申请日，其美国专利申请日只能是其在美国实际递交申请的日期，并且该申请人也无法依靠该外国申请来克服审查过程中所引用的现有技术。

3. *Chemcast* 分析法

联邦巡回上诉法院明确制定了判断专利申请公开内容是否满足《美国专利法》第 112 条（a）款最佳方式要求的分析方法。在 *Chemcast Corp. v. Arco Indus. Corp.* 案[75]中，法院提出了用于对最佳方式进行判断的两步分析法。涉案专利是关于“一种用于密封钣金面板上开口的金属扣眼”。

a. 步骤 1：主观探究

第一步是以发明人的想法为焦点的必要主观探究。*Chemcast* 分析法的步骤 1 就是判断截至申请日之时，发明人是否认为某一种实施其发明创造的方式优于其他的方式。如果是，那么这种方式就是“最佳方式”。例如，*Chemcast* 案中的发明人认为某种类型的材料比其他材料更适合制造其权利要求中的金属扣眼。[76]

由于 *Chemcast* 分析法的步骤 1 着重于发明人的想法，公平地说“最佳实施方式是属于发明人的”。[77] *Glaxo, Inc. v. Novopharm, Ltd.* 案[78]的情况恰恰证明了这句话。Glaxo 的专利是关于一种结晶形式的盐酸雷尼替丁（crystalline form of ranitidine hydrochloride），一种用于治疗溃疡的化合物。该专利还包括各种药品组分和使用这种化合物的方法的权利要求。Glaxo 公司的其他职员在该化合物的发明人 Crookes 不知情的情况下，开发了一种新的共沸方法，使得该化合物盐更容易被制成胶囊。[79] Glaxo 在制造其溃疡药产品的商业生产中采用了这种方法，Crookes 对此并不知情也没有

---

[74] 见 In re Gosteli, 872 F. 2d 1008, 1010 - 1011 (Fed. Cir. 1989)。

[75] 913 F. 2d 923 (Fed. Cir. 1990).

[76] 见同上，at 929（引用了地区法院发现的信息，发明人“为锁定部分选择的材料是一种硬聚氯乙烯（Poly Vinyl Chloride，PVC）塑溶胶组合（plastisol composition）；这种材料的优选硬度为 75 +/ - 5 Shore D；并且，制作扣眼的材料都是从 Reynosol Corporation 那里购买的商品名称为 R - 4467 的材料，他们花了 750 人/小时来专门为 Chemcast 制造这种化合物”）。

[77] Glaxo, Inc. v. Novopharm, Ltd., 52 F. 3d 1043, 1049 (Fed. Cir. 1995).

[78] 同上，at 1043。

[79] 见同上，at 1046。

进一步参与。当 Glaxo 后来起诉 Novopharm 专利侵权的时候，Novopharm 反过来宣称该专利无效，因为该专利没有公开上述共沸方法，因此不满足最佳方式的要求。

联邦巡回上诉法院的多数法官不同意这个观点，认为该专利满足了最佳方式的要求。法院拒绝将 Glaxo 作为公司知晓该共沸方法的事实强加在发明人 Crookes 的身上。法院提到，议会在《美国专利法》第 112 条（a）款中选择使用“发明人”这个词，如果议会想要扩大承担最佳方式的义务范围，完全可以在法条中体现出该意图：

> 议会很清楚发明人与专利权人的不同，见《美国专利法》第 100 条（d）款及 152，即便如此，仍然规定最佳方式是由发明人所认定的。我们没有权力延伸议会作出的规定。⑧⓪

b. 步骤 2：客观探究

有关最佳方式的 *Chemcast* 分析法的第 2 步是完全客观的。假设存在所谓的最佳方式，步骤 2 的问题就是，该申请是否提供了该最佳方式的具有可实施性的公开内容。*Chemcast* 分析方法的第 2 步实际上融合了对可实施性和最佳方式的要求，所涉及的是最佳方式公开内容的充分性而非必要性。与 *Chemcast* 分析法的步骤 1 不同，步骤 2 的出发点是假想的本领域的普通技术人员，而不是发明人自己。换句话说，*Chemcast* 分析法的第 2 步所问的问题是，“假想的本领域普通技术人员是否不需要进行过量的实验，就可以根据该专利申请的公开内容来制造和使用该发明创造的最佳方式?”

在 *Chemcast* 案中，针对步骤 2 问题的答案是否定的。联邦巡回上诉法院认为，该专利说明书“明显欠缺”与发明人认为是最佳方式的用于制造该金属扣眼的材料相关的描述。⑧① 该专利既没有明确的也没有隐含的公开，如何采用优选的专有材料 R－4467 来制造和使用所述金属扣眼。该专利仅仅公开了所采用材料硬度的开放性范围，并宽泛地描述为“硬度读数为 70 Shore A 或更硬的材料都是适合的……”⑧② 然而，实际优选的材料硬度读数为 70 Shore D。硬度为 Shore A 和 Shore D 的材料是不同的，

---

⑧⓪ Glaxo, Inc. v. Novopharm, Ltd., 52 F. 3d 1052 (Fed. Cir. 1995). 持不同意见的 Mayer 法官认为，多数意见认为最佳方式义务仅限于发明人这个解释过于严格。他指出，“法院这样做，使那些通过在组织机构方面要手段而进行皮包公司游戏的人，能够在获得专利排他性保护的同时，将法律期待能够作为交换、使公众获益的、实施发明创造的最佳方式隐匿起来。”同上，at 1053。

⑧① Chemcast Corp. v. Arco Indus. Corp., 913 F. 2d 923, 929 (Fed. Cir. 1990).

⑧② 同上。

且具有不同物理属性种类。另外，联邦巡回上诉法院指出，由于发明人不知道优选的专有材料 R－4467 的配方、组成或者制造方法，发明人有责任“公开提供该材料的供货商身份和商品名称”。[83] 由于没有做到这一点，发明人因此没有承担《美国专利法》第 112 条（a）款所规定的公开最佳方式的责任。

到底应该采用什么方式才是对所谓最佳方式的妥善公开呢？通常在专利申请撰写中会将最佳方式称为该发明创造的“优选实施例”。[84] 然而，根据案例法显示，并未要求在专利申请中对最佳方式加以特殊标记；专利申请不需要明确地说出“实施本发明创造的最佳方式是 X”。例如，在 *Randomex, Inc. v. Scopus Corp.* 案[85]中，联邦巡回上诉法院认为，将最佳方式与其他数个方式一起不加区别的列举出来，并没有违反有关公开最佳方式的义务。[86] 然而，如果将最佳方式不加区别的与其他很多可能的方式罗列在一起，从而导致“埋藏”或实际上隐藏了该最佳方式，就可能会违反有关最佳方式的要求。[87]

4. 最佳方式义务的范围

尽管 *Chemcast* 分析法是相对比较直接的，但是并没有涉及有关最佳方式要求的所有方面。有关最佳方式的一个模糊地带就是，最佳方式的公开范围与权利要求范围的关系。《美国专利法》第 112 条（a）款采用了看起来非常宽泛的说法，即“实施发明创造的最佳方式”。一些联邦巡回上诉法院的判决认为，公开最佳方式的责任延伸至发明创造的所有要素，即便该要素没有被记载在权利要求之中。

例如，在 *Dana Corp. v. IPC Ltd. Partnership* 案[88]中，涉案专利被联邦巡回上诉法院认定无效。该专利是关于汽车引擎里采用的橡胶阀杆的密封部分。法院认为该专利没有公开发明人在其测试报告中记载的“该密封部分发挥作用所必需的”表面氟化处理。[89] 尽管该专利的权利要求中是

---

[83] Chemcast Corp. v. Arco Indus. Corp., 913 F. 2d 923, 929 (Fed. Cir. 1990).

[84] 见 Jeffrey G. Sheldon, How to Write a Patent Application § 14. 4. 4 (Practising Law Inst. 2001) (“在说明书中最佳方式可能被称为‘particularly preferred’,‘most preferred’, 或者‘preferred embodiment’”)。

[85] 849 F. 2d 585 (Fed. Cir. 1988).

[86] 见同上, at 589（认为“在这种情况下将优选的清洁液与其他可能的清洁液不加区别的罗列在一起仍然可以满足最佳方式的要求。”）。

[87] 见同上, at 592（Mayer 法官持反对意见）（认为发明人“的公开内容不满足专利法第 112 条的规定，因为发明人将最佳方式埋藏于一系列其他方式之中。”）。

[88] 860 F. 2d 415 (Fed. Cir. 1988).

[89] 同上, at 418。

关于蜜蜂部分本身的，且并没有记载表面氟化处理的内容，法院仍然认为该专利的发明人没有尽到公开最佳方式的义务。

对这些早期的、对最佳方式有着扩张性解释的判决应该持谨慎态度。最近，联邦巡回上诉法院进一步澄清对最佳方式要求的解释，“发明人不必公开关于权利要求中并没有记载的客体的实施方式，除非该客体对于实施该发明创造的最佳方式来说是具有新颖性并且非常重要的。”[90]

Eli Lilly & Co. v. Barr Labs.，Inc. 案[91]体现了最佳方式这项义务对公开内容有着更多的限制。涉案专利是关于化合物盐酸氟西汀（chemical compound fluoxetine hydrochloride）以及将该化合物用于患有焦虑或抑郁的病人，以阻止单胺5－羟色胺（the monoamine serotonin）的摄入。根据该专利的书面描述的记载，P－三氟甲基苯酚（p-trifluoromethylphenol）是制造该化合物的起始材料，但是书面描述中并没有公开专利权人合成该起始材料的方法。被控侵权人认为该专利不满足最佳方式要求，因为该专利没有公开合成所述起始材料的方法，尽管该方法是专利权人所专有的，并使专利权人在商业上处于有利的地位。联邦巡回上诉法院驳回了被控侵权人的观点。法院认为，尽管开发权利要求中所记载的化合物需要使用该起始材料，但是该起始材料并没有被涉案专利所“覆盖”。[92] 另外，该起始材料本身并不具有新颖性，并且除了从专利权人那里获得以外，也可以通过商业途径获得。[93]

在2002年 *Bayer AG v. Schein Pharms.，Inc.* 案[94]的判决中，联邦巡回

---

[90] Eli Lilly & Co. v. Barr Labs.，Inc.，251 F. 3d 955，963（Fed. Cir. 2001）.

[91] 同上，at 955。

[92] 见同上，at 964，得出结论认为：

> 尽管实施盐酸氟西汀的最佳方式需要使用P－三氟甲基苯酚，但是该专利的发明创造并没有覆盖P－三氟甲基苯酚，并且Lilly的专利也无法排除他人实施Molloy合成P－三氟甲基苯酚的方法。因此，对最佳方式的要求并没有形成强制公开Molloy的合成P－三氟甲基苯酚的方法。

[93] 见同上，at 964－965。截至这本书写作之时，关于涉及权利要求没有记载的客体的最佳方式的义务范围这个问题，仍然是含混不清的。见 Bayer AG v. Schein Pharms.，Inc.，301 F. 3d 1306，1319－1320（Fed. Cir. 2002）（将联邦巡回上诉法院有关最佳方式的在先判例总结为，尽管某项客体并没有记载在权利要求之中，“但如果有关该客体的发明创造实质的影响到了要求保护的发明创造本身的性质，那么就要公开制造或使用该发明创造的最佳方式”）；但是，见同上，at 1324（Rader法官的赞同意见）（批评 *Bayer* 案的多数意见“是令人费解的，并且无论是在成文法还是案例法中都得不到支持……将最佳方式的义务范围扩展到与所要求保护的发明创造的性质相称，并且将对这些性质有着实质影响的内容都纳入了最佳方式的义务范围”）。

[94] 301 F. 3d 1306（Fed. Cir. 2002）.

上诉法院对其作出的有关最佳方式的在先判例进行了全面的回顾。涉案的 Bayer 专利是关于抗生素环丙沙星（ciprofloxacin）也称 CIPRO®的物质组成。被控侵权的 Schein 声称涉案专利没有公开实施该专利的最佳方式，因此该专利无效。Schein 指出，Bayer 没有在专利中公开发明人所优选的合成该专利权利要求所记载的化合物的方式，即采用某种新的合成化合物作为化学中间物质。该中间物质并没有记载在权利要求之中。因此，联邦巡回上诉法院需要再次判断，为了满足最佳方式要求的义务，发明人要在多大程度上公开在专利权利要求中没有记载，但是在准备发明创造中所采用的要素或者材料。

Bayer 案合议庭的多数意见中指出，联邦巡回上诉法院及其前身法院仅仅有 7 次以不满足最佳方式的要求为由，而认定专利无效。法庭认为，这 7 次判决可以被分成两种：（1）没有公开发明创造的优选实施例；（2）没有公开制造或者使用要求保护的发明创造的相关内容，且该未公开内容实质的影响到该发明创造的属性。本案属于上述的第二种类型。然而，联邦巡回上诉法院并没有支持 Schein 认定该专利无效。法院认为，“并非发明人所优选的所有内容都构成实施发明创造的最佳方式。”[95] Schein 显然承认，专利发明人优选的那种中间物质对于环丙沙星的属性并没有实质影响。这些事实都证明，*Bayer* 案与之前被联邦巡回上诉法院认定违反最佳方式要求的其他 4 起案件是不同的，那些案件中发明人优选但并未公开内容都对发明创造的属性有着实质性的影响。

Schein 还宣称，由于该中间物质是一种新的化合物，因此该专利没有达到联邦巡回上诉法院于之前一年在 *Eli Lilly & Co. v. Barr Labs. , Inc.* 案中所阐述的有关最佳方式标准（前文所介绍的）。然而，*Bayer* 案合议庭的多数意见还是驳回了 Schein 的观点。*Bayer* 案合议庭的多数意见对 *Eli Lilly* 案的解读是，要求公开没有记载在权利要求中的新的起始材料，并且这种公开仅仅以能够使最佳方式具有可实施性为准：

> ［在 *Eli Lilly* 案判决中］我们仅仅认为，如果一种新的化合物对于实施最佳方式来说是必需的，那么本领域的普通技术人员就必须能够获取该化合物。换句话说，我们在该案判决中谈到“获取客体的方法”以及“获得权利要求没有记载的客体的

---

[95] 301 F. 3d 1306（Fed. Cir. 2002）.

方式”，所指的都是最佳方式要具有可实施性这个要求，而并非对最佳方式本身的要求。[96]

Rader 法官在其赞同意见中指出，合议庭的多数意见并没有把握住 *Eli Lilly* 案的重点。他认为 *Eli Lilly* 案的事实（当前在 *Bayer* 案中也存在）是权利要求并没有覆盖那种未公开的材料，而不是要评价该材料对所要求保护的发明创造属性的影响。在 Rader 法官看来，“并不需要因为 *Bayer* 案而为最佳方式建立一个新的评价标准。”[97]

D. 发明创造的书面描述要求[98]

《美国专利法》第 112 条（a）款有关公开内容的 3 项要求中最后也是最模糊的要求就是，说明书必须包含对发明创造的书面描述。在进一步探究这项要求的细节之前，应该认识到的是，专利法在两种情况下使用了“书面描述”这个词。在通常情况下，书面描述指的是专利文件的一部分。一项专利的书面描述包括，除了权利要求以外[99]的说明书的全部内容（书面描述包括专利说明书中的“背景技术”、“发明内容”以及“具体实施方式”的部分）。

在另一种情况下，“书面描述”是专利说明书必须满足由《美国专利法》第 112 条（a）款所规定的法律要求的简称。就像下面所解释的，对这项法律要求的传统理解是，专利权利要求中或是在专利申请日后对权利要求的修改中所采用的语言必须能够得到该专利文件书面描述部分的“支持”。联邦巡回上诉法院最近的判决拓宽了这种对发明创造书面描述的传统理解。

为了清楚地区别这两种对于“书面描述”的用法，本书引用法条原话“发明创造的书面描述”来指代上述法律要求。

1. 计时机制（timing mechanism）

对发明创造的书面描述要求的最好理解就是一种计时或者“优先权监督”机制。正如在本书第 4 章（《美国专利法》第 102 条所规定的“新

---

[96] 301 F.3d 1332 (Fed. Cir. 2002).

[97] 同上，at 1323。

[98] 这一部分的大部分内容都来自 Janice M. Mueller 所著的 *The evolving Application of the Written Description Requirement to Biotechnological Inventions*, 13 Berkeley Tech. L.J. 615 (1998)。

[99] 见《美国专利法》第 112 条（a）款（要求“说明书应该包括发明创造的书面描述……”）；同前，at 2（要求“说明书应该以一项或多项权利要求作为结束……”）。

颖性及权利丧失”）中所记载的，USPTO将专利申请的递交日视为最初递交的权利要求客体推定或者表见的发明日。[100] 专利申请人在递交专利申请以后，为了修改最初的权利要求，或者增加一项或多项新的权利要求，而递交对该申请的修改是一件很常见的事情。那么，这些被修改的权利要求以及新的权利要求，是否能够享有与最初递交的权利要求相同的表见发明日，还是只能将其在后的实际递交日作为发明日呢？这个问题的答案直接关系到这些后递交的权利要求是能够被授予专利，还是会由于现有技术的存在而不具备新颖性或非显而易见性。这就是发明创造的书面描述要求所涉及的范畴。

满足发明创造的书面描述要求就意味着，那些在专利申请递交日以后递交的权利要求客体在最初递交的申请中有着充分的公开，从而该申请的最初递交日可以很公平地被作为这些后递交的权利要求客体的推定发明日。[101] 相反，有些在后递交或者修改的权利要求不应该享有在先的申请递交日。如果没有针对发明创造书面描述要求的审查，那么这些权利要求的现有技术范围就会被不正当的缩小，申请人会因此得到不应该占的便宜。

还可以将发明创造书面描述要求理解为，确保在专利申请递交日以后所修改和增加的权利要求能够在原始递交的专利申请中找到充分的“支持”。《美国专利法》第112条（a）款要求专利权利要求能够得到说明书中支持。[102] 这一点可以理解为，要求权利要求的语言能在说明书中找

---

[100] 见 Mahurkar v. C. R. Bard, Inc., 79 F. 3d 1572 (Fed. Cir. 1996)，法院在该判决中指出：

> 在专利审查过程中，审查员可能会引用一篇在专利申请递交日一年以前公开的文献作为现有技术。但是，如果发明人能够提供证据证明其发明日先于该文献的公开日，那么根据第102条（a）款的规定，这篇文献就不再对该申请构成现有技术了。

[101] In re Smith, 481 F. 2d 910, 914 (CCPA 1973). 审理 *Smith* 案的法院将有关发明创造书面描述要求的在先判例总结为：

> [发明创造的书面描述] 要求体现了第112条（a）款的重要目的，就是定义专利说明书在递交日之时必须具备的一些属性，从而使该递交日可以被作为该发明创造的推定发明日。如果能够满足发明创造书面描述要求，就意味着在递交日以后提出的权利要求的客体在递交日之时已经得到了充分公开，因此可以公平的将专利申请的递交日作为这些在后提出的权利要求的推定发明日……对于最初递交的权利要求来说，只要在申请日之时公开了其所要求保护的客体，那么发明创造书面描述要求也就得到了满足……

[102] In re Rasmussen, 650 F. 2d 1212, 1214 (CCPA 1981).

到“前述基础”。无论是以明示还是隐含的方式，权利要求中所增加的内容，或者新加入的权利要求，都必须曾经出现在专利说明书之中。[103]

关于发明创造书面描述要求的政策考量，更多的是侧重于专利申请人而非公众。可实施性原则关心的是公众是否掌握了所要求保护的发明创造，从而在该专利过期以后，可以不需要进行过量的实验，就能够制造和使用该发明创造。而发明创造书面描述要求强调，截至某个日期之时，发明人必须已经“掌握”了所要求保护的发明创造，而这个日期就是该申请的递交日（USPTO 推定的发明日）。通过确保在后要求保护的客体确实属于发明人初始贡献的一部分，发明创造书面描述要求防止了发明人对其权利范围的过分扩张。[104]

2. 专利申请如何体现对发明创造的掌握

为了满足有关发明创造书面描述的法律要求，在申请日之时，最初递交的专利申请对于本领域普通技术人员来说，必须能够体现出发明人已经“掌握”了该申请所要保护的发明创造的客体。[105]

如何对发明创造进行描述并不是至关重要的，只要这种描述能够使该专利的读者清楚，截至申请日之时，发明人确实已经发明了所要求保护的客体。发明创造书面描述要求不应该成为一项负担，用来禁止申请人将那些“在申请中并没有公开，但在该领域内很显然的等同内容”[106]纳入其保护范围。这些“等同”应该被认为是属于发明人所有的。

例如，在 *In re Smythe* 案[107]中，CCPA 指出，如果在一项有关“公平秤”的专利申请中，书面描述仅仅公开了一磅的“铅秤砣”可以作为确定一磅肉的相应重量。申请人不应该因为这样的书面描述就被禁止在权利要求中采用上位概念，例如将一磅“金属秤砣”甚至是一磅“秤砣”

---

[103] 需要澄清，正如在 *In re Smythe* 案判决中所指出的，说明书提供的对权利要求中新加入内容的支持或前述基础并不需要在文字上是完全一致的。

[104] 见 Vas-Cath, Inc. v. Mahurkar, 935 F. 2d 1555, 1561 (Fed. Cir. 1991)（指出“坚持要求发明人必须对其发明创造进行充分的描述，使其将要递交的权利要求也可以被认定为是其初始创造的一部分，由此可知，对发明创造的充分描述可以防止发明人过分的扩张其权利范围”）（引用了 Rengo Co. v. Molins Mach. Co. , 657 F. 2d 535, 551 (3d Cir. 1981)）。

[105] 请注意书面描述要求与可实施性要求的区别：书面描述要求要回答的问题是，在申请日之时，发明人是否已经掌握了要求保护的发明创造；而可实施性要求要回答的问题是，在申请日之时，专利申请是否已经使假想的本领域普通技术人员掌握了该发明创造。

[106] In re Smythe, 480 F. 2d 1376, 1384 (CCPA 1973).

[107] 同上，at 1376。

作为一磅肉的相应重量。因为在申请人所公开的内容中记载了采用“铅秤砣”作为相应重量的手段，对于其他人来说，可以立即明白该申请人已经发明了一种用一磅重的秤砣作为相应重量的秤，无论该秤砣是用什么材料制成的。因此，在这种情况下，在权利要求中采用上位的概念是允许的。[108]

对于发明创造书面描述要求的满足甚至不需要体现在文字中。例如，在 *Vas-Cath v. Mahurkar* 案[109]中的涉案专利是关于一种医疗器械，即一种内外径比在一定范围以内的双腔（管）导管。联邦巡回上诉法院需要确定，Mahurkar 在先递交的外观设计专利申请[110]中的附图是否能够为 Mahurkar 在后递交的发明申请中权利要求所记载的内外径比的范围这一特征提供书面描述上的支持。[111] 尽管该外观设计申请的附图仅仅公开了该发明专利申请所记载范围内的一种特定的内外径比，但是，联邦巡回上诉法院仍然认为该附图为发明申请提供了充分的书面描述，并指出，“在适当的情况下，仅仅依靠附图就可以提供美国专利法第 112 条所要求的发明创造的‘书面描述’。”[112] 该（外观设计申请的）附图并没有（也不可能）体现（该发明申请）权利要求所记载的内外径比范围内的所有可能实施例。但是，专家证词指出，本领域的普通技术人员在看到这样的附图的时候，就可以意识到只有满足某种内外径关系才能在转换导管时产

---

[108] In re Smythe, 480 F. 2d 1384（CCPA 1973）. 还可以见 All Dental Prodx, LLC v. Advantage Dental Prods., Inc., 309 F. 3d 774, 779（Fed. Cir. 2002）（推翻了以不满足发明创造的书面描述要求为理由而认定专利无效的简易判决，并指出，尽管在案件中有争议的文字并没有“清楚到可以作为榜样”，并且这些文字是在专利申请过程中加入到权利要求之中的，且这些文字并未在公开内容中有任何明确的体现，但该专利确实充分的表达了所要求保护的发明创造是什么和不是什么，从而满足了相关的法律要求）。

[109] 935 F. 2d 1555（Fed. Cir. 1991）（Rich 法官）。

[110] 《美国专利法》第 171 条规定，“任何关于制造物的新的、原创的并且具有装饰性的设计”都可以获得外观设计专利。外观设计专利保护的是制造物的外形。如果该设计主要是由功能主导的（即该设计对于制造物的使用起着重要作用），那么就不能采用外观设计专利来进行保护。见 L. A. Gear, Inc. v. Thom McAn Shoe Co., 988 F. 2d 1117, 1123（Fed. Cir. 1993）。还可以见本书第 7 章（“潜在的可专利客体（《美国专利法》第 101 条）”）（讨论外观设计专利）。

[111] 为了克服一项有可能导致其专利无效的第 102 条（b）款对比文件，Mahukar 试图根据第 120 条要求享有其在先递交的外观设计申请的申请日。一项专利申请若要根据《美国专利法》第 120 条享有在先递交申请的申请日，必须满足第 112 条（a）款的各项要求，包括满足发明创造的书面描述要求。

[112] *Vas-Cath*, 935 F. 2d at 1565.

生在生理学上可以接受的压力变化。[113]

2002年*Enzo Biochem.*, *Inc. v. Gen-Probe*, *Inc.* 案[114]的合议庭在判决中指出，即便能够证明发明人在申请日之时已经掌握了所要求保护的发明创造，也不代表该申请就满足了发明创造的书面描述的要求。[115]

该法院认为：

> 发明创造的书面描述要求并不是所谓（发明人是否已经）"掌握"（发明创造）的子命题。证明（发明人已经）"掌握"（发明创造）对于"说明书应该包括发明创造的书面描述"的法律要求来说，只不过是一种辅助手段。即便证明了（发明人已经）"掌握"（发明创造）这一事实，但是说明书并没有充分的描述所要求保护的发明创造的话，仍然无法满足书面描述的要求。[116]

类似地，法院还指出，"即便能够证明（发明人已经将发明创造）付诸实践的事实，但是如果说明书并没有对所付诸实践的内容给予充分描述的话，这个事实并不能代替对该发明创造的描述从而满足第112条(a)款的要求。"[117]

在对*Enzo*案件的审理中，法院对于发明创造的书面描述的理解是，这项要求不仅仅需要证明发明人已经掌握了该发明创造。法院得出这个结论的依据仅仅是该法院对法条的理解，并没有引用任何有约束力的在先判例。以本书作者看来，审理*Enzo*案件的法院这种将书面描述要求上升成为"专利制度的交换条件"的做法，将书面描述要求与可实施性要求混淆在了一起。此外，该法院还声称，"在说明书或权利要求、甚至是原始权利要求中，仅仅出现含糊的文字不一定就能满足"[118]有关发明创造的书面描述的要求。而这种说法则将发明创造书面描述的要求与《美国专利法》第112条(b)款中关于权利要

---

[113] *Vas-Cath*, 935 F. 2d at 1566-1567.

[114] 323 F. 3d 956 (Fed. Cir. 2002)（重新审理并且撤销了在先的判决（285 F. 3d 1013 (Fed. Cir. 2002)），认为该判决错误的认定生物保藏不能满足发明创造书面描述要求）。

[115] 见同上，at 969-970。

[116] 同上，at 969。

[117] 同上。

[118] 323 F. 3d 968 (Fed. Cir. 2002).

求要清楚的规定混淆在了一起。

3. 书面描述与可实施性的区别

即便是不考虑与 *Enzo* 案判决不同的意见，发明创造的书面描述要求与本章前面曾经讨论过的可实施性要求仍然是有所区别的两项要求。自 1967 年 CCPA 作出 *In re Ruschig* 案的判决起，在案例法中，这两项要求就被公认是彼此区别、相互独立的法律概念。[119]

下面举一个简单的例子来帮助大家区分可实施性要求和发明创造书面描述的要求。假设一项专利申请公开并且要求保护一种红色部件。申请文件并没有记载其他颜色的部件，也没有关于该部件可以是除了红色以外其他颜色的启示。尽管按理说本领域的普通技术人员是可以根据该申请所记载的内容制造出其他颜色的部件（例如蓝色或黄色的部件），但是，如果在后续申请过程中又提出了“一种带有基本颜色的部件”的一般性权利要求，该权利要求会因为无法满足发明创造的书面描述的要求而被认定无效。这是因为，在最初所递交的申请文件中并没有包含随后所要求保护的“发明创造”的书面描述，最初递交的申请文件所体现的是发明人在递交申请时所掌握的就是红色的部件而已。因此，在后提出的、更具一般性的权利要求是不可以将该申请在先的申请日作为其推定的发明日的。

专利实务工作者可能会将这种情况称为，在后提出的“一种带有基本颜色的部件”这项权利要求没有得到专利说明书的“支持”。具体来说，该专利说明书的公开内容无法支持涵盖蓝色部件、黄色部件或者任何非基本颜色的部件的权利要求。[120] 尽管基于该专利申请文件的记载，本

---

[119] 379 F. 2d 990 (CCPA 1967)。联邦巡回上诉法院合议庭在 *University of Rochester v. G. D. Searle & Co.*, 358 F. 3d 916 (Fed. Cir. 2004)［以下简称“*Rochetser I*”］的判决指出，早在 1967 年 *Ruschig* 案以前，CCPA 的判决就已经认定书面描述要求与可实施性要求是彼此区别的。见 *Rochester I*, 358 F. 2d at 923（引用了 Jepson v. Coleman, 314 F. 2d 533, 536 (CCPA 1963); In re Moore, 155 F. 2d 379, 382 (CCPA 1946); In re Sus, 306 F. 2d 494, 497 (CCPA 1962)）。但还可以见 University of Rochester v. G. D. Searle & Co., 375 F. 3d 1303, 1311 (Fed. Cir. 2004)［以下简称“*Rochester II*”］（Rader 法官对全席决定拒绝重审的决定持反对意见）（对 *Jepson* 案，*Moore* 案，*Sus* 案都进行了讨论，并且得出结论认为“这些案件对于当代的书面描述要求启发甚少”）。

[120] 驳回上述假想例子中“一种带有基本颜色的部件”这项权利要求的适当理由应该是，不满足《美国专利法》第 112 条（a）款所规定的发明创造书面描述要求，而不是因为加入了第 132 条（a）款所禁止的新内容。第 132 条（a）款规定，“任何修改都不应该引入发明创造公开内容没有包含的新内容”，这项条款“可以作为驳回对说明书摘要、说明书或者说明书附图修改的理由，如果这些修改会增加原始公开中所没有包含的新内容”。In re Rasmussen, 650 F. 2d 1212, 1214－1215 (CCPA 1981)，但是该条款不适用于对权利要求的修改。

领域的普通技术人员可能能够制造和使用带有除红色以外的其他颜色的部件，但是并没有证据证明在递交该申请的时候，发明人已经掌握了比红色部件范围更宽的发明创造。

4. 引发书面描述审查的典型情况

上面例子中曾经提到，在专利申请递交后增加新的权利要求，是引发书面描述问题的典型情况。发明创造书面描述问题通常都是发生在有“时间差异”存在的情况下：（1）在专利申请中加入新的权利要求时；（2）在申请过程中，对最初递交的权利要求进行了重大修改；（3）申请人要求享有在先递交的相关本国申请的申请日；[121] 或者要求享有相应的外国申请的优先权日；[122]（4）启动了冲突程序，其中有待解决的问题是，一方或多方当事人的权利要求是否能够得到说明书的支持。[123]

在如 *Enzo* 案和 *Regents of the Univ. of Cal. V. Eli Lilly & Co.* 这样的案件中，联邦巡回上诉法院将发明创造的书面描述的分析扩大的解释为对没有修改过的、最初递交的权利要求（在专利申请递交时就提出的，并且在后来没有修改过的权利要求）有效性的分析。[124] 本书的作者认为，这

---

[121] 见《美国专利法》第 119 条（e）款（以临时申请为基础的本国优先权）；同前 §120（在后递交的延续申请以母申请或在先递交的延续申请为基础而要求享有本国优先权）。

[122] 见《美国专利法》第 119 条（a）款。

[123] 见 In re Smith, 481 F. 2d 910, 914（CCPA 1973）（解释了发明创造书面描述要求的适用范围，包括“根据《美国专利法》第 120 条要求享有在先申请的申请日的情形，例如 *In re Smith* [458 F. 2d 1389（CCPA 1972）] 以及 *In re Ahlbrecht*, 435 F. 2d 908 [CCPA（1971）]；或是在冲突程序中，所要解决的问题是一方或多方的权利要求是否能够得到说明书的支持，例如 *Fields v. Conover*, 443 F. 2d 1386 [CCPA（1971）]，以及 *Snitzer v. Etzel*, 465 F. 2d 899 [CCPA（1972）]；或者在一项专利申请递交以后，又提出了新的权利要求的情形，例如 *In re Ruschig*, 379 F. 2d 990 [CCPA（1967）] 以及 *In re Welstead*, 463 F. 2d 1110 [CCPA（1972）]（涉案专利申请还存在专利法第 132 条有关新内容的驳回意见，但是仍然是将其作为涉及书面描述要求问题的案件进行了处理”）。

[124] 见 Enzo Biochem., Inc. v. Gen-Probe, Inc., 323 F. 3d 956, 968（Fed. Cir. 2002）（专利权人认为，“涉案专利的权利要求是逐字记载在说明书中的，因此作为一个法律问题，应该认定涉案专利的说明书为其权利要求提供了书面描述。”法院驳回了这一观点，并宣称“如果对发明创造的描述不能满足法定的要求，那么无论这种描述是出现在最初递交的权利要求中或是说明书中都无济于事”）；Regents of the Univ. of Cal. V. Eli Lilly & Co., 119 F. 3d 1559（Fed. Cir. 1997）。

是对书面描述原则的不当运用，是与具有约束力的在先判例相左的。[125]

最初递交的权利要求对其本身构成公开，并且由于在最初递交的申请中包含了这些权利要求，表示申请人认为在递交日之时已经掌握了所要求保护的客体。[126] 对于那些可以被合法的引用以对抗申请人最初递交的权利要求的现有技术来说，并不存在任何“时间差异”使申请人得到任何不该得到的好处。

尽管在很多案件中都存在一个问题，就是专利申请是否提供了与最初递交的权利要求范围相称的具有可实施性的公开内容，[127] 但是，这个问题与发明创造的书面描述的要求完全是两个不同的问题。本书作者认为，发明创造的书面描述问题根本不适用于最初递交的未经修改的权利要求。

自从 *Enzo* 案起，联邦巡回上诉法院的法官一直都在就发明创造的书面描述要求的角色展开辩论。在 2004 年，法院全席决定拒绝重新审理一直都被密切关注的 *University of Rochester v. G. D. Searle & Co.* 案。[128] 涉案

---

[125] 最早将发明创造书面描述的分析不恰当的应用于最初递交的权利要求是在 1973 年的 *In re Gardner*, 475 F. 2d 1389（CCPA 1973）案中。在该案的审理中，法庭推翻了 USPTO 上诉委员会以不满足《美国专利法》第 112 条（a）款规定的书面描述要求为由驳回最初递交的权利要求的决定，并指出，“权利要求 2 很显然是一项最初递交的权利要求，其自身就构成了在原始公开内容中的描述，并且该描述与所要求保护的客体范围完全相同并且使用了相同的文字……这就足够满足书面描述的要求了……” 同前，at 1391。USPTO 请求重审该案，并提出最初递交的权利要求不应该被当作“书面描述”的一部分，除非说明书中包括或者经过修改以后包括权利要求的客体。是否允许作出这种修改是行政机关来决定的“行政事务”，而不是法院在判断是否满足书面描述要求时的理由。但是 CCPA 驳回了 USPTO 的观点。*In re Gardner*, 480 F. 2d 879（CCPA 1973）。在 *In re Koller*, 613 F. 2d 819, 823（CCPA 1980）案中，CCPA 表示了对 *Gardner* 案判决的认同，认为最初递交的权利要求构成公开内容的一部分（引用了 *Gardner* 案的判决，用来说明“最初递交的权利要求构成其自身的书面描述”）。审理 *Koller* 案的法庭认为，根据《美国专利法》第 112 条的规定，在延续申请中使用了“液体媒介”（liquid medium ）这一用语的方法权利要求，是可以得到在权利要求中同样使用了该用语的祖母级专利申请（a grandparent application）支持的。见同前（指出“‘液体媒介’（liquid medium）这个用语在两组权利要求中都出现了，并且这两组权利要求的文字非常类似”）。

[126] 见脚注 98 中 Mueller 所著文章 at 633 - 639（批评在 *Regents of the Univ. of Cal. V. Eli Lilly & Co.*, 119 F. 3d 1559（Fed. Cir. 1997）案中，联邦巡回上诉法院将书面描述审查应用于最初递交的权利要求）。

[127] 例如，Rader 法官将 *Eli Lilly* 案和 *University of Rochester* 案视为违反可实施性问题而不是书面描述问题的案件。见脚注 119 中 *Rochester II*, at 1312（Rader 法官，对全席拒绝重审的决定持反对意见）（指出“例如在 *Eli Lilly* 案 *Rochester* 案中，根据记载发明创造 A（*Eli Lilly* 案中的鼠胰岛素；*Rochester* 案中的 COX - 1 和 - 2 的化验）是具有可实施性的，但是发明创造 B（*Eli Lilly* 案中的人体胰岛素；*Rochester* 案中的 COX - 2 抑制剂）是不具有可实施性的”）。

[128] 同脚注 119 中 *Rochester I*, at 916。

专利是 Rochester 大学所有的 6，048，850 号美国专利（以下简称“’850 专利”），该专利是关于一种“有选择的抑制 PGHS－2 在人类宿主活动”的方法，即通过“对一种非甾体类化合物进行管理，从而有选择的抑制 PGHS－2 基因产物在需要该种治疗的人体宿主中活动”。[129] 该发明创造提供了一种筛选方法，用于确定某种特定药品是否有选择的抑制了COX－2 的活动，从而减轻了发炎症状，同时没有出现现有技术方法所引起的胃肠道方面的副作用。所述的现有技术方法不仅抑制 COX－2 也抑制另一种完全不同的环氧合酶 COX－1。Rochester 大学在 1992 年就该发明创造递交了其第一项专利申请，并在递交了一系列的延续申请、部分延续申请以及分案申请以后，于 1998 年获得了专利号为 5，837，479 的美国专利（以下简称“’479 专利”）。’479 专利要求保护“一种方法，用于确定能够抑制由［PGHS－2］催化的前列腺素合成的化合物”。涉案的 Rochester 大学 ’850 专利是于 2000 年从相应的分案申请中授权而来的。

在 2000 年 Rochester 大学起诉 Pfizer 公司销售 COX－2 抑制剂 CELEBREX® 和 BEXTRA® 的行为侵犯了 ’850 专利。在该案中双方的争点是 Rochester 大学在 ’850 专利中所要求保护的内容是否都包含在已授权的 ’479 专利中了。地区法院受理的 Pfizer 以 ’850 专利不满足书面描述要求（以及可实施性要求）因而无效为理由的简易判决动议，并认定 Rochester 大学的 ’850 专利没有记载任何“有选择的抑制 PGHS－2 基因的非甾体类化合物，”并且认定发明人在递交其专利申请的时候，并没有掌握任何该种化合物，且要想推断出这种化合物，本领域的普通技术人员需要进行过量的实验。

在上诉审理中，法庭认同了地区法院在简易判决中作出的 ’850 专利因不满足书面描述要求而无效的决定。法庭驳回了 Rochester 大学关于书面描述要求的存在并不独立于可实施性要求这一论点，并指出，“尽管在 3 项要求［书面描述、可实施性以及最佳方式］之间常常存在着很大的重叠，但是这 3 项要求仍然是彼此独立的。”[130] 联邦巡回上诉法院认为，书面描述要求是一种“有教导作用的补偿”，因为专利制度赋予了发明创造一段时间独占性的保护，作为交换公众从中获得有意义的公开内容。

---

[129] 同脚注 119 中的 *Rochester I*, at 918。PGHS－2 是一种前列腺素 H 合成酶，也被称为“COX－2”。COX－2 是一种环氧合酶，表现在炎症刺激反应（在生物过程中引入）并且被认为与关节炎有关。

[130] 同脚注 119 中 *Rochester I*，at 921。

法庭还驳回了 Rochester 大学另一论点，即书面描述要求最初是起公示作用的，但已经被后续有关权利要求的法定要求所取代了。法庭指出，“权利要求的角色是对所保护的客体进行公示，而说明书的角色是教导公众该发明创造是什么（书面描述），以及如何制造和使用该发明创造（可实施性）。”[131]

审理 *Rochester* 案的法庭还将本案与在先的判例如 *In re Edwards* 案[132]区别开来，在该案中，专利说明书记载了制造所要求保护的化合物的方法而非结构，但法庭认为这样的说明书满足了书面描述的要求。联邦巡回上诉法院还注意到，在该案中 CCPA 认为该申请作为一个整体可以合理地将本领域普通技术人员引导向所要求保护的化合物。尽管在满足书面描述要求方面存在一定的“灵活性”，但是说明书必须提供足够的信息，从而使本领域普通技术人员可以“理解所要求保护的客体，并且认定发明人确实发明了该内容”。而关于涉案的 Rochester 大学 ’850 专利，“唯一能够得到说明书支持的是关于化验方法的权利要求，而这些权利要求已经在 ’479 专利中被授权了。”[133]

在 2004 年 7 月 2 日，联邦巡回上诉法院全席决定拒绝了 Rochester 大学提出的重新审理请求，并产生了 4 票反对票以及 5 篇意见。[134]由曾经审理 *Rochester* 案的 Lourie 法执笔的主流意见，基于与原判决中基本相同的原因，同意拒绝重新审理该案。Dyk 法官也对法院的全席决定表示认同，但是指出“这并不代表赞同”法院现有的书面描述的理论。在 Dyk 法官看来，（针对书面描述的问题），法院“仍未制定出一个能够适用于各种技术领域的标准”。Newman 法官对拒绝重审决定持反对意见，但是并不是为了解决有关书面描述要求这一“日益发展的冲突问题”。Newman 法官将书面描述要求解释为，已经从“简单的语义学问题升级成为关于专利范围以及生物制品权利要求所需要的支持之间的根本冲突”。Linn 法官，以及 Rader 法官和 Gajarsa 法官，都对拒绝重审决定持反对意见，认为不存在脱离于可实施性要求的书面描述要求。专利法“要求对发明创造进行书面描述，但是使书面描述能够满足第 112 条（a）款可专利性条件要求的充分手段，仅仅依赖于该书面描述是否可以使本领域普通技术

[131] 同脚注 119 中 *Rochester I*, at 922 n. 5。

[132] 568 F. 2d 1349 (CCPA 1978).

[133] 同脚注 119 中 *Rochester I*, at 928。

[134] 同脚注 119 中 *Rochester II*, at 1303。

人员能够制造和使用该发明创造，并且是否提供了实施该发明创造的最佳方式。”[135]“没有理由将第112条解释为，要求专利申请人在其申请中的两处分别载明所要求保护的发明创造的范围。那是权利要求特有的功能。”[136] Rader法官会同Gajarsa法官和Linn法官，提供了长篇的反对意见，谴责法院没有遵循*Eli Lilly*案的判决（上文曾经介绍过），并指出在1997年*Eli Lilly*案的判决中“本法院第一次将《美国专利法》第112条（a）款有关书面描述的规定作为可实施性在公开内容方面的总体要求，而不是继续扮演其传统角色，即禁止申请人向在先的公开内容中加入新发明创造的原则”。[137] Rader法官还指出，“到目前为止，世界上还没有任何其他的专利制度包含了*Eli Lilly*要求。”[138]

尽管联邦巡回上诉法院的一些法官对*Eli Lilly*案扩张的解释了发明创造的书面描述要求的判决存在不满，但是法院仍然在2008年将该判例应用于*Carnegie Mellon University v. Hoffmann-La Roche Inc.*案[139]中。Carnegie Mellon University（卡耐基梅隆大学，CMU）的涉案专利是关于重组质粒（small replicating circular loops of DNA）的，这种重组质粒包含来自细菌的“*polA*”基因编码区域，用于表达大量的“DNA聚合酶I”。*CMU*案并没有引发由于在申请递交以后增加新的权利要求因而得不到说明书支持的书面描述问题。而该案件要解决的问题是，最初递交的有关基因的权利要求是否能够得到支持。CMU的专利（在1984年递交）仅公开了来自一种细菌（*E. coli*）的*polA*基因，但是其权利要求并没有限定任何特定的细菌种类。在发明创造产生时，在数以千计的细菌*polA*基因中只有3种被科学家成功的克隆，而来自*E. coli*的*polA*基因就是这3种中的一种。联邦巡回上诉法院发现，“该专利说明书仅仅公开了来自一种细菌源的*polA*基因编码序列，即*E. coli*。很明显，该说明书没有公开或记载来自其他种类细菌的*polA*基因编码序列。”[140] 根据*Eli Lilly*案的判决，法庭认为被质疑的基因专利权利要求没有得到书面描述的足够支持，因而被认定无效。但专利权人认为，本案是涉及一种“已知元素的组合，从而产生

---

[135] 同脚注119中*Rochester I*, at 1325（Linn法官对全席拒绝重审的决定持反对意见）。
[136] 同上，at 1326－1327。
[137] 同上，at 1307（Rader法官对全席拒绝重审的决定持反对意见）。
[138] 同上，at 1312。
[139] 541 F. 3d 1115, Nos. 2007－1266, 2007－1267, 2008 WL 4111410（Fed. Cir. 2008）.
[140] 同上，at 1125。

一种通用的生物工具”，而 *Eli Lilly* 案则涉及一种特定的 cDNA 序列。但是法院驳回了这个论点，并指出，“*Eli Lilly* 案中没有任何地方说明其要求保护的发明限于新的 DNA 序列。”审理 *CMU* 案的法庭还引用了“准确”并且“具有说服性”的根据，即 USPTO“MDEP 中有关《美国专利法》第 112 条（a）款部分的内容，标题为‘书面描述要求’”[141]。该部分规定，“对涉及不可预测技术的发明创造来说，如果仅仅公开了属于一类的多种可能中的一种，是无法满足书面描述要求的”。[142] 总之，CMU 专利说明书没有能够体现出发明人已经掌握了足够多的种类，因而也无法证明该发明人“的确创造并且公开了其要求保护的全部内容”。[143]

---

[141] 66 Fed. Reg. 1099 (Jan. 5, 2001).

[142] 同上，at 1066。

[143] *Carnegie Mellon Univ.*, 541 F. 2d at 1126.

第 4 章

新颖性及权利丧失

（《美国专利法》第 102 条）

A. 引　　言

本章的目的在于向读者提供《美国专利法》第 102 条定义的**新颖性**和**权利丧失**这两个多层面概念在实践中的解读。① 专利权仅授予真正新颖的（“新的”）发明创造，这个观点是所有专利体系的基础性概念。但是，什么是新颖性，全世界范围内给它的定义是不同的。我们将会看到，从美国独一无二的“先发明”体系来看，美国在分析新颖性方面与其他国

① 尽管《美国专利法》第 101 条（2008 年版）规定，一项可专利的发明创造应该是“新的”，但是在实践中有关新颖性的分析却是依据《美国专利法》第 102 条进行的。见 In re Bergy, 596 F. 2d 952 (CCPA 1979) (Rich 法官) *aff'd sub nom.*, Diamond v. Chakrabarty, 447 U. S. 303 (1980)，其中法庭解释道：

> 记载在《美国专利法》第 101 条中的 3 项要求中只有 2 项，即实用性和法定客体的实施适用第 101 条的规定。尽管第 101 条首先规定了可专利的发明创造应该是“新的”，但是在 1952 年，国会宣布对发明创造新颖性的考量要以第 102 条为标准，该法条清楚地解释了所谓“新”的含义。
>
> 在执行专利法的过程中，大多数情况下，USPTO 作出的欠缺新颖性的驳回决定都是以第 102 条为基础的。同样是欠缺新颖性的驳回决定，其基础既可以是第 101 条又可以是第 102 条，这样的情况令人感到困惑，因此也很难被认为是好的法律……

同上，at 961。

家截然不同②。法条规定如下：

第102条 专利性的条件；新颖性和专利权的丧失

除非存在下列任何一种情况，有权取得专利权：

(a) 在专利申请人完成发明创造以前，该项发明创造在美国已被他人所知或使用，或者在美国或外国已经取得专利或在印刷出版物上已有叙述的；

(b) 该项发明创造在美国或外国已经取得专利或在印刷出版物上已有叙述，或者在美国已经公开使用或销售，在向美国申请专利以前已达1年以上的；

(c) 发明人已经放弃其发明创造的；

(d) 该项发明创造已经由申请人或其法定代理人或其受托人首先在外国取得专利权或者致使取得专利权，或者取得发明证书，而向外国提交专利申请或者发明证书申请是在向美国提交申请以前，并且已达12个月以上的；

(e) 该项发明创造已经在（1）他人在专利申请人完成发明创造之前向美国提交并根据第122条（b）款公开的专利申请中有叙述的，或者（2）款他人在专利申请人完成发明创造之前向美国提交专利申请并且已经授权的专利中有叙述的，例外的情况是，根据第351条（a）款规定的条约提交的国际申请，只有在该国际申请已经指定美国，并且已经根据该国际条约第21条（2）款规定用英文公开时，才对在美国提交的申请的本款有效力③；

---

② 正如本章后面将要介绍的，《美国专利法》第102条（g）款对先发明原则有着清楚的规定。美国所采用的先发明制度与世界上其他国家所采用的先申请制度是不同的。见本书第12章（“国际性的专利事务”）。然而，在2007年4月向参众两院提交的立法议案，很可能会将美国的专利制度修改为发明人先申请制度。见 *Patent Reform Act of 2007*, H. R. 1908, 110th Cong. §3 (2007); S. 1145, 110th Cong. §3 (2007)。（在本书出版时，美国专利制度已经改为发明人先申请制度。——编者注）

③ 第102条（e）款的这部分内容体现了《21世纪司法部拨款受权法案》(*21st Century Department of Justice Appropriations Authorization Act*, Pub. L. 107-273, §13205, 116 Stat. 1758 (2002))（题目为“Domestic Publication of Patent Applications Published Abroad”）（修改了《1999年知识产权与电信综合改革法案》）(*the Intellectual Property and Communications Omnibus Reform Act of* 1999) 中IV标题下的子标题E (Subtitle E of title IV) [《1999年美国发明人保护法案》(*the American Inventors Protection Act of* 1999)], as enacted by Public L. 106-113, §1000 (a) (9), 113 Stat. 1501 (1999))。

(f) 请求授予专利权的发明创造并非申请人自己完成的；

(g) (1) 在根据第135条或者第291条解决权利冲突的程序中，在第104条允许的范围内，涉案的另一个发明人证明在申请人完成一项发明创造之前，他已经率先作出该项发明创造，并且他没有放弃、压制或者隐瞒其发明创造，或者 (2) 在申请人完成一项发明创造之前，该项发明创造已经被本国的另一个发明人先发明，而且该另一个发明人没有放弃、压制或隐瞒他的发明的。在根据本条款决定发明的优先日期时，不仅需要考虑各自形成发明构思的时间和将发明付诸实施的时间，也需要考虑从他人构思该项发明之前的某个时间开始，首先构思该项发明并在实践中运用的那个人在整个过程中是否合理地勤勉。④

《美国专利法》第102条 (a) 款至 (g) 款这7个条款乍看貌似浅显，但是在应用的时候，却似乎是让人迷惑的潘多拉盒子——装满深奥的公约及令人费解的专业术语。许多学习专利法的学生发现，掌握第102条是专利法基础课程中在概念上最具有挑战性、最耗时的部分。幸好，通过仔细研究法条、透彻理解基本原理和隐含的政策考量，以及术语的精确用法，就可以掌握第102条的复杂内容。

首先，这里给希望更好地理解第102条的读者提供一些一般性建议。熟悉法条非常重要。把《美国专利法》第102条贴在你的桌边，或者将其全文复制到你的笔记本电脑中和/或PDA中。每天读它，直至熟记于心。在这个过程中，你会开始理解该法条的实质。这里推荐的另一个有用技巧是，在时间轴上画图从而分析第102条的所有问题。

接下来，要认识到第102条中的每个字都有其含义。不能凭空解读该法条；要结合将该法条应用于各种实际情况的司法判决和实践规则来对其进行理解。

本章接下来的部分将对第102条中通用的概念和术语进行研读。本章其余部分将分别讨论第102条中的每一款。

---

④ 《美国专利法》第102条 (2008)。

B. 第102条的术语和主要原理

1. 证明责任

《美国专利法》第102条的导言部分将否认具有推定的新颖性："*除非存在下列任何一种情况，有权取得专利权*……"（楷体强调是后加的）的证明责任交给了USPTO。该法条指出，在审查专利申请的过程中，证明不存在新颖性的最初责任在于政府——USPTO。

要根据《美国专利法》第102条驳回申请人的权利要求，USPTO必须相应地说明权利要求违反了该法条中破坏新颖性或者导致权利丧失的（a）款至（g）款中至少一款。典型的情况是，USPTO审查员以所引用的一篇或者多篇现有技术参考文献为基础，驳回申请人的权利要求，参考文献可以是专利、科技期刊文章或者其他能够作为证据证明适用于第102条中的一款或多款的技术文件。[⑤] 审查员也有可能会基于，比如发明创造存在第102条（b）款规定的"销售"或者"许诺销售"之类的情况，从而根据第102条的某一款驳回权利要求。

因此，应当依据《美国专利法》第102条来划分USPTO在驳回专利申请人权利要求时可能会引用现有技术类别。如果一篇专利、期刊文章、其他文件或者事件被USPTO称为现有技术，那么它必须符合《美国专利法》第102条中的某一款。如果不符合，那么该文件或者事件便依法不可作为现有技术来否定申请人要求保护的发明创造的推定新颖性。在质疑已授权专利有效性的诉讼中同样如此。

当然，《美国专利法》第102条开头的句子有些夸大，这是因为要"有权取得专利权"，某人的发明创造不仅要具有新颖性，而且还要符合专利法规定的客体[⑥]、实用性[⑦]和非显而易见性[⑧]之类的附加要求，并且其权利要求和说明书都要满足第112条[⑨]的要求。这些附加的要求在本书

---

⑤ 参见In re Hilmer, 359 F. 2d 859, 879 (CCPA 1966)（其中指出，"驳回意见的依据是法律规定，而不是对比文件，对比文件仅仅是用于证明专利申请存在缺乏新颖性或非显而易见性、权利丧失或者其他驳回理由的证据。认清这一点可以避免很多不必要的困惑"）。

⑥ 见本书第7章（"潜在的可专利客体（《美国专利法》第101条）"）。

⑦ 见本书第6章（"实用性要求（《美国专利法》第101条）"）。

⑧ 见本书第5章（"非显而易见性要求（《美国专利法》第103条）"）。

⑨ 见本书第3章（"公开内容的要求（《美国专利法》第112条（a）款）"）。

的其他章节会有详细的叙述。

2. "预见"的含义

有关新颖性的法定要求是，"可专利的发明创造应该是新的（同时也是非显而易见的和有用的）"这一基本原则"在专利法中的具体体现"。当违反第102条的新颖性规定时，专利律师称该发明创造已经被**预见**。当一项发明创造已经被预见时，它便是旧的，因此不可被授予专利权。换句话说，被预见是新颖性的反义词。

3. 新颖性和权利丧失的区别

第102条实际上是包含在一个法条内的两个规定，如它的标题所反映的："专利性的条件；专利的新颖性和权利丧失。"（a）款、（e）款和（g）款是真正的新颖性规定，而（b）款、（c）款和（d）款是关于权利丧失情况的条款。在权利丧失情况下，即使一项发明创造在技术上是具有新颖性的，它也有可能会丧失专利权（如我们将在下文看到的，（f）款是自成一格的，并不适合归入任何一类）。

新颖性和权利丧失规定的根本差别在于他们各自的触发日期。第102条（a）款、（e）款和（g）款新颖性条款与"在专利申请人完成发明创造之前"发生的事件有关（或者是由这些事件触发的）；也就是说，在**发明日**之前（下文有定义）。相反，第102条（b）款和（d）款的权利丧失条款的规定截止日期是申请人提交专利申请的日期之前1年，有时指的是第102条（b）款的**关键日期**。

进一步使问题复杂些，应当理解的是，要应用第102条（a）款、（e）款和（g）款，USPTO将申请人提交专利申请的日期推定为发明创造完成的日期（基于"付诸实施理论"[⑩]），除非或者直到申请人能够证明存在更早的实际完成发明创造的日期。根据相关的USPTO细则，在单方面（*exparte*）的专利申请过程中，专利申请人可以通过证明（其发明创造的发明日）**先于**第102条（a）款或（e）款现有技术对比文件或者进行"在后宣誓"做到这一点。[⑪] 在对一项授权专利的有效性提出质疑

---

⑩ 在本章后面会具体的介绍，对发明创造付诸实施的行为包括"实际"或者"推定"两种。实际付诸实施一般指的是构建出能够实现发明创造目的的客观实施例（一般要通过测试来验证是否满足了发明目的）。推定付诸实施指的是向USPTO递交要求保护该发明创造的专利申请，并且该申请满足第112条（a）款关于公开内容的要求。见本书第3章（"公开内容的要求（《美国专利法》第112条（a）款）"）。

⑪ 见37 C. F. R. §1.131（2008）（"关于在先发明创造的宣誓或声明（Affidavit or Declaration of Prior Invention）"）。在本章J部分会具体介绍以居先的方式克服对比文件的程序。

的诉讼中，也遵循类似的程序。[12] 在冲突程序中，是根据第102条（g）款（1）项和第135条确立更早的发明日，这在本章稍后会有讨论。

4. 什么是印刷出版物

《美国专利法》第102条（a）款和第102条（b）款都指出，如果所要求保护的发明创造先前已在“印刷出版物”中有叙述，那么可能会导致它不能取得专利权。什么算作现有技术的印刷出版物？假设，例如，在因特网上张贴一项发明创造的照片是否会构成该项发明创造被预见和/或显而易见？

《美国专利法》第102条所表达的政策上的关键考虑是，我们不允许专利申请人收回公众已经拥有的技术。在怎样才算将一项技术内容交给公众这方面，专利法是相当自由的（虽然在这一点上美国专利法比外国法律扩展得略少[13]）。即使是没有文字的图片也有可能是适格的（假定根据《美国专利法》第112条（a）款它是具备可实施性的）[14]。例如，Learned Hand法官在*Jockmus v. Leviton*[15]案中持有的观点是，第三方的法

---

⑫ 见Mahurkar v. C. R. Bard, Inc. 79 F. 3d 1572 (Fed. Cir. 1996)（认同地区法院批准专利权人请求依据法律问题判决的动议（judgment as a matter of law, JMOL)，认为涉案专利并没有被预见，因为被控侵权人并没有证明声称具有预见性的“Cook catalog（目录）”属于《美国专利法》第102条（a）款所定义的现有技术。审理*Mahurkar*案的法庭指出，像Mahurkar这样的专利权人可以要求承认其在申请递交日（推定付诸实施日，被认定的发明日）以前的实际发明日，可以类比冲突程序中在先发明创造的规则：

> 在美国，首先将发明创造付诸实施的人就是“表见的首先及真实发明人”。Christie v. Seybold, 55 F. 69, 76 (6th Cir. 1893)（Taft法官）。然而，“第一个构思并且在思想上首先发明的人……可以将其发明创造的发明日追溯到构思日，只要这个人付出合理的勤勉努力为了将该构思付诸实施，就可以认定构思和付诸实施本质上是连续的行为”。同上。

同上，at 1577。在认定专利有效性的情况下，专利权人必须证明其专利的优先权日期先于第102条（a）款所定义的现有技术对比文件的有效日（effective date）（而非另一方当事人的发明日，这是与冲突程序不同的地方）。因此，Mahurkar试图通过两条途径来证明其专利的发明日是先于那份目录的出版日的：（1）通过证据证明，Mahurkar是在该份catalog出版之前就已经构思并将其发明创造付诸实施了；（2）通过证据证明，其在该份目录出版之前就已经形成了发明创造的构思，并且在该目录出版之前的某日起，Mahurkar就付出了合理的勤勉努力以将该发明创造付诸实施，并且这种状态一直持续到了该递交专利申请之时。见同上，at 1578。被控侵权的Bard没有能够成功反驳这些证据。

⑬ 见脚注80及其中文字。

⑭ 见本章B.10部分（“具有预见性的现有技术的可实施性标准”）。

⑮ 28 F. 2d 812 (2d Cir. 1928).

语商品目录中灯泡座的图片预见了涉案专利要求保护的一种蜡烛形灯泡座。Hand 法官解释说，“印刷出版物”的先决条件是要有充分的流通性，使其成为现有技术的一部分。[16] 换句话说，对这种特定技术感兴趣的公众可以充分获得所述文献或者图片，那么所述文献或者图片就是印刷出版物。

为了与 Hand 法官的定义一致，联邦巡回上诉法院对“印刷出版物”进行了解释，从而

> 使数据存储、检索和传播技术方面的进步具有效力。因为可以通过许多途径将参考文献传播给感兴趣的公众，“公众可获得”已经成为确定参考文献是否构成第 102 条（b）款的“印刷出版物”条件的试金石。[17]

什么程度的可获得算得上是“充分可获得”？*In re Hall* 案[18]中阐述了一个相当极端的例子。其中，联邦巡回上诉法院的立场是，被妥善编入德国一所大学图书馆文集目录中的博士论文属于第 102 条（b）款规定的可破坏新颖性的“印刷出版物”。这个判例的有力事实包括：图书馆日常编纂论文目录和索引的工作方式，以及由此可知的论文处于“可获得”状态的大致时间；而法院的观点是，被编入国外一所大学图书馆文集目录中的论文“对于那些对本领域感兴趣、并付出合理勤勉的人来说是可以充分获得的”。[19] 相反，在 *In Re Cronyn* 案中，有 3 篇学生论文，按照作者名字的字母顺序罗列在检索卡片上，这些检索卡片保存在学院化学系图书馆内一个装有 450 张索引卡的纸盒中，并没有按照科目编纂成目录或索引，这 3 篇学生论文因而被认为不是充分可获得的，不能算是印刷

---

⑯ 28 F. 2d 813 – 814 (2d Cir. 1928)，记载道：

> 尽管“印刷出版物”这个用语的先决条件是要有充分的流通性，使其成为现有技术的一部分，但是除此以外并没有提出更多的要求。收藏在图书馆内的文献，尽管可以被长久地保存，但是远比不上随意分发的目录更适于给技术人员提供相关信息，尽管这种目录的寿命可能很短暂；因为目录被直接分发到人们手中，而这些人可能因为兴趣而留意甚至记住上面的内容，而这些内容可能是新的并且有用的。

⑰ *In re Hall*, 781 F. 2d 897, 898 – 899 (Fed. Cir. 1986).

⑱ 同上，at 897。

⑲ 同上，at 900。

出版物。[20]

现有技术印刷出版物的一个常见来源是由专利发明人自己发表的文章，特别是当发明人是科学家和教授的情况下，他们的处境是“不发表文章就会销声匿迹”。在 *In re Klopfenstein* 案[21]中，法院的结论是，发明人的学术会议海报展示陈列了 3 天，从来没有被任何与会者复制或者散布，同样构成第 102 条（b）款规定的“印刷出版物”，从而导致专利权的丧失。[22] 发明人辩称，海报展示不能够算作印刷出版物，因为它从来没有通过复制或者拷贝而散布，也没有因图书馆或者数据库的索引而被传播。法庭驳回了这一观点。联邦巡回上诉法院的意见是，诸如 *In re Hall* 案[23]之类的先例，“并没有限制法院仅在某些东西散布开时和/或有索引时才认为它们是‘印刷出版物’”。

相反，判断是不是“印刷出版物”的关键点是考查某篇参考文献是否已经“可由公众获得”。针对不同的案件，进行这个判断需要逐个调查向公众成员披露参考文献的事实和环境。*Klopfenstein* 法院考虑了下列相关因素：

- 展示时间的长短；
- 目标受众的专业水平；
- 存在（或者缺少）所展示材料不会被复制的合理预期；
- 复制所展示材料的难易程度。

联邦巡回上诉法院在利用这些因素进行判断时，还引用了无争议的事实：该海报（描述制备含有大豆纤维的食物的方法）被“放在显眼位置累计大约 3 天的时间”向包括谷类化学家的观众进行了展示，这些观

---

⑳ 890 F. 2d 1158, 1161 (Fed. Cir. 1989)（法庭发现，“唯一的索引就是学生的姓名，这当然与学生的论文内容无关”）。然而，异议意见认为，在判断一部作品是否充分满足公众可以获得的状态从而可被认定为印刷出版物时，索引仅仅是所需要考虑的总体情况中的一项。见同前（Mayer 法官持异议意见）。

㉑ 380 F. 3d 1345 (Fed. Cir. 2004).

㉒ 尽管联邦巡回上诉法院在 *Klopfenstein* 案中认同 USPTO 以《美国专利法》第 102 条（b）款为由而认定涉案申请不具备可专利性的决定（原因是专利申请递交日 1 年以前的一篇印刷出版物对该申请所要求保护的发明创造有所描述），而对什么是“印刷出版物”的判断是与第 102 条（a）款有着相同标准的（在发明日之前发生的、由发明人以外的其他人所引起的、破坏新颖性的情况）。

㉓ 781 F. 2d 897 (Fed. Cir. 1986)（认为收录在德国一所大学图书馆内并被编入索引的博士论文，充分符合公众可以获得的状态，可以被认为是《美国专利法》第 102 条（b）款中的“印刷出版物”）。

众可能拥有本发明创造技术领域内的普通技术；展示时，“并没有说明希望观众不要拷贝或者复制海报上展示的信息”；发明人“并没有采取措施保护他们展示的信息”，比如提出反对复制的免责声明；发明人在该学术会议上展示海报所遵循的行业规范不能使他们有权合理地预期所展示的内容不会被复制；并且，海报展示的内容（包括 4 张图片/图表幻灯片和 8 张由短句构成的幻灯片）相对简单，以至于“看的人仅需要拷贝几个幻灯片就可以领会那些幻灯片所呈现的新颖信息”。因此，联邦巡回上诉法院得出结论，这个海报展示是可由公众充分获得的，属于《美国专利法》第 102 条（b）款的“印刷出版物”。法院相应地维持了 USPTO 对 Klopfenstein 专利申请的驳回决定。㉔

毋庸置疑，在网络时代会定期出现有关新技术是否能够为公众所获得的问题。在 *SRI Int'l, Inc. v. Internet Sec. Sys.*, *Inc* 案㉕中，发明人于该专利的“关键日期”之前在专利权利人可被公开访问的 FTP（文件传输协议）服务器上存储了可以对该专利构成预见的论文。案件的争议点在于，这样做是否使这篇论文可被充分获得，从而触发第 102 条（b）款的印刷出版物限制。因 1998 年网络和分布系统安全（NDSS）研讨会征集论文，网络入侵检测方法的共同发明人把论文用电子邮件发给该研讨会的主席。这篇标题为“Live Traffic Analysis of TCP/IP Gateways”的论文部分描述了 SRI 正在进行的“Emerald”研究项目。虽然征集论文同时也要求通过用邮寄信件来备份提交论文，但发明人选择将该论文的副本发布在 SRI 的 FTP 服务器上作为备份副本。SRI 的 FTP 服务器是可公开访问的，对该 Live Traffic 这篇论文的访问并没有加以限制。发明人还将该篇论文具体的 FTP 地址（ftp：//ftp. csl. sri. com/pub/emerald/ndss98. ps）用电子邮件发给了学术研讨会的主席。这篇 Live Traffic 论文用“ndss98. ps”的文件名在 SRI FTP 服务器上的 Emerald 子目录下发布了 7 天，发明人先前已经将这公开给网络安全委员会的其他成员，作为他在入侵检测研究方面的成果数据库。联邦地区法院根据“普通技术人员会知道 SRI 的 FTP 服务器包含 EMERALD 1997 项目的有关信息，因此会浏览这些文件夹

㉔ 联邦巡回上诉法院在其判决脚注中评论道，如果情况与本案的事实相反，比如仅仅进行了口头报告而并没有展示任何幻灯片或分发口头报告的副本，则无法构成法条规定的“印刷出版物”，并且，如果仅仅是为了配合口头报告而“暂时”展示一些幻灯片，也不会构成“印刷出版物”。见 *Klopfenstein*, 380 F. 3d at 1349 n. 4。

㉕ 511 F. 3d 1186 (Fed. Cir. 2008).

［服务器上的“PUB”目录和EMERALD子目录］，找到这篇Live Traffic论文”的事实，在简易判决中根据第102条（b）款认定专利无效。[26]

联邦巡回上诉法院多数意见不同意联邦地区法院的判决，认为根据有关公众是否可获得这一问题的重要事实无法得到简易判决的结论。SRI大多数人浏览了发明人在所述FTP服务器上存储的文件，但在发表之前交流的目的是希望由同行进行评价；不具有公开论文的意图。联邦巡回法院的多数意见认为，那篇Live Traffic论文的文件名“ndss98.ps”“相对而言是隐晦的”，不大可能被当时本领域普通技术人员发现。[27] FTP服务器也没有提供找到这篇论文的索引、目录或者其他有意义的搜索工具，而这些条件是联邦巡回法院审理的*In re Hall*案例之类的“图书馆案例”的标志性条件。[28] 与*In re Klopfenstein*案[29]不同的是，联邦巡回法院的多数意见中将这篇Live Traffic论文类比为“在未公开的会议上的海报，并没有关于各种海报展示位置的会议索引”。[30]

被诉侵权人有“如山铁证”证明该论文处于公众可以获得状态，并且专利权人只对重要事实提出了“一些形而上学的质疑”。基于这些情况，联邦巡回法院审理*SRI*案的异议意见支持地区法院作出的无效判决。[31] FTP服务器上可供浏览的目录所体现的是一种搜索辅助手段或工具，网络检测领域内的技术人员利用这种辅助手段可以很容易地找到这篇Live Traffic论文的位置。这篇论文的文件名“ndss98.ps”包含1998年NDSS学术研讨会的首字母，该研讨会已经开了5年，政府、公司以及学术界对它已经熟知，因此绝不是隐晦的。异议意见认为，与*Klopfenstein*案例中的那些事实（其中，在“关键日期”之前的会议海报展示触发了第102条（b）款的印刷出版物限制）相比，这些事实是因违反第102条（b）款而导致专利无效的更典型案例。这篇Live Traffic论文在较长的一段时间内会不断地被任何地方的任何人通过网络访问的方式从SRI的FTP

---

[26] 511 F.3d 1195 (Fed. Cir. 2008).

[27] 同上，at 1197。

[28] 见脚注17及其内容。

[29] 见脚注21及其内容。

[30] *SRI Int'l*, 511 F.3d at 1197－1198.

[31] 同上，at 1198，1200（Moore法官持异议意见）（［at 1198］引用了Matsushita Elec. Indus. Co v. Zenith Radio Corp.，475 U.S. 574，586（1986））。

服务器上获得。与一些学术会议论文的提交者不同的是，专利权人SRI可能没有想要对他的FTP服务器保密；发明人确信无疑地用电子邮件把Emerald子目录和报告发给对他的研究感兴趣的人。最后，所述论文是极“容易被复制”的。与在会议上抄写海报上的文字或者图片不同的是，本案例中“按一下按键”就可以下载整篇Live Traffic论文。[32]

5. 构成“预见”(anticipation)的完全相同原则(identity rule)

《美国专利法》第102条在两种情况下使用“发明创造”这一词：指具有预见性的现有技术发明创造以及指申请人要求取得专利权的发明创造（或者在联邦地区法院对专利有效性提出质疑的诉讼过程中，诉讼中的涉案专利所保护的发明创造）。在进行“预见”分析时，这两个发明创造之间的关系必须是**完全相同**的。完全相同原则指的是，单篇现有技术对比文件必须要披露权利要求中发明创造的每个要素，并且按照与权利要求相同的方式组织在一起，才能作为证据证明根据《美国专利法》第102条的规定所要求保护的发明创造已被预见。[33]

例如，假设一项专利权利要求为“一种小型机械装置，包括通过C部件附接到B部件上的A部件”。有两篇现有技术参考文献（例如，较早的印刷出版物或者专利），其中一篇参考文献显示了一种通过D部件附接到B部件上的A部件，第二篇参考文献显示本领域普通技术人员认为D部件是C部件的等同物或者是可替换的，所述权利要求不会被这两篇现有技术参考文献的组合所预见。假设有动机组合这两篇参考文献，那么这种现有技术参考文献的组合非常适于依据《美国专利法》第103条认定所要求保护的小型机械装置是显而易见的。但是，在这个例子中，因为不满足完全相同原则，所要求保护的小型机械装置并没有被预见到。因此，所要求保护的小型机械装置即便有可能不是非显而易见的，但也是具有新颖性的。[34]

6. 涉及“种”(species)/“属”(genus)概念的预见

属是由共享有某个共同特征的多个种构成的组或者种类。例如，原

---

[32] 511 F. 3d 1195 (Fed. Cir. 2008)(Moore法官持异议意见)。

[33] 对比文件可以以明确或者固有的方式公开发明创造的每项特征。本章B.9部分介绍了有关固有预见的情况。

[34] 见本书第5章（“非显而易见性要求（《美国专利法》第103条）”），其中具体介绍了有关将多件现有技术对比文件进行结合的要求。

色属涵盖红色、蓝色和黄色种。这些颜色中每一种都是一种原色。

这里要特别提一下第 102 条所规定的预见在属/种情境中的应用。在化学和生物专利中经常会但也不是绝对会遇到涉及属/种概念的权利要求。例如，"一种包括卤素成分的物质组合 X"是属权利要求或者上位权利要求，因为它涵盖包含任何一种卤素成分（元素周期表 VIIA 列所罗列的元素）：氟、氯、溴、碘等之类的所有可能的物质组合 X。[35] 每种可能的物质组合 X 可以被认为是种，落在由所要求保护的物质组合构成的属之中。

在属/种情境下进行预见分析所要记住的诀窍是，"种预见属，但是属不是必然会预见种"。要理解为什么如此，可以假设有一件机械专利申请，其中发明人要求保护"一种包括紧固机构的小型机械装置"。该"紧固机构"可以被视为是可以执行紧固功能的所有零件的上位名称或者属。因此，发明人要求保护的是小型机械装置属；也就是说，在所要求保护的具有紧固机构的小型机械装置属内的每个小型机械装置都是发明人新发明创造的一部分。

现在假设 USPTO 审查员发现了一篇描述一种小型机械装置的现有技术参考文献，其中用钉子作为紧固机构。在现有技术中存在这种有钉子作为紧固机构的具体的小型机械装置种破坏了发明人所要求保护的整个小型机械装置属的新颖性。如果构成属的一个或多个种是旧的，那么整个属都不会是新的。因为种可以预见属，所以该现有技术对比文件是具有预见性的，从而可以阻止发明人取得他的属权利要求。[36]

但是这个原理反过来不一定成立。假设有一件专利申请，其中发明人要求保护"一种包含钉子的小型机械装置"。USPTO 审查员引用了一篇记载了"一种具有紧固机构的小型机械装置"的现有技术参考文献。只

---

[35] 见 Los Alamos National Laboratory's Chemistry Division, *Periodic Table of the Elements*（元素周期表），网址为 http://periodic.lanl.gov（最后访问时间为 2008 年 9 月 14 日）。

[36] 见 In re Ruscetta, 255 F. 2d 687, 689 690（CCPA 1958）（Rich 法官）（指出"很显然，对比文件所公开的种（species）足以阻却在后申请人递交的属权利要求（generic claims），除非该对比文件能够被（a）推翻"）。值得注意的是，这里谈到的"种可以预见属"的规则并不一定适用于《美国专利法》第 112 条（a）款中有关公开内容的要求。见 In re Lukach, 442 F. 2d 967, 970（CCPA 1971）（指出"一项宽泛的权利要求的客体所涵盖的一个实施例就足以预见权利要求所要求保护的发明创造……然而在说明书中如果仅仅记载这样一个实施例，未必能够满足发明创造充分公开的要求……"）。

要现有技术参考文献没有明确地或者固有地揭示"紧固机构"包括"钉子"时，就不构成"预见"。[37] 不符合构成预见的完全相同原则，因为这一篇现有技术参考文献并没有公开与权利要求每个特征完全相同的相应内容，并且按照与权利要求相同的方式组织在一起。[38]

虽然在这种情况下专利申请人不会收到因（权利要求被）预见而发出的驳回意见，但是USPTO审查员很可能会根据《美国专利法》第103条因（权利要求）显而易见而作出驳回决定。[39] 审查员会认为，对于本领域普通技术人员而言，从具有紧固机构的小型机械装置的现有技术属中选择其所感兴趣的具体的类，也就是一种具有用钉子作为紧固件的小型机械装置，来完成所要求保护的发明创造是显而易见的。如果申请人可以说明所述钉子与所述属中的其他类之间有结构或功能上的差异，或者发明人选择用钉子作为紧固件的类会产生某种关键的或意想不到的效果时，会比较容易克服因显而易见而作出的驳回决定。

---

[37] 为了以固有的方式公开一些没有明确表达的内容，现有技术文件或者事件必须能够使本领域普通技术人员清楚，这些没有出现的内容已经"必然的体现于"现有技术文件或者事件之中。仅仅是"可能"（的情况）并不能构成固有的公开。在 Scaltech, Inc. v. Retec/Tetra, L. L. C., 178 F. 3d 1378 (Fed. Cir. 1999) 案中，法庭指出，

> 在一定的条件下会发生某件事情这个事实并不足以构成固有公开。见 Continental Can Co. v. Monsanto Co., 948 F. 2d 1264, 1269, 20 U. S. P. Q. 2D (BNA) 1746, 1749 (Fed. Cir. 1991)。然而，如果根据实施许诺销售的方法所产生的自然结果能够必然的得出所要求保护的权利要求的每项特征，那么就可以认定是对该权利要求所保护发明创造的许诺销售。见同前。

同前，at 1384。本章 B.9 部分对固有预见有更多的介绍。

[38] 见 Bristol-Myers Squibb Co. v. Ben Venue Labs., Inc., 246 F. 3d 1368, 1380 (Fed. Cir. 2001)（推翻了地区法院以涉案专利因被现有技术预见而无效为由而作出的简易判决，指出"Kris（对比文件）仅仅公开了对前驱药（premedicants）的一般性使用，但是并没有公开权利要求中所记载的特定种类的前驱药：类固醇、抗组织胺药以及 H_2 - 受体拮抗剂"）。"属不一定预见种"这个原则的一个可能的例外是在对比文件中所公开的属非常小，足以构成对种的有效描述。见同前。（注意到"尽管在对比文件中没有公开具体的种，但是如果所公开的属很小，就有可能预见其中的种"）（引用了 In re Petering, 301 F. 2d 676, 682 (CCPA 1962)）。

[39] 见例如 In re Jones, 958 F. 2d 347 (Fed. Cir. 1992)，在该案中法庭改变了USPTO以不具备非显而易见性为由驳回关于一种酸，即麦草畏的二甘醇胺盐权利要求（a claim to the 2 - (2' - aminoethoxy) ethanol salt of dicamba）的决定。同前，at 348。各方都同意，现有技术对比文件 Richter 是最接近现有技术，其公开了作为除草剂使用并以游离酸、酯以及盐的形式存在的麦草畏。然而 Richter 并没有公开权利要求所记载的二甘醇胺盐。同前，at 349。

7. 第102条中的地理位置区分

在研究《美国专利法》第102条时，最好将第102条（a）款和第102条（b）款联系在一起。这两个条款的共同之处在于，将只有发生在美国时才触犯法条的事件与无论发生在世界上什么地方都触犯法条的事件区分开来。例如，根据这两款的规定，如果在一项发明创造完成之前（依照第102条（a）款），或者在申请专利之日以前已达1年以上（依照第102条（b）款），该项发明创造在世界上任何地方“已经取得专利或者在印刷出版物上已有叙述”，则不能授予其专利权。在另一方面，仅当第102条（a）款的在先“为他人所知或者使用”以及在第102条（b）款下的在先“公开使用”或者“销售一项发明创造”的情况发生在美国时，才认为是“预见”或者“权利丧失”。

为什么要在地理位置上加以区分？可能这个法条反映了一种转化为证据推定的传统观点：“个人的”行为（诸如在外国个人得知、使用或者销售一项发明创造）与在国内的行为相比，要传播给美国公民需要付出更多的努力。相反，我们推定外国出版物和专利内容可以比较容易的传播给美国公民或者容易由美国公民获得。第102条在地理位置上的划分还反映了一个想法：将发现在国外所知和使用的检索成本强加在美国发明人身上是不公平的。但是，不管这种区分的立足点是什么，许多批评者认为将影响可专利性的事件进行国内/国外区分的做法已经过时，并且对外国发明人来说也不公平的，[40] 然而，该法条至今仍然没有改变。

8. 谁是行为人

第102条（a）款和第102条（b）款的主要区别是触发这两款的人的身份以及破坏可专利性的行为不同。《美国专利法》第102条（a）款中的预见必须是专利申请人之外的其他人的行为，而第102条（b）款中的专利权丧失可以是任何人的行为结果，包括（在公开使用和销售的例子中，最常发生的是由于）申请人。前面一个规则如此规定是因为，根据第102条（a）款的规定破坏新颖性的事件必须发生在发明日以前。[41]

---

[40] 例如，日本籍发明人A在美国籍发明人B递交美国专利申请之日1年以前就在日本销售了其发明创造，而发明人B的美国专利申请要求保护的发明创造（由B独立开发）与发明人A的相同。发明人A不能依据其在日本的销售行为来阻止发明人B就该发明创造在美国获得专利。也就是说，发明人A在日本销售该发明创造的行为相对于发明人B在美国的专利申请并没有构成第102条（b）款规定的现有技术。反之，如果发明人A的销售行为是在美国进行的，那么发明人B则无法就该发明创造获得专利。

[41] 见脚注12中对发明日的介绍。

在申请人完成其发明创造以前，申请人不可能知道、使用或者描述其发明创造，或者根据它取得专利权，因此，如果因为这些事件产生了预见的话，从逻辑上讲，它们必定是由他人完成的。

另一种思考这个问题的方式就是，记住这条专利法名言，“如果构成第102条（b）款的限制，发明人自己的工作才可以用现有技术对抗他自己。”因此，如果发明人A在2008年1月1日发表了一篇论文描述他的发明创造X，然后在2008年12月1日提交了一件美国专利申请，要求保护X，那么他发表的那篇论文就不是能够对抗其专利申请的第102条（a）款现有技术。如果那篇论文已经于2007年11月1日发表，那么根据第102条（b）款这篇论文就是可以对抗所述专利申请的现有技术。

9. 固有的预见

如上文所介绍的，构成“预见”的完全相同原则是，现有技术对比文件必须要披露权利要求中发明创造的每个要素，并且按照与权利要求相同的方式组织在一起，才能预见该项发明创造。参考文献对权利要求要素的披露通常是明确的，但是案例法证明这种披露也可能是固有的。[42]

例如，假设USPTO正在审查“一种包括多个中空塑料肋条的容器结构”的权利要求的新颖性。审查员找到了一篇现有技术印刷出版物，它记载了一种带有数根塑料肋条的容器。现有技术对比文件没有明确说明所述肋条是中空的，但是它的确指出这些肋条是用现有的吹塑技术制成的。如果在这篇对比文件之外，有其他证据（例如其他文档或者专家证词）表明，使用吹塑工艺必然会产生中空的肋条，那么审查员有理由认为这篇对比文件固有地披露了所述“中空”特征。换句话说，实施现有技术对比文件必然会得到所要求保护的发明创造。在这种状况下，以所述权利要求被预见为由而作出驳回决定是合乎情理的。[43]

但是，如果外部证据所体现的是吹塑成模工艺是否会产生中空的肋

---

[42] 见 Continental Can Co. USA v. Monsanto Co., 948 F.2d 1264, 1268 (Fed. Cir. 1991)（指出“若想以固有公开为由预见一项发明创造，即便对比文件没有记载某些特征，仍可以通过外部证据来弥补对比文件的欠缺”，并且，这样的证据“必须能够说明对比文件虽然没有记载，但相应的内容却必然的体现在对比文件所记载的内容之中，并且本领域普通技术人员也可以认识到这一点”）。

[43] 固有原则的使用范围应该受限，并且，固有预见所依赖的现有技术必须满足更高的可实施性标准，从而保证所要求保护的发明创造必然能够得以实施，上述论点见 Janice M. Mueller & Donald S. Chisum 所著的文章，*Enabling Patent Law's Inherent Anticipation Doctrine*, 45 Houston L. Rev. 1101 (2009)，网址为 http://ssrn.com/abstract=1153493。

条仍然是一个问题，那么固有预见便不成立。破坏新颖性的固有性必须是确定的：

> 固有性……不能通过用概率或者可能性来确立。某种结果可能会在某种情况下发生的这个事实还不够充分。[引用省略。] 但是，如果公开内容充分的表明，所教导的操作产生的自然结果会使被质疑的功能得以实现，那么应当认为该公开内容是充分的。[44]

应当区分固有预见原理与所要求保护的发明创造是先由他人偶然作出或者履行的、但是当时他人并没有察觉这两种情形。例如，*Tilghman v. proctor* 案[45]的原告获得了一项用于分离油脂成分的方法专利。这些成分包括甘油基以及各种可用于制造蜡烛和肥皂的诸如硬脂酸、珍珠酸和油酸酯之类的“脂肪酸”。在 Tilghman 作出他的发明创造之前几年，有个叫 Perkins 的人已经用牛油脂润滑他的蒸汽机活塞。[46] 最高法院驳回了以 Perkins 的在先使用为由而声称所述专利无效的观点：

> 我们不认为因为 Perkins 用牛油脂润滑活塞而偶然在汽缸内形成脂肪酸（如果从排气管排出的浮在水上的碎渣是脂肪酸）可以作为这个问题的结果。因为形成或者产生所述脂肪酸的过程并没有被充分了解。那些在制作蜡烛领域内的人，或者在其他需要脂肪酸的技术领域内的人，从来没有从这个偶然的现象中获得关于制造这种酸的实际方法的任何线索。[47]

虽然诸如 *Tilghman* 之类旧的美国最高法院案例可以被解读为，固有预见要求现有技术工作人员意识到他先作出了或者先使用了某项发明创

---

[44] *Continental Can*, 948 F. 2d at 1269（引用了 In re Oelrich, 666 F. 2d 578, 581（CCPA 1981）（Rich 法官））。

[45] 102 U. S. 707（1880）.

[46] 有关 Perkins 使用方法的更多背景信息见 Mitchell v. Tilghman, 86 U. S. 287（1873），该判决在 Tilghman v. Proctor, 102 U. S. 707（1880）中被部分否决。

[47] *Tilghman*, 102 U. S. at 711。最高法院对于记录在案的其他现有技术也进行了相同的分析：

> 在 Daniell 的水气压计中所产生的偶然现象与 Walther 用于提纯脂和油从而为制造肥皂做准备的方法的性质是相同的。它们都没有揭示制造脂肪酸的过程。如果操作者在追求其他不同结果的过程中，在偶然且不知情的状况下产生了酸，但是对这个现象并没有留意，甚至对于产生了什么现象或者该现象是如何产生的都全然不知，那么将该过程认定为能够预见 Tilghman 发明创造的内容则是荒谬的。

同前，at 711 - 712。

造这一事实，[48] 联邦巡回法院的大部分法官反对这项有关同时意识的要求。用上文假设的容器来说，问题变成是，要使固有预见成立，制造出或者使用现有技术对比文件中所描述的容器的现有技术工作人员是否必须要在当时确实知道容器的肋条是中空的。2003 年，在审理 *Schering Corp. v. Geneva Pharms. , Inc.* 案[49]的过程中，法院合议庭断然驳回了“固有预见要求意识到现有技术”的观点。[50] *Schering* 案与 *Tilghman* 案的区别在于，那件案例中的记录“并没有确凿地显示所要求保护的方法出现在现有技术中”。[51] 在接下来拒绝对 *Schering* 案进行复审的全席决定中，联邦巡回法院的两个法官提出了异议意见，第 3 个法官表示投票支持对该案进行重新审理。[52]然而，当前联邦巡回法院明显倾向于认为，证明现有技术对固有特征或者属性有所意识并不是必要的。[53]

10. 具有预见性的现有技术的可实施性标准

我们已经确定，预见要求单篇现有技术参考文献记载所要保护的发明创造的每个要素。[54] 我们还必须要考虑所记载内容的质量。现有技术参考文献必须以能够实现的方式描述所要求保护的发明创造，才构成“预见”，[55] 也就是，在有足够细节的情况下，本领域普通技术人员无须进行

---

[48] 又见 Eibel Process Co. v. Minnesota & Ontario Paper Co. , 261 U. S. 45, 66 (1923)（“并非有意产生也并没有被察觉的偶然结果是不能构成预见的。”）。

[49] 339 F. 3d 1373 (Fed. Cir. 2003) .

[50] 同上，at 1377。

[51] 同上，at 1378。

[52] Schering Corp. v. Geneva Pharms. , Inc. , 348 F. 3d 992 (Fed. Cir. 2003)（拒绝重新审理）；同前，at 993 (Gajarsa 法官赞成重新审理)；同前 (Newman 法官对拒绝审理决定提出异议)；同前，at 995 (Lourie 法官对拒绝审理决定表示异议)。

[53] 见例如 Leggett & Platt Inc. v. VUTEk, Inc. , 537 F. 3d 1349, 1355 (Fed. Cir. 2008)（再次确认了审理 *Schering* 法庭对“固有预见必须得到现有技术认可的观点”的驳回意见）（引用了 Schering Corp. v. Geneva Pharm. , Inc. , 339 F. 3d 1373, 1377 (Fed. Cir. 2003))；SmithKline Beecham Corp. v. Apotex Corp. , 403 F. 3d 1331, 1343 (Fed. Cir. 2005)（“固有预见并不需要本领域普通技术人员在该现有技术产生之时就意识到现有技术中的固有公开”）；Toro Co. v. Deere & Co. , 355 F. 3d 1313, 1321 (Fed. Cir. 2004)（如果对于现有技术来说，某种特性是必要的特征或结果，那么就足以构成固有预见，即便在现有技术产生之时这个事实并不为人所知”）。

[54] 见本章 B. 5 部分（“构成‘预见’的完全相同原则”）。

[55] 见 In re Donohue, 766 F. 2d 531, 533 (Fed. Cir. 1985)（指出“专利法［第 102 条 (b) 款］规定现有技术必须对所要求保护的发明创造进行了充分的描述从而使公众对其有所掌握。如果本领域普通技术人员能够将现有技术所公开的内容与其自身的知识相结合从而得到所要求保护的发明创造，就说明这种掌握已经生效了。因此，即便所要求保护的发明创造在一篇印刷出版物中有所公开，但是如果公开内容不具有可实施性，这篇出版物则无法满足对现有技术的要求。但这并不意味着在出版物中对该发明创造的公开必须建立在发明创造已经实际实施的基础上才可以满足可实施性的要求”）。

过多实验就可以作出现有技术参考文献中所描述的内容。例如，如果发明人提交了一件要求保护新的化合物 X 的专利申请，现有技术参考文献仅描述了 X 的化学式，但是没有描述如何制备 X，那么这篇参考文献就不构成预见，因为它并不具有可实施性。[56]

在本书第 3 章“公开内容的要求（《美国专利法》第 112 条（a）款）”中，我们讨论了有关申请人自己的公开内容的可实施性要求。这就要求在上述例子中寻求专利保护的发明人提供关于如何制备和使用他所要求保护的新化合物 X 的具有可实施性的公开内容。类似地，专利法对预见所依据的现有技术对比文件所记载的内容也有可实施性的要求。换句话说，可实施性的要求适用于寻求专利保护的发明人，同样也适用于那些作为推翻可专利性依据的现有技术工作人员所产生的描述。在上述例子中，现有技术对比文件的作者对 X 的描述不具有可实施性。因此，现有技术对比文件并没有构成“预见”，所以所要求保护的发明创造 X 是具备新颖性的。[57]

C.《美国专利法》第 102 条（a）款中的“知晓”或“使用”

围绕第 102 条（a）款的法定表述“为他人所知晓或使用”的含义存在许多争议和异议。虽然有专家认为“哪怕是被发明人外的一个人在先知晓或者使用，也足以构成预见”，但是首席专利法学家 Learned Hand 法

---

[56] 这个例子假设制作化合物 X 的方法对于本领域普通技术人员来说并不是显而易见的。如果是显而易见的，那么现有技术对比文件就会对其构成预见。见 In re Le Grice, 301 F. 2d 929, 939（CCPA 1962）（认为“要判断一篇出版物中的描述是否能够成为第 102 条（b）款的现有技术，就要看本领域普通技术人员是否能够将该印刷出版物所记载的内容与其自身的知识相结合，从而根据这种结合得到专利所要求保护的发明创造。除非能够满足上述条件，否则出版物中所记载的内容便不满足第 102 条（b）款的规定”）。

尽管有关现有技术对比文件要具有可实施性才能构成预见，但是预见的构成并不要求现有技术公开如何使用（实用性）现有技术所公开的化合物。见 In re Hafner, 410 F. 2d 1403, 1405（CCPA 1969）（认为“根据目前的法律规定，如果公开内容充分记载了某种化合物或制造某种化合物的方法，但是没有记载该化合物特定、实质的用法，或者没有记载如何使用经该方法制备的化合物，这样的公开内容仍然完全可以构成对该化合物权利要求或者该制造化合物方法权利要求的预见，同时，这样的公开内容是无法支持一项权利要求从而获得授权的”）。因此，在前面的例子中，如果化合物 X 权利要求的发明人在其专利申请中声称化合物 X 的实用性在于可以治疗癌症，但是在现有技术有关化合物 X 的内容中没有谈到如何使用 X（无论是治疗癌症或是其他的），但是只要现有技术对比文件公开了 X 及其制备方法，那么该现有技术对比文件就可以被认为预见了化合物 X（或者制造 X 的方法对本领域普通技术人员来说就是显而易见的）。

[57] 所要求保护的发明创造相对于现有技术中对 X 的描述是否具备第 103 条所规定的非显而易见性则是另一个问题。见本书第 5 章（“非显而易见性要求（《美国专利法》第 103 条）”）。

官的观点可能更为妥当。[58] Hand 法官认为，第 102 条（a）款所规定的预见要求带有预见性的知晓是以可由公众获得的方式存在的；也就是说，这种知晓必须是“所涉及的技术领域内知识的一部分”。[59] 当前大多数的判决都明显地体现出，根据第 102 条（a）款的“知晓和使用”必须是可由公众获得的。[60]

Gayler v. Wilder 案[61]是关于“Salamander 保险箱”[62] 的案件，是一项妥善的将“被他人所知晓或使用”解释为具有预见性事件的早期重要案例。原告 Wilder 拥有一项由 Fitzgerald 发明创造的防火保险箱专利。这种保险箱由内部和外部铁柜构成，Fitzgerald 在所述内部和外部铁柜之间放置了像石膏和熟石膏之类的非易燃性材料（不会燃烧的、基于矿物的、水泥之类的物质）。因此，所述专利中所要求保护的 Fitzgerald 保险箱的内部防火结构，从其外观上看不出来。

被 Wilder 起诉侵犯其专利权的 Gayler 声称专利无效，理由是在 Fitzgerald 完成其发明创造之前，他人已经在先知晓和使用了该保险箱，该专利被预见了。[63] Gayler 还声称，因为存在这样的在先使用，所以 Fitzgerald 不是所述保险箱的“最先和原创的”发明人。[64] Gayler 的无效辩护基础是诉讼第三方 Conner 独立作出的、在先的、与涉案发明创造相同的保险箱。

---

[58] 见 Paul H. Blaustein, Learned Hand on Patent Law (Pineridge Pub. 1983)。

[59] Picard v. United Aircraft Corp., 128 F. 2d 632, 635 (2d Cir. 1942)(L. Hand 法官)。

[60] 见 Woodland Trust v. Flowertree Nursery, Inc., 148 F. 3d 1368, 1370 (Fed. Cir. 1998); In re Hilmer, 359 F. 2d 859, 878 (CCPA 1966)（认识到第 102 条（a）款中导致专利无法授权的发明创造在美国为人“知晓”的情形，“早在 1952 年法典［专利法］以前，知晓就被解释为公众所知”）；同前（摘录了 Federico 所著的 *Commentary on the* 1952 *Patent Act*, 35 U. S. C. A. 1, 18 (1954 ed.) 中的内容，“委员会报告的正文和修订说明都认定对这种情况（为人知晓）的解释比语言所表达的范围要更小一些，并指出‘在很多法院的解释中，排除了不为公众知晓的私下知晓情形’，并且这种限缩解释［在 1952 年的专利法典中］并没有改变”）；In re Borst, 345 F. 2d 851 (CCPA 1965)。

[61] 51 U. S. 477 (1850).

[62] 同上 at 495。在神话中，salamander 被认为是耐火的。见 American Heritage Dictionary of the English Language (4th ed. 2000)(salamander 词条)。

[63] 在 *Gayler v. Wilder* 案中，有关 1836 年专利法所使用语言的争论就类似于现今有关第 102 条（a）款的争论。见 *Gayler*, 51 U. S. at 496（认为“1836 年的专利法，ch. 357，§6，规定当一个人发现或发明了一种新的并且有用的改进，且这种改进‘在该发现或发明之前并没有为人所知或使用’就可以授予其专利权”）。

[64] 同上（摘录了 1836 年的专利法“第 15 部分规定，如果在一件专利侵权诉讼案件的审理中发现，专利权人‘并不是首先发明或发现被授权专利客体的最初发明人或发现人’，那么被告就赢得了这场官司”）。

Conner 做这个保险箱是为了在自己生意中使用，他还将保险箱放在他工场的“会计室”内，他的雇员每天都会经过这个保险箱。[65]

然而，最高法院的意见是，那些人并不知道该保险箱的内部结构，所以他们没有“知晓或者使用所述发明创造”。法院维持 Fitzgerald 的专利有效，尽管 Fitzgerald 从理论上说并不是该保险箱最先的发明人：

> 在所提供的例子中，作出发明创造的一方［Fitzgerald］并不是严格意义上的最初和原创的发明人。法律假设在他发现所述改进之前，所述改进可能已经为人［被 Conner］所知晓或者使用。然而，如果他是通过自己才智和努力发现了所述改进，并相信他自己是原创发明人，那么他的专利就是有效的。争议的条款在使用前就对词语进行了限定，并且表明**知晓和使用在立法中的含义是以公众可以获得的方式的知晓和使用**……
>
> 在本案中，是发明人［Fitzgerald］将该发明创造带给公众，并使公众得以掌握该发明创造。并且，Fitzgerald 是通过他自己的才智和努力做到这一点的，因此法律认定他就是最初和原创的发明人，并对其专利予以保护，尽管实际上这种改进已经为他人［Conner］在先发明和使用。[66]

因此，在本国被他人先知晓或者使用的一项发明创造，要被认定为预见的话，必须已经是可由公众所知晓或者使用。在对发明创造保密的较早的发明人（比如 Conner）和通过进入专利程序而使公众掌握其发明创造的发明人（比如 Fitzgerald）之间，法律奖励后者。虽然 Conner 的保险箱确实是较先的发明创造，但并不符合可以预见 Fitzgerald 专利的现有技术的要求，这是因为该保险箱及其用途从没有被公众可获知。[67]

在 *Woodland Trust v. Flowertree Nursery, Inc.* 案中，联邦巡回法院对构成专利法第 102 条在先知晓或使用所必需的证据分量进行了考量。[68] 在该

---

[65] 见 Gayler, 51 U. S. at 512。

[66] 同上，at 496－497。

[67] *Gayler v. Wilder* 案还可以被理解为，Conner 之前在美国制造保险箱的行为并不会构成《美国专利法》第 102 条（g）款（2）项现有技术（在本章后面将会有所介绍）的案件，这是因为 Conner 在将其发明创造付诸实施之后有效的放弃、压制或隐瞒了其发明创造。

[68] 148 F. 3d 1368（Fed. Cir. 1998）.

案中，几个证人都是被诉侵权公司所有者的亲戚、朋友或者生意上的熟人，这些证人证明在原告的专利申请日期大约20年或者更多年前，他们已经见到过或者使用过与原告专利相同的（用于防止赏叶植物被冻伤的）系统。尽管地区法院对证人的信誉评价是正面的，联邦巡回法院撤销了下级法院基于《美国专利法》第102条（a）款在先公众知晓或者使用而作出的无效判决。上诉法院依据最高法院的 *Barbed Wire Patent* 案判决，要求证实在先发明创造的所有口头证词。[69] 将最高法院在 *Barbed Wire Patent* 案和其他案判决应用于本案事实时的指导就是，被控侵权方 Flowertree Nursery 承担“以过去了很久的事件来证明在先公众知晓和使用的沉重负担”。[70] 令人惊讶的是，Flowertree 的证人连一件支持其证词的书面证据都无法提供。在“几乎所有商业活动都充斥着书面证据”的情况下，不存在客观记录（诸如票据、信件、发票、笔记本或者描述装置的草图或者图纸或者照片、模型或者某个同期记录）是值得注意的。[71] 鉴于缺少证据，联邦巡回法院的结论是，被告方 Flowertree 没有能够通过提供清楚和具说服力的证据来承担确认专利无效的责任。[72]

D.《美国专利法》第102条（b）款的法定限制

1. 引　　言

回想一下，第102条（b）款是有关权利丧失的规定，而不是真正的新颖性规定。第102条（b）款罗列了4种情况，在这些情况下，即便截至发明创造的发明日该发明创造是具有新颖性的，但是基于该发明创造

---

[69] Washburn & Moen Mfg. Co. v. Beat 'Em All Barbed-Wire Co., 143 U.S. 275 (1892)（以下简称“*Barbed Wire Patent*”）。在 *Barbed Wire Patent* 案中，最高法院指出“除去做伪证的诱惑以外，考虑到由于证人的健忘、因为证人所产生的错误、证人在进行回忆时的倾向性，而使证人证词存在无法令人满意的方面，法庭要求被告承担的责任不仅仅是证明存在那样［在先发明的］设备，还要求被告所提供的证据是清楚的、令人满意的、并且是可以消除合理怀疑的。”同前，at 284。

[70] *Woodland Trust*, 148 F.3d at 1373.

[71] 同上。

[72] 联邦巡回上诉法院已经在其他案件中说明，审核在先发明口头证词的佐证的标准是将所有相关证据都考虑在内的“合理原则”，并且不一定仅限于书面证据。见 Loral Fairchild Corp. v. Matsushita Elec. Indus. Co., 266 F.3d 1358, 1364 (Fed. Cir. 2001)（指出“在‘合理原则’的指导下，［所谓的在先］发明人的证词必须有独立证据作为充分的佐证，但是并不仅限于书面证据。”）

的专利权仍有可能会丧失，或者被收回。这 4 种情况，也被称作**法定限制**，包括：在专利申请日 1 年以前，该发明创造：（1）在世界上任何地方已经取得专利权；（2）在世界上任何地方已经在印刷出版物上有记载；（3）在美国公开使用；（4）在美国销售。专利律师将专利申请日之前 1 年这个日期称为第 102 条（b）款的**关键日期**。因此，要触发《美国专利法》第 102 条（b）款，法定的限制事件必须发生在所述关键日期之前。

图 4.1 以时间轴的方式描述了《美国专利法》第 102 条（b）款的运作方式。如图 4.1 所示，"第 102 条（a）款事件"是发生在发明创造完成日期之前的事件，[73]而"第 102 条（b）款事件"是发生在第 102 条（b）款的"关键日期"之前的事件。

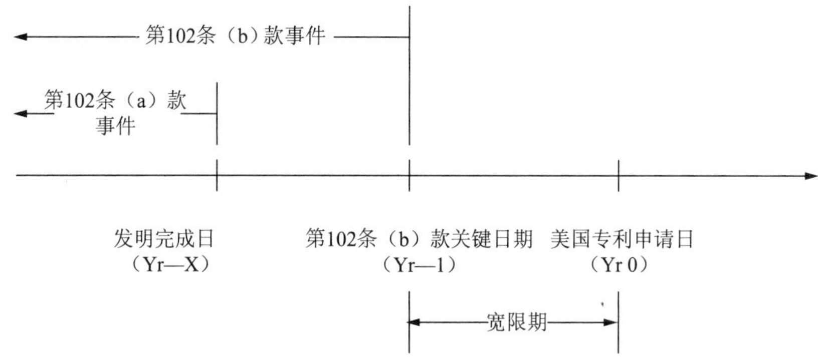

图 4.1　《美国专利法》第 102 条（b）款时间轴

如图 4.1 所示，这两个相关时间段在发明创造完成日期之前的部分是重叠的。例如，如图 4.1 中所示，假设我们于 2005 年 1 月 1 日提交了一件美国专利申请，第 102 条（b）款的关键日期是 2004 年 1 月 1 日；进一步假设，发明日是 2002 年的某一天，那么，在 2001 年期间（在世界上任何地方，作者是专利申请人之外的某人）公开的、与专利申请中所描述的要求保护的发明创造一致的技术文章即符合第 102 条（a）款也符合第

[73] 如图 4.1 所示，在"第 102 条（a）款事件"以前的发明日是真正或实际的发明日。USPTO 会首先将申请的递交日（图中的"Yr 0"）作为假设或表见的发明日，而申请人则肩负着通过本章 J 部分所介绍的居先程序来确立其实际发明日的责任。图 4.1 所示的情况是，申请人成功地确立了实际发明日（图中"Yr—X"），因此克服了那些有效日期在"Yr—1"和"Yr 0"之间的所谓第 102 条（a）款现有技术。

102 条（b）款对“印刷出版物”现有技术的要求。

理解美国专利体系为什么要包括第 102 条（b）款是正确应用这一条重要法规的关键。[74] 人们经常说，《美国专利法》第 102 条（b）款的法定限制（statutory bar）在实施时是由所述限制隐含的政策所限定的。[75] 这些政策包括以下内容：[76]

（1）**使信赖损害最小化**——反对从公众那里夺走由于发明创造的长时间公开使用或者销售活动，公众已经有理由开始相信所有人都可以免费获得该发明创造的政策。

（2）**鼓励迅速传播**——支持迅速且广泛地向公众公开新发明创造的政策。促使发明人迅速提交专利申请，否则可能会因在先销售或者公开使用而使其专利权被收回的风险。

（3）**禁止过度商业利用**——防止发明人在超出法定授权期限（当前大约是 17~18 年）的时间内仍然在商业上利用其发明创造排他性的政策。第 102 条（b）款促使发明人在进行销售活动或者公开使用之后选择迅速寻求专利保护，否则就会给他的竞争对手机会，而不能从专利保护中获益。

（4）**评估市场反应**——在销售活动或者公开使用之后给予发明人合理的时间（第 102 条（b）款规定 1 年的宽限期）来判断一项专利是否值得投资的政策。这有益于公众，因为它倾向于使与非主流公众利益相关的专利申请最少化。

这 4 个政策中的前 3 个主要是使公众受益，而第 4 个政策主要是有益于发明人。虽然近年来联邦巡回法院的销售限制判决回避了法院早期在第 102 条（b）款判决中常用的“总体情况” （totality of the circum-

---

[74] 关于第 102 条（b）款的历史起源，以及为何将其独立于第 102 条（a）款作为另一项可专利性要求，可以追溯到 *Pennock v. Dialogue*, 27 U.S. 1（1829）。

[75] 见如 Western Marine Elecs., Inc., v. Furuno Elec. Co., 764 F.2d 840, 844（Fed. Cir. 1985）（销售限制）；TP Labs., Inc. v. Professional Positioners, Inc., 724 F.2d 965, 973（Fed. Cir. 1984）（公开使用）。

[76] 参见 Manville Sales Corp. v. Paramount Sys., Inc., 917 F.2d 544, 549-50（Fed. Cir. 1990）（说明了有关第 102 条（b）款中公开使用的原则）（引用了 Gen. Elec. Co. v. United States, 654 F.2d 55, 60-61（Ct. Cl. 1981）（全席审判））。在 *In re Caveney*, 761 F.2d 671, 676 n.6（Fed. Cir. 1985）案中，法庭指出，*New Guidelines for Applying the On Sale Bar to Patentability*, 24 STAN. L. REV. 730, 732-735（1972）是在 *General Electric* 案前就确立的原则。

stances）这个口头禅，[77] 但在本书作者看来，这些政策基础仍然与所有第102条（b）款案件相关联，并且不容忽视。[78]

2. 宽　限　期

如图4.1所示，根据《美国专利法》第102条（b）款，美国专利申请人享有在第102条（b）款的关键日期和他的专利申请日之间为期1年的“宽限期”或者“安全期”。[79] 在申请日前的这1年宽限期内，一项发明创造可以被专利、在印刷出版物中被描述、被公开使用或者销售，所有这些都不会触发第102条（b）款的权利丧失。换句话说，申请日前的1年宽限期是允许发明人测试和细化其发明创造、在市场上进行销售、评估进一步利用专利流程的成本是否合理的通行证。只要在第一次通过专利、印刷出版物中的描述、公开使用或者销售而将发明创造投放到公众领域或者进行商业利用的1年之内，专利申请人或者第三方为该发明创造提交了专利申请，那么在美国就不会因《美国专利法》第102条（b）款而丧失权利。

重要的是，美国之外的其他国家通常是“绝对新颖性”制度，不承认任何申请日前的宽限期（或者当他们承认这个宽限期时，这个宽限期仅用于非常有限的次数和目的，诸如特定的国际展会）。例如，根据《欧洲专利条约》（EPC）第54条的规定，发生在欧洲专利申请日之前任何时间的行为如果使得一项发明创造成为“现有技术”的一部分，都将使该申请的新颖性被破坏。[80] 因此，当客户即想在外国又想在美国获得专利

---

[77] 见 Lacks Indus., Inc. v. McKechnie Vehicle Components USA, Inc., 322 F.3d 1335, 1347 (Fed. Cir. 2003)（将“总体情况”测试法定义为一种灵活的分析过程，并且认为法律发现或结论并不是认定销售限制成立的必要条件，但是认为 *Pfaff v. Wells Elecs., Inc.*, 525 U.S. 55, 67 (1998) 案摒弃了总体情况测试法）；Weatherchem Corp. v. J. L. Clark, Inc., 163 F.3d 1326, 1333 (Fed. Cir. 1998)（认为虽然联邦巡回上诉法院遵循了最高法院［在Pfaff案中］的两步测试法，却没有像以前一样根据整体情况对各项政策考量进行平衡”）。

[78] 参见 Bernhardt, L.L.C. v. Collezione Europa USA, Inc., 386 F.3d 1371, 1379 (Fed. Cir. 2004)（将政策考量应用于公开使用的情况）；Netscape Comm. Corp. v. Konrad, 295 F.3d 1315, 1320 (Fed. Cir. 2002)（情况相同）；In re Kollar, 286 F.3d 1326, 1333-1334 (Fed. Cir. 2002)（将政策考量应用于销售情况）。

[79] 与大多数外国专利制度不同，美国专利法为申请人提供了申请递交前的宽限期。1830年的专利法设置了2年的宽限期；在1939年缩短为1年。

[80] 见《欧洲专利公约》第54条（1）款（2007）（“一项发明创造如果不构成现有技术的一部分，就应该被认为是新的”），网址为 http://www.epo.org/patents/law/legal-texts/html/epc/2000/e/ar54.html（最后访问时间2008年9月15日）；同前第54条（2）款（“现有技术应该被定义为在一项欧洲专利申请递交日以前，通过书面或者口头描述、通过使用、或者通过其他途径而处于公众可获知状态的所有内容”）。

保护时，应当建议他们在提交优先权专利申请之前的任何时间都不要公开其发明创造。[81]

美国专利制度中的1年宽限期使我们能够以另一种方式理解第102条(b)款的法定限制。作为一种限制性法规，出现这4项法定限制中的任何一项都将有效地触发为潜在美国专利申请进行的“计时”。[82] 为了不因第102条(b)款而失去根据其发明创造而获得美国专利的权利，发明人必须在这4项法定限制中的任何一项限制最先出现之后1年内提交要求保护其发明创造的专利申请。如果发明人等到哪怕是超过1年宽限期仅仅一天才提交专利申请，根据《美国专利法》第102条(b)款他仍会丧失取得专利的权利。

3. 第102条(b)款的公开使用

因为专利法没有定义什么样的具体行为会触发“公开使用”或者“销售”的法定限制，我们研究了与这个问题有关的大量判例法来确定这些术语究竟是什么意思。广义上来讲，公开使用就是在《美国专利法》第102条(b)款关键日期之前，发明人对其发明创造“放松了控制”，实际上将它给予了公众。联邦巡回法院将一项发明创造的公开使用定义为“被除发明人以外、不受限制、约束或者对发明人无保密义务的其他人”所使用。[83] 这个定义过于狭窄，因为发明人自己的行为也会(经常是这样)触发第102条(b)款的公开使用限制。

判断第102条(b)款公开使用限制的标准是，发明人是否对其发明创造的使用“有所控制”。这样的“控制”不是要求发明人必须将他的发明创造秘密地锁起来。更确切地说，公开使用限制反映了传统判例法的理解，即当发明人的行为表明他有意放弃其发明创造或者将其发明创造

[81] 见本书第12章(“国际性的专利事务”)，介绍了根据《巴黎公约》享有外国在先递交申请日的优先权。

[82] 见UMC Elecs. v. United States, 816 F. 2d 647, 659 (Fed. Cir. 1987) (Smith法官持异议意见)(解释“专利法第102条(b)款的本质上是一项限制性法条，旨在贯彻相应政策从而督促想要获得专利权的人在其发明创造已经为公众掌握以后必须尽快递交专利申请”)。

[83] In re Smith, 714 F. 2d 1127, 1134 (Fed. Cir. 1983).

献给公众时，就会丧失取得专利权的权利。[84]

例如，在常被引用的 *Egbert v. Lippmann* 案[85]中，对女用胸衣作出改进的发明人在关键日期之前将他作出的一对胸衣钢圈[86]给了他的“亲密友人”，但并没有要求他的朋友对这个钢圈的使用承担保密义务或者对这个钢圈使用没有加以任何限制。[87] 美国最高法院的立场是，发明人的行为等同于可使该胸衣专利无效的公开使用行为，并指出发明人的朋友“可能已经给某人展示了［所述钢圈］，或者作出了同样类型的钢圈，而使用或者销售这些钢圈并不会违反发明人要求她遵守的任何条件或者限制”。[88] 法院的结论是，“判断一项发明创造是被公开还是被私下使用，并不必取决于有多少人知道。如果作出一种装置的发明人将他的装置送给或者卖给另一个人，让受赠者或者购买者使用，但并没有制定任何与保密相关的限制、约束或者禁止，该装置就这样被使用了，那么这样的使用就是公开使用，即便使用或者知道该装置被使用的人可能只有一个人。”[89] 图

---

[84] 见例如 Pennock v. Dialogue, 27 U. S. 1 (1829)，其中，最高法院这样写道（Story 法官）：

> 有关这个问题也并不是完全不存在困难；但是在进行了周密的考虑以后，我们认为对［1973 年专利法］的正确理解是，如果首先完成发明创造的发明人在递交专利申请以前，对其发明创造进行了公开使用，或者公开销售从而得以使用，那么该发明人就不能获得专利。公开销售和使用中该发明人的主动或默许行为就是对其权利的放弃；或者说是产生了违反专利授权条款规定的情形。

同前，at 23－24。

[85] 104 U. S. 333 (1881).

[86] 一般见 Valerie Steele, The Corset: A Cultural History (Yale Univ. Press 2001)。

[87] 记录还显示，在关键日期前该发明创造还演示给了发明人一位姓 Sturgis 的朋友，并且不存在任何保密协议或保密义务。见 *Egbert*, 104 U. S. at 335。

[88] 同上，at 337。

[89] 同上，at 336。这种宽泛的陈述具有附带意见（*dicta*）的性质，*Egbert* 案中的总体证据显示，在关键日期以前，除了发明人外，很多人都知晓并且使用了这种胸衣：

> 根据控方的证词，该发明创造是在 1855 年完成并付诸使用的。在长达 11 年的时间里发明人都没有采取任何行动保护其权利。直到 1866 年 3 月，才递交了专利申请。而那个时候，该发明创造已经被广泛甚至普遍地使用。案卷的很大一部分都是胸衣钢圈制造商和供应商的证词，这些证词显示，在发明人申请专利以前，其产品已经为胸衣制造商普遍使用。公平地说，这种广泛的使用可以说明其发明创造具有一定的价值，这也正是发明人试图通过递交专利申请来挽回的，但是其行为却已明确地将该发明创造贡献给了公众。

同前，at 337。

4.2 所示为 *Egbert* 案中事件的时间轴。

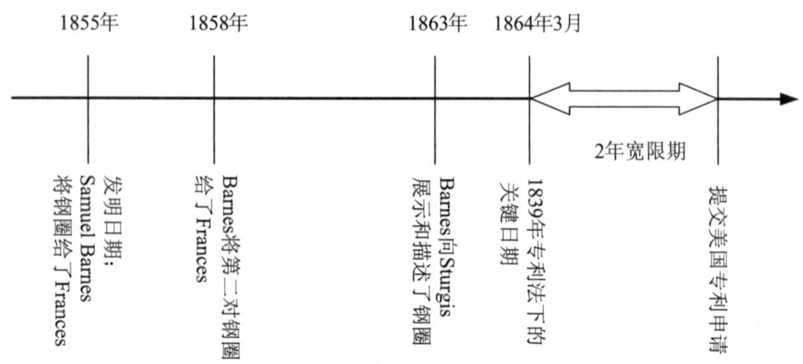

图 4.2 *Egbert v. Lippmann* 案（美国 1881 年）时间轴

在 *Egbert* 案中，发明人放弃了对其发明创造的控制，而 *Moleculon Research Corp. v. CBS, Inc.* 案的事实与其相反。[90] 作为由 Nichols 发明的三维旋转拼图专利的受让人，Moleculon 起诉 CBS（一个玩具制造商的继承者），声称众所周知的 Rubik 魔方拼图侵犯了其专利权。CBS 回应声称 Nichols 的专利无效，因为该项专利所要保护的发明创造在专利申请人提交专利申请的日期之前已经被公开使用了 1 年以上。有证据反映，在第 102 条（b）款的关键日期之前，Nichols 向他的研究所同学展示了该拼图的纸上原型。后来他被 Moleculon 聘用为研究员，这仍在所述关键日期之前，Nichols 把他在家建好的拼图的木块原型带到办公室。Nichols 让 Moleculon 公司的总裁 Obermayer 看了他的拼图，并解释了拼图的工作原理。后来，Moleculon 公司申请了该拼图的专利，并将它做成产品。联邦巡回法院维持了地区法院的判决，认为与 Egbert 案例中的发明人不同的是，Nichols 并没有放弃他的拼图发明创造而允许他人免费、无限制地使用。[91] 相反，基于人际关系和周围状况，Nichols 总在控制其拼图的使用以及与其拼图有关的信息的散布。Nichols 是私下使用，供自己消遣；他从来没有在无隐私和非保密的场合或者时间使用或者允许使用其拼图。Nichols 允许 Obermayer 在没有签订保密协议的情况下短暂使用其拼图的事实并不是决定性的，仅是要考虑的总体状况下的其中一个因素。[92]

---

[90] 793 F. 2d 1261 (Fed. Cir. 1986).

[91] 见同上，at 1266。

[92] 同上。

虽然在*Egbert*案中，发明人因自己的行为而导致专利权丧失，但我们今天所理解的第102条（b）款公开使用并不仅限于此。在发明人不知情或者没有意图或者未授权的情况下，第三方在1年宽限期之外公开使用同样地发明创造，也可能导致专利权的丧失。[93] 法律不允许发明人就一项由于在申请日之前被长时间公开使用而使公众认为是可免费使用的发明创造而获得财产权。因此，涉及法定限制的案件中的公共政策的重点已经随着时间发生了变化，从"放弃"原理变为完全的"延迟"原理，也就是如果发明人在首次公开使用他的发明创造之后等待超过1年（不管他是否意识到这样是公开使用），那么发明人会因为延迟申请他的专利申请而受到惩罚。

一项专利可能会因为存在第102条（b）款所规定的公开使用情形而被无效，即使对所要求保护的发明创造的使用是秘密的。"不具有告知性质的公开使用"案例的共同特点是，发明人在法定的宽限期之外秘密地将其发明创造商业化。[94]一个经典的案例是*Metallizing Engineering Co. v. Kenyon Bearing & Auto Parts Co.*案[95]。发明人Meduna获得了一项处理金属表面以加固磨损的金属机器零件的方法专利。在第102条（b）款的关键日期之前，Meduna在工作中为许多生意上客户应用了该方法，但是没有披露与该方法相关的任何细节，而这些细节也不能通过检查完成后的

---

[93] 见Lorenz v. Colgate-Palmolive-Peet Co., 167 F.2d 423（3d Cir. 1948），法庭认为：

> 国会建立R.S. Sec. 4886［当时的专利法］有关在先公开使用条款的规定是考虑到公众的利益。其中并没有任何对公开使用的性质有所限制的条件或例外。我们认为国会这么做的目的是，如果发明人在专利法所规定的期限内没有递交专利申请以保护其发现，并且在这期间该发现为任何人所公开使用，那么该发明人就不能获得专利，或者如果已经获得了专利，则不能享受独占所带来的益处。法律条文并没有规定，无论是发明创造被盗用，抑或是经由发明人允许的使用，对于发明人的影响会有什么区别。

同前，at 429。随后联邦巡回上诉法院在*Evans Cooling Sys. v. General Motors Corp.*, 125 F.3d 1448, 1452（Fed. Cir. 1997）案中作为认同引用了*Lorenz*案（拒绝为第102条（b）款创建任何第三人例外，如发明人所描述的，"在发明创造还是商业秘密的时候被第三人所窃得，并且在发明人不知情的情况下，在发明人依据被窃发明创造递交专利申请［大于1年］以前将该发明创造置于销售状态"）。又见In re Martin, 74 F.2d 951, 955（CCPA 1935）（法庭的意见是，"无论关于在发明人递交专利申请2年以前他人盗用其发明创造的正确规则是什么，针对在递交专利申请两年以前发明创造被无恶意的使用者公开使用的情形是不存在例外以规避法定限制的。"）。

[94] 见Kinzenbaw v. Deere & Co., 741 F.2d 383, 390（Fed. Cir. 1984）（认为"商业使用就是公开使用，即便是在秘密状态下进行的"并且引用了具有约束力的判例）。

[95] 153 F.2d 516（2d Cir. 1946）.

金属表面被察觉到。[96] 第二巡回法院的法官 Learned Hand 改变了地区法院认为不存在公开使用从而维持专利有效的判决；地区法院的理由是，秘密使用一种方法绝不是法条里规定的公开使用。Hand 法官推翻了地区法院所依据的他自己早年的判决，并认为本质上是商业使用的秘密使用确实会触发公开使用的限制：

> 看来，在 *Peerless Roll Leaf Co. v. Griffin & Sons*, 2 Cir., 29 F. 2d 646 案中，我们混淆了两个独立的原则：（1）发明人竞争性的开发利用其机器或方法对其取得专利的权利的影响；（2）他人在先使用对该技术领域的贡献。这两个原则都落在"在先使用"一词内；但是其中的第一条抗辩理由与第二条截然不同。第一条原则来源于（至少是在这个国家）我们从 *Pennock v. Dialogue*, 2 Pet. 1, 7 L. Ed. 327 案中所引用的内容；即发明人有权取得专利的条件，发明人不应该在准备好申请专利之后有竞争性地开发利用其发现；他必须满足于将其发现作为秘密保守或者合法地独占该发现。确实，对于允许发明人在有限的 2 年时间内这么做可能是为了给他时间来准备专利申请；尽管近年来这个时间段已经去掉了一半。但是，如果超出了这个延缓期，无论公众对其发明创造的了解程度有多低，发明人都将丧失他的权利……
>
> 的确，发明人可能会出于个人兴趣的私人目的，持续 1 年以上实施其发明创造，而后申请专利。但这并不是所述原则的例外，因为发明人并没有利用其秘密在竞争中获得相对于他人的优势；因而，他并没有延长其独占的时间。[97]

4. 第 102 条（b）款的销售限制

大多数利用《美国专利法》第 102 条（b）款来质疑专利有效性的诉讼都是以"销售"限制为由的。如果在专利申请日之前，一项发明创造

---

[96] 见 Metallizing Eng'g Co. v. Kenyon Bearing & Auto Parts Co., 62 F. Supp. 42, 47 (D. Conn. 1945)（认为"在［关键日期］1941 年 8 月 6 日以前，对于涉案方法的实施都是在有所防护的情况下进行的，以免为公众所知；该方法的内容仅仅向发明人的一些雇员和顾问有所透露，总共人数不超过半打，并且都建立了有效的保密约定……在 1941 年 8 月以前，该方法的内容是无法通过对该方法所产生的产品样本进行检视或物理测试就可以为公众所知的……"）

[97] *Metallizing*, 153 F. 2d at 519 – 520.

已经被销售或者许诺销售超过1年（在1年宽限期之外），那么就会因销售限制而导致专利权的丧失。法律条文中“销售”这个词应该被理解为“置于销售状态”,[98] 涵盖了许诺销售和完成销售。而且，只要要约内容符合销售限制案例法中的“商业化”要求，即使仅仅许诺销售一件发明创造产品，也会触发第102条（b）款开始计时。[99]

关于销售限制的主要公共政策原理是，禁止在法定授权的排他性时间段以外，延长发明创造的商业应用。[100] 假设有一项新颖的、非显而易见的发明创造被首次投放到美国市场，且在1年内为其提交了专利申请。尽管直到该专利被授权，发明人才有权合法的排除他人制造、使用或者销售其发明创造，但在其专利授权以前的这一段时间内（在申请日之前的宽限期加上在USPTO的专利申请未决期），发明人常会受益于各种事实上的排他性。这种事实上的排他性结果是凭借发明人首先在市场上拥有新颖的、非显而易见的产品而形成的，另外发明人在提交了专利申请后可以在其产品上标注“专利未决”标记的权利也起着促进作用。因为法条为专利权人提供了通常能持续17~18年（在USPTO少于20年的专利申请未决期）的强有力的排他性权利，所以美国专利法对这段排他性时间的界定非常严格。不允许将上述事实上的排他性过长时间地加在专利期限的起始部分。因此，在第102条（b）款宽限期以外对发明创造进

---

⑱ 见 King Instrument Corp. v. Otari Corp., 767 F. 2d 853, 860 (Fed. Cir. 1985)（认为第102条（b）款并不禁止销售，而是禁止置于‘销售’状态”）（引用了 D. L. Auld Co. v. Chroma Graphics Corp., 714 F. 2d 1144, 1147 (Fed. Cir. 1984)）。

⑲ 见 In re Theis, 610 F. 2d 786, 791 (CCPA 1979)（指出“即便是一次不具有约束的销售也会触发这项破坏可专利性的限制”。）（引用了 Consolidated Fruit-Jar Co. v. Wright, 94 U. S. 92, 94 (1876); In re Blaisdell, 242 F. 2d 779, 783 (CCPA 1957)。

⑳ Joseph Story 法官关于这项政策依据的经典论述是：

> 如果允许发明人保留其发明创造的秘密不为公众所知；如果依靠优越的技能和知识，他可以在很多年里公开制造、销售其发明创造，并且保持这种独占，从中获利；随后仅仅是由于竞争的危险促使他寻求排他性的权利，应该允许该发明人获得专利，并禁止公众在14年内［当时的法定专利期限］实施该发明创造，除了根据该发明创造而衍生出来的内容以外；这么做对于科学和有用技术的发展会带来很大的延迟，但同时也是对于发明人的奖励从而鼓励发明人公开其发现。

Pennock v. Dialogue, 27U. S. 1, 19 (1829).

行许诺销售或者销售[101]会导致专利权的丧失（如果USPTO知道这些消息的话），或者如果直到在对专利有效性提出诉讼时这些关键日期之前的活动才被发现，也会使授权专利被认定无效。

许多销售限制案例中的关键问题是，在第102条（b）款所规定的销售限制中，在发明人拥有的“发明创造”能够被置于销售状态之前，该发明创造必须被开发到什么程度。例如，许诺销售纯粹未开发的“概念”不会触发第102条（b）款开始计时。[102] 另外，不需要为了能够置于销售状态而必须实际上将发明创造付诸实施（在实体上进行构造和测试）。在一个分水岭式的案例 *Pfaff v. Wells Elec.*, *Inc.*[103] 中，最高法院澄清，要满足《美国专利法》第102条（b）款规定的“销售”，在关键日期之前必须满足两个条件：

（1）所述发明创造必须是商业化许诺销售的客体；

（2）所述发明创造必须准备好可以申请专利。[104]

关于第（1）个方面，联邦巡回法院在 *Pfaff* 案之后的判决中澄清，“商业报价”是通常合同法意义上的“要约”，如《统一商法典》（*Uniform Commercial Code*，UCC）里面“要约”的定义。[105] 联邦巡回法院解释说，“只有当报价上升到商业上的许诺销售水平时，即另一方仅只要接受（假设经过考虑后）就可以使之成为有约束力的合同，才构成第102条

---

[101] 在随后将要单独介绍的实验使用原则可以否定那些看起来属于《美国专利法》第102条（b）款中所描述的销售（或者公开使用）行为。

[102] 见 UMC Elecs. Co. v. United States, 816 F. 2d 647, 656 (Fed. Cir. 1987)（驳斥任何“允许仅仅因发明人或他人在关键日期以前对发明创造的概念进行了许诺销售，就因此对专利发起攻击的意图。发明人也不应被迫在没有准备好的情况下匆忙向专利商标局递交申请”）。

[103] 525 U. S. 55 (1998).

[104] 见同上，at 67。

[105] 见 Group One, Ltd. v. Hallmark Cards, Inc., 254 F. 3d 1041, 1047 - 1048 (Fed. Cir. 2001)。在 *Group One* 案件中，法庭认为由专利权人 Group One 在第102条（b）款关键日期以前发送给 Hallmark 的信件中的以下文字并不是商业要约，从而也不会触发第102条（b）款以1年为限的计时：

> 我们开发了一种机器可以卷曲并且剪切缎带，Hallmark 可以使用这种机器制造信中所附的产品——一袋已经卷好也剪切好的缎带……我们可以以许可/使用费的方式提供这种机器和/或相关技术。

同前，at 1044。

（b）款规定的许诺销售”。[106]

关于第（2）方面，最高法院在 *Pfaff* 案[107]中的观点是，“至少”有两种方式满足“准备好申请专利”的条件：[108]（1）该项发明创造可能实际上已经付诸实施了；[109]（2）该项发明创造至少已经“转化为图纸”，现存的发明创造的图纸或者书面描述足够具体，使得本领域普通技术人员能够实施该发明创造。[110]

Pfaff 案的情况满足了这两个条件中的第二个条件。在关键日期之前，发明人已经许诺以 91 115 美元的价格向德州仪器公司销售（实际上已经接受了订单）30 100 件包含其发明创造的产品（一种用于在测试时固定计算机芯片的简单机械托座）。[111] 下文的图 4.3 描述了这个托座。

尽管事实上 Pfaff 在发出要约时，并没有真正构造任何托座，但最高法院仍认为这项发明创造已经准备好申请专利，触发了第 102 条（b）款的限制。所述托座的详细机械图纸及其描述在 Pfaff 接受订单之日（在关

---

[106] Group One, Ltd. v. Hallmark Cards, Inc., 254 F. 3d 1048 (Fed. Cir. 2001)。关于什么程度的商业要约足以触发第 102 条（b）款的计时，审理 *Group One* 案的法庭并没有提供任何明确的标准，但“顺便提到”：

> 合同法通常认为，只是做广告和宣传商品之多就是构成要约邀请，而对该邀请作出回复可能就会构成要约。Restatement (Second) of Contracts §26 (1981)。在任何情况下，要约人是谁，什么构成明确的要约，都需要仔细的查看意向书的具体文字。有些法律文字暗示着要约，例如“I offer”或者“I promise”，这些文字与暗示着初步磋商的文字形成对比，例如“I quote”或“are you interested”。不同的用语是不同目的的证据，但是这也不是绝对的。同前，§§24，26。所幸的是，如前面所述，无论是州还是联邦都广为遵循一般性合同法体系，法庭在作出判断的时候，可以求助于此。一般见，例如 Arthur Linton Corbin, Corbin on Contracts (1964); John D. Calamari & Joseph M. Perillo, The Law of Contracts, (4th ed. 1998)。

同前。

[107] 525 U. S. 55 (1998).

[108] 同上，at 67。最高法院通过采用“至少”有两种方式满足“准备好申请专利”条件的字眼，为满足这一条件的更多可能预留了位置。

[109] 将发明创造付诸实施要求建立能够实现发明目的的物理实施例，并且通常都涉及测试。见 *Pfaff*, 525 U. S. at 57 n. 2（“成功的操作一种方法代表着该方法已被付诸实施。组装、调试并使用一部机器代表着该机器已经付诸实施。完成一种物质组合就是对该物质组合的付诸实施。”）（引用了 Corona Cord Tire Co. v. Dovan Chem. Corp., 276 U. S. 358, 383 (1928)）。

[110] 见 *Pfaff*, 525 U. S. at 67 - 68。

[111] 见同上，at 58。

键日期之前）已存在，法院人认为这些信息已经是具有可实施性的。[112] 法院得出上述结论的基础是，Texas Instruments 能够利用 Pfaff 的图纸和说明书来制造这些托座，而这些托座含有后来 Pfaff 专利所要保护的发明创造的所有要素。[113]

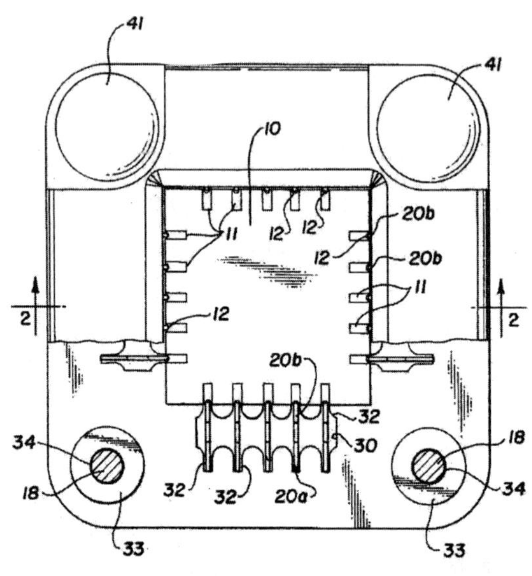

图 4.3 *Pfaff v. Wells* 案（1998 年）中的专利底座

5. 实验使用对第 102 条（b）款限制的否定

第 102 条（b）款中的“公开使用”和“销售”限制在诉讼中形成的实

---

[112] 见 *Pfaff*, 525 U. S. at 63。又见同上，at 68（认为“Pfaff 在关键日期以前发给制造商的图纸已经完全的披露了其发明创造，因此满足了销售限制的第二种情况”）。以本书作者看来，对审理 *Pfaff* 案的法庭采用的所谓“准备好申请专利的条件”分析法的很大顾虑是，这种分析法要求发明人判断，在递交专利申请以前（或者在很多时候是在向专利律师咨询以前）是否已经存在具有可实施性的发明创造公开内容，这对发明人来说是很大的负担。对于那些对专利制度并不了解的独立发明人来说这种要求是不公平的，他们很难合理地掌握形成《美国专利法》第 112 条 1 款所规定的可实施性的精确时间点，即便是联邦巡回上诉法院的法官对于这一问题的判断都存在着不同的意见。

[113] 见同上，at 68。

验性使用原则[114]下都“被否定”。[115] 这个原则否定了或者豁免了本来会是第102条（b）款所规定的关键日期之前发生的触发法定限制的行为。[116]

在经典的实验使用案例 *City of Elisabeth v. American Nicholson Pavement Co.* 一案中,[117] 最高法院阐明，“发明人或者在他指导下的任何他人，为了完善其发明创造，以实验的方式使用该发明创造，从来没有［被认为是法规含义内的公开使用］。”[118] 法院对实验使用的描述是，“发明人对发明创造的质量进行测试的意图是真诚的”，“并且仅通过实验的方式”来使用发明创造。[119] 只要发明人“不是自愿地允许他人制造和使用［其发明创造］，并且只要没有为了普遍使用而对该发明创造进行销售，那么该发明创造就是处于发明人的控制之内，而发明人并不会丧失取得专利的权利”。[120]

在 *City of Elisabeth* 案中，发明人/专利权人 Nicholson 研发了一种使用

---

[114] 实验使用原则是对《美国专利法》第102条（b）款所规定的法定限制的否定而不是其例外。见 TP Labs., Inc. v. Professional Positioners, Inc., 724 F.2d 965 (Fed. Cir. 1984)，其中，法庭解释道：

> “例外”和“否定”并不仅仅是在语法上存在不同。根据本法院的在先判例，《美国专利法》第282条规定的专利有效的法定假设，将证明专利无效的责任赋予了向该专利发出挑战的一方，并且这种责任在任何时候都不会转移到专利权人身上。在诉讼的过程中该项责任将持续的由挑战者来承担……
>
> 在这样的认知下，像初审法院那样，将证明“公开使用”是“实验使用”的责任强加到专利权人身上的做法是错误的。这两个问题是不可分。不应该先问“这是公开使用吗?”然后问“这是实验使用吗?”相反，法庭所要面对的只有一个问题——这是第102条（b）款所规定的公开使用吗？
>
> 因此，［地区］法院应该全面考虑双方提供的所有证据，从而根据证据总体判断是否存在“公开使用”。当然，这并不意味着挑战者要负责证明该使用不是实验使用。这同样不意味着专利权人就不必解释。这意味着，公开使表见成立，专利权人必须能够指出或提供证据来反驳这一论点。

同前，at 971。

[115] 实验使用对第102条（b）款法定限制的否定与专利侵权认定对实验（或研究）使用的豁免是不同的两项原则。后者将在本书第10章（“专利侵权抗辩”）中予以介绍。

[116] 实验使用原则与《美国专利法》第102条（b）款中的1年宽限期内的行为没有关系。在宽限期内的公开使用或销售行为不会触发第102条（b）款中的法定限制；只有发生在关键日期以前的行为才会触发第102条（b）款中的法定限制。

[117] 97 U.S. 126 (1878).

[118] 同上，at 134。

[119] 同上，at 135。

[120] 同上。

棋盘格局的木块铺街道的方法，通过在 Boston 铺了一段有很多行人经过的马车路段来测试他的方法。[121] 尽管 Nicholson 在进行这个测试之后 6 年内都没有提交专利申请来保护他的铺路发明创造，[122] 但是实验使用的原则仍为其保留了取得专利的权利。因为当路面暴露在各种情况下仍能保持长时间耐久性是非常重要的，Nicholson 的铺路发明属于只有在像马车路段样的公开场地测试才能取得满意效果的那种发明创造。[123] 重要的是，Nicholson 测试他的发明创造的意图是真诚的，所记载的证据证明他一直使该发明创造保持在其控制之内。[124] 基于这些事实说明，Nicholson 是以实验的方式在使用其铺路发明，虽然是在公开场合下，但并不属于会导致其专利无效的法定的公开使用。[125]

E. 根据《美国专利法》第 102 条（c）款的放弃

如今，法院根据《美国专利法》第 102 条（c）款宣告无效专利的判决已不多见。这是因为第 102 条（c）款是时代的产物；它在很大程度上是一个时期的历史遗留观念，获得专利权利的丧失在当时被认为是由发明人自己明确的放弃或者将其发明创造交给公众的行为而导致的。现行《美国专利法》第 102 条（b）款内所涵盖的销售和公开使用限制在最初也是被作为导致“放弃”这个笼统概念的两种行为，这个笼统概念在如今的第 102 条（c）款中仍有所体现。[126]

---

[121] 当时叫做“mill dam”或者“Mill-Dam Avenue”的道路大约就是今天波士顿的 Beacon Street。见 Neighborhood Association of the Back Bay, *History of Back Bay*，网址为 http://www.nabbonline.com/about_us/back_bay_history（最后访问时间为 2008 年 9 月 15 日）。

[122] 见 City of Elizabeth, 97 U.S. at 133（指出上诉人/被控侵权人的观点是，“在 1848 年 Nicholson 通过实验的方式在波士顿的 Mill-Dam Avenue 铺设了路面，这是在递交专利申请以前长达六年的公开使用，并且这也是法律意义上的公开使用”）。

[123] 见同上，at 134，136。

[124] 见同上，at 133－134（道路收费员 Lang 的证词记载道发明人 Nicholson“几乎每天”都会亲自来检查路面，并告诉别人是在进行“实验”）。

[125] 一个相反的例子，发明人没有能够充分控制其发明创造，因此不符合可以否定第 102 条（b）款的实验使用，见 Lough v. Brunswick Corp., 86 F.3d 1113（Fed. Cir. 1996）。

[126] 见如，Pennock v. Dialogue, 27 U.S. 1, 24（1829）（认为发明人“主动或者默许的公开销售和使用其发明创造是对其权利的放弃；更确切地说，仅这一条就导致无法符合专利权授权的所必须满足的条款和条件”）。

当前第 102 条（b）款的法定限制可以理解为主要反映的是延迟理论，并可以由发明人之外的其他人触发，这在前文已经讨论过了。然而，只有发明人的确认行为才可以触发第 102 条（c）款的放弃。第 102 条（c）款的继续存在可能是要表明，从理论上说，在任何时候，哪怕是在第 102 条（b）款内的宽限期内，只要公开的、刻意的声明放弃专利权，都会导致专利权的丧失。[127]

需要注意的是，《美国专利法》第 102 条（c）款中所涉及的不是发明人放弃实施其发明创造的确认性权利。更确切地说，法定的放弃指的是，放弃或者丧失对发明创造的专利保护权（排除他人实践的权利）。CCPA 在 *In re Gibbs* 案中解释了这一点：[128]

> 因此，我们并不关心将发明创造作为**发明产物**而作出的放弃，而仅关心与第 102 条标题相关的问题，“专利权的丧失”，即不能获得非实体财产权（《美国专利法》第 261 条），这项权利是排除他人制造、使用或者销售其发明创造的权利（《美国专利法》第 154 条）。[129]

审理 *Gibbs* 案的法庭认为，发明人是否放弃了排除他人使用的权利可以从发明人的不作为推断出来，而不是从发明人的确认行为推断出来，但是该法庭还是认为这个观点并不适用于 *Gibbs* 案的事实。CCPA 对 USPTO 基于《美国专利法》第 102 条（c）款作出的驳回决定进行了审查，USPTO 的论点是，上诉人放弃了对发明创造进行专利保护的权利，因为其在先授权的专利中已经披露但并没有要求保护该发明创造。[130] 但是，在该项专利授权的 1 年内，上诉人提交了另一件专利申请，要求保护在其被授权的在先申请中没有要求保护的客体。[131] CCPA 的观点是，上诉人以自己的方式提出要求对所述发明创造进行保护，这就克服了因为在先申请没有要求保护该发明创造而被认为是放弃的假设：

---

[127] 见 City of Elizabeth v. American Nicholson Pavement Co.，97 U. S. 126，134（1878）（指出“放弃其发明创造从而归于公众是可以通过发明人在任何时候的行为所体现出来的，甚至是在法律规定的两年期限里面［即当时的两年宽限期］”）。

[128] 437 F. 2d 486（CCPA 1971）（改变了 USPTO 根据《美国专利法》第 102 条（c）款作出的驳回决定）。

[129] 同上，at 489。

[130] 见同上，at 486。

[131] 因此，该专利并没有对在后的申请构成第 102 条（b）款的限制。

返回到当前的案例中，假设上诉人在其在先申请被授予专利权之后1年内又提交了一项专利申请，该专利披露了在后申请所要求保护的发明创造，而在后申请与该专利所要求保护的客体明显不同，[132]那么在先申请的授权是否会导致对该发明创造的“放弃”？我们并不这样认为。认为上诉人已经放弃对该客体进行专利保护的权利的法律结论，是根据上诉人对发明创造进行了披露却未要求保护的事实推断而来的。以下几种方式可以用来反驳这个推断：根据第251条最后一款有关再颁专利申请的规定，该规定允许在专利授权后两年内提交扩大保护范围的再颁专利申请；另一个毋庸置疑的反驳理由是，在专利授权之前[133]甚至是在授权之后，在同时未决专利申请中要求保护该客体。我们没有发现任何逻辑上的原因使得不可以通过在所述专利授权之后1年的宽限期内，在所述专利变成第102条（b）款的法定限制之前提交专利申请，来反驳这种推断。就法条内容而言，发明人显然拥有那样的权利。[134]

F.《美国专利法》第102条（d）款在外国取得专利的限制

就第102条（c）款而言，如今根据《美国专利法》第102条（d）款认定专利无效的情况相对比较少见。[135] 与第102条（b）款一样，第102条（d）款也是有关法定限制的规定，但是，这里的专利权丧失是一

---

[132] 因此，并没有以**重复授权**为由的驳回决定。

[133] 这项策略需要根据第120条递交延续性申请。

[134] *Gibbs*, 437 F. 2d at 494.

[135] 见Lisa L. Dolak & Michael L. Goldman所著，*Responding to Prior Art Rejections: An Analytical Framework*, 83 J. Pat. & Trademark Off. Soc'y 5 (2001)，指出：

> 由于一些原因，以《美国专利法》第102条（d）款为依据而作出的驳回决定是很少的。凡是试图根据《巴黎公约》或者《专利合作条约》而享有外国优先权的申请人，必须在公约或条约成员国首次递交申请12个月内递交外国申请，只有在这12个月期限以后递交的美国专利申请才会受到第102条（d）款的制约。另外，即便美国申请是在相应的外国申请递交12个月以后才递交的，只有在该外国专利在美国申请递交以前就被授权的情况下第102条（d）款才会适用。最后，对于在美国产生的发明创造，专利法规定，在相应的美国专利申请递交6个月以后才允许递交外国申请，或者要想递交外国申请必须先取得国外申请许可（一般是通过递交美国申请取得）。见《美国专利法》第184条。从而，第102条（d）款对要求保护在美国产生的发明创造的美国专利申请几乎没有影响。

同上，at 11 n. 23。

种不同类型的延迟。《美国专利法》第 102 条（d）款法定限制的触发不是因为在美国进行销售或者公开使用这类本土行为，而是因为发明人在外国提交了一件专利申请，并在 1 年以后于美国就同样的发明创造提交了另一件专利申请，并且其在外国的专利申请已经在该美国申请日之前被授权。[136]

因此，《美国专利法》第 102 条（d）款提倡，一旦发明人开始在其他国家要求对同样发明创造进行专利保护，就应迅速进入美国专利系统。[137] 相应外国专利的有效性并不重要；重要的是，该授权外国专利的权利要求所保护的发明创造与美国专利申请相同。[138]

G.《美国专利法》第 102 条（e）款中他人在先提交的专利或者公开的专利申请所记载的内容

第 102 条（e）款涉及的是由于在他人的专利或者公开的专利申请中

---

[136] 如果外国针对相同的发明创造授予了类似专利的权利，也会引发与第 102 条（d）款相关的问题。例如，德国为了保护新的具有原创性的工业设计而授予的排他性权利，被称为 *Geschmachmusters*。见 In re Talbott, 443 F. 2d 1397, 1398 (CCPA 1971)。在 *Talbott* 案中，法庭认为，发明人基于一种汽车后视镜设计在德国所取得的 *Geschmachmusters* 登记，触发了第 102 条（d）款限制，从而对没有及时在美国递交申请的发明人构成了制约。尽管德国的注册与美国的专利性质并不相同（前者更接近著作权而不是专利权），但这并不具有决定性；法庭“同意［USPTO 的决定］，认为‘只要发明人在外国获得了具有排他性的优势就足够了’”）。同上，at 1399。

[137] 见 In re Kathawala, 9 F. 3d 942, 946 (Fed. Cir. 1993)（认为第 102 条（d）款背后的政策和目的在于“要求专利申请人在外国递交并获得了专利以后及时在美国递交专利申请”）。

[138] 见同上，at 945，指出：

> 即使假设 Kathawala 的化合物、组合物以及使用方法的权利要求在希腊不可以实施，我们也并不打算去推测这件事，第 102 条（d）款是否适用的决定因素是取得授权的希腊专利所要求保护的发明创造与美国专利申请是否相同。当在外国取得授权专利的权利要求所保护的发明创造与美国专利申请相同时，该发明创造就属于第 102 条（d）款所指的“获得了专利”的情形；该外国专利权利要求的有效性与第 102 条（d）款的要求无关。无论是美国专利申请人认为该外国专利所保护的并非法定客体因而无效，抑或是宣称因为存在现有技术或公开不充分这些原因而不具有可专利性……USPTO 都应该接受希腊专利所要求保护的客体与美国专利申请是相同的这个事实，并且无须对外国法律的细节进行广泛的研究。该希腊专利中包含这些权利要求是因为申请人决定这样做。申请人不能要求豁免其自身行为所带来的后果。因此，专利上诉及冲突调节委员会认为希腊专利权利要求的有效性与第 102 条（d）款的适用没有关系的结论是正确的。从而，专利上诉及冲突调节委员会支持审查员以该希腊专利为由而作出的驳回决定也是正确的。

记载了（虽然没有要求保护[139]）申请人的发明创造而形成的预见，其中这个"他人"是在申请人的发明日之前在美国提交了其专利申请。[140] 这一条款作为 1952 年专利法的一部分，目的是将美国最高法院在 *Alexander Milburn Co. v. Davis-Bournonville Co.* 案中宣布的规则纳入法典中。[141] 其核心内容是，*Milburn* 案要求，将作为现有技术的美国专利视为一旦递交就推定被公开。专利法假设专利书面描述内容在提交申请时就立刻可以作为印刷出版物被获得。因此，可以作为第 102 条（e）款现有技术的美国专利书面描述部分的有效日期是其美国申请日。[142] 例如，Andy 在 2005 年 1 月 1 日提交了一件要求保护太阳能牙刷的美国专利申请。USPTO 审查员检索到的现有技术揭示 Bill 已经在 2003 年 1 月 1 日提交了记载着同样的

---

[139] 如果对比文件中的专利权利要求与涉案专利申请所保护的是相同的发明创造，并且如果涉案专利申请的权利要求是在对比文件专利授权之日起 1 年内递交的，那么可以根据《美国专利法》第 102 条（g）款启动冲突程序。如果已经超过 1 年，那么 USPTO 可以根据《美国专利法》第 135 条（b）款驳回该专利申请。见 In re McGrew, 120 F. 3d 1236 (Fed. Cir. 1997)(Rich 法官)(支持 USPTO 基于第 135 条（b）款驳回专利申请权利要求的决定，"McGrew 承认' 280专利申请权利要求的客体与［对比文件］Takeuchi 专利的权利要求的客体是'相同或基本相同的'……［并且］涉案权利要求是在 Takeuchi 专利授权一年以后才递交的")。

从理论上说，很有可能的情况是，对比文件专利权利要求作为其说明书的一部分，记载了而不是实际保护申请人要求保护的客体，该专利对比文件可以作为第 102 条（e）款现有技术。这是因为，对比文件专利的全部公开内容都可以作为第 102 条（e）款现有技术，但只能以其在美国的递交日为有效日，而不是以任何在先的构思日或付诸实施日为有效日。见 Sun Studs, Inc. v. ATA Equip. Leasing, Inc., 872 F. 2d 978, 983 (Fed. Cir. 1989)(指出"当专利不涉及冲突程序时，作为现有技术的美国专利对比文件的有效日，正如第 102 条（e）款所述，是其递交日，而不是权利要求所保护的发明创造或专利对比文件中所记载的客体的构思日或付诸实施日")；同前，at 983 - 984 (指出"根据《美国专利法》第 102 条（e）款 Mouat［专利对比文件］说明书的全部公开内容可以作为对比文件，但是仅仅是以 Mouat 的递交日为有效日")。

[140] 回顾 USPTO 基于推定付诸实践理论，将申请人递交申请的日子作为发明创造的假设或表见发明日，并且由申请人在需要克服（证明居先或"在后宣誓"）现有技术的时候来证明在先的实际发明日。可以根据 37 C. F. R. § 1. 131 通过递交宣誓或声明来证明被驳回的权利要求所保护的发明创造的发明日早于对比文件的有效日。有关居先程序的具体介绍，见本章 J 部分。

[141] 270 U. S. 390 (1926)。又见 P. J. Federico, *Commentary on the New Patent Act*, 35 U. S. C. A. § 1 (1954 ed., discontinued in subsequent volumes), *reprinted* at 75 J. Pat. & Trademark Off. Soc'y 161, 179 (1993)(解释说"(e) 条款是新加入到法条中的，所体现的是最高法院［在 *Milburn* 案中］的判决原则，即公开了某一发明创造的美国专利可以以其递交日为有效日预见在后递交的专利申请，无论该在先专利是否要求保护了该发明创造")。

[142] 根据在本书第 12 章（"国际性的专利事务"）中所介绍的在 *In re Hilmer*, 359 F. 2d 859 (CCPA 1966) 案中所确立的原则，要想采用一项美国专利或公开的专利申请作为第 102 条（e）款现有技术对比文件，USPTO 必须忽略根据《美国专利法》第 119 条该对比文件所要求享有的任何在先外国申请日。

牙刷的美国专利申请（但是没有要求保护），Bill的申请在18个月之后于2004年7月1日公开。在该例子中，Bill的专利申请的有效日期为美国申请日2003年1月1日，在2005年1月1日的Andy的申请日之前（推定的Andy的发明创造完成日期）。基于这些事实，审查员根据《美国专利法》第102条（e）款（1）项驳回了Andy的权利要求。

与世界上其他国家的先申请制度不同，美国将专利权授予先发明者。[143] *Milburn* 规则背后的政策原理是，他人在先提交的专利申请中存在对申请人要求保护的发明创造的描述，就证明当前申请人实际上并不是最先发明出该客体的人。在所述“他人”（法定的“他人”或者“作为参考的专利权人”）并没有要求保护该发明创造的情况下（从而假设没有制造该发明创造），我们无从知道在先发明者的实际身份。但是，由于存在较早提交的对该客体的描述，法律假设在先发明者是当前专利申请人以外的其他人。

《美国发明人保护法案》（AIPA）增加了对大多数未决美国专利申请在18个月时进行公开的规定，在1999年AIPA实施以前，[144]《美国专利法》第102条（e）款要求“他人”在先提交的专利申请在被USPTO审查员用作第102条（e）款现有技术对比文件之前必须已经被授予专利权。这个要求在如今的《美国专利法》第102条（e）款（2）项（在经过AIPA和21世纪司法部拨款受权法案（*Twenty-First Century Department of Justice Appropriatons Authorization Act*）（2002）[145] 修改之后）中仍有所体现，确保一项专利在可以被用作第102条（e）款现有技术对比文件之

---

[143] 见本书第12章（“国际性的专利事务”）中对第102条（g）款的介绍。2007年4月向参众两院提交的立法议案，很可能会将美国的专利制度修改为发明人先申请制度。见 Patent Reform Act of 2007, H. R. 1908, 110th Cong. §3 (2007); S. 1145, 110th Cong. §3 (2007)。

[144] Pub. L. No. 106－113, 113 Stat. 1501（1999年11月29日颁布）。

[145] 经过2002年11月的修改，《美国专利法》第102条（e）款规定一个人有权获得专利，除非：

> （e）款（1）项 在专利申请人发明之前，该发明已记载于他人在美国递交的已根据第122条（b）款公开的专利申请之中；（2）在专利申请人发明之前，该发明已记载于他人在美国递交的并已获得授权的专利之中。另外，根据第351条（a）款定义的条约而递交的国际申请，如果指定进入美国并且根据条约第21条（2）款进行了英文公开，则可以相当于在美国递交的申请从而具有满足本款目的的效力……

见脚注3及其内容。

前，该专利的内容必须通过授权“得见天日”（AIPA之前所有的未决专利申请都是保密的，直到授权才会公开），因此《美国专利法》第102条(e)款导致了使用“秘密的现有技术”的问题，亦即对现有技术的利用是以其有效日期（对第102条(e)款参考专利来说，就是其美国申请日）为准的，但是所针对的专利申请人对该现有技术内容是不可能知晓的。[146] 而上述授权要求对这个问题作出了改善。

由于1999年AIPA的实施，大部分未决美国专利申请的内容会在专利申请日之后18个月自动公开。[147] 这样的改变意味着在先提交的美国专利申请的书面描述现在可以在比较早的日期，也就是说，在18个月的公开日期，而不是在后来的授权日期，被用作第102条(e)款现有技术对比文件。实际上，第102条(e)款的专利申请对比文件根本不需要被授权，只需要被公开即可。[148] 如果一件根据《专利合作条约》(PCT)[149] 提交的国际专利申请指定了美国，并且根据PCT以英文公布，USPTO也可以使用该国际专利申请作为第102条(e)款(1)项的对比文件。[150]

不管《美国专利法》第102条(e)款的对比文件是已授权的美国专利还是已公开的美国专利申请，对它们来说有效日期的含义是相同的；有效日期就是该参考专利或者专利申请的美国专利申请日。[151] 有所改变的是，在AIPA生效之前，USPTO通常不得不等到参考专利申请被授权，才

---

[146] 见 Sun Studs, Inc. v. ATA Equip. Leasing, Inc., 872 F. 2d 978, 983 n. 3 (Fed. Cir. 1989)（定义了“秘密的现有技术”）。

[147] 作为少量的例外，只要发明人保证不在美国以外寻求对其发明创造的专利保护，其美国申请就可以“免于”进行18个月的公开。见《美国专利法》第122条(b)款(2)项(B)。截至2004年，85%的由大型实体递交的美国专利申请都经历了递交后18个月的公开。见美国审计总署（United States General Accounting Office）发布的 *Report to Congressional Committees: Patents: Information about the Publication Provisions of the American Inventors Protection Act* 4 (May 2004)，网址为 http://www.gao.gov./new.items/d04603.pdf（报告称在2000年11月29日与2003年11月28日之间收到的申请中，USPTO“已经公开或者计划公开85%由大型实体递交的申请，以及74%由小型实体递交的申请”）。

[148] 见《美国专利法》第102条(e)款(1)项。

[149] 本书第12章（“国际性的专利事务”）对《专利合作条约》进行了详细的介绍。

[150] 见《美国专利法》第102条(e)款（规定“根据第351条(a)款［专利法］定义的条约［即专利合作条约］而递交的国际申请，如果指定进入美国并且根据条约第21条(2)进行了英文公开，则可以相当于在美国递交的申请，从而具有满足本款目的的效力”）。

[151] 本书第12章（“国际性的专利事务”）对 *In re Hilmer*, 359 F. 2d 859 (CCPA 1966) 案所确立的原则会进行进一步的介绍。该原则要求，USPTO必须忽略作为第102条(e)款对比文件的美国专利或已公开的美国专利申请根据《美国专利法》第119条要求享有的外国申请日。

可以将其内容作为现有技术。[152] 在 AIPA 生效之后，一旦所述参考专利申请被公开以后，就可以将其作为依据，因为届时该申请已经成为了“印刷出版物”。

H.《美国专利法》第 102 条（f）款有关获得（derivation）和发明人身份（inventorship）的规定

第 102 条（f）款所规定的内容既不是预见也不是权利丧失；它自成一格，关注的是发明创造的原创性或者说是正当的发明人身份。专利法的很多问题都涉及第 102 条（f）款。为了进行完整的介绍，下文将对这些问题进行逐一讨论，但这些讨论有可能在某种程度上超出了本章的范围（《美国专利法》第 102 条关于新颖性和权利丧失的规定）。

1. 获　　得

美国专利法要求，专利申请所要保护的发明创造必须是发明人的原创成果。换句话说，实体 A 不能仅仅通过复制真正的发明人实体 B 的发明创造，就声称该发明创造是实体 A 自己的发明创造。

另一种采用专利法术语对这项原创性要求的表述方式是，如果申请人的发明创造是从别人那里获得的，那么该申请人不能就该发明创造取得专利权。**获得**的意思是指，另一个人（上述例子中的 B）构思了一项发明创造，并将这个概念告诉了专利申请上记载的发明人（“获得者”，上述例子中的实体 A）。[153]

---

[152] 所谓的以第 102 条（e）款为基础的“临时驳回决定”是这个原则的一个例外，其中的第 102 条（e）款专利申请对比文件与被正在被审查的专利申请属于相同的所有人，因此 USPTO 无须违反保密义务就可以向申请人披露该对比文件内容。见 In re Bartfeld, 925 F. 2d 1450, 1451, n. 5（Fed. Cir. 1991）。

[153] 见 Agawan Co. v. Jordan, 74 U. S. 583, 602 – 603（1868）（认为“要想成为足够推翻一项专利的证据，在这样的实验过程中由他人所提出的建议必须包括全部的改进计划，并且所提供的信息必须可以使普通机械师不必具备独创性以及特殊的技能就可以构建并且使这样的改进得以成功实现”）；Gambro Lundia AB v. Baxter Healthcare Corp. , 110 F. 3d 1573, 1576（Fed. Cir. 1997）（认为“要想证明存在获得的情况，声称专利无效的　方必须能够证明他人对该发明创造的在先构思，以及曾经将该构思告知专利权人的事实”）；Price v. Symsek, 988 F. 2d 1187, 1190（Fed. Cir. 1993）（指出“要想在冲突程序中证明存在获得情形，攻击专利的一方必须证明对所要求保护客体的在先构思，以及曾经将构思告知对方的事实”）；DeGroff v. Roth, 412 F. 2d 1401, 1405（CCPA 1969）（在冲突程序的上诉过程中，委员会的标准是“Roth and Hall［冲突程序中的较晚方（junior party in inference）］要想获胜，必须以优势证据（preponderance of the evident）证明他们‘对有争议的专利所保护发明创造的全面构思，并且曾经将该构思告知 DeGroff’”）。

如下所述，第102条（f）款的“获得”与第102条（g）款的优先权判定情况相反。后者假设A和B两个都是同一项发明创造原创的、独立的发明人；第102条（g）款争议点在于，A和B中哪个发明人是首先发明的那个人。[154]

值得注意的是，与《美国专利法》第102条的其他款相反，第102条（f）款并没有地域上的限制。只有真正发明了所要求保护的发明创造的人才有资格获得专利，因此，专利法不计较实体B是在美国或是在外国将其发明创造的概念告诉了实体A。

2. 谁是发明人？

发明创造的构思，即创新性行为的思维部分（在发明人头脑中所形成关于发明创造的清晰和持久的想法，正如随后付诸实施内容一样）是确定发明人的试金石。[155] 因此，对于号称是一项专利的发明人的那个人，他必须对该发明创造的构思有所贡献。[156] 没有对发明创造的构思有贡献，而只是从他人处获得该发明创造的人，则不应当被称为发明人。

3. 对发明人身份的纠正

不管是否存在上述“获得”情况，第102条（f）款都是USPTO以没有正确的注明发明人为由驳回未决专利申请的工具，同时也是以没有正确注明发明人为由认定专利无效的工具。[157] 在过渡到1952年专利法之前，如果专利未能正确的注明发明人，按常规会认定该专利无效。其中，未正确注明发明人包括“未加入”，即未能注明所要求保护的发明创造客体的某位真实发明人，或者“错误加入”，即错误地将并非发明人的人注明为发明人。例如，假设A和B都被注明是一项专利的发明人，但是，只有A进行了发明，而B只是行政人员或者是提供资金方。基于这些事实，将B注明为共同发明人就是不正确的（基于这些事实上，B也不是“获

---

[154] 见*Price*, 988 F. 2d at 1190（将由他人处获得的情况与要求优先权的情况进行了对比）。

[155] 见Sewall v. Walters, 21 F. 3d 411, 415 (Fed. cir. 1994)（解释道“要判断‘谁是发明人’无非就是判断谁构思了发明创造的客体，以及该客体是否记载在一件专利申请的一项权利要求或者冲突程序中具有争议的专利之中”）。对发明创造的构思发生在“当关于一项可实施的发明创造的确切稳定的想法，包括企图通过专利途径保护的客体的所有特征，都产生的时候”。同前。

[156] 见Burroughs Wellcome Co. v. Barr Labs., Inc., 40 F. 3d 1223, 1227 - 1228 (Fed. Cir. 1994)。

[157] 对第102条（f）款的理解应该与第111条关联起来，第111条要求除非另有规定（例如无法找到发明人或者发明人已经去世），专利申请应该由“发明人”完成。

得者”)。

由于未正确注明发明人而引起的无效风险因 1952 年专利法案第 256 条的实施而大幅减少了，该条款规定，“如果一项专利中出现了遗漏发明人或者将非发明人的人注明为发明人的错误，如果可以依据本款规定对该错误进行纠正的话，就不能因此认定该专利无效。”[158] 如果要纠正“未加入”型错误，就要求被遗漏的发明人不存在任何欺瞒的意图，但法律并没有探究被错误地注明为发明人的那个人的意图。[159]

1952 年专利法案第 256 条进一步规定，可以通过两种途径来纠正已授权专利的发明人身份。第 256 条第 1 款表明，如果所有发明人都同意进行纠正的话，他们必须向 USPTO 局长申请纠正这个错误。第 2 款规定，如果在发明人中间有争议，各方都不同意纠正时，可以由“受案法院”来解决，[160] 只要法院可以提供告知以及听证的机会。[161]

4. 共同发明人

当一件未决专利申请注明多个发明人时，如果有证据显示这里面并非所有人都对发明创造的构思有贡献，那么 USPTO 审查员会根据第 102 条 (f) 款作出驳回决定。但是，取得专利的发明创造可以是多个发明人的成果，法律对这一点的规定是非常明确的。《美国专利法》第 116 条给出了由两个或多个人作出的合作发明的标准。从 1984 年开始，在修改第 116 条时，不再要求一个人必须对专利的每一项权利要求都有所贡献，才可以被称为共同发明人。根据现行美国专利法第 116 条，即使“没有对专利的每项权利要求都作出贡献”的发明人也可以被称为共同发明人。[162] 因此，在当前法律下，假设有一件含有 20 项权利要求的专利申请，即使 A 对 19 个权利要求的构思有贡献，而 B 只对一项权利要求有贡献，A 和 B 两个人都算是该专利申请真正的发明人。[163]

---

[158] 《美国专利法》第 256 条 (b) 款。

[159] 见 Stark v. Advanced Magnetics, Inc., 119 F. 3d 1551, 1554 (Fed. Cir. 1997)。

[160] Chisum 教授认为，法庭对《美国专利法》第 256 条中“such matter”的解释是错误的，并为被遗漏的发明人提起纠正发明人诉讼的独立诉讼理由创造了管辖。见 1-2 Donald S. Chisum, Chisum on Patents §2.04 [7] (2008)。

[161] 尽管《美国专利法》第 256 条规定了对授权专利发明人身份的纠正，对未决的专利申请发明人身份的纠正是根据《美国专利法》第 116 条最后一款的规定在 USPTO 内部进行的。

[162] 《美国专利法》第 116 条 (c) 款。

[163] 见 Ethicon, Inc. v. United States Surgical Corp., 135 F. 3d 1456, 1460 (Fed. Cir. 1998) (认为“只要对一项权利要求有贡献就够了”)。

I.《美国专利法》第 102 条（g）款的在先发明

1. 引　　言

《美国专利法》第 102 条（g）款是美国先发明制度的基石。先行法条的文字表明，将专利权授予先发明者的要求是在两种不同的情况下实现的，但是先发明这个基本概念对这两种情况都有体现。[164] 第 102 条（g）款包括两个方面。第一方面，第 102 条（g）款（1）项处理的是优先权的争夺，被称为在号称大约同时作出同样发明创造的两方或者多方之间的**冲突**。“冲突”是在 USPTO 内部进行的多方程序，用于确定哪一方是先发明者，然后将涉案发明创造在美国的专利权授予这一方。第二方面，第 102 条（g）款（2）项处理的是，在一件专利申请或者专利的发明日之前，该专利申请或者专利上注明的发明人以外的其他人在美国的已经作出该发明创造的行为，对该专利申请（单方面审查过程中）或者该专利（在质疑专利有效性的联邦法院诉讼中）的权利要求所构成的预见。“冲突”和“预见”这两种情况都要求在先发明创造必须没有被“放弃、压制或者隐瞒”。[165]下文将对“冲突”和“预见”这两种情况分别进行讨论，而时间上的优先是这两种情况共同适用的基本规则。

2. 第 102 条（g）款（1）项的冲突程序

一项发明创造只能授予一项专利权。当两方（或者多方）（发明创造实体[166]）就同一项发明创造申请美国专利，并且每一方都是独立作出的该项发明创造时（而不是复制别人的发明创造），他们不能都各自取得专利权。更确切地说，美国专利制度建立了一套程序，无论递交专利申请的先后顺序如何，都将专利权授予（至少理论上）先发明的那个人。

上文中采用了“理论上”这个词，这表明确定先发明的程序并不是自动的。为此，相互竞争的请求人必须参与所谓的冲突程序，即在 USPTO 内确定哪一方是先发明者的多方裁定程序。[167] 最后提交专利申请的那

---

[164] 2007 年 4 月向参众两院提交的立法议案，很可能会将美国的专利制度修改为发明人先申请制度。见 Patent Reform Act of 2007, H. R. 1908, 110th Cong. §3（2007）; S. 1145, 110th Cong. §3（2007）。

[165] 《美国专利法》第 102 条（g）款。

[166] 在一项发明创造由两名或两名以上发明人合作完成的情况下，专利法将这些人统称为“发明实体”。假设有发明人 A 和发明人 B 合作完成了一项发明创造。“A + B”这个发明实体被认为是“他人”；即不同的发明实体，其与发明人 A 自身或发明人 B 自身都是不同的。

[167] 美国专利制度将冲突程序作为判断发明创造优先权的途径。但是，采用先发明制度并不必然会引发有抵触的情况。历史上，英国曾经采用申请日作为对发明日的不可辩驳的推定，从而避免有关先发明优先权的长期事实争议。本书作者感谢 Carl Moy 教授发现了这一现象。

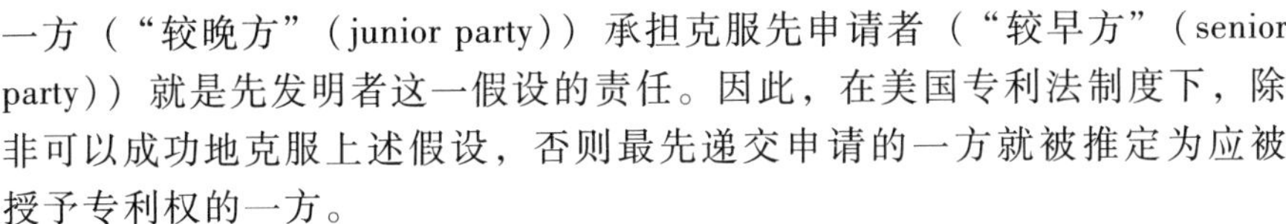

一方（“较晚方”（junior party））承担克服先申请者（“较早方”（senior party））就是先发明者这一假设的责任。因此，在美国专利法制度下，除非可以成功地克服上述假设，否则最先递交申请的一方就被推定为应被授予专利权的一方。

根据当前《美国专利法》第104条，在冲突程序中，与先发明有关的证据可以是在美国之外进行的发明行为。[168] 有了这条法律，在1993年12月8日或之后，发生在《北美自由贸易协定》（*North American Free Trade Agreement*，NAFTA，除美国之外目前还包括墨西哥和加拿大）签订国的发明行为，以及在1996年1月1日或之后，发生在世界贸易组织成员内（WTO）的发明行为（例如下文所描述的构思、勤勉程度和付诸实践）都可以在冲突程序中作为证据。[169] 因此，从证据的角度来讲，如今在美国以外的NATA或者WTO成员作出发明创造，并且在美国对其发明创造寻求专利保护的发明人，与作出同样发明创造的美国发明人相比，地位更加平等。但是，如果这种在国外作出发明创造的发明人未能按照美国开示（discovery）程序的规定提供其在外国进行发明的证据，也会受到惩罚。[170]

---

[168] 《美国专利法》第104条规定：

> （1）程序。在专利与商标局和法院以及任何其他主管机关进行的程序中，除本编第119条和第365条所规定的以外，专利申请人或专利权人不可以通过发生在NAFTA（《北美自由贸易协定》）或WTO成员以外的国家的对发明创造的知晓、使用，或者有关的其他活动来确立其发明日。

[169] WTO的现任成员见 http://www.wto.org/english/theWTO_e/whatis_e/tif_e/org6_e.htm（最后访问时间为2008年9月15日）。截至2008年9月，WTO有153个成员。截至2008年，还不是WTO成员的国家包括阿富汗、伊朗、伊拉克以及俄罗斯联邦。

[170] 见《美国专利法》第104条（a）款（3）项，其中规定：

> （3）信息的使用。如果在美国专利局、法院或者任何其他主管机关的程序中，无法像获得在美国的信息一样获得发生在NAFTA或WTO成员的知晓、使用或者与证明或反驳发明日相关的其他活动信息，那么专利局局长、法院或者这些其他主管机关可以对程序中要求信息的一方作出有利的推断或者法律法规允许的其他行为。

《美国专利法》第104条的这一部分是“通过对不提供妥善开示程序的外国当事人加以惩罚的方式对美国公司加以保护”。Thomas L. Irving & Stacy D. Lewis, *Proving a Date of Invention and Infringement After GATT/TRIPS*, 22 AIPLA Q. J. 309, 318（1994）。

冲突程序相当复杂并且也超出了本书的介绍范围。[171] 但是，所有学习专利法的学生都应当掌握《美国专利法》第102条（g）款最后一段有关时间上优先的基本规则：

> 在根据这一款来判断作出发明创造的优先顺序时，不仅要考虑构思发明创造和将发明创造付诸实施的日期，也要考虑首先构思并最晚实施的那一方，自另一方完成构思前某时开始所付出的合理的勤勉。[172]

我们将结合下文的几个例子对这项既适用于冲突程序又适用于预见的规则进行研究。

3. 第102条（g）款（2）项的预见

第102条（g）款（2）项不适用于冲突程序，却适用于对专利申请的单方面审查或者在联邦法院对专利有效性提出质疑的诉讼。与冲突程序不同的是，在这些情况下不存在声称其自身才应该获得涉案发明创造的专利权的竞争对手。相反，USPTO审查员会根据第102条（g）款（2）项声称其他发明人在美国先作出该发明创造的行为构成了现有技术，因此专利申请人无法就同样地发明创造获得专利权。如果是在诉讼中，对专利有效性提出质疑的人（一般是被控侵权者）会声称其他发明人于美国先作出该项发明创造的行为应当导致涉案专利无效。

将第102条（g）款（2）项看作对第102条中所有新颖性破坏条款的涵盖或是归纳是有助于分析的，这也就是为什么有些专利法教员在讲解第102条的其他条款之前先讲解第102条（g）款的原因。这样的讲解顺序是有一定的逻辑关系。从时间线上来看，必须要先“作出”现有技术发明创造，才能为他人所得知或使用，或者在印刷出版物中出现或所叙述（第102条（a）款），或者置于公开使用或销售（第102条（b）款），或者在美国专利或美国专利申请中有所描述（第102条（e）款）。

---

[171] 有关冲突程序的法律和实践指导，见 Practice Before the Board of Patent Appeals and Interferences, 37 CFR. § §41.1－41.208（2008）; *Interference Proceedings*, Manual of Patent Examining Procedure § §2301－2309（8th ed., 7th rev. 2008）［此后称 MPEP］; Charles W. Rivise & A. D. Caesar, Interference Law and Practice（W. S. Hein 2000）; Charles L. Gholz, *Interference Practice* in 5 Irving Kayton & Karyl S. Kayton, Patent Practice 23.3（6th ed. 1997）。

[172] 《美国专利法》第102条（g）款。

如果在申请人的发明日以前，“另一位发明人在美国已经作出”该发明创造，而在先发明人随后也没有“放弃、压制或者隐瞒”该发明创造，那么根据《美国专利法》第102条（g）款（2）项的规定，该项发明创造就被预见了。因此，第102条（g）款（2）项的触发条件就是，由另一发明人在美国先“作出”该发明创造，并在一段合理的时间内，不管是通过取得专利、公开、销售还是类似的方式，将该发明创造介绍给美国公众。[173] 在先发明人不必为其发明创造提交专利申请，但是，必须在将发明创造实际付诸实施之后的合理时间内采取其他措施确保公众对该发明创造的知晓。[174]

与使用《美国专利法》第102条（g）款（1）项的冲突程序相反的是，根据第102条（g）款（2）项的预见（破坏新颖性）所依据的在先发明创造必须是在美国作出的。《美国专利法》第104条中所涉及的发生在美国之外的NAFTA或者WTO成员的事件并不适用于第102条（g）款（2）项的预见。换句话说，作为预见或无效（破坏可专利性）基础的在先发明创造仅有在美国作出时才“算数”。这个区别也体现在《美国专利法》第104条的文字中，该条款规定在外国的行为仅可作为专利申请人或者专利权人积极地要求“确立发明日”的证据。[175] 上述可将在国外的行为作为“确立发明日”证据的人包括，第102条（g）款（1）项中冲突程序的各方，以及在单方面审查中根据《美国专利法实施细则》（37C. F. R1. 131）来确立在现有技术对比文件有效日期之前的发明日，从而克服第102条（a）款或第102条（e）款现有技术的申请人。这两

---

[173] 见 Int'l Glass Co. v. United States, 408 F. 2d 395, 403 (Ct. Cl. 1969)（指出“即便一项发明创造已经完成，但是如果在完成后一段合理的时间内，并没有采取行动使得该发明创造为公众所知的话，仍然会被认定是对该发明创造的放弃、压制或者隐瞒”）；同前（注意到“没有递交专利申请；没有在公开传播的文件中描述发明创造；或者没有公开使用发明创造的情形，都曾经被认为构成对发明创造的放弃、压制或者隐藏”）。《美国专利法》第102条（a）款并没有相应的对于在先知悉或使用的“引导性”要求，但是法庭曾经将《美国专利法》第102条（a）款解读为要求具有预见性的知悉或使用是可以为公众所得的。见 Eolas Techs. Inc. v. Microsoft Corp., 399 F. 3d 1325, 1334 (Fed. Cir. 2005); Woodland Trust v. Flowertree Nursery, Inc., 148 F. 3d 1368, 1370 (Fed. Cir. 1998)。

[174] 见 Apotex USA, Inc. v. Merck & Co., 254 F. 3d 1031, 1038 (Fed. Cir. 2001)。在*Apotex*案中，对涉案专利有效性提出挑战的Merck公司将其在先发明创造（一种血压治疗方法）付诸实施以后，作为营业秘密保护了数年，尽管这样的行为有可能被认为是压制或者隐藏，但联邦巡回上诉法院认为，Merck后来发表的文章以及在初审中的证词都公开了该方法的成分和其他细节，这些都发生在专利权人Apotex声称的构思日以前，因此根据《美国专利法》第102条（g）款足以依据这些证据宣告Apotex的涉案专利无效。见 *Apotex USA*, 254 F. 3d at 1040。

[175] 《美国专利法》第104条。

类人都积极地试图确立发明日期，而不是如第102条（g）款（2）项中所规定的那样试图推翻可专利性。

在USPTO对专利申请进行的单方面审查过程中，依据第102条（g）款（2）作出的预见驳回比较少见，这是因为USPTO通常不知道（或者不具有资源来调查）所引用的现有技术对比文件中所披露的发明创造的实际作出时间。[176] 但是，在专利诉讼中，越来越多地出现基于第102条（g）款（2）项对授权专利的有效性所提出的质疑，这可能是因为诉讼当事人更有动力及经济资源来对现有技术发明创造的发明日进行调查。[177]

虽然1952年专利法案的起草者认为《美国专利法》第102条（g）款是批准冲突程序的法条，[178] 我们对《美国专利法》第102条（g）款的理解已经随着时间变化而有所扩展。在 *In re Bass* 案中，该条款首次被认为是在USPTO对显而易见性进行审查时关于现有技术的规定，[179] *In re Bass* 案是一件重要的案例，本书第5章（“非显而易见性要求（《美国专利法》第103条）”）将对该案将有更为详细的介绍。以这种方式利用符合第102条（g）款的在先发明创造（作为第102条（g）款（2）项/第103条的现有技术），引发了对使用“秘密的现有技术”的担忧，就像当年《美国专利法》第102条（e）款规定，他人在美国在先递交的专利或公开的专利申请中对涉案发明创造的描述会对涉案发明创造产生预见从而成为驳回权利要求的理由，也引发了类似的担忧。但是，第102条（g）款要求，该在先明发创造不能被“放弃、压制或者隐瞒”，这就向法条中加入了类似于“公开性”的要求，从而缓解了上述有关秘密的现有技术的担忧，正如第102条（e）款中关于“授权或公开”的要求一样。

4. 第102条（g）款的优先原则

对第102条（g）款的修改是通过1999年美国发明人保护法案（AIPA）进行的，它明确地反映了对该法条的当前理解，即该条款不仅管理

---

[176] 见 In re Bass, 474 F. 2d 1276, 1286 n. 7（CCPA 1973）。在本书第5章（“非显而易见性要求（《美国专利法》第103条）”）中的“第102条和第103条的重叠部分”题目下，会对 *Bass* 案进行进一步的介绍。

[177] 见例如 Dow Chen. Co. v. Astro-Valcour Inc. , 267 F. 3d 1334（Fed. Cir. 2001）; Monsanto Co. v. Mycogen Plant Sci. , Inc. , 261 F. 3d 1356（Fed. Cir. 2001）; Apotex USA, Inc. v Merck & Co. , Inc. 254 F. 3d 1031（Fec. Cir. 2001）。

[178] 见 Paulik v. Rizkalla, 760 F. 2d 1270, 1276 – 1279（Fed. Cir. 1985）（Rich法官持赞同意见）（详细介绍第102条（g）款的历史）。

[179] 474 F. 2d 1276（CCPA 1973）.

冲突程序，也管理构成预见的情况；也就是说，在先发明创造可以作为USPTO单方面审查过程中作出驳回决定的基础，或者在联邦地区法院提起诉讼对授权专利的有效性提出质疑的基础。这些情况都可以适用第102条（g）款的最后一句话：

> 在根据这一款来判断作出发明创造的优先顺序时，不仅要考虑构思发明创造和将发明创造付诸实施的日期，也要考虑最先构思并最晚实施的那一方，自另一方完成构思前某时开始所付出的合理的勤勉。

这句法条原文可以被简化和重新表述为下面这项用于确定发明创造在时间上的优先原则：

> 通常，先付诸实施的那个人［这个人后来没有放弃、压制或者隐瞒］就是先发明者，除非后付诸实施的那个人同时还是最先作出构思的人，并且付出了充分地勤勉。

不管是在单方面审查、有效性诉讼，或冲突程序中，要想应用这项原则需要理解几个重要的专业术语。**构思**日是指“发明人头脑中形成日后用于实践的、完整的、可操作的发明创造的清晰和持久性构思”的日期。[180] **付诸实施可能**是实际的或者是推定的。构造出能够实现发明目的该发明创造的客观实施例，便是实际的付诸实施。[181] 就该发明创造提交满足《美国专利法》第112条第1款有关公开内容要求的专利申请，就是推定付诸实施。[182] 合理的**勤勉**是指，有证据证明发明人一直在积极地为将其构思的发明创造付诸实施而努力，或者在相关时间段内尽管该发明人没有采取任何行动，却存在着合法的理由。[183]

在掌握了这些概念以后，我们可以将上述时间上的优先原则应用于第102条（g）款（1）项和第102条（g）款（2）项所规定的两种情况

---

[180] Coleman v. Dines, 754 F.2d 353, 359 (Fed. Cir. 1985).

[181] 见 Great Northern Corp. v. Davis Core & Pad Co., 782 F.2d 159, 165 (Fed. Cir. 1986)。

[182] 见 Bigham v. Godtfredsen, 857 F.2d 1415, 1417 (Fed. Cir. 1988)。

[183] 见 Griffith v. Kanamaru, 816 F.2d 624, 626 (Fed. Cir. 1987)（指出“Griffith必须负责解释自发明创造付诸实施至Kanamaru的申请日这段时间没有采取任何行动的原因”）；又见 Naber v. Cricchi, 567 F.2d 382, 385 n.5 (CCPA 1977)（解释说，“第102条（g）款关于合理勤勉的要求是建立在鼓励尽早将发明创造公开的公共政策之上的，类似地，发明创造付诸实施至递交专利申请之间不可以存在不合理的延迟这项要求，也是为了避免对发明创造的压制或隐藏”）。

之中。首先假设将该原则应用于发明人 A 和发明人 B 的冲突程序中，这两个人都声称在大约相同的时间作出了同样的发明创造。这属于涉及《美国专利法》第 102 条（g）款（1）项的申请。

图 4.4 所示的是时间优先原则在第 102 条（g）款（1）项冲突程序中的两种不同应用。如图 4.4 的例 1 所示，在冲突程序中，如果发明人 A 在发明人 B 之前将其发明创造付诸实施，而之后也没有放弃、压制或者隐瞒该发明创造，则发明人 A 在时间上就占据优先，除非发明人 B 在发明人 A 之前已构思所述发明创造，并在从发明人 A 构思到发明人 B 自己付诸实施的时间段内，为将该发明创造付诸实施付出了勤勉的努力（如例 2 中所示的）。

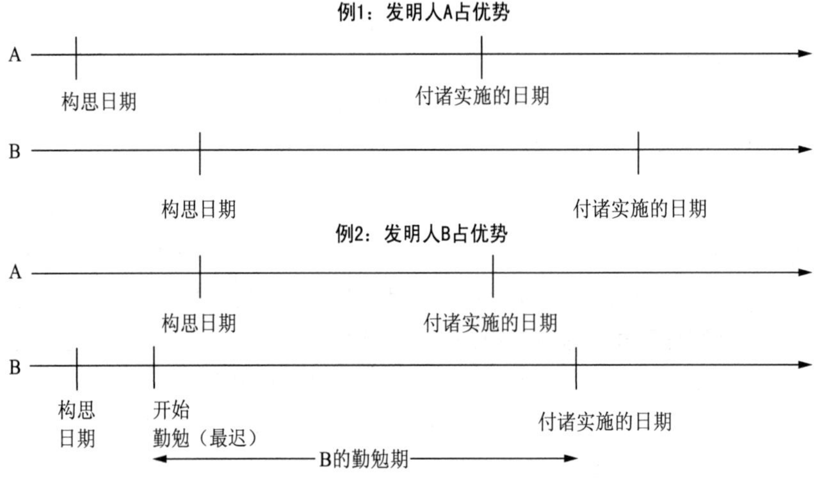

图 4.4　图中所示为冲突程序中《美国专利法》第 102 条（g）款的时间优先原则（发明人 A 与发明人 B 的对抗）

注意，发明人 A 在构思和付诸实施的日期之间是否保持勤勉，在例 2 中是无关紧要的；在这个例子中只有 B 的勤勉才对结果有影响。如果我们要将专利授予后实施者，就意味着我们接受在完成发明创造和将发明创造传播给公众方面的延迟，那么就要求在后实施者为了将发明创造付诸实施而付出了勤勉的努力。

另一种情况是，将时间优先原则应用于由被控侵权方 X 在联邦法院提出的对发明人 A 已授权专利有效性的质疑，作为对发明人 A 控告 X 侵犯其专利权的积极抗辩。被控侵权方 X 可以声称第三方（发明人 B），[184] 在发明人 A 之前在美国作出了该项发明创造，因此根据《美国专利法》第 102 条（g）款（2）项发明人 A 的专利无效。[185] 要想在这个抗辩中获胜，被诉侵权方 X 必须证明：（1）发明人 B 在发明人 A 之前将所述发明创造付诸实施，并且之后也没有放弃、压制或者隐瞒其发明创造；（2）发明人 B 在发明人 A 之前构思了所述发明创造，并且从发明人 A 的构思日之前开始到发明人 B 自己付诸实施结束的整个时间段，发明人 B 为将所述发明创造付诸实施而付出了勤勉努力。[186]

J. 通过居先（antedating）（或者“在后宣誓”[swearing behind]）的方式克服现有技术

第 102 条（g）款所蕴含的先发明原理同样是在单方面专利审查中以居先（或“在后宣誓”）的方式克服某类现有技术对比文件的基础。读者应该还记得，当发明人为所要保护的客体提交满足第 112 条有关公开内容要求的专利申请的行为，代表着推定将所述客体付诸实施，基于这种理论，USPTO 假定专利申请的递交日就是申请人的发明日。（另外，专利申请人通常不在原始提交的专利申请中披露其构思和/或实际付诸实施的日期。）如果 USPTO 审查员找到了具有可实施性的、记载了相同发明创造的、符合第 102 条（a）款或者第 102 条（e）款的对比文件，并且该对比文件的有效日期早于申请人的申请日，那么审查员就会推定该对比文

---

[184] 在这个例子中发明人 B 并不是专利有效性诉讼中的当事人。然而，被控侵权方 X 将发明人 B 的行为证据作为用来无效涉案专利的现有技术。发明人 B 并不需要就该发明创造拥有专利，只要在完成该发明创造后的合理时间内公开了该发明创造或者使公众知晓该发明创造（例如通过商业手段）。见 Apotex USA v. Merck & Co., Inc., 254 F. 3d 1031 (Fed. Cir. 2001)（对涉案专利有效性提出挑战的 Merck，拥有在先的发明创造，虽然没有申请专利但也没有第 102 条（g）款中提到的压制或隐藏）；Int' Glass Co. v. United States, 408 F. 2d 395, 403 (Ct. Cl. 1969)（由第三方拥有的未申请专利的在先发明创造被认定为是第 102 条（g）款所定义的压制或隐藏）。

[185] 这个理论在 Monsanto Co. v. Mycogen Plant Science, Inc., 261 F. 3d 1356 (Fed. Cir. 2001) 案中是成功的。联邦巡回上诉法院拒绝在 *Monsanto* 案中采用在陪审团审判的专利权无效抗辩案件中的“具体的证词”（particularized testimony）/“连接性论据”（linking argument）要求，对此举的批评见 Janice M. Mueller 所著文章 *At Sea in a Black box: Charting a Clearer Course for Juries Through the Perilous Straits of Patent Invalidity*, 1 J. Marshall Rev. Intell. Prop. L. 3 (2001)，网址为 http://www.jmripl.com/Publications/Vol1/Issue1/mueller.pdf。

[186] 见 *Monsanto*, 261 F. 3d at 1361 - 1362, 1362 - 1363；Mahurkar v. C. R. Bard, Inc., 79 F. 3d 1572, 1577 (Fed. Cir. 1996)。

件是具有预见性的。该对比文件所披露的内容存在于申请人推定的发明日之前，这不符合申请人是首先作出发明的人的推定。为了将该对比文件从现有技术中排除，专利申请人必须证明，在对比文件的有效日期之前其已经发明出了被驳回权利要求的客体。换句话说，申请人必须证明，是他而不是对比文件的作者首先发明了该申请所要求保护的客体。虽然居先的方式并不是冲突程序（冲突程序是在两个或者多个专利申请人之间的竞争），但是可以将居先理解为专利申请人及其希望从现有技术中排除的对比文件之间的“准冲突程序”。

通过居先的方式来克服现有技术对比文件的机制是由《美国专利法实施细则》第 131 条（37 C. F. R § 1. 131）所管理的。专利申请人可以通过提交适当的宣誓或者声明，来证明在 USPTO 审查员所引用的对比文件有效日期之前他已经发明出了被驳回的权利要求的客体，从而通过居先的方式来克服第 102 条（a）款或者第 102 条（e）款对比文件。[187] 在上述宣誓或者声明中所提供的事实必须能够证明：（1）在对比文件的有效日期之前已经实际的将所述发明创造付诸实施；（2）在对比文件的有效日期之前构思了所述发明创造，并且从对比文件的有效日期之前到申请人实际将该发明创造付诸实施的日期或者到所述专利申请的递交日之间，申请人付出了合理的勤勉努力。[188]

细则第 131 条的居先程序不能用于克服法定限制对比文件，例如《美国专利法》第 102 条（b）款规定的印刷出版物。[189] 其所体现的是鼓励尽快为新发明创造提交专利申请的政策。居先程序也不能用来克服在权利要求中要求保护相同的发明创造的美国专利或者公开的专利申请构成的现有技术对比文件。在这种情况下，审查员作出驳回决定的基础是《美国专利法》第 102 条（g）款（1）项，申请人可以要求启动冲突程序。[190] 最后，尽管 USPTO 根据第 102 条（g）款（2）项以他人在美国作出了相同的发明创造为由而作出驳回决定的情况比较少见，但是一旦作出了这种驳回决定，申请人不能通过细则第 131 条的居先程序来克服它。这是因为：

---

[187] 见 37 C. F. R. § 1. 131（a）。

[188] 见同上，§ 1. 131（b）。

[189] 见同上，§ 1. 131（a）（2）。

[190] 见同上，§ 1. 131（a）（1）。

《美国专利法》第 102 条（g）款所定义的客体必须是在申请人作出其发明创造之前作出的。相反，对于符合第 102 条（a）款和（g）款的对比文件来说，仅须能够推定其客体是在申请人的发明日之前作出来的即可。申请人可以根据 37C. F. R1. 131 提交证据对这种推定进行驳斥。[191]

[191] MPEP，脚注 171，§715（II）（I）。

第 5 章

非显而易见性要求

（《美国专利法》第 103 条）

A. 引　　言

本章是对可专利性终极条件的研究：发明创造的**非显而易见性**要求。尽管直到第 103 条作为《1952 年专利法案》的一部分生效之前，这项要求才被纳入成文法，但是至少自 1851 年起，案例法就通过联邦最高法院对 *Hotchkiss v. Greenwood* 案①（著名的"门把手"案）的判决，认可了这项最终条件，即除新颖性之外，可专利性还有"更多的"要求。一项发明创造在技术上可能是新颖的，不会触发《美国专利法》第 102 条中破坏新颖性或者导致专利权丧失的条款。② 但是，如果要想获得专利，与先前的技术相比，该发明创造还必须具有足够多实质性的进步，才能够为托马斯·杰弗逊所说的"由排他性专利造成的困境"作个交代。③ 这项决定从根本上说是一个基于事实调查的公共政策问题④——哪些发明创造应该被授予专利权，而哪些不能。⑤

---

① 52 U. S. 248（1850）.

② 见本书第 4 章（"新颖性及权利丧失（《美国专利法》第 102 条）"）。

③ Graham v. John Deere Co.，383 U. S. 1，9（1966）（摘自托马斯·杰弗逊写给艾萨克·麦克弗森的信（1813 年 8 月 13 日），VI The Writings of Thomas Jefferson，at 181（H. A. Washington ed. 1854））。

④ Giles S. Rich 所著的文章 *The Vague concept of "Invention" as Replaced by Section 103 of the 1952 Act* [the "Kettering Speech"] in Nonobviousness：The Ultimate Condition of Patentability 1：401（John F. Witherspoon ed. 1980）。

⑤ 对非显而易见性的判断类似的被称为"最终的判决"。见 In re Lee，277 F. 3d 1388，1345（Fed. Cir. 2002）。

《美国专利法》第 103 条（a）款的引言部分写道："虽然一项发明创造并非如本法第 102 条所规定的那样与已经被披露或者记载的内容完全一致，但是，如果……则其不能获得专利权。"这样的限定语表明，即使一项发明创造没有因第 102 条的一个或多个子款（如第 4 章所讨论的）被预见，若要想获得专利，仍需满足非显而易见性这个额外条件。其中，"与已经披露或者记载的内容完全一致"这句话还强调，第 102 条所规定的预见标准是"完全相同"原则；也就是说，所要求保护的发明创造的每一项特征都必须要在单篇现有技术参考文件中有所披露，才能认定是根据第 102 条的预见。⑥

非显而易见性分析是一项充满挑战，同时也是在美国专利法系统中经常会碰到的任务。在研究非显而易见性的判断方法之前，了解一下非显而易见性要求的发展历史对于后面的分析是有益处的。

B. 历史背景：*Hotchkiss* 案中的"普通技术工人"（ordinary mechanic）和有关"创新"（invention）的要求

美国联邦最高法院在审理 *Hotchkiss v. Greenwood* 案⑦时，对涉及一项由门把手、柄部和轴部组成的机械装置专利的有效性进行了分析，并首次认为可专利性的要求除了新颖性以外还有更多其他的内容。该装置的新颖特征在于，门把手是用陶土或者陶瓷做成的。现有技术的门把手是用木头做的，容易翘曲和开裂；也有用金属做成的，但是当暴露在自然环境中时，金属门把手容易受到腐蚀。专利权人对材料的替换产生了一种更有吸引力的门把手，并且与现有技术的门把手相比，其制造成本更低、更耐用。

尽管看起来这项发明创造在门把手制造方面似乎具有突出、有益的进步，但是审理 *Hotchkiss* 案的多数法官认为该专利无效，因为仅将木头换成陶瓷的过程不涉及可专利的"创新"：

> 但是，这种［替换］本身不可能成为专利的客体。没有人会因为一个机械装置整体或者部分的材料比之前装置所用的材料更适合其用途，并且更好、更便宜，便认为这种装置与之前

---

⑥ 见本书第 4 章（"新颖性及权利丧失（《美国专利法》第 102 条）"）。

⑦ 52 U. S. 248（1850）.

> 的装置不同；或者从专利法意义上来说，其制造者就可以因此获得专利权。
>
> 这种区别只是形式上的，缺少独创性或者创新。尽管在制造能够达到所要求目的的装置时，在材料的选择和调试过程中，可能需要进行判断和一定的技能，但仅此而已。⑧

最高法院在 *Hotchkiss* 案判决中的这些话产生了一个对“创新”含混不清的要求，体现了某种超出新颖性之外的、抽象的、不可捉摸的要求。由于这个词的含义不明，从而导致无法精确地对其进行适用。后来，最高法院作出一项循环解释，“事实上，无法通过为判断某装置是否涉及创造性而提供实质性帮助的方式来定义 [‘创新’] 这个词。”⑨ 简言之就是，若要取得专利，发明创造必须涉及创新！

Hotchkiss 案的判决什么是、或什么不是创新制定了各种检验标准和规则，下级法院在适用这些标准和规则时困难重重。⑩ 创新的模糊概念成为“司法机关的玩物”。⑪ 尽管创新这个术语并不实用，但却植根于专利法词汇之中，以至于在 *Hotchkiss* 案之后 100 余年都没被摒弃。在《1952 年专利法案》中，创新这一概念最终被现在的非显而易见性代替，下文会对非显而易见性进行详细分析。

虽然现在看来，当时采用的术语不仅过时而且不准确，但 *Hotchkiss* 案仍是我们理解对非显而易见性进行判断的出发点的基础。最高法院在 *Hotchkiss* 案中阐明，如果产生一项发明创造所涉及的技能或者才智并不比该发明创造所在领域的“普通技术工人”水平更高的话，那么该发明创造就不配被授予专利：

---

⑧ 52 U. S. 248 (1850).

⑨ Graham v. John Deere, 383 U. S. 1, 11 - 12 (1966)（引用了 McClain v. Ortmayer, 141 U. S. 419, 427 (1891); Great Atl. & Pac. Tea Co. v. Supermarket Equip. Corp., 340 U. S. 147, 151 (1950))。著名的专利法学家 Learned Hand 认为，是否存在可被专利的“发明创造”的问题就像所有的法律概念一样，是一个“难以捉摸的、无形的、难以理解的、含糊的”幽灵。Harries v. Air King Prods. Co., 183 F. 2d 158, 162 (2d Cir. 1950) (Hand, C. J.)。

⑩ 见 2 - 5 Donald S. Chisum, Chisum On Patent §5.02 (2008)（对那些认为无论是“形式、比例或者程度的改变”，还是“纯粹的要素叠加”，对无法构成可专利的“创新”的案例进行了总结)。

⑪ Giles S. Rich 所著文章 *Why and How Section* 103 *Came to Be*, in Nonobviousness，见脚注 4, at 1: 208。

> 在将柄部和把手紧固在一起的老方法应用到陶土或者陶瓷把手上时，除非所需要的才智和技能比熟悉此领域的普通技术工人所拥有水平还要高，否则就无法达到构成发明创造必要要素的技能和才智水平。换句话说，如果是这样，那么这项改进就是技术工人的工作成果，而不是发明人的。⑫

经过证明，*Hotchkiss* 案中作为判断可专利性参考点的“普通技术工人”的概念是有用的，并可以将其理解成为后来反映在《美国专利法》第 103 条中的**本领域普通技术人员**（PHOSITA）的前身。根据该条款的规定，一项发明创造若想被授予专利权，那对于这个假想的人而言，该发明创造不能是显而易见的，这个假想的人在发明创造作出之时（发明日⑬），拥有该发明创造所在领域的“普通技能”（技术）。

以 PHOSITA 为出发点的规定，确保了对第 103 条所要求的非显而易见性的判断不是以法官、陪审团、专利律师、USPTO 专利审查员或者涉案专利的署名发明人的主观意见为标准作出的。更确切地说，作出判断的人必须在时间上回溯到发明日，站在 PHOSITA 的角度（及思维），根据当时已有的现有技术对可专利性作出客观的判断。在进行判断的时候，不能以正在审查的专利或者专利申请的权利要求作为蓝图，因为这样可能会导致“事后聪明”（hindsight），而使发明人为解决技术问题所提出的解决方案看起来微不足道。这无疑是挑战思维活动的练习，但是，第 103 条和下文将要介绍的最高法院在里程碑式案例 *Graham v. John Deere* 案⑭中作出的解释，为非显而易见性的分析提供了所应遵循的方向。

C.《1952 年专利法案》第 103 条纳入非显而易见性要求

目前，《美国专利法》第 103 条由 3 个子条款组成。我们这里主要着重讨论第 103 条（a）款，因为它适用于所有类型的发明创造。⑮ 第 103

---

⑫ *Hotchkiss*, 52 U. S. at 267.

⑬ 正如在前面第 4 章（“新颖性及权利丧失（《美国专利法》第 102 条）”）中曾解释的，根据推定付诸实施理论，专利的递交日被假定为其所要求保护客体的“发明日”。但是，发明人可以通过以下方式来确立早于提交日的发明日：（1）证明其将发明创造实际付诸实践的日期，假定发明人在该日期之后没有放弃、压制或者隐瞒其发明创造；（2）证明其构思日，以及为了将该发明创造最终付诸实践而付出了足够的勤勉。见《美国专利法》第 121 条（g）款（2008）。

⑭ 383 U. S. 1 (1966).

⑮ 第 103 条的其他子条款年代更近，关注的焦点范围更窄。第 103 条（b）款关注的是生物科技方法，第 103 条（c）款解决的是“机构内部现有技术”问题，在本章脚注 67 ~ 69 及其相关内容中有所介绍，还解决了“合作研发协议”的问题，在下文脚注 70 ~ 76 及其相关内容中有所介绍。

条（a）款规定：

> 虽然一项发明创造并非如本法第102条所规定那样与已经披露或者已经记载的内容完全一致，但是，如果要求获得专利的客体和现有技术之间的差别使得所述客体作为一个整体在发明创造作出之时，对于所在领域的普通技术人员而言是显而易见的，则该发明创造不能获得专利权。不能因为发明创造的作出方式而否定其可专利性。⑯

按照合著者 Giles Rich 和 Pasquale Federico 的遗志，这段法定文字被纳入《1952年专利法案》中。这段话反映了专利领域的专业人员对传统的 *Hotchkiss* 案的创新标准所产生的困惑，并证明了该标准是如此的含混不清以至于根本无法运作。各法院的法官开始以类似于对待淫秽案件的标准来对待涉及“创新”问题的案件，即采用“吾见之则吾知之”的分析方法，缺乏统一的指导或者一致的分析准则。Rich 和 Federico 等经过广泛的游说，说服国会立法废除了以“创新”作为可专利性的条件，取而代之的是非显而易见性的法定要求。因此，第103条的规定是和 *Hotchkiss* 案的“创新”标准相对应的内容。

目前，《美国专利法》第103条（a）款的最后一句提到，“不能因为发明创造的作出方式而否定其可专利性”。这句话的意思是，一件煞费苦心、长期辛苦而得的发明创造不一定就比突发灵感而得到的发明创造更显而易见。换句话说，作出一项发明创造的方式不能否定其可专利性。《1952年专利法案》的起草者在法条中加入这句话的意图是为了推翻最高法院之前曾经要求可专利性需要有“灵光乍现”（a flash of genius）的表述。⑰

D. 用于对非显而易见性进行分析的 *Graham v. John Deere* 准则

美国国会颁布专利法第103条之后大约15年，即1966年，美国联邦

---

⑯ 《美国专利法》第103条（a）款（2008）。

⑰ 见 Revise's Notes，35 U.S.A. §103（1952）（值得注意的是，“第二句话提到，作出发明创造的方式不能否定可专利性的这项要求，也就是说，无论发明创造是源于辛苦的工作和实验还是来源于灵光乍现都不重要”）。《1952年专利法案》的起草者曾经考虑到的最高法院审判的案例包括 *Cuno Eng'g Corp. v. Automatic Devices Corp.*，314 U.S. 84，91（1941）（指出要想取得专利权，“无论一件新设备多么有用，必须揭示创造性的灵光乍现，而不仅仅是因技能而产生的灵感”）；*Great Atl. & Pac. Tea Co. v. Supermarket Equip. Corp.*，340 U.S. 147，155 n.1（1950）（引用了 *Cuno*）。

最高法院在审判两件技术含量比较低的关联案件时，首次有机会解释和应用该法条。*Graham v. John Deere Co.* 案⑱中的涉案专利是关于一种犁柄的减震系统，而在 *Calmar, Inc. v. Cook Chem. Co.* 案⑲中的涉案专利是关于一种在运送装有液体的喷雾瓶时使用的保护盖。联邦最高法院在回顾了美国专利制度的历史以及与随之产生的非显而易见性要求的发展历程之后，认为这两项专利由于不满足第 103 条非显而易见性的要求而无效。联邦最高法院对上述案件中具体技术的评述实际上并不重要，而 *Graham* 案判决意见中对非显而易见性进行判断的分析和指导才是最重要的。因此，*Graham* 案的判决有着里程碑意义，值得所有学习专利法的学生认真研究。

1.《美国专利法》第 103 条的合宪性

有关满足第 103 条规定的可专利性所需具备的独创性程度或者进步的质量（用旧的术语说是“创新”的程度），联邦最高法院在 *Graham v. John Deere* 案的判决中的意见是，该法条的制定并不意味着对现存标准的任何实质性改动。因此，该法条符合宪法允许国会行使权力以促进“有用技术”⑳ 的进步的规定，且并未对国会的责任有任何减损。

最高法院解释说，颁布第 103 条的目的仅是要“把遵循本院很久以前在 *Hotchkiss v. Greenwood* 案中所宣告的原则而审理的司法判例纳入法典当中……”㉑ 对于审理 *Graham* 案的最高法院来说，第 103 条的制定只不过是将焦点转为非显而易见性的语义变化，而并非关于“满足可专利性所必需的创造性程度”的变化。㉒ *Hotchkiss* 案所传递的基本信息——判断可专利性的方法——并没有改变：

> *Hotchkiss* 案所确立的原则……并没有停留在表面，而是在功能上处理关于可专利性的问题。在实践中，*Hotchkiss* 原则要求将专利或者专利申请的客体和基于行业的背景技术而产生的灵感

⑱ 383 U. S. 1 (1966).

⑲ 同上（相关案例）。

⑳ U. S. Const., art. I, §8, cl. 8。审理 *Graham* 案的法院认为宪法的知识产权条款既是对权利授予又是对权利限制。国会不能建立一个法律制度使已经属于公众领域内的技术及其显而易见的变形也能获得专利权。见 *Graham*, 383 U. S. at 1。

㉑ 383 U. S. at 3 –4.

㉒ 同上，at 4。

> 之间进行比较。每个案件的可专利性都是在这样的比较中确定的。㉓

审理 *Graham* 案的最高法院的结论是，第 103 条“对非显而易见性的强调是一种调查，而不是品质，因此与宪法的规定是一致的”。㉔

2. 第 103 条分析的 *Graham* 分析准则

当涉及如何适用《美国专利法》第 103 条标准的细节时，最高法院在 *Graham* 案判决中解释说，非显而易见性的判断最终是一个法律问题，答案取决于几个相关的事实调查。这些事实调查，后来被专利律师称为“*Graham* 因素”，不管是在 USPTO 还是在法院进行非显而易见性判断时都必须要回答。下面是对 *Graham* 判决中的这些因素的经典总结：

> 虽然专利有效性的终极问题是一个法律问题，*Great A. & P. Tea Co. v. Supermarket Equipment Corp.*，……第 103 条的要求是满足可专利性的 3 个必要条件中的一个，该法条涉及几项基本的事实调查。根据第 103 条进行的事实调查包括：要确定现有技术的范围和内容；要找出现有技术和当前权利要求之间的区别；还要确定相关技术领域内普通技术人员的水平。基于这些背景信息，就可以对发明创造是否显而易见进行判断了。例如，商业上的成功、长期以来需要但没有得到解决的需求、其他人的失败等这些次要因素可以用于为要求取得专利的客体的来龙去脉提供一些指引。作为代表具备或不具备非显而易见性的迹象，这几项事实调查具有一定的相关性。见 Note，Subtests of “nonobviousness”：A Nontechnical Approach to Patent Validity，112 U. Pa. L. Rev. 1169（1964）。㉕

联邦最高法院通过这几句话从第 103 条中整理出下面 4 项对所有非显而易见性分析而言都必须要考虑的因素：

（1）本领域普通技术人员的水平；

（2）现有技术的范围和内容；

㉓ 383 U. S. at 12.

㉔ 同上，at 17。

㉕ 同上，at 17 - 18（引用省略）。

（3）所要求保护的发明创造和现有技术之间的区别；

（4）次要考虑因素（非显而易见性的客观表征）。

下面将分别对这些 *Graham* 因素中的每一项进行讨论。

E. *Graham* 因素：本领域普通技术人员的水平

在根据《美国专利法》第 103 条（a）款挑战专利有效性的诉讼中，通常双方当事人都会引入证据（通常是以专家证词的形式），试图确立发明创造所在技术领域内的普通技术人员的水平。解决非显而易见性的问题，必须从假想的 PHOSITA 的出发点和技术水平着手。[26] 认为专利有效的辩护方通常会试图将普通技术人员的水平确定的尽量低，使尽可能多的人认为其发明创造是非显而易见的。相反，质疑专利有效性的人通常会要求提高这个水平。[27]

在对本领域普通技术人员的水平进行调查时，法官或者陪审团会考虑下面几类证据中的部分或者全部：[28]

- 发明人的受教育程度；
- 本领域内典型技术人员的受教育程度（例如 PHOSITA 是否具有高中水平、大学本科学位，或者例如硕士或博士学位）；
- 该项技术中遇到的问题的类型以及以前解决这些问题的方案；
- 该项技术中新的创新出现得有多快；
- 该项技术的复杂程度（一项发明创造是一种鱼饵还是一种克隆基因的方法）。

发明人的受教育程度和专业技能水平不一定就代表着假想的 PHOSITA 的水平，因为发明人可能是（或者可能不是）一个技术超凡的人。然而，在 *Daiichi Sankyo Co. v. Apotex*，*Inc.* 案中进行非显而易见性分析时，

---

[26] 见 Kloster Speedsteel AB v. Crucible, Inc. , 793 F. 2d 1565, 1574 (Fec. Cir. 1986)（解释道，“这项确定普通技术人员的水平的要求的主要价值在于，使决策者的目光远离现在看起来显而易见的东西，而关注在发明创造产生的时候，什么才是显而易见的，就像法条里所要求的，‘对于本领域普通技术人员来说’”）。

[27] 见如 Ryko Mfg. Co. v. Nu-Star, Inc. , 950 F. 2d 714, 718 (Fed. Cir. 1991)（指出“被上诉人［被控专利侵权人］的证据表明大多数为［专利权人］Ryko 开发新激活设备的工作人员都至少具有一项工程学位。然而，上诉人［专利权人］的专家只是非常含糊地将本领域普通技术人员的水平描述为‘低到中等’”）；Stratoflex, Inc. v. Aeroquip Corp. , 713 F. 2d 1530, 1538 (Fed. Cir. 1983)（驳回了专利权人认为本领域普通技术人员的水平过高的观点）。

[28] 见 Envtl. Designs, Ltd. v. Union Oil Co. , 713 F. 2d 693, 696 (Fed. Cir. 1983)。

发明人的资质起了核心作用。㉙ 挑战专利有效性的 Apotex 公司说服联邦巡回上诉法院，认为地区法院对普通技术人员水平判断过低，这个错误普遍存在于下级法院对非显而易见性进行判断的最终结论之中。联邦巡回上诉法院对 *Daiichi* 案进行了改判，并认为地区法院对本领域普通技术人员水平的判断太低，属于明显错误。㉚ 联邦巡回上诉法院认为，这个错误从整体上影响了地区法院对非显而易见性的分析。㉛

Daiichi 专利解决的问题是，开发一种能够治疗耳炎但不会对耳朵有损害的外用抗生素化合物。㉜ 权利要求 1 记载："一种治疗耳病的方法，包括将一定量的氧氟沙星或者通过符合药学原理的载体承载的可以有效治疗耳病的盐用于患处。"㉝ 地区法院断定假想的与本发明创造相关的技术领域的普通技术人员具有医学学位、有治疗耳炎患者的经验并且有药理学和使用抗生素的基本常识。这样医生可能是治疗耳炎"第一线"的儿科医生或者全科医生。㉞

联邦巡回上诉法院不同意上述观点，并认为本领域普通技术人员应当是具有先进的药理学知识的、治疗耳病的专家。联邦巡回上诉法院认为地区法院的相反结论明显错误，并指出，"本专利所在技术领域的普通技术人员是开发治疗耳病药物制剂和治疗方法的人，或者是治疗耳病方

㉙ 501 F. 3d 1254 (Fed. Cir. 2007)。审理 *Daiichi* 案的法庭对发明人技术水平的强调很难与最高法院的观点相符，即"问题并不是［发明创造］对专利权人来说是否是显而易见的，而是［发明创造］对于本领域普通技术人员来说是否是显而易见的"。KSR Int'l Co. v. Teleflex Inc. , 127 S. Ct. 1727, 1742 (2007)。

㉚ 最高法院在 *Graham v. John Deere*, 383 U. S. 1 (1966) 案中就将"相关技术领域的普通技术人员的水平"(level of ordinary skill in the pertinent art) 定为进行非显而易见性分析的 4 项参考因素之一。见同前，at 17 – 18。在 *Daiichi* 案中，联邦巡回上诉法院最开始将这项因素表述为"现有技术的普通技术人员的水平"(the level of ordinary skill in the *prior* art), 501 F. 3d at 1256，但是在该判决的其他位置又一般性的称其为"本领域的普通技术人员的水平"(the level of ordinary skill in the art)。见同前，at 1257（结论是"'741 专利技术领域的普通技术人员的水平相当于开发治疗耳病的药物制剂和治疗方法，……并且在制药方面也接受过培训的人的水平"）。

㉛ 同上，at 1257。

㉜ 见同上。又见 5, 401, 741 号美国专利（于 1995 年 3 月 28 日授权）。

㉝ *Daiichi*, 501 F. 3d at 1255 – 1256。地区法院将权利要求中的"耳病"一词解释为"细菌引起的耳朵感染"，并且将"有效治疗"解释为"安全有效"。Daiichi Pharm. Co. v. Apotex, Inc. , 441 F. Supp. 2d 672, 677 n. 7 (D. N. J. 2006)。原文如下：

[a] method for treating otopathy which comprises the topical otic administration of an amount of ofloxacin or a salt thereof effective to treat otopathy in a pharmaceutically acceptable carrier to the area affected with otopathy. ——译者注

㉞ *Daiichi*, 501 F. 3d 1256（引用了地区法院作出的权利要求解释令）。

面的专家，比如接受过制药培训的耳科医生、耳鼻喉科医生或者耳鼻喉科学家。”[35]

虽然联邦巡回上诉法院列举了与判断本领域普通技术人员的水平相关的几个因素，[36] 但是*Daiichi*案中决定性的因素却是发明人的技术水平。[37] 该专利的发明人是专家，不是全科医生：一位耳鼻喉学科的大学教授加上两位Daiichi公司的员工，其中一位是临床开发部门经理，另一位是研究科学家。[38] 根据该专利的记载，发明人在豚鼠上进行了氧氟沙星测试，确保这种抗生素不会对耳朵造成损伤；联邦巡回上诉法院认为，“在动物身上进行这种试验，超出了传统意义上一般医疗人员或者儿科医生的工作范围”。[39]

联邦巡回上诉法院在*Daiichi*案中非显而易见性判断的最终结论主要因为Ganz的一篇现有技术对比文件而改变。在Ganz对比文件中，使用环

㉟ 同上，at 1257。联邦巡回上诉法院的意见使得发明新的化合物与发现已知化合物的新用途之间本应是十分清楚的界限变得模糊了。Daiichi的’741专利所保护的是使用氧氟沙星化合物的治疗方法，而不是该化合物本身。Daiichi之前在另一项已经过期的专利中曾经要求保护该化合物。见Benzoxazine derivatives（苯并恶嗪衍生物），U. S. Patent No. 4, 382, 892（1983年5月10日授权）。联邦巡回上诉法院误将涉案’741专利的发明创造称为“所要求保护的化合物”。*Daiichi*, 501 F. 3d 1257（认为“一名全科或儿科医生会采用’741专利中的发明创造来治疗耳炎，但是他可能并不具备能够开发所要求保护的化合物的相关培训或知识，也缺乏如’741专利发明人所具备的专门训练”）。

㊱ 审理*Daiichi*案的法庭摘录了*Envtl. Designs, Ltd. v. Union Oil Co.*, 713 F. 2d 693（Fed. Cir. 1983）案中的部分内容如下：

> 在判断本领域普通技术人员的水平时可以考虑的因素包括：（1）发明人的受教育程度；（2）该项技术中遇到的问题的类型；（3）现有技术解决这些问题的方案；（4）该项技术中新的创新出现得有多快；（5）该项技术的复杂程度；（6）该领域中所活跃的技术人员的受教育程度。
>
> *Daiichi*, 501 F. 3d 1256（摘录了*Envtl. Designs*, 713 F. 2d at 696（引用了Orthopedic Equip. Co. v. All Orthopedic Appliances, Inc., 707 F. 2d 1376, 1381－1382（Fed. Cir. 1983）））。认为所罗列的因素“并不是穷尽的，而只是判断本领域普通技术人员的水平的指导”。*Daiichi*, 501 F. 3d 1256。

㊲ 联邦巡回上诉法院还指出“与本专利发明人在相同领域工作的其他人也具备相同的技术水平”，*Daiichi*, 501 F. 3d 1257，但是在判决中法院并没有对这种论点提供太多支持。只是引用了Daiichi的一些会议资料说明“在耳鼻喉学科的医疗人员中有很多声音要求开发利用［氧氟沙星］来制造治疗耳病的药物”。同前。

㊳ 同上，at 1257。

㊴ 同上。联邦巡回上诉法院并没有为这个观点提供任何支持。

丙沙星（Ciprofloxacin），商业上称为CIPRO，来治疗耳部感染。环丙沙星和氧氟沙星一样，是一种旋转酶抑制剂（gyrase inhibitor）。[40] Ganz对比文件的教导是，在滴耳剂中使用环丙沙星不会出现在使用一般抗生素时常会出现的毒副作用。但是，Ganz也指出，旋转酶抑制剂（比如环丙沙星）是次选抗生素。[41] 根据Ganz的记载，旋转酶抑制剂应当"只有在治疗顽症时由耳科医生专用"。[42] 地区法院认为Ganz教导的内容和所要求保护的发明创造背道而驰，并且认为这是一篇针对专家的文献，而不是针对普通医师的文献。[43]

联邦巡回上诉法院认为，地区法院对普通技术人员的水平的错误认定导致其错误的忽视了Ganz对比文件。联邦巡回上诉法院还驳回了地区法院所依据的专利权人提供的专家证词：以一种抗生素的安全特性来推测另一种抗生素的做法是不安全的。联邦巡回上诉法院认为该证词过于"武断"且"得不到支持"，但是没有进一步对这种负面评价进行解释。

联邦巡回上诉法院首先对*Daiichi*案作出了不具有在先判例效力的判决，但是在2007年9月又再次作出了具有在先判例效力的判决。[44] 将上述判决与最高法院在2007年4月在*KSR Int'l Co. v. Teleflex, Inc.*案中对非显而易见性要求的解释结合来看，[45]（下文会对*KSR*案进行详细介绍[46]），将*Daiichi*案提升为具有在先判例效力的做法表明要确定*Graham*因素中"相关领域普通技术人员的水平"可能需要进行更具体的分析。这项关于技术水平的因素可能会为以不具备显而易见性为由质疑专利有效性的诉

㊵ *Daiichi*, 501 F. 3d 1258.

㊶ Daiichi Pharm. Co. v. Apotex, Inc., 441 F. Supp. 2d 672, 689 (D. N. J. 2006)（"对比文件Ganz还指出旋转酶抑制剂例如环丙沙星是次选的抗生素"）。

㊷ *Daiichi*, 501 F. 3d at 1258.

㊸ *Daiichi*, 441 F. Supp. 2d at 689（记载到"对比文件Ganz还指出在进行耳朵局部治疗的时候，旋转酶抑制剂'只应该被用于治疗顽症并且由耳科医生专用'。（同前）。因此，对比文件Ganz的公开内容并没有支持Apotex关于本领域普通技术人员都会知道为治疗细菌引起的耳朵感染以外用的方式使用一种旋转酶抑制剂，氧氟沙星，是有效和安全的"）。关于现有技术对比文件提供与所要求保护的发明创造"反向教导"的概念会在本章I.3部分进一步介绍。

㊹ 见*Daiichi*, 501 F. 3d at 1254（发明是2007年7月11日作出了不具有在先判例效力的判决意见，又在2007年9月12日作出了具有在先判例效力的判决意见）。

㊺ 127 S. Ct. 1727 (2007).

㊻ 见本章I.2部分（"*KSR v. Teleflex*: Combinations, Predictability, and 'Common Sense'"）。

讼产生更多的炮灰。[47]

F. *Graham* 因素：现有技术的范围和内容

1. 术　　语

基本上可以将专利法术语**现有技术**理解为，为确定是否可以给发明创造授予专利权而将所要求保护的发明创造与之进行比较的、可合法获得的技术和信息。哪些类别的技术和信息是可以用作第103条分析的、并"可合法获得的"现有技术，是由《美国专利法》第102条所规定的评价标准以及**类似技术**的概念来决定的。这些概念将在下文进行详细介绍。专利和印刷出版物之类的现有技术文献通常称为参考文献或者**对比文件**。

2. 现有技术的来源

在评价"现有技术的范围和内容"这项 *Graham* 因素时，USPTO 和法院可以从几个不同的途径获取现有技术。在典型的 USPTO 单方面审查过程中，专利申请人会通过"信息披露声明"（information disclosure statement）的形式提交其所知道的相关现有技术。[48] 另外，对 USPTO 可获得的现有技术的检索是由审查员独立地进行的。所有这些现有技术都将成为正式的专利申请历史文件的一部分，一旦专利被授权（如果没有更早的话[49]），这些内容都将成为公众可以获得的信息。

如果一项授权专利的有效性在联邦法院受到挑战，被诉侵权方（挑战专利有效性的当事人）将会引入他认为应当考虑的现有技术证据。通常这些现有技术证据中会包括新发现的现有技术，也就是在 USPTO 对专利申请的审查过程中不知道或者未曾考虑，但是经过诉讼中的开示程序而挖掘出来的现有技术文献或者事件。尽管这样的"新的"现有技术可

---

[47] 见 *Daiichi*, 501 F.3d at 1257（将 *Merck & Co. v. Teva Pharm. USA, Inc.*, 347 F.3d 1367 (Fed. Cir. 2003) 案描述为"当事人没有就本领域普通技术人员的水平的问题产生分歧"的案件）。在 *Merck* 案中涉案发明创造是一种对患有骨质疏松症的病人进行治疗的方法，联邦巡回上诉法院认同了地区法院对于与要求保护的发明创造相关领域的普通技术人员水平的认定，即具有医治这种病人经验的医学博士（M.D.）的水平"。同前。

[48] 见 37 C.F.R. § 1.98 (2008)（"Content of Information Disclosure Statement"）。根据《美国专利法实施细则》第56条的规定，申请人有义务向 USPTO 披露其所知道的对可专利性有实质影响的全部信息。不能尽到这项义务的话，就可能会被认为有不正当行为（inequitable conduct）从而导致该专利无法执行（unenforceability）。

[49] 自专利申请依第122条（b）款被公开时起，公众就可以通过付费的方式从 USPTO 那里获取该专利申请历史文件的副本。见 http://www.uspto.gov/web/offices/dcom/olia/aipa/18monthfaq.htm#ca（最后访问时间2008年4月10日）。

能比 USPTO 所考虑过的现有技术更相关，但是这样做并不会削弱对专利有效性的推定。然而，这样引入证据方便了对专利有效性提出质疑的当事人承担其举证责任，用清楚且具有说服力的证据来证明专利无效，而专利权人则必须提供与之相对抗的证据。[50]

3. 第 102 条和第 103 条的重叠部分

《美国专利法》第 103 条没有限定该条所说的现有技术的含义。而案例法和立法历史填补了这个空白。这些法源说明，在根据第 103 条进行 *Graham* 因素分析时，对新颖性和权利丧失有所规定的《美国专利法》第 102 条[51]对于现有技术范围的判断是非常重要的。《美国专利法》第 102 条可以被理解为，包含有可能作为第 103 条非显而易见性分析的现有技术的整体目录。换句话说，任何可以作为判断非显而易见性依据的参考文献必须是符合第 102 条的一个或多个子款的现有技术。正如《1952 年专利法案》的一位合著者所说："'现有技术'首次出现在法条［第 103 条］中，并且其限定语是'如第 102 条中所规定的那样被披露或者被记载'，因此，这些话将专利法第 102 条所规定的内容作为进行对比的基础。"[52]

最初，人们认为只有第 102 条（a）款的现有技术（最典型的是在专利申请递交日（推定的发明日）之前印刷的出版物或者授权的专利）才可以被组合起来构成缺乏第 103 条非显而易见性的驳回决定的基础。并不存在对使用秘密现有技术的担心，因为这些所谓的秘密现有技术在发明创造的发明日或者之后就应该处于被公开或者可由 PHOSITA 获得的状态了。[53] 例如，如果一项专利申请的权利要求记载了"一种包括 X 和 Y 的小发明"，USPTO 审查员可能会根据第 103 条作出驳回决定，认为对于 PHOSITA 来说，存在着将第一篇第 102 条（a）款印刷出版物（有效日期在专利申请人的发明日之前）中描述的小发明的要素 X 和第二篇第 102 条（a）款印刷出版物（有效日期也在专利申请人的发明日之前）揭示的小发明中的要素 Y 结合起来从而作出所要求保护的发明创造的建议。

---

[50] Statoflex, Inc. v. Aeroquip Corp., 713 F. 2d 1530, 1534 (Fed. Cir. 1983).

[51] 有关《美国专利法》第 102 条的详细介绍见本书第 4 章。

[52] P. J. Federico, *Commentary on the New Patent Act*, 35 U. S. C. A. § 1 (1954 ed., discontinued in subsequent volumes), *printed in* 75 J. Pat. & Trademark Off. Soc'y 161, 180 (1993).

[53] 见 OddzOn Prods., Inc. v. Just Toys, Inc., 122 F. 3d 1396, 1402 (Fed. Cir. 1997)（指出"专利法的基本原则是，现有技术就是'公众可获得的技术'，仅存在很少的例外情况"）（引用了 Kimberly-Clark Corp. v. Johnson & Johnson, 745 F. 2d 1437, 1453 (Fed. Cir. 1984)）。

然而，可以作为第103条非显而易见性驳回决定基础的第102条现有技术类别不再局限于此。随后的一系列司法判决认为，第102条中除第102条（a）款之外的其他类别现有技术，即符合第102条（b）款[54]、第102条（e）款[55]、第102条（f）款[56]和第102条（g）款[57]的信息（文献或者事件），也属于可合法获得、并可以结合起来用作第103条非显而易见性驳回决定基础的现有技术。

例如，假设在专利申请人提交专利申请的日期之前，第三方已经销售与该申请所要求保护的发明创造类似但并没有构成预见（即完全相同）的产品超过一年。第三方所销售产品的行为并不会导致所要求保护的发明创造因违反《美国专利法》第102条（b）款而丧失取得专利的权利，因为该产品不满足构成预见的完全相同原则。但是，如果对PHOSITA来说，存在着通过改变所出售产品的特征并结合当时PHOSITA可获得的其他知识（该其他知识符合《美国专利法》第102条的某个子款）来作出所要求保护的发明创造的建议的话，那么，根据《美国专利法》第103条的规定，该发明创造就是显而易见的，且不能取得专利权。尽管第三方所销售的产品和所要求保护的发明创造并不完全相同，但是在申请人递交专利申请的日期之前，第三方对所述产品的销售已经超过一年，这就将该产品纳入了PHOSITA可以获得的现有技术范围之内。这种情况可以被定义为因违反“第102条（b）款/第103条”的规定而不具备可专利性的理论。

*In re Bass*案[58]是第102条/第103条“重叠”理论发展过程中一件有着重大影响的案件。*Bass*案涉及将《美国专利法》第102条（g）款现有技术[59]用于《美国专利法》第103条对非显而易见性的分析。在*Bass*案之前，法院认为第102条（g）款仅仅是冲突程序的基础，冲突程序就是在两个申请保护同样的发明创造的竞争者之间判断在时间上的优先性的行政决定。[60] 当时，USPTO在单方面的专利申请审查过程中，没有机会根据第102条（g）款将在先作出的发明创造作为现有技术，从而作出显而

---

[54] In re Foster, 343 F. 2d 980, 988 (CCPA 1965).

[55] Hazeltine Research, Inc. v. Brenner, 382 U. S. 252 (1965).

[56] *OddzOn*, 122 F. 3d at 1936.

[57] In re Bass, 474 F. 2d 1276 (CCPA 1973).

[58] 474 F. 2d 1276 (CCPA 1973).

[59] 回顾本书的第4章，第102条（g）款规定，如果在专利申请人的发明日以前，另一位发明人在美国已经作出了同样的发明创造，并且没有放弃、压制或隐藏该在先发明创造，则该专利申请不能被授权。见《美国专利法》第121条（g）款。

[60] 见*Bass*, 474 F. 2d at 1283（指出该案件是“我们第一次在单方面审查中将第102条（g）款与第103条结合考虑，而完全脱离了其在冲突程序中用于确立在先发明人身份的作用”）。

易见性驳回决定。[61] 在*Bass*案中CCPA认为，符合第102条（g）款的由他人作出的在先发明创造也可以用于非显而易见性判断，即使所述现有技术发明创造和上诉中的专利申请的发明创造是由同一个公司的员工作出的。*Bass*案复杂的事实可以概括如下。

在*Bass*案中，上诉中的专利申请的发明创造是由一起工作的一群人发明的，包括Bass、Jenkins和Horvat，该发明创造是关于一种用于控制和收集可以形成纺织纤维的梳棉机上的废物（例如，灰尘和纤维条）的四元件真空清扫系统。但是，在Bass/Jenkins/Horvat作为一个发明实体提交专利申请要求保护其发明创造之前，Jenkins作为唯一署名的发明人已经提交了一件专利申请，要求保护该真空清扫系统的四项元件之一（即主要的圆柱形过滤网（a main cylinder screen）。USPTO审查员驳回了该真空系统的发明创造，理由是根据第103条的规定，该发明创造相对于包括所述在先提交的Jenkins专利在内的现有技术对比文件的结合来说是显而易见的。[62]

按照《美国专利法实施细则》（37 C. F. R. §1. 131）的规定[63]，Bass/Jenkins/Horvat能够证明其发明创造的发明日是在Jenkins专利的申请日以前，从而Jenkins专利的公开内容就无法再被USPTO作为第102条

---

[61] 在*Bass*案多数意见的一项脚注中，Rich法官指出：

> 可能有人会问，为什么自第102条（g）款生效以来的20年中，利用符合法条的现有技术来支持第103条驳回决定的判例很少见。这个问题的答案可能是，因为还存在其他很多更容易实现的辩护手段，或者是很少有案件值得花上那么大的成本去证明在先发明人作出其发明创造的日期。特别是，第102条（e）款使一项专利自其在美国的递交日起就成为毋庸置疑的现有技术，而即使发明创造的发明日早于该递交日，通常也无法改变判断结果。

同前，at 1286 n. 7。

当然，*Bass*案是上述"通常"情况的一个例外，因为USPTO掌握了Jenkins过滤网的发明日信息，而该日期也比Bass/Jenkins/Horvat系统的发明日"早足够久的时间"，从而可以"使判断结果产生变化"。在大多数的案件中，USPTO并不了解作为现有技术的专利客体的发明日信息。这样的信息更容易在质疑已授权专利有效性的诉讼案件的开示程序中被挖掘出来。这就是为什么第102条（g）款现有技术更多的是被用于根据第103条质疑已授权专利的有效性，而不是在USPTO内被用来根据第103条来驳回未决专利申请的权利要求。

[62] 由于Jenkins专利记载了Bass/Jenkins/Horvat组合系统发明创造中的"过滤网"元件但并没有要求保护该系统，又由于Jenkins相对于Bass/Jenkins/Horvat来说是不同的发明实体，因此USPTO最初将Jenkins的专利视为第102条（e）款现有技术对比文件，并可以与其他现有技术结合用于支持第103条不具有非显而易见性的驳回决定。

[63] 本书第4章J部分介绍了根据细则第131条通过居先程序或"在后宣誓"克服现有技术对比文件的方法。

(e) 款现有技术来支持根据第103条作出的驳回决定。因为Jenkins要求保护的是该主要的圆柱形过滤网，在审查记录中有证据证明Jenkins专利的构思日和实际付诸实践日，USPTO认为Jenkins的在先发明创造可以作为第102条(g)款现有技术，从而可以继续支持不具备非显而易见性的驳回决定。CCPA对此表示同意：

> 我们……不支持原告方(Bass/Jenkins/Horvat)的诉讼请求，并认为这个案件的情况是，他人的专利披露了其在先作出的发明创造，并且该发明创造并未被放弃、压制、隐瞒过，则根据第102条(g)款，该在先发明创造属于第103条中所述的现有技术。[64]

*Bass*案的难点在于所述"他人"是Jenkins，而他是和Bass、Horvat一起工作的人。Jenkins的过滤网发明创造本质上是Bass/Jenkins/Horvat的系统发明创造的一个子部分，这两项发明创造都归同一个雇主所有。但是，从理论上说Jenkin的在先发明创造可以被USPTO作为现有技术来阻止Bass/Jenkins/Horvat的在后（并且在经济上更具有重要意义的）系统发明创造取得专利。[65]

美国国会在1984年修订《美国专利法》第103条的时候对这个问题进行了处理，增加了以下内容：

> 如果由他人开发的客体仅可以作为第102条(f)款或者(g)款现有技术，并且在发明创造作出的时候，该客体与该发明创造是属于同一个人或者有义务转让给同一个人的，那么该客体则不能影响该发明创造的可专利性。[66]

这项法定条款被专利律师称为"*Bass*例外"，作用是保护由同一实体

---

[64] *Bass*, 474 F. 2d at 1286 - 1287.

[65] 这种情况并没有真的发生在*Bass*案中。基于Jenkins专利和一项授予Bass和Horvat（关于该系统中所使用的喷嘴）的专利的结合而作出的驳回决定被法庭推翻，因为法庭认为Bass/Horvat专利并不是现有技术。Baldwin法官在赞同意见中表明，法庭的多数意见中有关第102条(g)款现有技术也可以被用来判断第103条非显而易见性的讨论对于*Bass*案的结论来说是不必要的。同前，at 1291 - 1292。

[66] 《美国专利法》第103条（1984）。

拥有的发明创造[67]不会因该实体的其他发明人的在先工作而被认定是显而易见的。为了促进合作者之间分享研究成果以及更好地沟通，美国国会授予了企业基于其内部产生的本可以作为第102条（f）款或（g）款现有技术的发明创造的显而易见的变形而获得专利的权利。如果在*Bass*案的时候这项规定就生效了的话，那么USPTO的审查员就不能引用Jenkins的过滤网发明创造作为专利法第102条（g）款现有技术，来认定由相同实体拥有的Bass/Jenkins/Horvat系统发明创造是显而易见的。

作为1999年美国发明人保护法案（AIPA）的一部分，这条法规被进一步修订，将属于相同实体的第102条（e）款现有技术（“他人”在先提交的专利或者公开的专利申请）加入到“不能根据第103条排除可专利性”的现有技术的类别之中。[68] 这就缓解了*In re Bartfeld*案之类案例中出现的问题。[69]

2004年的合作研究及科技促进法案（CREATE）[70] 进一步扩展了第103条（c）款的庇护范围。美国国会希望在非显而易见判断中，不仅仅要避免使用由和发明人属于同一个公司的同事在先作出的第102条（e）款、（f）款和（g）款现有技术，还应该避免使用由与发明人签订了联合开发协议的实体在先作出的第102条（e）款、（f）款和（g）款现有技术。[71] 国会特别关注的是联邦巡回上诉法院于1997年在*OddzOn Prods.*，*Inc. v. Just Toys*，*Inc.*案[72]中作出的判决对各大学与盈利公司之间联合开发

---

[67] “由同一实体拥有”的含义就是不同发明创造的法定所有权属于同一人（可以是自然人或者是企业），或者至少有义务将所有权转让给同一“人”。

[68] 见《美国专利法》第103条（c）(2002)(as amended by Pub. L. No. 106 - 113, §1000 (a)(9), based on American Inventor Protection Act of Nov. 29, 1999, S. 1948, 106th Cong. tit. IV, subtit. H, §4807 (a))。

[69] 925 F. 2d 1450 (Fed. Cir. 1991)(对以上诉人发明创造缺乏第103条非显而易见性为由作出的驳回决定表示认同，该驳回决定是基于现有技术的结合作出的，这些现有技术中包括在先递交、并授权给上诉人同事、并转让给相同实体的第102条（e）款公开内容。上诉人的论点是基于转让给同一人的技术而作出的驳回决定是与1984年的*Bass*例外的政策考量相左的。但审理*Bartfeld*案法庭是在1999年对第103条进行修订之前作出判决的，因此驳回了上诉人的观点，并指出“我们不能漠视这种将第102条（e）款现有技术从法律范围中明确排除的做法”。同前，at 1453。

[70] Pub. L. No. 108 - 453, §2, 118 Stat. 3596 (2004).

[71] CREATE法案的修正案对“联合开发协议”的定义是“为了在所要求保护的发明创造领域进行实验、开发或者研究工作而由两个以上的个人或实体签订的书面合同、许可或者合作协议”。《美国专利法》第103条（c）(3)。

[72] 122 F. 3d 1396 (Fed. Cir. 1997).

协议（joint research agreements）的影响，这种合作通常都是受到1980年拜杜法案（the Bayh-Dole Act）的鼓励而展开的。[73] 联邦巡回上诉法院在*OddzOn*案中认定，符合《美国专利法》第102条（f）款的非公开信息可以作为现有技术来评价《美国专利法》第103条（a）款规定的非显而易见性。[74] 而CREATE法案的倡议者指出，“拜杜法案所要鼓励的一些合作团队因此无法为其合作成果取得专利”。[75] 为了改善这个问题，CREATE法案将《美国专利法》第103条（c）款（1）项“属于同一个人，或者有义务转让给同一个人”的定义扩展如下：

> （2）为了实现本款［§103（c）］的目的，在下列条件下，他人研发的客体和所要求保护的发明创造应当被视为是由同一个人拥有，或者有义务转让给同一个人——
>
> （A）所要求保护的发明创造是由联合开发协议的各方作出的或者代表其各方作出的，并且该协议在所要求保护发明创造被作出之日或以前就已经生效了；
>
> （B）所要求保护的发明创造是在联合开发协议的范围内的行为所产生的成果；
>
> （C）要求保护该发明创造的专利申请公开或者修改后公开了联合开发协议各方的名字。

CREATE法案对第103条的修订实现了预期效果；该修订仅适用于在2004年12月10日即该法条颁布日及之后授权的专利。[76]

当前美国法律是，所有类型的第102条现有技术都可用于认定第103条的显而易见性。即便在PHOSITA作出其发明创造时，并不知晓第102条某些现有技术，因此这些现有技术对PHOSITA来说暂时是“秘密的”，但是这条规则仍然适用。例如，假设他人在先提交，但还未公开的或者

---

[73] 拜杜法案的内容被纳入了《美国专利法》第200～212条。

[74] 见*OddzOn*，122 F. 3d at 1403－1404（认为“根据第102条（f）款的规定，一个人不仅不能基于从他人处获得的客体而取得专利，并且根据第102条（f）款和第103条的结合，从他人处获得的客体和其他的现有技术的结合会导致该人也不能就该客体的显而易见的变形而获得专利”）。

[75] 150 Cong. Rec. S2559（Mar. 10，2004）（Leahy参议员的评论）。

[76] Pub. L. No. 108－453，§3（a），118 Stat. 3596（2004）。USPTO颁布了将CREATE法案的修订加入到37 C. F. R. 中的临时规则。见70 Fed. Reg. 1818（Jan. 11，2005）。

还未授权的美国专利申请的书面描述是符合第102条（e）款的现有技术。[77] 在PHOSITA的发明日，他不可能知道保密的未决专利申请的内容。类似地，如果没有经过公开、授权或者转让给相同的实体（如*Bass*案中的情况），他人在先作出的满足《美国专利法》第102条（g）款的现有技术发明创造，如*In re Bass*案中的Jenkins过滤网后，也不会为PHOSITA所知。[78] 甚至是符合《美国专利法》第102条（f）款的现有技术的商业秘密的交流也可以被用于作出第103条不具备非显而易见性的驳回决定。[79]

相反，欧洲专利法不允许使用在先递交的欧洲专利申请的内容来证明缺乏创造性（与美国的非显而易见性相对应的要求）。[80] 只有在具备破坏新颖性的效力，也就是具有预见性时，在先提交的欧洲专利申请的内容才被认为是“现有技术的一部分”。[81]

与欧洲专利制度不同，《美国专利法》第103条所指的现有技术并不局限于在发明创造作出之时就为“公众知晓”的信息。[82] 美国的方式似乎对发明人来说不够公平，但是这样的规定大幅降低了对仅在显而易见的方面有所区别的发明创造分别授予专利权的概率。

4. 类似技术（analogous art）

虽然《美国专利法》第102条提供了可以用作专利法第103条缺乏非显而易见性驳回决定的现有技术类别，但是并非所有根据第102条某一款的现有技术都适用于第103条分析。还有一个重要的筛选或者限制条件：要成为在进行非显而易见分析时考虑的现有技术对比文献，还必须是专利律师所谓的**类似技术**。类似技术是指，作为法律问题法院认为PHOSITA在处理涉案发明创造所解决的问题时会合理参考的现有技术。法律承认PHOSITA不可能知道每个领域内的所有现有技术，因此“试图

---

[77] 见本书第4章G部分有关第102条（e）款现有技术的进一步解释。

[78] 见In re Bass, 474 F.2d 1276（CCPA 1973）。

[79] 见OddzOn Prods, Inc. v. Just Toys, Inc., 122 F.3d 1396（Fed. Cir. 1997）。

[80] 见《欧洲专利公约》（EPC 2007年文本）第56条（“创造性”（inventive step）），网址http://www.epo.org/patents/law/legal-texts/html/epc/2000/e/ar56.html（最后访问时间2008年9月15日）（其中规定“如果现有技术中包括满足第54条第3款的文献［在先递交的欧洲专利申请］，这样的文献不应被用于对创造性的评价”）。

[81] 见同上第54条（3）（“新颖性”），网址为http://www.epo.org/patents/law/legal-texts/html/epc/2000/e/ar54.htm（最后访问时间为2008年9月15日）（规定“另外，日期在第2段所指的日期［欧洲专利申请的递交日］之前，并且在该日期时或之后公开的欧洲专利申请内容，应该被认为是现有技术的一部分”）。

[82] 见Hazeltine Research, Inc. v. Brenner, 382 U.S. 252, 255–256（1965）。

仅通过推测其所从事的领域以及类似领域的现有技术发明人［PHOSITA］的知识，尽量估计作出发明创造时的现实情境”。[83]

联邦巡回上诉法院通过重塑 PHOSITA 的创新过程来定义类似技术。当遇到一个问题时，可以很自然的假定人们会寻求下列两类信息：

1. 与发明创造属于相同领域的现有技术；
2. 与发明创造属于不同的领域，但是与发明创造所要解决的问题合理相关的现有技术。[84]

因此，类似技术是法律上允许用于第 103 条分析的第 102 条现有技术，并且必须属于所要求保护的发明创造相同的技术领域，或者即使所属技术领域不同，所针对的技术问题是相同的。

假设当前所面对的发明创造是如 *Graham v. John Deere* 案中的犁柄减震结构，应用 *Wood* 模式所应考虑的类似技术将包括：

1. 其他犁柄；
2. 减震装置，不管是犁柄的一部分，还是汽车或其他类型的在运动时受到外力的机械装置的一部分。

应用 *Wood* 模式的第一条，必然要求判断什么属于与发明创造“所致力相同的领域”。这句话的范围并不总是不言而喻的。例如，应不应该认为牙刷和毛刷（hair brush）属于相同的领域？让人相当惊讶的是，在 *Bigio* 案中三位联邦巡回上诉法院法官中的两位对这个问题的回答是肯定的。[85] 在这个案例中，申请人希望为一种符合人体工学设计的头发刷子申请专利。USPTO 驳回了其权利要求，原因是相对两篇关于牙刷的现有技术专利的结合，该权利要求是显而易见的，联邦巡回上诉法院多数意见也认同了这一决定。首先，多数意见采用了“最宽的合理解释”原则，认为 USPTO 将权利要求术语“毛刷”（hair brush）解释为“不仅涵盖可梳理头皮上头发的刷子，还涵盖了可用于动物身体的其他部分上的毛发的刷子（例如，人的面部毛发、人的眉毛或者宠物的毛发）”。Bigio 申请中“发明目的”（objects of the invention）的部分记载了一种能够自动校正并用于刷头皮上头发的刷子的这一事实并没有起到决定作用。多数意见认为，权利要求的内容并没有这么窄，“只有当说明书或者审查历史明确放弃了较宽定义的时候，USPTO 才能基于这些内容来限制权利要求”。其次，鉴于这种宽泛的权利要求解释，牙刷是属于 Bigio 发明创造所致力

---

[83] In re Wood, 599 F. 2d 1032, 1036 (CCPA 1979).

[84] 见同上。

[85] 381 F. 3d 1320 (Fed. Cir. 2004).

的领域的，即“具有手柄部分和刷毛基底部分的手持刷子的领域”。联邦巡回上诉法院的多数意见认为 Bigio 对其所致力的领域描述是完全主观的，并且不可行。他们认为，“在判断（发明创造）所致力的领域时，审查员和上诉委员会必须考虑专利申请的‘状况’——全部公开内容——然后站在本领域普通技术人员可能会运用到的常识的最高点来评价上述状况。”[86] Newman 法官在其异议意见中认为，多数意见的推理缺乏常识，因为“牙齿不是体毛”。根据 Newman 法官的观点，在这个案例中，对权利要求进行宽泛的解释根本不能证明“从面部的毛发跳到牙齿，从而认为牙刷与毛刷类似”的观点是有道理的。[87]

值得注意的是，与《美国专利法》第 103 条非显而易见性要求不同的是，《美国专利法》第 102 条的预见对现有技术并没有关于类似的要求。所有符合第 102 条的现有技术对比文件，不管它们与所要求保护的发明创造的领域是什么关系，也无论它们所要解决的技术问题是什么，只要满足预见的严格相同原则，都可用于作出有关预见的驳回决定。[88]

G. *Graham* 因素：所要求保护的发明创造和现有技术的差异

这个因素是《美国专利法》第 103 条非显而易见性分析的核心。在现有技术和所要求保护的发明创造之间必须要有一些可辨别的差异；否则，发明创造会因第 102 条而被预见。USPTO 在作出第 103 条驳回决定时，应当清楚地分辨这些差异，法院在评价一项授权专利是否具有非显而易见性时也应如此而行。

例如，在 *Graham v. John Deere Co.* 案[89]中，’798 授权专利所要求保护的犁柄和现有技术犁柄（在这个案例中，该现有技术披露于 Graham 自己较早的’811 专利之中[90]）之间可辨别的差异包括，将铰链板从犁柄的下方移到其上方，给犁柄提供更大的弯曲（flexing）能力。图 5.1 体现了这种结构上的重新布局。

这个 *Graham*“差异”因素不应当与非显而易见性这一根本问题混为一谈。《美国专利法》第 103 条要回答的问题不是这些差异本身对于

[86] 381 F. 3d 1326 (Fed. Cir. 2004).

[87] 同上，at 1328（Newman 法官的反对意见）。

[88] 见本书第 4 章 B. 5 部分关于预见的严格相同标准。

[89] 383 U. S. 1 (1966).

[90] Graham 的’811 专利是在 1950 年 1 月 10 日授权的，这发生在 Graham 于 1951 年 8 月 27 日递交涉案’798 专利的 1 年以前。因此，’811 专利属于第 102 条（b）款对比文件，并可以被 John Deere 公司用于根据第 103 条质疑 Graham 的’798 专利的有效性。

PHOSITA 而言是否是显而易见的。而第 103 条的问题是，在考虑到这些差别以及 *Graham* 分析法中的其他因素的前提下，该客体作为一个整体（所要求保护的发明创造作为一个整体）是否是显而易见的。

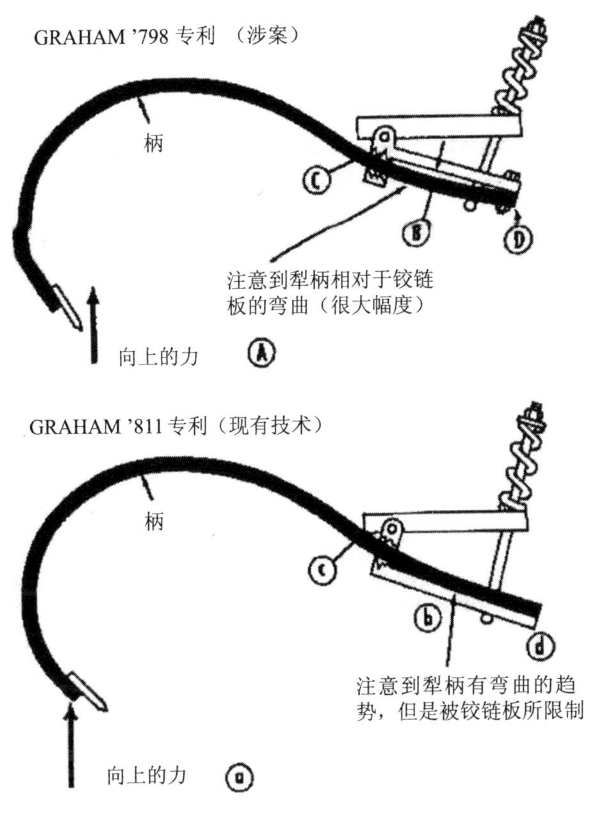

图 5.1

Graham v. John Deere Co. 案中

所要求保护的发明创造与现有技术的差异

H. *Graham* 因素：辅助考虑因素

与第 103 条非显而易见性分析相关的所谓辅助考虑因素，有时也被称为非显而易见性的客观象征，包括着重在所要求保护的发明创造对市场的影响，而非其技术上成就的证据。因此，这最后一项 *Graham* 因素是基于制造和销售发明创造过程中的经济以及动机方面的事实和数据得到的。

常见的辅助考虑因素的证据种类包括：他人未能解决的而由本发明

创造所解决的问题，本发明创造商业上的成功，长期以来存在的对本发明创造的需求[91]，他人对当前专利取得许可和默许的情况，以及对本发明创造进行模仿的情况。[92] 这样的证据“可能常是记录中最具有检验力和说服力的证据”。[93]

1. 辅助考虑因素证据的权重

虽然最高法院在 *Graham v. John Deere* 案中建议“可以使用”辅助考虑因素证据，且这种证据“可能具有相关性”，[94]但这种类型的证据在联邦巡回上诉法院阶段具有更高的重要性。现在的“辅助考虑因素”一词是误称，因为这样的证据不能被作为其他 *Graham* 因素证据的辅助证据。联邦巡回上诉法院曾经指出，如果案卷中存在辅助考虑因素证据，那么在进行非显而易见性判断的时候就必须对其加以考虑。[95]

当专利权人依赖于商业上成功这种形式的辅助考虑因素证据来试图证明其具备非显而易见性时，法院在决定这些证据的重要性时必须考虑市场的现状。即使专利权人在 *Merck & Co. v. Teva Pharms. USA, Inc.* 案中

---

[91] 在专利权人以前没有别人在市场上销售过该发明创造的事实还不足够证明对该发明创造存在着长期需要。如果不能证明对于所要求保护的发明创造存在着长期的需要，那么仅仅在一段时间内没有产生该发明创造的事实并不能用来证明该发明创造具有非显而易见性。见 Iron Grip Barbell Co. v. USA Sports, Inc., 392 F. 3d 1317, 1325 (Fed. Cir. 2004)。与此相反，在 Uniroyal, Inc. v. Rudkin-Wiley Corp., 837 F. 2d 1044 (Fed. Cir. 1988) 案中的专利权人成功的证明了对其发明创造，即一种用于降低由牵引车和挂车组合而成的车辆所遇到的风阻的空气偏转装置，存在着长期需要。该发明创造减少了产生风阻的有效车辆表面积，并且由于空气阻力的降低从而节省了大量油耗。作为证明对该发明创造的存在长期需要的证据，专利权人成功的列举了由马里兰大学在 1953 年公开的一项全面研究，该研究体现出“在油耗成为一个重要考虑因素之前，对降低空气阻力的技术存在着浓厚的兴趣”。同前，at 1054。

[92] 这里所谓的模仿要求存在对具体产品进行的复制行为，而不仅仅是制造落入专利权利要求范围内的产品的行为。经得起检验的对发明创造进行模仿的证据包括：内部文件直接证据（例如为了对几乎相同的复制品进行反向工程研究而对该发明创造的分解），以及可以获得专利产品并且与专利产品实质相似（而不是该专利本身）。见 Iron Grip Barbell Co. v. USA Sports, Inc., 392 F. 3d 1317, 1325 (Fed. Cir. 2004)。

[93] Stratoflex, Inc. v. Aeroquip Corp., 713 F. 2d 1530, 1538 (Fed. Cir. 1983). 关于认为采用辅助考虑因素证据比采用 *Graham* 因素中其他各项证据更不容易引发事后聪明的有趣讨论，可以见 Jeffery J. Rachlinski 所著的文章 *A Positive Psychological Theory of Judging in Hindsight*, 65 U. Chi. L. Rev. 571, 613 - 615 (1998)。

[94] 见 *Graham*, 383 U. S. at 17 - 18。

[95] 见 *Stratoflex*, 713 F. 2d at 1538。又见 In re Piasecki, 745 F. 2d 1468, 1471 (Fed. Cir. 1984)（推翻了 USPTO 根据专利法第 103 条作出的驳回决定，因为 USPTO 没有考虑申请人提交的用于反驳表面上不具有非显而易见性的证据（*prima facie* case of obviousness），而该证据基本上属于“辅助考虑因素”证据）。关于 *prima facie* case 会在本章 J 部分进行详细介绍。

证明了商业上的成功[96]，联邦巡回上诉法院仍认为在该案的特殊情况下，商业上的成功只是最弱的非显而易见性的证明。Merck 的涉案专利是关于每周采用在市场上的商品名为 Fosamax® 的药物来治疗骨质疏松的方法。联邦巡回上诉法院指出，“商业上的成功是相关的，因为法律推定如果一个构思对本领域技术人员而言是显而易见的话，那么该构思会更早地被成功推向市场。”[97] 但是在 *Merck* 案中，这个推断并不恰当，因为法律禁止其他公司在商业上试验现有技术中所提到的每周一次的用药建议。Merck有权利排除竞争对手实践其所要保护的每周用药的方法的原因是：（1）Merck 拥有另一项支配性专利，该专利覆盖了治疗骨质疏松的方法；（2）Merck 在获得食品与药物管理局（Food and Drug Administration，FDA）批准 Fosamax 上市的时候同时获得了一项排他性法定权利，在 5 年内允许以任何剂量使用 Fosamax。联邦巡回上诉法院的结论是，“因为这些原因，其他人被排斥进入该药市场，所以用商业上成功的证据来证明每周用药的非显而易见性是站不住脚的。”[98]鉴于其商业上成功的证据不足以胜过现有技术而确立非显而易见性，Merck 专利的权利要求被认定为显而易见从而被无效。在拒绝对 *Merck* 案进行重新审理的全席判决的异议意见中，其他三个联邦巡回上诉法院法官质疑道：

> 由于另一项专利的存在使他人无法对各种方式进行测试的事实并不能否定［商业上的成功］。成功就是成功。合议庭的观点尤其不适用于如本案的改进型专利，因为该观点认为，当在先专利占据基本发明创造时，因改进而在商业上取得成功是不相关的。[99]

2. 商业上成功证据的关联要求

在应对专利有效性挑战的时候，专利权人常常会试图引入专利发明创造在商业上取得成功的诉讼证据，比如，销售量、市场份额以及类似的正面市场反应数据。只有商业上的成功和权利要求所记载的特征之间有充分的关联或者因果关系，这样成为证明一项发明创造具有非显而易

---

[96] 395 F. 3d 1364（Fed. Cir. 2005）.

[97] 同上，at 1376。

[98] 同上，at 1377。

[99] Merck & Co. v. Teva Pharms. USA，Inc.，405 F. 3d 1338，1339（Fed. Cir. 2005）（Lourie 法官在拒绝对该案重新审理的全席判决中持异议意见，会同 Mechel 首席法官以及 Newman 法官）。

见性的有力证据。[100]

例如，假设在 *Graham v. John Deere* 案[101]中专利权人引入证据，显示包含其专利发明创造的产品自投入市场以来，每年都占据了美国犁柄市场份额的 50% 。这个假设的证据只有在专利权人能够证明其销售上的成功是源于消费者对该专利犁柄所要求保护的特征（其中的减震设计）的渴望，才能成为证明非显而易见性的有力证据。如果农夫购买专利犁柄只是因为它被漆成了紫色带绿色圆点的图案，在农夫中成为了新鲜玩意儿，或者是因为发明人大幅降价，使得专利犁柄的价钱远低于竞争对手犁柄的价格，那么专利权人宣称在商业上取得成功将无法作为证明所要求保护的发明创造具备非显而易见性的证据。

在 *Iron Grip Barbell Co. v. USA Sports, Inc.* 案[102]中，一种杠铃片（weight plate for barbells）专利的权利人提供的证据显示，每 6 家竞争零售商中就有 3 家在销售取得该专利许可的类似杠铃片，该专利权人试图用这项证据来证明其在商业上所取得的成功。联邦巡回上诉法院解释说，因为接受许可通常比应对专利侵权诉讼的代价要低，在试图依据许可来证明商业上成功的案件中，法院“尤其要求提供肯定的证据”来证明其中的关联性。[103] 换句话说，仅仅存在许可并不能推断出其中的关联性。[104] *Iron Grip* 案中的专利权人并没有对“许可合同的条款和授予许可的情况进行解释，只是承认有两项许可是在诉讼的和解中达成的”。因此，没有构成关联关系。在关联关系不成立的情况下，无论许可协议的“意义大小”都会被基于现有技术的表面上不具有非显而易见性的情形所胜过。

I. 结合现有技术对比文件认定显而易见性

在 USPTO 基于第 103 条对未决专利申请权利要求作出驳回决定时（或者是基于第 103 条挑战授权专利的有效性时），常常采用的论据是，

---

[100] Robert Merges 教授曾经对商业成功证据的合法性提出质疑，并认为他人失败的证据是证明非显而易见性的更有力证据。见 Robert P. Merges 所著文章 *Commercial Success and Patent Standars: Economic Perspectives on Innovation* , 76 Cal. L. Rev. 805（1988）。

[101] 383 U. S. 1（1966）.

[102] 392 F. 3d 1317（Fed. Cir. 2004）.

[103] 同上，at 1324。

[104] 联邦巡回上诉法院指出，一般来说可以推断存在关联的情况是，当专利权人可以证明其在商业上的成功，同时在商业上取得成功的原因（产品或方法）是发明创造所披露的内容，并且在其专利中有所保护。同上。

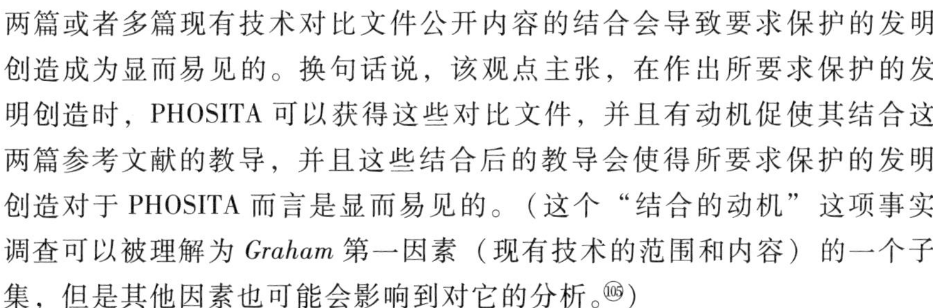

两篇或者多篇现有技术对比文件公开内容的结合会导致要求保护的发明创造成为显而易见的。换句话说，该观点主张，在作出所要求保护的发明创造时，PHOSITA 可以获得这些对比文件，并且有动机促使其结合这两篇参考文献的教导，并且这些结合后的教导会使得所要求保护的发明创造对于 PHOSITA 而言是显而易见的。（这个“结合的动机”这项事实调查可以被理解为 *Graham* 第一因素（现有技术的范围和内容）的一个子集，但是其他因素也可能会影响到对它的分析。[105]）

1. 进行结合的教导、建议或者动机

为了依据“对比文件的结合”而作出关于是否具有非显而易见性的合法判断，必须存在建议作出所要求保护的结合的教导、建议或者动机（以下简称“TSM”）。如果仅仅是将不同对比文件中不相关的公开内容结合起来，而没有证据证明对于 PHOSITA 来说有原因或者有动机这么做的话，这将是一个法律错误。要严格的注意有关 TSM 的要求，避免在进行非显而易见性分析时采用事后聪明的做法，[106]即以所要求保护的发明创造为蓝图或者规划，仅将多篇现有技术对比文件集中堆砌起来，其中每篇现有技术对比文件披露了权利要求的某个特征。这种事后聪明的做法“折损了以一种新的方式将各种现存特征或者原理结合以实现新结果的价值——这正是发明创造的定义”。[107]

例如，假设一项专利权利要求记载了“一种部件包括杠杆臂 A、滑轮 B 和弹簧 C”。进一步假设，USPTO 审查员基于现有技术对比文件 1、对比文件 2 和对比文件 3 教导的结合作出了该权利要求不具备非显而易见的驳回决定，其中现有技术对比文件 1 公开了一种具有杠杆臂 A 的部件，现有技术对比文件 2 公开了另一种具有滑轮 B 的装置（例如 gizmo），对比文件 3 公开了一种具有弹簧 C 的装置（例如 whatzit）。审查员以权利要求为蓝图，通过从这三篇对比文件中抽出相关部分并且进行结合，成功地重新造出了授权专利的发明创造。但是，如果对比文件本身或者其他现有技术没有建议这种结合是可行的话，上述分析从法律上讲就是错误的。

法律规定得很清楚，案卷中必须包含建议将对比文件结合起来的充分证据。在上面的假设中，如果对比文件 1 中有建议说一种部件除了具有杠杆臂之外还可以有利地具备多个零配件，并且对比文件 2 和对比文

[105] 见 McGinley v. Franklin Sports, Inc., 262 F. 3d 1339, 1351 – 1352 (Fed. Cir. 2001)。

[106] 见同上，at 1351。

[107] Ruiz v. A. B. Chance Co., 357 F. 3d 1270, 1275 (Fed. Cir. 2004).

件3公开了在机械装置中包含滑轮和弹簧会产生的一般优点或者有益效果，那么便可以认为存在上述进行结合的充分建议。

联邦巡回上诉法院认为，结合多篇对比文件教导的动机源于发明创造所要解决问题的本质。在 *Ruiz v. A. B. Chance Co.* 案[108]中的涉案专利是关于一种通过使用螺旋地锚（screw anchor）结合金属托架（metal bracket）来巩固建筑地基的方法。一篇现有技术对比文件揭示了所述权利要求中的螺旋地锚组件，而另一篇现有技术对比文件揭示了所述金属托架。地区法院认为问题的本质中存在着将这两篇对比文件教导相结合的隐含动机：如何对现有建筑不稳定的地基进行加固。联邦巡回上诉法院认同了这种观点。联邦巡回上诉法院还指出，特别是在涉及相对较简单的机械技术时，可以在所要解决的问题的本质中找到（结合对比文件的）动机；现有技术对比文件本身并不需要提供进行结合的明确表达出来的动机。在这个案例中，这两篇相关的现有技术对比文件"处理的问题恰好完全相同，即加固现有结构的地基"。地区法院在这样的事实中正确地找到了进行结合的动机。作为事实的发现者，地区法院妥善地"考虑了相关证据，并发现因为现有技术对比文件所要解决的都是加固现有建筑地基这一狭义问题，正好要解决同样问题的人会查阅这些对比文件，并会将其中的教导结合起来"。[109]

2. *KSR v. Teleflex*：结合、可预测性以及"公知常识"

美国最高法院于2007年在一件万众瞩目的案件判决中再次诠释了第103条的非显而易见性要求，这是其自1996年 *Graham v. Deere* 案的重大判决之后首次触及这个问题。[110] 在 *KSR Int'l Co. v. Teleflex, Inc.* 案中，[111] 法院检视了什么才是构成可以对现有技术公开内容进行结合的充分的TSM条件。美国最高法院扩展了可以作为TSM来源的范围，从而推翻了联邦巡回上诉法院的立场，即Teleflex的电机专利不是显而易见的。联邦巡回上诉法院的错误在于，有局限且僵硬地套用了TSM检验标准，要求存在比案卷中现有技术对比文件更为精确和清晰的TSM陈述。

最高法院的 *KSR* 判决还强调了"公知常识"和"可预见性"在判断

---

[108] 35 F. 3d 1270（Fed. Cir. 2004）.

[109] 同上，at 1277。

[110] 一般见 Business Law Forum, *Nonobviousness: The Shape of Things to Come*, 12 LEWIS & CLARK L. REV. 323 – 598（2008）（汇编了多篇讨论 *KSR Int'l v. Teleflex, Inc.* 案影响的文章的法律评论期刊）。

[111] 127 S. Ct. 1727（2007）.

一项发明创造是否是显而易见时所扮演的角色，但是并没有给出这些名词的定义或者清楚地解释它们如何影响了第103条的法定标准。最高法院的*KSR*案判决的实际效果就是USPTO会更多的作出表面成立显而易见的决定，为专利申请人反驳这样的认定增加更多的负担。[112] *KSR*案判决还可能使授权专利更频繁地被质疑其所要求保护的客体不具备非显而易见性。审理*KSR*案的法院对于USPTO在审查时并没有考虑一篇现有技术对比文件，但后来被控侵权方将该对比文件作为无效证据的情况下，仍然推定一项授权专利有效这一基本原理提出了质疑（并没有对这个问题下结论）。[113] 在显而易见性更容易被认定，至少是表面成立的同时，*KSR*案判决与最高法院的其他同期判决都一致地体现了专利制度中力量平衡的问题。最高法院中至少有一些法官（包括Kennedy法官，*KSR*案意见的作者）看起来担心这种平衡有失偏颇因而对专利权人过于有利。[114]

*KSR*案中Teleflex所拥有的涉案专利是关于一种在汽车的加速踏板中加入了电子传感器的“汽车控制脚踏装置”。[115] 所述传感器能够根据车辆驾驶员的身高来改变脚踏的位置。更具体而言，这个装置将电子传感器和可调节的脚踏结合起来，从而能够将脚踏的位置传送给对汽车引擎控

---

[112] 本章J部分会对表面成立的显而易见性情况（a *prima facie* case of obviousness）进行进一步介绍。

[113] 见*KSR*, 127 S. Ct. at 1745（认为推定授权专利有效的假设是基于USPTO在核准该专利权利要求时的专家意见的，但是当被控侵权人宣称有一件现有技术对比文件并没有被USPTO考虑在内的时候，这种假设就被“大大地削弱了”）。

[114] 见MedImmune, Inc. v. Genetech, Inc. , 127 S. Ct. 764, 777 (2007)（认为“上诉人在联邦法院寻求确认判决以认定专利无效、不可执行或没有被侵权的时候，只要涉及Article III，并不需要终止其……许可协议”的意见扩大了对专利提出质疑的机会的范围。）；Ebay Inc. v. MercExchange, L. L. C. , 547 U. S. 388, 397 (2006)（Kennedy法官持赞同意见）（认为“禁令救济对于大量涌现的商业方法专利带来了不同的后果，而在早期，商业方法专利并不具有很大的经济和法律重要性。一些商业方法专利潜在的含糊性及其可疑的有效性都会对［永久禁令救济］的四因素判断造成影响”）；Lab. Corp. of Am. Holdings v. Metabolite Labs. , Inc. , 548 U. S. 124, 127, 138 (2006)（Breyer法官对拒绝移审的裁定持异议意见，认为这是不顾后果的决定）（认为“事实所产生的问题是，专利并不仅仅通过提供金钱激励方式而鼓励研发。有时候专利的存在反而会因其对信息自由交换的阻挠而对研发造成阻碍，例如研发人员会被迫避免使用可能已经取得专利的想法，研发人员不得不费钱费力对现存或未决专利进行检索，需要进行复杂的许可安排，以及增加了使用专利信息的成本，有时候甚至是起到了抑制的作用……最高法院作为全能型法院所作的决定，对于当下在专门和全能型法院之间进行的关于现行专利制度是否充分地反映了‘联邦专利法所体现的’‘谨慎平衡’的争论作出了贡献”）（引用了Bonito Boats, Inc. v. Thunder Craft Boats, Inc. , 489 U. S. 141, 146 (1989)）。

[115] 见6, 237, 565号美国专利（2001年5月29日授权）。

油阀进行控制的计算机。[116] 图 5.2 描述了 Teleflex 的发明创造。

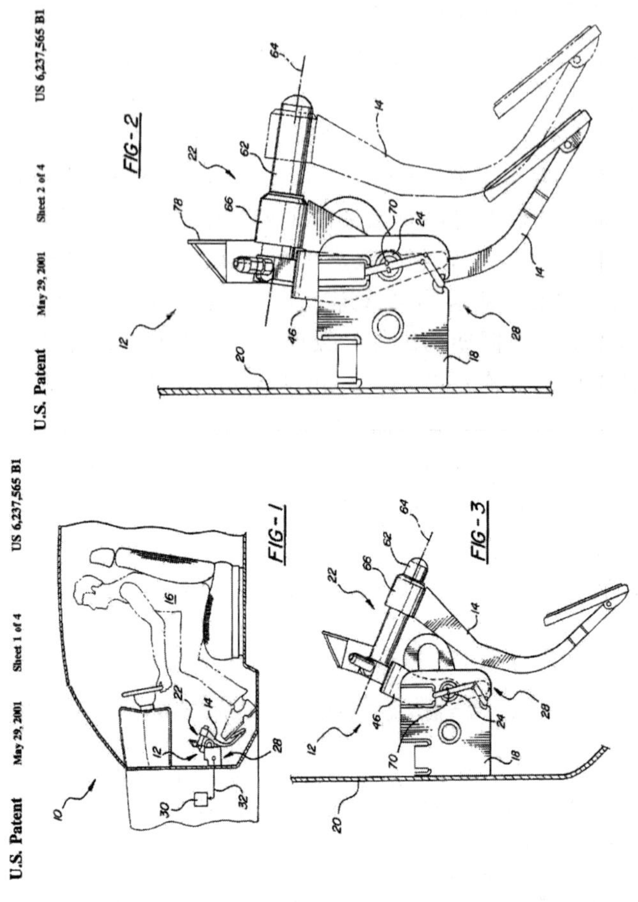

Enlgau 的 '565 专利（Teleflex）

图 5.2

专利有效性的挑战者 KSR 依据的主要现有技术对比文件是授予 Asano 的一件美国专利。[117] Asano 的美国专利公开了一种位于支撑结构中的可调脚踏，使得即使是当相对于驾驶员的身高调节该脚踏时，该脚踏轴承中的一个保持固定。[118] Asano 的发明创造所要解决的问题是“恒定比例”

[116] *KSR*, 127 S. Ct. at 1734.

[117] 见 5，010，782 号美国专利（1991 年 4 月 30 日授权）。

[118] 其他现有技术对比文件的教导是，传感器应该位于脚踏组件的固定部分而不是位于踏板上，并且众所周知将传感器置于踏板上的话会由于脚踏的下压和释放而引起电线磨损问题。

问题——即确保无论怎么调节该脚踏，下压该脚踏的力量都保持不变。Teleflex 在联邦巡回上诉法院辩解称，其所要解决的技术问题是不同的——旨在设计一种更小、更简单、更便宜的电子脚踏组件。Teleflex 认为 Asano 基于机械连接的设备既复杂、制造起来又昂贵并且难以封装。

联邦巡回上诉法院根据《美国专利法》第 103 条推翻了地区法院认定专利无效的简易判决，并且同意 Teleflex 的观点，认为其发明创造相对 Asano 的公开内容与其他现有技术对比文件的结合来说并不是显而易见的。上诉法院强调，"当基于多篇现有技术对比文件的教导宣称不具有非显而易见性时，动议者（movant）［专利有效性的挑战者］必须还要指出某种会引导本领域普通技术人员将现有技术的相关教导以权利要求所记载的方式结合起来的'建议、教导或者动机'。"[119]在不存在这种 TSM 的情况下，"以发明人的公开内容作为蓝图，拼凑现有技术来推翻可专利性的做法——就是事后聪明的核心内容。"[120] 可以从所要解决的问题的本质找到 TSM，"从而引导其他发明人去查找与所要解决的问题相关的参考技术文献"，[121] 关于这一点地区法院的认识是正确的。然而，"这个检验标准要求所要解决的技术问题的本质会使得本领域普通技术人员以权利要求所记载的特定方式将现有技术教导结合起来"。[122] 在本案中，联邦巡回上诉法院认为 Asano 所要解决的问题和涉案专利所要解决的问题不同。"［Teleflex 的］' 565 专利的目标是要设计一种较小、更简单、更便宜的电子脚踏组件。而 Asano 专利针对的是要解决'恒定比例'的问题。"[123] 因此，联邦巡回上诉法院认为本案中缺少将 Asano 和其他现有技术对比文件结合起来所需要的 TSM，因此取消了地区法院以不具备非显而易见性为由而认定专利无效的简易判决决定。[124]

最高法院推翻了联邦巡回上诉法院的判决，并认为联邦巡回上诉法院在应用 TSM 检验标准时过于刻板并与最高法院作出的专利案件在先判

---

[119] Teleflex, Inc. v. KSR Int'l Co., 119 Fed. App'x 282, 285 (Fed. Cir. 2005)（不具有在先判例效力）。

[120] 同上（引用了 In re Dembiczak, 175 F. 3d 994, 999 (Fed. Cir. 1999)）。

[121] 同上（引用了 Ruiz v. A. B. Chance Co., 234 F. 3d 654, 665 (Fed. Cir. 2000)）。

[122] 同上，at 288。

[123] 同上。

[124] 见同上，at 286。

例风格相左。虽然在分析非显而易见性时TSM检验标准可以作为“有益见解”,[125] 但是联邦巡回上诉法院在本案中对TSM的看法过于狭窄。[126] 具体而言，上诉法院的错误在于

> 认为法院和专利审查员应当仅仅关注**专利权人**所要解决的问题……然而问题并不在于一项结合对专利权人而言是否显而易见，而是对本领域普通技术人员而言是否显而易见。经过正确的分析，**由专利所解决的、在作出发明创造时所致力的领域内已知的任何需求或问题**都能够作为以权利要求所记载的方式将其要素结合起来的理由。[127]

最高法院还强调了“公知常识”（common sense）的角色，其所提供的教导就是，“熟悉的产品可能具有超出其主要目的的显而易见的用途，在许多情况下，本领域普通技术人员能够将多项专利的教导像拼图一样拼起来。”[128] Teleflex的声称想要制造可调节电动脚踏的设计师不会参考

---

[125] KSR Int'l Co. v. Teleflex Inc., 127 S. Ct. 1727, 1741 (2007).

[126] 见同上，at 1741－1742。在回顾了其早先审理过的涉及非显而易见性要求的案件后，审理*KSR*案的最高法院指出，“有益见解……不必成为僵化的强制性模式；如果是这样被应用的，TSM检验标准就与我们在先的判例不符了。”同前，at 1741。

[127] 同上，at 1742。

[128] 同上。最高法院在*KSR*案中强调在非显而易见性的判断中采用“公知常识”的观点可能会使联邦巡回上诉法院需要重新考虑之前作出的一些判决，例如*In re Lee*, 277 F. 3d 1338, 1341 (Fed. Cir. 2002)。在*Lee*案中，专利申请人认为现有技术并没有提供将审查员所引用的现有技术对比文件结合起来的教导、动机或建议。但是，USPTO冲突及上诉委员会驳回了该观点，并且认为“认定显而易见性的结论可以源于本领域普通技术人员所掌握的公知常识，而不需要某篇对比文件提供任何具体的暗示或建议”。同前，at 1341。联邦巡回上诉法院在审理*Lee*案的时候取消了对显而易见性的认定，认为委员会并没有对其所依据的“公知常识”进行解释：

> 在［委员会和审查员］依据被他们称为公知常识的内容来否定可专利性的时候，必须说清楚这种公知常识是什么并且将其置于案卷之中。不能满足这一要求的做法就无法满足现行的行政规定或现行的司法审查。在处理现有技术的结合与具体权利要求之间关系的时候，委员会不能仅仅得出结论，而必须说清楚其所依据的理由。

同前，at 1345。

考虑最高法院作出的*KSR*案判决，对*Lee*案的理解是允许以“公知常识”作为依据，但是行政机关必须清楚准确的对“公知常识”作出解释，并将所谓的公知常识证据“置于案卷”之中。无疑，联邦巡回上诉法院将会在需要对非显而易见性作出判断的未来判决中进一步探究“公知常识”的含义和证据。

Asano专利，因为该专利着重解决的问题是不同的。但是最高法院驳回了该观点，认为Asano提供了一个具有固定轴承的可调脚踏的“显而易见的例子”，且其他现有技术则公开了固定轴承是安装传感器的理想位置。最高法院认为，“本领域普通技术人员也是具有普通创造力的人，不是机械工作的人。”[129] 设计上的激励和市场的驱动力能够促进在相同的领域或者不同的领域对已知事物进行调整变化。“如果普通技术人员能够实现一种可预测的变化，那么可能就无法满足第103条所要求的可专利性。”[130]

最高法院在*KSR*案中，除了TSM检查标准之外，对显而易见性分析作出了其他重要观点。这些观点包括对“显而易见的尝试”的标准进行新的阐释，这在下文中讨论。

3. 反向教导

在判断是否存在进行结合的动机时还必须考虑任何所要结合的对比文件实际上是否对权利要求所要求保护的发明创造进行了反向教导。反向教导的意思是，现有技术对比文件的公开内容阻止或阻碍PHOSITA去完成发明人实际上成功做到的事情。例如，再次假设专利申请人要求保护“一种机械装置，包括杠杆臂A、滑轮B和弹簧C”。[131]在面对基于“结合动机”的第103条驳回意见时，如果现有技术对比文件2指出滑轮不应当和杠杆臂结合，因为这样的结合会带来某种危害，那么申请人就可以以反向教导为由来进行辩驳。

值得注意的是，尽管现有技术对比文件对权利要求所要保护的发明创造进行了反向教导的论点可能会与发明创造是否具备第103条所规定的非显而易见性的判断相关，但是这样的“反向教导”论点与第102条规定的新颖性问题无关。如在第4章所讨论的那样，严格相同检验标准控制着对预见性的判断。如果单篇现有技术对比文件披露了权利要求所要求保护的发明创造的每一项特征，并且如权利要求所记载方式将这些特征组织在一起，那么即使对比文件贬损了所述发明创造或者是阻碍了

---

[129] *KSR*, 127 S. Ct. at 1742.

[130] 同上，at 1740。某种技术的可预见性（或不可预见性）一直都是根据《美国专利法》第112条（a）款进行可实施性分析中的一项考虑因素，但是在最高法院作出*KSR*案判决以前，一项发明创造是否是“可预见”的这个概念并不是根据《美国专利法》第103条对非显而易见性进行判断的核心问题。

[131] 见本章I.1部分。

PHOSITA 作出所述发明创造，仍然构成预见。[132]

4. "显而易见的尝试"

2007 年最高法院作出的 *KSR Int'l Co. v. Teleflex Inc.* 案判决意见，[133] 为"显而易见的尝试"这个论点赋予了新的意义，以往"显而易见的尝试"论点都是与化学上的显而易见性案件最为相关的。在 *KSR* 案之前，联邦巡回上诉法院将显而易见的尝试定义为，现有技术的公开内容会充分引起科学家的好奇心去进行进一步研究，但是所述公开内容过于笼统，没有充分教导如何获得期望的结果，或者如果沿着现有技术教导的方向继续，就会获得权利要求所保护的发明创造。[134] 如果对专利有效性提出质疑的一方在试图证明 PHOSITA 会结合现有技术的教导或者对现有技术进行调整并"对成功存在合理期待"时，应用了"显而易见的尝试"的概念，联邦巡回上诉法院会倾向于驳回这样的观点。在 *KSR* 案之前，联邦巡回上诉法院反复指出，显而易见的尝试并不是判断非显而易见性这个终极问题的标准。[135]

最高法院在 *KSR* 案中，通过给显而易见的尝试重新作出如下定义，使其焕发了新的生机：

---

[132] 见 Celeritas Techs. V. Rockwell Int'l Corp.，150 F. 3d 1354，1361（Fed. Cir. 1998）。Celeritas 的专利要求保护的是一种通过在传送给蜂窝网络之前对数据信号进行去加重（de-emphasizing），从而抵消在传统蜂窝通信系统中由预加重（pre-emphasis）和限幅（limiter）电路引起的不利影响的设备。见同前 at 1356。在该专利的申请过程中，Celeritas 认为在 USPTO 不应该考虑一篇被称为"Telebit 文章"的现有技术对比文件，因为 Telebit"记载了一种采用了大量同时存在的载波信号的调制解调器，而申请人的发明创造是一种采用单一载波信号的调制解调器，并且 Telebit 的教导中还指出，去加重的做法不适用于采用单一载波信号的系统"。同前，at 1360－1361。在后来对该专利有效性提出质疑的诉讼中 Celeritas 向陪审团重复了这一观点。在上诉审理中，联邦巡回上诉法院认为 Celeritas 所谓的反向教导论点不能成立，因为 Telebit 文章是具有预见性的。"毫无疑问 Telebit 文章公开了所要求保护的发明创造的每项特征。"同前，at 1361。联邦巡回上诉法院指出，"如果一篇对比文件公开了一项发明创造，随后对其进行了贬损，但这并不影响该对比文件的预见性。"同前。在本案中"采用单一载波信号的调制解调器并不是最优选的这一事实并不影响其已被公开的事实"。同前。因此，一篇对比文件是否对所要求保护的发明创造进行了反向教导"对于预见性分析来说并不适用"。同前。

[133] 127 S. Ct. 1727（2007）。关于 *KSR* 案的更多讨论见本章 I. 2 部分。

[134] 见 In re Eli Lilly & Co.，902 F. 2d 943，945（Fed. Cir. 1990）（将"显而易见的尝试"定义为现有技术"仅给出了关于所要求保护发明创造的某一具体形式或如何实现的一般性指导"）（引用了 In re O'Farrell，853 F. 2d 894，903（Fed. Cir. 1988））。

[135] 见 In re Deuel，51 F. 3d 1552，1559（Fed. Cir. 1995）（指出"'显而易见的尝试'一直都不是构成显而易见性的因素"）（引用了 In re O'Farrell，853 F. 2d 894，903（Fed. Cir. 1988））。

> 当对于一个问题的解决存在设计需求或者市场压力，并且存在有限个确定的、可预知的解决方案时，本领域普通技术人员就完全有理由在其所掌握的技术范围内对已知选择进行探究。如果这会导致发明创造被成功预见的话，那该产品有可能就不是一项创新而只是普通技术以及公知常识。**在这种情况下，进行结合是显而易见的尝试的事实可以用来证明根据第103条的规定该结合是显而易见的。**[136]

这样的定义改变了对显而易见的尝试的判断方法。现在专利申请人、USPTO审查员、诉讼当事人、法官和法院在考虑所要求保护的发明创造是否是显而易见的时候，必须要判断现有技术是否明确了一些“可预知的”方案，以及这些方案的数目是否“有限”。当这些条件满足的时候，显而易见的尝试就可以用于论证关于显而易见性的最终结论了。[137] 但是，由于最高法院所作的定义中的限制很窄，在不满足各项限制的其他情况下联邦巡回上诉法院则无法适用这个概念。[138]

J. 表面成立的显而易见性（the *prima facie* case of obviousness）

要理解USPTO如何对专利申请权利要求是否符合非显而易见性的要求进行审查，就必须熟悉表面成立的非显而易见性的概念。表面成立的情况是美国专利商标局作出的认为所要求保护的发明创造是显而易见的可被反驳的法律结论，通常是基于USPTO有关*Graham*前三项因素的发现作出的。[139] 因此，表面成立的情况的成立代表着推定发明创造是显而易见的，并且这种推定是可以被反驳的。

在对美国专利商标局作出的一个表面成立的显而易见性认定进行回应时，专利申请人可以通过下列方式来反驳该认定，例如，认为审查员

---

[136] *KSR*, 127 S. Ct. at 1742.

[137] 见如Pfizer, Inc. v. Apotex, Inc., 488 F. 3d 1377, 1384 (Fed. Cir 2007)（Rader法官在拒绝进行重新审理的全系审判中持异议意见）（认为显而易见的尝试“在本案中是［合议庭］决定的基础”）。

[138] 见 Takeda Chem. Indus., Ltd. v. Alphapharm Pty., Ltd., 492 F. 3d 1350, 1359 (Fed. Cir. 2007)（结论是当前案件“没有能够展现［最高］法院［在*KSR*案中］所述的那种情况使得一项发明创造属于显而易见的尝试时，其就是显而易见的。证据显示［*Takeda*案中所要求保护的发明创造］不是显而易见的尝试”）。

[139] 回顾D.2部分，这些因素是：(1) 本领域普通技术人员的水平；(2) 现有技术的范围和内容；(3) 所要求保护的发明创造与现有技术之间的区别。

对所引用的对比文件的教导认定有误；认为对比文件提供的是关于所要求保护的发明创造的反向教导；认为没有教导、建议或者动机让 PHOSITA 以权利要求所记载的方式将现有技术对比文件结合起来；或者 PHOSITA 不会对成功地进行上述结合抱有合理的期待。这些类型的理由都是通过质疑美国专利商标局对“现有技术的范围和内容”这个 *Graham* 因素的认定，来质疑对表面成立的显而易见性认定。另外，专利申请人还可以通过提交对应于第 4 项和最后 1 项 *Graham* 因素的证据，如证明所要求保护的发明创造实现了意想不到的超凡效果的证据，或者“辅助考虑因素”的证据（例如商业上的成功或者其他人的失败），来反驳 USPTO 对表面成立的显而易见性所作出的断言。当申请人对表面成立的显而易见性认定提出了反驳并提供了证据时，USPTO 必须要对这些证据加以考虑。[140]

表面成立的概念涉及举证责任（burdens of production，即 going forward with evidence）以及对非显而易见性问题的最终说服责任（burdens of proof，即 persuasion）。如 CCPA 在 *In re Rinehart* 案中所解释的，[141]

> 可反驳的表面成立的显而易见性的概念是很清楚的……但它并不是一个割裂的概念。当表面成立的显而易见性被认定，并且提交了反驳证据时，那么决策者必须要对这种认定予以重新考虑。尽管对表面成立进行反驳的责任仍然是由申请人所承担，但是要判断上述责任是否已经被成功地完成，就要重新进行评估。在先的决定不应当，像本案中的情况一样，被认为是固定不变的，并且对申请人提供的反驳性证据的评估不应当仅仅强调其反驳能力。在分析过程中对在先决定采取固定不变的态度，会给该决定带来其本不应该获得的过宽的保护伞效应。表面成立的显而易见性认定是一项法律结论而不是一项事实。通过反驳性证据确立的事实必须要和在先结论所依据的事实放在一起来予以评价，而并不是为了

---

[140] 见 In re Sullivan, 498 F. 3d 1345, 1351 - 1353 (Fed. Cir. 2007)（同意 USPTO 对表面成立的显而易见性的认定，但是仍然推翻了其决定，因为 USPTO 没有对申请人提交的有关反向教导和出乎意料的效果这些反驳性证据加以考虑）。在 *Sullivan* 案中，所述出乎意料的结果就是所要求保护的抗蛇毒血清物质组合的出乎意料的属性和用途，其作用就是中和响尾蛇毒的致命性，同时降低了使用这种物质组合的病人所产生的不良免疫反应。见同前，at 1353。

[141] 531 F. 2d 1048 (CCPA 1976).

> 反对结论本身。虽然法庭必须要重新开始分析，当然最终可能仍然会认定显而易见性成立，但是这样的认定是基于对证据中所有事实的评价，并且不受在先法庭在不同的案卷中所作出的在先决定的影响。[142]

在 *In re Piasecki* 案中，[143]联邦巡回上诉法院依据 *Rinehart* 案的教导来评价 USPTO 在涉及比空气轻的飞行器的可专利性案件中的取证程序。这种飞行器具有类似直升机的控制能力，可以承载非常重的货物。USPTO 并没有对专利申请人所提供的"辅助考虑因素"证据加以考虑或者没有给予足够的重视，而是不恰当地将非显而易见问题的最终证明责任（burden of proof）而不仅仅是举证责任（burden of production）转移给申请人：

> 在当前的案件中，上诉人提交了包括同行认可、长期以来的需求以及商业价值在内的大量证据。但是，冲突及上诉委员会对这些反驳性文件的态度使我们得出结论，委员会的做法恰恰是 *Rinehart* 案提醒大家要警惕的行为：他们只着眼于每项反驳性证据的"反驳能力"。根据委员会的方法，表面成立的认定自成一体，从而反驳该认定的事实的评价是针对结论本身而不是针对作出该结论所依据的事实而作出的。表面成立的认定仍然是"坚不可摧的"。[144]

USPTO 委员会的错误意味着由其作出的非显而易见性结论不能成立。联邦巡回上诉法院的结论是申请人的反驳性证据的整体是具有"说服力的"，因此推翻了委员会认为权利要求所保护的发明创造是显而易见的决定。[145]

虽然 *Piasecki* 案中的发明创造涉及一种机电设备，但是表面成立的概念更多的发生在涉及化学和生物技术的发明创造的案件中。

---

[142] 531 F. 2d 1052（CCPA 1976）.

[143] 45 F. 2d 1468（Fed Cir. 1984）.

[144] 同上，at 1473。

[145] 见同上，at 1475。

In re Dillon 案是化学领域里理解什么是构成表面成立的一个基础案例。[146] 专利申请人 Dillon 发现，在碳氢燃料组合中添加某种4－原酸酯（*tetra*-orthoester）化合物（即中心碳原子上附有四个原酸酯基团的化合物），会减少燃料燃烧时释放的烟尘。她要求保护一种物质组合，包括碳氢燃料加上充足的4－原酸酯化合物，以减少燃烧时的烟尘（颗粒物排放）。现有技术 Sweeney 专利记载了一种含有3－原酸酯（*tri*-orthoester）的碳氢燃料，不同于涉案发明创造的是其目的在于为燃料除水。另一篇现有技术 Elliot 专利，证明3－原酸酯和4－原酸酯在用于从液压油（hydraulic fluids）（即非

---

[146] 见 In re Dillon, 919 F. 2d 688 (Fed. Cir. 1990)（全席审判）。然而，*Dillon* 案并不是联邦巡回上诉法院第一次处理这种问题。早在25年以前，联邦巡回上诉法院的前身法院曾经驳回过 USPTO 所采取的更极端的立场——当化合物的化学结构与现有技术化合物足够相似的时候，化合物的属性与益处都不再重要，从而可以被化学家认为是“毋庸置疑的”显而易见。见 In re Papesch, 315 F. 2d 381 (CCPA 1963)（Rich 法官）。在驳回这一立场的时候，审理 *Papesch* 案的法院作出了以下被广为引用的解释：

> 从专利法的角度来讲，一种化合物与其全部的属性是密不可分的；它们是统一的，所代表的也是相同的内容。图形化学式、化学命名法，分类系统以及对同源、异构等概念的研究只是用于对化合物进行认定、分类和比较的符号。化学式并不是化合物，但化学式可以在权利要求中用来象征被授予专利的内容，就像地契中的边界代表着一片土地，被专利的不是化学式而是由化学式代表的化合物。并且，该化合物的可专利性不取决于其公式与另一化合物的化学式有多么相像，而是取决于两种化合物的相似程度。在进行比较的时候忽略化合物属性的做法在法律中找不到依据的，可以通过提交证据证明基于化学式的比较而推定相似的假设是错误的。

同上，at 391。在 *Papesch* 案中 USPTO 以不具有显而易见性为由对一种新型化合物作出驳回决定，USPTO 认为该化合物在结构上与其下级同源物类似，而该下级同源物属于现有技术（所要求保护的化合物与现有技术化合物的区别“仅仅在于上诉人的化合物具有三个乙基，而现有技术化合物具有三个甲基”）。同前，at 383。尽管 Papesch 在其专利申请中宣称其所要求保护的化合物具有预料不到的消炎活性，并且还在审查过程中提交了测试结果证明所要求保护的化合物是一种“活性消炎剂”，而现有技术化合物在消炎方面“完全不具有活性”。而 USPTO 认为这些证据是无关紧要的。USPTO 认为，只有在对显而易见性“存疑”的情况下，才应该对化合物的属性加以考虑。USPTO 声称，在本案中所要求保护的化合物由于在结构上与现有技术化合物相似，所以“毫无疑问”是显而易见的。同前，at 385－386。CCPA 不同意这个观点。在回顾了一系列涉及化学领域专利的在先判例之后，CCPA 的结论是，“对可专利性的判断并不仅仅基于结构的显而易见性。”同前，at 391。委员会的错误在于认为“只有在化解（关于显而易见性的）疑问”的时候才需要考虑化合物的属性。同前。换句话说，与现有技术在结构上的相似性仅仅可以构成对显而易见性的推定。见同前。（认为“在此我们有的只是推定”）。一种化合物必须“从实际和法律的角度被视为结构和属性的综合”。同前，at 392。委员会对证明 Papesch 所要求保护的化合物具有消炎活性的证据不予考虑的做法与“既定法律是相左的”，从而应该被推翻。同前，at 392。

碳氢，nonhydrocarbon）中提取水时，作用是等同的。

摆在联邦巡回上诉法院全体法官面前的问题是，当 USPTO 根据现有技术而驳回 Dillon 的权利要求时，其是否已经恰当地进行了表面成立的显而易见性的认定。虽然 Dillon 所要保护的物质组合中的 4 - 原酸酯在结构上与现有技术物质组合中的 3 - 原酸酯类似，但是它们的用途并不相同。Dillon 对 4 - 原酸酯的新用途是为了减少烟尘（即颗粒物排放），而现有技术并没有对此进行过披露或者建议。[147]

当合议庭推翻了 USPTO 的决定后，[148] 联邦巡回上诉法院全体法官对这个案件进行了重新审理，肯定了 USPTO 以显而易见性为由而对 Dillon 权利要求作出的驳回决定。基于 Dillon 的物质组合与现有技术物质组合之间在化学结构上的相似性，USPTO 妥善地认定了表面成立的显而易见性。即使“在对可专利性这个最终问题进行判断时必须考虑关于所要求保护的物质组合以及现有技术物质组合属性的全部证据”，联邦巡回上诉法院全体法官认为，“现有技术的客体并没有揭示所要求保护的物质组合所拥有的属性这一事实本身并不能破坏表面成立的显而易见性。”[149] 换句话说，“对表面成立的显而易见性的认定，并不需要既存在结构上的相似之处……又存在有关现有技术物质组合或者化合物的用途与申请人新发现的用途是相同或相似的建议。”[150] 虽然现有技术没有给出对 Dillon 新发现的用途的建议，但是联邦巡回上诉法院指出，其物质组合权利要求并未局限于该用途。[151]

USPTO 妥善地确立了表面成立的显而易见性，对其进行反驳的责任（和机会）继而就转移给了申请人 Dillon。所述反驳可能包括比较试验数据来证明所要求保护的物质组合与现有技术物质组合相比，具有意想不到的改进属性，或者该物质组合的属性是现有技术物质组合所缺乏的。[152] 但 Dillon 并没有提供这样的数据。联邦巡回上诉法院对委员会所做的裁决表示认同，认为 Dillon “并没有证明……所要求保护的物质组合相对于

---

[147] 见 *Dillon*, 919 F. 2d at 691。

[148] 见同上，at 690 n. 1。

[149] 同上，at 693。

[150] 同上。（在原文中就包含强调符号）。

[151] 见同上，at 693 - 694（认为 Dillon 的物质组合权利要求中所记载的“足够减少颗粒物排放的原酸酯含量并不是该权利要求的区别技术特征，除非这种含量与现有技术不同，并且对于所要求保护的物质组合的用途来说是具有决定性作用的”）。同前，at 693 n. 4（指出 Dillon 的物质组合权利要求“凭借其新发现的用途，无论是在结构上或是物理性质上都与现有技术物质组合没有区别”）。

[152] 见同上（列举了能够反驳表面成立认定的证据和/或论据的种类）。

[现有技术对比文件] Sweeney 的化合物具有意想不到的效果”。[153] Dillon 也没有能够“证明现有技术物质组合及其用途不具有足够的重要性，从而不存在作出显而易见变形的动机”。[154] 事实上，Dillon 的专利申请中有数据显示，3 - 原酸酯和 4 - 原酸酯在降低颗粒物排放方面有着等同的活性。[155] 联邦巡回上诉法院的结论是，Dillon 没能成功的反驳表面成立的显而易见性，从而认可了 USPTO 对其的权利要求的驳回决定。

K. 联邦巡回上诉法院审核第 103 条判断的标准[156]

联邦巡回上诉法院负责审核 USPTO 在对专利申请进行的单方审查中根据《美国专利法》第 103 条所做的判断，以及联邦地区法院在质疑授权专利有效性的诉讼中根据第 103 条所做的判断。虽然根据第 103 条进行的关于非显而易见性的判断终究是一个法律问题，但作出该判断的基础却是对事实的发现。联邦巡回上诉法院根据作出事实发现主体的不同而适用不同的审核标准。

1. USPTO

联邦巡回上诉法院负责审理针对 USPTO 因未决专利申请不具备非显而易见性而作出的驳回决定提起上诉的案件。当 USPTO 针对 *Graham* 因素进行了完全可以得到支持的事实发现，联邦巡回上诉法院就必须对 USPTO 所得到的结果予以充分尊重。根据行政程序法的司法审查相关规定，只有在 USPTO 的事实发现结果“无法得到实质证据（substantial evidence）的支持”的时候，联邦巡回上诉法院才能够推翻该结果。[157] 实质证据的标准，是行政法领域的术语，就是要判断一位合理的事实发现者是否会得出与美国专利商标局相同的结论。[158] 如果他或者她会这么做，那

---

[153] *Dillon*, 919F. zd at 694.

[154] 同上。

[155] Dillon 指责 USPTO 利用其所提供的关于等同作用的证据来针对其本人的做法是错误的。但是联邦巡回上诉法院驳回了这一观点。USPTO 利用 Dillon 专利申请中的数据，“只是为了指出 [Dillon] 未曾或者很显然也无法证明”其所要求保护的 4 - 原酸酯物质组合相对于现有技术 3 - 原酸酯物质组合更具优势。见同前。

[156] 有关联邦巡回上诉法院专利相关的全部审核标准概要，见 Lawrence M. Sung 所著文章 *Echoes of Scientific Truth in the Halls of Justice*: *The Standards of Review Applied by the U. S. Court of Appeals for the Federal Circuit in Patent-Related Matters*, 48 Am. U. L. Rev. 1233（1999）。

[157] 见 In re Gartside, 203 F. 3d 1305, 1315（Fed. Cir. 2000）（将实质证据的标准 5 U. S. C. §706（2）（E）用于审核 USPTO 关于可专利性的事实发现）。

[158] 同上，at 1312。

么美国专利商标局的事实发现结果便会得到支持。案卷中存在关于某具体问题的双方面证据这一事实并不足以推翻美国专利商标局的事实发现结果。[159]

2. 联邦地区法院

在审理针对地区法院对授权专利有效性作出的判决提出的上诉案件时，联邦巡回上诉法院也会遇到显而易见性的问题。当联邦巡回上诉法院在审查地区法院在没有陪审团的情况下作出的关于可专利性的事实发现结果时，适用的审查标准是 Fed. R. Civ. P. 52 规定的明显错误（clearly erroneous）标准。只有在全部证据都显示“可以明确和肯定认定有错误存在”的时候，联邦巡回上诉法院才能够根据明显错误标准推翻事实发现的结果。[160] 与实质证据标准相比，明显错误标准被认为对事实发现者的尊敬程度更低一些。

由于陪审团得到了正确的法律指导（*Graham* 因素），陪审团可以对非显而易见这个最终的法律问题作出裁决。[161] 如果败诉方递交了要求依法判决（judgment as a matter of law，JMOL）的审判后动议（post trial motion），就必须按照实质证据标准对推定由陪审团[162]在判断非显而易见性这个最终问题过程中对可专利性所做的事实发现进行审查。[163] 只有在没有合理的陪审团会根据案卷中的证据得出同样的发现结果时，陪审团对事实发现结果才可以被取消。[164] “当陪审团掌握了充分有效的事实信息来支持其裁决时，就不必再讨论是否要取消其事实发现的结果。在这种情况下，陪审团对事实作出的结论是不能被 JMOL 程序所推翻的。”[165] 因此，（至少从理论上讲）陪审团作出的事实发现结果比地区法院由法官审理作出的事实发现结果更难被推翻。[166]

---

[159] 见 Consolo v. Fed. Mar. Comm'n, 383 U. S. 607, 620（1966）（认为“基于证据会作出两种不一致的结论的可能性并不会破坏行政机关的事实发现结果得到实质证据的支持”）。

[160] Ruiz v. A. B. Chance Co., 234 F. 3d 654, 663（Fed. Cir. 2000）.

[161] 见 R. R. Dynamics, Inc. v. A. Stucki Co., 727 F. 2d 1506, 1514 – 1515（Fed. Cir. 1984）。

[162] 在没有进行质询的情况下，推定陪审团在有争议的事实问题中所得到的结果是有利于判决中胜诉方的。Newell Cos. v. Kenney Mfg. Co., 864 F. 2d 757, 767（Fed. Cir. 1988）。

[163] 见 Teleflex, Inc. v. Ficosa N. Am. Corp., 299 F. 3d 1313, 1333 – 1335（Fed. Cir. 2002）。

[164] 见同上，at 1335。

[165] McGinley v. Franklin Sports, Inc., 262 F. 3d 1339, 1355（Fed. Cir. 2001）.

[166] 见 Structural Rubber Prods. Co. v. Park Rubber Co., 749 F. 2d 707, 719（Fed. Cir. 1984）（指出“在上诉中……由陪审团作出的事实发现（根据实质证据标准判断该结果是否合理）比法官作出的事实发现（适用明显错误标准）更难被推翻”）。

第 6 章

实用性要求

（《美国专利法》第 101 条）

A. 引　　言

美国专利法对新颖、非显而易见及有用的发明创造予以保护。用专利术语来说是，一项有用的发明创造就是具有**实用性**的发明创造。本章旨在对实用性要求进行探讨，这项要求源自促进实用技艺的进步这个宪法目的。① 虽然实用性要求是通过《美国专利法》第 101 条以法定形式体现的，即可获得专利的发明创造必须是（除其他要求之外）“新的及有用的……”② 但该法条并没有定义有用（或者实用性）的含义是什么。案例法填补了这个空白。

与本书前几章所讨论的新颖性③和非显而易见④要求相反，满足实用性要求的实质性门槛比较低。⑤ 绝大多数的发明创造不会因为缺乏实用性而受到质疑。关于实用性的纠纷大多涉及化学和生物技术领域内的发明创造。例如，实用性的要求是否得到了满足就是当前关于为基因片段也称为“表达序列标签”（Expressed Sequence Tags，ESTs）授予专利的争

---

① U. S. Const. art. I，§8，cl. 8.

② 《美国专利法》第 101 条（2008）。

③ 见第 4 章（“新颖性及权利丧失（《美国专利法》第 102 条）”）。

④ 见第 5 章（“非显而易见性要求（《美国专利法》第 103 条）”）。

⑤ 见 Juicy Whip，Inc. v. Orange Bang，Inc.，185 F. 3d 1364，1366（Fed. Cir. 1999）（指出“实用性的门槛不高：如果一项发明创造能够提供某些可以被识别的益处，那么根据第 101 条的规定该发明创造就是有用的”）。

论中的核心问题，下文对此将进行介绍。

B. 实际应用性

美国专利法要求可获得专利的发明创造必须具有“实际应用性”。[⑥]换句话说，一项可获得专利的发明创造必须具备某些现实世界中的用途。但是，“实际的”用途不必是“显著的”或者“（影响）深远的”。即使是仅存在于化学反应过程中的化学中间产物（chemical intermediate）也是有用的，因为它是能够让研究人员开发出其他有用的、有治疗性质的化学物质的工具。[⑦]

在机械和电学发明创造中，对实用性比较少有争议；即使是人们可能会认为无价值、无意义的新玩意、游戏或者玩具也能满足实用性要求。如图6.1所示的是一件关于煎蛋形状的帽子的授权专利。当时（申请人）可能预料到会有实用性问题，根据该专利的书面描述里记载，该帽子“具备实用性，比如，在展销会、集会这样的场合可以作为与促销活动相

---

⑥ In re Brana, 51 F. 3d 1560, 1564 (Fed. Cir. 1995).

⑦ 见 In re Nelson, 280 F. 2d 172（CCPA 1960）（推翻了USPTO根据第101条以所要求保护的类固醇中间物不具有实用性为由而作出的驳回决定）。审理 *Nelson* 案法庭对化学物质的实际应用性看法如下：

> 看来专利局的立场是，发明创造必须具有现存的“实际”用处，但是对于什么人来讲是有用的，却没有说清楚。实际上我们从来没有就发明创造要“对什么人来说”以及“为了什么”要具有实用性这个问题得到过清楚的答案。新的类固醇中间物对进行类固醇研究的化学家来说肯定是有用的，并且也是具有“实际”意义的。根据第101条的规定这种中间物是“有用的”。早在这种物质的“好处”为人所知以前，通常已经将该物质实际投入市场，而不是仅仅用于实验以及制备在研究领域里具有重要意义的其他化合物。**在这个阶段拒绝对这种物质予以专利保护，会抑制该物质及其专利公开内容中相关知识的广泛传播，而这种公开恰恰是专利保护所鼓励的。这么做只会阻碍而不是促进（有用技术的）发展。**
>
> 对于为了实现上诉人公开内容中所记载的目标而进行研发的化学家来说，新物质雄烯（androstene）是有用的，显然它对社会也是有用的，并且该发明创造为某种技术的进步作出了贡献，而该种技术对人类来说具有巨大的潜在功效。
>
> 我们的结论是，所要求保护的化合物满足了第101条关于“实用性”的要求……

同上，at 180－181（对第一段中最后一句话增加了强调；其他的强调是原文中存在的）。

最高法院后来在 *Brenner v. Manson*, 383 U. S. 519, 530（1966）案中将 *Nelson* 案描述为 CCPA 对实用性的解释更为自由“趋势”的开端，本章后面将会对该案件有所介绍。但是，最高法院并没有说它要废止 *Nelson* 案，并且 *Manson* 案的事实与 *Nelson* 案的事实截然不同。

关的、吸引注意力的物件”。这充分满足了《美国专利法》第 101 条有关实用性的要求。

US005457821A

United States Patent [19]
Kiefer

[11] **Patent Number: 5,457,821**
[45] **Date of Patent: Oct. 17, 1995**

[54] **HAT SIMULATING A FRIED EGG**

[76] Inventor: **Raymond D. Kiefer**, 105 Shady La., Spring City, Pa. 19475

[21] Appl. No.: **199,950**

[22] Filed: **Feb. 22, 1994**

[51] **Int. Cl.**^{6} **A42B 1/00**
[52] **U.S. Cl.** **2/195.1**; 2/171; 2/195.2; D2/872
[58] **Field of Search** 2/171, 175.1, 195.1, 2/195.2, 195.3, 195.4; D2/865, 869, 872, 873, 874, 876, 879, 882, 884, 886, 893

[56] **References Cited**

U.S. PATENT DOCUMENTS

D. 170,061 7/1953 Maxwell et al. D2/886
D. 267,285 12/1982 Lipschutz D2/872

FOREIGN PATENT DOCUMENTS

292451 6/1928 United Kingdom 2/195.3

Primary Examiner—Diana Biefeld
Attorney, Agent, or Firm—Frederick J. Olsson

[57] **ABSTRACT**

A novelty hat in the form of a baseball cap has a yellow colored dome shaped top and a white colored brim, the outer periphery of which is irregular and part of which projects outwardly to form a visor. On the head of the wearer the hat makes the visual impression of a fried egg.

2 Claims, 2 Drawing Sheets

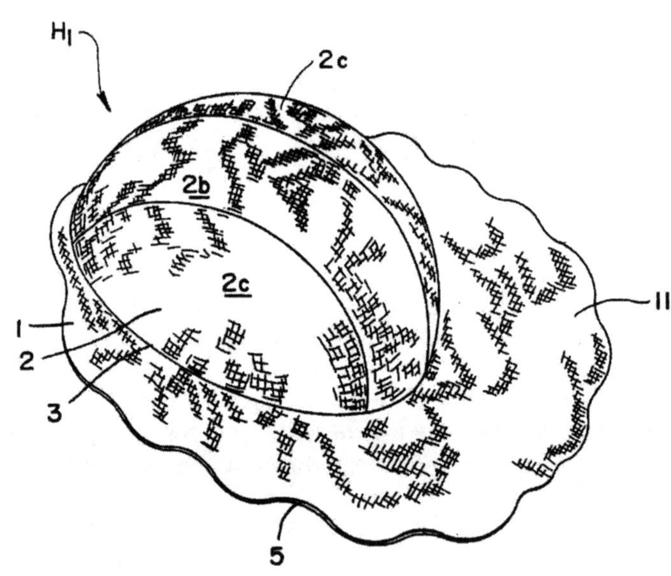

图 6.1 煎蛋形状的帽子

美国专利 5，457，821 号（1995 年 10 月 17 日授权）

为什么实用性的门槛相对较低，也就是说，比较容易满足？这是因为，如果一项发明创造对社会不是非常有用的话，那么因该发明创造受到专利保护而暂时让公众承担的成本不会过高。若一项发明创造的用途甚微，那么专利权人或者抄袭者可能只会对其进行少量的制造或者销售。在这种情况下，专利权人拥有的排除他人制造、使用、销售、许诺销售以及进口所保护发明创造的权利给社会造成的负担最小。因此，专利法没有试图超过最低标准去评价一项发明创造的实用性程度。实际上，通过发明人对其专利产品的定价，市场会决定哪些发明创造最有用。⑧

以缺乏实用性为由来质疑授权专利有效性的情况比较少见。实际上，如果被控侵权方（质疑专利有效性的一方）正在生产一项与涉案发明创造相似到足以引起诉讼的仿品，这现象本身就证明该项发明创造是具有实用性的。然而，实用性争议通常都是出现在 USPTO 的单方专利审查过程中。

为取得专利而具有的实用性并不要求在市场上的商业成功。也不要求一项发明创造比其以前的那些发明创造的效果更好。其实，实用性要求的满足只需确保一项发明创造能工作就行。

Bedford v. Hunt 案⑨是对这项原则的一个很好的说明。在该案中，一项制鞋和制靴方法专利的实用性受到质疑，依据是“该项发明创造不具有实用性；该方法无法实现预期目的，并且这种制靴和制鞋方法早就被淘汰了”。⑩ 换句话说，至少被控侵权方认为，该制靴专利方法的效果不是很好，并且市场上没有人在使用（除了被控侵权方以外）。

---

⑧ 这种关于专利实用性要求的实用主义观点在一篇对 CCPA 时期的经典异议意见中有所表述：

> 自 Story 法官的时代就曾多次指出，正如在 *Nelson* [280 F. 2d 172 (CCPA 1960)] 案中所充分讨论的那样，实用性的程度对于公众来说根本无关紧要。那些仍然认为实用性是作为授予专利的“回报”的人似乎还没有明白这个基本的道理。对授予专利的唯一“回报”就是法律规定的对新颖、非显而易见、并且有一定用处的发明创造的完全公开。如果一项发明创造没有什么用处，那么相应的专利对于专利权人来说就没有什么价值，但专利权人从来没有被要求对其发明创造潜在的用途有所了解或加以解释。最极端的事实是，直至作出发明创造后的很多年，发明人几乎从不知道其发明创造的实用性程度。只有在发明创造被公开以后才涉及用途的问题。

In re Kirk, 376 F. 2d 936, 955 (CCPA 1967) (Rich 法官持异议意见)。

⑨ 3F. Cas. 37 (C. C. Mass. 1817) (No. 1, 217).

⑩ 同上，at 37。

著名的专利法学家，Joseph Story 法官，拒绝以缺乏实用性为由而宣告该专利无效。Story 法官并不认为专利法介意一项专利的实用性程度：

> 在法条中，有用发明创造的意思是指对社会有益的发明创造，这是相对于有损于道德、健康或者社会良好秩序的发明创造而言的。实用性的成立并不需要证明发明创造比现有的、实现相同目的的发明创造更优越。如果一项发明创造不是令人憎恶的或者是恶意的，可以在实际中有所应用，并且这种应用是有益的，这样就足够了。如果一项发明创造的实际应用非常有限，那么对发明人来说该发明创造就只能带来很少或者无法带来利润；如果该发明创造的用途微不足道，那么该发明创造终将被遗忘。但是，专利法不去计较实用性的程度，仅要求它能够使用，并且这些用途不会受到正常的道德及政策的禁止。⑪

Story 法官对实用性的看法构成了专利法的一部分。我们不计较一项发明创造的实用性程度，而是仅要求该发明创造对社会来说存在某种实际的用途。

C. 最高法院在 *Brenner v. Manson* 案中的观点

美国最高法院最近一次处理关于实用性要求的问题是在 1966 年的 *Brenner v. Manson* 案⑫判决中。具有争议的 *Manson* 案判决代表了《美国专利法》第 101 条要求的最高标准。⑬

专利申请人 Manson 要求保护制备一种化合物——一种已知类固醇的

---

⑪ 3F. Cas. 37（C. C. Mass. 1817）（No. 1，217）.

⑫ 383 U. S. 519（1966）.

⑬ *Brenner v. Manson* 案判决存在着大量的批评意见。最高法院多数意见存在对专利权利要求角色的根本的误解。该意见中认为“撰写专利权利要求的高超技法使权利要求尽量少的披露有用信息”的看法（*Manson*, 383 U. S. at 534）是错误的，因为“披露……有用信息”并不是专利权利要求的职责。专利权利要求是负责定义专利权人排他性权利的字面界限。所公开的内容由书面描述部分负责披露，并且根据《美国专利法》第 112 条（a）款的规定，书面描述还必须满足可实施性及最佳方式的要求。*Manson* 案的多数意见还错误地认为，只有当一个化学反应进行到其产物具有可辨识的实用性时，“才能准确地勾勒出垄断性权利的界限”。同上，at 534。对于限定了专利权人排他性权利的“界限”的专利权利要求是否足够清楚的判断基础是《美国专利法》第 112 条（b）款，该判断与《美国专利法》第 101 条的实用性要求无关。有关对 *Manson* 案的其他批评，见 In re Kirk，376 F. 2d 936，947 – 966（CCPA 1967）（Rich 法官持异议意见）。

方法。Manson声称其方法具有实用性，原因是该方法制备的类固醇正在就抑制小鼠肿瘤的效果接受筛查，该类固醇紧邻的同系物⑭（the next adjacent homologue）已证明具备该效果。

最高法院推翻了海关和专利上诉法庭（CCPA）的判决，并认为所要求保护的方法不满足《美国专利法》第101条的实用性要求。最高法院查看了Manson在类固醇化学方面的研究，认为类固醇研究是不可预测的技术领域，而Manson的研究成果仍属于初级阶段，不值得予以专利保护，并指出，“专利不是狩猎许可证”也“不是对研究的奖励，而是给予研究所取得的成功结果的报酬”。⑮ 最高法院解释道，可专利性要求的是“实质上的实用性”（substantial utility）。最高法院认为，直到对该方法的定义和开发达到某一程度，使得该方法“在当前可获得的形式下存在具体益处”的时候，才能满足实质上的实用性标准。⑯

在2001年颁布的审查指南中，USPTO对*Manson*案判决的解读是，要求实用性是“具体的、实质性的以及可信的”。⑰ 在试图为蛋白质编码的基因和基因片段寻求专利保护的尝试中，对是否能满足上述实用性标准的不确定性也充斥其中，这是因为这些基因和基因片段的功能或者疗效价值还未得到确认。⑱

D. 联邦巡回上诉法院的观点

1. *In re Brana* 案：化合物

联邦巡回上诉法院多年来很少关注最高法院于1966年在*Manson*案中

---

⑭ 同系物是一个一列中在结构上类似的化合物，比如烷类（alkanes）（直链碳氢化合物甲烷（straight-chain hydrocarbons methane）、乙烷（ethane）、丙烷（propane）、丁烷（butane）等）。在烷族内，相邻的同系物只相差一个碳原子；例如乙烷（C_2H_6）和丙烷（C_3H_8）。

⑮ *Manson*, 383 U. S. at 536.

⑯ 同上，at 534 - 535。

⑰ 见USPTO, *Utility Examination Guidelines*, 66 Fed. Reg. 1092, 1098 (Jan. 5, 2001), http://www.uspto.gov/web/offices/com/sol/notices/utilexmguide.pdf。*Guidelines*将“具体及实质的实用性”定义为，“具有任何特定的实际用途”除了“抛弃性”“非实质”或“非具体”的实用性除外，比如使用复杂的DNA序列作为垃圾掩埋，或者将遗传变异的小鼠作为大鼠的食物。见同前。根据审查指南的规定，如果“基于发明创造的特征（例如一种产品或者方法的属性或应用）本领域普通技术人员会立即了解该发明创造的用处”，则该发明创造显然具有实用性，从而满足第101条有关实用性要求。同前。

⑱ 见同上，at 66 Fed. Reg. 1094（“如果能够产生有用的蛋白质或者其能够就近杂交（hybridizes near）并且作为病毒基因的标记，那么经分离和提纯的DNA分子就可以满足实用性的法定要求”）。

作出的判决。像联邦巡回上诉法院作出的 *In re Brana* 案[19]之类的判决似乎降低了限制条件，对实用性要求的标准放宽到在 *Manson* 案以前由联邦巡回上诉法院的两大前身法院之一的 CCPA 所制定的实用性标准。

In re Brana 案是重要的关于实用性案例的原因有多个。首先，*Brana* 案澄清了在对实用性进行判断时专利申请人和 USPTO 所应承担的程序上的责任。*Brana* 案认定 USPTO 应承担质疑专利申请人实用性断言正确性的最初责任。只有当 USPTO 提出了证明本领域普通技术人员有理由怀疑申请人所断言的实用性的证据时，举证责任才转移给专利申请人来证明实用性的成立。申请人通常可以通过提交测试数据、实验结果、专家誓词之类的方法来作出这样的证明，尽管也可以通过更加定性的方法来论证。

最值得注意的是，*Brana* 案证明了即使还没有进行到美国食品药品监督管理局（FDA）批准销售所必需的研发阶段，同样可能具有可专利的实用性。Brana 的权利要求是关于一种用于化疗的新化合物。Brana 向USPTO提出证据，证明该化合物在体外条件下（在试管内），对人体的癌细胞有毒性作用，并且与现在小鼠上试验过的结构类似的现有技术化合物相比，具有更好的效果。然而，USPTO 驳回了 Brana 的权利要求，理由是所要求保护的化合物还没有得到 FDA 批准在人体上进行二期临床试验。

在上诉过程中，联邦巡回上诉法院认为 Brana 的证据满足实用性标准，驳回了 USPTO 的决定。[20]法庭认为，在满足 FDA 标准之前，可专利的实用性是完全可以成立的，并强调：

> 得到 FDA 批准并不是认定化合物在专利法意义上是有用的先决条件。专利法中所谓的有用，特别是在药学发明创造中，必然包括对进一步研发的预期。这个领域的发明创造成为有用技术的阶段是远在可以将该发明创造用于人体阶段之前的。[21]

有趣的是，*Brana* 案的意见没有引述，甚至也没有讨论过最高法院之

---

⑲ 51 F. 3d 1560 (Fed. Cir. 1995).

⑳ 根据《美国专利法》第 112 条（a）款，USPTO 以该专利申请缺少“如何使用”的内容为基础，驳回了 Brana 的权利要求，但是还指出，根据《美国专利法》第 101 条以缺乏实用性为由的驳回也是恰当的。见 *Brana*，51 F. 3d at 1564。联邦巡回上诉法院认为，“该驳回决定似乎是基于化合物是否具有实际用途的问题作出的，这是关于第 101 条的问题……”。同上。

㉑ 同上，at 1568。

前在 *Brenner v. Manson* 案中所提出的实质性实用标准。这种沉默或许表明了联邦巡回上诉法院对 *Manson* 案中多数意见中所表达的更极端言论并不认同。

2. *In re Fisher* 案：基因发明

随着 USPTO 2001 年颁布审查指南，法院就审理了一件测试性案件，旨在澄清将第 101 条实用性要求适用于 ESTs（表达序列标签）专利权利要求的标准。联邦巡回上诉法院于 2005 年在 *In re Fisher* 案㉒中的结论，回归向最高法院大约 40 年前在 *Brenner v. Manson* 案中所宣布的严格实用性标准。㉓ *Manson* 案的复兴是代表着对所有发明创造的实用性要求的提高，还是仅限于那些涉及基因材料比如 ESTs 的发明创造，还有待于观察。

ESTs 是代表 cDNA（互补 DNA）克隆体片段㉔的短核苷酸序列；ESTs"通常是通过分隔一个 cDNA 克隆体，对两个 cDNA 链中其中一个链上的末端的少量核苷酸进行排序获得的"。㉕ 在 *Fisher* 案㉖中，USPTO 专利上诉及冲突委员会在 2004 年维持了审查员作出的驳回要求保护 5 种玉米植物（maize plants）ESTs 编码蛋白质和蛋白质片段㉗的专利申请，理由是缺乏第 101 条所要求的实用性。㉘ 真正的当事人 Monsanto Company 抗辩

㉒ 421 F. 3d 1365（Fed. Cir. 2005）.

㉓ 383 U. S. 519（1966）.

㉔ 互补 DNA（cDNA）是"由 mRNA［信使核糖核酸］通过逆转录人工合成而产生……科学家定期将 cDNA 编入库中，研究在某个特定的时间点上，特定组织内表达的基因种类"。*Fisher*, 421 F. 3d at 1367。信使核糖核酸（mRNA）是由脱氧核糖核酸（DNA）构成的基因在细胞中表达的结果。"相关联的双链 DNA 序列被转录为单链的信使核糖核酸"。同前。"mRNA 由细胞核释放，并由细胞质里的核糖用来产生蛋白质"。同前。

㉕ 同上。

㉖ *Ex parte* Fisher, 72 U. S. P. Q. 2D 1020（Bd. Pat. App. & Int. 2004）（不具有在先判例的效力）。

㉗ Fisher 申请中的权利要求 1 记载了"一种玉米蛋白质或其片段编码的、基本上提纯了的核酸分子，包括从下面组中选择的核酸序列：SEQ ID NO：1 至 SEQ ID NO：5（［a］substantially purified nucleic acid molecule that encodes a maize protein or fragment thereof comprising a nucleic acid sequence from the group consisting of SEQ ID NO：1 through SEQ ID NO：5），"其中"SEQ ID NO：1 through SEQ ID NO：5 consist of 429, 423, 365, 411, and 331 nucleotides, respectively（SEQ ID NO：1 至 SEQ ID NO：5 分别由 429、423、365、411 和 331 核苷酸组成）。"见 In re Fisher, 421 F. 3d 1365, 1367 - 1368,（Fed. Cir. 2005）。

㉘ 见脚注 26 中的 *Ex parte* Fisher, at 1021。*Fisher* 案中所要求保护的"基本上提纯了的"核苷酸序列是"从天然状态下通常与［所要求保护的分子］关联在一起的所有其他分子中分离出来的"核酸分子。同前，at 1022。

称，所要求保护的ESTs在识别有无多态性（polymorphism）（所记载序列的替换形式）方面是有用的。[29] 据Monsanto称，ESTs“至少给公众提供了一个具体的好处，例如，能够识别玉米植物种群是否具有多态性”。虽然委员会承认用ESTs来判断种群是否享有共同的基因遗传可能是一种“用处”，但是这不是在*Manson*案中所要求的“实质上的实用性”，也就是说，它不是“以当前所具有的形式提供具体的益处”的实用性。委员会认为，“在不知道ESTs所代表的基因的进一步信息之前，检测有无多态性在基因遗传方面提供不了什么信息。”委员会认为实用性范围的另一个极端是，“当已知由ESTs所产生的基因对植物的开发和/或表型（phenotype）存在的影响时，在检测是否存在多态性的过程中所收集到的信息。”

委员会的结论是，所要求具备的实质的实用性处于这两个极端之间，但从未认为可以约等于“非实质性的用途”。

对委员会的决定提出上诉的案件受到了密切关注，在该上诉案件的审理中，联邦巡回上诉法院尽管存在不同意见，但仍在2005年9月作出决定，维持了以不具备实用性为由而对*Fisher*案ESTs权利要求的驳回。[30] 值得注意的是，*Fisher*案的多数意见放弃了Story法官关于实用性的最低要求观点，[31] 取而代之的采用（并阐明）了*Manson*案拥护的“具体”和“实质的”实用性标准。*Fisher*案的多数意见认为，为了证明存在“具体的”实用性，“所声称具备的用途必须……能够证明所要求保护的发明创造可以为公众提供明确和特定的益处”，[32] 从而证明存在“实质的”实用性，“所声称具备的用途必须证明所要求保护的发明创造可以为公众提供

---

[29] Monsanto宣称所要求保护的ESTs至少具有下面7个用途：“（1）用于对整个玉米基因组进行对比的标记，该基因组由10个染色体组成，总共包括大致50 000种基因；（2）通过微阵列技术来测量组织样本中的mRNA含量从而提供基因表达信息；（3）为聚合链反应（polymerase chain reaction，PCR）过程提供引物（primers）来源从而实现对特定基因迅速和廉价的复制；（4）判断是否存在多态性（polymorphism）；（5）通过染色体的步行来分离促进剂（isolation promoters via chromosome walking）；（6）控制蛋白质表达；（7）对其他植物和有机物的基因分子进行定位。”*Fisher*, 421 F. 3d at 1368。

[30] In re Fisher, 421 F. 3d 1365（Fed. Cir. 2005）（法院的意见由Michel首席法官会同Bryson法官提出；异议意见由Rader法官提出）。在*Fisher*案中有8个机构递交了法庭之友简报。

[31] 见Lowell v. Lewis, 15 F. Cas. 1018, 1019（C. C. Mass. 1817）（No. 8, 568）（可专利的实用性仅要求所要求保护的发明创造“不是无意义的，或者对社会福祉、优良政策或者良好道德是无害的”）。

[32] *Fisher*, 421 F. 3d at 1372.

显著以及目前可获得的益处”。[33] 根据法庭的多数观点，Fisher 所要求保护的 ESTs 无法满足这些标准中的任何一项。每个所要求保护的 ESTs 独一无二地对应于一个单一（或者“基础”）基因，ESTs 是从这个基因转录而来的；但是，截至该申请的申请日，该基础基因的功能仍是未知的。因而所要求保护的 ESTs 不过是“研究的中间物质”，“无法提供关于该基础基因的任何整体结构信息，更别说是功能信息了”。[34] 在法庭的多数意见看来，这种研究用途并非实质性的。Fisher 声称的 ESTs 的用途也不是具体的，“Fisher 所声称具备的用途并没有将那 5 项所要求保护的 ESTs 与专利申请中披露的超过 32 000 项 ESTs 或者与从任何有机物获得的 ESTs 区分开。”[35]

用 *Manson* 案的措辞来说，给 Fisher 所要保护的 ESTs 授予专利权就相当于发出一张“狩猎许可”，因为 Fisher 无法确认其基础蛋白质编码基因的功能。*Fisher* 案多数意见的结论是，没有这样的确认，“对所要求保护的 ESTs 的研究和理解就没有进行到可以给公众提供即时、明确、真实的益处的阶段，从而就不值得授予其专利权。”[36]

联邦巡回上诉法院的 Rader 法官在其异议意见中提出了强烈的反对，理由是所要求保护的 ESTs 是对社会有益的研究工具，应该获得专利。[37] ESTs 就像显微镜，使研究人员可以“进一步识别和理解先前不知道也看不见的结构”。Rader 法官责备 *Fisher* 案的大多数意见“忽视了进行复杂研究所要面对的挑战”，并强调，科学的“发展是通过逐步的积累实现的”。在 Rader 法官看来，USPTO 根本无法预知哪些“非实质性的”研究步骤会对基因研究的实质性突破作出贡献。Rader 法官认为，第 101 条关于实用性要求不是用来驳回那些没有使“有用技术”得到充分发展的发明创造的工具；那种工具应该是第 103 条关于非显而易见性的要求。然而，Rader 法官指出，联邦巡回上诉法院于 1995 年作出的 *In re Deuel* 案[38]

---

[33] *Fisher*, 421 F. 3d at 1372.

[34] 同上，at 1373。

[35] 同上，at 1374。

[36] 同上，at 1376。

[37] 同上，at 1379（Rader 法官持异议意见）。

[38] 51 F. 3d 1552（Fed. Cir. 1995）.（认为根据《美国专利法》第 103 条的规定，一篇教导了基因克隆方法的现有技术对比文件，与一篇公开了蛋白质的部分氨基酸序列的现有技术对比文件的结合，并不能使对蛋白质编码的 DNA 和 cDNA 分子在表面上成为显而易见；并指出“在没有其他现有技术对所要求保护的 DNA 有所揭示的情况下，现存的分隔 cDNA 或 DNA 分子的一般方法在本质上与这些分子本身是否是显而易见的这个问题是无关的”）。

判决有效地“剥夺了专利局对基因组发明创造提出非显而易见性要求的机会”。Rader 法官极力呼吁，USPTO 应该做的不是曲解实用性要求，而是“寻找正确的方法对非显而易见性进行认定”。

E. 不可操作性（inoperability）

如果一项发明创造所声称的实用性违背了人们通常认可的科学原理，USPTO 会根据《美国专利法》第 101 条以所要求保护的是不可操作的客体为由而驳回发明人的权利要求。不可操作性是因缺乏实用性驳回的一种。如果一项发明创造不能像权利要求所记载的那样工作，那么从专利法角度来说便不能认为其是有用的发明创造。而且，对于不可操作的发明创造也无法作出符合《美国专利法》第 112 条（a）款规定的逻辑性描述。[39]

1. 不可操作发明创造的例子

在 *Newman v. Quigg* 案[40]中，发明人要求保护一种“输出能量高于输入能量的能量生成系统”，USPTO 认为该发明创造是一种“永动机”。在 USPTO 根据第 101 条驳回 Newman 的权利要求之后，Newman 不服 USPTO 的决定，根据《美国专利法》第 145 条对 USPTO 局长提起了民事诉讼。[41]联邦地区法院认为，根据《美国专利法》第 101 条的规定该项发明创造不能取得专利，因为“Newman 的机器缺乏实用性（因为无法通过操作该机器而产生权利要求所记载的效果）”。联邦巡回上诉法院维持了地区法院的结论。地区法院正确地依据了美国国家标准局（National Bureau of Standards）的测试结果，证明 Newman 的机器实际上不能使输出能量高于输入能量，该机器最多只有 77% 的效率。

在 *In re Cortright* 案中，引起争议的是一种治疗脱发的方法的可操作性。[42] 其中专利申请人要求保护一种通过在脱发人的头皮上涂擦 Bag Balm®（一种通常可买到的、用于滋润奶牛乳房的药膏）来治疗秃头的方

---

[39] 见 EMI Group N. Am., Inc. v. Cypress Semiconductor Corp., 268 F.3d 1342, 1348 (Fed. Cir. 2001)（指出“包含不可操作或不可能实现的特征的发明创造是不具备《美国专利法》第 101 条所规定的实用性的，并且必然也是不具备《美国专利法》第 112 条所规定的可实施性的”）（引用 Raytheon Co. v. Roper Corp., 724 F.2d 951, 956 (Fed. Cir. 1983)）。

[40] 877 F.2d 1575 (Fed. Cir. 1989).

[41] 本书的第 1 章（“美国专利制度基础”）对第 145 条程序有所介绍，该程序授权联邦法院可以对案件进行重新审理，不局限于 USPTO 案卷中的证据。

[42] 165 F.3d 1353 (Fed. Cir. 1999).

法。考虑到FDA已经批准了几种治疗脱发的方法，联邦巡回上诉法院并没有认为治疗秃顶的方法的实用性“在本质上是可疑的”，但法院仍维持了USPTO对Cortright权利要求15的驳回决定，该权利要求记载了一种方法：

> 通过动脉将活性药剂8－羟基喹啉硫酸盐输送到头皮毛囊凸起处，从而抵消雄性荷尔蒙水平较低的影响，让头发再次从头皮长出来，该方法包括，在头皮上涂擦含有0.3%的8－羟基喹啉硫酸盐活性药剂，以凡士林和羊毛脂作为基底的药膏，从而活性剂可以到达头皮毛囊凸起处。[43]

从本质上讲，权利要求15记载了Cortright认为其发明创造能够工作的方式。遗憾的是，该专利申请并没有提供任何信息可以证实该方法实际上就是按照权利要求所记载的方式来操作的；也就是说，发明人没有能够证实如权利要求所记载的那样，活性成分到达毛囊，或者实际上抵消了雄性荷尔蒙水平较低的影响。因此，联邦巡回上诉法院的结论是，Cortright专利申请中没有提供令人满意且符合《美国专利法》第112条（a）款规定的关于如何使用权利要求15中的发明创造的描述。[44]

2. “属”中不可操作的“种”(inoperable species within a genus)

一项属权利要求（a generic claim）中包括一个或多个不可操作的种(species）的情况，有时会引发实用性问题。[45] 例如，一项物质组合权利要求，该物质组合包括20%～80%重量百分比的组分X，发明人宣称该发明创造的实用性在于能够收缩癌症肿瘤。如果证明，当该发明创造中X的重量百分比是30%时，该物质组合不具有收缩癌细胞肿瘤的效果，那就意味着在X的重量百分比为20%～80%的属中，至少该特定的种是不可操作的；也就是说，X的重量百分比为30%的种不具备该类物质组合

---

[43] 165 F. 3d 1355 (Fed. Cir. 1999). 原文如下：

offsetting the effects of lower levels of a male hormone being supplied by arteries to the papilla of scalp hair follicles with the active agent 8 - hydroxy-quinoline sulfate to cause hair to grow again on the scalp, comprising rubbing into the scalp the ointment having the active agent 8 - hydroxy-quinoline sulfate 0.3% carried in a petrolatum and lanolin base so that the active agent reaches the papilla. ——译者注

[44] 审理 *Cortright* 案的法庭认为根据第112条作出的“如何使用”驳回决定在本质上等同于根据《美国专利法》第101条作出的“不可操作”驳回决定。见同上，at 1356－1357。

[45] 类和属权利要求在本书第2章（“专利权利要求”）中有所介绍。

所宣称的实用性。那么根据《美国专利法》第 101 条的规定，这项权利要求是否整体无效？

正如许多其他专利法的问题那样，这个问题的答案取决于特定案例的事实。联邦巡回上诉法院认为，一项权利要求包括一些不可操作的实施例并不必然导致该权利要求会因缺少实用性而被认定无效。[46] 专利权利要求并不需要排除所有可能不可操作的实施例。[47] 但是，若存在太多不可操作的种或者实施例，可能会导致不具备《美国专利法》第 112 条（a）款所要求的可实施性问题。专利的书面描述必须要提供足够多的信息，使得本领域普通技术人员可以选择或者分辨哪些实施例是可操作的而哪些不是，从而不用进行过多的试验就能实践该发明创造。[48] 如果缺少这样的选择标准，那么在属权利要求中出现不可操作的种的情况便可能会致使这些属权利要求被认定无效。[49]

F. 不道德的或者欺骗性发明创造

早期的美国司法判决就认定实用性要求中包含道德成分。例如，Story法官在 1817 年将可专利的实用性定义成一项发明创造“对社会有益的用途，这是相对于有损道德、健康或者社会良好秩序的发明创造而言的。”[50] 美国法院，包括第二巡回上诉法院，后来用这个标准无效了具有人造斑点的雪茄烟叶（artificially spotted tobacco leaves）[51] 和有假缝的女用

---

[46] 见 Atlas Powder Co. v. E. I. du Pont de Nemours & Co.，750 F. 2d 1569，1576 – 1577（Fed. Cir. 1984）。

[47] 见 In re Anderson，471 F. 2d 1237，1242（CCPA 1973）（指出“永远有可能在组合权利要求中加入一些内容从而使得该权利要求变得不可操作，”但是“权利要求的功能不是排除所有这些内容，而是要指出该组合到底是什么”）。

[48] In re Cook，439 F. 2d 730，735（CCPA 1971）.

[49] 应当将一项权利要求中的一些种或者实施例不可操作的情况与所有种或实施例都是不可操作的情况进行对照。在 EMI Group North America，Inc. v. Cypress Semiconductor Corp.，268 F. 3d 1342，1348（Fed. Cir. 2001）案中，法庭所面对的情况是，基于专家证词在科学上认定一件专利的每项权利要求都包含（多个种的）一个特征是“不可能”实现的。见同前，at 1346（引用了被控侵权方的专家证词，认为半导体芯片的金属保险丝权利要求中所记载的“爆炸装置”是“不可能实现的”）；同前，at 1349。这使得所有权利要求都被认定无效。见同前。（指出“当权利要求本身记载了科学上不正确的特征时，无论权利要求中记载的其他特征组合是什么，该权利要求整体无效”）。

[50] Bedford v. Hunt，3 F. Cas. 37（C. C. D. Mass. 1817）（No. 1，217）.

[51] 见 Rickard v. Du Bon，103 F. 868（2d Cir. 1900）。

针织品（faux-seamed women's hosiery）的专利。[52] 这些判决说明，让法官或者 USPTO 审查员来判断哪些发明创造是道德的哪些是不道德的任务是非常困难的。这样的价值判断很大程度上是仁者见仁、智者见智，并且通常涉及会随时间发生变化的共同道德标准。

USPTO 于 1977 年作出的一个决定标志着 USPTO 将不再以部分社会成员可能认为某些发明创造不道德为由而作出驳回决定。在 *Ex parte Murphy* 案[53]中，USPTO 认定了“吃角子”老虎机（a“one-armed bandit” slot machine）具有可专利性。USPTO 上诉委员会解释说，“虽然有些人可能认为赌博妨害公共道德和良好的社会秩序，然而我们在《美国专利法》第 101 条及相关部分找不到任何依据，能够说明仅用于赌博的发明创造不具有可专利的实用性。”[54] 委员会的结论是，“美国专利商标局不应是通过拒绝为满足专利法要求的博彩游戏授予专利而对赌博进行道德评判的行政机关。”[55]

1999 年，联邦巡回上诉法院在名字古怪的 *Juicy Whip, Inc. v. Orange Bang, Inc.* 案中维持了 *Murphy* 案的原理。[56] 涉案专利是关于一种 Slurpee®（思乐冰）状的饮料贩卖机，它包括一个容纳所贩卖产品的透明展示性容器，让顾客提前看到他们以为正在购买的饮料。图 6.2 所示为该取得专利的贩卖机。

实际上，商品（糖浆和水）是在售卖之前才混合在一起，所以顾客得到的并不是他们透过展示容器所看到的东西。[57] 一审法院基于上文提到的第二巡回上诉法院早期涉及道德的案例，以该项发明创造“具有欺骗性”为由依据第 101 条认定该专利无效。

联邦巡回上诉法院推翻了这个判决，认为上述两个判决并不存在相关性。联邦巡回上诉法院宣称，1952 年后的专利法对当代实用性标准的理解是，不去试图评判一项发明创造的道德性；实用性标准仅要求具备最小的现实价值。USPTO 不是适合裁判一项发明创造是道德的、具有欺骗性的或者非法的仲裁者。这是其他行政机关（例如 FDA 或者联邦贸易

---

[52] 见 Scott & Williams, Inc. v. Aristo Hosiery Co., 7 F. 2d 1003 (2d Cir. 1925)。

[53] 200 U. S. P. Q. 801 (Bd. Pat. App. & Int. 1977).

[54] 同上，at 802。

[55] 同上，at 803。

[56] 185 F. 3d 1364 (Fed. Cir. 1999). 涉案专利中的思乐冰（Slurpee®）是一款直接将糖浆与碳酸水混合成的汽水冷冻成冰沙状的碎冰饮品。——译者注

[57] 实际上，这个“欺骗行为”是对消费者有益的，因为它降低了污染的风险。

委员会）的管辖范畴，或者应由议会立法决定某种客体是不可专利的。[58]因此，可以说即使是一项具有欺骗性的发明创造也可能是具备第101条所要求的实用性的。

G. 第101条实用性要求和第112条（a）款关于“如何使用”的要求之间的关系

如果专利申请人不能证明其发明创造具备让人信服的实用性，那么USPTO通常会作出所要求保护的发明创造缺乏实用性的第101条驳回决定，以及该专利书面说明未能充分描述如何使用该项发明创造的第112条（a）款驳回决定。会同时作出这两种驳回决定的原因是，“第112条关于如何使用的要求作为一个法律问题涵盖了《美国专利法》第101条的要求即说明书要披露发明创造实用性这个事实问题。”[59]根据定义，“如果［某些］物质组合实际上是无用的，那么上诉人的说明书不可能对如何使用这些物质组合有所教导。”[60] 因此，缺乏实用性不仅可以支持根据第101条作出的驳回决定，还可以支持第112条（a）款的驳回决定。

H. 外国专利制度中有关实用性的要求

1. 产业应用性（industrial applicability）

在外国专利制度和多国专利条约中，可以与美国的实用性要求大致对应的是对可专利的发明创造要具有“产业应用性”的要求。[61]《欧洲专

---

[58] 在这方面，*Juicy Whip* 案的判决参考了最高法院在 *Diamond v. Chakrabarty*, 447 U. S. 303 (1980) 案中作出的判决，该判决指出如基因工程菌这样的有生命的客体是属于《美国专利法》第101条允许授予专利权的客体范围之内的。见本书第7章（“潜在的可专利客体（《美国专利法》第101条）”）。审理 *Chakrabarty* 案的法院在其判决中部分维持了关于细菌是可专利客体的观点，因为在其看来，下级法院和 USPTO 都没有资格对宽泛的法条语言进行局限性解释从而作出政策性的决定。相反，只有国会才是真正有资格修改法律的主体。

[59] In re Cortright, 165 F. 3d 1353, 1356 (Fed. Cir. 1999)（引用了 In re Ziegler, 992 F. 2d 1197, 1200 (Fed. Cir. 1993)）.

[60] In re Fouche, 439 F. 2d 1237, 1243 (CCPA 1971).

[61] 见 Agreement on Trade-Related Aspects of Intellectual Property Rights (TRIPS) art. 27. 1, Dec. 15, 1993, 33 I. L. M. 81 (1994)（要求发明创造具备“产业应用性”）；同前，at n. 5（指出考虑到条款目的，“产业应用性”可能会被成员国认为是“有用”的代名词）；European Patent Convention art 52. 1 (2000) ［《欧洲专利公约》，以下简称“EPC”］，网址是 http://www.epo.org/patents/law/legal-texts/html/epc/2000/e/ar52.html（指出应当给“所有技术领域中的任何发明创造授予欧洲专利，只要……这些发明创造具备可接受的产业应用性”）。

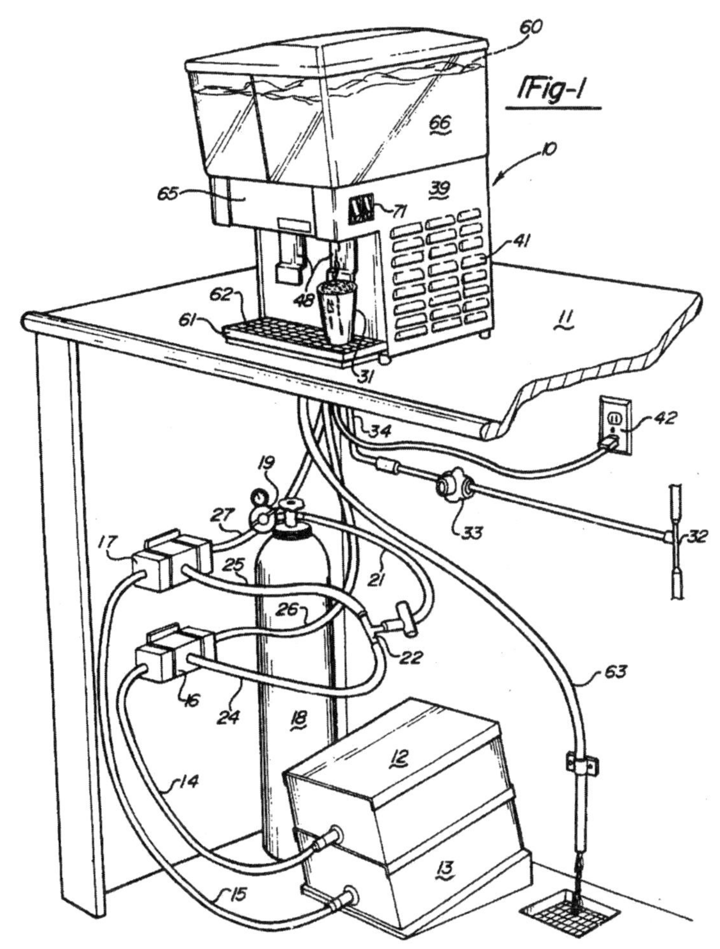

图 6.2　带有模拟视觉展示的后混合饮料贩卖机
美国专利 5，575，405 号（1996 年 11 月 19 日授权）

利公约》（EPC）进一步将“可以接受的产业应用”定义为一项发明创造是否“能够在任何一种产业包括农业里进行制造或者使用”。[62] 这样的措辞是要明确地将农业发明创造包括在可取得专利权的客体范围之内，但

[62] 脚注 61 中提到的 EPC，at art. 57，网址为 http://www.epo.org/patents/law/legal-texts/html/epc/2000/e/ar57.html。

是要排除医学上人和动物的治疗方法。[63]

2. 道德标准

与美国专利法不同，其他国家的专利法规明确提到了发明创造的道德性，但在立法中是将其归类为可取得专利的客体的问题，而不属于工业应用性问题。例如，EPC 提出，在下面的情况不能授予欧洲专利：

> (a) 发明创造的公开或者利用与“公共秩序”(ordre public) 或者道德相悖，但是不能仅因为对该发明创造的利用在一些或者所有条约国的法律或者规定中被禁止，便认为是违反“公共秩序”或者道德的……[64]

这项规定允许条约国排除对该国禁止进行商业开发利用的发明创造授予专利，如果这种排除是保护“公共秩序”[65] 或者道德所必需的话。[66] 欧洲专利局作出了很多决定，但都还没有制定出一项单一的、简明的考察标准来确定什么样的发明创造违背了该道德标准。[67] EPC art. 53 (a) 中的“公共秩序”或者“道德”的措辞在由 WTO 管理的 TRIPS 协定第 27.2 条中有所呼应，[68] TRIPS 协定该条款赋予了 WTO 成员以类似的道德标准拒绝授予专利的选择。[69]

---

[63] 见 W. R. Cornish 所著的 *Intellectual Property: Patents, Copyright, Trade Marks and Allied Rights*, § 5 - 53 (4th ed., Sweet & Maxwell 1999)。

[64] 脚注 61 中提到的 EPC, at art. 53 (a), 网址是 http://www.epo.org/patents/law/legal-texts/html/epc/2000/e/ar53.html。

[65] 这个法语短语的翻译最接近于“公共政策”或者“公共利益”。见 Donna M. Gitter 所著 *Led Astray by the Moral Compass: Incorporating Morality into European Union Biotechnology Patent Law*, 19 Berkeley J. Int'l L. 1, 3 n. 18 (2001)。

[66] 见 Carlos Correa 所著 *The GATT Agreement on Trade-Related Aspects of Intellectual Property Rights: New Standards for Patent Protection*, 16 Eur. Int. Prop. Rev. 327 (1994)。

[67] 见脚注 65 中 Gitter 所著文章, at 17 - 34 (讨论了 EPO 在生物技术领域中所作出的两个决定，这两个决定应用了彼此冲突的道德标准：其中一个标准是“公众深恶痛绝”，也就是当公众一致认为授予专利权是令人深恶痛绝的，那么就不能授予专利权，另一个标准更加严格，称为“不可接受”，也就是根据欧洲传统习俗授予专利权会被认为是不可接受的，则不能授权)。在欧洲展开的有关为哈佛鼠授予专利权的道德辩论在本书第 7 章 D.3 部分有介绍。

[68] 见 Agreement on Trade-Related Aspects of Intellectual Property Rights, Including Trade in Counterfeit Goods, Dec. 15, 1993, 33 I. L. M 81 (1994)。

[69] TRIPS 协定条约和其他多国知识产权条约在本书第 12 章 (“国际性的专利事务”) 里将有进一步详细介绍。

第7章
潜在的可专利客体
（《美国专利法》第101条）

A. 引　　言

1. 第101条的一般特性

本章旨在讨论根据美国法律的规定可能获得发明专利①（utility patents）授权的发明创造的类型或分类。专利法的法律从业者通常将这些“适格的”发明创造类型称为包含**法定客体**（statutory subject matter），指的就是《美国专利法》第101条规定的客体分类。《美国专利法》第101条规定：

> §101. 可专利的发明创造
>
> 任何人发明或发现任何新而有用的方法（process）、机器（machine）、制造物（manufacture）或物质组合（composition of matter），或其新而有用的改进，皆可依本法所定的规定和条件获得专利。②

然而，本节一般使用“潜在的可专利客体”一词，用于强调即便一件发明创造属于合适的类型或分类，也仅仅具有“潜在的”可专利性，

① 《美国专利法》第101条除了对发明专利的客体作出了规定外，美国专利制度中还存在植物专利（plant patents）和外观设计专利（design patents）。植物专利和外观设计专利将分别在本章最后部分予以讨论。

② 《美国专利法》第101条（2008）。

因为该发明创造还必须满足实用性[③]、新颖性[④]和非显而易见性[⑤]的法定标准才能被授权为专利。正如 Giles Rich 法官在 *In re Bergy* 案[⑥]中所阐述的，“某人可能‘发明’了一种机器或制造物，且可能包括阳光下任何人造之物，但是除非其满足［美国专利法所］规定的条件，否则根据第 101 条的规定并不一定具有可专利性。”[⑦]

符合《美国专利法》第 101 条规定的潜在的可专利客体的入门标准，意味着该发明创造跨越了 Rich 法官在 *Bergy* 案判决中所说的“可专利性三道门”的经典比喻中的第一道门：

> 在通往授权的艰难道路上，第一道必须开启的门是第 101 条（经第 100 条的定义补充）……无论其发明是否具有可专利性，走进第一道门的人就是发明人。无论如何总会有一个发明人；有一个发明人可以被看作初步的合法要件，因为如果这个人什么也没有发明，或者其所知的事物已经被别人发明了，那么这个人就没有权利哪怕是接近这道门。因此第 101 条以“任何人发明或发现”为起始语，并且自 1790 年以来，基本上沿用这种叙述。然而，作为一个发明人或者拥有一项发明创造，并不确保就能打开第一道门。哪种发明创造或发现能够打开第一道门呢？与发明创造可专利的定性条件不同，第 101 条对这一问题的回答是广义和宽泛的；具体内容就是：“任何×××方法、机器、制造物或物质组合，或其任何×××改进。”第 100 条（b）款进一步将“方法”（process）扩展解释为包括“工艺（art）或步骤（method），和×××已知方法、机器、制造物、物质组合或材料的新用途”。如果发明创造，经发明人在权利要求书中定义（依据第 112 条（b）款），落入上述任何指定分类中的一类，他就可以迈向第二道门，也就是以“新颖性和专利权的丧失”为标志的第 102 条。虽然第 101 条有“新而有用”这样的字

③ 见本书第 6 章（“实用性要求（《美国专利法》第 101 条）”）。

④ 见本书第 4 章（“新颖性及权利丧失（《美国专利法》第 102 条）”）。

⑤ 见本书第 5 章（“非显而易见性要求（《美国专利法》第 103 条）”）。

⑥ 596 F. 2d 952（CCPA 1979）（Rich 法官），*aff'd sub nom.*，Diamond v. Chakrabarty，447 U. S. 303（1980）。

⑦ 同上，at 961。

> 眼，但在此条款下并不审查发明创造的新颖性，因为法定的事务计划或长期以来的行政实务并不包括此项内容。[8]

因此，与定性的规定可专利性条件的第 102 条和第 103 条不同，第 101 条列举的是在美国能够获得专利的发明创造类型。

在立法史中，《1952 年专利法案》曾宽泛地定义，美国专利可以授予"阳光下所有人造之物"。[9] 尽管法院通常根据这一立法方向非常广义的解释潜在的可专利客体，但解释第 101 条的判例法为可专利客体提供了重要的限定。很多著名的司法判决帮助我们完善了对于这些限定的理解，以下将对此作详细介绍。

2. 第 101 条的法定分类

《美国专利法》第 101 条的 4 种法定分类包括——方法（process）、机器、制造物和物质组合——具体内容随后逐一讨论，以下是一些定义和实例：

- **方法**（process），在专利意义上，是步骤（method）的同义词，就是一系列实现既定任务的步骤。制造"芝心"（stuffed-crust）比萨的方法[10]和网络书商亚马逊（Amazon）的"一键式"（one-click）在线订购商品的方法[11]都获得了方法专利授权。
- **机器**（machine），是设备（apparatus）的同义词，通常具有活动部件，例如内燃机。
- **物质组合**（a composition of matter）包括化学物质组合，以及物质的混合物，例如金属合金。
- 最后，**制造物**（manufacture）是所有人造的、没有活动部件的客体的兜底种类（catch-all category），例如带有螺旋槽的海绵橄榄球（helically grooved foam football）[12] 和 Java Jacket®热饮杯保温套（insu-

---

⑧ 596 F. 2d 960（CCPA 1979）（Rich 法官），*aff'd sub nom.*，Diamond v. Chakrabarty，447 U. S. 303（1980）。

⑨ S. Rep. No. 82 – 1979，at 5（1952）；H. R. Rep. No. 82 – 1923，at 6（1952）.

⑩ 见"Method for making a stuffed pizza crust，" U. S. Patent No. 6，048，556（issued Apr. 11，2000）。

⑪ 见"Method and system for placing a purchase order via a communications network，" U. S. Patent No. 5，960，411（issued Sept. 28，1999）。联邦巡回法院在 *Amazon. com，Inc. v. Barnes and Noble. com，Inc.*，239 F. 3d 1343（Fed. Cir. 2001）案中拒绝向被控侵权人 Barnes & Noble 颁发临时性禁令时质疑了该专利的有效性。

⑫ 见 U. S. Patent No. Re. 33，449（reissued Nov. 20，1990）。

lating sleeve for hot drink cups)。[13]

下文将对上述潜在的可专利客体类别逐一进行考察。

3. 利用不同的法定类别来保护发明构思

专利权利要求不需要明确的记载发明创造所属的潜在可专利客体的类型(尽管有些专利权利要求明确记载)。通常从权利要求字面就清楚地看出其所属的适当类别。例如,一项权利要求记载了"一种可编程的计算机",就可理解为涉及第 101 条规定的机器。[14] 只要权利要求符合《美国专利法》第 112 条(b)款规定[15]是足够清楚的,USPTO 的审查员就能确定其所保护的客体是否落入第 101 条规定的一种或多种分类,除此以外没有更多要求。

一件专利涉及的发明构思可以包括很多不同的表现形式。也就是说,即便在同一专利申请中,"发明创造"也可以以不同的方式来保护,该申请的权利要求可以涉及一种以上《美国专利法》第 101 条规定的法定客体类别。举例来说,一种新颖和非显而易见的药品的发明人可以递交申请,要求以物质组合的形式保护药物自身的化学结构,也可以要求保护合成该药物的方法,以及要求保护对身患特定疾病患者进行医治的方法,且该方法包括实施有效药量的该药物。广义理解,所有这些权利要求所保护的是相同"发明创造"或"发明构思"的不同方面。

记载了不同法定客体类别的权利要求,例如上述新药实例中的权利要求,因为来源于相同的发明贡献,经常被写入同一专利申请。然而,USPTO 有时会要求将几组权利要求"限制"到不同的专利申请中,主要出于审查过程中管理便利的目的。[16]

---

⑬ Java Jacket® 专利,U. S. Patent No. 5, 425, 497, issued June 20, 1995,于本书第 1 章("美国专利制度的基础")中有所介绍。

⑭ 见 WMS Gaming, Inc. v. Int'l Game Tech., 184 F. 3d 1339, 1348 (Fed. Cir. 1999)(指出"一台经编程以实现某种算法的通用计算机或微处理器创造了'一台新机器,因为一旦一台通用计算机经编程以实现程序软件指示的特定功能时,这台通用计算机实际上就变成了一台具有特殊用途的计算机。'")(引用了 In re Alappat, 33 F. 3d 1526, 1545 (Fed. Cir. 1994)(全席判决))。

⑮ 本书第 2 章("专利权利要求")进一步讨论了《美国专利法》第 112 条(b)款规定的权利要求的清楚性要件。

⑯ 见《美国专利法》第 121 条(规定"若在同一申请中包括两项或更多独立且不同的(independent and distinct)发明创造,(USPTO)局长可以要求此申请限于其中的一项发明。")。又见 Transco Prods., Inc. v. Performance Contracting, Inc., 38 F. 3d 551, 558 (Fed. Cir. 1994)(解释道,"当一件申请要求保护一项以上独立且不同的发明创造时,审查员通常会根据《美国专利法》第 121 条提出限制要求(restriction requirement),以减轻对该主题的审查负担,因而迫使该申请人递交一个或多个分案申请")。又见本书第 1 章("美国专利制度的基础")H. 5 部分。

如果权利要求涉及"独立和不同的"发明创造，那么限制就是正当的。[17] 举例来说，上述实例中的药物发明人可能会被要求将其原始申请（母案）限制为仅保护物质组合的权利要求，并递交一个或多个另外的申请（分案）以保护其他组涉及制造方法或治疗方法的权利要求。[18]

有时，领先于在先创新的开拓性发明创造会挑战现有的分类方法而不局限于一种法定分类。例如，最高法院认为 *Diamond v. Chakrabarty* 案[19]中的遗传工程产生的嗜油细菌应属于"物质组合"或"制造物"分类。[20] 要符合第101 条关于潜在的可专利性客体的规定，发明创造只需落入至少一个法定分类中即可。分类的准确划分并不重要，也不需要在权利要求中明确写明。

本章以下内容均是通过重要的司法判决来阐述《美国专利法》第 101 条中的 4 种法定分类，以及经司法确认的可专利性的例外。某些类型的重要科

---

⑰ 《美国专利法》第 121 条 USPTO 对"独立的"（independent）和"相关但不同的"（related but distinct）（即不是独立的（dependent））发明创造的含义给出了以下指导：

> 1. 独立
>
> "独立"（不相关）一词的意思是，两个或两个以上要求保护的发明创造之间没有已公开的关系，也就是所述发明创造的设计、操作或效果均不相关。例如，一种方法和一种不能用于执行该方法中的设备是相互独立的发明创造……
>
> 2. 相关但不同
>
> 如果两个或两个以上的发明创造在已公开的设计（例如结构或制造方法）、操作（例如功能或使用方法）或效果中至少一方面是有联系的，那么它们就是相关的（即不独立的）。相关发明创造的例子包括，组合及其部分（子组合）、方法及实施该方法的设备、方法及实施该方法所产生的产品，等等。在指代独立发明创造以外的发明创造时，本定义中"相关"一词被用作"不独立"的代名词。
>
> 如果所要求保护的相关发明创造在设计、操作或效果中的至少一方面没有联系的（例如通过实质上不同的方法制造或用于实质上不同的方法），且其中至少一项发明创造相对于另一项相关发明创造是可专利的（新颖和非显而易见的）（即使这几项发明创造相对于现有技术是不可专利的），那么这些相关发明创造就是不同的……
>
> 值得注意的是，"独立"和"不同"在判决中的含义可能是多样的。应该仔细研读所有的判决以确定其所指含义。

U. S. Patent and Trademark Office, Manual of Patent Examining Procedure § 802. 01 (8th ed., 7th rev. 2008) 网址为 http://www.uspto.gov/web/offices/pac/mpep/documents/0800_802_01.htm。

⑱ 本书第 1 章 H. 5 部分详细讨论分案申请。

⑲ 447 U. S. 303 (1980).

⑳ 见同上，at 309 – 310（指出，"被告的……权利要求保护的并非是至今未知的自然现象，而是一种非自然产生的制造物或物质组合——一种人类独创的'具有独特名称、性质和用途'的产品。"）(引用了 Hartranft v. Wiegmann, 121 U. S. 609, 615 (1887))。

学进步不能申请专利，比如发现前所未知的自然法则或科学原理，例如万有引力定律或爱因斯坦的相对论，尽管这些科学进步对社会作出了显著的贡献。本章最后介绍了美国的两种非发明专利保护类型：植物专利和外观设计专利。

B. 第101条之方法

1. 基本原则

专利法自创始以来即保护方法专利。第一部美国专利法——1790年专利法，将方法称为"工艺"（art）。[21] 美国的第一项专利授予了一种制造碳酸钾（potash）——一种主要用作肥料的化合物的方法。[22] 现在，美国专利法意义上的方法指的是："方法（process）、工艺（art）或步骤（method）"。[23]

方法（process）是步骤（method）的同义词，或者说是一系列用以达成某种结果的步骤。通常，方法（process）是制造一些最终产品的新颖和非显而易见的步骤。例如，以下是一项记载了制造化合物X步骤的典型方法权利要求：

> 1. 一种制备化合物X的方法，包括以下步骤：
> （1）混合等份的Y和Z以形成混合物，
> （2）将所述混合物加热至约100摄氏度，
> （3）将所述混合物冷却至约20摄氏度，以及
> （4）从冷却的所述混合物中回收所述化合物X的沉淀。[24]

---

[21] Patent Act of April 10, 1790, ch. 7, §1, 1 Stat. 109（规定专利授权的要件为"他、她或他们发明或发现任何有用的工艺（art）、制造物（manufacture）、工具（engine）、机器（machine）、或设备（device）或其改进"）。另见 S. Rep. No. 82－1979（1952），*as reprinted in* 1952 U. S. C. C. A. N. 2394, 2398（现行《美国专利法》第101条用"方法"（process）代替了"工艺"（art）并没有发生实质性变化，因为工艺已经"被法院解释为方法或步骤的同义词"）。

[22] 见 David W. Maxey 所著的 *Samuel Hopkins, The Holder of the First U. S. Patent: A Study of Failure*, 122 Pa. Mag. of Hist. & Biography 3（1998）；David W. Maxey 所著的 *Inventing History: The Holder of the First U. S. Patent*, 80 J. Pat. & Trademark Off. Soc'y 155（1998）。

[23] 《美国专利法》第100条（b）款。

[24] 原文如下：
1. A process for making compound X, comprising the steps of:
(1) mixing equal parts Y with Z to form a mixture,
(2) heating the mixture to a temperature of about 100 degrees Celsius,
(3) cooling the mixture to a temperature of about 20 degrees Celsius, and
(4) recovering a precipitate of said compound X from the cooled mixture. ——译者注

重要的是，上述方法制得的最终产物——在这个假想的例子中就是化合物X，本身并不需要具有可专利性；换言之，要求保护制造既有产品的具有新颖性和非显而易见性的步骤的方法权利要求是可以被授予专利的。专利法中进行定义的部分规定，“方法这个词……包括已知方法、机器、制造物、物质组合或材料的新用途”。[25]

制造已知产品的新方法所具备的独立的可专利性，反映了促进新方法革新对社会的重要性。比如说，制备胰岛素——众所周知的治疗糖尿病的蛋白质的新方法发明创造为社会带来很大的益处。现在可以通过DNA克隆技术很容易的获得大量的胰岛素。这种重组方法比从猪胰脏提取胰岛素的传统方法效率要高得多。[26] 通过对方法给予专利保护的激励，专利体系激发了很多新颖的和非显而易见的现有产品制造方法。

2. 方法 v. 产品

如上例所示，方法权利要求不同于产品权利要求，产品权利要求通常用于保护物质组合或制造物，本章后面会对其分别进行讨论。一般认为方法权利要求范围较窄，因此对于专利所有人来说，其经济价值小于产品权利要求。为什么呢？例如上述方法权利要求包括步骤（1）~（4），所述步骤按所记载的顺序执行，（1）→（2）→（3）→（4），从而产生特定的产品——化合物X。该方法权利要求的范围相对较窄是因为，只有当其他制造X的方法以相同的顺序，即从步骤（1）到（4），重复所记载的一系列相同步骤时，才会构成字面侵权。如果竞争对手能够通过不同的方法确定如何制造产品X，例如通过步骤（5）→（8），或以不同的顺序执行步骤（1）→（4），如（3）→（4）→（1）→（2），那么就不构成对该方法权利要求的字面侵权。[27]

另一方面，如果一件专利包含产品X的权利要求，以任意方法制造X，无论该方法包括步骤（1）→（4），（5）→（8），（3）→（4）→（1）→（2），或其他的任何一组步骤，均构成字面侵权。也就是说，用产品权利要求保护产品，其保护范围不受限于该产品的制造方法。产品权利要求的保护范围与产品专利权人是否已知或描述过被控侵权人制造产品X所

---

[25] 《美国专利法》第100条（b）款。

[26] 见 Karl Drlica, Understanding DNA and Gene Cloning: A Guide for the Curious 14 (3d ed. 1997)（记载了人类胰岛素基因在细菌中表达的方法）。

[27] 如果根据等同原则认定被控侵权方法在实质上没有不同，则也可以构成对方法权利要求的侵权。本书第9章（“专利侵权”）讨论了等同原则。

使用的方法无关。“专利权人有权享有其发明创造可能的所有用途，无论其是否已知该用途。”㉘ 因此，通常认为对专利权人而言，产品权利要求远比方法权利要求更具有经济价值。

3. 计算机执行的方法

许多专利方法或步骤能够通过运用计算机和软件执行。例如1981年，美国最高法院在 *Diamond v. Diehr* 案㉙中认为一种由计算机控制的加工合成橡胶（curing synthetic rubber）的方法是具有《美国专利法》第101条规定的可专利性的。通过监测模具中的实时情况，该方法的控制系统通过基于众所周知的 Arrhenius 方程的计算来判断该模具的开启时间。以下是 Diehr 专利中具有代表意义的权利要求1：

> 1. 一种操作橡胶压模机的方法，所述橡胶压模机借助数字计算机精确模制物料，该方法包括：
>
> 为进行压模需向所述计算机提供一个数据库，该数据库至少包括，
>
> 自然对数数据转换（ln），
>
> 每批所述模制物料特有的活化能常数（C），和
>
> 所述压模机的特定模具的几何形状决定的常数（x），
>
> 在所述压模机关闭时启动所述计算机内部的计时器，用来监测关闭后经过的时间，
>
> 在模制时不断在所述压模机内邻近所述模具腔的位置测定所述模具的温度（Z），
>
> 不断向所述计算机提供该温度（Z），
>
> 在每次加工期间，以频繁的间隔在该计算机中用阿伦尼乌斯方程反复计算在该加工期间的反应时间，该方程即：$\ln v = CZ + x$，其中 v 是所需加工总时间，
>
> 在所述加工期间，在计算机中以所述频繁的间隔反复比较该加工期间每个以阿伦尼乌斯方程计算得到的所需加工总时间与所述经过的时间，以及

㉘ In re Thuau, 135 F. 3d 344, 347 (CCPA 1943).

㉙ 450 U. S. 175 (1981).

当所述比较表示两个时间相等时自动打开所述压模机。㉚

尽管非应用数学算法、公式和方程式被认为是不可专利的抽象概念，最高法院还是在 *Diehr* 案中明确指出，出现了这种数学客体专利权利要求（如 *Diehr* 案中的权利要求 1）并不必然丧失《美国专利法》第 101 条规定的潜在可专利性。为了确定发明创造是否属于第 101 条规定的潜在可专利客体中的一种或几种，应该对权利要求进行整体分析，而不应割裂开来。在专利权利要求中出现数学算法或公式并不必然导致其不能获得专利保护。

最高法院的结论是，与在先判决中认为计算机执行的方法不具有可专利性的发明人不同㉛，Diehr 没有要求保护数学公式本身，而是请求保

㉚ 450 U. S. 175 (1981). at 179 n. 5。原文如下：

1. A method of operating a rubber - molding press for precision molded compounds with the aid of a digital computer, comprising:

providing said computer with a data based for said press including at least,

natural logarithm conversion data (ln),

the activation energy constant (C) unique to each batch of said compound being molded, and

a constant (x) dependent upon the geometry of the particular mold of the press,

initiating an interval timer in said computer upon the closure of the press for monitoring the elapsed time of said closure,

constantlydetermining the temperature (Z) of the mold at a location closely adjacent to the mold cavity in the press during molding,

constantly providing the computer with the temperature (Z),

repetitively calculating in the computer, at frequent intervals during each cure, the Arrhenius equation for reaction time during the cure, which is

$\ln v = CZ + x$

where v is the total required cure time,

repetitively comparing in the computer at said frequent intervals during the cure each said calculation of the total required cure time calculated with the Arrhenius equation and said elapsed time, and

opening the press automatically when a said comparison indicates equivalence. ——译者注

㉛ *Diamond v. Diehr* 案是最高法院在 1972～1981 年关于计算机执行方法发明创造可专利性判决“三部曲”的最后一部。该案的多数意见（5 票对 4 票胜出）认为 Diehr 要求保护的加工橡胶的方法属于《美国专利法》第 101 条规定的可专利客体，且本案不同于“三部曲”中前两个案件——*Gottschalk v. Benson*, 409 U. S. 63 (1972) 和 *Parker v. Flook*, 437 U. S. 584 (1978)，因为：

> 在 *Benson* 案中，我们认为涉及将二进制编码的十进制数字转换为纯二进制数字的方法权利要求不具有可专利性。这种算法的唯一实际用途是对通用数字计算机进行编程。我们将“算法”定义为“解决既定类型数学问题的程序，”我们认为这种算法或数学公式类似于自然规律，是不属于可专利客体的。
>
> *Parker v. Flook* 案的……情况类似。权利要求涉及一种计算“报警极值”的方法。“报警极值”仅是一种数值，法院认为该申请要求保护的是计算这种数值的公式。如果已知一些其他变量，就可利用该公式计算出极值。但该申请既没有解释如何确定所述其他变量，也没有“包含任何与工作时采用的化学过程相关的内容、对过程变量的监测、引发或调节警报系统的装置。该申请仅提供了更新报警极值的公式。”

Diehr, 450 U. S. at 185 - 187.

护加工合成橡胶的方法。上述方法“确实利用了一个人们熟悉的数学公式，但没有要求独占该公式的使用”。[32] Diehr 只是要求排除他人将阿伦尼乌斯方程和方法权利要求中的其他步骤一同使用，这些步骤包括：把橡胶放入压模机中，关闭模具，不断测定模具的温度，通过使用阿伦尼乌斯方程和数字计算机不断重新计算合适的加工时间，和在最适时间自动开启所述压模机。尽管对于天然或合成橡胶的加工来说计算机并不是必需的，但法院意识到，在 Diehr 的方法专利中采用计算机的做法取得了重要而有益的结果——显著减小了橡胶加工过度或加工不足的可能性。这种方法是属于《美国专利法》第 101 条规定的潜在可专利客体的。

Diehr 案带来的影响是，一些评论员建议为了符合《美国专利法》第 101 条的要求，含有数学算法的方法（或步骤）权利要求应涉及将材料“有形转换”（physical transformation）为不同的状态或事物，例如 *Diehr* 案中对合成橡胶的加工。然而联邦巡回上诉法院在随后的 *AT&T Corp. v. Excel Communications, Inc.* 案中拒绝将“有形转换”作为统一的要求。[33]'184 专利保护了将被称为“主交换运营商指示符”（primary interexchange carrier, PIC）的信息插入长途电话记录中的方法，以便对用户进行差分计费（取决于所述用户与被致电方是相同还是不同长途运营商）。[34] 地区法院作出简易判决认为 AT&T 的'184 专利方法由于不属于第 101 条规定的客体因而无效，联邦巡回上诉法院推翻了地区法院的判决。

联邦巡回法院认为被告 Excel 对于 *Diehr* 案的解读过于狭隘，并解释道 *Diehr* 案所代表的立场是，“有形转换”不是“一成不变的要求，而仅仅是数学算法如何产生有用的应用的一个实例”。[35] 联邦巡回法院在 *AT&T* 案中的结论是，尽管所要求保护的方法确实应用了简单的 Boolen 原理来确定 PIC 指示符的数值，但这种方法产生了“有用、具体、切实的结果”，而并没有禁止他人使用该数学原理。[36] 因此，所要求保护的方法“恰好”落入了《美国专利法》第 101 条规定的范围内。[37]

4. 商业方法

从事或运作商务活动的方法或步骤，与其他方法一样，只要不是不

---

[32] *Diehr*, 450 U. S. at 187.

[33] 172 F. 3d 1352 (Fed. Cir. 1999) .

[34] 同上，at 1353。

[35] 172 F. 3d 1358 – 1359 (Fed. Cir. 1999) .

[36] 同上，at 1358。

[37] 同上。

可实施的抽象构思或概念，就属于潜在的可专利客体。*State St. Bank & Trust Co. v. Signature Fin. Group, Inc.* 案㊳是商业方法是否可专利的一个分水岭。该案涉及Signature公司的由计算机执行的轴辐式系统的可专利性问题，该系统用于管理合伙人基金金融服务结构。以下为其具有代表性的权利要求1，其中方括号里的内容为书面描述中公开的结构，对应于《美国专利法》第112条（f）款所述的装置（means）：

> 1. 一种数据处理系统，用于管理以合伙方式建立的组合的金融服务结构，每个合伙人为数个基金中的一支，包含：
>
> （a）计算机处理器装置［包括CPU的个人计算机］用于处理数据；
>
> （b）存储装置［数据磁盘］用于在存储介质上储存数据；
>
> （c）第一装置［一个算术逻辑电路，用来预备磁盘数据以对所选择的数据进行磁性存储］用以启动存储介质；
>
> （d）第二装置［一个算术逻辑电路，用于从特定文档读取信息，根据特定输入计算增量或减量，依百分比分配结果，及将其输出储存于另一文档］用于处理该组合中资产的相关数据，以及前一天的基金，和每一支基金［原文为基金的］增减的相关数据，并分配每一支基金在组合中所持的百分比；
>
> （e）第三装置［一个算术逻辑电路，用于从特定文档读取信息，根据特定输入计算增量或减量，依百分比分配结果，及将其输出储存于另一文档］用于处理关于组合每天增加的收入、支出和实现的净增益或损失的数据，并将这些数据分配给各基金；
>
> （f）第四装置［一个算术逻辑电路，用于从特定文档读取信息，根据特定输入计算增量或减量，依百分比分配结果，及将其输出储存于另一文档］用于处理关于组合每天未实现的净增益或损失的数据，并将这些数据分配给各基金；以及
>
> （g）第五装置［一个算术逻辑电路，用于从特定的文档获取信息，根据总和基准计算信息，并将输出储存于另一文档］用于处理组合与各基金的年终总和的收入、支出和资金增益或

㊳ 149 F. 3d 1368（Fed. Cir. 1998）.

损失的数据。[39]

在被控侵权人 State Street 公司动议申请的简易判决中，地区法院认定 Signature 的专利无效，理由是该专利所保护的客体属于司法确认的、第 101 条规定的可专利客体的两种例外情形：即所谓的商业方法例外和数学算法例外。

联邦巡回上诉法院撤销了上述判决，并认为本案权利要求涉及《美国专利法》第 101 条规定的法定"机器"，尽管该"机器"是由"轴辐式"软件所编程控制的。上诉法院强调，在确定是否符合第 101 条规定时，关键不在于所要求保护的发明创造属于法定的 4 项客体（例如，机器还是方法）中的哪一项，而是要着重于该发明创造的根本特性，也就是其"实用性"。[40] 本案中，Signature 系统的实用性得到了其所产生的"有用、具体和切实的结果"[41] 的证明，尽管该结果是以数值形式（如基

---

[39] 149 F. 3d 1371 - 1372 (Fed. Cir. 1998). 权利要求原文如下：

1. A data processing system for managing a financial services configuration of a portfolio established as a partnership, each partner being one ofa plurality of funds, comprising:

(a) computer processor means [a personal computer includinga CPU] for processing data;

(b) storage means [a data disk] for storing data on a storage medium;

(c) first means [an arithmetic logic circuit configured to prepare the data disk to magnetically store selected data] for initializing the storage medium;

(d) second means [anarithmetic logic circuit configured to retrieve information from a specific file, calculate incremental increases or decreases based on specific input, allocate the results on a percentage basis, and store the output in a separate file for funds from a previous day and data regarding increases or decreases in each of the funds, [*sic*, funds'] assets and for allocating the percentage share that teach fund holds in the portfolio;

(e) third means [anarithmetic logic circuit configured to retrieve information from a specific file, calculate incremental increases and decreases based on specific input, allocate the results on a percentage basis and store the output in a separate file] for processing data regarding daily incremental income, expenses, and net realized gain or loss for the portfolio and for allocating such data among each fund;

(f) fourth means [anarithmetic logic circuit configured to retrieve information from a specific file, calculate incremental increases and decreases based on specific input, allocate the results on a percentage basis and store the output in a separate file] for processing data regarding daily net unrealized gain or loss for the portfolio and for allocating such data among each fund; and

(g) fifth means [anarithmetic logic circuit configured to retrieve information from specific files, calculate that information on an aggregate basis and store the output in a separate file] for processing data regarding aggregate year-end income, expenses, and capital gain or loss for the portfolio and each of the funds. ——译者注

[40] 149F. 3d 1375 (Fed. Cir. 1998).

[41] 同上。

金股价）而非通常的有形（例如部件）方式来表达的。[42]

联邦巡回上诉法院毫不犹豫的利用 *State Street* 案的机会“消除了被错误理解的［商业方法］例外情形”。[43] 该法院强调，对于商业方法和其他种类的方法应当一视同仁。该法院还认为，在先的那些商业方法例外的案例本可以依据更清楚的理由作出判决；如果将这些发明创造更为恰当地描述为可专利性数学算法例外中的抽象概念，其仍然能够得到相同的结果。

联邦巡回上诉法院 1998 年作出 *State Street* 案判决后，USPTO 收到了大量的商业方法专利申请。[44] 尽管商业方法根据第 101 条的规定作为可专利客体的适格性已经确立，但仍要考虑要求保护的商业方法是否符合第 102 条和第 103 条关于新颖性和非显而易见性的标准。例如，联邦巡回上诉法院提出互联网零售商 Amazon. com 极力争取专利保护的“一键式”（one-click）产品订购方法存在着严重的非显而易见性问题。[45]

对法律文书如遗嘱或合同进行强制仲裁的商业方法属于第101 条规定的可专利客体吗？由于这种方法完全取决于人类智慧的运用，而不需要电脑或其他机器，联邦巡回上诉法院在 2007 年对上述问题作出了否定的回答。[46] 在 *In re Comiskey* 案中要求保护的发明创造包括“一种就一份或多份单方文件进行强制仲裁解决的方法”，包括以下步骤：将一个人与其一份或多份单方文件（如遗嘱）登记至强制仲裁系统；在登记文件中加入仲裁用语，当对该文件的解释产生纠纷时，要求申诉者提出对约束性仲裁解决的请求，实施仲裁解决，提供该仲裁支持，以及对纠纷作出最终且具约束力的仲裁决定。[47] 其他的权利要求涉及使用该方法解决合同纠纷而不是遗嘱纠纷。[48] 申请人 Comiskey 认同 USPTO 关于上述方法权利要

㊷ 在 *In re Bilski*, No. 2007 - 1130, 2008 WL［Westlaw］4757110（Fed. Cir. Oct. 30, 2008）（全席判决）案中，联邦巡回法院认为“有用、具体、切实的结果”本身并非判断客体是否属于《美国专利法》第 101 条规定的潜在可专利客体的充分条件。见 *Bilski*, 2008 WL 4757110, at ＊9。但审理 *Bilski* 案的法院并没有否认 *State Street* 案的核心意见，认为商业方法属于潜在的可专利客体。同前，at ＊10。下面将详细讨论 *Bilski* 案及其对 *State Street* 案的论述。

㊸ *State Street*, 149 F. 3d at 1375。

㊹ 一般见 USPTO, Whitepaper, Automated Financial or Management Data Processing Methods (Business Methods) 7，网址为 http://www. uspto. gov/web/menu/busmethp/whitepaper. pdf。（最后访问时间为 2008 年 10 月 20 日）。

㊺ 见 Amazon. com, Inc. v. Barnesandnoble. com, Inc., 239 F. 3d 1343, 1359 - 1360 (Fed. Cir. 2001)（以“根据第 103 条的规定，Amazon 专利存在严重的有效性问题”为由，废止了地区法院对被控侵权人 Barnesandnoble. com 颁布的临时禁令）。

㊻ 见 In re Comiskey, 499 F. 3d 1365 (Fed. Cir. 2007)。

㊼ 同上，at 1368 n. 1（申请中权利要求 1 的内容）。

㊽ 同上，at 1369 n. 2（申请中权利要求 32 的内容）。

求不需要使用计算机或其他机器设备。

联邦巡回上诉法院维持了USPTO以不属于第101条规定的可专利客体为由对Comiskey权利要求所做的驳回决定。[49] Comiskey所要求保护的是“采用智力活动方法解决纠纷”；也就是说，其要求对“人类智力活动的使用本身获得专利”。[50] 尽管可以说Comiskey的方法提供了一种有用的、实际的服务（法律纠纷仲裁），但“即便存在实际应用，单纯的智力活动方法——或人类思维方法——本身并不具有可专利性”。[51] 专利法“不允许对完全依赖于使用智力活动方法的特定商业系统——例如特定类型的仲裁授予专利”。[52] 审理*Comiskey*案的法院认为，“法律制定者和国会都认为其超出了可专利的客体范围。”[53]

鉴于有关商业方法可专利性的争议一直持续不断，[54] 并且也意识到联邦巡回上诉案立法也没有明确划分出符合第101条规定的可专利的方法发明创造与不可专利的抽象概念或基本原理之间的界限，联邦巡回上诉法院于2007年全席审理了*In re Bilski*案，对这些问题进行了审查。[55] Bilski的发明创造涉及一种商品交易的避险方法。[56] Bilski申请的权利要求1为：

---

[49] In re Comiskey, 499 F. 3d 1381 (Fed. Cir. 2007)（维持对Comiskey独立权利要求1和32和从属权利要求2-14、16、33-34和45的驳回决定）。

[50] 同上，at 1379。

[51] 同上，at 1377。又见In re Bilski, No. 2007-1130, 2008 WL 4757110 (Fed. Cir. Oct. 30, 2008)（全席判决），at *10 n. 26（指出“一种方法的所有步骤都完全能在人类大脑中完成，该方法显然不依赖于任何机器，且不会将任何产品转化为不同的状态或物质。那么这种方法就不具有第101条规定的可专利性”）。

[52] *Comiskey*, 499 F. 3d at 1378.

[53] *Comiskey*, 499F. 3d at 1378-1379.

[54] 见例如eBay, Inc. v. MercExchange, LLC, 547 U. S. 388, 397 (2006)（Kennedy法官持赞同意见）（指的是一些“具有潜在的含糊性且有效性值得怀疑”的商业方法专利）。

[55] In re Bilski, No. 2007-1130, 2008 WL [Westlaw] 4757110 (Fed. Cir. Oct. 30, 2008).

[56] 联邦巡回法院为实现Bilski的发明创造提供了以下实例：

> 火力发电厂（即［权利要求1中的］消费者）买煤炭发电，不希望煤炭的需求忽然增加，因为这样会提高价格和增加其成本。相反，煤炭公司（“市场参与者”）不希望煤炭需求突然降低，因为这样会减少销售额并抑制价格。权利要求保护的方法设想了一个中间人——“商品供应商”，其以固定价格将煤炭卖给电厂，使电厂与煤炭需求忽然增加导致价格超过固定价格的可能性分离。同一供应商再以另一个固定价格从煤炭公司购买煤炭，从而使煤炭公司与煤炭需求降低导致价格低于该另一固定价格的可能性分离。从而，供应商使风险对冲（hedge），当需求和价格猛涨时，供应商以不利的价格售出了煤炭但以有利的价格购买了煤炭，如果需求和价格下跌，也是类似道理。

同上，2008 WL 4757110, at *1。值得注意的是，Bilski的权利要求1“并不限于涉及实际商品的交易”。同前。Bilski的申请公开了所述交易可以“仅涉及期权（options），即在特定时间范围内以特定的价格购买或销售商品的权利”。同前。

1. 一种管理商品供应商以固定价格销售商品的消费风险成本的方法，其步骤包括：

(a) 启动所述商品供应商与所述商品消费者之间的一系列交易，其中，所述消费者根据历史平均水平的固定价格购买所述商品，所述固定价格对应于所述消费者的风险仓位；

(b) 识别对于所述商品而言，在所述消费者具有相反风险仓位的市场参与者；和

(c) 按照第二种固定价格，在所述商品供应商和所述市场参与者之间启动一系列交易，使所述一系列与市场参与者的交易与所述一系列消费者的交易的风险仓位平衡。[57]

USPTO审查员驳回了Bilski公司的权利要求，认为该申请的权利要求“并未应用于具体设备，仅是运用抽象的概念，解决纯粹的数学问题，而无实际应用的限定”。[58] USPTO的专利上诉及冲突委员会同意上述权利要求不具备可专利性的意见，但其认为驳回理由是这些权利要求中的“非有形财务风险和法律责任的转换”不是可专利的客体，这些权利要求会占有“通过人脑或任何类型机器”使用该方法的所有可能方式，且该申请保护的仅是抽象概念。[59]

联邦巡回上诉法院维持了USTPO关于Bilski权利要求不属于第101条可专利的方法的驳回决定。[60] 该上诉法院广泛回顾了

---

[57] In re Bilski, No. 2007 - 1130, 2008 WL [Westlaw] 4757110 (Fed. Cir. Oct. 30, 2008). 权利要求原文如下：

1. A method for managing the consumption risk costs of a commodity sold by a commodity provider at a fixed price comprising the steps of:

(a) initiating a series of transactions between said commodity provider and consumers of said commodity wherein said consumer purchase said commodity at a fixed rate based upon historical averages, said fixed rate corresponding to a risk position of said consumer;

(b) identifying market participants for said commodity having a counter-risk position to said consumers; and

(c) initiating a series of transaction between said commodity provider and said market participants at a second fixed rate such that said series of market participant transactions balances the risk position of said series of consumer transactions. ——译者注

[58] *Bilski*, 2008 WL 4757110, at *2。

[59] 同上。

[60] 同上，at *15。

最高法院、海关及专利上诉法院（CCPA）和联邦巡回上诉法院解释《美国专利法》第101条规定的“方法”含义的案例后得出上面的结论。联邦巡回上诉法院指出，关键问题在于Bilski是否“要求保护的是基本智力活动原理（例如抽象概念）或智力方法”,[61] 如果是这样，如果Bilski的权利要求被核准其是否“会在实质上占有该基本原理的所有用途”。[62]

对于上述问题“很难直接进行判断”,[63] 联邦巡回上诉法院设计出一项新的标准，用于管理USPTO或法院对于“根据第101条规定一项方法权利要求是否是可专利的，或相反，其所要求保护的仅仅是基本原理，因此是不可专利客体”的判断。[64] 联邦巡回上诉法院设计的标准主要依据最高法院的两项判决——*Gottschalk v. Benson* 案[65]和 *Diamond v. Diehr* 案[66]（于1981年作出的后一判决代表了最高法院关于第101条可专利方法的近期观点）作出的。审理*Bilski*案的法院认为：

> 方法必须符合以下条件才具有第101条规定的可专利性：(1) 该方法依赖于具体的机器或装置，或 (2) 该方法将具体物体转化成不同的状态或物质……涉及基本原理的方法如果使用了特定机器或装置，就不会排除那些应用了该基本原理但未以所要求保护的方式使用该特定机器或装置的方法。通过利用基本原理，

---

[61] *Bilski*, 2008 WL 4757110, at *3，法院在*Bilski*判决中将“基本原理”定义为包括“自然规律、自然现象和抽象概念。”同前，at *3 n. 5。

[62] *Bilski*, 2008 WL 4757110, at *5。审理*Bilski*案的法院在解释权利要求如何“占有”(pre-empt) 基本原理的所有基本用途时指出，“占有表示的是一项权利要求意图覆盖基本原理本身，而非仅要求覆盖该原理的特定应用。”同前，at *7。然而，“依赖于具体机器或装置的权利要求，或将具体物体进行具体转化的权利要求，不会占有这一基本原理在任意领域的所有用途，而仅限于特定应用中的具体用途。因此，[这种权利要求] 并不是占有抽象的原理。”同前。例如，*Diamond v. Diehr*（450 U.S. 175 (1981)）案中的加工合成橡胶的方法，涉及人们熟知的阿伦尼乌斯方程的使用，但该方法并没有占有这个公式的所有用途。相反，Diehr的专利只是排除竞争者将阿伦尼乌斯方程用于借助数字计算机来操作橡胶压模机，从而执行Diehr方法中的其他步骤。本章的B.3部分对*Diehr*案进行了深入讨论。

[63] *Bilski*, 2008 WL 4757110, at *5。

[64] 同上，at *3。

[65] 409 U.S. 63 (1972)。

[66] 450 U.S. 175 (1981)。

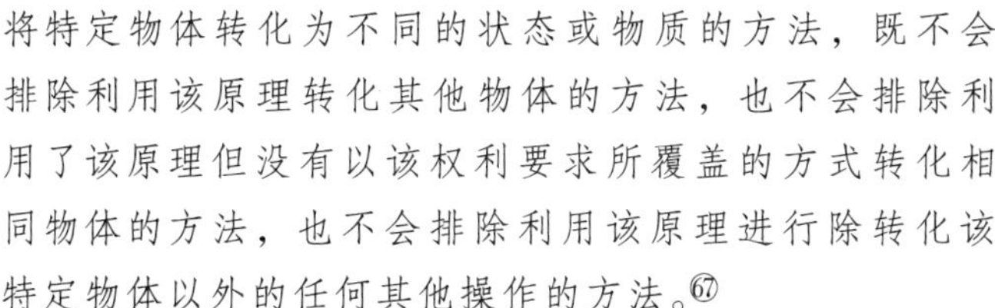
将特定物体转化为不同的状态或物质的方法，既不会排除利用该原理转化其他物体的方法，也不会排除利用了该原理但没有以该权利要求所覆盖的方式转化相同物体的方法，也不会排除利用该原理进行除转化该特定物体以外的任何其他操作的方法。[67]

Bilski 案中宣布的“机器或转化”（machine or transformation）标准留下了许多悬而未决的问题。比如，因为 Bilski 专利的权利要求 1 不需要机器，联邦巡回上诉法院并没有详细阐述机器或转化标准第（1）项中“依赖于机器或装置的方法”的问题。法院明确的遗留了一个问题，即是否将计算机写入方法专利中就必然满足该标准第（1）项的要求，并进而使得权利要求满足第 101 条规定的潜在可专利客体的要求。[68]

Bilski 案权利要求 1 是否满足联邦巡回上诉法院新标准第（2）项中“将具体物体（article）转化为不同的状态或物质”的要求是与本案更加相关的问题。是否满足第（2）项要求取决于什么可以被称为“物体”。法院解释说，从转化标准意义上说，“物体”不需要被限定为如 *Diehr* 案中的被加工橡胶那样的有形的实体物质。众所周知“信息时代许多方法的原料……是电子信号和电子控制的数据”。[69]

审理 *Bilski* 案的法庭并没有对“物体”进行明确定义，而是采用了“谨慎的态度”[70] 并提供了早期案例作为例子。基于前身法院作出的 *In re Abele* 案[71]判决，联邦巡回上诉法院认为，“将原始数据……转化为对客观物体的特定可视描述”是符合第 101 条规定的可专利方法。[72] 例如，在 Abele 从属权利要求中所记载的发明创造涉及对 X 射线衰减数据进行转化以用来表示有形的实体物质，比如人体骨骼，器官和组织。这些从属权利要求是可以被接受的。[73] 相反，记载了用图形显示基于平均值的方差数据的方法的范围更宽泛的 Abele 独立权利要求是不可被核准的。[74] 审理

---

[67] *Bilski*, 2008 WL 4757110, at ＊5。

[68] 同上，at ＊11。

[69] 同上，at ＊12。

[70] 同上。

[71] 684 F. 2d 902 (CCPA 1982).

[72] *Bilski*, 2008 WL 4757110, at ＊12.

[73] 同上；Abele, 684 F. 2d at 908－909。

[74] 见 *Bilski*, 2008 WL 4757110, at ＊12；*Abele*, 684 F. 2d at 909。

Bilski 案的法庭阐明，将数据转化为可视描述（如 Abele 专利从属权利要求所述）是可以被接受的；符合第 101 条规定的方法权利要求“不需要涉及对数据所表示的基础客观对象进行转化”。[75] 总而言之，“只要所要求保护的方法限于将基本原理实际应用于转化具体数据，并且权利要求限于对具体实体对象或物质的可视描述……”[76] 该方法就可以满足 Bilski 标准第（2）项的“转化”条件。如果一项方法权利要求是被如此限定的，“就不存在其范围会完全排除该原理所有用途的危险”。[77]

有了上述对于“转化”的理解，联邦巡回上诉法院继续对 *Bilski* 案的权利要求 1 进行分析，并认为权利要求 1 不符合机器或转化标准中“转化”这一项的要求。Bilski 要求保护的商品交易对冲风险的方法，其涉及“对公私法律义务关系、商业风险或其他抽象概念的所谓转化或处理”。[78] 这种“抽象概念”无法满足所述转化标准，“因为它们不是［像 *Diehr* 案中被加工橡胶那样的］物体或物质，并且它们也没有（如 *Abele* 案中从属权利要求中的数据那样）代表着物体或物质”。[79]

审理 *Bilski* 案的法院承认，其所提出的这种新的机器或转化标准可能会对“技术和科学未来发展”形成“高难度的挑战”。[80] 需要由随后的联邦巡回上诉法院案例发展（或最高法院的审查）描绘出该标准充实完整的轮廓和含义。当下重要的是，不要忘记并没有被 *Bilski* 案判决改变的那些第 101 条基本原理。审理 *Bilski* 案的法院重申，一项客体是否属于第 101 条规定的适格客体的问题，应完全区分于第 102 条和第 103 条的新颖性和非显而易见性问题。[81] 而且对方法权利要求第 101 条适格性的确定需要对权利要求进行整体分析，而不是考虑单独的方法步骤或限定条件是否不可依据第 101 条被授予专利。[82]

值得注意的是，*Bilski* 案判决没有否定前面提到的 *State St. Bank & Trust Co. v. Signature Fin. Group, Inc.* 案[83]判决的核心立场，即商业方法与

---

[75] *Bilski*, 2008 WL 4757110, at ＊12.

[76] 同上。

[77] 同上。

[78] 同上，at ＊13。

[79] 同上。

[80] 同上，at ＊7。

[81] 同上，at ＊8。

[82] 同上。

[83] 149 F. 3d 1368 (Fed. Cir. 1998).

其他方法一样是第101条规定的潜在可专利客体。[84] 法院没有听取一些法院之友（*amici*）所主张的“广泛地排除软件”的意见。[85] 然而，审理*Bilski*案的法院拒绝将*State Street*案中提出的“有用、具体和切实的结果”探究作为确定第101条可专利性的唯一充分标准。[86] 尽管*State Street*标准对于许多案件仍然是有用的，但*Bilski*案宣布的机器或转化标准是现行的确定方法权利要求是否为第101条适格客体的标准。[87]

C. 第101条之机器

机器（或装置）是具有活动部件的人造设备。设计机器类潜在可专利客体的唯一争议就是经编程的计算机（即电脑软件编程操作的计算机）是否属于第101条规定的机器。最近的案例法大体上对该问题给予了肯定的回答。

联邦巡回上诉法院在全席审判的*In re Alappat*案中对通过计算机实现的设备是否属于《美国专利法》第101条规定的机器进行了考量。[88] Alappat专利涉及一种“光栅器”（rasterizer），是一种在数字示波器（oscilloscope）上显示平滑波形的设备（即类似于在电视荧屏上产生更清楚的画面）。该申请唯一一项独立权利要求记载如下：

> 一种光栅器，用于将表示输入波形的样本幅度的矢量表数据转换成一种在显示装置上显示的抗锯齿像素照明强度数据，其包括：
>
> （a）用于确定数据表中每个矢量端点之间的垂直距离的装置；
>
> （b）用于确定矢量生成的像素行高度的装置；
>
> （c）用于将所述垂直距离和所述高度标准化的装置；和
>
> （d）用于输出作为被标准化的所述垂直距离和所述高度的

[84] 见*Bilski*，2008 WL 4757110，at ＊10（引用了*State Street*，149 F. 3d at 1375－1376）。

[85] 同上，at ＊10 n. 23。

[86] 同上，at ＊9（解释道，“尽管在许多情况下关于‘有用、具体和切实的结果’的探究可以为判断权利要求是否涉及基本原理或是这种原理的实际应用提供有用的指示，但这种探究不足以判断该权利要求是否具有第101条规定的专利适格性”）。

[87] 见*Bilski*，2008 WL 4757110，at＊9。在本书出版的时候美国最高法院已经对*Bilski*案作出了判决。——编者注

[88] 33 F. 3d 1526（Fed. Cir. 1994）（全席判决）。

预定函数的照明强度数据的装置。[89]

在非常规程序中，USPTO 的专利上诉及冲突委员会的"扩大"合议庭以上述权利要求不属于第 101 条规定的可专利客体为由驳回了该申请。委员会拒绝根据《美国专利法》第 112 条（f）款解释所记载的"装置"特征，也就是拒绝将权利要求限定于该申请所公开的执行每项功能的"相应结构"及其"等同物"。[90] 相反，委员会将每项装置特征都理解为包括所有实现该功能的装置。委员会认为上述光栅器权利要求在经过这样的解释以后，应被理解为实际上保护的是一种方法，每个有关装置的分句不过是该方法经伪装后的步骤。在委员会看来，该方法无非是用于计算像素信息的不可专利的"数学算法"，因为不具有实用性的数学算法不属于第 101 条可专利的范围，所以上述权利要求不具备可专利性。[91]

联邦巡回上诉法院全席审判的多数意见推翻了决定，并告诫 USPTO 其不能避免采用《美国专利法》第 112 条（f）款对专利申请权利要求进行解释。[92] 合理的运用该法条会得到以下权利要求解释，方括号内为书面

---

[89] 33F. 3d 1538 – 1539（Fed. Cir. 1994）. 权利要求原文如下：

A rasterizer for converting vector list data representing sample magnitudes of an input waveform into anti-aliased pixel illumination intensity data to be displayed on a display means comprising:

（a） means for determining the vertical distance between the end-points of each of the vectors in the data list;

（b） means for determining the elevation of a row of pixels that is spanned by the vector;

（c） means for normalizing the vertical distance and elevation; and

（d） means for outputting illumination intensity data as a predetermined function of the normalized vertical distance and elevation. ——译者注

[90] 见本书第 2 章（"专利权利要求"），进一步讨论了 Means-Plus-function 权利要求和《美国专利法》第 112 条（f）款规定的法定等同物。

[91] 见 Diamond v. Diehr, 450 U. S. 175, 187（1981）（"将自然规律或数学公式在已知结构或方法上的应用可以得到专利保护的情况是非常常见的"）；Gottschalk v. Benson, 409 U. S. 63, 71 – 72（1972）（结论是，"除了与数字计算机有关外，此处的数学公式［将二 – 十进制（BCD）数字转化为纯二进制数字］没有实质性的实际应用，这意味着如果维持了以下的判决，该专利将完全独占该数学公式且实际效果就是专利保护了算法本身"）。

[92] 联邦巡回上诉法院和 USPTO 之间持续的关于权利要求解释之争看起来在 *In re Donaldson Co.*, 16 F. 3d 1189, 1194 – 1195（Fed. Cir. 1994）（全席判决）案中得到解决（认为审查员在对专利申请进行解释的时候，给予 means-plus-function 这种表达"最宽泛的合理解释"就是基于依据《美国专利法》第 112 条（f）款规定的解释，"在对客体的可专利性进行判断时，USPTO 不能忽视说明书中记载的与该表达相对应的结构"）。

说明记载中与“装置”相对应的结构：

> 一种光栅器［一种“机器”］，用于将表示输入波形的样本幅度的矢量表数据转换成一种在显示装置上显示的抗锯齿像素照明强度数据，其包括：
>
> (a) 用于确定数据表中每个矢量端点之间的垂直距离的［用于执行绝对值功能的算术逻辑电路或其等同物］；
>
> (b) 用于确定矢量生成的像素行高度的［用于执行绝对值功能的算术逻辑电路或其等同物］；
>
> (c) 用于将所述垂直距离和所述高度标准化的［一对桶状移位器或其等同物］；和
>
> (d) 用于输出作为被标准化的所述垂直距离和所述高度的预定函数的照明强度数据的［包含照明强度数据的只读存储器（ROM）或其等同物］。[93]

联邦巡回上诉法院认为，根据上述理解该权利要求“无疑记载了一种由已知电路元件组合而成的机器或装置”。[94] 尽管由每项装置元素所代表的电路执行的是数学计算（所有的数字电路基本都是如此），该发明创造整体而言并非一个“抽象的数学概念”。相反，该权利要求记载的是一种“产生有用、具体和切实结果的特定机器”，[95] 因此该客体落入了第101条规定的范围。联邦巡回上诉法院随后在前述 *State Street* 案中探讨了

---

[93] *Alappat*, 33 F. 3d at 1541. 权利要求原文如下：

A rasterizer [a "machine"] for converting vector list data representing sample magnitudes of an input waveform into anti-aliased pixel illumination intensity data to be displayed on a display means comprising:

(a) [an arithmetic logic circuit configured to perform an absolute value function, or an equivalent thereof] for determining the vertical distance between the end-points of each of the vectors in the data list;

(b) [an arithmetic logic circuit configured to perform an absolute value function, or an equivalent thereof] for determining the elevation of a row of pixels that is spanned by the vector;

(c) [a pair of barrel shifters, or equivalents thereof] means for normalizing the vertical distance and elevation; and

(d) [a read only memory (ROM) containing illumination intensity data, or an equivalent thereof] means for outputting illumination intensity data as a predetermined function of the normalized vertical distance and elevation. ——译者注

[94] 同上。

[95] *Alappat*, 33 F. 3d at 1544。

该“有用的、具体和切实”的标准。[96]

D. 第101条之物质组合

物质组合就是物质的混合，例如化学物质组合或合金。最高法院在 *Diamond v. Chakrabarty* 案[97]中通过总结先前的判决将“物质组合”定义为，“与其通常的用法一致，包括‘所有由两种或更多物质构成的组合以及……所有复合物，无论其源于化学结合或机械混合，也无论其是气体、液体、粉末或固体’”。[98]

1. 结构 v. 性质

如果要求保护物质组合，那么该组合不仅要具有新的性质，还必须具有新的物理结构。如果某个组合的结构是已知的，那么发现或确认该组合之前没有被发现的性质（例如阿司匹林能够降低心脏病发作的风险）并不能给该组合带来可专利性。如果将该发现作为方法来要求保护，还可能具有可专利性，但作为产品是不具有可专利性的。

举例来说，*Titanium Metals Corp v. Banner* 案[99]中的发明人发现由一定量的钛、镍、钼和铁组成的钛合金显示出异常优越的抗腐蚀性。要求保护该合金的权利要求如下：

> 1. 一种钛基合金，其主要由以下重量百分比的物质组成：0.6%～0.9%的镍、0.2%～0.4%的钼、最多达0.2%的铁，其余为钛，所述合金的特征在于其在热盐水环境下具有优越的抗腐蚀性。[100]

现有技术是一份俄罗斯的印刷出版物，其具体记载了落入权利要求1

---

[96] *State St. Bank & Trust Co. v. Signature Fin. Group, Inc.*, 149 F.3d 1368, 1373 - 1375 (Fed. Cir. 1998)。有关 *State Street* 案的详细讨论见本章B.4部分。

[97] 447 U.S. 303 (1980).

[98] 447U.S. 308 (1980)（引用了 Shell Dev. Co. v. Watson, 149 F. Supp. 279, 280 (D.D.C. 1957)）。

[99] 778 F.2d 775 (Fed. Cir. 1985).

[100] 同上，at 776。权利要求原文如下：

1. A titanium base alloy consisting essentially by weight of about 0.6% to 0.9% nickel, 0.2% to 0.4% molybdenum, up to 0.2% maximum iron, balance titanium, said alloy being characterized by good corrosion resistance in hot brine environments. ——译者注

范围内的合金，但是没有提及该合金的抗腐蚀特性。

联邦巡回上诉法院认为，尽管该权利要求包括合金抗腐蚀性的特征，但对比文件预见了（否定了其新颖性）所要求保护的合金。不管抗腐蚀性是否为该俄罗斯合金的内在属性，也无论在俄罗斯对比文件的作者是否意识到了这项属性，该权利要求中的属性特征无法为旧的物质组合带来新颖性。申请人可以要求保护采用钛合金来防止腐蚀的方法来获得专利，不过，如本章前面所述，方法权利要求的范围比产品权利要求（保护合金本身）的范围要窄，因而其经济价值也低于产品权利要求。但是，方法权利要求范围越窄，越接近发明人的贡献——发现已知合金的未知性质。

2. 天然产物的纯化形式

"天然产物"原则认为潜在的可专利的客体必须由人类的介入产生。自然的产物不是可专利的客体。因此，新发现的矿物质或在荒野发现的植物不是《美国专利法》第101条规定的可专利客体。当然那些作出这些发现的人对社会作出了重要的贡献，但公共政策要求所有人可以自由的获得这些发现并可以将其作为发展基础。

相对而言，所谓天然产物的"纯化形式"如果与非纯化（天然的）形式足够不同从而具有新颖性和非显而易见性的话，那么就可以具有可专利性。事实上，USPTO对于纯化的天然产物授予专利权的做法已经有相当长的历史了；例如，1873年著名的科学家Louis Pasteur就基于纯化酵母获得专利权。[101]

Learned Hand法官在*Parke-Davis&Co. v. H. K. Mulford Co.*案[102]中阐述了对天然产物纯化形式可专利性的现代理解。涉案专利保护的是一种肾上腺素（adrenaline）的纯化形式，肾上腺素是一种由动物肾上腺分泌、在恐惧或压力状态下释放到血液中的天然产生的激素。发明人Takamine要求保护"一种物质，其具有本文所描述的肾上腺生理特性和反应，并

[101] 见*Chakrabarty*, 447 U. S. at 314 n. 9（Louis Pasteur于1873年获得了专利号为U. S. Pat. No. 141, 072的美国专利，包括以下权利要求"不带有疾病的有机细菌的酵母，作为一种制造物"）。

[102] 189 F. 95（S. D. N. Y. 1911）（L. Hand法官）。

处于稳定和浓缩状态，且几乎不具有惰性和相关腺体组织”。[103] Hand 法官驳回了被控侵权人对该专利有效性的质疑，并认为“该专利不仅仅是纯度的问题，而是一种新的‘物质组合’”。Takamine 是“首先通过将肾上腺素从其他腺体组织中分离出来，从而使其可以用于任何用途的人”。[104] 尽管 Hand 承认“当然从逻辑上讲，可以说这属于对天然资源的提纯”，但所要求保护的物质组合“不论在商业上还是治疗上的各种用途来看，都是一种新事物”。Hand 认为这个事实就是“很好的获得专利授权的原因”。

In re Bergy 案进一步明确了上述原则。专利申请人 Bergy 请求保护可产生抗生素林可霉素（lincomycin）的微生物的生物纯化培养物（a biologically pure culture of a microorganism）。[105] CCPA 撤销了 USPTO 以该客体为纯天然产物为由作出的驳回决定。CCPA 认为，“权利要求 5 的生物纯化培养物显然不存在于自然界，在自然界也没有发现，因而并非‘天然’产物。”它是人造的，且仅能在严格控制的实验室条件下才能产生”。[106] 事实上，“如权利要求 5 定义的微生物的生物纯化培养物的性质和商业用途与无生命的化学物质组合更为类似，如反应物、试剂和催化剂，而不是与马和蜜蜂或覆盆子和玫瑰类似”。[107]

搞清楚对天然产物原则的限制有助于理解为什么基于人体的遗传材料可以被授权，反对给这种专利授权的人常常会忽视这一点。首先，要明确的是存在于人体的基因[108]确实是《美国专利法》第 101 条范畴以外的天然产物。[109] 但基因的发现亦可作为“从天然状态分离的基因专利的基

---

[103] U. S. Pat. No. 730，176（issued June 2，1903）（claim 1）.

[104] *Parke-Davis*，189 F. at 103.

[105] 见 In re Bergy，596 F. 2d 952，967（CCPA 1979）（引用了 Bergy 申请权利要求 5）。

[106] In re Bergy，563 F. 2d 1031，1035（CCPA 1977）.

[107] 同上，at 1038。

[108] 基因是一种携带使人体产生蛋白质“指令集”的化学物质。更确切地说，基因是“染色体上为单独多肽顺序进行编码的 DNA 区域”。In re O'Farrell，853 F. 2d 894，897（Fed. Cir. 1988）。蛋白质又称多肽，是“非常重要的生物分子……包括催化生化反应的酶，动物体的主要构成物质，和许多荷尔蒙”。同前，at 895 – 896。

[109] 无用 DNA 占据了人类基因组的 95%，它们不参与蛋白质编码。见 American Heritage Dictionary of the English Language（4th ed. 2000）（将无用 DNA 定义为“不参与蛋白质编码或调节的 DNA，但构成了约 95% 的人类基因组”，并指出无用 DNA“被假定参与新基因的进化，并可能参与基因修复”）。

础，其通过纯化步骤处理，将基因从其他天然与之结合的分子中分离出来”。[110] 保护这种经改进的基因和基因片段的专利权利要求通常记载了“一种经纯化和分离的核酸”，其包括专利申请记载的特定核酸序列。[111] 因此，该权利要求涵盖的核苷酸序列[112]代表的是与存在于人体内的、未经纯化和分离的 DNA 完全不同的物质组合或制造物。[113] 因此，“经纯化和分离的” DNA 并不必然会作为“天然产物”被排除于第 101 条规定的可专利客体之外。

对于本来具有可专利性的物质组合，如果其也可以在另一种化学物质组合的自然转化中而产生，那么该物质组合是否就成了不可专利的天然产物呢？尽管在这个问题上还不存在具有约束性的在先判例，联邦巡回上诉法院至少有一位法官对此问题的答案是肯定的。*SmithKline Beecham Corp. v. Apotex Corp.* 案[114]中的涉案专利权利要求 1 记载了“结晶半水盐酸帕罗西汀”（crystalline paroxetine hydrochloride hemihydrate）。被控侵权人 Apotex 生产现有技术产品无水盐酸帕罗西汀（盐酸帕罗西汀，简称 PHC）的时候不可避免的会产生微量的由 SmithKline 持有专利的半水

---

[110] 见 USPTO, *Utility Examination Guidelines*, 66 Fed. Reg. 1092, 1093 (Jan. 5, 2001)，网址为 http://www.uspto.gov/web/offices/com/sol/notices/utilexmgide.pdf。

[111] 见例如，In re Deuel, 51 F. 3d 1552, 1555 (Fed. Cir. 1995)（对以下权利要求的可专利性进行了评价，“一种经纯化和分离的 DNA 序列，其由一种序列构成，该序列对人类 168 个氨基酸的肝素结合生长因子进行编码，并具有以下序列：Met Gln Ala…… [168 个氨基酸序列其余部分]”）；参阅 Prostate Cancer Gene, U. S. Patent No. 5, 945, 522 (issued Aug. 31, 1999)（要求保护“一种经纯化或经分离的核酸，其包含 SEQ ID NO：1 序列或其互补序列”）。

[112] 联邦巡回法院在 *In re O'Farrell*, 853 F. 2d 894 (Fed. Cir. 1988) 案中指出：

> DNA 链的亚单位称作核苷酸。核苷酸由与附有磷酸基团的 5 - 碳糖相连的含氮环化合物（被称为碱基）构成。DNA 仅由四种核苷酸组成。四种核苷酸各自具有不同的碱基。这些亚单位的四种碱基是：腺嘌呤、鸟嘌呤、胞嘧啶和胸腺嘧啶（缩写分别是 A、G、C 和 T）。这些碱基在 DNA 分子上的不同顺序确定了哪个氨基酸将依次被插入蛋白多肽链。

同前，at 896。

[113] 一般见 Anna E. Morrison, *The U. S. PTO's New Utility Guidelines: Will They Be Enough to Secure Gene Patent Rights?*, 1 J. Marshall. Rev. Intell. Prop. L. 142 (2001)，网址为 http://www.jmripl.com/Publications/Vol1/Issue/morrison.pdf。

[114] 403 F. 3d 1331 (Fed. Cir. 2005).

PHC。[115] 因为联邦巡回上诉法院对权利要求 1 的解释是，没有对半水 PHC 的进一步限定（覆盖了任何含量的半水 PHC，无论该含量是否具有商业意义），不管 Apotex 是否存在主观故意，都构成侵权。然而，联邦巡回上诉法院多数意见以存在《美国专利法》第 102 条（b）款规定的固有预见情况为由，宣告 SmithKline 专利权利要求 1 无效，[116] Apotex 因此不必承担侵权责任。联邦巡回上诉法院法官 Arthur Gajarsa 在其赞同意见中指出，应以权利要求 1 不属于《美国专利法》第 101 条规定的法定可专利客体而宣告其无效。他认为，“如果专利权利要求的范围宽泛到涵盖了在自然过程中散布、呈现或‘复制’的产品，其就包含了第 101 条规定的不可专利的客体，因此无效。”[117] Gajarsa 法官表示，专利法没有认可“不可避免的侵权”的概念。在未来的类似案件中，“如果发明人想要保护的产品如果既可以在实验室中合成，又可以在自然过程中产生，则发明人可以自己在提交审查的权利要求中加入负面限定词如‘非天然’或‘非人工的’来保护自己。”[118]

3. 生命形态

在 *Diamond v. Chakrabarty* 案[119]中，美国最高法院面对的问题可能是专利法最具争议的问题：有生命的客体，如遗传工程产生的生物，是否属于《美国专利法》第 101 条规定的可专利客体。General Electric 当时的研究人员 Ananda Chakrabarty 开发了一种消耗泄漏石油的细菌。Chakrabarty 专门设计了该细菌的基因材料使得该细菌能够消耗大量不同种类的石油成分，而自然界中发现的天然细菌并不具有这样的性质。USPTO 驳回了 Chakrabarty 要求保护上述有生命客体的某些权利要求，认为这不是第 101 条有意涵盖的客体。

CCPA 撤销了 USPTO 的驳回决定，强调问题并不在于请求保护的细

---

[115] 审理 *SmithKline* 案的法院指出，“无水 PHC 包含未结合水分子的 PHC 晶体。半水 PHC 包含每两个 PHC 分子结合一个水分子的 PHC 晶体。半水 PHC 被证明相较于无水 PHC 更稳定，因而更易于包装和保存”。同前，at 1334。

[116] 同上，at 1342 - 1346。对固有预见的进一步讨论见本书第 4 章（“新颖性和权利丧失（《美国专利法》第 102 条）”）B. 9 部分。

[117] 同上，at 1361（Gajarsa 法官持赞同意见）。

[118] 403 F. 3d 13631（Fed. Cir. 2005）.

[119] 447 U. S. 303（1980）.

菌是有生命的还是无生命的，而在于其是否构成了有人类介入的发明创造。该法院认为，Chakrabarty 的细菌是有生命的这个事实并“没有法律意义”。[120]

美国最高法院在具有里程碑意义的 5 票对 4 票判决中，维持了 CCPA 作出的 *Chakrabarty* 案判决。最高法院认为，Chakrabarty 的细菌“不是天然产物”，“而是 Chakrabarty 自己创造的”。[121] 法院相信第一部美国专利法案——《1790 年专利法》的起草者的选择，他们在其中使用了宽泛、通用的术语（“任何的”“物质组合”或“制造物”），这些术语在随后的 200 年来几乎没有发生变化。选择采用这些宽泛性表述说明起草者的目的是鼓励对于各种未知技术和在科学领域里的创新。如果国会被不断要求修改法律来准确描述可专利发明创造的新类型，那么这将破坏当初立法的初衷。最高法院还注意到，《1952 年专利法案》的立法历史表明，可专利客体包括“阳光下一切人造之物”。[122] 对于第 101 条采用狭义解释是对这种宽泛立法历史，以及对专利制度鼓励产生新的未被预料到的发明的一般观点的背离。

最高法院并没有直接回应这个案子引发的来自各界的对于“给生命授予专利权”的伦理和道德批判，而是在 *Chakrabarty* 案判决中拒绝会同“法院之友”作出有关“生物研究威胁论”的推测。[123] 最高法院坚称，其不具备处理因对生物授予专利所引起的复杂公共政策问题的制度能力；并认为这些事务属于国会和立法机关而不是司法机关的职务范畴。

最高法院作出 *Chakrabarty* 案判决后，美国生物技术工业得到了蓬勃发展。今天，美国在生物科技研究、开发和产品推介方面都处于全球领先地位，这与美国所实行的专利保护是有很大关系的。[124] 许多人造的高等

---

[120] 477 U. S. 306 (1980).

[121] 同上，at 310。

[122] 同上，at 309（引用了 S. Rep. No. 82 - 1979, at 5 (1952); H. R. Rep. No. 82 - 1923, at 6 (1952)）。

[123] 447 U. S. 316 (1980)（获得诺贝尔奖的科学家和其他一些人认为“遗传学研究将对人类产生巨大威胁，或至少这种研究具有实质性威胁，此时不应允许此类研究飞速发展”，而且“遗传学研究和相关技术开发将加速污染和疾病的蔓延，可能导致生物多样性的丧失，而且此类技术的应用可能使人类生命的价值被轻视”）。

[124] 一般见 Jasemine Chambers 所著的 *Patent Eligibility of Biotechnological Inventions in the United States, Europe, and Japan: How Much Patent Policy Is Public Policy?* 34 Geo. Wash. Int'. Rev. 223 (2002)（强调美国生物科技工业获得专利的重要性）。

生物，如转基因鼠、鱼和牛，在美国已经获得专利。[125]

尽管 USPTO 认为多细胞生物是潜在的可专利客体，[126] 但仍设立了一个重要的限制：该机关对于人类自身不会授予专利权。USPTO 的立场是，“如果对所要求保护的发明创造作为一个整体的最宽泛的合理解释包含人类，必须以该发明创造所保护的是非法定客体为由根据《美国专利法》第 101 条予以驳回。”[127]

E. 第 101 条之制造物

专利法用语中的制造物是个兜底种类，其囊括了那些由人类制造但没有完全落入《美国专利法》第 101 条规定的其他 3 种类型的发明创造。

---

[125] 欧洲一直都不太赞同授予生物专利权。例如，美国哈佛大学研究的转基因“癌症鼠”（onco-mouse）对癌症具有敏感性，于 1988 年在美国获得专利保护。见 Transgenic Non-Human Mammals，U. S. Pat. No. 4，736，866。但其对应案直到 1992 年都未在欧洲获得批准。见 In Re President and Fellows of Harvard College，1992 O. J. Eur. Pat. Off. 588，网址为 http://www.european-patent-office.org/news/pressrel/pdf/oj1992_10_p588_593.pdf（审查部门为 0169672 号欧洲专利授权的确定）（以下简称“癌症鼠/哈佛鼠”）。随后在欧洲专利局（EPO）启动了多件针对癌症鼠专利的异议程序。一般见 Cynthia M. Ho 所著的 *Splicing Morality and Patent Law：Issue Arising from Mixing Mice and Men*，2 Wash. U. J. L. & Pol'y 247，257－261（2000）。

争论的焦点在于，对哈佛鼠授予欧洲专利是否违反《欧洲专利公约》第 53 条（a）款。该条款规定对以下客体不应授予欧洲专利，“发明创造的商业利用违反‘公共政策（ordre public）’或道德；不应仅仅因为某些缔约国的法律或法规禁止该发明创造的这种利用，就被认为对该发明创造的该种利用就是违反公共政策或道德的。” European Patent Convention art. 53（a）（13th ed. 2007），网址为 http://www.epo.org/patents/law/legal-texts/htm/epc/2000/e/ar53.htm［下称 EPC］。（法语短语“ordre public”可以译为公共政策（public policy）或公共利益（public interest））。

EPO 的审查部门在其审查意见中权衡了该发明创造作为新的改进的人类癌症治疗方法所带来的好处，与被转基因的老鼠所要承担的痛苦以及不受控制的传播有害基因可能对环境带来的风险。该审查部门的判断是该发明创造所带来的潜在好处超过了成本，并认为：

> 本发明不应被视为违反道德或公共政策。提供用于癌症研究的实验动物类型、降低实验动物数量和由有资格的人员处理实验动物使风险降低，都可以被视为是对人类有益的。因此不应根据 EPC 第 53 条（a）款驳回本发明创造。

Onco-mouse/Harvard，at 593 §（v）。

[126] 见 Animal Legal Defense Fund v. Quigg，932 F. 2d 920，923（Fed. Cir. 1991）（宣布“美国专利商标局现在对保护包括动物在内的多细胞生物权利要求进行审查”，“在一定程度上，被保护客体是非人类的‘非天然生成制造物或物质组合——人类独创的产品’（*Diamond v. Chakrabarty*），这样的权利要求就不会被认为是保护非法定客体而根据《美国专利法》第 101 条被驳回”）（引用了 USPTO，1077 Off. Gaz. Pat. & Trademark Office 24（1987））。

[127] USPTO，Manual of Patent Examining Procedure §2105（8th ed.，7th rev. 2008），网址为 http://www.uspto.gov/web/offices/pac/mpep/documents/2100_2105.htm#sect2105。

通常认为，相对于机器而言，产品是没有活动部件的人造物品。在*Chakrabarty*案中，最高法院“根据词典的定义将第101条中的‘制造物’解读为‘基于原材料或经准备的材料进行人工或机械加工产生的有用产品，所述加工赋予这些材料新的形态、品质、属性或其组合’。”[128]

近期纠纷集中体现在特定介质——如磁盘上的计算机软件是否属于《美国专利法》第101条规定的潜在可专利产品。在*In re Beauregard*案中，申请人如下的权利要求保护的是软盘上的源代码：[129]

> 1. 一种产品，其包含：
>
> 体现了计算机可读程序代码装置的计算机可用介质，所述代码装置用于获得边界由图形显示器上多个待填充的可选图素定义的多边形，该产品中的所述计算机可读程序代码装置包括：
>
> 计算机可读程序代码装置，其用于使计算机以每次针对一条边界线的方式，顺序遍历相应每条边界线的所述多个可选图素；
>
> 计算机可读程序代码装置，其用于在所述遍历期间，为所述多边形的多条扫描线中的每条扫描线，在阵列中存储一个由所述多个可选像素组成的所述边界线的外像素值；以及
>
> 计算机可读程序代码装置，其用于使计算机在上述遍历后，在具有所述存储值的所述外像素之间为每条所述扫描线画一条填充线。[130]

---

[128] Diamond v. Chakrabarty, 447 U. S. 303, 308 (1980)（引自 Am. Fruit Growers, Inc. v. Brogdex Co., 283 U. S. 1, 11 (1931)）。

[129] 见 In re Beauregard, 53 F. 3d 1583 (Fed. Cir. 1995)；U. S. Patent No. 5, 710, 578 (issued Jan. 20, 1998)。

[130] 权利要求原文如下：

1. An article of manufacture comprising:

a computer usable medium having computer readable program code means embodied therein for causing a polygon having a boundary definable by a plurality of selectable pels on a graphics display to be filled, the computer readable program code means in said article of manufacture comprising;

computer readable program code means for causing a computer to effect, with respect to one boundary line at a time, a sequential traverse of said plurality of selectable pels of each respective said boundary line;

computer readable program code means for causing the computer to store in an array during said traverse a value of an outer pel of said boundary of said pluralityof selectable pels for each one of a plurality of scan lines of said polygon; and

computer readable program code means for causing the computer to draw a fill line, after said traverse, between said outer pels having said stored values, for each said one of said scan lines. ——译者注

USPTO最初以属于印刷品原则[131]规定的不可专利为由驳回了上述权利要求，Beauregard提起了上诉。但在联邦巡回上诉法院听取口头辩论之前，USPTO改变了政策。USPTO撤回了驳回决定并且告知法院“体现在有形介质，如软盘上的计算机程序，属于《美国专利法》第101条规定的可专利客体，并必须依据《美国专利法》第102条和第103条对其进行审查”。[132] USPTO认同Beauregard的观点，印刷品原则因此不再适用。因为不再存在案件或争议，联邦巡回上诉法院因此没有作出判决。但看起来联邦巡回上诉法院可能是认同了这种类型的权利要求；该法院已经维持了相关类型制造物，例如，储存“数据结构”的计算机“存储器”的可专利性。[133] 因此，软件是不具有可专利性的这一观念不再准确，至少在

---

[131] 有关印刷品的驳回理由源于CCPA依据1952年以前的专利法作出的判决，该判决指出，“仅在纸张上印刷的物品不能构成可专利客体。” In re Sterling, 70 F. 2d 910, 912 (CCPA 1934)。最近，联邦巡回上诉法院依据第103条对显而易见性提出质疑的情况下（而不是关于第101的问题）对“印刷品”加以考量，并表示“如果印刷品与其基底不存在功能性上的相关性，那么在可专利性方面该印刷品就无法使该发明创造与现有技术区别开来”。In re Gulack, 703 F. 2d 1381, 1385 (Fed. Cir. 1983)。

[132] *Beauregard*, 53 F. 3d at 1583.

[133] 见In re Lowry, 32 F. 3d 1579, 1581 (Fed. Cir. 1994)。*Lowry*案中的申请人提出以下权利要求，联邦巡回法院在面对依据《美国专利法》第103条提出的显而易见性的质疑中维持了该权利要求的可专利性：

> 1. 一种存储数据的存储器，所述数据可以被数据处理系统执行的应用程序所存取，该存储器包含：
>
> 存储在该存储器中的数据结构，所述数据结构包括被所述应用程序使用的数据库中的信息，还包括：储存在所述存储器中的多个属性数据对象，每个所述属性数据对象包含来自所述数据库的不同信息；每个所述属性数据对象的单独载体（a single holder）属性数据对象，每个所述载体属性数据对象是所述多个属性数据对象中的一个，每个属性数据对象和其载体属性数据对象之间存在被承载（being-held）关系，且每个所述属性数据对象只与一个单独的其他属性数据对象之间具有被承载关系，从而确定所述多个属性数据对象之间的层级关系；至少一个所述属性数据对象的指示属性数据对象，所述指示属性数据对象与所述相同的至少一个属性数据对象的所述载体属性数据对象相关但无层级之分，且也是所述多个属性数据对象中的一个，只有一个载体属性数据对象的属性数据对象称为元素数据对象，还存在指示属性数据对象的属性数据对象称为关系数据对象；以及一个存储在所述存储器中的顶点数据对象，与任何一个所述属性数据对象都没有被承载关系，但至少一个所述多个属性数据对象与所述顶点数据对象之间具有被承载关系。

美国如此。[134]

非应用数学算法不属于第 101 条规定的潜在可专利客体，但是作为制造物要求保护的该算法在软盘上的物理呈现在 USPTO 看来是可专利的。和前文所讨论的商业方法权利要求一样，对这种专利来说最具难度的挑战很可能不是所要求保护的软件发明创造是否满足《美国专利法》第 101 条的规定，而是其是否具有新颖性和非显而易见性。

电子信号是否属于第 101 条规定的具有潜在可专利性的制造物？联邦巡回上诉法院在 *In re Nuijten* 案中认为（以 2：1 的投票）涵盖“通过例如电线、空气或真空的介质传播的短暂电子和电磁信号”的权利要求不属于第 101 条规定的可专利客体。[135] 具体而言，Nuijten 的电子信号权利要求不属于第 101 条规定的“制造物”。[136]

---

[134] 欧洲对于计算机软件可专利性的态度并没有像美国那样友好。EPC 排除了“如此的……计算机程序”的可专利性。脚注 125 中提到的 EPC，arts. 52（2）（c），52（3），网址为 http://www.epo.org/patents/law/legal-texts/html/epc/2000/e/ar52.html。

EPO 中软件相关的发明创造是否可授权取决于该发明创造是否产生了“技术效果”（technical effect）。相关解释见 EPO 发布的 *How to Get A European Patent: Guide for Applicants—Part 1* § B. I. 29，网址为 http://www.epo.org/patents/law/legal-texts/htm/guiapp1/e/ga_b_i.htm，

> 如果以这种方式主张保护计算机程序……那么其就不能被视为发明创造。然而，如果计算机程序在计算机上运行时，产生了进一步技术效果，超越了程序（软件）和计算机（硬件）之间的“普通”物理交互，则不会根据第 52 条排除该计算机程序的可专利性。进一步技术效果的一个实例是，该程序是否用于控制工艺过程或用于管理技术设备的操作。在该程序影响下所述计算机本身的内部功能也可能产生上述效果。
>
> 如果没有排除该计算机程序本身，那么无论该程序是作为其自身、存储程序的数据介质，或作为方法，或作为计算机系统一部分来要求保护的，都无关紧要。
>
> 因此，计算机程序的可专利性并不会被自动排除……

在欧洲关于软件可专利性的一个典型案例就是 *In re Vicom*, 1987 O. J. Eur. Pat. Off. 14（EPO Decision T0208/84 -3.5.1）。在 *Vicom* 案中，EPO 申诉委员会维持了“以二维阵列形式对图像进行数字处理的方法”的可专利性，该方法利用计算机运行的计算机程序中的数学方法进行处理。由于该方法构成了在物理实体上运行的技术方法，因此不应排除其可专利性。该物理实体包括以电子信号方式存储的图像。因此，该方法既不是数学方法也不是 EPC 第 52 条规定的计算机程序。见 In re International Business Machines Corp.，1999 O. J. Eur. Pat. Off. 609（EPO Decision T 1173/97 -3.5.1）（讨论了 *Vicom* 案判决）。

[135] 500 F. 3d 1346, 1352（Fed. Cir. 2007）.

[136] 见 *Nuijten*, 500 F. 3d at 1357（认为 Nuijten 专利申请中的信号本身并非第 101 条意义上的“制造物”）。又见 In re Biski, No. 2007 - 1130, 2008 WL 4757110, at * 3 n. 2（Fed. Cir. Oct. 30, 2008）（全席审理）（拒绝讨论 *Nuijten* 案，因为该案的主要争点在于电子信号是否属于第 101 条意义上的“制造物”，而全席审理的 *Bilski* 案中的争点是第 101 条中“方法”的范围）。

当如数字音频文档的信号被加上水印以避免文档未经授权即被复制时，向信号引入额外的水印数据的做法会导致一定程度的失真。Nuijten的专利申请记载了一项减少这种失真的技术。除了将其发明创造作为方法保护以外，Nuijten 还主张保护水印信号本身。Nuijten 申请的权利要求 14 记载了：

> 一种带有嵌入补充数据的信号，所述信号依据特定编码方法编码，且所述信号的选定样本代表所述补充数据，且至少一个在所述选定样本之前的样本不同于对应于所述特定编码方法的样本。⑬⑦

所要求保护的信号无可否认的是人造客体，因为它是“通过人工装置编码、产生和传输的”。⑬⑧ 但是，联邦巡回上诉法院认为单纯具有这种人造性还不是成为第 101 条适格制造物的充分条件。审理 *Nuijten* 案的多数意见明确指出，制造物必须是“有形物或商品”。⑬⑨ 在该多数意见看来，转瞬即逝的电子信号或电子传输不属于制造物。“体现能量的信号稍纵即逝，在传输过程中没有任何稳定外观”。⑭⓪ 而且，电子信号在某些方面的行为类似于粒子的事实，如以光速运动的光子，“不会使它们成为有形的物品”。⑭①

Linn 法官对此持不同意见，认为“制造物”不应限于有形或非短暂的（non-transitory）发明创造。他引用指出“短暂，不稳定和不可分离的”化学中间物具有可专利性的在先判决，说明只要发明创造持续时间足以使之有用，就应该能够授予专利。⑭② 在关于 Nuijten 信号可专利性的

---

⑬⑦ *Nuijten*, 500 F. 3d at 1351. 权利要求原文如下：

A signal with embedded supplemental data, the signal being encoded in accordance with a given encoding process and selected samples of the signal representing the supplemental data, and at least one of the samples preceding the selected samples is different from the sample corresponding to the given encoding processes. ——译者注

⑬⑧ 同上，at 1356。

⑬⑨ 同上。

⑭⓪ 同上。法院指出，与之相对地，将信号储存待随后应用会产生包含信号的“存储介质”。因为 USPTO 已经批准了 Nuijten 保护存储介质的另一项权利要求，因此联邦巡回上诉法院没有考虑该存储介质权利要求是否具有第 101 条规定的可专利性。

⑭① 同上，at 1357 n. 8。

⑭② *Nuijten*, 500F. 3d at 1359（Linn 法官持部分异议意见）（引用了 In re Breslow, 616 F. 2d 516, 519, 521 – 522（CCPA 1980））。

其他争论中，Linn 法官引用了最高法院作出的历史悠久的 *O'reilly v. Morse* 案判决，该判决对 Morse 密码发明人专利的有效性进行了评价。[143] 尽管此案中最高法院认为要求保护“将无论怎样产生的电磁用于在任何距离以外标记或打印可识别的字符、标记或字母的方法”的权利要求 8 无效，[144] 但该判决认为 Morse 的权利要求 5 有效。权利要求 5 涵盖了采用电报传送莫尔斯密码，记载了“一种符号系统，大体上如本文所阐述和说明的以发电报为目的，该系统由点和空格，以及点、空格和横线组成，用于代表数字、字母、词或句子”。[145] Linn 法官认为，Morse 的权利要求 5 “保护的是一种信号——以一种特定方式对信息进行编码，从而该信息可以在相距一定距离的情况以有用的方式传送……”[146] Linn 法官认为 Morse 的信号和 Nuijten 的信号都是新颖和有用的，都应授予专利。

F. 不可专利的客体

与其他国家不同，[147] 美国专利法正面定义了可专利的客体，这意味着《美国专利法》第 101 条规定了什么是可专利的，而没有表明什么是不可专利的。在美国专利法的框架中，案例法确立了不可专利的客体分类。

司法判决确立了以下几种在美国潜在的不可专利的客体：

- 自然规律；
- 自然现象；
- 抽象概念；
- 非应用数学算法；
- 天然产物。

例如，万有引力定律，或基本的运动定律，例如 F（力）=M（质量）× A（加速度），或 π 值（约为 3.14159），或勾股定理（$a^2+b^2=c^2$），或爱因斯坦的相对论（关系式为 $E=mc^2$）都是不可专利的。上述基本规律或原理

---

[143] 56 U.S.（15 How.）62（1853）.

[144] *Nuijten*, 500 F.3d at 1368（引用了 *Morse*, 56 U.S.（15 How.）at 112）.

[145] 同上，at 1368-1369（引用了 *Morse*, 56 U.S.（15 How.）at 86）。

[146] 同上，at 1369。

[147] 见如脚注 125 中提到的 EPC 第 52 条（b）款（规定下列各项不应被认为是可授予专利的发明创造：“（a）发现、科学理论和数学方法；（b）美学创作；（c）执行智力行为、做游戏或做生意的计划、规则和方法，以及计算机程序；（d）信息的演示”）。

的应用，如果具有实用性、新颖性和非显而易见性，则是可以授予专利的，但基本的科学事实是不可专利的。正如最高法院所解释的，“发现迄今为止未知自然现象的人不能取得法律认可的独占权。如果通过该发现产生了发明创造，该发明创造必须是对自然规律新而有用的应用。”[148]

显然，发现前所未有的科学原理和基础自然定律对社会来说是巨大的贡献。所以，为什么不对发现者授予专利保护作为对其的奖励，从而鼓励发现更多的科学原理和自然规律呢？作为国家政策，有关这一问题的美国法律体现了必须将这种基础的科技基石保留在公共领域之中，使所有人能够自由的使用和改进。

欧洲专利律师认为这就是“发现”和“发明”之间的分界线，并认为发现不应被授予专利权。[149] 然而，这种观点至少在表面上与《美国宪法》的知识产权条款不一致。读者应该还记得，美国知识产权条款中所述的是给予发明人对其“发现”有限时间内的排他权。[150] 而且，美国专利法明确的定义“发明创造”的含义是“发明或发现”。[151]

G. 医疗/外科手术方法（medical/surgical procedures）

在美国，医疗和外科手术方法作为《美国专利法》第 101 条规定的“方法”属于可专利客体。[152] 然而，在 1996 年，国会在专利法中增加了一条含糊的条款，使得部分医疗和外科手术方法专利在本质上变得无效。该项立法是对救济手段的排除。根据《美国专利法》第 287 条（c）款的规定，正如该法条中的狭义定义，特定医疗或外科手术方法专利是不可执行的。专利权人在这些专利遭到直接侵权或诱导侵权时无法获得救济，因为《美国专利法》第 281 条（专利权侵权民事诉讼）、第 283 条（禁令）、第 284 条（损害赔偿）和第 285 条（律师费）都无法适用。

这项救济排除条款的出现起源于一位美国医生起诉另一位医生侵犯

[148] Funk Bros. Seed Co. v. Kalo Inoculant Co. , 333 U. S. 127, 130 (1948) .

[149] 见脚注 125 中提到的 EPC 第 52 条（2）款（a）项（规定发现不能被当作发明）。

[150] U. S. Const. , art. I, §8, cl. 8.

[151] 《美国专利法》第 100 条（a）款。

[152] 该条款不同于许多其他国家的规定，许多国家明确的将通过外科手术或治疗方法对人体或动物体进行治疗的方法以及诊断方法排除在可专利客体范围之外。见如脚注 125 中提到的 EPC 第 52 条（4）款；Agreement on Trade-Related Aspects of Intellectual Property Rights, including Trade in Counterfeit Goods, art. 27. 3 (a), Dec 15, 1993, 33 I. L. M. 81 (1994) (TRIPS)（赋予成员拒绝此类专利的选择权）。

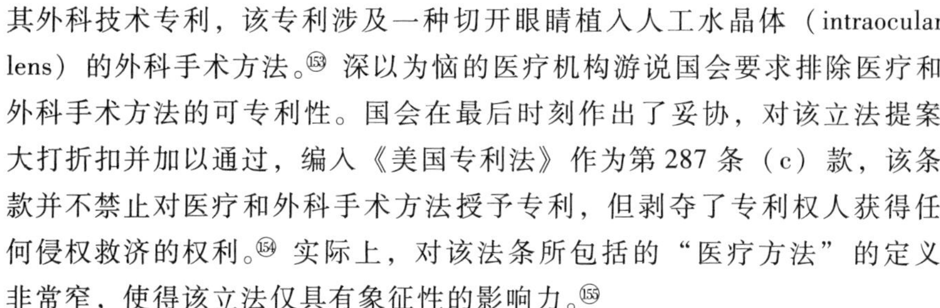
其外科技术专利，该专利涉及一种切开眼睛植入人工水晶体（intraocular lens）的外科手术方法。[153] 深以为恼的医疗机构游说国会要求排除医疗和外科手术方法的可专利性。国会在最后时刻作出了妥协，对该立法提案大打折扣并加以通过，编入《美国专利法》作为第287条（c）款，该条款并不禁止对医疗和外科手术方法授予专利，但剥夺了专利权人获得任何侵权救济的权利。[154] 实际上，对该法条所包括的“医疗方法”的定义非常窄，使得该立法仅具有象征性的影响力。[155]

H. 第101条以外的可专利客体：植物专利和外观设计专利

在美国，大部分的授权专利是发明专利（utility patents），[156] 这些专利的客体都属于《美国专利法》第101条规定的客体分类。但除了发明专利以外，美国还颁发植物专利和外观设计专利。以下分别对这两种专利进行探讨。

1. 植物专利（plant patent）

美国植物专利的客体不是由《美国专利法》第101条而是由《美国专利法》第161条规定的。该法条规定植物专利可以授予：

> 无论谁发明或者发现并无性繁殖任何独特的和新颖的植物品种，包括培育的变种、异种、胚种和新发现的秧苗，块茎繁殖的植物或者在未培育状况下发现的植物除外……[157]

---

[153] 见 Method of making self-sealing episcleral incision, U. S. Patent No. 5, 080, 111（issued Jan. 14, 1992）。

[154] 一般见 Cynthia M. Ho 所著的 *Patents, Patients, and Public Policy: An Incomplete Intersection at 35 U. S. C. § 287（c）*, 33 U. C. Davis L. Rev. 601（2000）; Richard P. Burgoon, Jr. 所著的 *Silk Purses, Sows Ears, and Other Nuances Regarding 35 U. S. C § 287（c）*, 4 U. Bat. Intell. Prop. J. 69（1996）。

[155] 见《美国专利法》第287条（c）款（2）项（A）（将“医疗活动”狭义的定义为“在身体上执行医疗或者外科手术方法，但……不是……（i）以侵犯专利权的方式使用受专利保护的机器、制造物或者物质组合；（ii）以侵犯专利权的方式实施受专利保护的物质组合的用途；（iii）以侵犯专利权的方式实施生物技术专利方法”）。

[156] 例如，2007年度，USPTO各类型专利授权数量如下：发明专利：157 283件；外观设计：24 063件；植物专利：1 047件；再颁专利：508件。见 U. S. Patent Statistics, Calendar Years 1963－2007，网址为 http://www.uspto.gov/web/offices/ac/ido/oeip/taf/us_stat.pdf（最后访问时间为2008年10月20日）。

[157] 《美国专利法》第161条。

植物专利的特点是新植物“品种”[158]的“无性繁殖”。无性繁殖植物指的是通过芽接（budding）、嫁接（grafting）或切接（cutting）法获得遗传性相同的复制品。与之相反的是，从种子开始的植物繁殖为有性繁殖，其不在第161条规定的植物专利范畴内。但是，根据《美国植物品种保护法》（PVPA），有性繁殖的植物品种和块茎繁殖植物（如马铃薯）在美国获得了独特形式的保护。[159]

为什么在专利法中有关于植物的单独规定呢？这主要是出于历史上的原因。1930年以前，一般性的共识是植物不能获得专利保护，因为即使是人工繁殖的植物也被认为是“天然产物”。而且，植物被认为很难符合书面描述的要求，该要求就是《美国专利法》第112条（a）款的前身。[160]

作为鼓励植物育种的进一步创新的途径，国会于1930年制定了一部专门法规——《植物专利法》（*the Plant Patent Act*），解决了这些顾虑。国会这一举动代表着对无性繁殖的、稳定且新的植物品种并非是不受保护的“天然产物”这一现代观点的接受，但必须通过人类的介入。《植物专利法》还放松了对于植物的书面描述要求。[161] 植物专利的期限与发明专利相同。[162]

植物专利所提供的独占权范围很窄。在著名的*Imazio Nursery v. Dana Green houses*案[163]中，联邦巡回上诉法院对植物专利法作出解释，结论是“植物专利的范围是专利植物品种无性繁殖的后代”。[164] 专利权人为了证

---

[158] 品种（variety）是亚种（subspecies）以下的分类级别。例如，著名的制造葡萄酒的葡萄品种包括Chardonnay，Pinot Grigio，Cabernet Sauvignon，Merlot等。由于选择性育种，每个品种中的成员都具有某种相同的特性或特征。

[159] 见7 U. S. C. § §2410等（*Plant Variety Protection Act*，PVPA）。PVPA由美国农业部管理。一些可以根据PVPA保护的植物相关发明创造也可以是《美国专利法》第101条规定的发明专利的适格客体，只要该这些发明创造符合实用性、新颖性和非显而易见性的实质性要求。见J. E. M. Ag. Supply，Inc. v. Pioneer Hi-Bred Int'l，Inc.，534 U. S. 124（2001）。

[160] 见Imazio Nursery，Inc. v. Dana Greenhouses，69 F. 3d 1560，1563（Fed. Cir. 1995）。

[161] 见《美国专利法》第162条（规定“如果任何植物专利的说明书在合理可能的范围内是完整的，则不能因不符合本法第112条的规定而认定其无效。说明书中权利要求应该采用所示及所述植物的正式植物用词”）。实践中，很多植物专利申请包括显示植物特征的彩色照片。见如Chrysanthemum Plant Named Maroon Pride，U. S. Patent No. PP7，269（issued July 10，1990 to the Regents of the University of Minnesota）。

[162] 见《美国专利法》第161条（规定“除另有规定外本法关于发明专利的规定均适用于植物专利”）。

[163] F. 3d 1560（Fed. Cir. 1995）.

[164] 同上，at 1568。

实其植物专利被侵权，必须证实被告的侵权植物是原始的受专利保护的母本植物无性繁殖的后代。[165] 独立培育的植物，即使与受专利保护的植物基因相同，也不构成侵权[166]

2. 外观设计专利（design patents）

除了发明专利和植物专利，美国还颁发第三种专利：外观设计专利。由于司法判决使得采用商标保护产品外观越来越困难，所以外观设计专利保护逐渐成为一种重要的知识产权保护形式。[167] 和植物专利一样，外观设计专利的客体并没有由《美国专利法》第101条规定，而是定义在专利法中的另一部分——第171条之中。

a. 获得外观设计专利的标准

外观设计专利保护“产品的新的（new）、原创的（original）和具有装饰性的（ornamental）外观设计”[168]，例如，数字音乐播放器[169]，一套家具[170]，汽车挡泥板（automobile fender），或屋面瓦（roofing shingle）的独特外观。可专利的外观设计必须也满足《美国专利法》第103条（a）款规定的非显而易见性要求。[171]

---

[165] F. 3d 1569 (Fed. Cir. 1995).

[166] 同上，at 1570。

[167] 见 Wal-Mart Stores, Inc. v. Samara Bros., Inc., 529 U. S. 205, 212 (2000)（结论是，产品外观设计就像颜色一样不可能具有固有的显著性）；同前，at 214（产品外观设计如果不具有第二含义［即证明消费者将特定设计主要用于识别该产品的来源］，则不能受到兰汉姆［商标］法第43条（a）款的保护）；同前（“获得［外观设计或著作权］保护极大地减少了对生产者由于产品外观设计不具有第二含义因而不能根据《商标法》第43条（a）款予以保护所带来的危害”）。

[168] 《美国专利法》第171条。

[169] 见如 U. S. Patent No. D497, 618 (issued Oct. 26, 2004)。Apple Computer, Inc. 拥有这项’618专利，其要求保护“媒体设备的装饰性设计”。同前。这件受争议的媒体设备就是 Apple 著名的3G版 iPod 音乐播放器。

[170] 家具设计是目前美国外观设计最常见的保护客体。见 Daniel H. Brean 所著的 *Enough is Enough: Time to Eliminate Design Patents and Rely on More Appropriate Copyright and Trademark Protection for Product Designs*, 16 Tex. Intell. Prop. L. J. 325, 361 (2008)；同前，at 355（表1）（指出自从1976年以来，“家具”外观设计分类获 USPTO 授权的专利多于任何其他分类）。

[171] 见《美国专利法》第171条（规定“除另有规定外本法关于发明专利的规定均适用于植物专利”）；Avia Group Int'l, Inc. v. L. A. Gear Cal., Inc., 853 F. 2d 1557, 1563 (Fed. Cir. 1998)（“外观设计专利也要满足与发明专利相同的非显而易见性要求”）。对外观设计非显而易见性的判断依据 *Graham* 因素，且该判断是“‘以设计该［外观设计专利］申请中所呈现产品类型的具有普通能力的设计者’”的角度作出的。同前，at 1564（引用了 In re Nalbandian, 661 F. 2d 1214, 1216 (CCPA 1981)）。

不同于发明专利和植物专利，外观设计专利保护期为自授权日起14年，[172]并且外观设计专利内容在授权前都不公开。[173]

外观设计专利的保护仅限于设计的装饰性特征，不包括主要是功能性的特征（对该设计的本质是服务于产品的操作或性能的）。[174] 例如，一件高尔夫球杆的外观设计专利就无法禁止他人复制该球杆的流线式杆头造型，如果该造型（尽管看起来赏心悦目，尤其是对于高尔夫球爱好者而言）还可以增加高尔夫球的击球高度和远度。在这一点上，外观设计专利法采用了非功能性要求，与著作权法中的实用品原则类似。[175]

必须注意区分所主张外部设计的功能性和基础产品的功能性。例如，在 *Avia Group Int'l, Inc. v. L. A. Gear Cal., Inc.* 案[176]中，联邦巡回上诉法院维持了两件运动鞋外观设计专利的有效性，驳回了被控侵权人认为该外观设计主要在于功能性而非《美国专利法》第171条规定的观赏性的观点。联邦巡回上诉法院没有否认“鞋具有功能性，且涉案鞋子外观设计的某些特征也具有功能性。”[177] 然而，如果基础物品的功能性与所主张外观设计的功能性无法分离，“就会导致无法基于实用物品获得外观设计专利……或基于同一物品既获得发明专利又获得外观设计专利。”[178] 此外，对外观设计的可专利性必须从整体加以考虑。联邦巡回上诉法院同意地区法院的观点，涉案外观设计保护的是运动鞋外底和鞋面的美学特点，其主要是装饰性的。

如图7.1所示该外观设计包括如鞋面上的穿孔和缝线的位置和分布，以及鞋底支点周围的“旋涡效果”。[179]

而且，关于被告提出的该外观设计具有功能性的问题，联邦巡回法院认为地区法院的理由是具有说服力的，即所有这些功能本可以通过很

---

[172] 见《美国专利法》第173条。

[173] 见《美国专利法》第122条（b）款（2）项（A）（iv）。

[174] 见 Lee v. Dayto-Hudson Corp., 838 F. 2d 1186 (Fed. Cir. 1988)。

[175] 见17 U. S. C. §101（2006）（规定“本章所定义的实用品外观设计是指，只有当外观设计含有‘图画’‘图形’和‘雕塑作品’特征时，并且这些特征能够从物品的应用方面单独区分出来，同时能够独立存在于其应用方面之外，才视为图画、图形和雕塑作品”）。

[176] 853 F. 2d 1557 (Fed. Cir. 1988).

[177] 同上，at 1563。

[178] 同上。

[179] 同上。

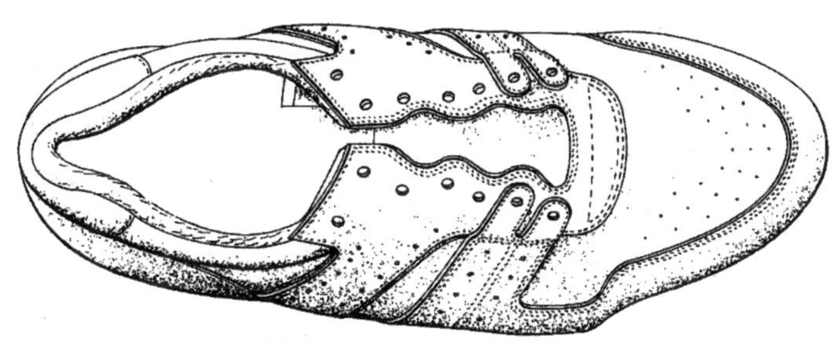

图 7.1 美国专利 Des. 287，301（1986 年 12 月 23 日授权）

多其他可能的设计选择来实现。[180]

b. 外观设计专利的侵权证明

由美国最高法院审理的外观设计专利的重要案件 *Gorham Co. v. White*,[181] 要求必须以“普通观察者”（ordinary observer）的角度来确定外观设计专利是否被侵权。普通观察者并不是设计专家，而是“具有一般敏感度的

---

[180] 853 F. 2d 1563 (Fed. Cir. 1988).

[181] 81 U. S. 511 (1871).

假想消费者或观察者，并且在对物品的检视中会像具有一般智力的人那样对设计进行观察。这些人才是被设计赋予新颖外观的物品的主要购买者，如果他们被误导，并被诱导购买了本不是他们想买的物品……则专利权人会受到侵害，且因持有授权专利而应有的市场优势也被破坏了”。[182]审理 *Gorham* 案的法院据此决定将以下标准用于确定外观设计专利是否被侵权的判断：

> 在一般观察者眼中，以购买者通常具有的注意力，两项实质上相同的设计，如果二者的相似度可欺骗上述一般观察者，诱导其购买其中一个而误以为其购买的是另一个，则这两项设计中较早获得专利的被另一设计所侵犯。[183]

自联邦巡回上诉法院1982年创立该原则后，该法院又拓展了该外观设计专利侵权判断标准，在 *Gorham* 标准中增加了第二部分。除了要满足专利设计和被控侵权设计实质相同的要求外，外观设计专利所有者还要证实被控侵权外观设计盗用了专利外观设计的新颖特征。[184] 经过一系列联邦巡回上诉法院判决的演化，对于外观专利侵权分析的这项额外的“新颖特征”要求是有问题的，因为其将外观设计专利有效性的概念与侵权概念混为一谈。该标准中关于新颖特征的部分实际上是要求专利权人确认其推定有效的外观设计的新颖性。

2008年联邦巡回上诉法院全院全席审判 *Egyptian Goddess Inc. v. Swisa, Inc.* 案，明确了外观设计专利侵权判定的标准。[185] 审理 *Egyptian Goddess* 案的法院拒绝将独立的新颖性考察作为该标准中的一个单独的部分。相反，该侵权标准应该是一项单一的考察，也就是说，*Gorham* 标准中的普通观察者是否认为所要求保护的和被控侵权的设计是否实质相同。联邦巡回上诉法院强调，该“普通观察者”标准是“判断一项外观设计专利

---

[182] 81 U. S. 527－528（1871）.

[183] 同上，at 528。

[184] 见 Litton Sys., Inc. v. Whirlpool Corp., 728 F. 2d 1423, 1444（Fed. Cir. 1984）（指出除非“被控侵权设备如……盗用了专利设备区别于现有技术的新颖特征”，否则无论两项设计看起来如何相似，均不构成对专利设计的侵权）。联邦巡回上诉法院判决在 *Litton Sys.* 案对该判决的解释是，要求外观设计侵权“既要从普通观察者的角度考虑，也要考虑被保护设计的特定新颖特征”。Egyptian Goddess, Inc. v. Swisa, Inc., 543 F. 3d 665, 671（Fed. Cir. 2008）（全席判决）（引用了联邦巡回上诉法院1988年至2004年间作出的外观设计侵权案件判决）。

[185] Egyptian Goddess, Inc. v. Swisa, Inc., 543 F. 3d 665（Fed. Cir. 2008）（全席判决）。

是否被侵害的唯一标准”。[186] 在此标准中，“除非被控侵权物‘体现’了该专利设计或任何对该设计似是而非的模仿，否则将不会认定侵权成立”。[187]

审理 *Egyptian Goddess* 案的法院进一步解释说，“普通观察者”有时可以得到现有技术的启发。例如，如果专利设计与被控侵权设计并非“明显的不同”，“一般观察者”是否会判断这两项设计实质相同的问题将受益于将这两项设计与现有技术进行的比较。联邦巡回上诉法院认为，“在有很多类似现有技术设计的实力的情况下……从理论上讲，专利设计和被控侵权设计之间的差异可能并不引人注目，但对于精通现有技术的假想普通观察者来说却是显著的。”[188] 简言之，现有技术为判断专利设计和侵权设计真正的类似程度提供了背景或框架。

尽管联邦巡回上诉法院对“普通观察者”特点的描述包括通晓现有技术，这一点可能暗示着 *Egyptian Goddess* 标准与已被放弃的包括新颖性的两部分标准也没有那么不同，但确实存在着重要的实践差异。根据 *Egyptian Goddess* 案中确立的外观设计专利侵权标准，引入与侵权考察相关的现有技术的举证责任由被控侵权人承担，而不是专利权人承担。[189] 这个结果符合了外观设计专利，与发明专利一样，都是推定具有新颖性的，[190] 而且总是由被控侵权人/无效申请人承担专利无效的举证责任（例如证明专利设计相对于现有技术是可以预见或是显而易见的）的原则。

Egyptian Goddess 案中的专利设计是一种四面的指甲锉或指甲擦，其造型为中空、正方形截面，并且在指甲擦的四个外表面中的三个上面覆有凸起的条状指甲擦材料。被控侵权设计在其指甲擦四面均覆有指甲擦材料。现有技术的（正方形和三角截面）的指甲擦在所有侧面均具有指甲擦材料。图 7.2 描绘了所要求保护的、被控侵权的和最接近的现有技术指甲擦的外观设计。

---

[186] Egyptian Goddess, Inc. v. Swisa Inc., 543 F. 3d 678 (Fed. Cir. 2008)（全席判决）

[187] 同上（引用了 Goodyear Tire & Rubber Co. v. Hercules Tire & Rubber Co., 162 F. 3d 1113, 1116 - 1117 (Fed. Cir. 1998)）。

[188] 同上。

[189] 见同上（指出“如果被控侵权人选择与对比文件进行比较作为侵权抗辩的一部分，那么对比文件的举证责任就由被控侵权人承担”）。

[190] 见《美国专利法》第 282 条；Avia Group Int'l. Inc. v. L. A. Gear Cal., Inc., 853 F. 2d 1557, 1562 (Fed. Cir. 1988)（指出当被控侵权人在案件中质疑外观设计专利的有效性的时候，“推定该专利有效”）。

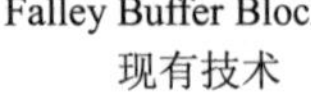

Falley Buffer Block
现有技术

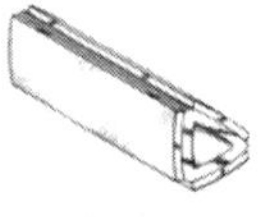

Nailco 专利
现有技术

Swisa的被控
侵权设计

Swisa擦

Egyptian Goddess
专利设计

'389专利

图 7.2

联邦巡回上诉法院提出判断是否侵权的关键在于，“熟悉 Falley 和 Nailco 这两项现有技术设计的普通观察者，是否会被欺骗误以为 Swisa 的指甲擦与本案专利的指甲擦相同”。[191] 联邦巡回上诉法院的答案是否定的，该法院维持了地区法院作出的侵权不成立的简易判决。尽管专利和被控侵权指甲擦具有基本相同的外形（中空且具有正方形截面），鉴于最接近现有技术的特征在于所有侧面均具有指甲擦材料，所以专利设计在第四侧面没有指甲擦材料就不能被认为是细微的特征。普通观察者可能认为被控侵权设计更接近于现有技术而非涉案专利设计。[192] 联邦巡回上诉法院的结论是，“由于被控侵权设计与现有技术指甲擦的相似性……没有合理的事实发现者会认为［专利权人，Egyptian Goddess］承担了其证明……普通观察者在考虑到现有技术的情况下会相信被控侵权设计与专利设计相同的责任。”[193]

---

[191] *Egyptian Goddess*, 543 F. 3d at 681.

[192] 见同上，at 682（讨论了与专利权人的专家 Eaton 的声明有关的“问题”）。

[193] 同上。

第8章
授权专利的更正

A. 引　　言

尽管已由 USPTO 授予了专利权，授权专利还是可能存在某些缺陷。这些缺陷可能会严重到致使联邦法院在诉讼判决中认定专利无效和/或专利权不可实施。① 不过，在其他情形下，专利缺陷的性质并不严重，可以通过在 USPTO 内进行的更正程序来更正，这种更正通常来说比联邦法院诉讼要费用低、耗时短。本章描述了三种已授权专利回到 USPTO 进行更正的方法：更正证书（certificates of correction）、再颁（reissue）以及再审查（reexamination）。②

B. 更正证书

在某些情形下，专利中存在的微小错误，如拼写错误等可通过更正

---

① 关于授权专利推定的有效性，见《美国专利法》第 282 条（2008），这种推定有效性也是可被推翻的。基于清楚和具有说服力的证据，联邦法院可以认定一项专利因不满足《美国专利法》第 101 条、第 102 条和第 103 条规定的可专利性法定条件而无效，或因不满足《美国专利法》第 112 条（a）款和（b）款关于公开内容和/或权利要求清楚的要求而无效。另外，该专利还可能因不正当行为或专利权滥用而导致不可实施。

② 第四种更正授权专利的方法是提出放弃（disclaimer）该专利中的某项或某些权利要求。在获得专利权以后，专利权人可能会确定他的某些权利要求是无效的。权利要求的有效性彼此之间是相互独立的。如果在无欺骗意图的情况下一件专利中的某些权利要求无效，其余专利并不因此无效（《美国专利法》第 253 条（a）款）。专利权人可以通过提交书面放弃声明并向 USPTO 缴纳一定的费用来放弃无效的权利要求。专利法案鼓励这样的行为。专利权人可以以专利中有效的权利要求为基础提起侵权诉讼，即便其认为专利中的其他权利要求是无效的。不过，如果专利权人不在提起诉讼之前提交对无效权利要求的放弃声明的话，将无法从侵权诉讼获得任何可能的成本赔偿。

证书的方式进行更正。一旦专利申请人（或其专利律师或代理人）收到其美国专利的官方“证书”，就可以要求颁发更正证书了。应当对专利文件认真检查以确保印刷正确性，并将专利文件安全存放。一旦在专利文件中发现错误，就应当立即采取措施对其加以更正。③ 对专利文件中存在的任何性质轻微的错误的补救方式取决于应为该错误负责的一方：USPTO或申请人。

如果授权专利中的微小错误是USPTO的过错，那么就可依据《美国专利法》第254条的规定寻求更正证书对这些错误进行更正。由于专利中的错误是官方过错而导致的，因此依据《美国专利法》第254条的规定，申请人无须为更正证书支付任何费用。该条要求，专利中的错误是“美国专利商标局的过错导致的”，并且“在官方记录中有明确体现”。④举例来说，在 *Southwest Software*, *Inc. v. Harlequin*, *Inc.* 案⑤中，涉案专利依据《美国专利法》第254条进行了两次更正：第一次是更正官方遗漏逗号的错误，⑥ 第二次是在授权专利中添加被遗漏的“程序输出附录”（program printout appendix），对于所要求保护的用于在桌面出版（desktop publishing）中调整图像的方法和设备来说，要想满足可实施性和最佳方式的要求，该附录所披露的软件代码是必要的。⑦ 专利申请人在递交原始

---

③ *Southwest Software*, *Inc. v. Harlequin*, *Inc.*, 226 F. 3d 1280（Fed. Cir. 2000）一案中的专利权人以极其惨痛的代价接受了这个教训。直到侵权诉讼中的被告方提出这一问题，该案的专利权人才意识到其专利中存在着USPTO导致的错误，专利权人在侵权诉讼期间从USPTO获得了更正证书。尽管联邦法院确认USPTO依据《美国专利法》第254条颁发更正证书是有效的，但联邦法院作出的法定解释是，对颁发该更正证书之前提起的诉因（如当前的案件）该更正证书不具效力。见同前，at 1295。因此，该更正证书对于涉案专利没有效力，必须将该案件发回重审，来判断在缺少附录公开内容（由于USPTO忘记将其加入到授权专利之中）的情况下，根据《美国专利法》第112条（a）款的规定该专利是否仍然有效。见同前，at 1297。不过，该错误并不完全是USPTO的责任；联邦法院进一步评论：

> 在本法庭看来，期待专利权人在授权时对专利进行检查，以确定该专利是否存在任何需要通过更正证书来更正的错误，并不是过分的要求。在本案中，'257号专利中缺少了程序输出附录，从而导致整个说明书缺少了约330页的文字。这样的错误应该是非常明显的。

同前，at 1296。

④ 《美国专利法》第254条。

⑤ 226 F. 3d 1280（Fed. Cir. 2000）.

⑥ 同上，at 1287 n. 6。

⑦ 同上，at 1287。

申请时一并递交了该附录，但在USPTO对该专利授权却因疏忽而没有将该附录纳入专利说明书中。[⑧]

如果专利中的错误是由申请人的过错而非USPTO的过错所导致，那么可依据《美国专利法》第255条颁发更正证书对该错误进行补救。在这一条款下，所犯错误需是“善意”（good faith）的，且性质上需是“抄写、印刷或微小错误”。[⑨]例如，专利说明书记载的是以“摄氏度”为单位的操作温度，而申请人递交的权利要求书却仅记载了“度”，这种情形就可依据《美国专利法》第255条来进行更正。[⑩]因为错误并非是由USPTO而引起，专利权人就需为此类更正支付费用。

不可以利用更正证书程序增加新内容（new matter），且更正程度不能够严重到是要通过（下文将论述的）再颁和再审查程序才能解决的。具体来说，待进行的更正不应当导致专利权利要求保护范围的改变。[⑪]例如，*In Re Arnott*案[⑫]的专利权人的再颁专利是关于眼内镜植入术的。再颁后，一项从属权利要求（权利要求8）从属于该专利的另一项权利要求（权利要求1）。专利权人认为权利要求8本应从属于权利要求7，只是其专利律师的助理在进行录入时犯了一个小小的错误，因为该申请手写稿中的数字“7”看起来好似数字“1”。USPTO拒绝了专利权人的更正请求，因为在这样的情形下改变权利要求的从属关系就意味着权利要求8保护范围的改变。若权利要求8从属于权利要求7，则权利要求8就包括了要求植入材料是由特定材料——聚甲基丙烯酸甲酯制成的这一项特征，而这项特征在权利要求1中并不存在。由此，如按照专利权人的请求改变权利要求的从属关系，则会改变权利要求8的保护范围，而这是更正证书程序所不允许的。[⑬]

无论是依据《美国专利法》第254条还是第255条要求更正证书，

---

⑧ 226 F.3d 1291（Fed. Cir. 2000）（指出“PTO确认附录已随257号专利申请同时递交，附录的分离、丢失以及未能在授权专利中印出该附录，都是PTO的错误导致的结果”。被控侵权者认为遗漏附录是专利权人而非USPTO的过错，因此，不应当依据第254条的规定颁发更正证书，联邦法院驳回了这一看法；法院认为“地区法院的事实认定不存在明显错误，并由此确认颁发更正证书并没有违反第254条的规定”）。同上，at 1293。

⑨ 《美国专利法》第255条。

⑩ 见In re Arnott, 19 USPQ2d 1049, 1053（Commr. Pat. 1991）。

⑪ 同上，at 1052。

⑫ 19 USPQ2d 1049（Commr. Pat. 1991）.

⑬ 申请人在这种情况下需要提出再颁专利请求（下文将详述）来进行更正。

USPTO 都将会颁发一份名为“更正证书”（certificate of correction）的独立文件，这份文件就像专利文件勘误表。该证书将会以专利行列号的形式列明具体更正的内容。这份证书会成为正式专利文件的一部分，而其中的更正内容会被视为在原专利授权时就已经存在。⑭

C. 再　颁

1. 概　述

对无法通过上文所述的更正证书来补救的错误，专利权人可能需要考虑是否要求对其专利进行再颁。再颁是在 USPTO 内部进行的行政程序，用于更正已授权专利中的某些错误，且这些错误必须是在“没有任何欺骗意图”的情况下形成的。⑮ 再颁意味着专利权人主动放弃原专利⑯、递交再颁申请以及一份说明所要求改正错误的誓词，以及对该专利权利要求的再次审查。在再次审查期间，可以依据任何法定理由驳回再颁申请的任何一项权利要求。⑰ 再颁程序的可能结果是，以原始或修改后的形式对该专利进行再颁，有效期限为原专利保护期的剩余部分，或者如果未发现错误，那么 USPTO 就会拒绝对该专利进行再颁。除非并且只有再颁专利被授权，否则原专利仍然有效。⑱

USPTO 会授予再颁专利一个以缩写“Re.”开头的新专利号，例如，“U. S. Patent No. Re. 40,000”。USPTO 在印制再颁专利说明书时会“在原专利文本的基础上标出修改之处，将再颁专利中删去的部分用‘[ ]’标出，而将再颁时添加的内容用斜体表示”。⑲ 虽然已在 USPTO 进行了更正，再颁专利还是和原专利一样，有可能在联邦法院的诉讼中被宣告无效。

---

⑭ 但是，见脚注 3 中的 *Southwest Software* 案，在该案中，联邦法院认为依据《美国专利法》第 254 条颁发的更正证书对颁发证书之前提起的侵权诉因没有效力。

⑮ 《美国专利法》第 251 条。

⑯ 见 37 C. F. R. 1. 178 (a)(2008)(规定了“申请对专利进行再颁，意味着主动放弃该专利，该放弃自对专利进行再颁之日起生效”)。

⑰ 见 Hewlett-Packard Co. v. Bausch & Lomb Inc. , 882 F. 2d 1556, 1563 (Fed. Cir. 1989)(该案阐释了“再颁实质是对所有权利要求的再次审查”。例如，专利权人意图保持不变的权利要求也会基于任何法定理由被驳回”)。

⑱ 见 37 C. F. R. 1. 178 (a)(该条款规定了“原专利在再颁申请授权之前都维持有效”)。

⑲ USPTO, Manual of Patent Examining Procedure § 1455 (8th ed. , 7th rev. 2008), 网址为 http: //www. uspto. gov/web/offices/pac/mpep/documents/1400_ 1455. htm。

2. 历史发展

对有瑕疵的专利进行再颁的做法最初于1832年经美国最高法院认可,[20] 并被编入1836年专利法案中。[21] 再颁被认为是一种挽救有效性的(validity-saving)机制,在发生善意错误时可采用,这一机制是为了弥补专利权人的排他权在要保护的事物上没有得到体现而作出的。[22] 也就是说,当专利权人在无意间作出了不平等交换时,可以要求专利再颁。

考虑到撰写专利的困难性,再颁程序的存在是为了对发明人保持公正。[23] 作为一项基于公平、公正概念的补救性规定,再颁旨在"将申请人从'无任何欺骗意图'的情况下陷入的困境中解救出来"。[24]由此,应当对有关再颁的法条"予以宽松地解释"。[25]

在19世纪存在大量对再颁程序的滥用。[26] 例如,在 *Miller v. Brass Co.*

---

⑳ 见 Grant v. Raymond, 31 U. S. (6 Pet.) 218 (1832)。

㉑ 见 Festo Crop. v. Shoketsu Kinzoku Kogyo Kabushiki Co., 234 F. 3d 558, 602 n. 3 (Fed. Cir. 2000)(全席判决)(Michel 法官持有异议意见)("1836年的专利法案赋予了专利权人在因如下原因导致原专利'不可实施或无效'时,放弃原专利的权利要求,并获得再颁专利的权利:'原专利存在缺陷或说明书的记载不充分,或因专利权人在说明书中要求保护的发明创造超出了其真正掌握或是应该有权要求新的保护范围。' Patent Act of 1836, Ch. 357, 5 Stat. 117, at §13 (July 4, 1836)");该判决已由于其他理由 (535 U. S. 722 (2002)) 而被撤销。

㉒ *Grant*, 31 U. S. (6 Pet.) at 244.

㉓ 见 Topliff v. Topliff, 145 U. S. 156 (1892), 法院在该案中有如下意见:

> 认定在任何情况下都不允许在再颁中扩大权利要求范围,不仅是无视法条的明显意图,而且会在很多情况下给专利权人带来极大的困难。专利的说明书和权利要求是最不易精准表述的法律文书,尤其是在发明创造本身就相当复杂的情况下;而且,考虑到极有价值的发明常常是由无经验之人来撰写其说明书和权利要求书,毫无意外,这些无经验之人常常无法精准的描述专利权人的发明创造,或在撰写权利要求时不是将专利权人并没有实际发明的内容纳入权利要求,就是遗漏了专利权人实际发明创造中的重要或核心部分。在这样的情形下,如果不允许专利权人通过再颁程序来保护其实际的发明创造,这显然是不公正的,前提是很显然在专利中有错误存在,且专利权人未能尽到合理的勤勉从而发现该错误的存在,且没有任何第三方现在已获得制造或销售专利权人未能要求保护的那部分客体的权利。专利法的意图是保护专利权人对其实际发明或发现的客体的垄断,这样的意图不应当被对法条文字过于严格和表面化的坚持、或对人为制定的解释规则的应用而抹杀。

同前, at 171。

㉔ In re Oda, 443 F. 2d 1200, 1203 (CCPA 1971)(Rich 法官)。

㉕ In re Weiler, 790 F. 2d 1576, 1579 (Fed. Cir. 1986).

㉖ 一般见 Kendall J. Dood 所著 *Pursuing the Essence of Inventions: Reissuing Patents in the 19th Century*, 32 Tech. & Culture 999, 999-1017 (1991)。

案[27]中，美国最高法院认为，专利权人在原专利授权后拖延了15年才要求扩大其权利要求保护范围，因此应当拒绝其再颁请求。法院认为，如果再颁申请是在原专利授权之后2年内提出的（在那时申请前宽限期为2年），则可以允许用来扩大权利要求的保护范围，尽管那时候的法律并没有如此的明文规定。但在本案中，专利权人的长期拖延是不合理的，如果仍然允许再颁就会引起不公正的后果："这样的延迟以及对一件具有更宽泛更全面权利要求的新专利的授权，对每一位独立发明人、每一位技师、每一位公民都将产生影响。在不合理的延迟之后，为带有这样目的的再颁申请授权，显然是对再颁权力的滥用，可以公正地说，这样做是不合法且无效力的。"[28]

随后，1952专利法案对再颁条款进行了修改，明确规定范围扩大型再颁必须在原专利授权后的两年内提出。此项及其他修改，外加最高法院作出的有关专利再颁的一系列判决制止了早期的滥用现象。如今，美国每年授权的专利中有不到1%的专利是再颁专利。[29] 很多再颁专利都涉及正在进行或将要展开的关于侵权和/或有效性的诉讼。

3. 法律基础

《美国专利法》第251条是有关专利再颁的法规，该条款规定了如下内容：

> 在任何时候，如果一项专利在没有任何欺骗意图的前提下，由于说明书或附图中的缺陷，或由于专利权人在专利中要求保护的范围大于或小于其有权要求保护的范围而导致的错误，使该专利全部或部分不能发挥作用或无效时，在专利权人放弃原专利并缴纳了法定费用前提下，美国专利与商标局局长应根据修正后的新申请，对原专利所公开的发明创造进行再颁，其有效期限为原专利期限的剩余部分。再颁申请中不得增加新内容……

---

[27] 104 U. S. 350 (1881).

[28] 同上，at 355。

[29] 例如，在2007财政年，184 377件专利（包括所有类型）被授权。在这些专利当中，只有546件或0.3%是再颁专利。见USPTO发行的 *Performance and Accountability Report Fiscal Year 2007*, *Fiscal Year 2007 USPTO Workload Tables*, tbl. 6 ("Patents Issued")，网址为 http://www.uspto.gov/web/offices/com/annual/2007/50301_table1.html。

除非在原专利授权后两年内提出申请，否则再颁专利不得扩大原专利权利要求的范围。

通过仔细分析该条款的内容，可以看出再颁的基本要求。为满足再颁的要求，专利必须是“全部或部分不能发挥作用或无效”，这意味着该专利“无法充分地保护发明创造或无法律效力”。㉚ 重要的是，所述不能实施或无效的状态必须是由“没有任何欺骗意图的错误”而引起的。因此，再颁程序不得用于修复通过不正当行为，也就是涉及有意欺骗USPTO的行为，而获得的专利。㉛ 在法条中具体提到的可以通过再颁程序来克服的错误类型是，“说明书和附图的缺陷”㉜ 或“专利权人在专利中要求保护的范围大于或小于其有权要求保护的范围”。㉝

如果一件专利获得再颁，该再颁专利的到期日就是原专利原本的到期日，从而专利再颁并不会延长专利权的期限。此外，在再颁申请中不允许加入新内容。㉞ 因此，尽管权利要求的保护范围可以通过再颁得到扩大，但这种扩大只有在能够依据《美国专利法》第 112 条（a）款的要求得到原说明书的支持时才是可能的。再颁必须是针对“原专利所公开的发明创造”进行的。㉟

4. 范围扩大型再颁（broadening reissues）

当专利权人的错误在于“所要求保护的范围小于其有权要求保护的范围”，并且希望获得比授权专利权利要求保护范围更大的保护范围时，就寻求“范围扩大型再颁”。不过，范围扩大后的权利要求必须依据《美国专利法》第 112 条（a）款的规定能够得到原专利公开内容的支持，因为再颁必须是针对“原专利所公开的发明创造”进行的。㊱ 如果要获得范围扩大型再颁，专利权人必须“在原专利授权后 2 年内”提出再颁申请。㊲ 提出范

㉚ In re Oda, 443 F. 2d 1200, 1206 (CCPA 1971) (Rich, J.).

㉛ 参见 Hewlett-Packard Co. v. Bausch & Lomb, Inc., 882 F. 2d 1556, 1563 n. 7 (Fed. Cir. 1989)。

㉜ 《美国专利法》第 251 条。

㉝ 同上。

㉞ 在解释再颁相关法条时，最高法院解释道，“在论及‘新内容’时，我们指的是新的实质性内容，如那些改变发明创造，或引入本应是另一件专利申请客体的内容。” Powder Co. v. Power Works, 98 U. S. 126, 138 (1878)。

㉟ 《美国专利法》第 251 条。

㊱ 同上。

㊲ 同上。

围扩大型再颁申请的两年法定期限是基于1839～1939年的美国专利法所规定的两年的申请前宽限期而来的。法院将任何超过2年的延迟都解读为对任何在原专利中已记载但未要求保护的客体的推定放弃。[38]

案例法对于范围扩大型再颁的构成条件采用的是“任一方面的范围扩大”原则；也就是说，即便仅仅是扩大了权利要求中的一项特征的范围，而其他特征的范围保持未变或甚至是限缩了，这样的再颁也是范围扩大型再颁，因而必须在两年法定期限内提出。[39] 例如，参考下面一项授权专利的权利要求：

1. 一种包括多个空心扇叶的吊扇，所述吊扇与连接到马达的控制杆相连。[40]

假定对权利要求1的如下修改能够得到说明书的支持：

1. 一种包括多个扇叶的吊扇，所述吊扇与连接到马达的实心控制杆相连。[41]

如果专利权人想要通过再颁程序从而对权利要求1进行上述修改，那么该专利权人就必须在原专利授权后两年内提出其再颁申请。试图对权利要求1进行的修改满足了“任一方面的范围扩大”原则。尽管因为加入了“实心”的限定，使“控制杆”特征的范围缩小了，但因为去掉了“空心”的限定，所以“扇叶”这一特征的范围扩大了（扇叶可以是空心的也可以是实心的，或采用任何其他结构）。

在考虑是否提出范围扩大型再颁请求时，专利权人应当注意，采用这一策略可能会使得第三方基于原专利中范围较窄的权利要求而享有中用权（intervening right），本章C.7部分将对此加以详述。

5. 再颁错误（reissue error）

授权专利中很多种的错误都符合再颁条件。1946年的专利法案将可

---

[38] 见 Topliff v. Topliff, 145 U.S. 156, 170－171 (1892); Miller v. Brass Co., 104 U.S. 350, 352 (1881)。

[39] 见 Ball Corp. v. United States, 729 F.2d 1429, 1437－1438 (Fed. Cir. 1984)。

[40] 权利要求原文如下：1. A ceiling fan comprising a plurality of hollow blades, attached to a rod, attached to a motor。——译者注

[41] 权利要求原文如下：1. A ceiling fan comprising a plurality of hollow blades, attached to a solid rod, attached to a motor。——译者注

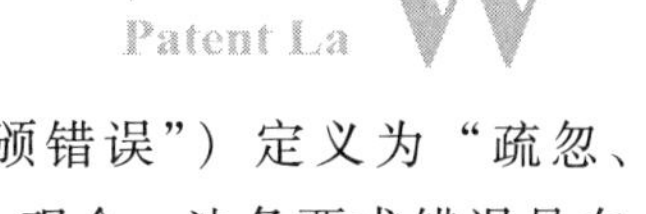

以通过再颁程序纠正的错误（以下简称“再颁错误”）定义为“疏忽、意外、过失”，这种解释是宽泛但不是自由的。现今，法条要求错误是在“没有任何欺骗意图”的情形下产生的。[42]

再颁错误的一个代表类型是专利说明书中的译文错误，这比可以通过更正证书来更正的印刷错误更为严重。举例来说，在 *In re Oda* 案[43]中，在将日本优先权申请文件翻译成英文的过程中，“硝酸”（nitric acid）被翻译成了另一种不同的化学物质“亚硝酸”（nitrous acid）。这样的译文错误在说明书的一些位置包括实施例中都有出现，但在权利要求书中并未出现。USPTO 驳回了再颁请求，理由是其引入了新内容。CCPA 不同意 USPTO 的观点，认为本领域普通技术人员基于所有的案卷证据“能够确定说明书中存在错误，而且能够确定该错误是什么”，[44] 并且由此认为，“如果已经能够得知错误的本质，那么也就能够确定如何纠正该错误”。[45]因此，应当允许通过再颁程序将书面描述中的亚硝酸修改为硝酸，这并不会违反禁止加入新物质的规定。

再颁错误的另一种类型是专利权人要求的保护范围比其有权保护的范围更大或更小。在 *Scripps Clinic & Research Foundation v. Genentech, Inc.* 案[46]中，发明人宣称其所要求的保护范围比有权保护的范围要小。该发明人的专利涉及一种用于凝血的高纯 VIII：C 因子蛋白质产品，在原专利中，只是通过方法权利要求和方法限定产品型权利要求对发明创造进行了保护。而该专利并没有包括产品权利要求（没有将 VIII：C 因子作为一种物质组合而加以保护），因为在原申请的审查过程中其专利律师并不认为这种权利要求是专利法所允许的。

联邦法院认为，在该案中，专利律师对法律的错误理解也是一种可通过再颁进行更正的错误。同时法院也提醒，“尽管不是所有可能出现律师错误的案件都能通过再颁程序进行更正”，[47] 但在本案中律师所犯的错误是无欺骗意图的，并且该再颁申请符合相关法条法规的要求。与地区法院的看法不同，联邦巡回上诉法院认为，再颁申请人无须证明“没有

---

[42] 《美国专利法》第 251 条。

[43] 443 F. 2d 1200 (CCPA 1971).

[44] 同上，at 1206。

[45] 同上。

[46] 927 F. 2d 1565 (Fed. Cir. 1991).

[47] 927 F. 2d 1575 (Fed. Cir. 1991).

任何一个称职的律师或敏感的发明人能够避免这一请求通过再颁进行更正的错误”。[48]

再颁申请人在解释造成要求更正错误的原因时必须是诚实的，正如在 *Hewlett-Packard Co. v. Bausch & Lomb, Inc.* 案[49]中所提出的，该案件突显了要求对从第三方购买的专利进行再颁时会遇到的风险。Bausch & Lomb（B&L）购买了一件 X－Y 绘图仪专利，并试图将该专利作为正在进行的针对 Hewlett-Packard（HP）的侵权诉讼谈判筹码，随后 B&L 提出了对该专利进行再颁的请求。再颁申请添加的从属权利要求直接针对 HP 销售的设备，且随附的誓词指出再颁错误是未能包括范围更窄的从属权利要求。当 B&L 修改其起诉书要求主张该再颁专利时，HP 以该再颁专利无效为理由进行抗辩，且地区法院支持了 HP 的观点。

在上诉过程中，联邦法院也同样认同 B&L 的再颁申请存在缺陷，且该再颁专利权利要求是无效的。法院解释道，《美国专利法》第 251 条所规定的“错误”包括两个方面，再颁申请人必须对这两个方面予以证明：（1）专利中存在错误（或缺陷）；（2）在行为上存在非故意性的错误。[50]关于专利中的错误（或缺陷），法院并不需要判断就法律问题来说，未能递交从属权利要求是否构成再颁错误。[51] 不过，关于行为上的错误，法院认为 B&L 的前专利代理人在誓词中对为何先前未将范围较窄的权利要求包括在权利要求书中的理由“明显不准确”[52] 且“与事实不符”[53]，因此，该理由无法对再颁申请构成支持。该专利代理人宣称，当初未能在原专利中加入更具体的权利要求的原因是其无法与发明人取得联系，以及其对该发明的误解，但在证据开示（discovery）程序中关于该代理人的记录显示，该专利代理人和发明人曾经有过多次广泛的会晤及交流。[54]

6. 收回原则（Recapture Rule）

收回原则，可以被视为类似审查历史禁止反悔原则（prosecution history estoppel），[55] 规定专利权人不能利用专利再颁来“收回”其先前在原专利

---

[48] 927F. 2d 1575（Fed. Cir. 1991）.

[49] 882 F. 2d 1556（Fed. Cir. 1989）.

[50] 见同上，at 1564（引用了 In re Clark, 552 F. 2d 623, 626（CCPA 1975））.

[51] 见同上，at 1565。

[52] 同上，at 1558。

[53] 同上，at 1566。

[54] 见同上，at 1561。

[55] 审查历史禁止反悔原则，是对侵权中的等同原则理论的法律限制，本书第 9 章（“专利侵权”）对此有详述。

审查期间为获得授权而放弃的客体。这样的放弃不是再颁纠正的错误类型。

举例来说，联邦法院在 *Mentor Corp. v. Coloplast, Inc.* 案[56]中指出，一种用于有失禁（incontinence）症状的病人的男性阴茎套导尿管（a male condom catheter）的涉案再颁专利权利要求 6～9 被认定无效，理由是这些权利要求的保护范围比原专利中的相应权利要求的保护范围要宽，且这种范围的扩大与在原专利的审查过程中放弃的客体直接相关。为了克服依据《美国专利法》第 103 条对原专利申请权利要求作出的有关创造性的驳回意见，Mentor 对 USPTO 的审查员解释说，其发明创造与现有技术中的导管不同，因为没有任何一篇现有技术公开了随着导管的卷起及随后的展开，黏合剂从导管的外表面传送到导管的内表面的特征。在 Mentor 对权利要求进行了修改从而将这一传送特征纳入其中以后，该专利获得了授权。

在该专利授权后的两年之内，Mentor 提出了基于该专利的范围扩大型再颁申请，申请增加新的权利要求 6～9，并从中去除了上述黏合物传送特征。Mentor 宣称，再颁错误是其所要求保护的范围小于其有权保护的范围，并在其誓词中承认，原专利权利要求无法从字面上涵盖（Mentor 的竞争者所制造的）一种导尿管，这种导尿管的黏合剂在导管卷起之前就已经涂在了导管的内表面。Mentor 的专利律师错误地认为这种产品的制造方法过于不实际而无法在商业上实现。

联邦法院同意被控侵权方 Coloplast 的观点，即 Mentor 这种"蓄意且故意"地修改权利要求，从而将黏合剂传送这一特征纳入其中，以克服依据《美国专利法》第 103 条作出的显而易见性驳回意见的做法，并不属于能够通过再颁程序加以更正的错误类型。法院认为本案与那些"无任何证据可以证明，对原始递交权利要求的修改意味着承认该权利要求范围实际是不具备可专利性的"情形是不同的。[57] 法院对此解释如下：

> 再颁相关法条允许纠正的错误并不包括为了克服现有技术而放弃特定客体的经过深思熟虑的决定，尽管根据市场随后的发展当事人可能会对这个决定感到后悔。恰恰是因为专利权人

---

[56] 998 F. 2d 992 (Fed. Cir. 1993).

[57] 同上，at 995（引用了 Seattle Box Co. v. Indus. Crating & Packing, Inc., 731 F. 2d 818, 826 (Fed. Cir. 1984)）。

> 修改了其权利要求以克服现有技术，公众成员就有权占据被专利权人放弃的领域。因此，基于专利审查历史当竞争者占据了被专利权人放弃的领域时，不能依据再颁法条将作出这种行为的竞争者认定为专利侵权者。在本案中，Mentor 对其专利权利要求的限缩是为了在原审查过程中获得核准，现在就不能再收回其先前放弃的内容。[58]

如 *Mentor* 案中援引收回原则所带来的影响与下面将介绍的主张中用权（intervening right）所带来的影响是不同的。在 *Mentor* 案中，收回原则的应用导致再颁专利权利要求 6～9 被认定无效。这不仅保护了被控侵权方 Colopast，也保护了普通公众，即任何会侵犯那几项权利要求的人。而中用权的应用并不会使专利无效，其仅仅能够给 Coloplast（而不是其他人）提供一项侵权抗辩的手段。

7. 再颁效应：中用权（intervening right）

在专利权人从 USPTO 获得再颁后，只要原专利和再颁专利权利要求的保护范围“实质相同”，[59] 在原专利剩余的有效期内，专利权人基于原专利的排他权仍然继续。这样一来，尽管再颁专利一旦被授权原专利就不复存在（因为原专利已被放弃），只要原专利和再颁专利的权利要求的保护范围“实质相同”，再颁专利的权利要求能够“回溯”至原专利的授权公告日。[60]

对于再颁专利中那些与原专利的保护范围并不实质相同的权利要求

---

[58] 998 F. 2d 996 (Fed. Cir. 1993).

[59] 《美国专利法》第 252 条。

[60] 见《美国专利法》第 252 条（a）款（“再颁效应”）：

> 自再颁专利授权日起对原专利的放弃生效，在随后提起的诉讼当中，只要原专利的权利要求与再颁专利的权利要求实质相同，所有的再颁专利在法律上应该具有相同的效果，即仿佛原专利是以这样修改后的形式被授权的，对原专利的放弃不应影响任何诉讼中的案件，也不应消除当时已存在的诉因，权利要求与原专利实质相同的再颁专利，应构成原专利的延续，并自原专利授权之日起生效。

联邦巡回上诉法院判例法将第 252 条中的“完全相同”解释为要求再颁专利的权利要求的保护范围相对于原专利的保护范围不能有实质的改变；但再颁专利权利要求的措辞不需要与原专利权利要求在字面上完全相同。见 Slimfold Mfg. Co. v. Kinkead Indus., Inc., 810 F. 2d 1113, 1115－1116 (Fed. Cir. 1987)。

来说，尤其是对那些保护范围扩大了的权利要求来说，专利权人的排他性权利就会受到第三方中用权的限制。对中用权的认可体现了专利制度试图保护第三方的意图，这些第三方以原专利权利要求作为标准来判断哪些客体是属于专利权人排他性权利范围内的，哪些是在公共领域内所有人都可以获得的。如果第三方开始生产并销售了并不侵犯原专利权利要求的产品，只是后来发现该专利通过再颁程序其保护范围已经被扩大，从而相同的产品如今侵犯了再颁权利要求，第三方将会被允许使用或销售这些已经制造出来的产品，在某些情形下，也可能允许第三方继续制造更多的相同产品。"在特定条件下，可以允许通过专利再颁来收回由于原专利中的疏忽而贡献给公众的权利，但不能以牺牲无辜方的利益作为代价。"[61]

《美国专利法》第 252 条（b）款规定了有关中用权的相关内容。这段内容既冗长又迂回，下面是对这段内容的再现，其中每句话前面加上了带括号的标记，并在每句话之间空了一行以便阅读：

> ［A］任何人或其业务继承人在专利再颁之前，制造、购买、许诺销售或在美国境内使用或进口到美国境内任何被该再颁专利覆盖的产品，不应因为该再颁专利而削减或影响这些人继续使用、许诺销售或向他人出售那些如此制造、购买、许诺销售、使用或进口的特定产品，以供他人使用、许诺销售或销售，除非这样的制造、使用、许诺销售、销售侵犯了同样存在于原专利中的再颁专利的有效权利要求。
>
> ［B］法院在审理关于上述问题的争议时，可以准许继续制造、使用、许诺销售或出售那些已制造、购买、许诺销售、使用或进口的产品，或者准许对那些在再颁前已经作好相应实质准备的产品在美国进行制造、使用、许诺销售或出售，并且法院也可以准许继续实施于再颁前已经实施或已经做好实质准备实施的，被再颁专利所覆盖的方法，其范围和期限以法院认为对保护于再颁前已作出的投资和已开始的业务是公平的为准。[62]

《美国专利法》第 252 条（b）款中的［A］句赋予了第三方一项绝对性权利，该第三方于再颁专利授权前制造了非侵权"特定产品"，但该

[61] Seattle Box Co. v. Indus. Crating & Packing, 756 F. 2d 1574, 1579 (Fed. Cir. 1985).

[62] 《美国专利法》第 252 条第 2 款。

产品现在却侵犯了再颁专利，这项绝对性权利就是允许该第三方继续使用或销售该“特定产品”。[63] 应当注意的是，这项绝对性权利是允许继续使用或销售，而不是制造更多这样的“特定产品”。

《美国专利法》第 252 条（b）款中的［B］句涉及衡平性权利。［B］句的内容赋予了联邦地区法院自由裁量的权力，如果地区法院认为对保护于再颁前作出的商业投资来说是必需的，就可以允许第三方继续制造更多于再颁前已作出的“产品”（该产品并不侵犯原专利但现在却侵犯再颁专利），或允许第三方继续制造于再颁专利授权前已经做好“实质准备”的产品。[64] 这是法院对其衡平法权力的行使，联邦巡回上诉法院负责审查是否存在对该自由裁量权的滥用。

Seattle Box Co. v. Industrial Crating & Packing, Inc. 案[65]展示了对《美国专利法》第 252 条（b）款的［B］句的应用。原告 Seattle Box 的原专利涉及一种将油管从管束中分离出来的布置，要求保护一种高度“大于管道直径”的双凹木制“间隔板”（spacer block）。[66] 在 Seattle Box 发起了对 Industrial Crating 的侵权诉讼后，Seattle Box 申请对其专利进行再颁，声称其要求保护的范围小于其有权保护的范围，并申请将权利要求保护范围扩大至记载一种高度“大致（substantially）等于或大于”管道直径的间隔板。[67] Industrial Crafting 的被控侵权间隔板并没有对 Seattle Box 的原专利权利要求构成字面侵权（而且很可能也不会构成等同侵权），因为 Industrial Crafting 的间隔板的高度比管道高度低 1/16 英寸。[68] 然而，按理说，被控侵权间隔板确实侵犯了再颁专利中范围扩大后的权利要求，但联邦法院认为该再颁权利要求与原权利要求“实质不同”。截至 Seattle Box 再颁专利授权之日，被告 Industrial Box 库存的材料够制造 224 束管道。不过，这 224 束管道是在该再颁专利授权后组合的。[69] 地区法院拒绝

---

[63] 见 Pasquale J. Federico 所著 *Commentary on the New Patent Act*, 35 U. S. C. A. 1（1954 ED.），再颁于 75 J. Pat. & Trademark Off. Soc'y 161, 207（1993）（认识到“这种绝对的保护仅适用于再颁专利授权前已经实际制造出来的特定产品，而并不使用于制造更多相同或类似的产品。法院对于是否允许后一种情况具有自由裁量权”）。

[64] 见同上。（其中规定了“在符合特定条件时，法院有权准许：（1）继续制造于再颁前已经制造的产品（制造更多的产品），以及这些产品的使用或销售；（2）继续制造、使用或销售于再颁前已做好相应实质准备的产品；（3）继续实施被再颁专利所覆盖的、于再颁前已经实施或已经做好实质实施准备的方法”）。

[65] 756 F. 2d 1574（Fed. Cir. 1985）.

[66] 同上，at 1576。

[67] 同上。

[68] 见同上，at 1580。

[69] 756 F. 2d 1577（Fed. Cir. 1985）.

了Industrial Crating 对这224束管道进行的中用权抗辩。

在上诉过程中，联邦法院认为该案适用《美国专利法》第252条（b）款［B］句的规定。联邦法院认为地区法院否决中用权抗辩的决定是对自由裁量权的滥用，并且认为应当允许被告 Industrial Crating 处理掉于再颁时尚有的旧库存材料，而无须对专利权人承担任何责任。⑳ 联邦巡回上诉法院认为衡平分析对 Industrial Crafting 有利，因为 Industrial Crafting 依赖顾问的建议试图规避原专利，而且再颁专利授权的时候 Industrial Crafting 已经接到对其库存中224件间隔板的订单。㉑ 法院认为，“在这种情况下，本案经过再颁的新权利要求使得中用权原则的适用成为必然，因为他人应该能够在知晓其不侵犯原专利权利要求的行为是受到保护的前提下，安心地作出商业抉择……在本案中，那些间隔板是于再颁之前制造或获得的，并且没有侵犯当时存在的（原）专利。”㉒

8. 再颁的策略考量

是否对专利进行再颁的决定是需要经过认真考虑的。就像大多数针对授权专利的程序一样，再颁程序也可能会存在很大的风险。再颁程序的各种策略性方面都会影响该决定。

首先，再颁与再审查（下文将介绍）不同，在再颁程序中，只有专利权人才能够提出对其专利的再颁申请。而第三方是无法参与到再颁程序当中的。㉓ 被控侵权人不具有对专利提出再颁申请的权利（除非被控侵权人成为专利所有者）。

再颁程序对专利所有者来说是非常有利的，因为再颁是一种成本远低于诉讼的可以更正专利缺陷的手段。此外，再颁程序是在 USPTO 内部进行的，而 USPTO 是先前对专利授权的机构，且通常也被认为是具有发明创造客体相关技术专业知识的机构。

专利权人可以利用再颁向其专利加入特别针对竞争者产品的新的权利要求，只要这些权利要求是依据《美国专利法》第112条（a）款的规定，能够得到说明书的支持。同时，在一些情形下，为避开在原专利审查过程中未被 USPTO 考虑的新发现的现有技术，专利权人也可申请对其

---

⑳ 756 F. 2d 1581 (Fed. Cir. 1985).

㉑ 见同上，at 1580。

㉒ 同上。

㉓ 不过，例如在 *In re Hall*, 781 F. 2d 897, 897 (Fed. Cir. 1986) 案中的情形一样，第三方可以依据 37 C. F. R. § 1. 291（“公众对未决专利申请的异议（Protests by the public against pending applications）”）对再颁专利申请提出异议。*Hall* 案为人所知的更重要的原因是其对德国图书馆被纳入目录的一篇论文是否可以被作为“印刷出版物”进行了分析。*Hall* 案的后面的这部分内容在本书第4章（“新颖性及权利丧失（《美国专利法》第102条）”）中有介绍。

专利进行再颁，以限缩原授权专利权利要求的保护范围。

对专利所有者来说，再颁也会带来相当大的风险。申请再颁需要放弃原专利，但却无法保证该专利会被再颁。且一旦提出了对专利再颁申请，伴随原授权专利的有效性推定便不复存在。[74] 这样规定是符合逻辑的，因为一旦申请再颁，就相当于专利权人承认其专利可能“全部地或部分地不能发挥作用或无效……”[75] 再颁申请的所有权利要求，即便是那些专利权人不想变更的原专利中的权利要求，都要接受审查并可能基于任何法定理由被驳回。[76]

D. 再审查（reexamination）

1. 引　　言

与再颁相比，再审查是美国专利制度中一项较新的行政程序，该程序于 1980 年经立法生效。[77] 设立再审查程序的目的在于，提供一种替代联邦法院诉讼程序来解决有效性问题的低成本选择。下面的研究结果触动了国会，1950 年至 1960 年，被联邦法院宣告无效的美国专利中有相当一大部分是基于新发现且从未被 USPTO 考虑过的现有技术而被认定无效的。[78] 再审查可以被视为一种使 USPTO 基于新发现的现有技术进行审查的相对成本较低的方法。就算不是完全相同，再审查程序至少也是与欧

---

[74] 见 In re Sneed, 710 F. 2d 1544, 1550 n. 4（Fed. Cir. 1983）（其中值得注意的是“与上诉者的看法不同，再颁申请中的权利要求不享有“有效性”推定”）。

[75] 《美国专利法》第 251 条。

[76] 见 Hewlett-Packard v. Bausch & Lomb, 882 F. 2d 1556, 1563（Fed. Cir. 1989）（将再颁描述为“基本上是对所有权利要求的再次审查”）。

[77] 见 Act of Dec. 12, 1980, Pub. L. No. 96－517, 94 Stat. 3015。（作为修订分散在美国专利法的多个部分中）。

[78] 见 In re Portola Packaging, Inc.，110 F. 3d 786（Fed. Cir. 1997），指出：

> 国会意识到认定专利无效的判决大多数是基于 PTO 未曾考虑过的现有技术作出的。*Patent Reexamination: Hearings on S. 1679 Before the Senate Comm. on the Judiciary*, 96th Cong. 2 (1980)（参议员 Birch Bayh 的开场白）（“常见的情况是，专利持有人发现其身陷专利受到质疑的冗长司法程序的原因常常是专利审查员最初在进行检索的时候遗漏了相关信息”）；同上，at 14（USPTO 局长 Sydney Diamond 的证词）（提到了 Gloria K. Koenig 所著的 *Patent Validity: A Statistical and Substantive Analysis* §5.05［4］(1974)，其中作者发现自 1953 年至 1967 年，“基于先前未曾被引用的现有技术（未曾被 PTO 考虑的现有技术）而宣告专利无效的案件约占无效宣告总数的 66%～80%”）。

同上，at 789。

洲专利制度中著名的授权后异议程序最为相近的美国专利实践。⑦⑨

在实践中，再审查并不是其支持者所期望的一剂“万灵药”。批评意见认为再审查制度偏袒专利权人，因为第三方能够参与其中的机会极其有限。作为对这些及其他意见的回应，国会在1999年生效的美国发明人保护法案中设立了第二种再审查形式——双方再审查（将原来形式的再审查重命名为单方再审查）。尽管双方再审查程序为第三方提供了更多的参与机会，但却存在严格禁反言的自身缺陷。

本章以下部分将对单方再审查和双方再审查进行详细介绍。与单方再审查有关的法条是《美国专利法》第301～307条，与双方再审查有关的法条是《美国专利法》第311～318条。如下所述，无论要启动哪种类型的再审查程序，都需要使USPTO相信再审查请求所依据的现有技术引起了“新的、实质性的可专利性问题”。⑧⓪ 如果存在新的、实质性的可专利性问题，USPTO就会发布再审查命令。⑧① 专利的再审查程序与原审查程序基本类似。⑧② 一旦专利进入再审查程序，以《美国专利法》第282条为依据的授权专利有效性推定就不再适用；在再审查过程中对权利要求作出驳回决定时，USPTO审查员也不需要像在质疑授权专利有效性的联邦法院诉讼中那样采用严格的“清楚和具有说服力”（clear and convincing）标准。⑧③

在任一类型的再审查程序结束之时，USPTO都会颁发“再审查证书”，该证书会成为正式专利文件的一部分。该证书的作用是：（1）取消授权专利中那些被确定为不可专利的权利要求；（2）确认授权专利中那些被确定为可专利的权利要求；（3）向授权专利中加入确定为可专利的那些经修改的或是新的权利要求。⑧④

2. 单方再审查

a. 谁具有请求权

与单方再审查程序（现在也被专利律师称为“旧”式再审查）有关

---

⑦⑨ 见European Patent Convention arts. 99－105（13th ed. 2007），网址为http://www.epo.org/patents/law/legal-texts/html/epc/2000/e/ma1.html。

⑧⓪ 《美国专利法》第303条（a）款以及第304条。

⑧① 见《美国专利法》第304条（单方再审查命令），以及第313条（双方再审查命令）。

⑧② 见《美国专利法》第305条（单方再审查程序的进行）以及第314条（双方再审查程序的进行）。再审查程序在USPTO内部是以“特别发送”（special dispatch）的形式进行的。同前，《美国专利法》第305条和314条（c）款。

⑧③ 见In re Etter，756 F.2d 852，855－859（Fed. Cir. 1985）（全席判决）。

⑧④ 《美国专利法》第307条（a）款。

的法条是《美国专利法》第301~307条。尽管“单方”这个名称可能没有体现，但这种形式的再审查可由任何人而不单单是专利所有人提出请求。[85] 甚至USPTO的局长都曾请求对由其所管理的行政机关授权的专利进行再审查。[86] 当专利所有人之外的其他人请求对专利进行再审查时，该人通常被称为第三方请求人。第三方请求人可以是匿名的。[87]

这种再审查形式的单方性质反映了第三方请求人在提出再审查请求之后非常有限的参与机会。在USPTO发布了再审查命令之后，将允许专利权人提交一份答辩书，该答辩书中可以包括专利权人对其权利要求的修改或新的权利要求。[88] 第三方请求人将会收到一份该答辩书的副本，并可以针对这份答辩书进行答辩。[89] 不过，从此时起，再审查程序的进程就会与最初对原申请进行的审查过程类似；审查过程完全是在专利权人与USPTO之间进行，并且对行政记录保密（直至申请公开或专利公告为止）。[90]

因为第三方（常常是被控专利侵权人或潜在专利侵权人）参与的机会极少，一般的看法是，只有在掌握了几乎肯定能够使得权利要求无效的“精确”现有技术的情况下，第三方才应该要求进行单方再审查。如果第三方的尝试未能成功，并且再审查证书确认了全部权利要求的可专利性，对法官和陪审团来说，该专利就像拥有了“免死金牌”一样，因为USPTO重复确认了该专利的有效性。

b. 要求再审查的法定理由

《美国专利法》第301条和第302条限定了要求对一件专利进行再审查进行的理由。提出再审查请求的依据只能是由专利或印刷出版物构成的现有技术。[91] 也就是说，在再审查过程中，只能依据《美国专利法》第102条（缺乏新颖性）和《美国专利法》第103条（显而易见性）中

---

[85] 见《美国专利法》第302条（其中规定“任何人在任何时间都可以递交再审查申请”）。

[86] 见Peter J. Ayers所著*Interpreting* In re Alappat *with an Eye Towards Prosecution*, 76 J. Pat & Trademark Off. Soc'y 741, 744 n. 18 (1994)。

[87] 见《美国专利法》第301条（其中规定“经提出现有技术的人的书面要求，专利档案资料中将不会出现该人的身份信息并将对其保密”）。

[88] 《美国专利法》第304条。

[89] 同上。

[90] 《美国专利法》第305条。

[91] 同上，《美国专利法》第302条（规定再审查请求可以基于按照第301条的规定所引用的现有技术提出”）。

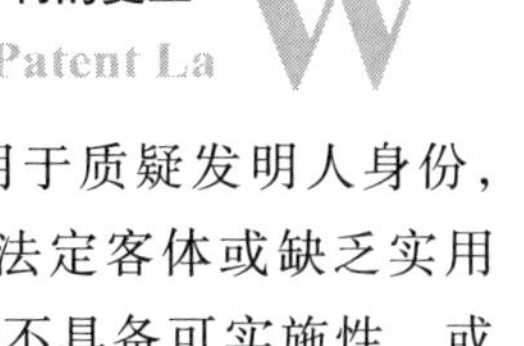

的适当部分来质疑可专利性。[92] 再审查程序不能被用于质疑发明人身份，或者宣称属于《美国专利法》第101条所规定的非法定客体或缺乏实用性，或属于《美国专利法》第112条（a）款规定的不具备可实施性，或书面描述不满足要求，或未能披露最佳实施例的情形。再审查程序也不得被用于以《美国专利法》第102条（b）款规定的销售或公开使用限制为基础而认定专利无效。

c. 关于可专利性的实质性新问题

在USPTO发布再审查命令之前，USPTO必须认定再审查请求引发了“关于可专利性的实质性新问题”。[93] 在法条中加入这项限制性要求是为了避免对制度的滥用，以及第三方在无实质性基础的情况下提出多项再审查请求而对专利权人造成的困扰。[94] USPTO采取的用于确定能够足以支持再审查命令的实质性新问题的标准是，对于一个理性的审查员来说，再审查请求书中指出的现有技术对于可专利性的判断是“重要的”，该现有技术并不必须使权利要求在表面成立不可专利性。[95]

关于可专利性的实质性新问题可以基于原申请审查过程中USPTO已知的现有技术吗？1997年联邦法院 *In re Portola Packaging*, *Inc.* 案[96]的判决暂时的排除了这种可能性。[97] 审理 *Portola* 案的法院认为，USPTO在再审查过程中不可以基于先前在原申请审查过程中曾经考虑过的任何现有技术组合来质疑可专利性，即便权利要求在再审查过程中已经被修改而不再是原审查过程中的权利要求了。

Portola 案的事实如下：在原申请的审查过程中，审查员引用了若干现有技术，其中包括“Hunter”专利和“Faulstich”专利。具体来说，审查员依据《美国专利法》第102条驳回了原申请中的某些权利要求，认

[92] 见 In re Recreative Techs. Corp.，83 F. 3d 1394，1397（Fed. Cir. 1996）（关于国会于1980年制定的再审查程序，“提出再审查的理由只能是新的现有技术和《美国专利法》第102条和第103条”），USPTO发布的MPEP §2217（8th ed.，7th rev. 2008）（指出关于可专利性的新问题可以《美国专利法》第102条的适当部分作为依据），网址为 http://www.uspto.gov/web/offices/pac/mpep/documents/2200_2217.htm。

[93] 《美国专利法》第303条及第304条。

[94] 见 In re Portola Packaging，Inc.，110 F. 3d 786，790（Fed. Cir. 1997）。

[95] 见 USPTO，Manual of Patent Examining Procedure（MPEP）§2242（8th ed. 7th rev. 2008），网址为 http://www.uspto.gov/web/offices/pac/mpep/documents/2200_2242.htm。

[96] 110 F. 3d 786（Fed. Cir. 1997）.

[97] 如下文所述，*Portola* 案的判决于2002年11月被推翻。

为这些权利要求相对 Hunter 而言不具备新颖性；依据《美国专利法》第103 条驳回了该专利的其他权利要求，认为那些权利要求相对于 Faulstich 和其他两篇对比文件的组合而言是显而易见的。[98] 申请人针对驳回意见进而对权利要求进行了修改，并添加了一些新的权利要求，且最终获得了专利权，申请人随后将该专利权转让给了 Portola。

随后，第三方提出了对 Portola 专利的再审查请求，得到 USPTO 认可并发出了再审查命令。USPTO 依据《美国专利法》第 103 条驳回了修改后的权利要求，认为这些权利要求相对于 Hunter 专利和 Faulstich 专利组合的教导来而言是显而易见的。在向联邦法院上诉的过程中，专利权人 Portola 指出再审查相关的法条不允许 USPTO 仅仅依据先前已经考虑过的相同的现有技术在再审查过程中作出驳回决定。USPTO 的回应是，（在原审查过程中）从未依据《美国专利法》第 103 条以 Hunter 专利和 Faulstich 专利组合为基准对原申请权利要求作出过驳回决定，因而，现在的驳回决定是法条允许的“新”的驳回决定。

联邦法院与 Portola 持相同意见。法院担心，基于先前已被 USPTO 考虑过的相同现有技术而使专利权人反复接受再审查，有可能会构成对再审查程序的滥用。[99] 法院提醒道，USPTO 不可以将再审查作为更正审查员错误的机制，这种错误可以是例如未能在最初的审查中作出所有当作的驳回决定。审查员被推定已经对所引用现有技术的所有组合作出了考虑。法院不允许 USPTO 利用再审查对其本身作出的决定产生质疑。[100]

在 *Portola* 案中提出再审查请求的一方在可专利性的实质性新问题方面最强的论点就是，专利权人在再审查过程中修改了权利要求，因此这些权利要求就不再是原审查过程中所审查的那些权利要求了。再审查请求人认为，就定义而言这已经构成了关于可专利性的实质性新问题。联邦法院对此亦不认同。与再颁程序不同，再审查程序不允许扩大权利要求的保护范围，因此再审查过程中对权利要求的修改只能是对保护范围的限缩。[101] 因此法院认为，审查员“必然”在原审查过程中对任何关于

---

[98] *Portola*, 110 F. 3d at 787.

[99] 见同上，at 789 – 790。

[100] *Portola*, 110F. 3d at 791.（引用了 In re Etter, 756 F. 2d 852, 865（Fed. Cir. 1985）（Nies, Smith 以及 Bissell 法官持赞同意见）（“显然，再审查不是为了使 PTO 对其已完成的决定加以重新考虑和产生质疑而设立的”）。

[101] 本章后面将对再审查与再颁进行比较。

范围限缩后的再审查权利要求的可专利性问题有所考虑。[102]

d. 回应 *Protola* 案的立法改变

2002 年 11 月 2 日，当时的美国总统布什签署了新的法案，其中就通过立法推翻了联邦法院对 *Portola* 案的判决。[103] 该法律对《美国专利法》第 303 条（a）款（单方再审程序中“由局长决定的事宜”）以及第 312 条（a）款（双方再审程序中“由局长决定的事宜”）进行了修改并分别加入了以下内容：“关于可专利性的实质性新问题，并不会因一件专利或印刷出版物之前曾被或向 USPTO 引用过或曾被 USPTO 考虑过而被排除。”[104] 这种改变并不具有追溯既往的效力，也就是说其仅适用于法案生效之日（2002 年 11 月 2 日）及其后，USPTO 对“关于可专利性的实质性新问题”作出的判断。该法案同时还修改了双方再审查的上诉程序，从而为第三方请求人提供更有力的上诉权。[105]

e. 再审查与再颁的比较

再审查程序与再颁程序在很多基本方面都是不同的。除仅仅基于现有技术对比文件而产生的新颖性和创造性问题以外再审查不能用于更正其他问题，就这点而言，再审查比再颁范围要小。[106] 但任何人均可以请求进行再审查[107]，而只有专利权人才能够请求进行再颁[108]，就这点而言，再

---

[102] 见 *Portola*, at 791 (Fed. Cir. 1997)。

[103] 见《21 世纪司法部拨款授权法案》(*Twenty-First Century Department of Justice Appropriations Authorization Act*), H. R. 2215, 107th Cong. §13105 (2002)（在 Determination of Substantial New Question of Patentability in Reexamination Proceedings（在再审查程序中对关于可专利性的实质性新问题的判断）”）（对《美国专利法》第 303 条（a）款，第 312 条（a）款作出了修改），网址为 http://thomas.loc.gov。

[104] 同上。

[105] 同上，§13106（“Appeals in *inter partes* reexamination proceedings（双方再审查程序的上诉）。”）（对《美国专利法》第 315 条（b）款，134（c），141 作出了修改）。

[106] 见《美国专利法》第 301 条，第 302 条。

[107] 见《美国专利法》第 302 条（其中规定“任何人在任何时间均可基于根据本法第 301 条规定所引用的任何现有技术，向 USPTO 提出对一件专利的任何权利要求进行再审查的申请”）。

[108] 见《美国专利法》第 251 条（该条款要求“放弃”（原）专利才能对其进行再颁）；同前（指出“本法有关专利申请的规定，均应适用于再颁专利的申请，除非再颁专利申请并未要求扩大原专利的保护范围，再颁专利申请可以由全部利益受让人提出并进行宣誓”）；37 C. F. R. §1.172（a）（其中规定了“再颁誓词必须由发明人签署并起誓或由发明人提出声明除非另有规定（见§§1.42，1.43，1.47），且如果该专利存在任何利益不可分割的受让人，那么还必须附有全部受让人的书面同意，但是，如果再颁专利申请并未要求扩大原专利的保护范围，再颁专利申请由全部利益受让人宣誓或作出声明”）。又见 Baker Hughes, Inc. v. Kirk, 921 F. Supp. 801, 809–810 (D. D. C. 1995)（在该案中，Baker Hughes 和 Hydril 都是原专利的受让人，该案判决指出在未经 Baker Hughes 同意的情况下，USPTO 无权依据《美国专利法》第 251 条受理 Hydril 的再颁申请，且判决结论是“如果再颁申请是由受让人提出的，那么其必须是受让该专利全部利益的受让人”）。

审查又比再颁的范围要更宽泛。

这两种程序之间最重要的区别可能是，再审查不能用于扩大已授权专利的权利要求保护范围，这与再颁是不同的。[109] 不存在保护扩大范围的再审查。例如，在 *Quantum Corp. v. Rodime, PLC* 案[110]中，被控侵权人提出了寻求宣告先前经过再审查的专利无效从而不存在侵权的确认之诉，该专利是关于一种适用于个人计算机的微硬盘驱动系统。对有效性提出质疑的事实依据是，在最初授权时，专利权利要求记载的轨道密度为"每英寸至少600条同心磁道"（at least 600 concentric tracks per inch），但在再审查过程中，专利权人将权利要求修改为"每英寸至少约600条同心磁道"（at least *approximately* 600 concentric tracks per inch），并且USPTO还颁发了再审查证书，从而确认了这些修改后的权利要求的可专利性。由此，被控侵权人认为，专利权人在再审查期间进行的修改属于不允许的对权利要求范围的扩大，这恰恰是《美国专利法》第305条所禁止的情况。

联邦巡回上诉法院同意被控侵权人的观点，指出"至少"（at least）的字典释义是"最少是"（as the minimum），并由此将原权利要求解释为"600 tpi及以上"。法院的结论是，在再审查过程中加入"约"（approximately）这一限定词消除了该范围的明确下限，并由此限定了一个始于略低于600 tpi的开放性范围。这构成了再审查过程中所不允许的对权利要求范围的扩大。联邦巡回上诉法院拒绝将权利要求书改写至其原来的范围。由于专利权人违反了第305条的规定，再审查后的专利权利要求无法成立。由此，再审查后的专利被认定为无效。

3. 双方再审查

现在还有一种更新的双方再审查程序，[111] 但这种程序仅适用于原申请

---

[109] 见《美国专利法》第305条（该条款规定，"在本章的再审查程序中，所提出的修正内容或新权利要求不得扩大该专利权利要求的保护范围"）。

[110] 65 F. 3d 1577 (Fed. Cir. 1995).

[111] 一般见Tun-Jen Chiang所著 *The advantages of* Inter Partes *Reexamination*, 90 J. Pat. & Trademark Off. Soc'y 579 (2008)；Sherry M. Knowles等所著的Inter Partes *Patent Reexamination in the United States*, 86 J. Pat. & Trademark Off. Soc'y 611 (2004)；Kenneth L. Cage和Lawrence T. Cullen所著的 *An Overview of* Inter Partes *Reexamination Procedures*, 85 J. Pat. & Trademark Off. Soc'y 931 (2003)；以及Michael L. Goldman和Alice Y. Choi所著的 *The New Optional* Inter Partes *Reexamination Procedure and Its Strategic Use*, 28 AIPLA Q. J. 307 (2000)。

是在1999年11月29日或之后递交到USPTO的美国专利。[112]《美国专利法》第311～318条是与双方再审查程序相关的法条。这种再审查程序是对以往与《美国专利法》第301～307条相关的单方再审查程序（上文所阐述的）的补充，而不是替代。正如其名称“双方”所寓意的，创建这种再审查补充形式的目的在于为第三方请求者提供更多的参与机会。在双方再审查过程中，允许第三方请求者对专利权人在整个再审查过程中递交的每一份陈述都进行答辩。

在双方再审查于1999年年末开始实施的时候，对该程序的非常规性上诉规定引来了很多批评。尽管专利权人可以就审查员作出的对其不利的决定向USPTO专利上诉及冲突委员会（BPAI）提起上诉，且如果未成功的话，可以进一步向联邦巡回上诉法院提起上诉，而双方再审查程序中第三方请求人就对其不利的决定的上诉却止步于BPAI。[113] 双方再审查程序的第三方请求人是不允许向联邦巡回上诉法院提起上诉的。此外，如果专利权人向联邦巡回上诉法院提起上诉，双方再审查程序中的第三方请求人是不允许参与其中的。评论质疑对第三方上诉权的这些限制是否与美国宪法中的正当法律程序（due process）、征用（takings）或其他条款相符。2002年11月2日对双方当事人再审查相关法条进行修订后，这个问题便不复存在，修订后的法条消除了专利权人和第三方请求人在上诉选择权方面的差异。[114] 现在，第三方请求人与专利权人拥有平等的权利可以就对其不利的判决向联邦巡回上诉法院提起上诉，并有权参与对方提起的上诉。[115]

尽管第三方请求人现在拥有了与专利权人一样的上诉权，但第三方

---

[112] 见Cooper Techs. Co. v. Dudas, 536 F. 3d 1330, 1331 (Fed. Cir. 2008)（指出“国会是将双方再审查程序作为《1999年美国发明人保护法案》（AIPA）的一部分设立的。根据AIPA 4608部分，双方再审查程序适用于原申请是于1999年11月29日（AIPA的生效日）‘当天或其之后在美国递交的任何专利’”）。审理*Cooper*案的法院将“原申请”解释为还包括延续申请。见同前，at 1343。由此，双方再审查的对象可以是原申请实际是在1999年11月29日当天或之后递交，但是要求享有1999年11月29日之前的优先权申请日的专利。联邦法院确认了USPTO对法条的诠释，指出“原申请”涵盖了“发明、植物及外观设计申请，包括首次申请、延续申请、分案申请、部分延续申请、继续审查申请以及进入国家阶段的国际申请”。同前，at 1331。

[113] 见《美国专利法》第315条（b）款。

[114] 见《21世纪司法部拨款授权法案》（*Twenty-First Century Department of Justice Appropriations Authorization Act*）Pub. L. No. 107－273, div. C, tit. III (“Intellectual Property”), subtit. A (“Patent and Trademark Office Authorization”), § 13106, subtit. B (“Intellectual Property and High Technology Technical Amendments”), § § 13202 (a) (4), (c) (1), 116 Stat. 1900, 1901, 1902 (Nov. 2, 2002)。

[115] 见《美国专利法》第315条（a）款（专利权人的上诉权）以及第351条（b）款（第三方请求人的上诉权）。

请求人仍受制于相当严苛的禁止反悔规定，这种规定禁止第三方请求人在随后任何联邦法院的诉讼中提出相同的涉及有效性的问题。[116] 第315条（c）款禁止第三方请求人：

> 随后在任何部分或全部依据《美国法典》第28编第1338条提起的民事诉讼中，要求对在双方再审查程序中，基于第三方请求人**提出或应当提出**的任何理由最终被认定有效并且是可专利的权利要求宣告无效。但是本条款并不禁止基于那些在双方再审查程序时第三方请求人及USPTO均未能获得的新发现的现有技术而提出的无效请求。[117]

由于该禁止反悔条款的后果相对较为严重，一些评论家预言双方再审查程序不会被广泛使用。[118] 该预言迄今为止看来是正确的。2005年公布的一份研究报告显示，截至2004年年底，USPTO仅仅收到了65份双方再审查请求。[119] 尽管在2007年财政年度收到了126份双方再审查请求，这个数字也远远低于同期递交的643份单方再审查请求。[120] 立法过程显示，即便是法条的起草者对于该禁止反悔规定是否得当也是充满了复杂的心情。[121]

---

[116] 见 Mark D. Janis 所著 *Inter Partes Reexamination*, 10 Fordham Intell. Prop. Media & Ent. L. J. 481, 492 (2000)（其中，将双方再审查禁止反悔条款称为是“严酷的”）。

[117] 见《美国专利法》第315条（c）款。

[118] 见脚注114中提到的Janis的文章，at 498（其中“将双方再审查描述为可能会使参与者感到迷惑或感到烦恼的程序，尽管参与者可能并不多”）；Robert P. Merges 所著 *One hundred Years of Solicitude: Intellectual Property Law*, 1900–2000, 88 Cal. L. Rev. 2187, 2232 n. 209 (2000)（这篇文章预测，“考虑到在地区法院的专利案件中其客户可能将无法再就相同的事实问题进行论证，因此罕有专利律师愿意为客户冒险提出再审查请求”）。

[119] 见 Joseph D. Cohen 所著 *What's really happening in Inter Partes Reexamination*, 87 J. Pat. & Trademark Off. Soc'y 207, 213 (2005)（指出“至2004年12月23日，请求者递交了65份双方再审查请求”）；同前，at 207 n. 3（谈到“第一份双方再审请求是于2001年7月27日向USPTO递交的”）；同前，at 218（指出“在过去的3年内仅递交了65份双方再审查请求”）。

[120] 见USPTO发布的 *Performance and Accountability Report Fiscal Year* 2007, *Fiscal Year* 2007 *USPTO Workload Tables*, tbl. 13A（“单方再审查”）网址为 http://www.uspto.gov/web/offices/com/annual/2007/50301_table13a.html；同前 at tbl. 13B（“双方再审查”）网址为 http://www.uspto.gov/web/offices/com/annual/2007/50301_table13b.html。

[121] Intellectual Property and Communications Omnibus Reform Act of 1999（《1999年知识产权与通信综合改革法案》）对《美国专利法》第315条下的禁止反悔条款进行了如下规定，“如果这部分条款被认为是不可执行的，那么其所在子卷的其余部分或本卷法案的可执行性并不能因此也被否决”）。S. 1948, 106th Cong. §4607 (1999)（由1999年11月29日 Pub. L. No. 106–113, §1000 (a) (9), 113 Stat. 1536 颁布，体现在《美国专利法》第41条中的 S. 1948, §4608 生效）。

双方再审查为专利正在联邦法院诉讼中受到质疑的专利权人提供了一种重要的策略性优势。依据《美国专利法》第318条，双方再审查程序中的专利权人可以请求中止联邦法院的诉讼程序，且这一请求仅仅在法院“认为中止对公正无益”的情况下才会被拒绝。单方再审查法规没有提及对正在进行的有效性诉讼加以中止的可能性。因此，在这种情况下，是授予中止还是拒绝中止，这完全由联邦地区法院来裁量。[122]

E. 对授权后异议的提议

未颁布为法律的2005年专利改革法案[123]提议在《美国专利法》制度中加入授权后异议（post-grant opposition）制度，[124] 类似于（但并非等同于）当前欧洲专利公约中存在的异议制度。[125] 所提议的异议程序不是要取代当前的再审程序，而是试图与之并存。[126] 依据2005年立法草案的提议，异议可在美国专利授权后9个月内提出。[127] 对专利有效性提出异议的理由比再审查程序要更多，包括以《美国专利法》第101条、第102条、第103条、第112条和第251条（d）款（在专利授权2年后进行扩大型再颁），以及重复授为依据对有效性提出的质疑。[128]

2005年立法草案中的提议是，异议程序是由3名行政专利法官组成的合议庭来作出决定的。[129] 这一程序完全是双方的，且包括宣誓作证等证据开示机会。[130] 异议者证明专利无效的举证责任标准是优势证据（preponderance）标准，[131] 而非联邦法院在专利有效性诉讼过程中所采取的更为严格的明确和具有说服力的（clear and convincing）证据标准。异议程序

---

[122] 见 Ethicon, Inc. v. Quigg, 849 F.2d 1422, 1426 - 1427 (Fed. Cir. 1988); 4 - 11 Donald S. Chisum, Chisum of Patents §11.07 [4] [b] [iv] [B] (2008)。

[123] H. R. 2795, 109th Cong. (1st Sess. 2005)，网址为 http://thomas.loc.gov。

[124] 见同上，§9（f）（向《美国专利法》中加入§§321－340）。

[125] 见脚注77中提到的《欧洲专利公约》第99～105条。

[126] 在授权后9个月内或侵权通知后的6个月内提出的再审查请求将被视为异议请求，见 Patent Reform Act of 2005, H. R. 2795, 109th Cong. §9（f）（2005）（增加§340题目为“与再审查程序的关系”）。在这两个时间段以外的时间仍然可以提出再审查请求。

[127] 见同上，§9（f）（增加§323题目为“提出异议请求的时机”）。异议可在收到宣称被侵权的专利权人发出的侵权通知时起6个月内提出，或在专利权人书面同意的基础上在专利有效期的任意时间提出。见同前。

[128] 见同上，§9（f）（增加§324题目为“对所主张的有效性问题范围的限制”）。

[129] 见同上，§9（f）（增加§325题目为“合议庭的任务”）。

[130] 见同上，§9（f）（增加§328题目为“发现与制裁”）。

[131] 见同上，§9（f）（增加§332题目为“举证责任及证据”）。

中合议庭作出的决定是可向联邦巡回上诉法院上诉的。[132]

在2005年立法草案中异议决定的禁止反悔后果并没有现行的（上文介绍的）双方再审查程序严重。一方在异议程序中“可能”提起但并未提起的有效性问题不在禁止反悔的范围之内；然而，只有那些在异议程序中实际决定了的问题才会带来禁止反悔的后果。例如，如果在异议程序中一项权利要求的有效性得到了确认，那么就不允许异议者在随后任何的法院程序或USPTO程序中，基于“已由合议庭实际决定的任何事实或法律问题，以及对于决定该问题的必要信息”来要求宣告该权利要求无效。[133]

授权后异议程序在2007年4月向国会参众两院提出的专利法改革草案中再次被提出。[134] 与2005年立法草案一样，2007年立法草案也未被颁布为法律。截至2009年早期，美国专利制度并不急需享受建立授权后异议制度所能带来的好处。[135]

---

[132] Patent Reform Act of 2005, H. R. 2795, 109th Cong. §9（f）（增加§334题目为“上诉”）“任何异议程序的一方都应当享有上诉的权利”。

[133] 见同上，§9（f）（增加§336题目为“禁止反悔”）。

[134] H. R. 1908, 110th Cong. §6（2007）；S. 1145, 110th Cong. §6（2007）.

[135] 联邦贸易委员会2003年对专利制度的全面研究，推荐在美国专利制度中设立授权后异议程序。见 Federal Trade Commission, To Promote Innovation: The Proper Balance of Competition and Patent Law and Policy 7（2003），网址为 http://www.ftc.gov/os/2003/10/innovationrpt.pdf（以下简称“FTC报告”）（推荐制订法规以允许对专利进行授权后审核及异议）。FTC报告的观点是，“现有的质疑问题专利的手段并不充足。”同前。（讨论了再审查程序的局限性，以及联邦法院诉讼的高花费和长时间问题）。鉴于现有质疑授权专利方法的缺陷，FTC的报告推荐设立“授权后审查及异议的行政程序，从而可以不提起联邦法院诉讼的情况下就能够对专利有效性进行有意义的质疑”。同前。

第9章
专利侵权

A. 引　　言

在理解了如何获得美国专利权的基础上，现在我们可以开始考虑专利权人是如何行使其法定权利以排除他人未经许可制造、使用、销售、许诺销售或进口专利发明创造的行为。① 在美国，对**专利侵权**的分析涉及重要法规的适用以及司法判决这两个方面。简单来说，美国法院认为存在两种基本的侵权模式，下文将逐一对其进行介绍：（1）**字面侵权**（literal infringement），（2）司法创建的**等同原则**（doctrine of equivalents）下的侵权。字面侵权指的是，被控侵权产品或方法刚好落入专利权利要求的用语范围内；而根据等同原则所认定的侵权则是为了充分保护专利权人的利益，有些时候可以将专利权人的排他性权利扩展至权利要求的字面范围之外。本章节参考了相关的权威著作。②

1. 法律框架

与专利侵权分析最密切相关的《美国专利法》法条为：

> 第271条所规定的专利侵权行为：
>
> （a）除本法另有规定外，任何人于专利权存续期间，未经许可于美国境内制造、使用、许诺销售或销售专利发明创造，

---

① 《美国专利法》第271条（a）款（2008）。

② 关于对专利执行的详细介绍，见 Am. Bar Ass'n 出版的 *Section of Intellectual Property Law*, *Patent Litigation Handbook*（Barry L. Grossman & Gary M. Hoffman eds., BNA Books 2d ed. 2005）；Paul M. Janicke 所著 *Modern Litigation*（Carolina Acad. Press 2d ed. 2006）；Kimberly A. Moore 等人所著 *Patent Litigation and Strategy*（Thomson West 3d ed. 2008）。

或将该专利发明创造进口至美国境内，都构成专利侵权。

(b) 积极教唆他人侵害专利权者，应承担侵权责任。

(c) 任何人在美国境内许诺销售或销售或向美国进口受专利保护的机器、制造物、组合（物）的组成部分或用于实施受专利保护的方法的材料或装置，这些组成部分、材料或装置都构成该发明创造的重要部分，并且该人知晓这些组成部分、材料或装置是专门制造或专门适用于侵犯该专利之用，而非可适用于非侵权目的的必需品或商业产品，该人应承担辅助侵权责任。

(d) …… (i) ……③

第281条所规定的专利侵权救济：

针对侵犯专利权的行为，专利权人应通过民事诉讼途径获得救济。

《美国专利法》第271条列举了侵权行为的类别（“制造”、“使用”、“销售”等），但并没有详细定义怎样才算构成侵权。下文阐述的判例法对这些行为的要素进行了详细的解释。

如第281条所规定的，专利侵权诉讼在美国是作为民事诉讼提出的。在美国，不存在专利侵权诉讼的刑事程序。

a.《美国专利法》第271条规定的直接侵权和间接侵权

《美国专利法》第271条对直接侵权行为和间接侵权行为进行了区分。第271条（a）款涉及直接侵权——未经许可制造、使用、销售、许诺销售或进口④所要求保护的发明创造整体。通过适用以下详述的、从案例法中得出的**全要件原则**（all-limitations rule），《美国专利法》第271条

---

③ 本书第10章第D.2部分对第271条（d）款进行了介绍。本章E部分引用并讨论了第271条（e）款至（f）款。

④《美国专利法》第271条（a）款中的“许诺销售”和“进口”规定是于1996年1月1日起生效的。这两项规定是乌拉圭回合协议法案加入美国专利法中的，这使得美国专利法同WTO所管理的TRIPS协定中的某些条款相适应。有关TRIPS协定的更多内容，见本书第12章D部分。

对于理解第271条（a）款中“许诺销售”的含义很有帮助的资料是Timothy R. Holbrook所著*Liability for the "Threat of a sale": Assessing Patent Infringement for Offering to Sell an Invention and Implications for the On-Sale Patentability Bar and other Forms of Infringement*, 43 Santa Clara L. Rev. 751（2003）。

（a）款中“制造”所要求保护的发明创造的行为，要求被控侵权人制造出的设备与所主张权利要求的每一项**特征**都吻合。一般来说，这意味着如果所要求保护的发明创造是多项特征的组合，那么**被控侵权物**必须是已经完全装配并且准备好投入使用的设备。⑤

值得注意的是，《美国专利法》第 271 条（a）款以选择的方式（使用“或”）列举了多种直接侵权行为。因此，仅仅是未经许可的制造专利发明创造的行为也会招致侵权责任，即便被控侵权人此后并没有销售该侵权设备。同样地，仅仅是未经许可的“使用”专利发明创造也会招致侵权责任，即便被控侵权人并没有制造该侵权设备。为理解这一点，可以假想一种场景，其中，被控侵权人 1 制造了一种用于播种的侵权机器，并将该机器出售给被控侵权者 2（一位仅仅是使用该侵权机器来种植庄稼的农场主）。在这种情况下，被控侵权者 1 和被控侵权者 2 都会被认定负有专利侵权的共同和连带责任。⑥

间接侵权行为所涉及的并不是制造整个发明创造，比方说，协助制造或供应制造发明创造所需的某些部件。不过，由于这些行为协助或支持了另一方的直接侵权行为，这种间接行为也被认定是侵权行为。依据共同侵权（joint tortfeasance）理论，直接侵权者和间接侵权者应负共同和连带的侵权责任。⑦ 本章随后将对《美国专利法》第 271 条（b）款所涉及的辅助侵权（contributory infringement）和第 271 条（c）款涉及的诱导侵权（inducing infringement）这两种间接侵权形式进行介绍。⑧

b. 第 271 条（a）款规定的多方共同直接侵权

一种越来越常见的现象是，一件要求保护商业方法的专利包括若干步骤。由于方法权利要求的撰写方式的原因，没有任何一个单独的实体能够履行该方法的全部步骤。也就是说，对该专利方法的“使用”会涉

---

⑤ 见 Paper Converting Machine Co. v. Magna-Graphics Corp., 745 F. 2d 11, 19 (Fed. Cir. 1984)（“在专利期限内对重要的、但未获得专利的组成部件进行测试，使得侵权者能够按部分将受专利保护的组合交给购买者”，在这种情况仍旧认定侵权成立），*aff'd after remand*, 785 F. 2d 1013 (Fed. Cir. 1986)。

⑥ 见 Birdsell v. Shaliol, 112 U. S. 485, 489 (1884)。实际上，购买侵权产品的消费者可以起诉贩售商违反了《统一商法典》（*Uniform Commercial Code*）所规定的担保（warranty），见 U. C. C. §2-312，网址为 http://www.law.cornell.edu/ucc/2/2-312.html（最后一次访问时间为 2008 年 11 月 11 日）。

⑦ 见 Hewlett-Packard Co. v. Bausch & Lomb, Inc., 909 F. 2d 1464, 1469 (Fed. Cir. 1990)。

⑧ 见本章 E 部分。

及多方实体的行为。这些实体可能完全互不相关，也可能仅仅是表面相关但却非常疏离。那么，在这种情况下是否仍然存在直接侵权呢？

例如，*BMC Resource, Inc. v. Pay-mentech, L. P.* 案⑨中的涉案专利要求保护的是一种在无须输入个人标识号码（personal identification number, PIN）的情况下就可以刷借记卡或信用卡进行交易的方法。该方法使得客户可以通过访问标准按键电话与借记卡或信用卡网络之间的一个界面来付账。该方法的实施涉及四个不同实体，每一实体都参与了对交易的执行以及授权，这四个实体就是，作为消费者支付对象的零售商、零售商的代理（如专利权人 BMC Resource）、远程支付网络（如 ATM 网络），以及发行借记卡或信用卡的金融机构。⑩ BMC Resource 针对 Paymentech 的一种支付服务处理器提起了诉讼，主张 Paymentech 的无 PIN 账单支付服务直接侵犯了 BMC 的方法专利权利要求。⑪ Paymentech 作出回应，认为其不可能是直接侵权者，因其并没有实施该专利方法的所有步骤，其也没有“与其顾客及金融结构配合起来”执行该方法的所有步骤。⑫

如前述，第 271 条（a）款规定了在专利有效期内，“任何人”在美国境内未经许可“使用”专利发明创造当负直接侵权责任。那么，*BMC Resource* 案产生的确切问题是：什么样的人可被认为是法定的“任何人”？“任何人”是否仅限于实施了全部方法步骤的单一实体，某单一实体是否会因为参与了多方的共同行为而依据“共同侵权”理论被认定为负有直接侵权责任？

对 *BMC Resource* 一案，联邦巡回上诉法院否决了“参与及共同行为”的标准，⑬ 而是认为，仅在被控侵人者是“控制或指导”所有其他实体实施该方法步骤的有效“策划者”时，才在共同侵权的情况下存在直接

---

⑨ 498 F. 3d 1373 (Fed. Cir. 2007).

⑩ 见同上，at 1375（描述了所要求保护的方法）；同前，at 1376 – 1377（摘录了 BMC 声称被侵犯的 5，870，456 号美国专利的权利要求 7 以及 5，718，298 号美国专利的权利要求 2）。

⑪ 专利权人 BMC 还声称依据《美国专利法》第 271 条（b）款的规定，Paymentech 应负诱导侵权责任。见同前，at 1376。

⑫ 同上，at 1377。

⑬ 共同侵权的“参与及共同行为”标准出现在 *On Demand Machine Corp. v. Ingram Indus., Inc.*, 442 F. 3d 1331 (Fed. Cir. 2006) 案中被联邦巡回上诉认可的陪审团指令中。见 *BMC Resource*, 498 F. 3d at 1379（引用 *On Demand* 案中的指令）。不过，在 *BMC Resource* 案中，联邦巡回上诉法院同意地区法院的看法，认为 *On Demand* 案中的那个指令仅仅是附带意见，而审理 *On demand* 案的法院并没有以此为基础而作出判决。见同前，at 1380（指出“*On Demand* 案并没有改变关于共同侵权的在先判例”）。

侵权责任。[14] 比方说，如果被控侵权人与其他实体签订了合同，要求其他实体执行专利方法的步骤，那么该被控侵权人就会被推定为“控制方”，并因此需要负担直接侵权责任；“不能仅仅因为一方当事人以合约形式要求其他当事人来实施专利方法的步骤就可以规避其侵权责任。”[15] 但是在本案中，实施专利方法步骤的各实体之间是非常疏离的，[16] 并且彼此之间是没有合约的。[17] BMC 所提供的、用来证明 Paymentech 和其他实体之间存在“某种关系”的证据，不足以产生有关 Paymentech 是否控制或指导其他实体行为的重要事实问题。鉴于此，联邦巡回上诉法院维持了地区法院作出的侵权不成立的简易判决。[18] 上诉法院得出的结论是，“在这种情形下，不论是金融机构、借记网络、还是支付服务供应商 Paymentech，都不需要为其他方的行为负责。”[19]

不久之后，联邦巡回上诉法院在 *Muniauction, Inc. v. Thomson Corp.* 一案中再次确认了 *BMC Resource* 案中的“控制或指导”标准，推翻了地区法院在陪审团审判后作出的判予专利权人 77 000 000 美元赔偿金的判决。[20] 与 *BMC Resource* 案类似，*Muniauction* 案涉及的也是一件商业方法专利。具体来说，Muniauction 的专利涵盖了通过使用如互联网这样的电子网络进行市政债券首次发行者拍卖（methods for conducting original issuer municipal bond auctions）的方法。该方法的益处是，债券发行者（例如市政府）可举办一场拍卖，竞标者（例如承销商）可使用传统的网页浏览器进行竞标而不再需要预先安装其他的专门软件。审理 *Muniauction* 案的法院总结了 *BMC Resource* 案中所阐述的标准，如下：

> 在多方行为组合起来实施所要求保护的方法的每一步的情况下，只有当一方“控制或指导”了整个过程，使得每一步的实施都可以归因于该控制方（策划者）的时候，才会构成对该

---

⑭ 498 F.3d 1381 (Fed. Cir. 2007).

⑮ 同上。

⑯ 同上，at 1380（引用地区法院的看法，“还没有任何一个法院基于这种彼此独立的商业交易而作出直接侵权的结论”）。

⑰ 见同上，at 1382（值得注意的是，地区法院发现，“案件记录中甚至不包括任何证据能够证明 Paymentech 和金融机构之间存在任何契约关系”）。

⑱ Paymentech 也不能被认定负有《美国专利法》第 271 条（b）款规定的诱导侵权责任，因为专利权人 BMC 未能证实直接侵权行为的存在。见同前，at 1379（指出“间接侵权的先决条件是，被侵权控方当中有一方实施了全部直接侵权行为”）。

⑲ 同上，at 1382。

⑳ 532 F.3d 1318 (Fed. Cir. 2008).

> 权利要求的直接侵权。作为多方行为的另一种情况，如果各方之间仅仅存在“非常疏离的合作”，并不会使任何一方负上直接侵权责任。㉑

在应用了 *BMC Resource* 标准后，审理 *Muniauction* 案的法院得出的结论是，尽管被控侵权者 Thomson“控制了对其系统的接入，且指导了竞标者如何使用该系统”，但这些行为不足以导致直接侵权责任。㉒ 必要的“控制或指导”标准“在如下情形下才会得到满足，即：法律一般会判定被控直接侵权者需要为由其他方作出的、实施该方法所需的行为负上替代责任。”㉓在本案中，被控侵权者 Thomson 在使用其 BidComp/Parity 系统进行拍卖时并没有执行权利要求的所有步骤，而且其他方（例如竞标者）也没有代表 Thomson 执行这些步骤。联邦巡回上诉法院的结论是，Thomson 不需为拍卖竞标者的行为负替代责任。

从这些共同侵权案件中可以学到的是，撰写商业方法权利要求的人应当尽量构造仅涉及单一使用者的权利要求。例如，审理 *BMC Resource* 案的法院建议，在这种情况下，该方法权利要求本可以撰写为，“提供或接收所要求保护方法每项要素的单一实体的特征”。㉔ 在这样的撰写策略无法适用于所要保护的发明创造时，专利权人就必须证明，被控侵权者对于其他实体执行该方法步骤的行为符合严格的“控制或指导”标准。

2. 专利侵权的两步分析法

通过大量的司法判决，可以得出专利侵权分析涉及两个步骤，包括：

（1）专利权利要求解释（interpretation of the patent claims）；

（2）对经过合理解释的权利要求与被控侵权设备的比较。㉕

㉑ 532 F. 3d 1329 (Fed. Cir. 2008).

㉒ 同上，at 1330。

㉓ 同上（引用 BMC Resource, Inc. v. Paymentech, L. P., 498 F. 3d 1373, 1379 (Fed. Cir. 2007)）。

㉔ *BMC Resource*, 498 F. 3d at 1381.

㉕ 见如 Cybor Corp. v. FAS Techs., Inc., 138 F. 3d 1448, 1454 (Fed. Cir. 1998)（全席判决）（“首先，法院要确定所主张专利权利要求的范围及含义……其次，将经合理解释的权利要求与被控侵权设备进行比较）；以及 Caterpillar Tractor Co. v. Berco, S. p. A., 714 F. 2d 1110, 1114 (Fed. Cir. 1983)（引用 Autogiro Co. of America v. United States, 384 F. 2d 391, 401 (Ct. Cl. 1967)）。

在第二个比较步骤中，当且仅当权利要求中的每一项特征，无论是依据字面还是等同原则，都在被控侵权产品中找到对应时，才成立侵权。不能够通过将所要求保护的产品与被控侵权产品作为整体进行比较来确定侵权成立；侵权分析必须是逐特征进行的。本章将在下文中对“全要件原则”以及“特征”的含义进行详细讨论。

在本章B部分和C部分中会分别对这两个步骤进行阐述。

在这里，有必要先对一些术语进行说明。专利侵权分析的第一个步骤，解释权利要求，有时会被专利律师称为权利要求解构（claim construction）或分析权利要求（construing the claims）。本书作者倾向于使用权利要求解释而非解构，因为解构的概念容易与权利要求撰写这一相关但完全不同的概念相混淆。侵权分析的第二个步骤，即将经合理解释的权利要求与被控侵权设备进行比较，有时会被专利律师称为“针对控侵权设备对权利要求进行解读”（reading the claims onto the accused device）。[26]

B. 步骤1：专利权利要求的解释

在专利法领域中，所谓的“游戏的名字叫作权利要求”的说法并不夸张。这句格言反映了权利要求在专利诉讼中的重要性。[27] 在诸多案件中，对权利要求的解释方式对字面侵权的认定来说是具有决定性的。在少量但越来越多的案件中，权利要求解释还可以决定是否存在等同原则下的侵权。[28]

在回顾了专利权利要求的核心作用后，本章其余部分将讨论与专利权利要求解释有关的3个主要问题：谁来解释专利权利要求？使用什么

㉖ 在被控设备对所要求保护的发明创造构成字面侵权时，专利权利要求就会被称作是能够“覆盖”（read on）被控设备（同样地，如果现有技术能够预见所要求保护的发明创造的话，那么该专利权利要求就可以被称为能够“覆盖”（read on）现有技术）。但是，说侵权设备能够“覆盖”（read on）专利权利要求则是不合适的。权利要求可以“覆盖”被控设备或现有技术，但反过来说则不妥。

㉗ Giles. S. Rich 所著的 *The Extent of the Protection and Interpretation of Claims*：*American Perspective*, 21 Int'l Rev. Indus. Prop. & Copyright L. 497, 499, 501（1990）。

㉘ 随着联邦巡回上诉法院对有关权利要求特征“损害”（vitiation）理论的发展，在权利要求解释结束之时再处理等同原则侵权问题的做法变得原来越普遍。最高法院在 *Warner-Jenkinson Co. v. Hilton Davis Chem. Co.*, 520 U. S. 17（1997）案中的指导是，对专利权人能够应用等同原则的各种法律限制应当由一审法院决定，可能的话在开庭前的动议中就作出该决定。见同前，at 39 n 8。例如，“如果等同原则会完全地损害某项权利要求要素，那么法院就应当作出部分或完整的判决，因为已经没有其他实质问题留待陪审团解决了。”见同前。审理 *Warner-Jenkinson* 案的法院所提到的“损害”指的是，如果依据等同原则认定某项权利要求特征被侵害就等价于忽略或排除了该项特征的情形。见如 Asyst Techs., Inc. v. Emtrak, Inc., 402 F. 3d 1188, 1195（Fed. Cir. 2005）（该案陈述了“如果将‘未安装在’（unmounted）等同于‘安装在’（mounted）将会不可避免地将‘安装在’（mounted）这一特征排除到该专利之外”）。本章D.5部分会更具体地介绍作为等同原则法律限制的损害问题，这项联邦巡回上诉法院仍未最终确定的理论。

样的证据来源解释专利权利要求？最后，权利要求解释的基本原则（或"准则"）是什么？

1. 权利要求的核心作用

本书第2章对专利权利要求进行了详细介绍，在研读本章内容之前，读者可回顾一下第2章的内容。另外，本文还会重复专利权利要求的某些重要方面作为强调，因为这些方面会影响到专利的执行。

权利要求是专利最重要的部分。专利权利要求就是以单句的形式定义出专利权人的排他性权利的文字范围。作为一种"文字围墙"，专利权利要求旨在于诉讼前提供合理清楚的公示，使专利权人的竞争者知晓在不侵害专利权人排他性权利的情况下，可以模仿专利发明创造的程度。㉙

为了向学生强调专利权利要求的重要性，专利法教授们的经典比喻就是将专利权利要求比作不动产契约。该契约非常具体地界定了土地的边界，但却不会描述会将何种事物安置其中——房屋、树木、水等。类似地，专利权利要求并不会描述该专利所指向的发明创造。事实上，专利权利要求界定的是专利权人排除他人实施该发明创造的范围。㉚

对专利发明创造的描述是通过书面描述和附图而不是通过权利要求实现的。根据《美国专利法》第112条（a）款，说明书的这些部分必须提供具有可实施性的公开内容说明如何制造并使用该发明创造，而无须进行过度实验，而且还必须公开实施该发明创造的最佳方式，如果发明

㉙ 如最高法院曾指出：

> 专利法通过对创新赋予临时的垄断来"促进科学和实用技术的进步"，见 U.S. Const.，Art. I，§8，cl.8。垄断是一种财产权，如同其他财产权一样，垄断的界限应当是清楚明确的。这种明确对于推动进步来说是很重要的，因为其使对创新的投资更为有效。专利权人应当知晓其所拥有的是什么，而公众也应当知晓专利权人并不拥有的是什么。

Festo Corp. v. Shoketsu Kinzoku Kogyo Kabushiki Co.，535 U.S. 722，730－731（2002）。

㉚ 如在本章开篇介绍部分所提及的，美国专利法承认两种形式的侵权行为：（1）字面侵权；（2）等同原则下的侵权。专利权利要求记载了专利权人禁止他人制造、使用、销售、许诺销售或进口会对其权利要求构成字面侵权的产品和方法的权利范围。而依据司法创建的等同原则，专利权人的排他性权利在情况允许时可延伸至字面保护范围之外。

人在递交该申请时已经知晓该方式的存在。[31] 因此，认为权利要求是对发明创造的描述的观念是一个法律错误。

在专利申请过程中，会对权利要求进行修改（大多数情况是范围的限缩），从而导致权利要求的最终范围与书面描述以及附图所记载的发明构思的范围可能会有所不同。因此，专利中所描述的“发明创造”与最终授权的权利要求保护范围可能是不同的。

权利要求位于每一件专利说明书的最后；一件专利必须包括至少一项权利要求，[32] 通常的专利都会包括 10 项、20 项或更多项权利要求。对在专利中包括的权利要求的数目的限制在于申请人愿意支付多少额外的申请费，该费用会随权利要求数目的增加而增加，[33] 以及 USTPO 审查大量权利要求的人力资源限制，尤其是对于如生物技术之类的复杂技术领域而言。

2. 解释者是法官还是陪审团？*Markman* 变革

上面提及的三个问题中的第一个问题——谁来解释专利权利要求——对于陪审团审判来说显得尤为重要。近年来，越来越多的专利侵权案件由陪审团而并非法院进行审判。[34] 在 *Markman v. Westview Instruments* 案[35]判决中，最高法院认为《美国宪法第七修正案》[36] 并没有赋予陪审团审判解释专利权利要求的权利。相反，政策考量决定了

---

[31] 有关《美国专利法》第 112 条（a）款的要求详见本书第 3 章“公开内容的要求”。

[32] 《美国专利法》第 112 条（b）款。

[33] USPTO 最近对超过 3 项的独立权利要求以及总数超过 20 项的权利要求进行额外收费。见 USPTO FY 2009 Fee Schedule，网址为 http://www.uspto.gov/web/offices/ac/qs/ope/fee2008october02.htm。又见 37 C.F.R. §1.16（h）（2008）（独立权利要求超过 3 项）以及 37 C.F.R. §1.16（i）（权利要求超过 20 项）。

[34] 见 Admin. Off. U.S. Cts., Jud. Bus. U.S. Cts. 170 tbl. C4（2007），网址为 http://www.uscourts.gov/judbus2007/Judicial Businespdfversion.pdf（报告称，截至 2007 年 9 月 30 日的 12 个月内，在美国地区法院审判期间或审判之后终结的 94 件专利案件中，有 63 件（或 67%）是由陪审团审理的。近年来，该比率有微小上升。比较 Kimberly A. Moore 所著的 *Judges, Juries, and Patent Cases: An Empirical Pook Inside the Black Box*, 99 Mich. L. Rev. 365, 366 n.7（2000）（在该文中报告在 1998 年所有专利诉讼中的 60%（103 件中的 62 件）是由陪审团审理的）（引用了 Admin. Of. U.S. Cts., Jud. Bus. U.S. Cts. 167 tbl. C4（1998））。在 1999 年，陪审团审理的专利案件比例上升至 62%（98 件案件中的 61 件）。见同前。（引用了 Admin. Of. U.S. Cts., Jud. Bus. U.S. Cts. 161 tbl. C4（1999））。

[35] 517 U.S. 370（1996）.

[36] 第七修正案规定，“在普通法的诉讼过程中，如果争议值超过 20 美元，则由陪审团审理的权利应当受到保护。”U.S. Const., amend. VII。

权利要求应由法官而不是陪审团审判中的陪审员来进行解释。*Markman* 案是美国专利诉讼史上的分水岭，因此该案件的具体细节非常值得关注。

原告 Markman 拥有的专利是关于一种在干洗过程中跟踪衣物的系统。㊲ 根据 Markman 的权利要求，该系统包含一种用于掌握总库存量的装置，且该系统还能够“检测并定位库存增加以及库存减少的假象”。㊳权利要求解释的争议关键在于“库存”（inventory）一词的含义。由于被告的被控侵权系统仅仅跟踪现金发票而不是衣物，Markman 引入专家证词试图来证明“库存”的意思就是现金发票。在陪审团作出支持Markman的决定后，地区法院批准了被告提出的依法作出不侵权判决的动议。地区法院的结论是，内部证据（专利本身以及对其申请历史）已经清楚地显明了 Markman 专利中使用的“库存”一词必须包括“衣物”（items of clothing）而被控侵权系统由于并不跟踪衣物，也就不构成字面侵权。㊴

在上诉时，Markman 的主要争辩意见是，《美国宪法第七修正案》赋予了陪审团解释权利要求的权利，而地区法院的错误在于其剥夺了陪审团的这个权利，并作出了法律判决（judgment as a matter of law，JMOL）。联邦巡回上诉法院驳回了这一论点，并且最高法院也表示认同。最高法院应用了“历史”（historical）标准并解释道，尽管在 1791 年（当第七修正案得到批准之时）英国的陪审团负责审判专利侵权案件，但当时并没有进行权利要求解释的任何先例。事实上，直到 1836 年的专利法案，美国的法律才开始涉及专利权利要求，且直到 1870 年的专利法案的出台，专利权利要求才成为法定要求。

㊲ 见 U. S. Pat. No. Re. 33，054。

㊳ Markman v. Westview Instruments，Inc. 772 F. Supp. 1535，1537（E. D. Pa. 1991）.

㊴ 在 *Markman* 案中，联邦地区法院是在审判后提出的、请求作出法律判决（JMOL）的动议情况下对专利权利要求进行解释的。联邦巡回上诉法院和最高法院通过维持地区法院在 *Markman* 案中的判决，从而认可了这一做法；至少这些判决并没有认为在 JMOL 阶段进行权利要求解释是一种可推翻的错误（reversible error）。尽管现在很多联邦地区法院是在专利诉讼较早的阶段就进行权利要求的解释（有时在证据开示结束之前），联邦巡回上诉法院尚未在 *Markman* 案之后的任何案件判决中指出地区法院在 *Markman* 案中将权利要求解释延至审判之后进行是一种可推翻的错误。

由于历史标准并没有解答在专利侵权的陪审团审判中，应当是由法官还是由陪审团来解释专利权利要求的问题，联邦巡回上诉法院在 *Markman* 案中的判决最终进行了功能性（及公共政策）考量。法院认为，法官比陪审团更适合基于书证对权利要求术语含义进行分析，这是因为法官的基本工作就是在收到证据后对法律文件（例如合同和法条）中的用语含义进行分析。法官们明白，对权利要求的解释必须符合“整体内容”（whole contents approach）原则，也就是说，基本的解释规则是，对文件中的词汇或短语的解释必须与作为整体的文件相一致。采用这样的方式，专利的内在统一性就能最大限度地得以保持。尽管在一些案件中会出现两方专家对权利要求用语的解释相抵触，从而需要法官进行可信度判断的情况，并且这种判断是陪审团的传统职责，但法院“基本上”认为，“公认的权利要求解释原则要求，只能通过与文件整体相一致的方式对权利要求用词进行定义，因此上述判断将会成为对法律文件整体进行的、必要并且精确的分析的一部分。”㊵

在 *Markman* 案判决中，最高法院还将对给定专利进行统一解释的重要性作为一个政策原因，来解释为何法官比陪审团更适于解释专利权利要求。最高法院的观点是，“把对文件进行解释的工作交由陪审团将会对统一性不利。”㊶ 最高法院认为，将专利权利要求解释作为由法院判断的“纯法律”问题的做法，将会由于法院对先例原则（*stare decisis* principles）的遵循而促进判决的确定性。㊷ 即便联邦巡回上诉法院还未认可对某具体权利要求的解释，或由于被告在涉及同一专利的在先诉讼中没有全面和公平的机会来对某具体权利要求解释提起诉讼，因此不适用间接禁止反悔（collateral estoppel）的情况下，为了与普通法体系中的“判决支持立场”（standing by the decision）这项基本原则相一致，法院仍应当对先前其他法院就相同问题作出的判决给予足够的重视和

㊵ *Markman*, 517 U. S. at 389.

㊶ 同上，at 391。

㊷ 同上。

考虑。[43]

3. 权利要求解释的证据来源

在 *Markman* 案之后，联邦巡回上诉法院建立了完善的法理体系来解决应当依赖怎样的证据来源来解释专利权利要求的问题。关于这个问题的基础性案例是 *Vitronics Corp. v. Conceptronic, Inc* 案。[44] 在 *Vitronics* 案中，联邦巡回上诉法院建立了一系列可以区分"内部证据"和"外部证据"的权利要求解释手段。内部证据是指专利授权时公开记录的一部分：该

㊸ 如果要对一方适用间接禁止反悔，则需满足如下条件：

(1) 在两个诉讼程序中提出的争议必须是相同的；

(2) 在前一诉讼中已经对相关争议进行过辩论并已作出判决；

(3) 在前一诉讼中，被禁止反悔的一方必须曾经拥有全面/公平的机会对该争议进行辩论；

(4) 争议的结论必须足以支持有效且最终的判决。

TM Patents, L. P. v. Int'l Bus. Machs. Corp., 72 F. Supp. 2d 370, 375, 377 (S. D. N. Y. 1999)（专利权人在第一件专利诉讼案中，曾经拥有全面且公平的机会对权利要求解释进行辩论，并且在 *Markman* 听证后作出的权利要求解释决定是"最终"的，足以适用间接禁止反悔原则，由此法院认为，当专利权人基于相同的专利对新的被告提起诉讼时，该专利权人被禁止在这第二次诉讼中主张不同的权利要求解释）。又见 Jet, Inc. v. Sewage Aeration Sys., 223 F. 3d 1360, 1365 - 1366 (Fed. Cir. 2000)（列举了适用争点排除（issue preclusion）原则的四项前提条件）。

值得注意的是，上面提到的 *TM* 专利案判决中对专利权人适用了间接禁止反悔原则。相反，根据传统的间接禁止反悔定义，如果被控侵权人并非之前基于同一专利的侵权诉讼的当事人，那么在随后的、另外的侵权程序中，就不应该禁止该被控侵权人对在先程序中作出的权利要求解释提出质疑。In re Trans Texas Holdings Corp., 498 F. 3d 1290, 1297 (Fed. Cir. 2007)（指出"我们从未针对不是在先诉讼当事人的一方适用争点排除原则"）。再审请求人 Trans Texas 的观点是，USPTO 应当受限于联邦地区法院在先作出的对相同权利要求特征进行的解释，但联邦巡回上诉法院驳回了这一观点。争点排除原则（又称"间接禁止反悔原则"）并不适用于 USPTO，因为其并不是在先地区法院程序中的当事人。见同前。相反，USPTO 在再审程序中正确地采用了"与说明书相一致的、最宽范围的合理解释"原则。见同前，at 1298。

在后程序中的一方当事人要求适用在先程序中作出的权利要求解释，所针对的并不是该在先程序的当事人，如果在该在后程序中联邦巡回上诉法院"认可"（blessed）（审查并维持）了地区法院于该在先诉讼中作出的权利要求解释，会带来什么不同结果吗？也就是说，在专利诉讼中，"案件判例原则"（law of the case）是否应当扩展至"专利判例原则"（law of the patent）？

㊹ 90 F. 3d 1576 (Fed. Cir. 1996)（联邦巡回上诉法院推翻了地区法院认定侵权不成立的简易判决，原因是该简易判决所基于的权利要求解释是错误的，因为其错误的采用了外部证据来判断权利要求用语"回流焊接温度（solder reflow temperature）"的含义）。

专利本身及其申请历史,㊺ 包括曾经被引用的现有技术。㊻ 即便在专利授权以前竞争者无法获得此类信息，但只要专利一被授权，就立即可以获得,㊼ 并且此类信息是不受诉讼影响的。外部证据是指除专利获取过程官方行政记录外的证据，例如专家证词。

尽管字典实际上是官方行政记录之外的证据，但一些联邦巡回上诉法院的法官在是否应当将字典归类为外部证据这一点上存在疑虑。在2001 年的一项判决中，联邦巡回上诉法院认定字典“地位特殊”，且“有时在确定权利要求用语的普遍意义时有必要将字典与内部证据一并予以考虑”。㊽ 在 2002 年的一项判决中，法院更进一步地陈述了如下观点：

> 这些材料作为告知并协助法院和法官理解相关技术和术语的资源和参考，初审及上诉法院法官无论在诉讼的哪个阶段查阅这些材料都是合适的，不论这些材料是不是当事人一方作为证据提供的。因此，将这些材料归类为“外部证据”或“特殊形式的外部证据”是不恰当的，且对分析没有帮助。㊾

尽管这些联邦巡回上诉法院的判决一致认为，应当将在获得专利时可用的字典、百科全书和专著认定为内部证据，但 2005 年联邦上诉法院在全席判决中指出，字典是外部证据。㊿ 因此，虽然字典算是有用的解释工

㊺ 在 *Phillips v. AWH Corp.*, 415 F. 3d 1303 (Fed. Cir. 2005)（全席判决）案中，联邦巡回上诉法院首次作为全席审判法庭表达了对依据专利申请历史进行权利要求解释的保留看法，如下：

> 由于申请历史代表了 PTO 和申请人之间进行的持续协商，而并非协商的最终结果，因此申请历史通常没有说明书那么清楚，因此在权利要求解释方面也不是那么有用。不过，申请历史展示了发明人对其发明创造的理解，以及发明人是否在申请过程中对其发明创造进行了限定，从而使其专利权利要求的范围比本来的范围要小，并通常借此来提供专利权利要求用语的含义。见同前，at 1317。

㊻ *Vitronics* 案的判决对于未在专利申请历史中引用的现有技术的状态方面有些含糊。见 Hon. Paul R. Michel 和 Lisa A. Schneider 所著的 *Side Bar: Victronics-Some Unanswered Questions*，包含在 Donald S. Chisum Et al., Principles of Patent Law, Cases and Materials 870, 871 (2d ed. 2001)。

㊼ 依据《美国专利法》第 122 条（b）款的规定，现在大部分未决专利申请会在自其最早的有效美国申请日起 18 个月时被公开。

㊽ Bell Atl. Network Servs., Inc. v. Covad Commc'ns Group, Inc., 262 F. 3d 1258, 1267 (Fed. Cir. 2001).

㊾ Texas Digital Sys. Inc., v. Telegenix, Inc., 308 F. 3d 1193, 1203 (Fed. Cir. 2002).

㊿ 见 Phillips v. AWH Corp., 415 F. 3d 1303, 1318 (Fir. Cir. 2005)（全席判决）（将字典和专著归类为“在权利要求解释方面有用的”“外部证据”）。又见本章 B. 4 部分有关字典使用的讨论。

具，但其在专利权利要求解释体系中不享有首要重要性。

Vitronics 案指出，在绝大多数案件中，内部证据自身就足以解决任何有关权利要求解释的问题。只有在参考了专利的公开记录之后，所争议的专利权利要求用语的含义仍然含混不清的情况下，地区法院方可以启用外部证据。[51] 尽管地区法院可以常常认可并使用外部证据来理解发明创造，但地区法院不可以根据外部证据得出与内部证据所提供的解释背道而驰的权利要求解释。[52]

4. *Phillips* 案争议："语境主义"（Contextualist）vs. "字面主义"（Literalist）

联邦巡回上诉法院在 2002 ~ 2005 年作出的判决在专利权利要求解释方式方面表现出极大的分歧。联邦巡回上诉法院的法官在专利权利要求解释上分为两种学派，一种是"语境主义"，另一种是"字面主义"。[53]这种在解释方式上的分歧使得法院在 2004 年就专利权利要求解释作出了全席判决。[54] 对上述争议的基础总结如下。

---

[51] 见 Vitronics Corp. v. Conceptronic, Inc. , 90 F. 3d 1576, 1583 (Fed. Cir. 1996)（该案陈述了"在这些案件中，如果公共记录毫无疑义地描述了授权发明创造的保护范围，在这种情况下，依赖外部证据是不合适的"）。

[52] 见同上，at 1584（指出"总的来说外部证据，特别是专家证言，仅可以被用来帮助法院正确理解权利要求；其不可被用来改变或反对权利要求用语"）。联邦巡回上诉法院法官 Rader 指出，在专利诉讼的现实中，理解和解释权利要求之间的界限是非常模糊的：

> 从逻辑上来讲，这个界限是很难把握的。初审法官对权利要求的理解以及初审法官对陪审团进行的权利要求解释之间的区别在哪里？难道法官不是根据其对权利要求的理解来指导陪审团的吗？在实际中，本法院的高级上诉逻辑是怎样工作的？正如本法院所认识到的，初审法院通常要求助于专家来学习复杂的新技术。见如，*Markman I*, 52 F. 3d at 986。当学习影响到初审法官对权利要求用语的解释时会有什么情况发生？初审法院应当为了作出解释而掩盖真实理由吗？这样的不正当动机又如何能改善上诉审查？

Cybor Corp. v. FAS Techs. , 138 F. 3d 1448, 1474 - 1475 (Fed. Cir. 1998)（全席判决）（法官 Rader 持异议意见）。

[53] 评论家认为，在这一时期，根据判决该案件的合议庭组成成员就可以统计性地预测出来权利要求解释的结果。见 Polk Wanger 教授的权利要求解构预测工具（"如果你知道合议庭的成员，我们就能够预测结果!"）。http: //predictor. claimconstruction. com/（最后一次访问是 2008 年 11 月 11 日）。由于联邦巡回上诉法院 Phillips v. AWH Corp. , 415 F. 3d 1303 (Fed. Cir. 2005)（全席判决）案判决的影响，Wagner 教授提醒注意其权利要求解释预测工具已不再能有效的预测法院对权利要求解释的方向。不过，他仍然保留了这个网站作为一个历史现象。网址为 http: //predictor. claimconstruction. com/（最后一次访问是 2008 年 11 月 11 日）。

[54] Phillips. v. AWH Corp. , 376 F. 3d 1382 (Fed. Cir. July 21, 2004)（全席判决）。

支持“语境主义”[55]解释方式的联邦巡回上诉法院法官，追求的是专利权利要求用语在专利说明书描述的发明创造语境下的“感知含义”(felt meaning)。他们将专利的说明书和附图作为确定专利权利要求用语含义的基本工具。支持语境主义的法官则是，“根据说明书‘确定权利要求用语的含义，正如其被发明人用在整个发明创造的语境中那样。’”[56]“必须结合内部证据，即权利要求、说明书以及申请历史，对权利要求中用语的通常含义加以确定。”[57]这是联邦巡回上诉法院在其2002年前的判决中普遍遵循的传统专利权利要求解释方式。

不过，字面主义学派[58]的联邦巡回上诉法院法官视该法院于2002年作出的 *Texas Digital Sys. v. Telegenix, Inc.* 案[59]判决为其指导原则。依据该判决，字面主义学派的法官提出了一项“沉重的假设”，那就是，专利权利要求用语应当具有本领域普通技术人员（PHOSITA）赋予其的“普通及惯常”（ordinary and customary）的含义。为了确定这样的含义，字面主义法官一般会对字典、技术专著以及专利之外的其他证据来源中的定义加以参考。[60]事实上，*Texas Digital* 案的教导是，在解释专利权利要求时，法院应当在参考专利说明书和附图之前先查询字典。[61]除非专利说明书或申请历史显示，专利权人明确定义了其权利要求用语的含义，是其自己的“词汇编撰者”（own lexicographer），或专利权人已经明确地放

---

[55] 追随语境主义的法官曾经也被称为“整体主义者”或“务实的字面主义者”。见 R. Polk Wagner 和 Lee Petherbridge 所著的 *Is the Federal Circuit Succeeding? An Empirical Assessment of Judicial Performance*, 152 U. Pa. L. Rev. 1105, 1111 (2004)（在权利要求解释方面将联邦巡回上诉法院分为“整体主义者”和“程序主义者”的方法论派别）；以及 Craig Allen Nard 所著的 *A Theory of Claim Interpretation*, 14 Harv. J. L. & Tech. 1, 4-6 (2000)（将法院分为“超字面主义者”和“务实的字面主义者”）。

[56] 见 Phillips v. AWH Corp., 363 F. 3d 1207, 1213 (Fed. Cir. 2004)（Lourie 法官）（引用了 Comark Commc'ns v. Harris Corp., 156 F. 3d 1182, 1187 (Fed. Cir. 1998)），在 376 F. 3d 1382 (Fed. Cir. 2004) 中被撤销（全席批准进行重新审理）。

[57] 见同上（引用了 Rexnord Corp. v. Laitram Corp., 274 F. 3d 1336, 1342-43 (Fed. Cir. 2001)）。

[58] 字面主义的法官曾被称作为“程序主义者”或“超原文主义者”。参见 Wagner & Petherbridge 以及 Nard 的观点（脚注55列举的两篇文献）。

[59] 308 F. 3d 1193 (Fed. Cir. 2002).

[60] 大多数时候，字面主义法官使用的是一般的词典，如 *webster's third new international dictionary*。见 Joseph Scott Miller 和 James A. Hilsenteger 所著 *The Proven Key: Roles and Rules for Dictionaries at the Patent Office and the Courts*, 54 AM. U. L. REV. 829 (2005)。

[61] 审理 *Texas Digital* 案的法院的结论是，“在弄明白权利要求用语本身所被赋予的普通和惯常含义之前，将说明书和申请历史作为权利要求解释程序的开始是不恰当的。” *Texas Digital*, 308 F. 3d at 1204。

弃或否认了该用语的普通和惯常含义，否则就应适用从字典得来的普通和惯常含义。

联邦巡回上诉法院于 2004 年 4 月作出的 *Phillips v. AWH Corp* 案[62]判决体现了“字面主义”和“语境主义”权利要求解释方法之间日益增大的分歧。Phillips 的专利涉及一种在建造监狱及安全机构用的防破坏组合墙板。[63] 双方当事人对涉案专利权利要求中的“挡板”（baffle）一词的含义有争议，该专利权利要求部分记载了如下内容，“放置在［外］壳内部的用于增加其负载能力的装置，包括从所述钢壳墙向内延伸的内部钢挡板”。[64] 审理 *Phillips* 案的合议庭的多数意见认同了地区法院对“挡板”的解读，认为其受专利说明书的限制，所指的是与墙面成锐角或钝角、但非直角的挡板。这样的角度对实现该发明创造提供防冲击或射击的墙板的发明目的来说是必要的，并且构成了在专利附图中有所描绘的该发明创造的唯一实施例（参见图 9.1）。由于被控侵权者仅在墙板中使用了成 90 度角的挡板，审理 *Phillips* 的合议庭的多数意见维持了地区法院作出的侵权不成立的简易判决。

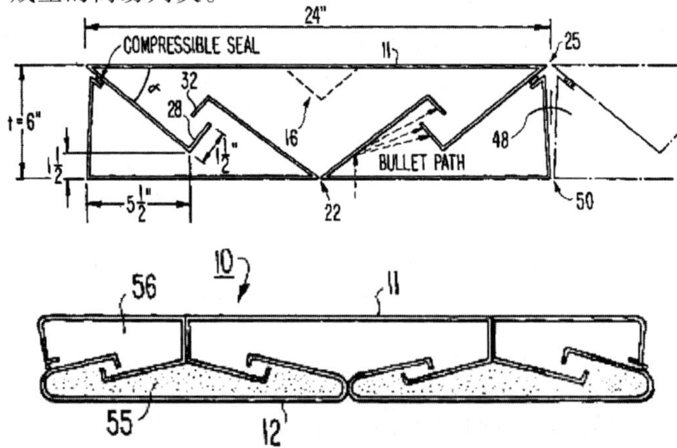

图 9.1　*Phillips* 案中专利附图展示了内部挡板

[62] 363 F. 3d 1207 (Fed. Cir. Apr. 8, 2004)，在 376 F. 3d 1382 (Fed. Cir. July 21, 2004) 中被撤销（全席批准进行重新审理）。

[63] 见题为 Steel shell modules for prisoner detention facilities（用于囚犯拘留设施的钢壳模块）4, 677, 798 号美国专利（1987 年 7 月 7 日授权）。

[64] 权利要求原文如下：means disposed inside the [outer] shell for increasing its load bearing capacity comprising internal steel *baffles* extending inwardly from the steel shell wall。——译者注

审理 *Phillips* 案合议庭成员中持异议意见的联邦巡回上诉法院法官批评该多数意见将权利要求局限于发明创造的最佳实施例。多数意见的解读与"挡板"这个词的"通常含义相反"，并且"作为自己的词典编纂者的专利权人并没有作出任何这样的建议从而赋予挡板这个词特殊的含义。"[65] 根据该异议意见，字典中的通常含义应当居主导地位，也就是说，"挡板"应被定义为"用于阻隔（obstructing）、阻碍（impeding）或阻止（checking）某种流（the flow of something）的装置"。将权利要求限于非垂直（锐角或钝角）的挡板并不是必需的，因为抵抗冲击/使子弹转向仅是该发明创造的若干目的之一，除此之外还包括结构稳定性以及隔音也是该发明创造的目的。异议意见认为，一项发明创造声称能够实现多种目的，并不要求其权利要求限于能够实现所有这些目的的结构。

2004 年 7 月 21 日，联邦巡回上诉法院全席否决了审理 *Phillips* 案的合议庭判决并命令对该案件进行重新审理。[66] 1 年以后，联邦巡回上诉法院宣布了对 *Phillips* 案的全席判决。[67] 全席判决法院回归了传统的语境主义分析法，并且弱化了在解释专利权利要求过程中字典的使用。法院认为，过度依赖字典会产生使权利要求解释变抽象并且与发明创造的语境相脱离的风险，全席判决法院作出了如下解释：

> 将字典提升到现在这样重要的地位的一个主要问题是，字典关注的是词语的抽象概念，而不是权利要求用语在专利语境中的含义。正确的看法应该是，权利要求用语的"通常含义"是指本领域普通技术人员在阅读整个专利后所理解的含义。然而，脱离内部证据而过分地依赖字典，可能会产生将权利要求用语对于普通技术人员来说的含义转换为抽象含义的风险，从而脱离了其特定的语境——说明书。[68]

---

[65] *Phillips*, 363 F. 3d at 1217（法官 Dyk 部分反对）。

[66] 见 Phillips v. AWH Corp., 376 F. 3d 1382 (Fed. Cir. 2004)（全席批准重新审理）。联邦巡回上诉法院就一系列问题征求当事人及法庭之友意见。见同前，at 1383。联邦巡回上诉法院法官 H. Robert Mayer 持异议意见，认为只要法院拒绝对"权利要求解释是法律问题这个谎言"加以重新考虑，"任何试图完善这个过程的尝试就都是徒劳的。"见同前，at 1384。

[67] Phillips v. AWH Corp., 415 F. 3d 1303 (Fed. Cir. 2005)（全席判决）。

[68] 同上，at 1321。

由此，全席审判 *Phillips* 案的法院重新确认，专利说明书而不是如字典之类的外部证据才是“诠释权利要求的最根本基础”。[69]

除了对语境主义的强烈确认之外，*Phillips* 全席法院也不同意合议庭多数意见对案件的看法，并最终采用了对“挡板”的更广泛的定义，即不局限于任意特定的角度，因此包含了垂直于壳壁的挡板。作出全席判决的法院首先适用了权利要求区别解释原则（the principle of claim differentiation），例如 Phillips 专利的从属权利要求 2 记载“与墙板成一定角度放置用于使如子弹等能够穿透钢板的发射物转向的挡板”。在权利要求 2 中对“挡板”进行这样的具体限定，意味着可能专利权人并没打算让独立权利要求 1 中记载的“挡板”具备这样的特征。[70] 其次，全席审判法院发现（正如合议庭中的异议意见也曾经注意到的），Phillips 的专利除了使子弹转向之外还公开了挡板的一些其他功能，所以全席法院认为不应当将权利要求 1 过于狭窄地解释为包括了每一项功能：“尽管使发射物转向是’798专利的众多优势之一，但该专利并没有要求该向内延伸结构总能发挥这种功能”。[71]

在回答 2004 年 7 月全席批准重审命令提出的一些其他问题时，*Phillips* 案全席判决还指出，当下评价专利权利要求中用语的妥善方式就是，“在作出发明创造时（专利申请的有效申请日）”，对本领域普通技术人员来说的普通和惯常的含义。[72] 此外，一般来说，对权利要求的解释应以保持其有效性为准的原则的“适用应受到限制”，并且该原则在任何情况下

---

[69] 415 F. 3d 1315（Fed. Cir. 2005）（引用了 Standard Oil Co. v. Am. Cyanamid Co.，774 F. 2d 448，452（Fed. Cir. 1985）（Rich 法官））。尽管 *Phillips* 案的全席判决削弱了字典在专利权利要求解释过程中的使用，但该判决并没有排除字典在某些情形下的使用。全席法院重新确认了联邦巡回上诉法院早先在 *Vitronics Corp. v. Conceptronic, Inc.*，90 F. 3d 1576（Fed. Cir. 1996）案中的判决，即“法官有‘在任何时候咨询字典或技术专著以便于更好地理解背景技术的自由，法官也可以在解释权利要求用语时采用字典的定义，只要字典的定义与阅读专利文件后发现或确定的含义不相冲突。’” *Phillips*，415 F. 3d at 1322 - 1323（引用了 *Vitronics*，90 F. 3d 1584 n. 6）。

[70] *Phillips*，415 F. 3d at 1324.

[71] 同上，at 1327。

[72] 同上，at 1313。这种说法参考了以专利申请的递交日作为推定的发明创造付诸实施日为基础的表见发明创造日的概念。见本书第 4 章 J 部分。*Phillips* 案全席判决没能正确的表达对权利要求解释的时间限制，即发明人可以将其发明创造日从递交日倒推到在先的构思日或实际付诸实施日（假设这些日期间的不同对有争议的权利要求用语的含义来说是至关重要的）。

都不适用于 *Phillips* 案。[73] 有关对地区法院作出的权利要求解释进行上诉审查的适当标准这一具有争议的问题，该全席判决并没有加以处理，而是把这一争议留待他日再行解决。[74]

5. 马克曼听证

现在，许多地区法院都以单独的诉前听证方式来对权利要求进行解释，这种听证被称为“权利要求解释听证”或“马克曼听证”（Markman hearing）。地区法院进行马克曼听证的方式各不相同，并不存在一种统一的程序。[75] 一些地区法院在案件相对比较早期，甚至是在证据开示结束之前，就进行马克曼听证。其他法院会在判断侵权或不侵权的简易判决动议中进行马克曼听证。一份 1997 年的美国律师协会报告指出，85% 的马

---

[73] 见 *Phillips*, 415 F. 3d at 1328。尽管审理 *Phillips* 案的法院确认了对权利要求的解释以保持其有效性为准的原则的存在，但法院指出，其在先判决中“并没有广泛地应用这一原则，当然也没有明确认可有效性分析是权利要求解释的常规部分”。见同前，at 1327。实际上，该准则的相关性应当限于以下情形，即“在运用了所有权利要求解释方法后，法院认为该权利要求的含义仍然是含混不清的”。同前（引用了 Liebel-Flarsheim Co. v. Medrad, Inc., 358 F. 3d 898, 911 (Fed. Cir. 2004)）。在这样的情形下，法院应当判断“PTO 不会为一无效专利授权的推定是否合理，从而以能够保持专利有效性的方式来对权利要求用于的含糊之处进行解释”。同前。然而，在 *Phillips* 案中，“挡板”的含义并不是含混不清的，因此“可以不需要考虑是否一种解释方式会使得权利要求无效，而其他解释方式不会”。同前，at 1328。

[74] 关于这个问题的更多背景内容，见本章 B. 6 部分（“对权利要求解释的上诉审查”）。联邦巡回上诉法院 H. Robert Mayer 法官（前首席法官）会同 Pauline Newman 法官写了一篇激烈的异议意见，指责 *Phillips* 案全席判决的多数意见未能解决审查标准的问题，并强调“法院固执的认为权利要求解释仅仅是个法律问题而全无事实元素的做法是徒劳、甚至是荒谬的”。同前，at 1330。

[75] 见 Committee No. 601 - Federal Practice and Procedure, *Reports Considered* (*Annual Report* 2000 - 01), *in* ABA Section of Intellectual Property Law, Annual Reports 1996 - 2001, 网址为 http://www.abanet.org/intelprop/intelprop.pdf, 其中提及了如下内容：

> 因此，马克曼听证（也就是权利要求解释听证）的形式“包括作为相关决定基础的、审判中法官律师间的子会议（mid-trial sidebar conferences）……以及持续数天、并产生大量证据记录的有效微型审判（virtual mini-trials）”。一些法院倾向于及早作出权利要求解释决定，但另一些法院担心，如过早进行权利要求解释会造成违宪咨询意见（unconstitutional advisory opinion）。还有一些法院在证据开示之后进行权利要求解释。另一些法院倾向于将权利要求解释与简易判决动议一起进行，其他法院则谨慎提防这种做法，认为这将会“侵害到……事实发现者在专利诉讼过程中起到的作用”。还有一些法院则是将权利要求解释推迟至完成审判证据程序以后。

同前，at 615。

克曼听证是在审判之前、证据开示之后进行的。[76] 位于 San Jose 的加州北区联邦地区法院是美国第一家为权利要求解释和其他审理前事由制定了一系列地区规则的法院，这些规则包括详细的程序和时间表信息。[77]

在权利要求解释听证之后，地区法院通常会颁布一项有关在该案件后续阶段如何解释权利要求的命令。[78] 尽管若干当事人都曾试图依据《美国法典》第 28 编第 1292 条（b）款（28 U. S. C. §1292（b））的规定通过对经确认的问题提起中间上诉（interlocutory appeal）使得联邦巡回上诉法院立即对地区法院权利要求解释进行审查，但至今为止此类上诉都被联邦巡回上诉法院拒绝了。因此，诉讼当事人是否能获得联邦巡回上诉法院对权利要求解释的早期审查，取决于法院是否会批准有关侵权问题的简易判决动议，如果是，那么可以提出立即上诉。[79] 但如果地区法院没有批准简易判决动议，那么在一般情况下，只有等到审判结束后基于最终判决提起上诉的时候，联邦巡回上诉法院才会去审查地区法院对权利要求的解释。

6. 对权利要求解释的上诉审查

联邦巡回上诉法院对地区法院进行的权利要求解释采取怎样的审查标准呢？有关这一问题的重要案例是 *Cybor Corp. v. FAS Techs. Inc* 案[80]。在 *Markman* 案中，最高法院明确指出，专利权利要求解释是法院的工作而非陪审团的工作。最高法院在判决中将权利要求解释称为“混杂实践”

---

[76] 见 Committee No. 601 – Federal Practice and Procedure, *Reports Considered*（*Annual Report* 1997 – 98）, in ABA Section of Intellectual Property Law, Annual Reports 1996 – 2001, at 2716, 网址为 http://www.abanet.org/intelprop/intelprop.pdf（是对调查结果的总结）。

[77] 加州北区地区法院首个制订了专利地方规则（Patent Local Rules），于 2001 年 1 月 1 日生效。现在执行的是经修改的规则。见 Northern Dist. of Cal., *Patent Local Rules*（对 2008 年 3 月 1 日当天或之后递交的案件适用）。网址为 http://www.cand.uscourts.gov/CAND/LocalRul.nsf/b4c36f968c6e10ac882569ec00746821/5e313c0b7e4cd680882573e20062dbcf? OpenDocument。

[78] 有关地区法院发出的 *Markman* 命令的例子，见 Neomagic Corp. v. Trident Microsystems, Inc., 98 F. Supp. 2d 538（D. Del. 2000）（McKelvie, J.）（解释权利要求用语），随后的诉讼程序，129 F. Supp. 2d 689（D. Del. 2001）（批准了被告提供的不侵权简易判决动议），部分维持，部分撤销，且发回重审，287 F. 3d 1062（Fed. Cir. 2002）。

[79] “联邦巡回上诉法院审理的大部分专利案件都是对简易判决的上诉。” University of Houston Law Center-Institute for Intellectual Property and Information Law, *Patstats*: *U. S. Patent Litigation Statistics*, 网址为 http://www.patstats.org/Patstats3.html（最后访问时间是 2008 年 11 月 11 日）（以下简称“*Patstats*”）。又见 Nystrom v. TREX Co., 339 F. 3d 1347（Fed. Cir. 2003）（地区法院基于其权利要求解释作出了侵权不成立的简易判决，但是却中止了对无效及专利权不可执行的反诉，违反了《美国法典》第 28 编第 1295 条规定的终局判决原则，因此联邦巡回上诉法院以没有管辖权为由驳回了上诉）。

[80] 138 F. 3d 1448（Fed. Cir. 1998）（全席判决）。

(mongrel practice),[81] 可见，对于地区法院所进行的权利要求解释是完全的法律判断还是需要进行一定的事实发现的问题并没有给出答案。

由于联邦巡回上诉法院的法官在是法律还是事实这一问题上一直存有分歧，该上诉法院为解决这一分歧作出了全席判决。在*Cybor*案中，联邦巡回上诉法院的大部分法官都认同权利要求解释是一项完全的法律判断。[82] 地区法院在进行权利要求解释时不需要进行事实发现。鉴于此，联邦巡回上诉法院对权利要求解释采取“重新开始”（*de novo*）的审查标准。

*Cybor*判决的支持者认为，这样的审查标准增强了相同专利在待遇上的一致性。例如，假设两个地区法院对同一权利要求进行解释，其中一个法院对该权利要求有争议用语的解释导致该专利被无效，而另一个法院的解释却恰恰相反并维持了该专利的有效性。如果联邦巡回上诉法院需要参考这两个相抵触的解释并作为事实认定的话，其中的分歧根本无法令人接受。

*Cybor*判决的反对者同意巡回上诉法院Rader法官的异议意见，Rader法官引用了一份研究报告显示，大约40%的由联邦巡回上诉法院进行上诉审查的权利要求解释决定都被推翻。[83] 在Rader法官看来（还有很多专利诉讼律师也都这样认为），这样的不确定性使专利诉讼在结果的可预测性方面比抛硬币强不了多少。前联邦巡回上诉法院首席法官Mayer认为，联邦巡回上诉法院一直以来认为权利要求解释不包括任何事实部分的观点导致了“蓄意破坏”（mayhem），“即便不是对制度完整性的破坏，也是权利要求解释过程的合法性的严重破坏。”[84]

尽管*Cybor*案的多数意见尖锐地表明，并不需要遵从（deference）地区法院作出的权利要求解释，因为这完全是一个法律问题而非事实问题，但联邦巡回上诉法院的一些成员采取了更实际的常规观点。这些法官认为，尽管多数意见的观点是绝对“不遵从”，但在实践中，联邦巡回上诉法院还是会根据地区法院在进行分析时所作出的努力，以及地区法院所

---

[81] Markman v. Westview Instruments, 517 U.S. 370, 378 (1996).

[82] 见*Cybor*, 138 F.3d at 1456（指出“在上诉时，我们会将权利要求解释作为一个纯法律问题，采取重新审理的标准进行审查，包括任何与权利要求解释相关的所谓基于事实的问题”）。

[83] 见同上，1476（Rader法官持异议意见）。

[84] Phillips v. AWH Corp., 415 F.3d 1303, 1330 (Fed. Cir. 2005)（Mayer法官持异议意见）。

参考的记录的信息价值，对地区法院的权利要求解释给予一定的重视。[85]

除了上述审查标准问题之外，另一个备受关注的有关联邦巡回上诉法院审查地区法院权利要求解释的问题是，联邦巡回上诉法院拒绝受理任何依据《美国法典》第28编第1292条（b）款提出的中间上诉。尽管若干地区法院已经证明他们的权利要求解释"涉及重要的法律问题，且关于该问题存在着大量的意见分歧，立即提起上诉对于终结该诉讼可能会起到重大的促进作用"，[86] 到目前为止，联邦巡回上诉法院还是运用其自由裁量权拒绝受理此类上诉。[87] 对于联邦巡回上诉法院是否应该以"忽左忽右"的态度，一方面对权利要求解释采取重新审理原则，另一方面又拒绝受理任何对这些权利要求解释提出的中间上诉请求的质疑是完全合理的。[88]

7. 权利要求解释规则

在解释专利权利要求方面存在多种规则，这些规则主要从案例法演化而来。值得记住的一些重要规则是：

- 权利要求用语是从本领域普通技术人员（PHOSITA）的角度诠释的，而非法官、陪审团或技术专家的角度。
- 基本原则是，权利要求用语被赋予了对 PHOSITA 来说的普通和惯常的含义。[89]
- 基本原则的一个重要例外是，专利权人"可以是其自己的词典编纂者"。也就是说，专利权人可以对权利要求术语重新定义，从而脱离其普通和惯常的含义。最典型的情况是通过明确的重新定义来实现上述效果，例如，一件专利的书面说明明确记载了"如在本文所使用的，用语'基本颜色'（primary color）指的是棕色、黑色或紫

---

[85] 见 *Cybor*, 138 F. 3d at 1462（Plager 法官持赞同意见）；同前，at 1463（Bryson 法官持赞同意见）。

[86] 28 U. S. C. §1292（b）.

[87] 见 *Cybor*, 138 F. 3d at 1479（Newman 法官表达了"额外的观察意见"）（注意到"尽管地区法院已经扩大了工作范围，且所谓的'马克曼听证'也是很普遍的，但这并没有伴随着对初审法官作出的权利要求解释的中间审查。联邦巡回上诉法院至今仍拒绝受理所有此类经确认的问题"）。

[88] 见 Craig Allen Nard 所著 *Intellectual Property Challenges in the Next Century: Process Consideration in the Age of Markman and Mantras*, 2001 U. ILL. L. Rev. 355, 357（2001）。

[89] 见 Bell Atl. Network Servs., Inc. v. Covad Commc'ns Group, Inc., 262 F. 3d 1258, 1267（Fed. Cir. 2001）。

色”。较不常见的情况是，专利权人可以通过在通篇以一种特定的方式重复使用一项用语，隐含地对该用语进行重新定义，并成为其自己的词典编纂者，即便专利权人并没有明确的给出该用语的含义。[90]

• 通常需要将根据说明书合理解释权利要求，与将说明书中的限制读入权利要求以致不当的限缩权利要求区分开来。[91]

• 法院一般不应采取将发明创造的优选实施例排除在外的权利要求解释方式，尽管曾有过极少被认可的例外情况，即：专利权人在专利申请过程中对权利要求的修改方式使得优选实施例被排除。[92]

• 权利要求区别解释原则表明，范围较窄的从属权利要求的存在证明了该从属权利要求所从属的、范围较宽的权利要求并非受到相同的限制。[93] 比方说，参见下面的例子，其中专利书面说明中明确定义了“基本颜色”是“红、蓝或黄色”：

> 权利要求 1. 一种具有基本颜色的部件。
>
> 权利要求 2. 根据权利要求 1 所述的部件，其中，所述基本颜色是蓝色。

从属权利要求 2 的存在证明了，独立权利要求 1 包括蓝色部件但不仅限于蓝色部件——权利要求 1 从字面上讲还涵盖了红色和黄色部件。

C. 步骤 2：将合理解释的权利要求与被控侵权物进行比较

专利侵权分析的第二个步骤要求，每一项被合理解释的权利要求特征都要在被控侵权设备中有所体现，无论是从字面还是从等同角度来分析。尽管在之前一些案例中被称作全要件（element）原则，该原则更适

---

[90] 262 F. 3d 1273（Fed. Cir. 2001）（该案的结论是，专利权人“通过在专利说明书中持续地使用，隐含地定义了‘mode’这个词的含义”）。

[91] 见 Unique Concepts, Inc. v. Brown, 939 F. 2d 1558, 1561 - 1563（Fed. Cir. 1991）。

[92] 见如 Elekta Instrument S. A. v. O. U. R. Scientific Int'l, Inc. , 214 F. 3d 1302（Fed. Cir. 2000）。

[93] 笼统来说，权利要求区别解释原则就是，当专利的一项权利要求不包含某项特征，而该专利的另一项权利要求包含该特征时，无论是在判断有效性还是判断侵权方面都不应当将该特征读入前一权利要求。SRI Int'l v. Matsushita Elec. Corp. , 775 F. 2d 1107, 1122（Fed. Cir. 1985）（全席判决）。当然，这种情况也有例外存在，见 O. I. Corp. v. Tekmar Co. , 115 F. 3d 1576, 1582（Fed. Cir. 1997）（指出“权利要求区别解释原则不能改变可以依据权利要求、说明书和申请历史得到的清楚的定义”）。

合被称为全特征（limitation）原则。[94] 无法通过将所要求保护的发明创造与被控侵权产品在整体上进行比较来认定是否侵权；这种分析必须是以逐特征（limitation-by-limitation）的方式来进行的。专利权利要求的每一项特征都是非常重要的。即便是仅有一项特征没有体现在被控侵权产品中，也不得认定侵权成立。例如，如果专利权利要求记载了“一种装置，包括A、B、C、D和E部分”，而被控装置仅包括A、B、C和E部分，而不包括D部分（或D部分的等同物），那么被控侵权装置就不构成侵权。

全特征原则包括美国专利法中认可的两种基本的侵权类型：（1）字面侵权；（2）司法创建的等同原则下的侵权。下文将对其分别进行介绍。

1. 字面侵权

当被控客体恰好落入权利要求的所表达的范围之内时就构成了字面侵权。例如，如果一项权利要求记载了：

1. 一种物质组合，包括占总重量20%~30%的成分X。

如果被控物质组合包括25%的成分X，那么这就构成了对权利要求1的字面侵权。[95] 如果被控物质组合仅包括15%的成分X，那么就不构成对权利要求1的字面侵权。[96]

可以预见的是，字面侵权的情况是相对少见的，假设专利权利要求向竞争者清楚的提供了关于什么是以及什么不是被允许的模仿的预先声明。可以合理地认为竞争者会去阅读这些权利要求，并相应地安排其生产经营活动，以避免构成字面侵权。正如最高法院所认为的，“公然、直接地复制是一种极为愚蠢和少见的侵权类型。”[97]

但在实践中，字面侵权却是很常见的。这源自权利要求解释的不

---

[94] 专利律师以及联邦巡回上诉法院的法官有时将“要素”（elements）和“特征”（limitation）交替使用。比较好的用法是，在论及专利权利要求时使用“特征”，而在论及被控侵权设备时使用“要素”。见 Dawn Equip. Co. v. Kentucky Farms Inc., 140 F.3d 1009, 1014 n. 1 (Fed. Cir. 1998); Perkin-Elmer Corp. v. Westing-house Elec. Corp., 822 F.2d 1528, 1533 n.9 (Fed. Cir. 1987)。

[95] 值得注意的是，由于权利要求使用的是开放式的连接部分“包括”（comprising），所以即便是被控物质组合可能包含任何除成分X以外的其他物质，该被控物质组合还是构成了字面侵权。

[96] 有人可能还是会问，具有15% X的被控物质组合是否会构成等同原则下的侵权，尽管一些适用了权利要求特征“损害”原则的联邦巡回上诉法院判决对该疑问的回答可能会是否定的。联邦巡回上诉法院关于“损害”的理论仍然没有定论。见本章D.5部分。

[97] Graver Tank & Mfg. Co. v. Linde Air Prods. Co., 339 U.S. 605, 607 (1950).

确定性，亦即诉讼前权利要求字面范围的不明确性。尽管理想的情况是，权利要求应当能够清楚地提供对专利权人排他性权利字面范围的提前公示，并且授权专利权利要求应符合《美国专利法》第112条(b)款关于清楚的要求，但实际上，在每一场专利侵权诉讼中，都存在着关于声称被侵权权利要求中一项或多项用语含义的激烈争论。[98]被控侵权人本来想要避免侵犯一项权利要求，但如果在随后的诉讼阶段对该权利要求的解释足够宽泛，以至于从字面上涵盖了被控侵权设备，那么该被控侵权人就可能会被认定对该权利要求构成了字面侵权。即便是在涉案专利之后兴起的技术也可能构成字面侵权，如果对该专利权利要求的解释足够广泛的话（当然，在这种广泛的解释下，专利必须还是有效的）。[99]

2. 等同原则下的侵权

美国专利法还认可等同原则下的"非字面"或"非文义"的侵权可能。[100] 值得注意的是，等同原则完全是法官创造的法律；其并没有出现在专利法案中。[101] 尽管最高法院反复确认了该原则的存在，但最高法院同时

---

[98] 见脚注79中提到的*Patstats*案（有关专利权利要求解释的结论是，"在几乎所有的侵权判决和一些有效性判决中，可以说权利要求解释都是非常重要的争议点"）。

[99] 见Innogenetics, N. V. v. Abbott Labs., 512 F. 3d 1363, 1371 - 1372 (Fed. Cir. 2008)。Abbottr认为，在Innogenetics递交'704专利的申请时，本领域普通技术人员并不知晓Abbott被控侵权的基因型分型检测套件中使用的"实时PCR"。见同前。因此，Abbott认为其没有构成字面侵权，但审理该案的法院驳回了这一论点。该法院作出该判决的依据是其早期在*SuperGuide Corp. v. DirecTV Enters., Inc.*, 358 F. 3d 870 (Fed. Cir. 2004) 案中的判决，在该判决中法院认为，"有规律地接收电视信号"这项权利要求特征的范围宽泛到足以涵盖数字信号，尽管在SuperGuide递交其专利申请时，没有任何电视机能够接收数字信号。见同前，at 878 - 880；*Innogenetics*, 512 F. 3d at 1371 - 1372。

不过要注意，在采取《美国专利法》第112条(f)款的功能加手段(Means-Plus-Function, MPF)格式的权利要求中功能性特征的范围会被视为比非MPF格式权利要求特征的范围要窄。见Al-Site Corp. v. VSI Int'l, Inc., 174 F. 3d 1308, 1320 (Fed. Cir. 1999)（指出"第112条规定的等同结构或行为，不可以涵盖在专利授权后产生的技术，因为权利要求的字面含义在授权的时候就已经确定了"）。

[100] 这一原则的英文名称更适宜为"doctrine of *equivalents*"，而不是"doctrine of *equivalence*"。

[101] 不应将这里的等同原则与《美国专利法》第112条(f)款规定的、与该原则相关但不同的法定等同概念相混淆。法定的等同是MPF权利要求字面范围的一部分。见本书第2章（"专利权利要求"）；Pennwalt Corp. v. Durand-Wayland, Inc., 833 F. 2d 931, 934 (Fed. Cir. 1987)（全席判决）（指出"《美国专利法》第112条(f)款不能用于判断在等同原则下被控设备是否执行了等同的功能"）。

也指出，“国会可随时立法取消等同原则”。[102]

a. 历史起源

等同原则在美国的起源是一些早期的最高法院审理的专利案件，如 *Winans v. Denmead* 案。[103] 在这一案件中，法院认为，横截面形状类似于八边形的被控侵权铁路煤车，侵犯了一件要求保护圆锥形铁路煤车构造的专利。*Winans* 案判决并没有明确提出等同原则这个概念，但整个案件的结果却隐含了这样一种原则。

在 *Winans* 案发生的时代（在 1870 年专利法案之前），对权利要求范围的解读还是**中心界定制**，而非如今美国所采用的**周边界定制**。在中心界定体制下，权利要求记载了发明创造的“优选实施例”，但作为法律问题，该权利要求被视为涵盖了优选实施例的全部等同（基本类似的实施例）。[104] 审理 *Winans* 案的法院认为：

> 如果公众通过改变产品形式或比例，就可以自由地制造与专利产品基本相同的副本的话，那么该专利的排他性权利就无法得到保障。因此，详细描述了其发明创造、阐释了发明创造的基本原理、并以最能代表其发明创造的形式要求保护该发明创造的专利权人，从法律的角度来说，被认为要求保护了其发明创造可能被复制的每一种形式，除非专利权人明确表示要求放弃那些形式。[105]

因此，在 *Winanas* 案发生的时代所采用的中心限定制认为，除非一项专利禁止未经许可制造与专利产品完全相同以及“基本相似”的产品，专利权人的发明创造才能得到真正的保护。当美国专利制度终于从中心界定制过渡到现行的周边界定制时，可以说是在司法创建的等同原则的名义下，保护专利权人全部贡献的基本目的得到了保持和复兴。

b. 政策原因

正如最高法院在 *Graver Tank & Mfg. Co. v. Linde Air Prods. Co.* 案[106]

---

[102] Warner-Jenkinson Co. v. Hilton Davis Chem. Co., 520 U. S. 17, 28 (1997).

[103] 56 U. S. 330 (1853).

[104] 参考 *Warner-Jenkinson*, 520 U. S. at 27 n. 4（认为中心界定制“描述了发明创造的核心思想”，而周边界定制“描述了发明创造的外边界”）。

[105] *Winans*, 56 U. S. at 343.

[106] 339 U. S. 605 (1950).

判决中指出的，推动等同原则的根本力量是，“不允许进行专利欺诈行为”。[107] 如果仅作出足以使仿制产品落在权利要求字面范围之外的、微小的、非实质性的改变就可以对一项专利进行规避，那么专利所赋予的排他性权利将会变得意义不大，而等同原则正是针对这种情况作出的司法响应。如果由于无法制止不构成字面侵权的仿制者而使得专利的价值降低，那么专利所代表的鼓励创新的经济因素同样也会被削弱，社会将会遭受新发明创造的缺乏。

除了经济/公平因素考量之外，等同原则同时还起到重要的语言安全阀作用。司法上对等同原则的承认反映出，文字并不总是传递发明创造构思的最佳媒介。很多发明创造的最佳表现形式是，客观的模型、机械绘图、分子模型或其他非语言类的科学及技术媒质。尤其是涉及最先进技术的“开创型”发明创造时，可能还不存在被认可的、发展成熟的相关词汇，对于专利权人来说等同原则就是传达其发明创造的完全利益的重要工具。[108]

c. 与权利要求的“公示”功能之间的矛盾

这些支持等同原则的理由与权利要求应当向竞争者明确提供有关专利权人排他性权利范围的提前声明原则是矛盾的。[109] 正如最高法院所总结的，“专利权人应当知道其拥有什么，而公众应当知道专利权人不拥有什么。”[110] 当法院根据等同原则认定侵权责任时就会产生某种矛盾，因为等

---

[107] 399 U. S. 608 (1950).

[108] 正如 *Autogiro Co. of Am. v. United States*, 384 F. 2d 391, 397 (Ct. Cl. 1967) 案判决中的一段经典论述所表达的：

> 一项发明创造最重要的存在形式是有形的结构和一系列的附图。文字描述通常为了满足专利法的要求的事后说明。从机器到文字的转化会产生难以逾越的概念上的鸿沟。很多时候，发明创造是新颖的，但不存在相应的语言可以进行描述。字典并不总是与发明人齐头并进的，并且也根本做不到这一定。事物不是为语言而生的，但语言是为事物而生的。

[109] 见 Festo Corp. v. Shoketsu Kinzoku Kogyo Kabushiki Co., 535 U. S. 722, 727 (2002)（指出“我们认识到，等同原则将保护范围扩展到专利用语字面范围以外，可能会造成专利垄断范围的严重不确定性。如果等同范围不明确，竞争者就无法确定什么是专利发明创造允许的替代物，而什么会构成侵权”）。

[110] 同上，at 731。

同原则扩展了专利权利要求字面范围所界定的排他性权利范围。⑪ 如果在适用等同原则的时候，出于公平的原因完全忽略了专利权利要求的话，那么专利权利要求所提供的这种提前"公示"还能够起多大作用呢？这个不容忽视的矛盾被简要的称为"公平保护与确定性的难题"（fair protection-certainty conundrum）。⑫

d. 全特征原则

在 *Warner-Jenkinson Co. v. Hilton Davis Chem. Co.* 案⑬中，最高法院指出，通过慎重地运用全特征原则，能够将合理保护与确定性之间的难题降到最低限度，这么做要求以每一项特征的方式为基础，而不是"将发明创造作为一个整体"，来适用等同原则。⑭ 最高法院认为：

> 专利权利要求中的每一项特征在定义专利发明创造范围方面都起着重要的作用，因此等同原则应当适用于权利要求的每一项特征，而不是适用于整个发明创造。即便是针对权利要求的一项特征，等同原则的适用范围也不能过宽从而导致将该特征从权利要求整体中去除的效果。⑮

例如，如果一项权利要求记载了"一种装置，包括杠杆 A、滑轮 B 和弹簧 C"，那么就应当分别适用等同原则以确定：(1) 被控侵权设备是否包

---

⑪ 见 Wilson Sporting Goods Co. v. David Geoffrey & Assocs., 904 F. 2d 677 (Fed. Cir. 1990) (Rich 法官)：

> 认为等同原则扩展或扩大了权利要求保护范围的说法本身就是矛盾的。权利要求——由权利要求所定义的专利保护范围——并没有改变，对等同原则的适用扩展的是排除所要求保护发明创造的"等同物"的权利。就其定义来说，等同原则涉及的是那些超出允许的权利要求解释范围的产品，亦即判断被控侵权产品是否"等同于"权利要求所记载的内容。

同上，at 684。

⑫ Donald S. Chisum 所著的 *The Scope of Protection For Patents After The Supreme Court's Warner-Jenkinson Decision: The Fair Protection-Certainty Conundrum*, 14 Santa Clara Computer & High Tech. L. J. 1, 6 (1998)。

⑬ 520 U. S. 17 (1997).

⑭ 见同上，at 29。

⑮ 同上。

含所要求保护发明创造中杠杆 A 的等同物；（2）被控侵权设备是否包含所要求保护发明创造中滑轮 B 的等同物；（3）被控侵权设备是否包含所要求保护发明创造中弹簧 C 的等同物。如果在被控侵权设备中没有找到这三项特征中任何一项的等同（或字面相同）物，那么就不构成侵权。

e. 什么是特征？

对全特征原则的适用要求首先确定权利要求的每项特征。很多时候，确定专利权利要求中哪一部分构成一项独立的特征（有时也称作要件或要素（element））[116] 并不是那么明显的事。这一过程的结果取决于法院在看待客体时所采用的一般性程度。

例如，试想对一种“具有塑料管”（plastic tube）的装置的专利权利要求的解释。地区法院可能认为“塑料”和“管”是两项独立的特征，因此只有这两项特征都在被控侵权设备中有所体现才能认定侵权成立。这样的话，如果被控侵权设备使用的是钢管（steel pipe）而不是塑料管，那么在侵权分析第二步中事实发现者（无论是法官还是陪审团）就需要分别确定：（1）被控侵权装置中的管所采用的钢与涉案专利的管所采用的塑料是否无实质区别；（2）被控侵权装置中的管（pipe）与涉案专利中的管（tube）是否无实质区别。针对问题（1），事实发现者可以通过判断钢在被控侵权装置管中起到的作用是否与塑料在涉案专利权利要求的管中所起到的功能相同——是否采用实质相同的方法从而能够达到实质相同的结果——来分析两种情况的区别是否是非实质性的。针对问题（2），事实发现者可以通过判断被控侵权装置中的管（pipe）所起的作用是否与涉案专利中的管（tube）所起的作用相同——是否采用实质相同的方式以及是否能够达到实质相同的结果——来分析这两种情况间的区别是否是非实质性的。此外，如果已知这两种管（pipes and tubes）在设备中是可彼此替换的事实与上述判断也是相关的。

另一种情况是，地区法院在解读上述权利要求时，也可能会采取一种更高的概括程度，选择将“塑料管”作为一项特征来看待，而不是将其作为两项独立的特征。在这种情况下，事实发现者就需要判断，被控侵权装置中的钢管与涉案专利装置中的塑料管是否没有实质区别。为分析对该区别程度进行分析，事实发现者就需要判断，被控侵权装置中的钢管所起的作用是否与涉案专利装置中的塑料管所起的作用相同，是否

---

[116] 见脚注 94。

采用了实质相同的方式，从而达到实质相同的结果。此外，如果已知在设备中钢管和塑料管是可彼此替换的事实与上述判断也是相关的。

从上面的例子可以看出，地区法院在列举权利要求特征时所应用的概括与具体程度会对侵权分析第二步骤中技术等同的判断产生重大的影响。一般来说，被控侵权者会期望确立尽可能多的特征，从而加重专利权人针对每一项特征来证明存在非实质性区别的负担。与之相反，专利权人通常希望确立尽可能少的特征以减轻其负担。

要确定生物化学客体专利权利要求中的哪些内容属于特征，是一项更为艰巨的挑战。例如，一项权利要求记载了：

> 一种净化、分离的 DNA 分子，包括：
> 核苷序列 AAGGTCAGGTCA。[117]

那么，这项权利要求的相关特征是什么？单核苷 A（基腺嘌呤（the base adenine））是不是应当在被控侵权分子中体现的相关特征？或者在该例子中的相关特征应该是由三个核苷组成的密码子 AAG（这三个核苷组合在一起构成了氨基酸赖氨酸（amino aide lysine））？或者所记载的核苷序列中更长的部分（比如说 AAGGTCAGGTCA 整体）才是相关特征？联邦巡回上诉法院判决并未明确地回答这些问题，这些问题的答案很可能是要具体案件具体分析的。

联邦巡回上诉法院在确认权利要求特征方面的基础判决是 *Corning Glass Works v. Sumitomo Elec. USA Inc.* 案。[118] *Corning* 案的涉案专利是关于一种用于长途电话传输的光波导纤维。这种纤维的内核是熔融石英（fused silica）外面有覆盖层（cladding）；该发明创造要求内核的折射率（RI）大于覆盖层的折射率。Corning 的发明创造通过向内核材料中添加正掺杂物来提高内核材料的 RI，从而实现内核材料和覆盖层之间的 RI 差异。权利要求 1 记载如下：

> 1. 一种光波导纤维，包括：
> (a) 覆盖层，该覆盖层由添加有至少基本水平掺杂材料的

---

[117] 有关基本生物科学术语的解释，见本书第 7 章（“潜在的可专利客体”）D.2 部分（“天然产物的纯化形式”）。

[118] 868 F.2d 1251 (Fed. Cir. 1989).

> 纯熔融硅群组中选择的材料构成，以及
>
> （b）由熔融硅形成的内核，该熔融硅的基本水平掺杂材料并且其掺杂程度超过所述覆盖层的掺杂程度，使得所述内核的折射系数值大于所述覆盖层的折射系数值，所述内核由至少占重量85%的熔融硅和最多占重量15%的所述掺杂材料组成。[119]

在被控侵权的Sumitomo光纤中，这种RI的差异不是通过向内核材料添加正掺杂物来实现的，而是通过向覆盖层添加负掺杂物来实现的。由此，双方争点集中在，权利要求1（b）中的内容是否在被控侵权设备中（关于权利要求1（a）中的内容已经在侵权设备中得到了字面体现的问题是没有争议的）有所体现。联邦巡回上诉法院将（b）的描述分割成若干独立的特征。被控侵权Sumitomo光纤在字面上重现了该光纤包括“熔融硅形成的内核”这一特征，以及“（所述内核的）折射系数值大于所述覆盖层的折射系数值”这一特征。

侵权争议的关键就因此集中在“内核”特征之后的权利要求用语上，即“该熔融硅的……掺杂程度超过所述覆盖层的掺杂程度”。Sumitomo认为，由于其光纤并没有向内核添加任何掺杂物，也没有向内核添加任何等同于掺杂物的物质，因此其光纤既没有在字面上也没有根据等同原则对（b）中的内容有所体现。

联邦巡回上诉法院驳回了Sumitomo的抗辩，并对“组成部分”（component）和“特征”（limitation）进行了区分，联邦巡回上诉法院指出：

> Sumitomo的分析是错误的，因为这种分析方法要求存在组成部分的等同，即侵权光纤的内核中应当存在掺杂材料的替代物。但是，对等同的判断方式并非如此死板。对等同的认定确实要求在被控侵权设备必须对权利要求中的每一项特征有所体现，尽管

---

[119] 权利要求原文如下：

1. An optical waveguide comprising:

(a) a cladding layer formed of a material selected from the group consisting of pure fused silica to which a dopant material on at least an elemental basis has been added, and,

(b) a core formed of fused silica which a dopant material on at least an elemental basis has been added to a degree in excess of that of the cladding layer so that the index of refraction thereof is of a value greater than the index of refraction of said cladding layer, said core being formed of at least 85 percent by weight of fused silica and an effective amount up to 15 percent by weight of said dopant material. ——译者注

在一般情况下是体现在相应的组成部分中，但并不必须如此。[120]

鉴于此，联邦巡回上诉法院支持地区法院根据等同原则认定侵权成立的决定。在分析是否存在有争议特征的等同时，地区法院正确地指出，"在覆盖层中使用负掺杂物……以实质相同的方法起到了与'在内核中使用正掺杂物'实质相同的功能，产生了实质相同的结果，即对于光导纤维来说是必需的、在内核与覆盖层之间的折射率之差。"[121]

f. 技术上等同的确定

如果在某一案件中对一项特定权利要求特征适用等同原则，那么采用什么原则来判断该特征是否等同地体现在被控侵权设备中呢？这样的判断被认为是一个事实问题而不是法律问题。[122] 由此，事实发现者（无论是法院还是陪审团）将如何判断被控侵权设备的要件与相关的权利要求特征在技术上是否等同？

最高法院在 *Sanitary Refrigerator Co. v. Winters* 案[123]中指出，在等同原则下，"如果被控侵权设备以实质相同的方法、实现实质相同的功能、以达到实质相同的结果"，那么该被控侵权设备就构成侵权。[124] 该判决设立了根据等同原则认定侵权的基本标准，专利律师常将其称为"功能/方法/结果（Function/Way/Result）"、"FWR"、"三重特性（triple identity）"

---

[120] 868 F. 2d 1259 (Fed. Cir. 1989).

[121] 同上。

[122] 见 Graver Tank & Mfg. Co. v. Linde Air Prods. Co., 339 U. S. 605 (1950):

> 对等同的认定是一项事实判断。可以通过任何方式来进行证明：通过专家或通晓本领域技术的技术人员的证词；通过包括文本和著作在内的书面证据；当然还可以通过现有技术的公开内容。如同任何其他事实问题一样，最终的判断涉及对可信度、说服性和证据效力的综合考量。这一事实问题的判断由初审法院作出，且依据上诉审查的基本原理，除非有明显的错误发生，否则上诉法院不应当干扰该初审法院的判决。上述规则尤其适用于那些涉及普通常识和经验以外的、依赖于对特定科学问题及原理的熟悉的案件。

同上，at 609－610。

[123] 280 U. S. 30 (1929).

[124] 同上，at 42。

或“三方面（tripartite）”标准。[125] 最近，联邦巡回上诉法院指出，功能/方法/结果标准仅仅是最终确定等同问题的一种方式：所要求保护的发明创造和被控侵权设备之间的差异是否仅仅是“非实质性”的？[126] 如果确实如此，则被控侵权设备就构成等同原则下的侵权。

尽管在当前法律规定下，差异的实质性程度是根据等同原则认定是否成立侵权的重要标准，但随着在具体技术领域适用该标准的经验的逐渐积累，联邦巡回上诉法院可能会进一步细化这一标准。

正如最高法院在 Warner-Jenkinson 案判决中指出的，“由于具体事实不同，所以不同的语言体系可能适用于不同的案件。”[127] 例如，经典的“功能/方法/结果”标准最适合用于机械类发明创造，但对于生化客体来说却不是那么有用。[128] 审理 *Warner-Jenkinson* 案的法院没有对“联邦巡回上诉法院在进行等同分析时特定措辞的选择进行修正”，[129] 而是选择留待联邦巡回上诉法院“在关于类似问题的重要判决中再作决定”。[130]

---

[125] 最高法院在 *Graver Tank* 案中对如何应用功能/方法/结果标准给出了进一步指导如下：

> 对于等同的判断要综合考虑该专利、现有技术以及该案件具体情况后作出。在专利法中的等同并不是规则的奴隶，也不是在真空状态下的绝对存在。等同并不要求在任何方面、任何目的下都完全成立。在对等同进行判断时，等同于同一事物的对象之间可能并不彼此等同，同理，在大多数情况下不同的对象在某些时候有可能却是等同的。必须考虑在专利中采用一项特征的目的、当与其他特征结合时的特性以及该特征旨在执行怎样的功能。一个重要的因素是，本领域普通技术人员是否认为非专利特征与专利特征是可以互相替换的。

Graver Tank, 339 U. S. at 609。联邦巡回上诉法院强调 *Graver* 案中的“已知可替换性”因素非常重要。见 Vulcan Eng'g Co. v. FATA Aluminum, Inc., 278 F. 3d 1366, 1374 (Fed. Cir. 2002); Interactive Pictures Corp. v. Infinite Pictures, Inc., 274 F. 3d 1371, 1383 (Fed. Cir. 2001); Overhead Door Corp. v. Chamberlain Group. Inc., 194 F. 3d 1261, 1270 (Fed. Cir. 1999)。

[126] Hilton Davis Chem. Co. v. Warner-Jenkinson Co., 62 F. 3d 1512, 1517 - 1518 (Fed. Cir. 1995)（全席判决）。又见 *Graver Tank*, 339 U. S. at 610（将该标准形容为，判断被控侵权者进行的改变“在该案情况下，参考该技术本身及其现有技术，是否属于实质性的改变，从而可以导致无法适用等同原则，或者相反，在该案件情况下所做的改变是不是非实质的，从而初审法院适用等同原则的决定是合理的”）。

[127] Warner-Jenkinson C. v. Hilton Davis Chem. Co., 520 U. S. 17, 40 (1997).

[128] 若想知道为何如此，可以想象一个权利要求要求保护“一种净化、分离的 DNA 分子，包括：核苷序列 AAGGTCAGGTCA。”如果我们将单个核苷酸 A 当做一项特征的话，那么该特征的功能是什么？这样的功能是以怎样的方式实现的？能够得到的结果是什么？

[129] *Warner-Jenkinson*, 520 U. S. at 40.

[130] 同上。

g. 逆等同原则

最高法院在 *Graver Tank* 案中委婉提出的等同原则的“完全实现”[131]指的是，尽管通常对这一原则的适用采用的是传统（或“前向的”）方式，通过使排他性权利要的范围超出专利权利要求的字面保护范围，从而使专利权人受惠，（至少在理论上）也可以以“逆向”的方式操作用来辅助被控侵权者。

逆等同原则是对字面侵权指控的一种抗辩方式。这个原则使得被控侵权者能够在被控侵权设备虽然落入涉案专利权利要求字面保护范围，但却从原理上大大改变了所要求保护的发明创造，导致从政策上讲无法认定侵权成立的情况下免于承担侵权责任。[132] 逆等同原则“基于根本的事实问题得到了公平的适用”。[133] 在“被控侵权者能够证明，尽管涉案权利要求能够在字面上覆盖被控侵权设备，‘但被控侵权设备的改变是如此巨大，以至于已经不再是同一发明创造’的情况下，可适用这一原则”。[134]

除了作为学术关注话题，[135] 逆等同原则很少被法院用来认定免责。[136] 例如，在 *Roche Palo Alto LLC v. Apotex, Inc.* 案中，联邦巡回上诉法院指出，逆等同原则的使用是“罕有”的，并且强调联邦巡回上诉法院“从未依据逆等同原则作出过不侵权认定”。[137]

---

[131] *Graver Tank*，339 U. S. at 908（在该案中指出，“这一原则的完全实现并不总是有利于专利权人一方，有些时候，也可以用来对抗专利权人”）。

[132] 见同上，at 608－609；Westinghouse v. Boyden Power Brake Co.，170 U. S. 537，568（1898）。

[133] 见 Amgen，Inc. v. Hoechst Marion Roussel，Inc.，314 F. 3d 1313，1351（Fed. Cir. 2003）（引用了 Scripps Clinic & Res. Found. V. Genentech，Inc.，927 F. 2d 1565，1581（Fed. Cir. 1991））。

[134] 同上（引用 Del Mar Avionics，Inc. v. Quinton Instrument Co.，836 F. 2d 1320，1325（Fed. Cir. 1987））。

[135] 见 Robert P. Merges 以及 Richard R. Nelson 所著 *On the Complex Economics of Patent Scope*，90 Colum. L. Rev. 839，862－868（1990）（提倡在被控侵权者作出巨大技术进步时，采用逆等同原则作为一种限制专利权保护范围的机制）。

[136] 见 Mark A. Lemley 所著 *The Economics of Improvement in Intellectual Property Law*，75 Tex. L. Rev. 989，1011（1997）。又见 *Amgen*，314 F. 3d at 1351－1352（驳回了基于逆等同原则的不侵权抗辩，法院“并没有为［被控侵权者］TKT 所说服，TKT 的观点是，尽管其产品落入了权利要求的字面保护范围，但根据衡平原则应该认定侵权不成立”）。

[137] 531 F. 3d 1372，1378（Fed. Cir. 2008）。不过，联邦巡回上诉法院曾经应用逆等同原则撤销了地区法院作出的侵权简易判决。见 *Scripps Clinic & Res. Found. V. Genentech，Inc.*，927 F. 2d 1565，1581（Fed. Cir. 1991）（认为被控侵权者 Genentech 已经提出了科学问题及证据事实，要求审判庭确定 Genentech 对 Factor VIII：C 重新组合产生的凝血蛋白质是否对 Scripps 拥有的被给予宽泛解释的 Factor VIII：C 产品专利权利要求构成字面侵权，或者 Genentech 的重新组合版本是否已经被改变得与所主张的发明创造极为不同，从而可以依据逆等同原则应免于承担侵权责任）。

D. 等同原则的法律限制

1. 概　　述

最高法院在其1997年作出的*Warner-Jenkinson*案判决中非常重要的脚注8中指出，如果存在排除等同原则的适用的某些法律限制，专利权人则不能享有该原则所带给其的好处。[138] 如果这些法律限制确实存在，那么就可以采取简易判决的形式来解决侵权争议案件，而不会发展到由事实发现者来解决技术等同的事实问题的阶段。

- **申请历史禁止反悔**：申请历史禁止反悔（Prosecution History Estoppel，PHE）原则规定了专利权人不可以使用等同原则重新获得其为获取USPTO授权而放弃的任何客体。申请历史禁止反悔是最常见的针对等同原则的法律限制。[139]
- **全特征原则**：如果哪怕只有一项特征，无论是以字面还是以等同的方式，没有体现在被控侵权设备中，就不成立侵权。权利要求的每一项特征都是重要的，要认定侵权成立，权利要求的每一项特征都必须在被控侵权设备中有所体现。
- **对权利要求特征的损害**（vitiation of a claim limitation）：不应当过度宽泛地适用等同原则，从而导致特定权利要求特征完全被损害或实际上被去除。[140]
- **现有技术**：专利权人不可以通过等同原则获得其根本无法被USPTO授权的客体。简单来说，仅仅“实施现有技术”的行为不构成等同原则下的侵权。[141]
- **贡献给公众的部分**：专利权人不可以试图通过等同原则获得被其公开、但未在其专利申请中要求保护的客体，从而避免USPTO对该部分客体进行的审查。[142]

---

[138] 见Warner-Jenkinson Co. v. Hilton Davis Chem. Co., 520 U.S. 17, 39 n.8（1997）。

[139] 见本章第D.2部分。

[140] 见本章第D.5部分。

[141] 主要案例是*Wilson Sporting Goods Co. v. David Geoffrey & Assocs.*, 904 F.2d 677, 683（Fed. Cir. 1990）。更详细的内容见本章D.3部分。不过，值得注意的是，联邦巡回上诉法院驳回了对字面侵权主张适用“实施现有技术”的抗辩。见Tate Access Floors, Inc. v. Interface Arch Res., Inc., 279 F.3d 1357, 1365－1366（Fed. Cir. 2002）。

[142] 见本章D.4部分。

- **可预见性**：如果在专利权人有机会与 USPTO 谈判以争取更宽泛的权利要求覆盖范围时其并没有这样做，那么该专利权人则不可以通过等同原则将能够被合理预见的所要求保护客体的变形囊括在其权利范围内。[143]

下面将详细介绍上述限制中常见的几项。

2. 申请历史禁止反悔原则

a. 定　义

与等同原则类似，申请历史禁止反悔原则也是由法官制定的法律。作为最常用的对等同原则的法律限制，申请历史禁止反悔原则的基础是，如果专利申请人从 USPTO 获得专利权而放弃了某些主题（例如通过修改来限缩权利要求的保护范围，以与现有技术对比文件披露的客体相区分），那么专利申请人就不能够随后依据等同原则来获得对相同客体的排他权。竞争者通过阅读专利及其申请历史来确定专利权人放弃的内容，因此应当为他们提供合理程度的确定性，也就是，只要他们实施的是被放弃的客体，就不会依据等同原则被认定侵权。

申请历史禁止反悔最常见的形式源于在申请过程中对专利申请权利要求进行的限缩式修改。例如，在 *Dixie USA, Inc. v. Infab Corp.* 案[144]中，被控侵权的专利涉及一种用来运送医院病人的塑料"担架"（stretcher）。授权专利权利要求 1 记载了如下内容：

> 一种辅助转移病人的装置，包括：
>
> 圆角塑料板，构成用来安置病人的矩形支撑表面，并且具有足够的厚度以支撑放置在其上病人的重量，同时该塑料板的厚度使得 X 射线可以穿透该塑料板从而确定病人伤势，而无须为此再对病人进行转移；
>
> 所述板上的多个开口，位于邻近所述支撑表面的外边缘，提供了握住所述塑料板以有效的滑动所述塑料板和该塑料板上的病人的手段；
>
> 所述多个开口包括具有圆角的大致为矩形的开口和圆形的

---

[143] 见 Sage Probs., Inc. v. Devon Indus., Inc., 126 F. 3d 1420, 1425 (Fed. Cir. 1997)。

[144] 927 F. 2d 584 (Fed. Cir. 1991).

开口以握住所述塑料板从而对病人进行移动。[145]

值得注意的是，原始递交的专利申请的权利要求并没有限制开口的性质。原始递交的权利要求仅仅要求该担架包括“所述板上的多个开口，位于邻近所述支撑表面的外边缘，提供了握住所述塑料板以有效的滑动所述塑料板和该塑料板上的病人的手段”。[146]

在申请过程中，USPTO依据《美国专利法》第103条以及若干现有技术对比文件，以显而易见性为由驳回了上述权利要求。作为答复，专利申请人修改了其权利要求并增加了“矩形开口”和“圆形开口”这两项特征。在对该修改的说明中，申请人辩解道，所要求保护的发明创造与相关现有技术的区别在于，本申请既有矩形开口又有圆形开口，向审查员强调称，“没有任何一篇所引用的对比文件公开了修改后的权利要求中所述矩形开口和圆形开口的具体形状及位置。”[147]

被告的被控侵权担架并没对该专利构成字面侵权，因为被告的担架中的开口都是矩形的，而不是既有矩形也有圆形。由于有书面记载的申请历史，地区法院认为申请历史禁止反悔原则排除了专利权人对等同原则的适用，并由此作出了被控侵权者不构成侵权的简易判决。

联邦巡回上诉法院同意地区法院在*Dixie USA*案中的判决。无论被控侵权担架是否与所要求保护的发明创造实现了相同的功能、以实质相同的方法、达到了实质相同的结果（技术等同），本案专利权人被禁止依据等同原则证明存在侵权责任。法院的结论是，“如果专利权人在其专利申请期间，审查员基于具有矩形开口的现有技术作出了驳回决定，作为回

---

[145] 927 F. 2d 585-586（Fed. Cir. 1991）. 权利要求原文如下：

A patient shifting aid comprising:

a plastic slab having rounded corners forming a rectangular support surface upon which a patient is adapted [sic] to be placed and having sufficient thickness to support the weight of a patient placed thereon while enabling the obtaining of x-rays through the plastic slab to determine the extent of patient injury without the necessity of additional shifting of the patient;

a plurality of openings in said slab and disposed adjacent the periphery of said support surface providing means for gripping the plastic slab to effect sliding movement of the plastic slab and the patient support [sic, supported] thereon;

said plurality of openings comprising generally rectangular openings having rounded corners and rounded openings for grasping the slab for moving a patient. ——译者注

[146] 同上，at 585－586。

[147] 同上，at 588（原文强调）。

应申请人增加了矩形开口和圆形开口的特征以克服该驳回决定，那么专利权人随后就不能够声称不具有矩形开口和圆形开口特征的被控设备侵犯了其专利权。”[148]

Dixie USA 案中的申请历史禁止反悔源于专利申请人对其权利要求进行的修改，以及以书面意见形式向 USPTO 提出的对该修改的法律论证。不过，即便是不修改权利要求，也还是会产生申请历史禁止反悔。在一些情形下，通常以申请人答复审查意见的书面“评论”（remarks）形式作出的论证本身就可以产生禁止反悔。申请人的论证可能会涉及对所要求保护的发明创造和/或现有技术的描述，通常会强调这二者之间的区别来证明可专利性。这种类型的禁止反悔被联邦巡回上诉法院称为“基于论证的申请历史禁止反悔”（argument-based prosecution estoppel），对其认定并不是基于任何对权利要求作出的明确修改，因此，只有在“明确、无误解地放弃客体”（clear and unmistakable surrender of subject matter）的前提下才适用这种禁止反悔。[149]

b. 禁止反悔的范围

假定专利权人在申请过程中的行为触发了申请历史禁止反悔（以修该权利要求和/或论证的方式），那么下一步要分析的就是确定禁止反悔的合理范围。也就是说，如果专利权人在对 USPTO 的审查意见进行答复时通过限缩权利要求的保护范围作出了修改，是否仍然能够拥有修改后权利要求字面保护范围以外的一定范围内的等同？比方说，一项权利要求记载了“一种物质组合，包括重量少于 50% 的 X”。USPTO 基于公开了具有 40% 的 X 的现有技术作出驳回意见，在对驳回意见进行答复时，假定专利申请人将其权利要求修改为，该组合必须包括“重量少于 20% 的 X”。[150] 如果被控侵权者制造并销售了含

---

[148] 927 F. 2d 587 – 588 (Fed. Cir. 1991).

[149] 见 Conoco, Inc., v. Energy & Env. Int', L. C., 460 F. 3d 1349, 1364 (Fed. Cir. 2006); Pharmacia & Upjohn Co. v. Mylan Pharms., Inc., 170 F. 3d 1373, 1377 (Fed. Cir. 1999)。联邦巡回上诉法院认为，与基于修改的禁止反悔不同，法院“不会通过对审查员进行的简单论证和解释就推定专利权人的论证放弃了所有可能的等同。虽然向审查员进行陈述会产生与对权利要求的正式修改相同的效力，但其并不总是如同对权利要求的正式修改一样能够证明对保护范围的明确放弃”。见 *Conoco*, 460 F. 3d at 1364。

[150] 这假定了原始递交的专利申请能够依据《美国专利法》第 112 条（a）款对 20% 这一限定提供足够的支持。

25% 的 X 的组合，那么就不成立字面侵权。但是，该被控侵权组合是否会构成等同原则下的侵权呢？

在早期判决中，联邦巡回上诉法院对涉及申请历史禁止反悔合理范围的问题采取的是“灵活”（flexible）或“范围”（spectrum）原则。常被引用的联邦巡回上诉法院在 *Hughes Aircraft Co. v. United States* 案[151]判决中的内容指出，申请历史禁止反悔对等同原则具有的“限制性影响”的“范围可以从很大到小到零”。[152] 如下文所述，联邦巡回上诉法院随后于 2000 年在 *Festo Corp. v. Shoketsu Kinzoku Kogyo Kabushiki Co.* 案[153]的全席判决中放弃了这种灵活的判断方式，转而采用一种绝对的申请历史禁止反悔的完全“绝对禁止”（complete bar）原则。2002 年，美国最高法院推翻了联邦巡回上诉法院的 *Festo* 案判决，并确立了新的、位于灵活与完全禁止原则之间的、“推定性禁止”（presumptive bar）原则。最高法院在申请历史禁止反悔这一问题上的观点演化体现在其于 1997 年作出的 *Warner-Jenkinson* 案的判决，以及于 2002 年作出的 *Festo* 案后续判决。下文将对这两项判决进行详细介绍。

c. *Warner-Jenkinson* 案的推定禁止反悔原则

最高法院在 *Warner-Jenkinson Co. v. Hilton Davis Chem.*, *Co.* 案[154]中对于在记录空白（silent record）或原因不明的情况下，即申请历史无法显示对权利要求作出修改的原因的情况下的申请历史禁止反悔提出了新的推定理论。[155] 最高法院认为，在这种情形下，根据公平的要求，专利权人要承担修改理由的举证责任。如果无法提供任何解释的话，法院就应当“推定专利申请人进行修改是出于与可专利性有关的实质性理

---

[151] 17 F. 2d 1351 (Fed. Cir. 1983).

[152] 同上，at 1363。

[153] 234 F. 3d 558 (Fed. Cir. 2000)（全席判决）。

[154] 520 U. S. 17 (1997).

[155] 见同上，at 33 - 34。*Warner-Jenkinson* 案中递交的专利申请权利要求并没有对所要求保护的染料提纯操作方法中的 pH 范围进行限定。USPTO 的审查员引用了一篇现有技术对比文件公开了在 pH 值大于 9 的环境下操作的类似方法。见同前，at 22。在答复审查意见时，申请人将权利要求将其权利要求修改为所要求保护的方法的 pH 参数落在“大致 6.0 ~ 9.0 之间”。同前。尽管将 pH9 作为 pH 值的上限的理由是很明显的（与所引用的现有技术相区分），但申请历史记录并没有写明为何将 pH6 作为 pH 值的下限。见同前，at 32。由于 *Warner-Jenkinson* 案的申请历史记录没有解释上述对权利要求进行限缩修改的原因，于是对权利要求的这一项特征就适用了完全禁止反悔推定。见同前，at 33 - 34。

由的”。[156]

如果专利权人不能够推翻对权利要求的修改是基于与可专利性有关的理由的推定，那么“申请历史禁止反悔原则就会禁止对该修改的部分适用等同原则”。[157] 换言之，如果没有推翻申请历史禁止反悔推定，则会导致完全禁止对有争议的权利要求特征适用等同原则。

d. 联邦巡回上诉法院在 *Festo I* 案中宣布的完全禁止原则（complete bar rule）

2002 年，在全席审判长期未决的 *Festo Corp. v. Shoketsu Kinzoku Kogyo Kabushiki Co.* 案（以下简称“*Festo I* 案”）时，联邦巡回上诉法院极大地加强了申请历史禁止反悔的限制影响并超出了 *Warner-Jenkinson* 案判决所宣布的范围。[158] 尽管如下所述美国最高法院随后推翻了 *Festo I* 案判决，但在这件案子中联邦巡回上诉法院的思维方式的总结对于理解当前对禁止反悔进行判断的规则来说是非常重要的。

在 *Festo I* 案中，联邦巡回上诉法院全席审判中的多数意见宣布了一项绝对“修改禁止”（bar by amendment）原则，其影响远超过了 *Warner-Jenkinson* 案判决中所宣布的限制性“记录空白”（silent record）推定。在联邦巡回上诉法院的 *Festo I* 案确定的原则下，在专利申请过程中任何基于与可专利性相关的理由而被限缩的权利要求特征的都无法适用等同原则；对这些特征来说只存在字面侵权。（因此，无论是从字面上讲还是在等同原则下，上述假设例子中具有 25% X 的被控组合都不会构成侵权。）“与可专利性相关的理由”包括与美国专利法有关的任何理由，包括答复依据《美国专利法》第 112 条（b）款作出的关于不清楚的驳回意见而进行的修改。由于之前，至少是在 *Festo I* 案之前，在专利申请的往复过程

---

[156] 520 U. S. 33（1997）. 最高法院并没有明确定义“与可专利性相关的理由”的含义，但最高法院提供了很多案例，这些案例均涉及作为对现有技术驳回决定（基于《美国专利法》第 102 条的预见或第 103 条下的显而易见性）的答复而对权利要求进行的修改。见同前。

[157] 520 U. S. 17（1997）.

[158] 234 F. 3d 558（Fed. Cir. 2000）（全席判决）（*Festo I*），撤销并发回重审，Festo Corp. v. Shoketsu Kinzoku Kogyo Kabushiki Co. , 535 U. S. 722（2002）（*Festo II*）。在这里使用“*Festo I*”作为简写是为了方便，但从文义上来说并不准确；联邦巡回上诉法院是在 5 年以前首次接触到后来发展成长期纠纷的、Festo 磁性无杆汽缸（magnetic rodless cylinder）专利侵权案。见 Festo Corp. v. Shoketsu Kinzoku Kogyo Kabushiki Co. , 72 F. 3d 857（Fed. Cir. 1995）（维持了地区法院作出的对 Festo 的 Carroll 专利侵权成立的简易判决，并维持了陪审团审判后作出的对 Festo 的 Stoll 专利侵权成立的判决）。

中，通过修改来限缩权利要求的保护范围是常见的做法，所以几乎所有授权专利都受到了联邦巡回上诉法院 *Festo I* 案判决的影响，且这些专利的价值也被严重削弱。

Festo I 案判决多数意见的政策论点是，限制等同原则的应用有助于通过鼓励后续企业进行回避设计和改进从而促进创新，这种观点当然是有道理的，但他们忽略了这种限制也会极大地削弱进行“开拓性”创新和基础性研究的动力。联邦巡回上诉法院作出的 *Festo I* 案判决严重的削减了开创性发明创造者创新的动机，因为专利授权所获得的保护范围在很多情形下都被限缩到很轻易就可以回避字面侵权责任的程度。

联邦巡回上诉法院的判决最让人头疼的地方显然在于 *Festo I* 案判决的绝对性标准对当时约 120 万的有效美国专利的追溯性影响。与最高法院在 *Warner-Jenkinson* 案中表现出的态度不同，联邦巡回上诉法院在 *Festo I* 案判决中的多数意见并不在乎专利权人的信赖利益，对于“根本的改变了游戏的规则”也不感到担心；[159] 也就是说，对于在最高法院 *Warner-Jenkinson* 案所宣布的适用于某些权利要求修改原因不明情况的、可推翻的禁止反悔推定以前就获得了专利的人来说，其期待无法得到这项判决的保护。*Festo I* 案的多数意见宣布了一项远比 *Waner-Jenkinson* 案判决要更严格的新的禁止反悔规则，该规则不可被推翻，并且统一地适用于任何基于与获取专利的法定要求相关的理由而作出的限缩性修改，即便是现存专利也不能幸免。

e. 最高法院在 *Festo II* 案中宣布的推定禁止原则（presumptive bar rule）

在 2002 年 5 月 28 日作出的里程碑式判决中，美国最高法院撤销了联邦巡回上诉法院在 *Festo I* 案中的判决，并将该案件发回上诉法院重新审理。[160] 最高法院断然否定了联邦巡回上诉法院的完全禁止反悔原则（“完

[159] Warner-Jenkinson, 520 U. S. at 32 n. 6.

[160] Festo Corp. v. Shoketsu Kinzoku Kogyo Kabushiki Co. , 535 U. S. 722 (2002) (*Festo II*) .

全禁止”原则)。最高法院同意基于专利法的任何理由进行的限缩式修改[161]，包括为答复依据《美国专利法》第112条作出的驳回意见而进行的修改，都可能会导致禁止反悔。[162] 最高法院并没有适用限缩性修改自动破坏所有可能的等同范围的本身违法原则，不过，仍需要对进行限缩性修改而放弃的客体进行审查。[163]

最高法院在 *Festo II* 案中采用了可推翻的推定原则，即推定限缩式修改是对有争议的特定等同物的放弃。该推定原则既可以看作是对最高法

---

[161] 并不是在申请过程中对权利要求进行的每一项修改都会限缩权利要求的保护范围。例如，联邦巡回上诉法院在 *Interactive Pictures Corp. v. Infinite Pictures, Inc.*, 274 F. 3d 1371 (Fed. Cir. 2001) 案中指出，专利申请人将有关图像观看系统 (image viewing system) 的权利要求中的用语“输出信号” (output signals) 修改为“输出变换计算信号” (output transform calculation signals)，就不属于会导致申请历史禁止反悔的限缩式修改。见同前，at 1377。联邦巡回上诉法院同意专利权人的意见，认为该修改并不是限缩性的，因为“仅仅是对信号重命名以进行澄清，而并没有改变信号的本质和属性”。同前。在 *Primos, Inc. v. Hunter's Specialties, Inc.*, 451 F. 3d 841 (Fed. Cir. 2006) 案中，专利权人将权利要求用语“一块平板” (a plate) 修改为“一块具有长度的平板” (a plate having a length) 并没有限缩权利要求的保护范围，因为“任何物体都具有长度”。同前，at 849。

[162] 见 *Festo II*, 535 U. S. AT 736 - 737:

> 当所作的修改是为了获得专利，并且该修改限缩了专利保护范围时，会导致禁止反悔。如果依据《美国专利法》第112条作出的修改确实是修饰性的，那么该修改就不会限缩权利要求的保护范围或导致禁止反悔。相反，如果依据第112条作出的修改是必要的，并且会限缩专利的保护范围，哪怕该修改仅仅是为了更好地进行描述，也会导致禁止反悔的适用。为了获取专利而对权利要求进行限缩的专利权人就放弃了要求保护更宽泛客体的权利，无论所作的修改是为了避开现有技术还是为了符合第112条的要求。我们必须将该专利权人视作已经承认无法要求保护更宽泛的客体，或至少是已经放弃了对驳回意见进行上诉的权利。在上述任何一种情形下，禁止反悔原则可以都适用。

[163] 见同上，at 737 (解释道，“尽管申请历史禁止反悔原则能够禁止专利权人对竞争者制造或发行的多种等同物提出挑战，但该原则的适用还需要对通过限缩式修改被放弃的客体进行审查”)。

院先前在 *Warner-Jenkinson* 案中宣布的“记录空白”推定原则的扩展，(164) 也可以看作是对联邦巡回上诉法院在 *Festo I* 案判决中宣布的完全禁止原则的极大缓和。依据最高法院作出的 *Festo II* 案判决，专利权人有可能在如下情形下克服禁止反悔推定：

> 不过，在下面情况中就无法合理的将修改视为对特定等同物的放弃。**在申请时，所主张的等同物可能是不可预见的；对权利要求进行修改的理由可能与有争议的等同物只有很少的关系；或者是有一些其他原因可以证明无法合理的期待专利权人能够对有争议的非实质性替代物进行记载。**在这些情形下，专利权人就可以推翻禁止等同认定的申请历史禁止反悔推定。
>
> 这项推定禁止原则并不是换了名字的完全禁止原则。与之相反，这项推定禁止原则反映出对专利的解读要从权利要求的字面开始，并且申请历史是与解读这些权利要求相关的。当专利权人选择限缩一项权利要求时，法院就会推定这种修改是在知晓本原则的情况下作出的，且所放弃的范围不是所要求保护的范围的等同。不过，在这种情况下，专利权人还是有可能推翻禁止等同主张的推定的。**专利权人必须能够证明，在进行修改时，无法合理地期待本领域普通技术人员能够撰写一项可以从字面上涵盖所主张等同物的权利要求。**(165)

---

(164) *Warner-Jenkinson* 案中宣布的禁止反悔推定看起来仅适用于那些在记录中没有记载理由的修改。见 *Warner-Jenkinson Co. v. Hilton Davis Chem.*, *Co.*, 520 U. S. 17, 33 (1997)（认为“在没有解释的情况下，法院应当推定专利申请人是出于与可专利性有关的实质理由才通过修改加入限定性特征的”）。依据最高法院随后在 *Festo II* 案中的判决，只要进行了“限缩式”修改该禁止反悔推定就可以适用，而不再局限于没有说明理由的修改，因此：

> 当专利权人未能说明修改理由时，不仅适用禁止反悔原则而且还会“阻止对所修改内容适用等同原则”。出处同上。这并不代表着绝对禁止；而是仅限于“未说明理由”的情形。不过，这的确是规定了在法院无法确定进行限缩式修改、以及因此将禁止反悔限于特定等同物的理由的情况下，法院应当推定专利权人放弃了较宽范围和较窄范围之间的所有客体。正如 *Warner-Jenkinson* 判决认为专利权人应当负责证明作出修改的理由不会导致禁止反悔一样，我们在本案中认为专利权人应当负责证明作出修改并不意味着放弃所争议的特定等同物。

Festo II, 535 U. S. at 740。

(165) 同上，at 740 – 741（着重部分由编者所加）。

最高法院在 *Festo II* 案中建立的申请历史禁止反悔标准遗留下了一些重要的问题没有得到解答。例如，需要怎样才能证明是否满足了“不可预见性”的要求？在怎样的情况下，修改才算是与专利权人试图依据等同原则涵盖的特定等同物“只有很少关系”？何种类型的“其他理由”能够证明“无法合理地期待专利权人对所争议的非实质性替代物进行记载”。[166] 证明这些的适当时机是何时：递交申请时，作出受质疑的修改时，还是授予专利权时？谁可以回答是否可以合理地期待“权利要求作者能够撰写出一项可以从字面上涵盖所主张等同物的权利要求”这个问题的“本领域普通技术人员”呢？更具体地说，这样的人是涉案发明创造所属领域的普通技术人员呢，还是撰写专利权利要求领域的普通技术人员呢？[167] 上述这些问题中的每一项应被视为法律问题还是事实问题呢？当事人是否有权要求由陪审团审判对这些问题进行裁决呢？

在联邦巡回上诉法院解决这些问题之前，一些联邦地区法院就已着手开始解决这些问题，且有着各式各样的答案。[168]

f. 联邦巡回上诉法院在 *Festo III* 案中的重审判决

联邦巡回上诉法院于 2003 年 9 月 26 日对最高法院发回重审的 *Festo II* 案作出了全席判决。[169] *Festo III* 案判决构建了执行新的推定禁止制度的标准，并回答了（即便不是全部）大多数由 *Festo II* 判决产生的问题。*Festo III* 案判决具体解决了如下四个问题，并且联邦巡回上诉法院要求当事人和法庭之友就该四个问题提交了简报：

(1)对推定放弃的推翻，包括可预见性问题、只有很少关系问题或本

---

[166] 例如，如果专利权人由于在说明书中缺乏书面描述的支持而没有在字面上要求保护涉案非实质性替代物呢？见 Donald S. Chisum 所著 *The Supreme Court's Festo Decision: Implications for Patent Claim Scope and Other Issues* (June 2002), at 16，网址为 http://lexisnexis.com/practiceareas/ip/pdfs/chisumfesto.pdf。

[167] 尽管有一些发明人对专利流程非常熟悉，但更多情况下，发明人会需要接受过撰写权利要求法律培训的专利律师或专利代理人的服务。

[168] 例如，以下三个地区法院的判决涉及的虽是相同的专利，但却在依据最高法院的 *Festo II* 判决处理申请历史禁止反悔的问题上得到了不同的结论。见 Glaxo Wellcome, Inc. v. IMPAX Labs., Inc., 220 F. Supp. 2d 1089 (N. D. Cal. 2002); Glaxo Wellcome, Inc. v. Eon Labs Mfg., Inc., No. 00 Civ. 9089, 2002 U. S. Dist. LEXIS 14923 (S. D. N. Y. 2002); Smithkline Beecham Corp. v. Excel Pharms., Inc., 214 F. Supp. 2d 581 (E. D. Va. 2002)。

[169] Festo Corp. v. Shoketsu Kinzoku Kogyo Kabushiki Co., 344 F. 3d 1359 (Fed. Cir. 2003)（全席判决）（以下简称“*Festo III* 案”）。

领域技术人员的合理期待问题，是一项法律问题还是事实问题；陪审团在对专利权人是否能够推翻这项推定的判断中应该扮演怎样的角色？

(2)最高法院设定的标准包括哪些因素？

(3)如果作出可推翻的判断需要进行事实发现，那么在本案中，是否需要将案件发回地区法院重审，以判断 Festo 是否能够推翻任何限缩式的修改都是对当前所主张的等同物的放弃这一推定，或者现有记录是否已足够作出这些判断。

(4)如果将案件发回地区法院重审并非必要，那么 Festo 是否能够推翻任何限缩式的修改都是对现在所主张的等同物的放弃这一推定。[170]

关于涉及法官和陪审团适当角色的第一个问题，审理 *Festo III* 案的法院认为，专利权人是否能够推翻被限缩的权利要求特征的任何等同物都已被放弃这一推定，是一个法律问题。由此，这一问题应当是由地区法院而不是陪审团，依据申请历史禁止反悔的传统观点来作出衡平性决定。尽管推翻这个推定可能会涉及一些基本的事实，地区法院在对这个最终的法律问题进行判断的过程中要负责进行这些事实发现。[171]

Festo III 案判决解决的第二个问题旨在对最高法院在 *Festo II* 案中提出的推翻完全禁止反悔推定的三项标准加以充实。正如在前面所描述的，这三项标准分别是：(1) 专利权人能够证明在作出限缩式修改时，所主张的等同物是不可预见的；(2) 作出限缩式修改的原因与有争议的等同物只有很少的关系；(3) 存在"一些其他原因"，表明不能够合理期待专利权人在限缩其权利要求时，能够撰写出一项涵盖所主张的等同物的权利要求。

联邦巡回上诉法院在 *Festo III* 案判决中指出，标准 (1) "不可预见性"是一个"客观问题，即在修改时所主张等同物对本领域普通技术人员来说是否是可预见的"。[172] 后兴起的技术（例如，真空导管相对于晶体管，或与 Velcro® 相对于扣件）一般来说是不可预见的，而在专利权人进行修改时本领域已知的技术更可能是可预见的。对可预见性的客观认定

---

[170] Festo Corp. v. Shoketsu Kinzoku Kogyo Kabushiki Co., 304 F. 3d 1289, 1290 - 1291 (Fed. Cir. 2002).

[171] 见 *Festo III*, 344 F. 3d at 1368 - 1369。

[172] 同上，at 1369。

取决于基本的事实问题，如在进行修改时本领域的技术水平，以及假想的本领域普通技术人员的理解能力。因此，关于这些问题地区法院可以听取专家证词，并参考其他相关的外部证据。

标准（2）“只有很少的关系”（tangentialness）指的是，进行限缩修改的原因是否是边缘性的而非直接相关的，也就是说，进行的限缩修改是否与所主张的等同物无关。如果限缩式修改放弃了所主张的等同物，就不可能只有很少的相关性：“为了避开包括涉案等同物在内的现有技术而进行的修改并不是只有很少的相关性；这对权利要求是否能够被核准来说是至关重要的。”[173] 问题的关键集中在专利权人限缩权利要求的客观显然原因，因此，在回答这一问题时地区法院仅限于对内部证据的考量。对于所主张的等同物来说，修改究竟是否只有很少的关系，“这需要法院根据申请历史档案记录来判断，而不得引入其他证据，除非在必要时，可以参考用来解释该档案记录的本领域技术人员证词。”[174]

标准（3）“一些其他原因”说明无法合理期待专利权人能够撰写一项涵盖有争议的非实质替代物的权利要求，这是个范围很“窄”的问题，但至少包括了“语言的局限性”。尽管没有绝对排除外部证据与这个问题相关的可能性，审理 *Festo III* 案的法院指出，“在对第三项标准进行判断时，也应当尽可能限于申请历史记录”，就像对标准（2）进行判断时一样。[175]

在对当事人的论证以及涉案 Stoll 和 Carroll 专利的申请历史应用了上述规则以后，审理 *Festo III* 案的法院认为，专利权人 Festo 无法证明对 Stoll 和 Carroll 专利作出的“磁化”（magnetizable）和“密封环”（sealing ring）这两项修改仅仅是“具有很少的相关性”的或是由于“一些其他原因”而作出的。不过，确实存在有关所主张等同物的客观不可预见性的事实问题；例如，Festo 辩解道，被控侵权的 SMC 双向密封环是比位于所要求保护的发明创造中活塞每一端的单向密封环要低级、并且不可预见的等同物。这些事实问题的存在使得有必要将案件发回地区法院重审，以确定 Festo 是否能够通过证明在进行修改时被控侵权要素对本领域普通

[173] 见 *Festo III*，344 F. 3d at 1369。

[174] 同上，at 1370。

[175] 同上。

技术人员来说是不可预见的，从而成功地推翻放弃推定。[176]

g. 适用了 *Festo* 可推翻标准的联邦巡回上诉法院判决

Festo III 判决后的联邦巡回上诉法院判决对这三项标准的适用提供了进一步的指导。例如，在 *Insituform Techs.*, *Inc. v. Cat Contracting*, *Inc.* 案[177]中专利权人成功地运用标准（2）推翻了 *Festo* 案确立完全禁止反悔推定。专利权人 Insituform 要求保护一种通过在管道内安装树脂浸渍衬垫来修复破损的地下管道的方法。尽管在申请过程中，Insituform 将其权利要求限缩为仅使用单个用于在衬垫内形成真空的杯体，联邦巡回上诉法院认为，该修改背后的根本原因"只与所争议的等同存在很少的关系"，而 Cat 被控侵权的方法则使用了多个真空杯体。申请历史表明，Instiuform 作出的限缩式修改除了单个杯体以外向权利要求中添加了其他限定，这样做的原因是为了区别于记载在衬垫的一端采用一个大压缩机的现有技术；限制真空杯体的数量是与该原因是无关的。也就是说，Insituform 的修改与现有技术的区别在于真空源所处位置；这"与真空源数量上的等同物只有很少的关系"。[178]

Primos, *Inc*, *v. Hunter's Specialties*, *Inc.* 案中的专利权人同样成功地依据标准（2）推翻了 *Festo* 推定。[179] 授权专利涉及一种猎人用来模拟动物如火鸡声音的狩猎信号设备。该设备的特征是一块位于扁平薄膜上的具有适当弯曲度的板子；当猎人使用该设备时，薄膜振动产生声音。现有技

[176] 重审过程中，Festo 在不可预见性这一问题上并未获胜。见 Festo Corp. v. Shoketsu Kinzoku Kogyo Kabushiki Co., No. Civ. A. 88-1814-PBS, 2006 WL 47695, *1 (D. Mass. Jan. 10, 2006)（Festo 依据 Fed. R. Civ. P. 59 (e) 提出动议要求更改或变更地区法院作出的认定 Shoketsu 不侵权的在先判决，但地区法院予以拒绝并认为，"在范围很小的（磁）泄露领域（依据 Festo 的设计），使用铝合金管套（一项古老的技术）代替可磁化管套，这在 1981 年作出修改时对该领域技术人员来说是可预见的"）。地区法院还指出，"在本发明创造的情境下……在 1981 年对该领域普通技术人员来说，采用现有技术中的双向密封环与导管环结合作为位于活塞每一端的密封环/导管环结合的等同物 [正如 Festo 权利要求 1 所记载的]，是可以被客观预见的。"同上，at *3。如在本章 D. 2. g 部分所详述的，联邦巡回上诉法院随后维持了地区法院作出的 Festo 没能满足不可预见性标准的判决。见 Festo Corp. v. Shoketsu Kinzoku Kogyo Kabushiki Co., 493 F.3d 1368 (Fed. Cir. 2007)。

[177] 385 F.3d 1360 (Fed. Cir. 2004).

[178] Cross Med. Prods., Inc. v. Medtronic Sofamor Danek, Inc., 480 F.3d 1335, 1342 (Fed. Cir. 2007)（引用了 Biagro W. Sales, Inc. v. Grow More, Inc., 423 F.3d 1296, 1306 (Fed. Cir. 2005)）。在 *Insituform* 案中的修改和所主张的等同物涉及"发明创造的不同方面——对于树脂来说的真空源的位置，相对于真空杯体的数目"，*Biagro*, 423 F.3d at 1306。

[179] 见 Primos, Inc. v. Hunter's Specialties, Inc., 451 F.3d 841, 848-850 (Fed. Cir. 2006)。

术狩猎信号设备具有一个类似于架子的结构并且与薄膜之间不存在间隙，USPTO 基于该设备驳回了 Primos 的’578 专利(180)的权利要求 2，作为对该驳回决定的回复，Primos 对该权利要求进行了限缩并记载了所述板子与薄膜之间的“间隙是不同的”。Hunter’s Specialties 的被控侵权产品（Tone Trough）包括位于薄膜上的半球形而非板状结构。联邦巡回上诉法院认为，“由于被控侵权设备的半球形结构包括间隙，所作的修改与被控侵权设备中有争议的要素只有很少的关系，因此申请历史禁止反悔无法禁止等同原则的适用。”(181)

Festo III 案后的其他联邦巡回上诉法院判决则体现了专利权人未能证明三项标准中的任何一项，因此无法适用等同原则的情况。例如 *Glaxo Wellcome, Inc. v. Impax Labs., Inc.* 案(182)中的专利权人就没能依据有关“不可预见性”的标准 1 推翻 *Festo* 推定。Glaxo 的专利涉及一种含有抗抑郁剂盐酸安非他酮（bupropion hydrochloride）的受控缓释药片，Glaxo 在销售这种抗抑郁药物时采用了 Wellbutrin® SR 作为商标。具体来说，Glaxo 的专利要求保护的是一种包含盐酸安非他酮和羟丙基甲基纤维素（hydroxypropyl methylcellulose，HPMC）的混合物的缓释药片，这种药物可以通过将药物转换成在吞咽时膨胀的凝胶来延长药物释放。与 HPMC 不同，被控侵权产品中使用的释放剂是羟丙基纤维素（hydroxypropyl cellulose，HPC），一种形成水凝胶化的合物。诉讼双方在 HPMC 和 HPC 是技术上等同的缓释剂这个问题上没有争议；但是，被控侵权者 Impax 认为 Galxo 受申请历史禁止反悔的限制所以不能够求助于等同原则，因为 Galxo 通过在其权利要求中加入了具体的特征 HPMC（在专利申请递交时，该权利要求没有记载任何特定的释放剂）而限缩了权利要求的范围。而 Galxo 反驳称，在其对所争议的权利要求进行修改时 HPC 是不可预见的。Galxo 声称其不可能将权利要求修改的足够宽泛从而可以涵盖被控侵权的 HPC，因为这样就会被作为“新内容”而驳回；(183) 其专利申请并没有提到

(180) 见 Game Call Apparatus, U. S. Patent No. 5, 415, 578 (issued May 16, 1995)。

(181) *Primos*, 451 F. 3d at 849.

(182) 356 F. 3d 1348 (Fed. Cir. 2004).

(183) 《美国专利法》第 132 条（a）款规定不得向未决专利申请中加入任何新内容（“不得通过修改向发明创造公开内容中加入新的内容”）。专利权利要求以及修改必须能够得到申请时公开内容（书面说明和权利要求书）的支持。见 USPTO, Manual of Patent Examining Procedure (8th ed., 7th rev. 2008) §608.01 (o) (“Basis for Claim Terminology in Description”)，网址为 http://www.uspto.gov/web/offices/pac/mpep/documents/0060_608_01_o.htm#sect608.01o。

HPC 或任何其他除 HPMC 以外的释放剂。但联邦巡回上诉法院不同意这一看法并认为，“最高法院［在 *Festo II* 案中对不可预见性］仅强调了作出修改的时间，但没有涉及由于申请人在递交申请时有意的将已知等同物排除在其公开内容外，从而无法合理要求保护该已知等同物的情形。”联邦巡回上诉法院承认在 Galxo 修改其权利要求时，除 HPMC 之外，没有任何已知的水凝胶被试过与盐酸安非他酮一起达到缓释效果。但是，记录显示“有足够的证据”证明，Galxo 即便没有在更早的时候，至少在修改’798 专利的权利要求时，已能够对缓释化合物 HPC 有所描述。联邦巡回上诉法院的结论是当时 Glaxo 已知晓 HPC 的存在，因为至少在 Galxo 申请期间递交的信息披露宣言（information disclosure statement）中写着，“所述 HPC、HPMC 以及多种其他聚合化合物可以用于形成药物的延长释放”。[184]

在漫长的 *Festo v. Shoketsu* 战役最近的（并且可能是最后的）判决中，联邦巡回上诉法院在 2007 年确认了地区法院的结论，即 Festo 不可以依据有关“不可预见性”的标准（1）来推翻完全禁止反悔推定并且将 Shokestu 的具有不可磁化外管套的磁连接无杆汽缸包括在其保护范围内。[185] 在回顾了应用不可预见性标准作出的在先判例后，法院认为，“我们一直以来持有的看法是，如果在作出修改时，一项等同物在相关现有技术领域是已知的，那么该等同物就是可预见的。”[186] 法院否定了 Festo 提出的替代性标准，即如果要确定被控侵权等同物的可预见性，那么在对权利要求进行修改时，被控侵权等同物就必须满足“功能/方式/结果”或“非实质性区别”的标准，该标准所关注的仅仅是当时可获得的信息。[187] 法院指出，“功能/方式/结果”或“非实质性区别”标准的设立是为了判断被控侵权等同物是否与权利要求特征足够相近，从而专利权人能够依据等同原则要求保护该等同物；但该标准的设立并不是为了“在一个完全不同的环境下”来判断是否由于专利权人对其权利要求进行了限缩式修改因此就可适用申请历史禁止反悔原则。[188] 简言之，功能/方式/

---

[184] *Glaxo Wellcome* , 356 F. 3d at 1355.

[185] 见 Festo Corp. v. Shoketsu Kinzoku Kogyo Kabushiki Co. , 493 F. 3d 1368 (Fed. Cir. 2007)。

[186] 439 F. 3d 1378 (Fed. Cir. 2007) .

[187] 见同上，at 1378 - 1379。

[188] 见同上，at 1380。

结果或非实质性区别标准并不适用于对可预见性的判断。[189]

另外，Festo 提出的不可预见性判断标准中的时机也是不正确的。联邦巡回上诉法院解释道，“关键的问题不是在于在作出限缩式修改后被控侵权替代物是否是已知等同物，而在于在作出限缩式修改之前其是否就是已知的等同物。”[190] 根据这一理解，“如果本领域普通技术人员知晓该替代物存在于初始专利权利要求保护范围所定义的技术领域之中，那么该等同物就是可预见的，即便对于修改后的权利要求保护范围所定义的具体目的来说该替代物的适用性是未知的。”[191] 联邦巡回上诉法院采用如下的例子来解释上述原则，“如果在作出修改之前，一项权利要求宽泛地要求保护一种用于灯泡的金属灯丝，随后为了规避现有技术作出了修改并由于金属 A 的寿命长因而在权利要求中对其进行了具体记载，那么在该领域已知的亦可用作灯丝的金属 B 就不是不可预见的，即便金属 B 的寿命长短在作出修改时仍是未知的。”[192]

其他 *Festo-III* 案之后的判决涉及了会直接触发 *Festo* 推定的修改的性质。例如，联邦巡回上诉法院在 *Honeywell Int'l Inc. v. Hamilton Sundstrand Corp.* 案[193]中以全席判决的形式阐明“将从属权利要求改写为独立权利要求的形式，并将原独立权利要求删除，会触发申请历史禁止反悔推定”。[194] 就像在 *Honeywell* 案中一样，即便是从属权利要求中包括了所删除的独立权利要求中没有的特征，这也是成立的。Honeywell 认为，尽管其通过删除的方式放弃了范围更宽泛的原始独立权利要求，也不应存在任何放弃推定，因为重新改写的权利要求自身的范围并没有被限缩；而仅仅是改换成独立权利要求的形式而已。[195] 联邦巡回上诉法院不同意这一看法，并认为“所关注的焦点应该是，修改是否限缩了所要求保护客体的总体范围”。[196] “如果通过删除原独立权利要求并将从属权利要求改写成独立权利要求的形式，限缩了原独立权利要求

---

[189] 439 F. 3d 1382 (Fed. Cir. 2007).

[190] 同上，at 1381（原文强调）。

[191] 同上。换言之，“如果在修改作出之前一项替代物在权利要求范围所体现的发明创造领域中是已知的，那么该替代物就是可预见的。”同前，at 1379。法院并没有排除可预见性的其他形式，但法院认为“在此没有机会来判断等同物在其他什么情况下是可预见的”。同前。

[192] 同上，at 1381。

[193] 370 F. 3d 1131 (Fed. Cir. 2004)（全席判决）。

[194] 同上，at 1134。

[195] 本书第 2 章 D 部分对独立和从属权利要求进行了介绍。

[196] *Honeywell*, 370 F. 3d at 1141.

所要求保护的客体的范围从而获得专利，那么重新改写的权利要求范围并没有改变这一事实并不能排除对申请历史禁止反悔的适用。”[197]

3. 现有技术（假想权利要求分析）

现有技术代表了对专利权人依靠等同原则认定侵权的另一重要的法律限制。即便不存在任何申请历史禁止反悔问题，现有技术限制同样适用，例如在涉案专利权利要求没有经过 USPTO 的驳回而在第一次审查意见通知中就被核准的情形，正如关于该问题的基础性案件 *Wilson Sporting Goods v. David Goeffrey & Associates* 案[198]中的情况一样。

现有技术对等同原则所形成限制的实质就是，被控侵权者如果仅仅是通过“实施现有技术”来制造被控侵权设备，那么就不应依据等同原则承担侵权责任；也就是说，被控侵权者制造的是公众领域中已有的设备。[199] 根本的政策考量是，专利权人不应当利用等同原则来囊括专利权人最初就不能够从 USPTO 获得排他权的那些客体。[200] 审理 *Wilson* 案的法院提出如下意见：

> 专利权人不应能够依据等同原则囊括那些其无法根据字面权利要求从 PTO 合法获得的客体。等同原则的存在是为了阻止对专利的欺诈行为（a fraud on a patent），*Graver Tank & Mfg. Co. v. Linde Air Prods. Co.* 339 U.S. 605, 608, 94L. Ed. 1097, 70 S. Ct. 854 (1950)，而不是为了给予专利权人尝试过却无法从 PTO 依法获得的那些客体。因此，由于现有技术总是用来限制发明人所能要求保护的客体范围，它同样限制可以允许的权利要求等同范围。[201]

为了判断现有技术是否能够用作对等同原则的限制（或抗辩），在进行分析时，建立一个“假想的权利要求”（hypothetical claim）会有所帮

---

[197] *Honeywell*, 370 F. 3d at 1142。

[198] 904 F. 2d 677, 680 (Fed. Cir. 1990)（Rich 法官）。

[199] 见 *Wilson*, 904 F. 2d at 683（其中，被控侵权者 Dunlop “认为被陪审团认为侵权的球与现有技术中的 Uniroyal 球没有实质差别；由此，依据等同原则使得该专利延及 Dunlop 的球将会导致错误的将现有技术中的 Uniroyal 球也囊括在该专利之中”）；同前（阐述了“如果所主张的字面内容的等同范围将现有技术包括在内的话，就不成立侵权”）。值得注意的是，尽管“实施现有技术”抗辩可用于对抗等同原则下的侵权指控，但联邦巡回上诉法院拒绝对字面侵权指控应用该抗辩手段。见 Tate Access Floors, Inc. v. Interface Arch. Res., Inc., 279 F. 3d 1357, 1365 - 1366 (Fed. Cir. 2002)。

[200] 见 Wilson, 904 F. 2d at 684。

[201] 同上。

助。假想权利要求分析是按照图 9.2 列出的步骤进行的。[202]

1. 从号称在等同原则下被侵权的、经合理解释的专利权利要求文字出发。

↓

2. 对该权利要求进行修改，使之足以在字面上覆盖被控侵权设备。根据所要求保护的发明创造与被控侵权设备之间的区别，这种修改可能需要拓宽某一项特征或若干项特征的范围。通过这种方式改写出来的权利要求就是假想权利要求。

↓

3. 依据美国专利法第 102 条和第 103 条，基于诉讼记录中的现有技术，来评价假想权利要求的新颖性和非显而易见性。如果该假想权利要求是可以被核准的（没有被相关现有技术所预见或被认为是显而易见的），那么，就不能使用该现有技术作为等同原则的法律限制。但如果假想权利要求是不可以被核准，那么专利权人就不能依靠等同原则认定侵权。

图 9.2　以构造假想权利要求的方式来分析现有技术是否限制等同原则适用的步骤

在进行上述分析之后，可能有人会问这样一个问题，在确定侵权问题过程中，为什么我们要通过分析从而构建假想的权利要求并对其可专利性进行评价。由于专利权人并不负有对其授权专利有效性的举证责任使这一任务看起来更加的不可能。[203] 简单来说，假想权利要求分析是以更熟悉的方式对现有技术是否会对等同物的范围构成限制进行分析。我们熟悉如何依据第 102 和 103 条来分析专利权利要求的可专利性，因为这是 USPTO 的审查员与专利律师日常的工作。[204] 但要判断（在大多数情况下[205]）不存在相应"权利要求"的被控侵权设备的可专利性并非易事。这也就是我们要基于声称被侵犯的权利要求、并对其加以修改，从而构建能够从字面上覆盖被控侵权设备的假想权利要求的原因。正如审理 *Wil-*

---

[202] 上述方法的一个直接的例子是联邦巡回上诉法院在 *Abbott Labs. v. Dey, L. P.*, 287 F. 3d 1097, 1105 (Fed. Cir. 2002) 案中所应用的假想权利要求分析法。(指出"法院可以通过对字面记载了被控侵权等同物范围的'假想权利要求'进行分析，来结合现有技术确定等同原则的适用范围")。

[203] 见《美国专利法》第 282 条（其中规定了"应推定专利有效"）。

[204] 本书第 4 章（"新颖性及权利丧失"）和第 5 章（"非显而易见性要求"）对这两项条款进行了详细描述。

[205] 在一些案例中，被控侵权设备自身也可能是一件专利的客体。

son案的法院所解释的，假想权利要求分析法“利用了传统的可专利性规则，并且与相对于现有技术被控侵权设备（对该设备并无权利要求限定可考）是不是显而易见的判断相比，这种分析方法更为准确”。[206]

4. 对公众的贡献

专利权人不能依靠等同原则来重新获得虽在其专利申请中明确描述却未要求保护的客体。如果在这种情形下允许等同原则的适用，将会鼓励专利申请人通过这种方法避开USPTO对虽已公开但未要求保护的实施例的审查。[207] 例如，在*Maxwell v. J. Backer, Inc.* 案[208]中，专利权人在其申请中公开了其发明创造构思（一种用于将零售商店里销售的鞋子成对固定在一起的系统）的两个不同实施例，但仅在权利要求中要求保护了其中的一个实施例。由于没有要求保护另一个实施例，USPTO也就没有机会对该实施例的可专利性进行评价。联邦巡回上诉法院认为，作为一个法律问题，被控侵权者Backer对“Maxwell贡献给公众的另一项鞋子固定系统”的利用不构成侵权。[209]

但随后的*YBM Magnex, Inc. v. Int'l Trade Comm'n* 案[210]的判决看起来却是与*Maxwell*案的判决相矛盾的。联邦巡回上诉法院于2002年通过对*Johnson & Johnston Assocs. v. R. E. Serv. Co.* 案[211]作出全席判决从而化解了这一矛盾。涉案的J&J专利要求保护的是一种通过暂时将铜箔层粘附到铝衬底的方式来减少在处理过程中可能对集成电路板脆弱的铜箔层造成损害的组件。专利书面描述记载了尽管铝是优选的衬底材料，但也可以使用其他材料，例如不锈钢。不过，专利权利要求1却限定采用铝衬底；权利要求1记载了“一种层压制品，由在成形的集成电路板中构成功能部件的一层铜箔，以及构成可弃部件的一层铝组成”。[212]被控侵权者RES制造的层压制品是将铜箔和一层钢组合在一起。*Johnson & Johnson* 案全席判决的多数意见重新确认了*Maxwell v. J. Baker, Inc.* 案中指定的规

---

[206] *Wilson* , 904 F. 2d at 684.

[207] 在这样的情形下，专利权人可尝试对专利进行再颁以扩大权利要求的保护范围，从而将公开但先前并未要求保护的客体纳入其保护范围。但这种拓宽型再颁必须在原专利授权后的2年内提出。见《美国专利法》第251条。

[208] 86 F. 3d 1098 (Fed. Cir. 1996) .

[209] 同上，at 1108。

[210] 145 F. 3d 1317 (Fed. Cir. 1998) .

[211] 285 F. 3d 1046, 1054 (Fed. Cir. 2002)（全席判决）。

[212] 同上，at 1050（原文强调）。

则，认为“专利撰写者公开了但却并没有要求保护一项客体……的行为意味着将该未要求保护的客体贡献给公众”。[213]由于J&J公开了钢衬底但却没有要求保护，法院不会允许其利用等同原则对权利要求中有关铝的特征进行扩展以覆盖被控侵权的钢衬底。由于法院先前在*YBM Magnex*案中的判决与此矛盾，法院在本案全席判决中推翻了*YBM Magnex*案的判决。[214]

在*PSC Computer Prods.*, *Inc. v. Foxconn Int'l*, *Inc.*案[215]中，联邦巡回上诉法院解决了以下问题，即如果要依据*Johnson & Johnson*原则将专利权人未要求保护的内容视为对公众的贡献，对该内容公开的具体程度问题。PSC的专利涉及一种用来将热量从电子封装或半导体器件散出的散热组件（a heat-sink assembly）和固定夹（a retainer clip）。该专利范围最宽的权利要求记载了一种固定架包括“细长的、有弹性的金属带”。[216] 在讨论该发明创造的背景技术时，PSC专利的书面描述公开了某些“现有技术设备使用必须经过浇铸和锻造成型的塑料和/或金属零件，这些工艺是更昂贵的金属成型操作”。[217] PSB辩称这一段公开内容仅仅是“间接并且不重要的”（oblique and incidental），但联邦巡回上诉法院不同意该论点，认为这段内容已经足够具体的表示将未要求保护的实施例，塑料夹，贡献给公众，因此将塑料夹置于所要求保护的金属夹的任何允许的等同范围以外。联邦巡回上诉法院指出，判断标准在于本领域普通技术人员是否通过阅读书面描述就能理解未要求保护公开内容的教导。在本案中，一位具有本领域普通技术水平的读者“能够合理地从书面描述的语言中得出塑料夹零件能够替代金属夹零件的结论”。[218] 因此，PSC“要么在权利要求中除了金属夹零件之外也要求保护塑料夹零件，并递交这项范围较宽的权利要求接受审查，要么就不要求保护塑料夹而将使用塑料零件

---

[213] 285 F. 3d 1054 (Fed. Cir. 2002)（全席判决）。

[214] 见同上，at 1055。一位持异议意见的法官认为，J&J在其延续申请中递交的具有更宽范围的权利要求记载了“金属”衬底片，这是证明J&J无意将更宽泛的客体贡献给公众的客观证据。见同前，at 1067（Newman法官持异议意见）（引用了*In re Gibbs*, 437 F. 2d 486 (CCPA 1971)（认为在延续申请中要求保护某些客体的行为就是对公开但并未要求保护的客体即视为被放弃的推定的反驳））。

[215] 355 F. 3d 1353 (Fed. Cir. 2004).

[216] 同上，at 1355 。

[217] 同上，at 1356。

[218] 同上，at 1360。

的权利贡献给公众”。[219]PSC 选择了后一种方式，因此就将塑料夹贡献给了公众。

5. 对权利要求特征的损害

“损害”（vitiation）这一概念是对专利权人使用等同原则的另一法律限制。如果将等同原则应用于一特定权利要求特征将会去除或损害该特征，也就是说，会将该特征从权利要求中排除，那么等同原则就不能适用。例如，在 *Asyst Techs.*, *Inc. v. Emtrak*, *Inc.* 案中，法院认为“将‘未安装’（unmounted）等同于‘安装’（mounted）的结果就是将‘安装’（mounted on）这一特征从该专利中排除。”[220]

损害原则起源于前面讨论过的 *Warner-Jenkinson Co. v. Hilton Davis Chem. Co.* 案。[221] 最高法院在该案中指出，为减少应用等同原则的潜在不确定性，应对权利要求的每一项特征与其在被控侵权设备中的相应要素之间的等同性进行分析，而不是将所要求保护的发明创造整体与被控侵权设备整体进行比对。最高法院强调了“确保即便是对单一特征适用等同原则，也不允许宽泛到将整个特征排除在外”的重要性。[222] 最高法院解释道，如果对等同原则的适用加以适当的限制，将不会“损害专利权利要求自身的中心功能”（central function）。[223] 审理 *Warner-Jenkinson* 案的法院还指出，“依据案例的具体事实，如果……等同原则的运用会损害特定的权利要求特征，那么地区法院就应当作出部分或完整判

---

[219] 355 F. 3d 1360 (Fed. Cir. 2004).

[220] 402 F. 3d 1188, 1195 (Fed. Cir. 2005)。Asyst 的涉案专利要求保护一种信息处理系统，该信息处理系统包括：“用于接收并处理数字信息的第二微型计算机装置，所述第二微型计算机装置与安装（mounted）在各工作站上的所述各自第二双向通信装置通信”。同前，at 1190（引用权利要求 1）。联邦巡回上诉法院同意地区法院将“安装”解释为牢固的附加或附着（securely attached or affixed）。被控侵权的 IridNet 系统并没有这样的安装要求，因此该系统不构成字面侵权。此外，联邦巡回上诉法院还认为，“在本案中……地区法院认为等同原则不能延及至如 IridNet 系统这样的‘未安装’系统从而不会同时损害‘安装’这一特征的决定是正确的。”同前，at 1195。而且，如果适用了等同原则，不仅会违背“全要件原则”及其推论“特别排除”（specific exclusion）原则，“因为公平地说，‘安装’这个词具体地将‘未安装’对象排除在外”。同前。（引用了 SciMed Life Sys. v. Advanced Cardiovascular Sys., 242 F. 3d 1337, 1346 (Fed. Cir. 2001)（指出了“全要件”原则同“特别排除”原则之间密切关系）；Moore U. S. A., Inc., v. Standard Register Co., 229 F. 3d 1091, 1106 (Fed. Cir. 2000)；Athletic Alternatives, Inc., v. Prince Mfg., Inc., 73 F. 3d 1573, 1582 (Fed. Cir. 1996)（“特别排除”原则“是‘全要件’原则的推论”））。

[221] 520 U. S. 17 (1997).

[222] 同上，at 29。

[223] 同上，at 30－31。

决，因为在这种情况下已无更多实质问题需要陪审团处理。”[224]

根据本书作者的观点，损害原则的概念性难题在于其在实行时缺乏可行的限度。在极端情况下，损害原则的应用本身就是对等同原则的损害。究其定义，等同原则的应用是期待可以认定落在侵权分析步骤（1）解释的权利要求字面范围之外的被控侵权客体的侵权责任。换句话说，等同原则的适用常会涉及对权利要求特征的某种形式的“损害”。不过，最高法院一直在反复确认等同原则的存在性，尽管等同原则会给那些试图避免侵权的人带来不确定性。即便是在 *Warner-Jenkinson* 案中，尽管最高法院对损害权利要求特征的情况作出了审慎的评论，但最高法院还是将该案件发回重审，从而可以进一步考虑在 pH 5 条件下操作的被控侵权方法是否等同地侵犯了专利权人要求保护的“在 6.0 ~ 9.0” pH 范围下操作的方法”。[225]

联邦巡回上诉法院尚未开发出统一的标准来判断什么时候应当适用损害原则，而什么时候不应当。例如，法院首次应用损害原则的案例之一是 *Moore U. S. A. , Inc. v. Standard Register Co.* 案。[226] 在该案中，法院拒绝根据等同原则认定在 47.8% 的长度上涂有黏合剂的被控侵权信封构成侵权。法院认为，如果等同原则的适用将会对要求黏合剂布满信封的“大部分”长度（50% 或更多）的权利要求特征构成“损害”。

尽管可以说 *Moore U. S. A.* 案涉及了有关数值范围的权利要求（如果将“大多数”这一措辞解释为给定长度的 50% ~ 100% 的话），联邦巡回上诉法院的其他案例则是拒绝对数值范围适用损害原则。例如，在 *Abbott Labs. v. Dey, L. P.* 案[227]中，Abbott 的权利要求记载了肺表面活性成分中的总体磷脂组分占干重的 68.6% ~ 90.7%。联邦巡回上诉法院撤销了地区法院作出的认定侵权不成立的简易判决，并拒绝“仅仅因为 Abbott 的权利要求记载了所要求保护的活性成分的组分数值范围而阻止 Abbott 对等同原则的适用”。[228]联邦巡回上诉法院的结论是，“权利要求记载了数值

---

[224] 520 U. S. 39 n. 8 (1997) . at 39 n. 8。

[225] 见同上，at 41（推翻原判并发回重审，以进行下一步程序）。

[226] 229 F. 3d 1091, 1106 (Fed. Cir. 2000)。

[227] 287 F. 3d 1097 (Fed. Cir. 2002) .

[228] 同上，at 1108。

范围这一事实本身并不能够阻止 Abbott 对等同原则的适用。”[229]

E. 第 271 条（a）款以外的侵权

如上所述，大部分专利侵权诉讼都是围绕着被控侵权人是否因未经许可制造、使用或销售专利发明创造而违反了《美国专利法》第 271 条（a）款。然而并不是只有这些行为才会构成专利侵权。以下各部分将对《美国专利法》第 271 条（b）款至（g）款规定的侵权责任进行逐一分析。

1. 第 271 条（b）款规定的诱导侵权（inducing infringement）

《美国专利法》第 271 条（b）款涉及诱导侵权行为，其性质类似于辅助和教唆犯罪。诱导侵权要求被控诱导者积极且有意地辅助并教唆他人的直接侵权行为。[230] 尽管需要对其意图（intent）进行举证，[231] 但却并不需要证明该意图的直接证据；间接证据就已足够。[232] 诱导者必须实际或推定知晓涉案专利的存在。[233]

《美国专利法》第 271 条（b）款诱导侵权的案例通常涉及一个行为人（诱导侵权者）向另一个行为人（直接侵权者）提供有关如何制造或

---

[229] 287 F. 3d 1107-1108（Fed. Cir. 2002）（依据 Jeneric/Pentron, Inc. v. Dillon Co., 205 F. 3d 1377, 1381, 1384（Fed. Cir. 2000）和 Forest Las., Inc. v. Abbott Labs., 239 F. 3d 1305, 1313（Fed. Cir. 2001））。

[230] 见 Water Techs. Corp. v. Calco, Ltd., 850 F. 2d 660, 668（Fed. Cir. 1998）（“尽管《美国专利法》第 271 条（b）款并没有使用“有意”（knowing）这个词，但案例法及立法历史都一致主张了这样的要求”。）（引用了 4 Donald S. Chisum, Chisum on Patents § §17. 04［2］,［3］（1984）以及其中援引的案例）。

[231] 见 *Hewlett-Packard Co.*, 909 F. 2d at 1469（指出尽管第 271 条（b）款并未提及任何关于积极诱导侵权的意图要求，“但我们认为证明引起侵权行为的实际意图是认定积极诱导的先决条件”）。

[232] *Hewllett-Packard Co.*, 909 F. 2d at 1969. 在 *Metro-Goldwyn-Mayer Studios Inc. v. Grokster, Ltd.*, 545 U. S. 913（2005）案中，最高法院所考虑的是，软件公司向消费者提供的软件可以用于合法的非侵权用途也可以用于侵权用途（下载受著作权保护的数字音乐文件），依据诱导理论是否可以认定该软件公司应承担著作权侵权责任。最高法院确定地回答了这个问题，并将《美国专利法》271 条（b）款规定的诱导侵权的专利法原则应用于著作权环境下。关于如何证明诱导侵权的意图，最高法院认为，“‘为鼓励直接侵权所采取的……积极步骤’的证据，*Oak Industries, Inc. v. Zenith Electronics Corp.*, 697 F. Supp. 988. 992（ND Ill. 1988），如为侵权用途作广告或教导如何进行侵权使用，体现了将该产品用于侵权用途的明确意图，并且即便被告仅仅是出售可以用于合法用途的商品，依据鼓励侵权的证据就可以认定侵权责任成立。” *Grokster*, 545 U. S. at 936。

[233] 见 Insituform Techs., Inc. v. CAT Contracting, Inc., 161 F. 3d 688, 695（Fed. Cir. 1998）。

使用被控侵权设备或如何执行被控侵权方法的指令和信息。[234] *Water Techs Corp. v. Calco, Ltd.* 案是有关诱导侵权的一个很好的案例。[235] Water Technology 的涉案专利是关于一种能够对水进行消毒的改良杀菌树脂；该公司将这种树脂合用于制造饮料瓶以及露营者、背包客和旅行者会用到的其他产品中。Water Technology 的一个竞争者 Calco 由于制造并销售了由这种树脂制成的产品而构成了直接侵权。而 Calco 的顾问 Gartner，向 Calco 提供了配方，帮助 Calco 制造侵权树脂，并为消费者准备了使用指南。此外，Gartner 还是 Calco 销售的被控侵权产品所采用的商标"POCKET PURIFIER"的拥有者，这赋予了 Gartner 批准构造该产品的契约性权利。联邦巡回上诉法院认为，所有这一切行为和情形作为一个整体导致 Gartner 应当承担第 271 条（b）款所规定的诱导侵权责任。[236] Gartner 的行为提供了足够的间接证据可以支持地区法院认定其进行的诱导是故意的。最后，Gartner 与 Calco 一起为 Calco 的直接侵权行为而造成的所有损失负连带和各别侵权责任。[237]

若要依据第 271 条（b）款认定被控侵权人应承担诱导侵权责任，还需要证明存在第 271 条（a）款规定的直接侵权行为，关于这一点是没有争议的。也就是说，被诱导而作出的行为本身必须是侵权性质的；直接侵权是诱导侵权责任存在的先决条件。在一些案例中，被控直接侵权者可能是那些遵照被控诱导侵权者的指示而直接侵权的消费者。在这种情况下，专利权人是否必须找到一位承认直接侵犯专利权的实际消费者呢？并不是这样。在一些案例中，联邦巡回上诉法院允许专利权人利用间接证据（与直接证据相反）来证明消费者直接侵权行为的存在。例如，在 *Symantec Corp. v. Computer Assocs. Int'l, Inc.* 案[238]中，专利权人 Symantec 的方法权利要求需要其防病毒程序与消费者/终端用户的下载程序（例如互联网浏览器）协同工作。被控侵权者 Computer Associate（以下简称"CA"）也将其开发的防病毒程序投入了市场。Symantec 提出 CA 诱导其

---

[234] 有时候，在公司领导积极协助其公司进行直接侵权的情形下也会存在诱导侵权。这些领导"个人可能会需要承担诱导侵权责任，无论根据该案件的情况法院是否应该忽略该公司实体而识破以公司为名的托词"。Manville Sales Corp. v. Paramount Sys., Inc., 917 F. 2d 544, 553 (Fed. Cir. 1990)。

[235] 850 F. 2d 660 (Fed. Cir. 1998).

[236] 见同上，at 668 – 669.

[237] 同上，at 669。

[238] 522 F. 3d 1279 (Fed. Cir. 2008).

消费者进行直接侵权，因为CA的软件产品手册提倡以一种侵权方式使用CA程序，即与下载程序（浏览器）协同工作。Symantec还提出，CA程序除与浏览器协同工作之外并无他用。地区法院以Symantec未能证明存在任何CA产品的消费者实际执行了所要求保护的方法从而构成直接侵权为由，作出了CA诱导侵权不成立的简易判决，但联邦巡回上诉法院驳回了该判决。该上诉法院认为，CA的消费者只能以侵权的方式来使用CA的程序；这不是"那种消费者有可能以侵权的方式也有可能以不侵权的方式来使用某一产品的情形"。[239] Symantec已经"提供了足够的证明直接侵权成立的间接证据，从而可以产生一个真正的重要事实问题，尽管Symantec未能提供任何特定消费者直接侵犯该专利的证据"。[240] 在本案中，与直接证据相对的间接证据就足以构成认定诱导侵权责任成立的直接侵权前提条件。

关于被控诱导者的意图是否必须仅仅是要作出诱导他人直接侵权的行为，或者被控诱导者是否还必须知晓其行为会诱导构成专利直接侵权，联邦巡回上诉法院根据第271条（b）款的诱导侵权作出的判例法并没有作出明确的定义。举个例子，如果Jack仅仅是指导Jill制造设备X，但却并不知道设备X是专利产品，或并不知道如果Jill遵循他的指导就会侵犯专利权，这种情况下，Jack是否应当承担诱导Jill进行直接侵权的责任？考虑到与其在先判例存在明显冲突，[241] 联邦巡回上诉法院在作出*DSU Med. Corp. v. JMS Co., Ltd.*案的部分判决时进行了全席审判，从而对根据《美国专利法》第271条（b）款认定诱导侵权成立所要求的意图

---

[239] 522 F.3d 1293 (Fed. Cir. 2008).

[240] 同上（着重内容由编者所加）。

[241] 在*Hewlett-Packard. Co. v. Bausch & Lomb*, 909 F.2d 1464 (Fed. Cir. 1990) 案中，法院指出，"证明有实际的意图要引发构成侵权的行为是认定主动诱导的必要先决条件。"同前，at 1469。有一些人将*Hewlett-Packard*案解读为，标志着"引发行为的意图"是第271条（b）款有关意图的标准中的唯一要素。这种对*Hewlett-Packard*案的解读使得其与联邦巡回上诉法院在*Manville Sales Corp. v. Paramount Sys., Inc.*, 917 F.2d 544 (Fed. Cir. 1990) 案中的判决相冲突。法院在*Manville Sales*案的判决中认为，"原告应当承担举证责任，证明被控侵权者的行为诱发了侵权行为，并且被控侵权者已知或应知其行为会诱发实际侵权。"同前，at 553。并不是所有联邦巡回上诉法院的法官都同意对*Hewlett-Packard*案的限制性解读。见DSU Med. Corp. v. JMS Co., Ltd., 471 F.3d 1293, 1311（首席法官Michel以及Mayer法官持赞同意见）（认为专利权人DSU"错误地解读了*Hewlett-Packard*案判决"并指出"在*Hewlett-Packard*案和*Manville*案之间不存在实际冲突……"）。

(intent) 水平进行了澄清。[242]

DSU 的涉案专利是关于一种具有保护装置的有翼注射针组合，旨在降低医疗工作者意外针刺伤害的风险。[243] 被控侵权者 JMS (Japanese Medical Supply) 在马来西亚从共同被告，一家澳大利亚制造商 ITL，那里购买了这种防护装置，并将这种防护装置安装在注射针上，并将最终的组合进口到美国。陪审团认定进口商 JMS 及其美国经销商/子公司 JMS U. S. A. 应负直接侵权责任（以及诱导/辅助侵权责任），但却拒绝认定 ITL 应负辅助侵权或诱导侵权责任。联邦巡回上诉法院驳回了 DSU 的上诉，维持了陪审团的判决。有关 ITL 因向 JMS 销售其制造的针保护装置而被控诱导侵权这一点，该行为发生在美国域外的事实本身并不能使 ITL 免于承担侵权责任，因为"'诱导侵权并不要求间接侵权者在境内进行任何活动，只要直接侵权是在境内［在美国］发生的即可'"。[244]因此，最根本的问题是，ITL 是否具有被认定为诱导者所必需的意图。联邦巡回上诉法院在 *DSU Med.* 案判决中的全席判决部分阐释了构成诱导的意图标准，指出：

> 如 *Manville Sales Corp. v. Paramount Systems, Inc.*, 917 F. 2d 544, 554 (Fed. Cir. 1990) 案判决中所指出，"原告应当负有举证责任，来证明被控侵权者的行为诱发了侵权行为，且该被控侵权者已知或应当知晓其行为会诱发实际侵权。"要求被控侵权者已知或应当知晓其行为会诱发实际侵权这一要求必然包括了被控侵权者知晓所述专利的要求。[245]

陪审团侵权不成立判决隐含了对 ITL 不具备知晓其行为会诱发实际侵权的必要意图的认定，在本案中存在着足够的证据可以支持该认定。[246] 尽管 ITL 知晓 DSU 专利的事实是毫无疑问的，但 ITL 的澳大利亚律师的结论是 ITL 制造的针保护装置并没有侵犯该专利。随后，ITL 从美国法律顾问那里获得了不构成侵权的书面意见。参与设计 ITL 保护设备的 ITL 的共

---

[242] 471 F. 3d 1293 (Fed. Cir. 2006)（其中的 III. B 部分是法院全席判决）。

[243] 见 Guarded Winged Needle Assembly, U. S. Patent No. 5, 112, 311 (issued May 12, 1992)。

[244] *DSU Med.*, 471 F. 3d at 1305（以认同的方式引用了地区法院的陪审团指令）。

[245] 同上，at 1304（全席判决）。

[246] 见同上，at 1306 - 1307（描述证据）。

同所有者在陪审团面前作证，证明 ITL 不具有侵犯 DSU 专利的意图。联邦巡回上诉法院的结论是，该记录“是对陪审团基于缺乏必要具体意图的证据而作出的判决的支持”。[247]

2. 第 271 条（c）款规定的辅助侵权（contributory infringement）

第 271 条（c）款对辅助侵权作出了规定，辅助侵权涉及一方实体（辅助侵权人）向制造、使用或销售整个专利发明创造的另一方实体（直接侵权人）供应所要求保护发明创造的“专用”（nonstaple）部件的行为。专用部件是指除了在专利发明创造中使用外无其他实质性用途的部件或部分。[248] 要确定所供应的部件是否是专用部件，法院可以通过“证明根据产品在商业中的分销能够推断出销售商的意图是将该产品用于侵犯他人专利的情况，从而可以公平的认定该销售商应对侵权负责”。[249] 当一种产品“除侵权用途外‘别无他用’”，在对该产品未经许可的使用中就不存在任何合法的公共利益，并且对侵权意图的推定或归咎也不存在不公正之处。[250]

举例来说，在 *Dawson Chemical Co. v. Rohm & Haas Co.* 案[251]中，被控辅助侵权者向农户供应了除草剂敌稗（herbicide propanil）。因为农户们依据涉案专利方法使用所述敌稗来控制稻田里的杂草，所以需要承担直接侵权责任（推定未经许可而“使用”涉案专利方法）。尽管除草剂敌稗并不受专利保护，但是其属于除涉案专利方法外别无他用的专用商品。[252]

专用和非专用的区别是辅助侵权的关键。第 271 条（c）款赋予了专利权人“有限的排除他人在专用产品领域竞争的权利”，[253] 但不允许其对可能具有很多非侵权用途的通用产品（staple goods）的供应加以控制。[254]

---

[247] *DSU Med.*, 471 F. 3d at 1307。*DSU Med.* 案判决遗留下来的问题包括，诱导意图标准中“应当知晓”要素的范围，以及如何推定满足“对所述专利的知晓”（这并不是 *DSU Med.* 案所争议的问题，因为在该案中被控诱导者 ITL 实际知晓涉案专利）。

[248] 见 Dawson Chem. Co. v. Rohm & Haas Co., 448 U. S. 176, 184 (1980)（引用了第五巡回法院对专用物品的定义，即“除与专利发明创造相关的使用外无任何其他商业用途的产品”）。

[249] Metro-Goldwyn-Mayer Studios Inc. v. Grokster, Ltd., 545 U. S. 913, 932 (2005).

[250] 同上。

[251] 448 U. S. 176 (1980)。

[252] 488 U. S 199 (1980).

[253] 同上，at 201。

[254] 通用商品原则“赦免了对具有实质的合法及非法用途产品进行销售的行为，并将责任限制在发生更严重错误的情况，而不是仅知晓其某些产品可能会被滥用的情形。这为创新和商业的蓬勃发展都留下了喘息空间”。*Grokster*, 545 U. S. at 932 – 933。

例如，设想一种制作饼干的专利方法包括向面团混合物添加盐的步骤。向被控饼干制造者供应盐的当事人是不当负辅助侵权责任的，因为盐是一种通用商品，除了在所要求保护的饼干制造方法中使用之外还有多种其他用途。[255]

与第271条（b）款规定的诱导侵权类似，如果不能根据第271条（a）款证明存在直接侵权，那么也就不存在第271条（c）款下的辅助侵权责任。在不存在直接侵权的情况下，被控辅助侵权者就没有可被认为辅助的不正当行为。在专利权人试图证明存在第271条（c）款辅助侵权责任的第271条（a）款先决条件时，必须注意在专利法中关于允许的“修理”（repair）与侵权性质的“重造”（reconstruction）之间的区别。例如，在 *Aro Mfg. Co. v. Convertible Top Replacement Co.* 案[256]中，涉案专利涉及用于敞篷车的车顶组件。该专利组件需要多种不同的部件，其中之一是织物车顶。[257] 这种织物顶远比车顶组件的其他部件磨损的要快，[258] 消费者直接从被告供应商那里购买替换的织物车顶。当专利权人控告供应商构成辅助侵权时，最高法院认为，因为没有发生直接侵权所以并不存在辅助侵权责任。更换织物车顶属于消费者修理其财产的默许权利；购买者被视为获得了使用其所购买的专利设备的默认许可，这包括修理该设备的权利。[259] 更换织物车顶并不构成对整个所要求保护的组件的侵权性重造（重新制造）。[260] 由于作为购买者的消费者并不是直接侵权者，提供替换织车顶的被告供应商不应当承担辅助侵权责任。

---

[255] 见 Carbice Corp. of Am. v. Am. Patents Dev. Corp.，283 U.S. 27（1931）（推翻了认定供应固态二氧化碳/干冰（dry ice）的被告辅助侵犯了涉及一种将固态二氧化碳用作制冷剂的“运输包装”的专利的判决）。这与被告在销售时“知晓该二氧化物会被购买者如该专利所描述的那样用于运输包装”无关，同前，at 30，也与“未受专利保护的制冷剂是专利产品的必要要素之一无关”。同前，at 33。

[256] 365 U.S. 336（1961）（*Aro I*）.

[257] 见同上，at 337（指出涉案专利“涉及一种汽车车体内的组合，包括易弯曲的顶部织物、支撑结构，以及用于在织物与汽车车体一侧之间进行密封从而防雨的机制”）。

[258] 见同上，at 337－338（解释道，“该专利组件中的部件，除织物外通常在汽车的整个生命周期都是可用的，但该织物……由于常会被磨损和撕扯，或外形受损，因而被称为‘消耗品’（spent），且通常在使用3年之后就需要更换”）。

[259] 见 Aro Mfg. Co. v. Convertible Top Replacement Co.，377 U.S. 476，484（1964）（*Aro II*）（指出“基本的概念是专利权人或经其许可对专利产品的销售带有‘有关使用的默认许可’。”）（引用了 Adams v. Burke，84 U.S.（17 Wall.）453，456（1873））。

[260] 见 Hewlett-Packard Co. v. Repeat-O-Type Stencil Mfg. Corp.，123 F.3d 1445，1451－1452（Fed. Cir. 1997）。

如上述 *Dawson* 案中的情形以及将在本书第 10 章（“专利侵权抗辩”）所介绍的那样，有时依据《美国专利法》第 271 条（c）款提出的关于辅助侵权责任的主张会引发专利权滥用的确认性抗辩。在这些情形下，需将《美国专利法》第 271 条（c）款与第 271 条（d）款结合起来理解。《美国专利法》第 271 条（d）款并没有确定地对专利权滥用加以定义，而是列举了 5 种不构成专利权滥用的具体例外或是专利权人可以依赖的避开专利权滥用的“避风港”（safe harbors）。本书第 10 章将详细介绍专利权滥用方面的法定例外，以及在司法中认定的会构成专利权滥用的行为。

3. 根据《美国专利法》第 271 条（e）款提出的药物上市申请

第 271 条（e）款是关于制药领域的侵权诉讼的规定。近年来，越来越多的制造学名药（generic equivalent drugs）的厂商都期望在品牌（brand-name）药物制造商拥有的涵盖这些药物的专利期满之前进入市场。[261] 如下文所详述的，这种举动常常会引发品牌药厂商和学名药厂商之间的专利侵权/有效性诉讼。这些诉讼产生了日益增长的对于在专利法和食品药品管理法方面都受过训练的律师的需求。

第 271 条（e）款是根据通常被称为 Hatch-Waxman 法案的《1984 年药品价格竞争和专利期限恢复法案》（*Drug Price Competition and Patent Term Restoration Act of* 1984）[262] 制定的。该次立法将第 271 条（e）款（1）项加入了专利法案当中，其中相关部分规定，如果对专利发明创造的使用仅仅是为了获取数据以支持向食品和药品监督管理局（FDA）提出的申请，以制造并销售先前经 FDA 批准药物的通用版本（“简化新药申请”（Abbreviated New Drug Application，ANDA），那么这种使用不构成专利侵权。[263] 如果没有这项规定，学名药制造商需等到相关专利期满后才可以开始对等同药

---

[261] 见 Federal Trade Commission，*Generic Drug Entry Prior to Patent Expiration*：*An FTC Study*，at ii（July 2002），网址为 http：//www. ftc. gov/os/2002/07/genericdrugstudy. pdf（最后一次访问时间为 2008 年 11 月 12 日。）

[262] Pub. L. No. 98－417，98 Stat. 1585（1984）.

[263] 《美国专利法》第 271 条（e）款（1）项规定：

> 如果在美国境内制造、使用、许诺销售或销售专利发明创造，或将专利发明创造进口到美国境内……只是为了合理地用于根据管理药品或兽医生物产品的制造、使用或销售的联邦法律进行的开发和信息提交，则不得视为侵权。

物进行测试，这样一来，品牌药的专利权人事实上就获得了专利期限的延长。[264]

不过，第271条（e）款（1）项这一“避风港”并不限于学名药制造商进行测试的行为。最高法院在 *Merck KgaA v. Integra Lifesciences I, Ltd.* 案[265]中对第271条（e）款（1）项的范围进行了诠释，并认为这一条款既涵盖了临床（人类）试验（clinical（human）trials），也涵盖了与开发新（或“开创型”（pioneer））药有关的临床前（pre-clinical）（试管和试验动物，test tube and laboratory animal）测试行为。在 Scripps Research Institute 进行了由 Merck KgaA 赞助的对由一项专利保护的肽的测试，这种肽具有潜在的抗癌活性，该测试被联邦巡回上诉法院错误的排除在第271条（e）款（1）项避风港外，理由是该测试的目的是找出日后进行临床试验的最佳候选药物，这与避风港的保护范围相距太远。在最高法院看来，并不是所有在临床及临床前试验期间开发的数据都会被提交给 FDA，并且一些试验所涉及的药物最终也没有成为向 FDA 递交申请的客体，但这些事实并不能够用来决定免责条款是否可以适用。相反，“经合理解释，第271条（e）款（1）项为在获得行政许可过程中进行的试验和失败预留了足够的空间：只要是药物制造商有合理的理由相信，专利化合物经过特定的生物过程能够有效地带来特定生理效果，并且如果在研究中对该化合物的使用能够成功的话，将可以被纳入向 FDA 提交的申请之中，那么这种使用就与‘按照……联邦法律开发和提交信息’‘合理相关’（第271条（e）款（1）项）。”[266]尽管该法定避风港条款既包括对新药的测试，又包括对学名药的测试，审理 *Merck KgaA* 案的法院明确表示也存在对该条款的限制；第271条（e）款（1）项并没有宽泛到可以在时间上回溯以庇护“对特定化合物进行的基础科学研究，且这种研究并不带有开发特定药物的意图，或者并未合理相信该物质组合能够引发研究者所期望产生的某种生理效应”。[267]

在 *Merck KgaA* 案后的联邦巡回上诉法院判决继续对第271条（e）款（1）项避风港变换形式进行探索。例如，该上诉法院在 *Amgen, Inc. v. Int'l*

---

[264] 最高法院随后对《美国专利法》第271条（e）款解释拓宽至不仅包括按照行政规定收集药物数据，还包括类似情况下对医疗设备的测试。见 Eli Lilly & Co. v. Medtronic, Inc, 496 U.S. 661, 679 (1990)（维持了联邦巡回上诉法院的解释）。

[265] 545 U.S. 193 (2005).

[266] 同上，at 207。

[267] 同上，at 205–206。

Trade Comm'n 案中认定，发明人 Hoffman-La Roche 进口生物制药用的红血球生成素（erythropoietin，EPO）的行为可以得到该避风港条款的保护，因为该避风港条款适用于美国国际贸易委员会（ITC）的 337 调查。[268] 相比之下，联邦巡回上诉法院区在 *Proveris Sci. Corp. v. Innovasystems, Inc.* 案[269]中指出，该案与 *Merck KgaA* 案的情况不同，并对第 271 条（e）款（1）项避风港条款作出了较窄的解释，以支持地区法院作出的 Innova 的光雾 "Analyzer"（分析仪）设备侵权的判定。该"分析仪"自身并不是要获得 FDA 的批准，但其却是一种在准备向 FDA 递交的行政审查申请过程中专用的实验室器材，用来测量并校准在如吸入器等设备中使用的气溶胶喷雾器的物理参数。联邦巡回上诉法院同意，由于 Innova 本身并不需要 FDA 对该分析仪进行批准，且在竞争者的专利期满后并不受制于行政法规对市场准入的限制（这一点与传统药物制造商的情况不同），因此，Innova 并不在第 271 条（e）款（1）项避风港的受益范围内，且不需要法定保护。

Hatch-Waxman 法案还将第 271 条（e）款（2）项加入到美国专利法之中。该条款规定，如果学名药申请人是为了在专利期满之前获取进行商业制造、使用或销售专利药物的批准，那么向 FDA 提交 ANDA 就构成了专利侵权行为。[270] 即便学名药制造商还未参与任何对该药物的商业制造或销售（因为该厂商还没有获得 FDA 的批准），但只是提交 ANDA 申请这种行为就会被视作侵权。[271]

提交 ANDA 申请的学名药制造商需证明存在如下四种情形中之一：（1）该 ANDA 申请所涉及的药物没有获得专利（"第一类"证明（a "paragraph I" certification））；（2）该申请涉及的药物获得了专利，但该专利已过有效期（"第二类"证明（a "paragraph II" certification））；（3）该申请涉及的

---

[268] 519 F. 3d 1343 (Fed. Cir. 2008).

[269] 519 F. 3d 1256 (Fed. Cir. 2008).

[270] 《美国专利法》第 271 条（e）款（2）项规定：

> 以下提交行为属侵权行为：
>
> （A）依《联邦食品、药物、化妆品管理法案》第 505 条（j）款［21 U. S. C. §355（j）］，或依该法第 505 条（b）款（2）项［21 U. S. C. §355（b）（2）］的规定提交关于受专利保护药品或受专利保护的药品使用的申请……如果该申请的提出是为了根据该法案获得在相关专利到期以前参与商业制造、使用或销售受专利保护或其使用受专利保护的药物或兽医生物产品的批准。

[271] 见 Yamanouchi Pharm. Co. v. Danury Pharmcal, Inc., 231 F3d 1339, 1346 (Fed. Cir. 2000)。

药物获得了专利，且该专利有效期将届满（“第三类”证明（a“paragraph III”certification））；（4）该申请涉及的药物获得了专利，但该专利“无效或该 ANDA 申请所涉及的新药的制造、使用或销售不会侵犯该专利”（“第四类”证明（a“paragraph IV”certification））。[272]

我们在此最感兴趣的是第四类证明，因为第四类证明一般都会引发专利侵权诉讼。向 FDA 提交第四类证明的学名药厂商，也必须通知相关专利的所有人。[273] 该通知会产生一个 45 天的期限，在该期限内，专利权人可以依据《美国专利法》第 271 条（e）款（2）项对学名药厂商提起侵权诉讼。如果专利权人在这段期限没有提起诉讼，那么对 ANDA 申请的批准就会“即刻生效”（假设 ANDA 申请已满足全部相关的科学和行政要求）。[274]

不过，如果专利权人在指定期限内依据第 271 条（e）款（2）项提起了侵权诉讼，那么 FDA 就必须暂缓对该 ANDA 申请的批准。[275] 对该申请批准的暂缓将持续到如下三个日期中最早的一个，在此之前 FDA 都不能批准该 ANDA 申请：（1）如果地区法院对该侵权诉讼进行了审理，并判决涉案专利无效或侵权不成立的情况下，法院作出判决的日期；（2）如果法院认定涉案专利权被侵犯，专利权期满的日期；（3）可由法院更改，自专利权人收到学名药厂商第四类证明通知之日起 30 个月。[276]

综合上述法定方案，联邦巡回上诉法院作出的结论是：

> Hatch-Waxman 法案在要求 ANDA 申请获得批准一方的利益与药物专利所有人的利益之间取得了平衡。一方面，对专利药物的制造、使用或销售均不构成侵权行为，只要这样做是对于准备和提交 ANDA 申请来说是必需的。另一方面，一旦能够确定一方要求获得 ANDA 申请批准是为了在专利权期满之前将受权利保护的药品市场化，那么专利权人就可以通过提出专利侵权诉讼来阻止对 ANDA 申请的批准。在诉讼进行期间，该诉讼能够起到在两年半的时间内（30 个月）阻止 ANDA 申请获得批准的作用。[277]

---

[272] 见 21 U. S. C. §355（j）（2）（A）（vii）（I）-（IV）。

[273] 见同上，§355（j）（2）（B）（i）（I）。

[274] 见同上，§355（j）（5）（B）（iii）。

[275] 见同上。

[276] 见同上，§355（j）（5）（B）（iii）（I）-（III）；《美国专利法》第 271 条（e）款（4）（A）。

[277] Bristol-Myers Squibb Co. v. Royce Labs., Inc., 69 F. 3d 1130, 1132（Fed. Cir. 1995）.

一些制药领域的观察家质疑当前的法律体系框架是否正确的平衡了专利权人、学名药制造商以及消费者的利益。这些观察家认为当前行政体系框架允许专利权人将学名药制造商带来的竞争推迟的时间过长，而损害了那些本能够从较低的药价获益的消费者的利益。

在2002年10月，当时的布什总统（George W. Bush）宣布了对FDA审批ANDA申请的规则的修改建议，所针对的就是那些通过对特定的ANDA申请的FDA审批获得多次30个月的暂缓期，从而不正当地将学名药进入市场的时间额外的拖延了长达40个月之久的专利权人。[278] 提议中的规则规定专利权人就一个给定ANDA申请仅能获得一次30个月的自动暂缓期，政府认为这样一个期限对于解决侵权案件来说也是适当的。[279] 所述的规则修改建议于2003年8月最终确定并生效。[280]

4. 根据《美国专利法》第271条（f）款的部件出口

《美国专利法》第271条（f）款是一项混合条款，其涉及始于美国境内的诱导或辅助行为，但在美国地理境外完成的侵权行为。因此，第271条（f）款涉及某些域外行为，但这些行为必须与在美国境内发生的行为存在联系。"美国专利法的一般原则是当专利产品是在其他国家制造并销售的，那么就不存在侵权"，如果能够充分证明上述联系，那么就可以根据第271条（f）款产生例外性的责任。[281] 第271条（f）款规定了如下内容：

---

[278] 见 Office of the White House Press Secretary, *President Takes Action to Lower Prescription Drug Prices by Improving Access to Generic Drugs*（Oct. 21, 2002），网址为 http：//www.whitehouse.gov/news/releases/2002/10/20021021-4.html（最后一次访问时间为2008年11月12日）；Federal Trade Commission, *Generic Drug Entry Prior to Patent Expiration: An FTC Study*（July 2002），网址为 http：//www.ftc.gov/os/2002/07/generic-drugstudy.pdf（最后一次访问时间为2008年11月12日）。上述 *FTC Study* 解释了专利权人可以在学名药厂商递交了一项ANDA申请后通过在FDA的橙皮书（orange book）中罗列其他的专利来产生多个30个月暂缓期。学名药厂商需要针对这些其他的专利提出再次证明，这会引发专利权人通过将这些专利纳入专利诉讼之中从而获得更多的30个月暂缓期。见同前，at *iii*。所谓的"橙皮书"是对名为具有等同疗效的已批准药物产品（Approved Drug Products with Therapeutic Equivalents）的FDA官方出版物的口头称呼。同前，at 5。在品牌药物公司请求FDA批准一种新药上市的时候，其必须在橙皮书中列出与该产品相关的专利，不仅包括该药品中活性成分的专利，也包括特定的剂型（例如片剂）以及使用方法（例如用于治疗哺乳动物的胃灼热症状）的专利。见同前。又见 U.S. Food & Drug Administration, Electronic Orange Book（Sept. 2008），网址为 http：//www.fda.gov/cder/ob/。

[279] 见脚注277中的 *FTC Study*, at 6-7。

[280] 68 Fed. Reg. 36676（June 18, 2003）.

[281] Microsoft Corp. v. AT&T Corp., 550 U.S. 437, 127 S. Ct. 1746, 1750（2007）.

(f) 款 (1) 项任何人以积极诱导在美国境外进行组合的方式，在美国境内或由美国境内未经许可提供或使人提供专利发明创造部件的全部或主要部分，所述部件全部或部分处于未经组合的状态，且在境外的组合如果是发生在美国境内就是对该专利的侵权，应作为侵权者承担侵权责任。

(2) 任何人在美国境内或由美国境内未经许可提供或使他人提供任何专门制造或专门适用于专利发明创造的部件，所述部件并非通用产品或具有实质非侵权用途的商品，所述部件全部或部分处于未经组合的状态，知晓该组件是如此制造或适用并且意图使该组件在美国境外进行组合，且在境外的组合如果是发生在美国境内就是对该专利的侵权，应作为侵权者承担侵权责任。

如果熟悉第 271 条 (f) 款的历史渊源，会比较容易理解这一条款。该条款是 1984 年制定的，目的是弥补随着美国最高法院 1972 年作出的 *Deepsouth Packing Co. v. Laitram Corp* 案[282]判决而浮出水面的第 271 条中的漏洞。

在该案中，法院面对的号称专利侵权的情形是，一种专利去虾肠机器的各个部件由美国制造商分别销售给国外的购买者，这些国外的购买者随后在美国域外的国家（例如巴西）对这种去虾肠机器进行组装。[283] 这种域外的组装行为是否属于可以根据第 271 条 (a) 款加以制裁的制造专利发明创造的行为吗？法院的结论是不属于，因为该法院将第 271 条 (a) 款中的"制造"解释为包括对"可操作的整体"（operable whole）的最终组装或组合，[284] 但有争议的组装行为并不是在美国境内发

---

[282] 406 U.S. 518 (1972)。又见 Rotec Indus., Inc. v. Mitsubishi Corp., 215 F.3d 1246, 1258 (Fed. Cir. 2000)（Newman 法官持赞同意见）（解释道，"国会制定《美国专利法》第 271 条 (f) 款是'作为对美国最高法院 *Deepsouth* 案判决的回应，需要利用法律手段来弥补专利法中的漏洞'。130 Cong. Rec. 28, 069 (1984)。又见 S. Rep. No. 98-663 at 2 (1984)（将该立法描述为'对 *Deepsouth* 判决的推翻'"）。

[283] *Deepsouth*, 406 U.S. at 523 n.5.

[284] 见同上，at 528（指出"我们在通常认为组合型专利只保护可操作的组件整体而不禁止对其各个部分的制造的同时，我们不应该采取认为'制造一台机器的组成部分'构成直接侵权的观点"）。

生的。[285] 此外，法院还拒绝为了将所述境外组装认定为在美国的侵权行为而在域外应用《美国专利法》。[286] 由于审理 *Deepsouth* 案的法院认为不存在直接侵权行为，因此部件的供应方也就不必承担《美国专利法》第 271 条（c）款的辅助侵权责任。[287]

第 271 条（f）款是对 *Deepsouth* 案判决的立法否决。第 271 条（f）款的两个子条款分别对应于《美国专利法》第 271 条（b）款和（c）款关于诱导侵权和辅助侵权的规定。更具体来说，第 271 条（f）款（1）项与第 271 条（b）款中的诱导侵权规定相呼应，将采用“积极诱导在美国境外进行组装的方式”“在美国境内或由美国境内提供专利发明创造部件的全部或主要部分”的行为认定为侵权。类似地，第 271 条（f）款（2）项与第 271 条（c）款中的辅助侵权规定相呼应，将“在美国境内或由美国境内”提供专利发明创造的专用部件，“意图使该组件在美国境外进行组合”的行为认定为侵权。[288]

---

[285] 联邦巡回上诉法院认为 *Deepsouth* 案不同于一件涉及黑莓无线收发电子邮件装置（Blackberry wireless emaildevice）的侵权案件。在 *NTP*, *Inc. v. Research in Motion*, *Ltd.*, 392 F. 3d 1336（Fed. Cir. 2004）案中，涉案专利是关于一种用于在两个用户之间发送电子邮件的系统；传输是在起点处理器（originating processor）与终点处理器（destination processor）之间通过“接口开关”（interface switch）进行的。在被控侵权的黑莓系统中，满足该接口开关特征的是位于加拿大的一个中继（relay）；因此被控侵权者根据 *Deepsouth* 案判决辩称，在美国境内没有发生任何可制裁的侵权行为。联邦巡回上诉法院不同意这一看法，并认为与 *Deepsouth* 案不同，该案的侵权地是在美国境内。除了所述中继之外，被控侵权的黑莓系统的所有其他组件都位于美国境内，并且受益使用地以及整个可操作系统组件的功能执行地都是在美国。因此，《美国专利法》第 271 条（a）款所规定的被控设备“使用”地是在美国。见 *NTP*, 392 F. 3d at 1366 – 1370（类比 *Decca Ltd. v. United States*, 544 F. 2d 1070（Ct. Cl. 1976））。

[286] 见 *Deepsouth*, 406 U. S. at 531，陈述了如下内容：

> 最后，我们认为目前的关键是美国公司与美国专利持有者在外国市场上竞争的权利。我们的专利制度并不具有域外效力：“国会制定的这些法案并不能、也没有意图在美国域外执行”，*Brown v. Duchesne*，19 How.，at 195；相应地，我们也拒绝其他国家如此的控制我国市场。参见 Boesch v. Graff, 133 U. S. 697, 703（1890）。关于发明人需要在其他国家的市场中获得保护的情况，《美国专利法》第 154 条和第 271 条的内容阐明了国会的意图，即发明人应当通过在其产品被使用的国家获得专利以取得域外保护。被告拥有外国专利；这并不能充分解释其为什么不对这些专利加以利用。

[287] 见同上，at 526。

[288] 依据《美国专利法》第 271 条（f）款（2）项主张侵权成立的专利权人不需要证明在国外的最终组装的实际发生，而仅需要证明专用部件是从美国提供的，且带有完成最终组装的意图。见 Waymark Corp. v. Porta Sys. Corp., 245 F. 3d 1364（Fed. Cir. 2001）。

联邦巡回上诉法院的判决不断的涉及《美国专利法》第 271 条（f）款的治外法权限制问题。例如，根据联邦巡回上诉法院作出的 *Pellegrini v. Analog Devices, Inc.* 案[289]判决，第 271 条（f）款（1）项规定的"提供或使人提供在美国境内或由美国境内所生产专利产品部件的全部或主要部分"的潜在侵权责任并不延及仅仅从美国提供指令或授权的行为。Pellegrini 的专利涉及一种包括集成电路芯片的不带电刷的电动机驱动电路。由被控侵权方 Analog Devices 制造并销售的芯片完全是在美国境外制造的，并仅仅运送给美国境外的消费者。但 Pellegrini 认为 Analog 的公司总部位于美国，且制造和处理芯片的指令是从美国总部发出的，因此这些芯片应当被视为"在美国或从美国提供或使人提供"的。联邦巡回上诉法院不同意这一看法，并认为第 271 条（f）款（1）项仅适用于专利发明创造的部件客观地出现在美国，并随后以"积极诱导在美国境外进行组合，且在境外的组合如果是发生在美国境内就是对该专利的侵权的方式"被销售或出口的情况。在本案中，这些部件（电路芯片）在域外进行组合之前并没有出现在美国。审理 *Pellegrini* 案的法院的结论是，第 271 条（f）款（1）项中"提供或使人提供"的措辞"很清楚地指明是对客观部件的提供，而不仅仅是提供指令或公司监管。""尽管 Analog 可能从美国发出了指令使人提供了专利发明创造的部件，但毫无疑问的是，这些部件都不是在美国或从美国提供的。"[290]

联邦巡回上诉法院认为 *Eolas Techs. Inc. v. Microsoft Corp.* 案[291]与 *Pellegini* 案的情况不同。*Eolas* 案的涉案专利要求保护"一种计算机程序产品"，其中包括一种"客观地体现了计算机可读程序代码的可用于计算机的媒介"。所要求保护的发明创造允许用户在全交互式环境下使用网页浏览器，例如，阅读新闻剪辑或在互联网上玩游戏。Eolas 是涉案专利的独占许可人，其认为微软（Microsoft）的互联网浏览器（IE）的某些方面采用了所要求保护的发明创造。Eolas 还认为，依据《美国专利法》第 271 条（f）款（1）项的规定，微软在国外对其 IE 浏览器销售应当包括在计算损害赔偿基础的范围内。这其中的法律争议集中在微软向国外制造商

---

[289] 375 F. 3d 1113 (Fed. Cir. 2004).

[290] 同上，at 1118。

[291] 399 F. 3d 1325 (Fed. Cir. 2005).

出口带有用于微软 Windows 操作系统的软件代码（包括用于 IE 浏览器的代码）的某种“母盘”（golden master disk）的行为是否构成上述条款中的提供“部件”行为。国外制造商使用母盘将所述软件代码复制到在美国域外销售的计算机硬盘内，但是母盘本身并不构成任何侵权产品的客观部分。

被控侵权方微软认为，Pellegrini 案判决指出第 271 条（f）款（1）项中的“专利发明创造部件”必须是客观或实体部件。但是联邦巡回上诉法院驳回了这一论点，并认为“任何可专利的发明创造形式都落在第 271 条（f）款的保护范围内”，而“以客观结构如磁盘形式要求保护的软件代码落在……法律宽泛定义的‘可专利的发明创造’范围内”。[292] 母盘上软件代码的完全复制品被用于最终产品中，而且该代码可能是专利发明创造的“关键组成部分”。审理 *Eolas* 案的法院指出，*Pellegrini* 案判决只是要求必须“客观地自美国提供”部件，[293] 但并没有要求该部件自身必须是客观的。*Pellegrini* 案并没有“强加给第 271 条（f）款一个在该条款措辞中完全没有出现过的实体性要求”。[294]

Echole 并不是唯一指控微软向国外计算机制造商分销其 Windows 操作系统的行为违反了第 271 条（f）款的专利权人。当 AT&T 公司依据第 271 条（f）款起诉微软侵权时，这场诉讼最终上诉至美国最高法院。在 *Microsoft Corp. v. AT&T* 案[295]中，最高法院认为，微软出口包含 Windows 软件的母盘（或对应的电子传输）用于在国外制造的计算机上进行复制和安装的行为并不会引发第 271 条（f）款的侵权责任。

AT&T 的涉案专利涉及一种用于对所录制的语音进行数字编码和压缩的设备。微软的 Windows 操作系统无可否认地包括了能够使得计算机依据 AT&T 的专利权利要求处理语音的代码。不过，更重要的是，只有在相应的 Windows 代码安装在计算机上时才会构成对 AT&T 权利要求的侵犯；“仅当计算机加载了 Windows，并由此变得能够作为专利语音处理器工作

---

[292] 399 F. 3d 1339（Fed. Gir. 2005）.

[293] 同上，at 1341。

[294] 同上。

[295] 550 U. S. 437，127 S. Ct. 1746（2007）.

时”才会构成对权利要求的侵犯。[296] 微软的发行方案能够规避侵权责任的重要方面是，尽管微软出口了包含能够侵犯AT&T专利的代码的磁盘（或通过电子邮件进行了传输），但这些磁盘或电子邮件本身并没有安装在国外制造的计算机上。事实是，国外计算机制造商首先制作Windows软件的副本，并随后使用这些国外制造的软件副本在美国境外进行安装。最高法院认为微软所要承担的责任并不会延及“在另一个国家制造的计算机，这些计算机加载了在国外复制的、微软自美国发出的母盘或电子传输中的Windows软件”。[297] 下面的图9.3描绘了微软的发行方案。

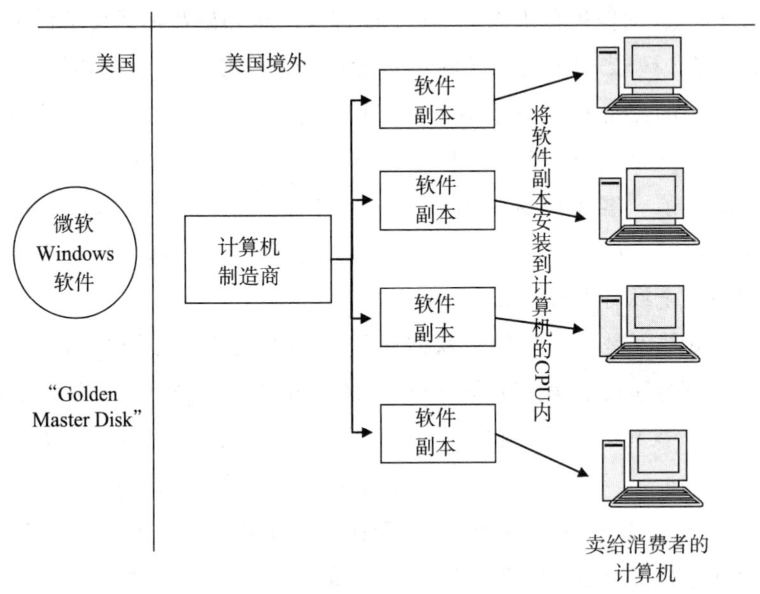

图9.3 *AT&T v. Microsoft* 案中的软件发行模式

由于微软并没有出口实际安装在国外制造的计算机上的软件副本，审理*AT&T*案的法院由此认为，微软并没有提供“当前《美国专利法》第271条（f）款所规定的”发明创造中的“部件”。[298] 相关的部件是那些软件副本，但这些部件是从美国之外的区域提供的。最高法院在其判决中强调了限制美国法律域外应用的一般推定。美国法律“不能统治世

[296] 550 U.S. 437，127S. Ct. 1750（2007）.

[297] 同上，at 1750 - 1751。

[298] 同上，at 1750。

界”这一推定在专利法方面具有“特别效力”。[299] 因此，最高法院“拒绝对国会建立的第271条（f）款进行扩张性的解释”，留待“国会来判断对第271条（f）款的任何调整是否必要并且适当的”。[300]

5.《美国专利法》第271条（g）款规定的进口

类似于《美国专利法》第271条（f）款，美国专利法第271条（g）款涉及的也是部分发生在美国境外的行为。《美国专利法》第271条（g）款规定了如下内容：

> （g）在方法专利有效期限内，任何人未经许可擅自进口至美国境内或于美国境内许诺销售、销售或使用依该方法专利制造的产品，应作为侵权者承担侵权责任。在涉及方法专利的侵权诉讼中，不得基于对产品的非商业性使用或零售获得侵权救济，除非根据本法对于该产品的进口、其他使用、许诺销售或销售无法获得足够的侵权救济。依据专利方法生产的产品在发生下述情况后将不能再被视为依原方法制造的产品：
>
> （1）后续方法对该产品作出了实质的改变；
>
> （2）该产品成为了另一件产品中的非重要部件。

第271条（g）款对于拥有方法专利的生物技术公司来说尤为重要。在很多情形下，这些公司会获得制造已知产品的创新生物技术方法，例如一种新的获得糖尿病患者所需的胰岛素的重组方法。在1988年制定第271条（g）款之前，美国方法专利权人根据当时的专利法案[301]是没有对抗在国外（在不会侵犯美国方法专利的地方）实施该方法，随后将（不受美国专利的保护）制成的产品进口至美国的竞争者的依据的。通过在

---

[299] 550 U.S. 437, 127 S. Ct. 1758 (2007).（引用《美国专利法》第154条（a）款（1）以及 Deepsouth Packing Co. v. Laitram Corp., 406 U.S. 518, 531 (1972)）。

[300] 同上，at 1751。AT&T认为在本案中对第271条（f）款责任的否定会产生可以被软件制造商轻易利用的法律漏洞，作为对该论点的回应，最高法院指出，“国会无疑已经注意到了软件（以及其他电子媒体）可被轻易复制的问题。”同上，at 1760（引用了国会于1998年颁布的 the Digital Millennium Copyright Act, 17 U.S.C. §1201（《千禧年数字著作权法案》））。如果要对专利法进行调整以更好地适应软件发行的现实，这样的调整“应该是在集中的立法考虑之后进行的，而不是通过司法来预测国会可能作出的处理”。同前。

[301] 在1988年之前，方法专利权人的唯一选择是请求国际贸易委员会依据《1930年关税法》19 U.S.C. §1337a (1982) 中的第1337a条对进口产品发出禁令。见 Eli Lilly & Co. v. Am. Cyanamid Co., 82 F.3d 1568, 1571-1572 (Fed. Cir. 1996)。

1988年颁布了作为方法专利修改法案（*Process Patent Amendments Act*）的一部分的第271条（g）款，[302] 美国国会填补了上述漏洞，并使得美国专利法在这一方面与其他国家达成了一致。[303]

第271条（g）款包括若干保护措施。第271条（g）款（1）项的规定，如果在进口前，“后续方法已经对依专利方法制造的产品作出了实质改变”，那么进口该产品就不构成侵权”。[304] 联邦巡回上诉法院在 *Eli Lilly v. American Cyanamid Co.* 案[305]中解释了第271条（g）款中的“实质改变”的含义。尽管法院承认专利权人 Eli Lilly 的观点“很有感染力”，但法院最终还是驳回了其关于必须结合法条的基本目的，即保护美国方法专利对权利人的经济利益，来解释“实质改变”含义的观点。联邦巡回上诉法院指出，该法条的措辞集中在对产品的改变，而不是集中在方法专利对其权利人的经济价值的改变。法院指出，“就化学领域而言，大多数时候对化合物的‘实质’改变自然会被看作化合物结构和属性的重大改变。”[306]

在 *Eli Lilly* 案中，被控侵权方进口的化合物与依专利方法制成的化合物在四个重要的结构方面存在差异；这些结构上的差异对应于被控侵权方在域外实施的，并非该专利方法一部分的四项附加步骤。尽管并没有尝试去“精确界定什么类型的改变是实质的而什么不是”，联邦巡回上诉法院认同了地区法院的看法，认为在本案中，化学结构和特性的改变不能被认为是“非实质的”。[307] 因此，联邦巡回上诉法院的结论是，尽管 Eli Lilly 申请了临时禁令，但其在依据《美国专利法》第271条（g）款提出的侵权诉讼中不大可能会胜诉。

---

[302] Pub. L. No. 100-418, § §9001-9007, 102 Stat. 1107 (Aug. 23, 1998).

[303] 见 Ajinomoto Co. v. Archer-Daniels-Midland Co., 228 F.3d 1338, 1347 (Fed. Cir. 2000)。

[304] 见 Eli Lilly & Co. v. Am. Cyanamid Co., 82 F.3d 1568, 1571 (Fed. Cir. 1996)。

[305] 同上，at 1568。

[306] 同上，at 1573。

[307] 同上。

第10章
专利侵权抗辩

A. 引　　言

在实务中，**被控侵权方**在被控专利侵权时总会提出下述两种抗辩：（1）“我的产品/方法没有侵权”；（2）“即便我的产品/方法侵权，但你的专利权是无效的，因此，我不需对侵权行为负责”。在很多案例中，被控侵权方还可能提出第三种抗辩：“法庭应该拒绝执行（enforce）该专利权，因为专利权人在取得该权利的过程中存在不正当行为（acted inequitably）。”

这些抗辩以及其他抗辩的法律基础是《美国专利法》第282条（b）款，对于美国专利有效性之诉或侵权之诉，该条款规定了如下抗辩方式：

> 1. 未侵权，不必承担侵权责任，或专利不可执行；
>
> 2. 涉案专利或权利要求由于不具备本法第II部分［第10章：“发明创造的可专利性”第100～105条］所规定的可专利性条件，因而无效；
>
> 3. 涉案专利或权利要求由于不符合本法第112条［“说明书”］或第251条［“有缺陷专利的再颁”］的任何要求，因而无效；
>
> 4. 依照本法可以成为抗辩理由的任何其他事实或行为。①

第282条（b）款中所列的各种抗辩理由事实上涵盖了多种抗辩理论。例如，专利不可执行的抗辩理由可以基于不正当行为或专利权滥用。

① 《美国专利法》第282条（b）款（2008）。

而专利权无效的抗辩理由可以基于该专利不符合实用性、新颖性、非显而易见性和可实施性等要求。

下文将对第282条（b）款中罗列的各种抗辩理由进行讨论。[②]

B. 未 侵 权

根据《美国专利法》第282条（b）款（1）项，被控侵权方可以主张，对涉案专利，其既没有构成字面侵权，也没有构成等同原则下的侵权。被控侵权方所主张的未侵权依据可以是被控设备没有满足涉案权利要求的一个或多个特征，无论是该权利要求的字面特征，还是其等同替换；或者被控侵权方可以提出对专利权人适用等同原则法律限制，例如根据审查历史禁止反悔原则。在本书第9章(“专利侵权”）已经对这些侵权理论的实质进行了讨论，因此建议读者在研读本章之前回顾第9章的内容。

就程序事宜而言，专利权人负有证明侵权成立的证明责任。专利权人承担该证明责任所要提供的是优势证据（preponderance of evidence，证据记录中一半分量以上的证据）。如果优势证据无法确立侵权成立，则意味着专利权人未能担负起证明责任，而被控侵权方则会因为侵权不成立而胜诉。

C. 不必承担侵权责任

根据第282条（b）款（1）项所提起的这一类型的抗辩包括作为法律问题不必承担责任的情况；例如，在提起侵权之诉6年以前该涉案专利已过期。[③] 这一类型的抗辩还可包括专利许可、先用权、实验使用、懈怠、衡平禁止反悔、州主权豁免（state sovereign immunity）以及基于在美国领土临时出现的抗辩。下文将分别对这些情况进行讨论。

1. 许　　可

第282条（b）款（1）项不必承担侵权责任的抗辩理由包括专利许

---

② 这些抗辩理由也可作为依据《美国法典》第28编第2201条提出确认之诉的被控侵权方的肯定性诉由。这种确认之诉的目的就是要求作出推定侵权方/确认之诉原告并没有侵权，和/或声称被侵犯的专利无效和/或不可执行的判决。本章G部分将对作为专利侵权诉讼实务重要方面的确认之诉加以详述。

③ 见《美国专利法》第286条（该法条规定对提出诉讼前6年的侵权损害可以获得赔偿）。

可抗辩。简言之，**许可**就是专利权人和被许可人之间签订的协议或契约，从而专利权人不会针对被许可人本会构成侵权的行为提起诉讼；但许可并不是对专所有权的转移（**转让**［assignment］）。根据《美国专利法》第271条（a）款的规定，如果被控侵权方认为自己是被许可人，就会主张其并没有侵权，因为其所实施的并非法条所规定的“未经许可”的行为。换句话说，被控侵权方会认为，其在美国境内制造、使用、销售、许诺销售和/或进口至美国该专利发明创造或其实质等同物的行为是经过专利权人授权或准许的，因此并不应该承担侵权责任。

专利许可可以是明示的或默示的。以下将对这两种许可分别进行讨论。

a. 明示许可（express license）

当各方书面或者口头同意，专利权人（许可人）将不会针对另一方（被许可人）制造、使用、销售、许诺销售或进口所要求保护的发明创造的行为提起诉讼的时候就形成了明示许可。如果一项许可是通过各方自身的行为产生的，而不是法律规定默示的，那么该项许可就是明示许可。

明示许可可以是排他性的，也可以是非排他性的。排他许可（exclusive license）是指专利所有权人同意仅对该被许可人而不会对第三方授予许可。此外，排他许可常常意味着，专利权人不会与排他许可的被许可人在制造和销售被许可产品方面进行竞争。④ 与之相反，非排他许可并不会赋予被许可人在许可范围内控制竞争的任何权利；该许可仅仅保护被许可人免于被控侵权。⑤

b. 默示许可（implied license）

默示许可存在代表着一种法律上的结论，即专利权人已经默示放弃了排除另一方制造、使用、销售、许诺销售或进口所要求保护的发明的法定权利。针对默示许可，最高法院指出：

> 一项许可是否有效与是否正式作出无关。如果另一方当事人基于专利权人的任何言辞或展示给该方的任何行为，可以合理地推断认为专利权人同意其制造或使用或销售该专利发明创造，那么这种言辞或行为即构成许可以及对侵权之诉的抗辩。关于这是否构成无偿许可（免除使用费），或是需要支付合理费

④ 见 Jay Dratler Jr.，Licensing of Intellectual Property §8.01（2008）。

⑤ 见同上。

> 用的许可，自然必须视情况而定；然而，在任何诉讼中，必须认定该双方之间的关系是具有合同性质的，而非对专利权人权利的非法侵犯。⑥

联邦巡回上诉法院确认，在至少四种情况下可能形成默示许可：默许（acquiescence）、行为表示、衡平法禁止反悔（事实禁止反悔（estoppel in pais））或者普通法禁止反悔（legal estoppel）。⑦ *Wang Labs. v. Mitsubishi Elecs. Am.* ⑧ 案是一件根据衡平法禁止反悔原理主张默示许可抗辩成功案例，这是在美国专利法中被认可却很少能被证明成立的抗辩理由。⑨ Wang 在 20 世纪 80 年代开发了单边直线内存模块（Single In-Line Memory Modules，SIMMs）并鼓励 Mitsubishi 制造包含有 SIMMs 的 256K 芯片。Wang 成功地说服联合电子设备工程委员会（Joint Electron Device Engineering Council，JEDEC）这个电子产业标准组织将 SIMMs 采纳为标准，而没有告知 JEDEC 其在为 SIMMs 技术申请专利。

Wang 后来起诉 Mitsubishi 侵犯其 SIMMs 专利，联邦巡回上诉法院维持了地区法院的裁决，认为 Mitsubishi 拥有不可撤销、且无须支付使用费的默示许可，这是因为基于双方当事人之间 6 年的互动，使得 Mitsubishi 能够合理推断 Wang 同意其对该发明创造的使用。尽管 Wang 自己并不制造 SIMMs，而是需要从如 Mitsubishi 这样的制造商那里购买该产品，但 SIMMs 市场在扩张，Mitsubishi 对该专利的依赖使得 SIMMs 的价格更低，Wang 也因此从中受益。联邦巡回上诉法院确认，其在 *Wang* 案中认定的默示许可"性质"属于衡平法禁止反悔范畴，但同时也指出，"对于衡平法禁止反悔的正式认定并非认定默示许可这个法律结果的先决条件。"⑩

默示许可纠纷的另一情形是，一方在购买了一件专利设备之后对该设备进行了大量修理，使得专利权人认为这种行为对所要求保护发明创

---

⑥ De Forest Radio Tel. Co. v. United States, 273 U. S. 236, 241 (1927).

⑦ Wang Labs. v. Mitsubishi Elecs. Am., 103 F. 3d 1571, 1580 (Fed. Cir. 1997).

⑧ 同上。

⑨ 见同上，at 1582；A. C. Aukerman Co. v. R. L. Chaides Construction Co., 960 F. 2d 1020, 1041 - 1044 (Fed. Cir. 1992)（全席判决）（详尽解释了衡平法禁止反悔的要素，并撤销了地区法院作出的专利权人受衡平法禁止反悔原则制约而不能主张侵权的简易判决）。

⑩ 见 *Wang Labs.*, 103 F. 3d at 1581。联邦法院解释道，该默认许可的性质并不属于普通法禁止反悔范畴，"普通法禁止反悔的范围更窄，所涉及的行为包括专利权人许可或转让了权利，并获得了对价，但随后又试图贬损该权利的情况。"同前（引用了 Spindelfabrik v. Schubert, 829 F. 2d 1075, 1080 (Fed. Cir. 1987)）。

造构成了具有侵权性质的**重造**（reconstruction）。如上文所述，第271条（a）款规定的侵权行为中的“使用”被法条限定为“未经许可”的使用。相对而言，使用合法购买的专利设备并不是侵权行为。购买者被视为已经获得了使用所购买的专利设备的默示许可，这包括修理该专利设备的权利。⑪ 然而，当这种**修理**行为扩展成对专利设备的重造时，这种行为就不会再被视为处于购买者默示许可的范围内了。⑫ 联邦巡回上诉法院的判例法尚未对所允许的修理和禁止的重造作出明确的区分；对这些案件的处理都不可避免的极为依赖案件的具体事实，并且需要仔细查看。⑬

Anton/Bauer, Inc. v. PAG, Ltd. 案⑭体现了默示许可的另一种情形。该案例中，涉案专利涉及一种电池组连接器，其可以将电池组与一个便携式电视视频摄像机相连。该专利的权利要求记载了一个连接器，其包括凸板和凹板，该凸板和凹板可以组合在一起形成机械连接和电连接。然而，其中的凸板和凹板并没有单独地获得专利保护。在使用中，凹板连接到电视摄像机或其他电气设备，而凸板则连接到电池组的外壳。值得注意的是，专利权人并未对获得专利的凸板和凹板的组合进行销售，而是仅仅向便携式电视视频摄像机企业销售凹板。这些公司随即向公众销售带有凹板的摄像机。被控侵权方销售的是（仅）包括专利发明创造中的凸板的电池组。在侵权诉讼中，专利权人的理论是，当最终用户将他们的（含有凹板的）视频摄像机与被控侵权电池组的凸板连接起来时，就构成直接侵权，并且该电池组制造商通过销售这种与此凹板一起使用的电池组以及促使终端用户以这种方式使用该电池组，诱导或辅助了直接侵权行为。

在 *Anton/Bauer* 案中，联邦巡回上诉法院驳回了专利权人的上述侵权

---

⑪ 见 Aro Mfg. Co. v. Convertible Top Replacement Co., 377 U.S. 476, 484 (1964)（指出“专利权人自己或授权他人对专利产品进行的销售带有‘使用默认许可’是一项基本的原则。”）（引用了 Adams v. Burke, 84 U.S. (17 Wall.) 453, 456 (1873)）。

⑫ 见 Hewlett-Packard Co. v. Repeat-O-Type Stencil Mfg. Corp., 123 F.3d 1445, 1451-1452 (Fed. Cir. 1997)。允许的修理以及具有侵权性质的重造之间的问题通常是在关于《美国专利法》第271条（c）款辅助侵权争端的背景下产生的，本书第9章（“专利侵权”）对此进行了详细介绍。

⑬ 对比 Bottom Line Mgmt., Inc. v. Pan Man, Inc., 228 F.3d 1352 (Fed. Cir. 2000) 案（维持了地区法院的决定，认为被告翻新汉堡烤架上的传热板的行为属于非侵权性质的修理）与 Sandvik Aktiebolag v. E. J. Co., 121 F.3d 669 (Fed. Cir. 1997) 案（撤销了地区法院认为被告重新削尖钻头的行为是非侵权性重造的结论）。

⑭ 329 F.3d 1343 (Fed. Cir. 2003).

理论，并认为终端用户拥有免于承担责任的默示许可。该法院认为，下述情况意味着专利权人向购买者授予了默示许可：（1）专利权人所售产品不具备非侵权用途；（2）销售情况明确表明可以推定已经作出了许可。⑮ 在本案中，涉案凹板没有非侵权用途。专利权人将不受专利保护的凹板作为独立产品进行销售的行为，有效地消灭了该专利权人对使用该凹板的控制权，这是因为该凹板只能被用于上述专利组合中，而该组合只能由购买者来完成。⑯ 关于销售的情况，联邦巡回上诉法院强调，专利权人没有对其出售的凹板的使用提出任何限制。⑰ “由于对凹板的无约束性销售，（该专利权人）向其顾客授予了默示许可，允许购买者使用该专利所要求保护的组合”。因此，支持专利权人关于电池组制造商诱导和/或辅助侵权主张的直接侵权行为并不存在。专利权人辩称，认定存在默示许可会“导致在任何案件中排除对辅助侵权的适用”，联邦巡回上诉法院驳回了该论点。该法院强调，本案的关键在于专利权人的介入；在“专利权人选择销售其专利组合中的一部分而非全部”的情况下，法院对于本案中默示许可的裁决“仅仅制约了专利权人主张辅助侵权的能力”。⑱

在 *Zenith Elecs. Corp. v. PDI Commc'n Sys.*，*Inc.* 案⑲中，联邦巡回上诉法院解释说，默示许可抗辩“通常出现在‘专利权人或其被许可人对产品进行销售的情况下，而问题在于该销售行为是否伴随有对实施会侵犯该专利权人权利行为的许可’”。⑳ 在这种情况下，若下述两项要求能够被满足，则存在默示许可：（1）所销售的产品必须不具有任何非侵权用途，因而可合理地推定该专利权人“放弃了其对所售产品的垄断”；㉑

---

⑮ 329 F. 3d 1350（Fed. Cir. 2003）（引用了 Met-Coil Sys. Corp. v. Korners Unlimited, Inc.，803 F. 2d 684，686（Fed. Cir. 1986））。

⑯ 同上，at 1351。

⑰ 对比 Mallinckrodt, Inc.，v. Medipart, Inc.，976 F. 2d 700（Fed. Cir. 1992）（该案判定：以带有“单独使用”（single use only）限制的方式向医院销售用于肺部治疗的专利喷雾器的行为本身并不属于违反反垄断法或专利权滥用的行为；“只要对该专利产品的销售符合相关法规的规定，如涉及销售和许可的法规，且对再次使用的限制落在专利范围之内或有正当的理由”，那么被告违反单独使用限制的行为所造成的损失就可以通过提起专利侵权诉讼获得救济）。

⑱ *Anton/Bauer*，329 F. 3d at 1353.

⑲ 522 F. 3d 1348（Fed. Cir. 2008）.

⑳ 同上，at 1360（引用了 Jacobs v. Nintendo of Am.，Inc.，370 F. 3d 1097，1100（Fed. Cir. 2004））。

㉑ 同上。

（2）销售的情节应当明确地表明可以推定已经作出许可。[22]

在 *Zenith Elecs* 案中，关于默示许可的这两项要求都得到了满足。涉案的'301 专利涉及对医院病房中的电视进行远程控制的方法。[23] 基于安全和成本的考虑，该远程控制设备需要以硬接线的方式与电视机固定相连。由于这些设备还通过内部扬声器向病人发送音频信号，该设备被称为"枕头扬声器"（pillow speaker）。'301 专利的优点在于，可以使用该枕头扬声器向电视机传输数字信号（而非模拟信号），同时使用已经安装在病房中的现有线路接口。[24] 专利权人 Zenith 明示许可三家公司（Curbell、MedTek 和 Crest）使用和销售专门设计用于对使用 Zenith 控制码的 Zenith 电视进行操控的枕头扬声器。当电视制造商 PDI 开始销售一种与'301 专利（使用 Zenith 控制码）的枕头扬声器兼容的新型医院病房电视机时，Zenith 起诉其侵权。根据 Zenith 的说法，PDI 由于通过该枕头扬声器来控制其电视机构成了直接侵权，且由于向其消费者提供这种电视机、并鼓励其消费者使用该枕头扬声器来操控这种电视机而构成了间接侵权。

对于 PDI 和地区法院认为默示许可抗辩使 PDI 免于承担对'301 专利的侵权责任的观点，联邦巡回上诉法院给予认可。首先，对于涉案枕头扬声器而言，除了'301 专利中的方法以外，这种枕头扬声器别无他用。

---

[22] 522 F.3d 1348（Fed. Cir. 2008）.

[23] 见"具有完全的远程控制电视功能的三种有线枕头扬声器"（Three Wire Pillow Speaker With Full Television Remote Control Functions）美国专利号 5，495，301（1996 年 2 月 27 日授权）。

[24] Zenith 的'301 专利的代表性权利要求 1 记载了：

> 1. 一种操作电视接收器的方法，所述电视接收器有线连接至包括扬声器和多功能控制信号编码器的远程外壳，所述方法包括：
>
> 通过第一线路和第二线路从所述电视接收器向所述多功能控制信号编码器提供工作电压；
>
> 通过所述第一线路和一条第三线路从所述电视接收器向所述扬声器供应音频信号；
>
> 通过所述第一线路和所述第二线路从所述多功能编码器向所述电视接收器供应经编码的音频信号。

权利要求原文如下：

1. A method of operating a television receiver wired to a remote housing including a speaker and a multi function control signal encoder comprising: supplying operating power to said multi function control signal encoder from the television receiver over first and second wires supplying audio signals to said speaker from said television receiver over said first wire and a third wire;

supplying encoded control signals from said multi function encoder to said television receiver over said first and second wires. ——译者注

其次，在 Zenith 和三个枕头扬声器制造商之间的明示许可中，没有任何限制；比如，并不要求制造商对其所售枕头扬声器附以“仅用于 Zenith 电视”的标签。相反，该明示许可表明的是 Zenith 向三家公司授予的是“对专利权的清楚的、广泛的许可”。[25] 联邦巡回上诉法院同意“从 Curbell、MedTek 和 Crest 处购买枕头扬声器的顾客获得了将这些枕头扬声器与任何兼容电视机组合使用的默示许可”，不仅仅是与 Zenith 电视机组合，并且此默示许可是“从 Zenith 和［枕头扬声器］制造商之间的明示许可推定出来的”。[26] 因此，PDI 制造和销售可以与明示许可的被许可人 Curbell、MedTek 和 Crest 出售的枕头扬声器一起工作的电视机的行为，并没有侵犯 Zenith 的专利权。这样，联邦巡回上诉法院维持了地区法院基于默示许可而作出的不存在对 Zenith 的'301 专利权侵权的简易判决。

2. 先用权（prior user right）

先用权是另一种、也是最近才被认可的（至少在美国）一种《美国专利法》第 282 条（b）款（1）项所规定的“不必承担侵权责任”的情形。先用权是对侵权指控的一种对人抗辩，若一个人自己并没有为该发明创造申请专利，但在专利权人就相同的发明创造递交其专利申请前这个人就已经在其业务中（通常是作为商业秘密）使用了该发明创造，这个人就可利用先用权进行抗辩。由于欧洲试图减轻先申请制度[27]的不良后果，因此先用权在欧洲早已得到认可。[28] 然而，由于认识到先用权会破坏专利的排他性从而降低专利的经济价值，美国在历史上是反对先用权制度的。

在 1998 年，联邦巡回上诉法院在 *State St. Bank v. Signature Fin. Group, Inc.* 案[29]中作出的判决确认了商业方法的可专利性，并削弱了美国对先用权制度的反对。长久以来那些将自己专有的商业程序和方法作为商业秘密来保护的公司，突然间面临着可能会侵犯其竞争者就相同方法合法获得的排他性权利的风险。国会对这些担忧作出了反应，确立了一

---

[25] Zenith Elecs. Corp. v. PDI Commc'n Sys., Inc., 522 F. 3d 1348, 1362 (Fed. Cir. 2008).

[26] 同上。

[27] 在本书第 12 章（“国际性的专利事务”）将详细描述先申请及先发明制度之间的争议。

[28] 见如 Germany's Patent Law (Consolidation) (Text of Dec. 16, 1980, last amended Aug. 6, 1998) § 12 (1)，网址为 http://www.wipo.int/clea/en/text_pdf.jsp?lang=EN&id=1035（其中对于“发明创造”的范围作出了没有限制的规定，“对于在申请递交时已经开始在德国使用该发明创造，或已经为此作出必要准备的人来说，专利不应具有任何效力”）。

[29] 149 F. 3d 1368 (Fed. Cir. 1998)。本书第 7 章（“潜在的可专利客体”）对 *State Street Bank* 案判决进行了详细介绍。

种受限的先用权作为《1999年美国发明人保护法案》的一部分，并将其编撰在《美国专利法》第273条中。

《美国专利法》第273条对先用权作出了规定，该条款的题目被不合时宜的定为“基于在先发明人的侵权抗辩”（defense to infringement based on earlier inventor）[30]，其中适用先用权的情况被限制为被告被控侵犯的是方法权利要求，并进一步地定义是“一种商业方法”。[31]该条规定：

> 如果一项客体本会对一件专利的一项或多项方法权利要求构成侵权，但如果在专利有效申请日至少1年之前，一个人已经实际上善意地将该客体付诸实施，并且在该专利的有效申请日之前已经将该客体用于商业用途，那么在根据本法第271条提出的侵权之诉中，这个人应可基于上述情况进行抗辩。[32]

因此，根据第273条进行抗辩的被控侵权人必须证实：（1）其行为是善意的；（2）在该专利有效申请日至少1年以前，其已经在实际上对涉案权利要求的客体付诸实施；（3）在该专利有效申请日之前，其已经将该客体用于商业用途。该法条对方法“商业用途”的定义为“在美国使用一种方法，只要这种使用行为与国内商业用途（internal commercial use）、公平销售（arm's-length sale）或其他对有用结果的公平商业转让（arm's-length commercial transfer）有关即可，而不论公众是否获得到或知晓该客体”。[33] 这个定义使得利用商业方法型商业秘密的人可以依据第273条进行抗辩；只要这些人已经在商业活动中使用了该方法即可，公众并不需要知晓对该声称被侵权方法的使用。例如，一家共同基金（mutual fund）公司可能开发了一种将股市回报最大化的新颖且显而易见的方法，并将该方法用于管理其客户的股票投资组合，但仍将该方法的具体细节作为商业秘密保护。

---

[30] 虽然第273条的题目为“基于在先发明人的侵权抗辩”，但依据《美国专利法》第273条主张侵权抗辩的一方当事人并不需要按照《美国专利法》第102条（g）款的要求来证明其先于专利权人作出了该发明创造。见《美国专利法》第273条（b）款（1）项（要求被告证明在专利有效申请日1年以前已经在实际上将该发明创造付诸实践，但并不要求满足第102条（g）款来证明在先作出了发明创造）。

[31] 同上，§273（a）（3）。

[32] 同上，§273（b）（1）。

[33] 同上，§273（a）（1）。

由于第273条对先用权抗辩的定义很窄，并且在很大程度上该抗辩理由还没有经过联邦地区法院的检验，[34] 因此联邦巡回上诉法院对于该抗辩理由的情况，尤其是仅适用于方法的限制问题，尚未作出任何说明。

3. 实验性使用

偶尔被控侵权人会主张，其行为构成了不应被视为侵权的实验性使用，因此其不应当承担侵权责任。如下文所述，对这种抗辩理由作出的会很窄，并且很少成功。[35]

一件美国专利带给其所有人的权利包括阻止他人使用该专利发明创造的权利，但并未对这种使用的性质和目的作出限定。[36] 在对其他产品的开发中未经许可使用专利发明创造的行为，可能会引起专利侵权责任，即便这些其他产品的销售并不涉及对该专利发明创造本身的制造或销售。

---

[34] 地区法院在 *Sabasta v. Buckaroos, Inc.*, 507 F. Supp. 2d 986 (S. D. Iowa 2007) 案中判定，第273条（b）款的抗辩理由不适用于该案事实。问题的争议点在于 Sabasta 的涉案专利所要求保护的“方法”是否落在第273条（a）款（3）项规定的“商业方法”范围内。该专利权利要求记载了一种制成品，即“一种辊弯曲模（a roll bending die），与辊弯机器一起使用以产生肋钢筋轧制材料”，但该专利并不包括任何方法或流程权利要求。见6751995号美国专利，题为“辊弯曲模”（2004年6月22日授权）。然而，被控侵权方 Buckaroos 认为’995专利的权利要求应当被解释为方法权利要求，因为这些权利要求常常涉及对所记载模具的使用。Buckaroos 还认为，应当将其行为视作属于第273条的保护范围内，因为 Buckaroos “在从事商业活动，且将辊弯方法作为实施其商业活动的一部分”。*Sabasta*, 507 F. Supp. 2d at 1002。地区法院不同意这一看法。法院注意到，尽管还没有直接涉及第273条适用范围的判例法，但从这一法条的立法历史可以看出，国会的意图是给予“首先发明人抗辩一个有限的范围，也就是说这一抗辩理由是为了保护小型企业免受商业方法侵权诉讼的影响，其中的新方法采用了虽不可专利但却具有‘有用、具体、有形的结果’的客体”。同前，at 1005（引用了 *State St. Bank*, 149 F. 3d at 1374）。根据这一立法历史以及 *State Street* 判决，“Buckaroos 从事商业活动以及将该方法用于生产带肋管马鞍的事实并不能……使其行为落在第273条的规定范围内”。见同前。

在 *Seal-Flex, Inc. v. W. R. Dougherty & Assoc, Inc.*, 179 F. Supp. 2d 735 (E. D. Mich. 2002) 案中也主张了第273条（b）款的侵权抗辩，该案件涉及一种制造适合所有天气的户外跑道表面的专利方法。不过，由于地区法院事先已经作出了有利于专利权人的侵权成立简易判决，法院以提出时间不当为由拒绝对依据第273条（b）款提出的抗辩进行评价。同前，at 742。因此该法院并没有对该抗辩理由的实质及其对该案件事实的潜在适用性进行讨论。

[35] 有关在美国进行进行实验性使用的专利侵权抗辩的基础性文章是 Rebecca S. Eisenberg 所著的 *Patents and Progress of Science: Exclusive Rights and Experimental Use*, 56 U. Chi. L. Rev. 1017 (1989)。

[36] 见《美国专利法》第154条（a）款（1）项（其中规定了“每一件专利都应包含……对专利权人……的授权以禁止他人于美国境内制造、使用、许诺销售或销售该发明创造，或向美国境内进口该发明创造……”）以及《美国专利法》第271条（a）款（“除本法另有规定外，于专利权存续期间，未经许可于美国境内制造、使用、许诺销售或销售、进口至美国境内任何专利发明创造，即构成专利侵权”）。

例如，一位研发人员在没有许可的情况下，在研发用于商业销售的新药、新疗法或新诊断产品的过程中使用了专利“研究工具”，例如生物学受体 *Taq*㊲ 或者一种转基因动物模型㊳，那么可能就构成了专利侵权。㊴ 根据美国专利法，即便研发人员没有将专利研究工具包含在最终出售的新产品中，该研发人员也要为其使用行为承担责任。㊵

世界上大部分的专利制度都认可出于实验或研究目的、对专利发明创造未经许可的使用行为在专利侵权责任方面的例外，并且很多国家都已经将这种例外体现在其专利法中。㊶ 但在美国，实验性使用的侵权例外却鲜有成功。在美国专利法中，对这种抗辩的唯一法定认可是为准备政府部门（例如 FDA）审批所需提交的测试数据过程中对专利药品的未经

㊲ *Taq* 是热稳定酶 *Thermus aquaticus* TY1 DNA 聚合酶的简称，这是一种广泛使用的生物科技工具。见 Paul Rabinow, Making PCR：A Story of Biotechnology 128 – 132（1996）（记载了对 *Taq* 的识别、提纯和介绍）。受体是细胞表面的一部分，用于与特定分子结合，就“如同锁容纳钥匙一般”。*Human Pheromone Link May Have Been Found*, N. Y. Times, Sept. 28, 2000, at A22。

㊳ 例如，题为“Transgenic arthritic mice expressing a T-cell receptor transgene”的 U. S. Patent No. 5, 675, 060（Issued Oct. 7, 1997），该专利公开并要求保护一种转基因关节炎鼠，用作评价导致人类患关节炎以及治疗学上抗关节炎的化学成分的动物模型。因为鼠基因组与人类基因组很类似，所以转基因鼠特别适合作为研究诸多人类疾病的模型。见 David Malakoff 所著的 *The Rise of the Mouse, Biomedicine's Model Mammal*, Science, Apr. 14, 2000, at 248。

㊴ 见 John H. Barton 所著 *Patents and Antitrust: A Rethinking In Light of Patent Breath and Sequential Innovation*, 65 Antitrust L. J. 449, 451（1997）（指出如果一些公司基于对神经分裂症研究有用的生物受体获得了专利可能会影响他人在精神分裂症领域进行进一步的研究，但该公司本身又不生产真正“可市场化的产品”）；又见 Eliot Marshall 所著 *Patent on HIV Receptor Provokes an Outcry*, 287 science 1375, 1375 – 1377（2000）（其中记载了学术研究者对人类基因科学组织（HGS）被授予 CCR5 细胞表面受体专利的批评，这种受体被 HIV 用来作为细胞进入点，并且还报道了 HGS 的立场是将会对“想要使用这种受体来制造药物的任何人”行使其专利权。）。

㊵ 由于专利研究工具并没有被包括在商品中，所以研发人员并没有违反《美国专利法》第 271 条（a）款中禁止“销售”的规定。

㊶ 例如，法国法律规定：“出于个人或家庭目的，或者出于对专利发明创造客体进行测试的目的而实施的行为不应被视为对专利权人的权利造成了影响。”French Patent Law Including Modifications of 1978, art. 29, reprinted in 2D John P. Sinnott et al., World Patent Law and Practice（1999）, at France – 9。《德国专利法》规定：“专利权的效力不应延及……关于专利发明创造客体的出于实验目的的行为”。German Patent Act of 16 December 1980, §11. 2, reprinted in 2D Sinnott et al., *supra*, at West Germany – 78. 22。英国法律规定：“对专利发明创造私下进行的、出于非商业目的的”行为，以及“出于实验目的”的行为可以豁免侵权责任。United Kingdom Patent Act 1977, §60（5）, reprinted in 2D Sinnott et al., *supra*, at Great Britain – 269。《日本特许法》规定：“专利权的效力不应延及出于实验或研究目的实施专利的行为”。Japanese Patent Law of 1959, as amended through May 6, 1998, effective June 1, 1998, §69（1）, reprinted in 2F Sinnott et al., *supra*, at Japanese – 194。

许可的使用在侵权责任方面的例外。[42] 在美国专利法中并不存在一般性的"合理使用"（fair use）规定，这与美国著作权法中第107条的规定是不同的。

联邦巡回上诉法院勉强认可了基于普通法的实验性使用抗辩的存在，但是将其定性为"范围非常有限"，并仅适用于琐碎的、"浅显的事件"（dilettante affairs）。[43] 任何被视为"商业化"或基于盈利目的的活动都无法适用基于普通法的实验性使用原则。[44] 对于研发最终目的是将新的生物医学产品用于商业化用途的日益增多的大学和产业间的合作而言，联邦巡回上诉法院对该原则的狭义解释是无法适用的。[45]

任何对基于普通法的实验性使用抗辩进行更宽泛解释的期望被联邦巡回上诉法院在2002年作出的 *Madey v. Duke Univ.* 案[46]判决彻底驳回。在该案中，杜克大学的科学家使用了实验室激光器来进行基础核物理学研究，但并未得到该激光装置的专利权人 John Madey 博士的许可。地区法院认为根据实验性使用原则，可以豁免杜克大学科学家行为的专利侵权责任，但联邦巡回上诉法院认为地区法院的判断是错误的。[47] 杜克大学的非营利性地位并不是决定因素，因为该大学是在经营其自身的"正当业务"——吸引优秀学者、学生和资金：

> 在先判例显然无法豁免对任何形式的商业使用。类似地，在先判例也无法豁免与被控侵权人从事正当业务的任何行为，无论其是否与商业有关。例如，主要的研究型大学，比如杜克大学，经常支持或资助不具有商业应用的研究项目。然而，这

---

[42] 见《美国专利法》第271条（e）款（1）项，在本书第9章E.4部分进行了详细介绍。

[43] Roche Prods. v. Bolar Pharm. Co., 733 F.2d 858, 863（Fed. Cir. 1984）.

[44] 例如，*Roche Prods.*, 733 F.2d at 863（拒绝对实验性使用采取更宽泛的解读，以免出现"在科学研究具有明确可知以及实质性的商业目的的情况下，更宽泛的解读会'假科学研究之名'而违反专利法"）；Pitcairn v. United States, 547 F.2d 1106, 1125－1126（Ct. Cl. 1976）（驳回了政府机构的实验性使用抗辩，理由是政府未经许可将侵权直升机用于测试、演示和实验，这"属于政府机构的正当业务"）；Deuterium Corp. v. United States, 19 Cl. Ct. 624, 633（1990）（驳回了实验性使用抗辩，因为政府机构与利益追求合作方一同进行的项目演示"并非严格意义上的实验，而是为了发展用于商业应用的技术和方法"）。

[45] 有关进一步的进展可见 Janice M. Mueller 所著 *No "Dilettante Affair": Rethinking the Experimental Use Exception to Patent Infringement for Bio-medical Research Tools*, 76 Wash. L. Rev. 1（2001）。

[46] 307 F.3d 1351（Fed. Cir. 2002）.

[47] 见同上，at 1352, 1361-1363, 1364。

> 些项目无疑会促进这些研究机构实现其正当业务的目标，包括对参与这些项目的学生和教员进行教育和启发。此外这些项目还有助于，例如提高这些研究机构的地位，并吸引有利的研究拨款、学生和教员。
>
> 简言之，无论特定研究机构或实体是否以取得商业利润为目的，只要其行为促进了被控侵权人的正当业务，并且该行为不是纯粹出于消遣、满足无聊的好奇，或者严格的哲学性探究的话，则该行为不符合范围很窄并被严格限定的实验性使用抗辩。此外，使用者的地位是营利性的还是非营利性的，并非决定因素。㊽

在*Madey*案判决作出后不久，美国科学院（National Academies of Science，NAS）在2004年的一份重要报告中就指出，“大部分对专利发明创造有所利用的有组织研究都需要获得许可，并且在一些情况下可能会因为禁令或估定的侵权赔偿金而被迫暂停研究。”㊾ 这份NAS报告建议，应该明文规定至少让一些研究工作中的使用免于专利侵权责任，㊿ 但该报告的结论也指出，“现实地讲，如果没有迫切的情况，有关研究例外的立法被国会通过的可能性是很小的。”(51) 截至目前，美国科学院的这个预言都是正确的；无论是2005年还是2007年的美国专利法改革提案，都包含有要将实验性使用抗辩纳入法律的提议，但都未能获得通过。(52)

4.《美国专利法》第286条规定的获得损害赔偿的时效届满

如果被控侵权行为在提起侵权之诉的6年之前已经终止，那么被控

㊽ 307 F. 3d 1362（Fed. Cir. 2002）. 有关联邦法院的*Madey*判决从根本上错误的应用了实验性使用的在先判例*Pitcairn v. United States*, 547 F. 2d 1106, 1125（Ct. Cl. 1977）所确立的“正当业务”标准，见Janice M. Muller所著的*The Evanescent Experimental Use Exemption from United States Patent Infringement Liability: Implications for University and Nonprofit Research and Development*, 56 Baylor L. Rev. 917（2004）。

㊾ 见National Research Council of the National Academies, A Patent System for the 21st Century 108（Stephen A. Merrill at al. eds., 2004），网址为http://www.nap.edu/html/patentsystem/0309089107.pdf。

㊿ 见同上，at 108－117。

(51) 同上，at 115。

(52) 见Patent Reform Act of 2007, H. R. 1908, 110th Cong.（2007），网址为http://thomas.loc.gov/; S. 1145 110th Cong.（2007），网址为http://thomas.loc.gov/; Patent Reform Act of 2005, H. R. 2795, 109th Cong.（2005），网址为http://thomas.loc.gov/。

侵权人就可以根据第282条（b）款（1）项主张不存在侵权责任。该抗辩理由并不是基于诉讼时效的规定，而是基于《美国专利法》第282条的获得损害赔偿权时效的规定，这二者适用方式类似。

与著作权法中的相应规定不同，[53]美国专利法并没有关于一般性诉讼时效的法条规定专利权人在发现涉嫌侵权的行为后拖延一定年限仍未提出侵权诉讼，则禁止该侵权诉讼的提出。[54]然而，专利法对提出损害赔偿请求的侵权诉讼的时效进行了实际限制。第286条题为"损害赔偿的时间限制"，该条款指出，除非法律另有规定以外，"对于在提起侵权之诉或者侵权反诉6年以前发生的侵权损害，不得获得赔偿……"[55]因此，在要求损害赔偿的侵权之诉中（例如基于利润损失和/或合理许可费理论所要求的损害赔偿），[56]专利权人获得损害赔偿的时限最远可追溯至提起诉讼前6年。这意味着，即便在提起该诉讼之前10年都存在侵权，根据第286条的规定，只有在提起诉讼之前最近6年的侵权损害可以获得补偿。如果专利在提起侵权之诉6年以前已经失效，则无法依据第286条获得任何金钱补偿。[57]

5. 提起专利侵权诉讼中的懈怠（laches）以及衡平禁止反悔（equitable estoppel）

a. 引　　言

懈怠和**衡平禁止反悔**这两项衡平法原则也可以作为提出第282条（b）款（1）项"不存在侵权责任"抗辩的基础。这两个原则是通过判例产生的，根据这两个原则，如果专利权人在经过不合理的拖延后或者在虚假表示不会起诉之后，还不公平的提起诉讼的，可以减轻或免除被控侵权人的责任。

懈怠抗辩所针对的是原告在经过不合理的拖延才提起诉讼的情况。

---

[53] 见17 U.S.C. 507（著作权诉讼提出的3年法定期限）。

[54] 专利法包括基于第154条（d）款提起要求获得临时补偿救济诉讼的诉讼时效规定，该临时补偿救济基于从专利申请公布到专利申请授权成为专利之前这段时间发生的侵权行为而获得救济。见《美国专利法》第154条（d）款（3）项（规定"依第154条（d）款（1）项获取合理许可费的权利仅只能通过专利授权后6年之内提出的诉讼实现"）。

[55] 《美国专利法》第286条（a）款。

[56] 见本书第11章（"救济"），介绍了专利侵权的金钱补偿理论。

[57] 仅要求损害赔偿的侵权诉讼可在专利期满后6年内的任意时间提出。不过，在专利期满后禁令救济就不再可用了，因为专利权人不再拥有排除他人制造、使用、销售、许诺销售或进口发明创造的法定权利了。

如果能够证明存在懈怠，懈怠原则也不会阻止原告的全部诉讼请求，只是禁止对起诉前产生的任何损害获得赔偿。衡平禁止反悔是一个独立的抗辩理由，其针对的是原告的误导行为，该误导行为使被告相信自己不会被起诉。如果衡平禁止反悔抗辩得以确立，则原告全部的侵权诉讼请求都会被排除。

联邦巡回上诉法院涉及懈怠和衡平禁止反悔抗辩的主要案例是 *A. C. Aukerman Co. v Chaides Constr. Co.* 一案[58]。Aukerman 拥有形成高速公路混凝土围栏的设备和方法专利，Aukerman 威胁要起诉 Chaides 并在 1979 年向其发出了一份许可要约。Chaides 回应声称其所主张的侵权行为仅值每年 200 ~ 300 美元，并且声称其无意获得许可。在长达 8 年的时间中，专利权人 Aukerman 没有再联系 Chaides。在这段时间里，Chaides 的业务量（该业务使用了所主张的侵权方法）扩大了 20 倍。当 Aukerman 最终在 1988 年起诉 Chaides 时，地区法院基于懈怠和衡平禁止反悔抗辩作出了 Chaides 无须承担任何责任的在简易判决。

在上诉中，联邦巡回上诉法院认为存未解决的实质性事实问题，因此撤销了该简易判决。联邦巡回上诉法院还进行了全席审判对懈怠和衡平禁止反悔原则进行了澄清和重述，以下将就对此进行介绍。

b. 懈怠（Laches）

首先，审理 *Aukerman* 案的法庭认为懈怠抗辩的要件是：

（1）原告不合理、不可宽恕地拖延起诉；

（2）由于原告的这种拖延，被告遭受了实质损害（materially prejudiced）。[59]

如果原告是在得知侵权行为 6 年之内提起的诉讼，则被告必须基于记录证据（evidence of record）来证明这两项事实要件的存在。然而，对于那些原告在得知或应知侵权行为 6 年之后才起诉的案件，则推定成立对有利于被告的懈怠。如果该推定成立，则无须提交额外证据就推定存在有利于被告的不合理拖延和实质损害这两项懈怠要件。

一旦懈怠推定成立，则证明责任（提出证据的责任）就转移给了原

[58] 960 F. 2d 1020（Fed. Cir. 1992）（全席判决）。

[59] 见同上，at 1028。

告，原告必须对该推定加以反驳。[60] 如果原告的证明对两项基本懈怠要件中的任何一项构成了真正的事实争点（genuine issue of the fact），则该懈怠推定就被动摇，[61] 被告就“处在证明的位置”，这意味着被告必须根据记录证据证明不合理拖延和实质损失的存在。

当原告专利权人试图对懈怠推定进行反驳时，可以通过提供证据证明其拖延实际上是合理的并且在符合实际情况的，进而证明懈怠要件（1）存在真正的事实争点，即提起诉讼的拖延是否是不合理的。这样的证据可以包括，原告参加了针对其他侵权者的诉讼、原告正在和该被告进行磋商、贫困、疾病、战争、侵权程度的有限性、专利权权属纠纷等证明。在 *Aukerman* 案中，原告专利权人提供了表明其在参加其他诉讼的证据，辩称这是延迟起诉 Chaides 的合法事由。联邦巡回上诉法院认为，Aukerman 提供的证据至少构成了有关其行为合理性的真正的事实争点，因此，应该通过庭审对懈怠抗辩进行评价而不是在简易判决中过早的解决。[62]

针对懈怠要件（2），即被控侵权人是否由于该懈怠受到实质损害，这种损害的形式可以是证据方面的，例如文件的遗失，以及在时间过去以后重新收集证据。这种损害也可以是经济上的，比如在原告的延迟期间被控侵权人的经济状况发生了变化。例如，在原告提起侵权之诉之前，被控侵权人已经对制造被控侵权产品所需的制造设备和资本设备（capital equipment）进行了实质性投资。专利权人在试图反驳懈怠推定时，可以通过下述做法来试图构成针对懈怠要件（2）的真正的事实争点：证明用以支持被控侵权人的抗辩（例如未侵权和/或无效）的证据仍然存在，或者表明在专利权人的延迟期间，被控侵权人在经济上并没有遭遇任何实质性变化。

上述讨论以专利权人在首次得知或应当知晓其所主张的侵权行为后延迟起诉超过 6 年的事实为基础，通过假定懈怠推定成立，进而罗列了进行懈怠抗辩分析的规则。然而，该懈怠原则中“应当知晓”这一方面

---

[60] 这一程序框架是与 Fed. R. Evid. 301 保持一致的。懈怠推定成立的情况下，证明责任将转移到原告身上，这应与证明（说服）责任形成对比。有关懈怠抗辩的最终证明责任始终都在被告身上，而不会转移到原告身上。

[61] 法学教授将之称为推定的“双重动摇”（double bursting bubble）方式。

[62] *Aukerman*, 960 F. 2d at 1039.

包含有一定的不确定性。正如 *Intirtool, Ltd. v. Texar Corp.* 案[63]中的情况一样，所述6年的迟延计时到底是何时开始的这个问题并非常常都是清楚的。在此案中，基于专利权人的雇员和被控侵权方于1993年7月会谈后专利权人延迟超过6年才起诉这一点，地区法院认定懈怠推定成立，而联邦巡回上诉法院推翻了地区法院的这一认定。被控侵权方 Texar 早先是从专利权人 Intirtool 那里购买专利打孔钳（punch plier），在上述的会谈中，Texar 的首席执行官告诉 Intirtool 的职员说，他对 Intirtool 这个供应商感到"完全满意"，"其并没有想要更换供应商，但是确实存在价格压力"。[64] 在 Intirtool 公司的职员拒绝提供更有竞争力的价格后，Texar 停止从 Intirtool 订购产品，并转而向另一家也制造打孔钳的 Intirtool 的竞争者订购产品。在1993年7月的会谈之后，双方没有进一步的联络，直到6年多之后专利权人于2000年4月提起侵权之诉。

基于这些事实，联邦巡回上诉法院认为在 *Intirtool* 案中，不应该认定成立导致懈怠计时开始的、专利权人对侵权行为的实际或推定知晓。[65] 1993年7月的那次会谈最多表明被控侵权方 Texar 当时在考虑更换供应商；没有任何情况表示专利权人应当在其后任何时间知晓该被控侵权方已实际按其计划行事。而与此相反的认定则会使专利权人因为"一次电话会谈中的推测性意见"而承担对其他当事人的后续行为进行监管的责任。联邦巡回上诉法院"尚无意把适当注意这一概念延伸到这种地步"。[66]

c. 衡平禁止反悔

在 *Aukerman* 案中，联邦巡回上诉法院还考虑了被控侵权方 Chaides 是否已经成功地确立了衡平禁止反悔抗辩。与懈怠抗辩类似，联邦巡回上诉法院认为由于仍然存在有争议的事实问题，因此撤销了有利于 Chaides 的衡平禁止反悔简易判决。

联邦巡回上诉法院的解释是，衡平禁止反悔关注的不是原告在起诉中不合理的拖延（这是懈怠的基础），其关注的是原告的行为不公平的误

---

[63] 369 F. 3d 1289 (Fed. Cir. 2004).

[64] 同上，at 1297。

[65] 见同上，at 1297 - 1298。

[66] 同上，at 1298。

导被告使其相信不会被起诉，以及被告对上述行为的依赖所造成的损害。[67] 衡平禁止反悔的要件如下：

（1）原告误导被告，使被告合理地推断原告并不打算针对被告行使其专利权；

（2）被告依赖于原告的误导行为；

（3）由于这种依赖，如果允许原告主张其诉讼请求，则被告会遭受实质损害。

与懈怠不同，对于衡平禁止反悔不存在可适用的推定；被告必须提供证据，充分证明衡平禁止反悔抗辩的上述三项事实要件。如果衡平禁止反悔抗辩成立，则原告的全部诉讼行为都将被禁止。[68] 因此，基于衡平禁止反悔的惩罚明显比基于懈怠的惩罚更严厉，因为基于懈怠的惩罚只对赔偿进行限制，但并不排除对侵权之诉的维持，也不排除采用对抗未来侵权行为的禁令的可能性。

6. 州主权豁免（state sovereign immunity）

基于当前最高法院的权威观点，州政府（各州及其机构，例如州立大学以及在职权范围内工作的州政府雇员）对专利法侵权责任享有宪法豁免权。[69] 作为一项基本原则，根据《美国宪法第十一修正案》，州政府拥有诉讼豁免权。《美国宪法第十一修正案》规定："合众国的司法权力不应被解释为可扩展的适用于由一州公民或任何外国公民或国民起诉或控告合众国另一州的任何法律诉讼或衡平诉讼。"[70] 1992 年，国会通过颁

---

[67] 不过，法院认为对于其所审理的"涉及专利权人在提起诉讼方面存在不正当延迟的专利案件来说，几乎不可避免地存在懈怠以及衡平禁止反悔抗辩"。见 Aukerman Co. v. Chaides Constr. Co., 960 F. 2d 1020, 1042（Fed. Cir. 1992）（全席判决）。不过，不应当将这两种抗辩方式交织在一起。"延迟提起诉讼是能够对判断专利权人行为是否造成误导产生影响的证据，但这并不是构成衡平禁止反悔的要求。即便存在这样的延迟，衡平禁止反悔与懈怠也是两个不同的概念"。

[68] 见 Scholle Corp. v. Blackhawk Molding Co., 133 F. 3d 1469, 1473（Fed. Cir. 1998）（该案判定，原告之前曾经提出过侵权指控，但在调查过被告重新设计的产品后又保持了沉默，在这种情况下，原告会因衡平禁止反悔而被禁止主张其专利）；ABB Robotics, Inc. v. GMFanuc Robotics Corp., 52 F. 3d 1062, 1064-1065（Fed. Cir. 1995）（认为原告沉默四年半而使被告误认为原告不会行使其专利权而构成了衡平禁止反悔抗辩，并强调"专利权人的沉默也可能是一种误导行为，如果这种沉默还伴随着一些其他因素而使得这种沉默足以构成恶意"）。

[69] 州豁免权的可能例外包括，州政府与工业界的合作，若其不足以构成"州政府的机构"则无法享受第十一修正案的豁免权；此外，*Ex Party Young*, 209 U. S. 123, 167 – 168（1908）案判决指出，在职权范围内工作的州政府公务人员仍有可能被处以禁令救济。

[70] U. S. Const. amend. XI..

布《专利与植物品种保护救济澄清法案》(*Patent and Plant Variety Protection Remedy Clarification Act*)，剥夺了各州对专利侵权责任的豁免权。[71] 然而，随后在 *Florida Prepaid Postsecondary Education Express Board v. College Savings Bank* 案[72]中，最高法院基于下述原因以违宪为由取消了该专利救济法案。

因为国会不能利用《美国宪法》第 1 条所赋予的权力（包括知识产权条款中所列举的权力），来废止第十一修正案规定的州豁免权，[73] *Florida Prepaid* 案中关于专利救济法案合宪性的争论就在于第十四修正案的正当法律程序条款。[74] 请愿人辩称，专利权乃是私人财产，而允许州政府未经许可的使用专利权却没无法获得救济，属于未经正当程序对私人财产进行剥夺。最高法院以 5∶4 表决率驳回了该“正当程序理论”，其理由是，并无足够的证据表明州政府经常侵权，或者这种侵权是故意的而非仅仅是疏忽大意或者“无辜的”，或表明这种侵权导致了未经正当程序的财产剥夺。[75] 为了支持其裁决，最高法院还指出在州法院获得替代性救济的可能性，例如以不公平竞争作为案由。[76]

根据当前的解释，第十一修正案豁免权不只是保护州政府免于专利侵权责任，还使其避开了其他有关专利的诉讼理由，例如改正专利的发明人身份的诉讼。联邦巡回上诉法院在 *Xechem Int'l. Inc. v. University of Texas M. D. Anderson Cancer Center* 案[77]中适用了 *Florida Prepaid* 案的判决，认为第十一修正案豁免权禁止 Xechem 根据《美国专利法》第 256 条要求更正由一所大学拥有的两项专利的发明人身份的主张，而该所大学是得

---

[71] Pub. L. No. 102 - 560, 106 Stat. 4230 (1992)（编纂在 35 U. S. C. § § 271 (h), 296 (a) (1994)（以下称为“专利救济法案（Patent Remedy Act)”)。在专利救济法案中，《美国专利法》第 296 条 (a) 款规定，“任何州政府、州政府的任何机构，以及州政府的任何雇员连同州政府机构的任何雇员，都不应根据美国宪法第十一修正案，抑或根据关于主权豁免的其他原则获得，对由任何人包括任何政府或非政府实体，根据第 271 条在联邦法院提起的侵权之诉或因其他违反本法规定的行为而提起的诉讼的豁免。”《美国专利法》第 296 条 (a) 款。

[72] 527 U. S. 627 (1999).

[73] 在 *Seminole Tribe v. Florida*, 517 U. S. 44 (1996) 案中，最高法院判定国会不能够依据宪法第 1 条授予国会的权力而废除第十一修正案州豁免权。因此 *Seminole Tribe* 案判决禁止国会根据宪法中的知识产权条款（或商业条款）来维持专利救济法案的做法。

[74] 见 *Florida Prepaid*, 527 U. S. at 636。

[75] 见同上，at 639 - 646。

[76] 见同上，at 643 - 644 & nn. 8 - 9。

[77] 382 F. 3d 1324 (Fed. Cir. 2004).

克萨斯州的机构。该专利缘起于该所大学和 Xechem 之间的合作项目；而该专利所指明的唯一发明人是该所大学的一位科学家。联邦巡回上诉法院以违反 *Florida Prepaid* 及其姊妹判例 *College Savings Bank v. Florida Prepaid Postsecondary Education Expense Board* 案[78]为由，驳回了 Xechem 反对第十一修正案豁免权的多项论点。具体而言，该所大学与 Xechem 达成商业关系和订立合同的行为，并不构成该所大学对第十一修正案权利的放弃；该行为并不代表该州有将该案件提请联邦法院管辖的必要"明示声明"。该大学让其雇员（所指明的发明人）申请美国专利，也不表示可以推定该所大学同意接受联邦管辖。

与 *Xechem* 案相反，在 *Vas-Cath, Inc. v. Curators of the Univ. of Missouri* 案[79]中，一所州立大学因放弃权利而丧失了第十一修正案豁免权。涉案当事人争议的是关于一种双腔导管（dual lumen catheter）的发明创造的优先权。密苏里大学在 USPTO 就其未决专利申请与已授权的 Vas-Cath 专利启动了冲突程序。该所大学在该 USPTO 程序的任何阶段都没有主张过其第十一修正案豁免权。在长达 6 年的冲突程序结束后，USPTO 将优先权授予该所大学，并撤销了 Vas-Cath 专利。根据《美国专利法》第 146 条，Vas-Cath 在美国哥伦比亚特区的地区法院提起了民事诉讼，对 USPTO 的决定表示质疑。该起根据第 146 条提起的诉讼被转到密苏里西区地区法院之后，密苏里西区地区法院基于该所大学尚未放弃第十一修正案豁免权为由批准了该所大学的动议并驳回了该起案件。

在上诉中，联邦巡回上诉法院撤销了原判并发回重审。联邦上诉巡回法院支持 Vas-Cath 的看法，即由于该所大学启动了冲突程序并获得了成功，在 Vas-Cath 根据第 146 条提起的诉讼实际上是对 USPTO 决定的上诉中，该所大学就不能再主张豁免权：

> 该所大学不能既享有冲突程序的果实，又禁止"败诉"方行使请求审查的法定权利，即便该审查是在联邦法院进行的也是如此。在本案的情况下，该州机构有关冲突程序的行为包括了对后来根据第 146 条提起的民事诉讼豁免权的放弃。既然已经放弃了任何有关 PTO 冲突程序的潜在豁免权，我们认定该所大

---

[78] 527 U. S. 666 (1999).

[79] 473 F. 3d 1376 (Fed. Cir. 2007).

> 学放弃了任何基于宪法的、反对 Vas-Cath 享有司法审查法定权利的权利。[80]

联邦巡回上诉法院还指出 *Vas-Cath* 案与 *Xechem* 案的情况是不同的，后者并没有发现放弃权利的情况。在 *Xechem* 案中，“该所大学……并没有请求进行审判，没有启动和参与在 PTO 的对抗性程序，没有进行类似诉讼的行为，也没有出现该所大学放弃豁免权并获得败诉方的财产的竞争程序。”[81]

与州政府不同，美国联邦政府已经明确地放弃了其对专利侵权诉讼的主权豁免。针对美国政府的此类诉讼专门由美国联邦索赔法院（U. S. Court of Federal Claims）受理。联邦政府保留在不存在禁令的情况下使用任何专利发明创造的权力，但如果被证实侵权，则必须支付合理赔偿。[82]

7. “暂时存在”的豁免（temporary presence exemption）

《美国专利法》第 272 条的标题为“于美国暂时存在”，该条款规定了在暂时进入美国领土的车辆中对专利发明创造的某些使用行为可以豁免专利侵权责任。该条款规定如下：

> 在暂时或偶然进入美国的任何国家的船只、航空飞机或车辆使用任何发明创造的行为不应构成专利侵权，只要该国也给予美国的船只、航空飞机或车辆类似的待遇，并且对该发明创造的使用专门为了满足船只、航空飞机或车辆的需要，且没有在美国境内对该发明创造进行许诺销售或销售，也没有将该发明创造用于制造将在美国销售、或由美国出口的任何产品。[83]

National Steel Car, Ltd. v. Canadian Pac. Ry., Ltd 案[84]是该类案件中的首个案例，在该案中，联邦巡回上诉法院认为，关于“暂时”进入美国的法定豁免包括火车车厢在进行国际贸易过程中暂时进入美国的情况，即

---

[80] 473 F. 3d 1385 (Fed. Cir. 2007).

[81] 同上，at 1383.

[82] 28 U. S. C. §1498 (a).

[83] 《美国专利法》第 272 条.

[84] 357 F. 3d 1319 (Fed. Cir. 2004).

便在其使用寿命中的大部分时间内该火车车厢都位于美国境内。[85]

National Steel Car 的涉案专利是一种用于搬运木材的火车车厢，被称为凹底平车（depressed-center-beam flat car）。该加拿大被告的被控侵权火车车厢满载着木材通过被告所有的铁轨从加拿大进入美国，而该段铁轨的尽头，例如伊利诺伊州的芝加哥，这些车厢有时会换上美国公司拥有的火车头。在美国的目的地卸下木材之后，被控侵权的火车车厢会空载返回加拿大。联邦地区法院对该加拿大铁路公司发出了临时禁令，并拒绝对该公司适用第 272 条豁免。该地区法院认为，被控侵权车厢的存在根本不是“暂时”的，因为这些车厢大部分时间都处于美国境内（这些车厢使用寿命中大约 57% 的时间是处于美国境内）。此外，该地区法院认定，这些车厢在美国的存在为被控侵权人带来了很大利益。

在上诉中，联邦巡回上诉法院撤销了该临时禁令，认为关于被控侵权火车车厢是否是“暂时”存在于美国仍然存在实质性问题。联邦巡回上诉法院首先认定，对于本案而言，第 272 条中的“车辆”是单个的被控侵权火车车厢。之后，联邦巡回上诉法院否定了地区法院在确定被控侵权车辆是否是“暂时”出现在美国时所采用的两个衡量标准——持续时间和获益。由于对这个问题不存在在先判例，联邦巡回上诉法院基于其自身对第 272 条的解释，将暂时进入的车辆定义为“仅仅为了国际贸易的目的于有限的时间内存在于美国的车辆”。[86]

联邦巡回上诉法院认为，第 272 条的用语十分模糊，因此还需要对其立法史加以考虑。该立法史反映，第 272 条的起草是为了将最高法院 1856 年作出的 *Brown v. Duchesne* 案[87]判决纳入法典，也是为了满足美国对世界知识产权组织（WIPO）管理的《巴黎公约》的义务。这两项法源都表明，第 272 条中的“暂时”一词的解释应为“该车辆进入美国的目的是要进行国际贸易，亦即进入美国、进行国际贸易、然后离开美国”。[88]联邦巡回上诉法院解释道，在 *Brown* 案中，在美国管辖范围内对专利发明创造非许可的使用涉及一艘法国纵帆船（schooner）的帆索（rigging），

---

[85] 有关 *National Steel* Car 判决以及日益重要的专利法第 272 条暂时存在豁免更详尽的研究可见 Ted. L. Field 所著 *The "Planes, Trains, and Automobiles" Defense to Patent Infringement for Today's Global Economy: Section 272 of the Patent Act*, 12 Boston Uni. J. Sci. & Tech. L. 26 (2006)。

[86] 60 U. S. (19 How.) 183 (1856).

[87] *National Steel Car*, 357 F. 3d at 1329.

[88] *National Steel Car*, 357 F. 3d at 1330.

该使用被认为是超出了专利权人的排他权范围，因为被控的使用行为仅限于进行国际贸易所需的与美国的必要联系。*Brown* 案判决和《巴黎公约》[89] 第 5 条之三的内容都表达了这样的考虑，认为船只和车辆在国际贸易渠道中应免于承受需要满足其使用寿命中所经过的所有国家的专利法这样过度的负担。联邦巡回上诉法院的结论是，"如果这些车厢进入美国的时间有限，也就是说，并非永久性地进入美国；并且，进入的目的仅仅是参加国际贸易活动——卸掉外国货物和/或装载要发往国外市场的本国货物，则这些车厢进入美国的行为就是符合第 272 条目的的"暂时"进入，而无论这些车厢在美国停留的时间长短。"[90]

8. 专利权用尽（patent exhaustion）

专利权利用尽抗辩用于防止特定专利设备已在专利权人的许可下首次售出之后，该专利权人再次获利的情况。[91] 例如，如果专利权人将其专利产品出售给了零售商 R，则在此之后，该零售商 R 将该特定的产品再次出售给消费者 C 的做法就不是专利侵权行为。专利权人对该特定物品进行处分的控制权在首次出售时已经被"用尽"了，这意味着，专利权人对于后续的再次销售不再拥有收取许可费或者其他补偿金的权利（也无权禁止后续销售）。[92] 值得注意的是，对伪造品或盗版产品（counterfeit or pirated items）的销售并不会引发专利权利用尽。专利权利用尽仅适用于经许可的专利产品首次销售；也就是说，该产品是由专利权人销售的，或者是由他人（例如被许可人）在专利权人的准许下销售的。假定该首次销售是经过许可的，专利权人则被视为已经在对该特定产品的销售价格中获得了其全部的报酬。

---

[89] 《巴黎公约》第 5 条之三，题目为"专利：构成船舶、飞机或陆上车辆一部分的专利设备"，其中规定：

> 在本联盟任何国家内，下列情况不应认为是侵犯专利权人的权利：(i) 本联盟其他国家的船舶暂时或偶然地进入上述国家的领水时，在该船的船身、机器、滑车装置、传动装置及其他附件上使用构成专利客体的装置设备，但以专门为该船的需要而使用这些装置设备为限；(ii) 本联盟其他国家的飞机或陆上车辆暂时或偶然地进入上述国家时，在该飞机或陆地上车辆或二者附件的构造或操纵中，使用构成专利客体的装置设备。

[90] *National Steel Car*, 357 F. 3d 1331.

[91] 在版权法中与专利权利用尽相对应的条款是"首次销售"抗辩，见 17 U. S. C. §109 (a)。

[92] 上述的讨论都是有关在某国市场内专利产品的销售。国际环境背景下的专利权利用尽更为复杂，将在本书第 12 章 F 部分进行详述。

美国最高法院在 *Quanta Computer, Inc. v. LG Elecs., Inc.* 案[93]中所面临的是专利权利用尽抗辩的独特情况。原告 LG 公司拥有一系列关于计算机系统和方法的专利。LG 公司与著名的计算机芯片制造商 Intel 公司达成了一项许可协议。根据该许可协议的约定，允许 Intel 制造和出售由 LG 专利所保护的计算机系统中的微处理器和芯片组。

当 Intel 公司将其微处理器和芯片组组件出售给第三方计算机制造商时，发生了争议。被告 Quanta 公司是 Intel 的客户，其通过将 Intel 提供的组件和非 Intel 生产的组件（例如计算机存储器和总线）进行组装来制造计算机。LG 公司的专利权利要求涵盖了这些计算机，也就是说，Quanta 所组装和销售给消费者的这些组件的整体组合实施了 LG 公司的专利。

在随即发生的 LG 与 Quanta 之间的诉讼中，LG 声称 Quanta 公司对计算机的销售行为侵犯了其专利权，而 Quanta 则辩称，基于专利权利用尽抗辩原则该公司不必承担侵权责任。（尽管 Intel 并非 LG-Quanta 案的当事人）本案争议的核心是 LG 与 Intel 许可协议的条款。该许可准许 Intel 制造并向第三方销售所许可的产品（Intel 生产的微处理器和芯片组），但该许可也规定，LG 并没有（明示或默示）允许任何第三方将经许可产品与非 Intel 组件进行组合。根据 LG 和 Intel 另行签订的一项“主协议”要求，Intel 曾向 Quanta 书面告知了上述条款的内容。尽管如此，Quanta 仍然根据专利权利用尽理论开始制造和销售计算机。Quanta 的这种观点被证实是正确的。

首先，最高法院支持 Quanta 的观点，认为尽管方法权利要求与过程而非有形产品有关，但专利权利用尽抗辩既可以适用于对方法权利要求的侵权主张，也可以适用于对装置权利要求（如本案中的“系统”）的侵权主张。“虽然的确不能以销售产品和设备一样的方式来销售专利方法，但方法毕竟可以在产品中得以‘体现’，而对该产品的销售会用尽方法专利权。”[94]

在 *Quanta Computer* 案中，更加复杂的问题是“要构成专利权利用尽，一件产品要在多大程度上体现一件专利”。[95] 在这个问题上，最高法院的意见留下了较大的不确定性。最高法院的结论是，尽管 Intel 出售给 Quanta 的组件没有“完全地”体现所要求保护的发明创造，但这些组件从“实质上”体现了该发明创造，从而足以导致 LG 的专利权在 Intel 首次将

---

[93] 128 S. Ct. 2109 (2008).

[94] 同上，at 2117。

[95] 同上，at 2119。

其产品出售给 Quanta 时就已被用尽。[96]

最高法院分析认为，本案中 Intel 的微处理器和芯片组除与计算机存储器和总线进行连接之外，别无它用。Intel 进行的销售的唯一明显目的就是由 Quanta 将 Intel 所提供的组件与非 Intel 生产的计算机存储器和总线进行组合来制造和销售计算机。此外，Intel 所提供的组件"构成了该专利发明创造的关键部分，基本上完全实施了该专利"。根据最高法院的意见，"对于专利权利用尽而言，制造在实质上体现了一件专利的产品，与制造该专利产品本身并无区别。"[97] Quanta 在将 Intel 组件与非 Intel 组件进行组合的过程中，也没有作出任何"创新或创造性"的决定；事实上，因为 Intel 组件的内部构成是 Intel 的商业秘密，Quanta 除了遵循 Intel 的说明书来组合这些组件之外别无选择。

在 *Quanta Computer* 案中，最高法院还确认了 Intel 对 Quanta 的组件销售是"经许可"的销售。如上文所述，经许可的销售乃是构成专利权利用尽抗辩的要件。LG 与 Intel 的许可协议没有限制 Intel 向购买者出售其芯片组和微处理器的权利，即便是对 Quanta 这样意图将这些组件与非 Intel 的组件进行组合的公司也没有作出限制。最高法院在一项著名的脚注中暗示，专利权人 LG 或可主张合同违约赔偿，但 LG 无权针对 Quanta 要求获得专利侵权损害补偿。[98] 然而，这一观点并无意义，因为 LG 的诉求中并没有包括合同违约的主张。[99]

---

[96] 在 *Quanta Computer* 判决的这一部分，最高法院在很大程度上依赖于其在 *United States v. Univis Lens Co.*, 316 U.S. 241 (1942) 案的判决。法院在 *Univis Lens* 案中判定，对眼镜镜片"毛坯"（blanks）的销售构成了专利权用尽，因为该毛坯唯一合理和所预期的使用就是用于实施涉案眼镜镜片专利，而且该毛坯还体现了涉案专利发明创造的必要特征。

[97] 有趣的是，最高法院在本案中评价权利用尽时采用了"实质上体现"（substantially embodies）这一不确定的标准，却在 *Pfaff v. Wells Elecs., Inc.* 案（525 U.S. 59, 65 - 66 (1998)）中驳回了联邦巡回上诉法院所采用的判断第 102 条（b）款销售限制是否成立的"实质上完成"（substantially complete）标准。（"一项使申请的时效性取决于发明创造'实质上完成'日期的规则，严重地损害了确定性所带来的利益"）。

[98] *Quanta Computer*, 128 S. Ct. at 2122 n.7.

[99] 部分地基于 *Quanta* 案判决脚注 7，一些观察者质疑联邦法院作出的 *Mallinckrodt, Inc. v. Medipart, Inc.*, 976 F.2d 700 (Fed. Cir. 1992) 案判决是否仍然有效。联邦法院在 *Mallinckrodt* 案中判定，专利权人对带有"仅限单个使用"（single use only）标签的医疗设备的销售属于法律允许的、对专利发明创造的使用作出的售后限制，而只有无条件的销售才会构成专利权利用尽。最高法院在 *Quanta* 案判决中并没有引用或讨论 *Mallinckrodt* 案判决，该问题可能只有等联邦法院作出进一步的斟酌。

9. 没有提起侵权诉讼资格的原告

主张专利侵权的诉讼必须由拥有专利排他权的人来提出。专利法规定，“专利权人应该可以通过提起民事诉讼请求专利侵权救济。”[100] 专利法还规定，“专利权人是指获颁专利之专利权人及其继受人。”[101] 这项法定定义意味着，在一般情况下，发起侵权之诉的当事人必须持有对该专利的法定权利。[102] 当起诉的原告是所登记的专利权持有人时，提起诉讼的资格不是问题。

然而，当专利的被许可人试图以自己的名义提起侵权之诉，而没有专利权人/许可人的参与时就会存在提起诉讼资格的问题。[103] 如果原告/被许可人没有资格提起诉讼，则被控侵权人就可以基于原告缺少起诉资格这一瑕疵而要求驳回起诉。非排他许可的被许可人没有以自己名义提起专利侵权之诉的权利。[104] 排他许可的被许可人可能具有以其自身名义起诉的权利，取决于该专利许可协议的条款的内容。[105] 具体而言，这种排他许可必须是给予了提起诉讼资格的“实质性转让”。[106] 这种许可必须对“专利的所有实质性权利”进行了转移，并且必须采用书面形式作出。[107] 如果排他性许可的被许可人并未持有该专利所有的实质性权利，那么专利权人/许可人仍必须作为当事人加入到该诉讼之中。[108]

---

[100] 《美国专利法》第281条。

[101] 同上 at，§100（d）。

[102] 见 Enzo APA & Son, Inc. v. Geapag, A. G., 134 F. 3d 1090, 1093（Fed. Cir. 1998）。

[103] 在实务中，由于各种各样的原因，专利所有人/许可人可能并不愿意牵扯进诉讼当中去，例如，他们可能不期望招致任何可能的反诉责任，或是不愿意分担高额的专利诉讼费，或者对位于美国以外的专利权人来说，存在着地理位置上的不便。

[104] 见脚注4中的 Drafter at §8.06。“事实上，非排他性许可并未给予被许可人提起诉讼或与加入到专利权人所提起的诉讼之中的合宪性权利，这是因为非排他性许可的被许可人的合法权利并不因侵权行为而受到伤害”。Sicom Sys., Ltd. v. Agilent Techs., Inc., 427 F. 3d 971, 976（Fed. Cir. 2005）。

[105] 见脚注4中的 Drafter at §8.06。

[106] 见 *Enzo APA*, 134 F. 3d at 1093。

[107] 见同上。

[108] 见 *Sicom Sys.*, 427 F. 3d at 980（强调“*Independent Wireless* [*Tel. Co. v. Radio Corp. of Am.*, 269 U. S. 459（1926）] 案中阐明的原理要求，对于并不拥有全部实质权利的排他性许可被许可人所提出的任何侵权诉讼，专利所有人都要参与到当中……与受让人不同，受让人是可以以个人的名义提出诉讼的，如果排他性许可被许可人并不拥有全部实质权利，在执行专利权时通常需要与专利所有人一起提起诉讼”）。

D. 不可执行（unenforceability）

《美国专利法》第282条（b）款（1）项规定的“不可执行”抗辩理由，起源于衡平法上的“不洁之手”原则（doctrine of“unclean hands”）。在一些案例中，被控侵权行为正在进行，且涉案专利仍然有效，专利权人可以寻求的救济包括针对继续侵权的禁令。然而，由于禁令是一种衡平救济，如果专利权人自身不清白，法庭就不会给予专利权人禁令救济。

不可执行抗辩至少可以以下述三种不同的衡平法理论作为基础：（1）**不正当行为**（inequitable conduct）；（2）**专利权滥用**（patent misuse）；（3）**申请历史懈怠**（prosecution history laches）。下文将对每一种理论分别进行讨论。如果衡平抗辩（equitable defense）成立，则联邦地区法院会作出专利不可执行的判决，注意要与专利无效判决进行区分。如果一件专利被判定为不可执行，则该专利的每项权利要求都被认为是不可执行的。与之不同的是，专利无效是以权利要求为基础确定的；一件专利中，一些权利要求可能被认定无效，而其他权利要求可能被维持有效，维持有效的权利要求仍然可以作为主张侵权的基础。

不可执行与无效之间的另一区别在于，在某些情况下，专利权滥用形式的不可执行是可清除的，一旦滥用得到了缓解，该专利可以再次成为可执行的。[109] 相比之下，专利无效的判决（一旦经上诉程序维持），就是最终的、不可撤销的决定。[110]

1. 不正当行为

不正当行为抗辩主张，如果一项专利是通过对USPTO作出不当行为获得的，则法院应当拒绝执行该专利。向USPTO提出专利申请的单方审查性质导致了不正当行为抗辩。USPTO的细则规定，要求实质上参与专利申请过程的人对该行政机关都负有坦诚义务（owe a duty of candor），这包括向该行政机关披露对可专利性起关键作用的所有已知信息的义务。[111] 对该披露义务的严格遵守看起来与一些专利申请人的自身利益可能是相冲突的，并且USPTO用于对遵守该义务的情况进行监管的资源又是有限

---

[109] 见Morton Salt Co. v. G. S. Suppiger Co.，314 U. S. 488，493（1942）。

[110] 见Blonder-Tongue Labs.，Inc. v. Univ. of Ill. Found.，402 U. S. 313（1971），将在下文描述。

[111] 37 C. F. R. §1.56（2008）.

的。因此，对于在后续专利诉讼中发现的违反该义务的行为，设置了严厉的处罚：如果不正当行为抗辩得以证实，则整个专利（所有权利要求）都被判定为不可执行（无论这些权利要求是否有效）。

由于很多国外的专利制度都具有强有力的异议程序，允许根据任何法定无效理由来挑战近期授权的专利，[112] 因此，申请过程中严格的披露义务连同诉讼中的不正当行为抗辩这种美式概念在这些国家都被认为是没有必要的。[113] 然而，在美国，（尽管联邦巡回上诉法院曾经对不正当行为责任的过度主张进行了批评[114]）不正当行为抗辩的存在是用于确保专利申请人“按规定行事”（play with the rules）的必要方法。如美国的一位著名的专利法学者所言，“支持保留不正当行为抗辩的最有力的实际理由就是，除非对保留信息处以严厉处罚，专利律师及其客户将不会有动力协助 US PTO 对专利申请进行彻底审查并且只核准有效的权利要求。”[115]

与下文将要讨论的专利无效抗辩相同，要证明不正当行为的挑战者所需满足的证据责任是提供清楚且具说服力的证据。更具体而言，不正当行为抗辩的提出者必须通过清楚且具有说服力的证据来证明两项基本事实要件：(1) 重要性（materiality）；(2) 存在误导 USPTO 的意图。[116] 下文对此进行讨论。

a. 重 要 性

要构成不正当行为，专利申请人对 USPTO 的行为必须涉及未披露或

---

[112] 见如 European Patent Convention arts. 99 – 105 (13th ed. 2007)，网址为 http://www.epo.org/patents/law/legal-texts/html/epc/2000/e/ma.html。

[113] 见 Paul M. Janicke 所著 *Do We Really Need So Many Mental and Emotional States in United States Patent Law?*, 8 Tex. Intell. Prop. L. J. 279, 292 (2000)（指出“截至目前为止，其他国家都没有对欺骗颁发专利的机关的行为采取私力救济措施，唯一例外的是一项德国的法条规定专利局可以要求申请人真实地披露其所知的现有技术”）。Janicke 教授认为，其他国家没有采用不正当行为抗辩是因为他们认为专利可能被无效已经是足够的救济，在那些败诉方要支付胜诉方律师费的外国法律体系中尤其如此。

[114] 见 Burlington Indus., Inc. v. Dayco Corp., 849 F.2d 1418, 1422 (Fed. Cir. 1988)（评论道，“在几乎所有主要专利案件中都要对不正当行为进行指控的习惯，已经成了一场绝对性的瘟疫（plague）”）。

[115] 脚注 113 中提到的 Janicke 所著文章 at 292。

[116] Dippin' Dots, Inc. v. Mosey, 476 F.3d 1337, 1345 (Fed. Cir. 2007)（指出“主张专利权不可执行的一方必须提供清楚且具有说服力的证据来表明专利申请人满足‘重要性及意图这两项要求’”）（引用了 Molins PLC v. Textron, 48 F.3d 1172, 1178 (Fed. Cir. 1995)）。

错误提交对可专利性来说是非常重要的信息。上述未披露或错误提交重要信息的问题通常发生在以下三种情形中：

（1）未能向 USPTO 披露该申请人已知的[117]关于可专利性的重要信息；

（2）向 USPTO 提交的关于可专利性的虚假重要信息；

（3）向 USPTO 作出关于可专利性的重要、确定性虚假陈述。

因此，不正当行为可以基于专利申请人的疏忽（未进行某行为），也可以基于专利权人的故意（提交不真实信息或进行虚假陈述这些确定性行为）。

在确定信息是否重要时，联邦巡回上诉法院的标准是假想的“合情理的审查员”是否会认为该信息对于是否允许专利申请获得授权的判断来说是很“重要的”。[118] 如果对这个问题的回答是肯定的，则该信息符合不正当行为抗辩的重要性要件。该信息并不一定是具有无效性的（invalidating），若审查员已经知晓该信息，则会导致该专利申请权利要求不会被核准。[119] 基于申请人隐瞒现有技术意图欺骗 USPTO 的行为，即便相对于该现有技术专利仍然是有效的，仍然可以构成不正当行为的成立从而判定该专利不可执行。[120] 在此类情况下，要无效这些权利要求，被隐瞒的现有技术虽然并不充分相关，但是这些现有技术对可专利性已充分关键，并形成了判决不正当行为的基础。

---

[117] 所述信息对申请人来说必须是“已知的”才会产生披露义务。专利申请人并没有确定性的义务要去进行现有技术检索，去寻找并找到与可专利性实质相关的信息。不过，“一个人不应当为了避免对信息或现有技术的实际知晓而假扮无知，或者忽视很多对可能存在重要信息或现有技术的警示。如果这种情况发生，那么就构成了‘本应知晓’的因素”。FMC Corp. v. Hennessy Indus., Inc., 836 F.2d 521, 526 n.6 (Fed. Cir. 1987)。

[118] 见 Star Scientific, Inc. v. R.J. Reynolds Tobacco Co., 537 F.3d 1357, 1367 (Fed. Cir. 2008); Nilssen v. Osram Sylvania, Inc., 504 F.3d 1223, 1235 (Fed. Cir. 2007)（指出“如果一个合情理的审查员会认为某些信息对于是否应当将申请授权为专利的判断来说是重要的，那么该信息就是重要的”）; Honeywell Int'l, Inc. v. Universal Avionics Sys. Corp., 488 F.3d 982, 1000 (Fed. Cir. 2007)。

[119] 见 Molins PLC v. Textron, Inc., 48 F.3d 1172, 1179-1180 (Fed. Cir. 1995)（指出“并不因为审查员对一项对比文件加以考虑之后最终认为权利要求是可专利的，就认定该对比文件不是重要的”，并认为就本案情况而言，“审查员并没有依据 Wagenseil 对比文件来驳回权利要求的事实……对于该对比文件是否是重要的并不具有决定性”）。

[120] 见如 Critikon, Inc. v. Becton Dickinson Vascular Access, Inc., 120 F.3d 1253, 1255 (Fed. Cir. 1997)（认为所隐瞒的 McDonald 现有技术专利对可专利性来说是重要的，但确认了地区法院维持涉案专利有效的判决）。

然而，如果一项信息仅仅是已经提交给 USPTO 的其他信息的累加（未加入新的或不同的内容），则不认为该信息是重要信息。[121] 类似地，如果 USPTO 的审查员独立地发现了申请人未披露的已知信息，该信息也不会被视为重要信息。[122]

USPTO 的细则要求，专利申请人对该行政机关负有坦诚和诚信义务（duty of candor and good faith），这包括向 USPTO 披露申请人已知的关于可专利性的重要信息的义务。[123] USPTO 对重要性的定义随时间不断变化。[124] 联邦巡回上诉法院对不正当行为中的重要性进行判断的标准是“合情理的审查员认为是重要的”，这一标准在语言上与 1977 ~ 1992 年 USPTO 在该机关细则中适用的定义是一样的，专利从业者将该规定称为“老 56 条”（old Rule 56）。[125] 尽管 USPTO 于 1992 年修改了其对于重要性的定义，试图为专利从业者提供更加确切、开放性更小、模糊度更低的标准，[126] 但联邦巡回上诉法院有关不正当行为的判断标准仍然是“合情理的审查员认为是重要的”旧标准。该法院并不认为 USPTO 在 37 C. F. R. §1. 56（b）中对重要性的现行定义对其具有任何约束力，专利从业者将

---

[121] 见 *Star Scientific*, 537 F. 3d at 1367。

[122] 见 Eli Lilly & Co. v. Zenith Goldline Pharms., Inc., 471 F. 3d 1369, 1383（Fed. Cir. 2006）（认同了地区法院的结论，即专利权人未向 USPTO 披露的“Chakrabarti 1980a”现有技术对比文件“既不是重要的疏忽，也不是有意欺骗”，部分的因为“审查员在审查过程中找到并采用了 Chakrabarti 1980a 对比文件”）；Molins PLC v. Textron, Inc., 48 F. 3d 1172, 1185（Fed. Cir. 1995）（指出“当一篇对比文件出现在审查员面前时，不管该对比文件是审查员检索得来的还是申请人披露的，都不应当认为向审查员隐瞒了该文件”）（引用了 Scripps Clinic & Res. Found. v. Genentech, Inc., 927 F. 2d 1565, 1582（Fed. Cir. 1991））；Orthopedic Equip. Co. Inc. v. All Orthopedic Appliances, Inc., 707 F. 2d 1376, 1383 - 1384（Fed. Cir. 1983）（维持了地区法院的认定，即未披露的现有技术并非重要的，因为“审查涉案专利的审查员独立确认了未被披露的现有技术的存在”）。

[123] 见 37 C. F. R. §1. 56（a）。

[124] 见 Digital Control Inc. v. The Charles Mach. Works, 437 F. 3d 1309, 1314 - 1316（Fed. Cir. 2006）（描述了 USPTO 对重要性定义的变化历史）。

[125] 见同上，at 1315（解释称，“在 1977 年，PTO 修改了细则第 56 条，阐明了对 PTO 应尽的坦诚和诚信义务。这一版本的‘Rule 56’要求申请人披露‘他们认为是重要的信息’，指出如果‘存在实质的可能性一位合情理的审查员会认为该信息对于是否将专利申请授权为专利的判断来说是重要的’，那么该信息就是重要的”）（引用了 37 C. F. R. §1. 56（1977））。

[126] 参见同上，at 1314（指出“在 1992 年，PTO 修改了细则第 56 条，创建了范围相对较窄的重要性标准”）。

USPTO 的现行定义称为“新 56 条”（new Rule 56）。[127]

因此，尽管在专利的审查过程中 USPTO 的规定已对关键性提供了更狭窄的定义，联邦巡回上诉法院当前仍采用自己的“对理性审查员是重要的”这一关键性判断标准。[128] 联邦巡回上诉法院的标准是更彻底的（searching），而且与满足 USPTO 对关键性的当前定义相比，联邦巡回上诉法院的标准可要求专利申请人提交更多的信息，因此，规避风险的（riskaverse）专利申请人要根据联邦巡回上诉法院的“对理性审查员是重要的”这一更宽泛的标准来行事。换句话说，在拿不准一件现有技术的重要性时，出于慎重应向 USPTO 提交该对比文件供其参考。[129]

Critikon, Inc. v. Becton Dickinson Vascular Access, Inc. 案[130]的事实反映了在重要性方面的另一重要原则：必须要向 USPTO 披露的内容不只限于现有技术，还包括申请人已知的对可专利性有重要作用的全部信息。Critikon 起诉 Becton Dickinson，称其侵犯了 Critikon 一项关于静脉内导管

---

[127] 当前（自 1992 年以来），USPTO 将重要的可专利性信息定义如下：

> 这种信息不是申请中对已记录在案或将会记录在案的信息的累积，而是：
> （1）这种信息自身或与其他信息一起构成权利要求不具可专利性的初步证据；
> （2）这种信息与申请人在如下情形下采取的立场相悖或者不一致；
> （i）反驳官方关于不具可专利性的论点，
> （ii）主张具有可专利性的论点。
> 不具备可专利性的初步证据成立的条件是，对权利要求中的每项用语给予最宽泛合理的、与说明书相符的解释，并在考虑为了得出针对可专利性的相反结论而提交的证据以前，根据优势证据原则的证明责任标准，得出某项信息导致权利要求不可专利的结论。

37 C. F. R. § 1. 56（b）（2008）。

[128] 见 Digital Control Inc. v. The Charles Mach. Works, 437 F. 3d 1309, 1314 - 1316（Fed. Cir. 2006）（本案应用了关于重要性的“合情理的审查员认为是重要的”这一标准，该案同时认可了 USPTO 在 1992 年颁布的 37 C. F. R. § 1. 56 中对重要性定义的改变，但认为“合情理的审查员”标准连同联邦巡回上诉法院的案例法解释是“并不会被 PTO 的新 56 条所取代”）。联邦巡回上诉法院的立场在学术界评论中得到了支持。例如，Carl Moy 教授曾批评说，USPTO 在 1992 年对细则第 56 条的修订超越了该机关的规则制定权（rulemaking power）。Moy 认为，“新 56 条”仅仅是一种“勉励性声明”（hortatory statement），联邦巡回上诉法院在对不正当行为裁判中无须受其约束。见 R. Carl Moy 所著的 *The Effect of New Rule* 56 *on the Law of Inequitable Conduct*, 74 J. Pat. & Trademark Off. Soc'y 257, 277 - 278（1992）。

[129] 专利申请人将现有技术对比文件副本作为依据 37 C. F. R. § § 1. 97 - 1. 98 递交的“信息披露声明”（Information Disclosure Statement）的附件提交给 USPTO 供其参考。

[130] 120 F. 3d 1253（Fed. Cir. 1997）.

(Intravenous Catheter, IV) 的多项专利（其中包括 Lemieux 专利）。在诉讼期间，对 Lemieux 专利进行了再颁；专利权人 Critikon 遂对其诉求进行了修改，称被告侵犯了该再颁专利的某些权利要求。地区法院对该案的结论是不存在不正当行为，但联邦巡回上诉法院推翻了这个结论，认为该结论的错误不仅在于 Critikon 没有披露对原 Lemieux 专利和**再颁** Lemieux 专利而言都很重要的现有技术（McDonald 专利）行为的存在[131]，还在于 Critikon 没有告知 USPTO 再颁程序审查员，原 Lemieux 专利同时还涉及联邦法院正在进行的诉讼案件，在该案件中 Becton Dickinson 正在质疑该专利的有效性和可执行性。联邦巡回上诉法院"毫不怀疑"该同时进行的、涉及 Lemieux 专利的诉讼与该专利的再颁程序也是相关的。[132] 鉴于未披露信息的重要性，以及 Critikon "在任何时候都没能提出对于该未披露行为的诚信解释"[133]，联邦巡回上诉法院可以推定专利权人存在欺骗 USPTO 的必要意图。因此，该法院认定 Critikon 的专利是不可执行的。

如同 *Purdue Pharma L. P. v. Endo Pharms. Inc.* 案[134]所揭示的一样，专利申请过程中的"优势主张"（advantages advocacy）与未向 USPTO 披露重要信息之间有时存在着微妙的界限。Purdue 的三件涉案专利是关于用于镇痛的受控释放的羟考酮（oxycodone）药物，Purdue 在销售该药品时将其称为奥施康定（OxyContin®）。在这几件专利申请的书面描述中，以及在其专利申请过程中，Purdue 反复地提到其"惊讶地发现"，对于 90% 的病人而言，4 倍剂量范围的羟考酮配方即可控制疼痛，而现有技术的阿片类（opioids）药物，例如吗啡，则需要 8 倍剂量范围。该专利还提到，4 倍剂量范围的"临床重要性"在于其更有效率的滴定过程（通过该过程来调整用于病人的剂量，从而在没有不可接受的副作用的情况下提供可接受的镇痛效果）。然而，在该专利授权之前，Purdue 从未提供用于支持上述说法的临床数据。虽然 Purdue 在专利申请过程中从未声称该发现已经经过临床检验，但 Purdue 对所谓 4 倍剂量范围的阐述位于题为

---

[131] 有趣的是，尽管被隐瞒的 McDonald 专利被认为对可专利性来说是重要的，联邦巡回上诉法院并没有撤销地区法院维持涉案专利有效的这一部分判决。见 120 F. 3d 1255（Fed. Cir. 1997）。at 1255。由此，*Critikon* 案中，被隐瞒的现有技术并不足以使得权利要求无效，但却足以构成认定不正当行为成立的基础。

[132] 同上，at 1258。

[133] 同上，at 1259。

[134] 410 F. 3d 690（Fed. Cir. 2005）.

“令人吃惊的改进结果”和“已获得的结果”部分之中。根据这一证据，联邦地区法院认为Purdue没有向USPTO披露重要信息，因为Purdue没有告知其发现的依据仅仅是发明人的“洞察”（insight）而并无科学依据。此外，该地区法院还认为，整个证据记录清楚地反映出一种故意进行虚假陈述的模式。[135]

地区法院认定由于存在不正当行为因此Purdue的专利不可执行，联邦巡回上诉法院维持了该判决。尽管Purdue从未声称其对4倍剂量范围的发现的基础是临床研究结果，但法院认为，“从Purdue在专利文件和申请历史中的表述可清楚地推断出这一结论。”[136]“在没有对其‘令人吃惊的发现’的真实起源有所描述的情况下，Purdue向US PTO提出的意见陈述提供了充分的暗示说明确实进行了临床实验，而没有告知US PTO该发现的依据其实仅是［共同发明人］Kaiko博士的洞察而非科学证据，这就是没有披露重要信息的行为。”[137] Purdue争辩说，4倍剂量范围这一点并不重要，因为这仅仅是所要求保护的发明创造的一项优势罢了，而审查员不会对此进行多少考量，但联邦巡回上诉法院驳斥了该观点。该法院将本案与*CFMT, Inc. v. Yieldup Int'l Corp.*案[138]进行了对比，在*CFMT*案中联邦巡回上诉法院认定专利权人在申请过程中提出所要求保护发明创造的一系列优势的行为并不是不正当行为。在*CFMT*案中，“所主张的优势仅仅是一种［用于清洁半导体晶圆的］封闭系统的固有的预期结果。”[139]然而，在本案中，Purdue对于4倍剂量范围的陈述却“远远不只是”优势主张。相反，“在专利申请过程中，为了克服审查员引用现有技术作出的显而易见性驳回决定，Purdue连贯且重复多次的利用上述（4倍剂量范围）内容进行论证。”[140]

b. 欺骗意图（Intent to Deceive）

专利申请人违反向USPTO进行披露的义务的行为并不足以构成不正当行为抗辩。提出该抗辩的一方还必须证明，隐瞒重要信息（或提供不实信息）的意图是要欺骗USPTO。重要性和意图是构成不正当行为的独

---

[135] 410 F. 3d 695（Fed. Cir. 2005）.

[136] 同上，at 698。

[137] 同上，at 698。

[138] 349 F. 3d 1333（Fed. Cir. 2003）.

[139] *Purdue Pharma*, 410 F. 3d at 699（引用了*CFMT*, 349 F. 3d at 1342）。

[140] 同上。

立元素；具有重要性不代表就存在意图。[141] 必须通过清楚且有说服力的证据来证明，重要性和意图这两项元素都已经达到了一定的水平。[142] 如果对不正当行为的指控是建立在申请人未向 USPTO 披露现有技术的基础上的，则“必须采用清楚且具说服力的证据证明，该申请人决定故意隐瞒已知重要对比文件”。[143]

因为能够证明有意欺骗的确凿证据很少见，可以如 *Critikon* 案那样来根据情况推断意图。当信息的重要性程度特别高的时候，这种推断尤其合适。这遵循重要性与意图这两项基本因素之间的（适当的）反向关系。[144] “所遗漏或虚假陈述的信息越重要，证明存在不正当行为所需的意图要素的标准越低，反之亦然。”[145]

但是，推断意图的证据还必须符合“清楚且具说服力”的证明标准。此外，“仅仅存在足够的证据，并且根据这些证据可以合理的作出该推断仍是不够的，这个推断还必须是根据这些证据可以得到的最合理的唯一推断，才能满足清楚且具说服力的标准。”[146] 在既没有直接证据也没有间接证据可以支持的情况下，不能作出有关意图的推论。[147] 在 *Star Scientific, Inc. v. R. J. Reynolds Tabacco Co.* 案[148]中，联邦巡回上诉法院通过应用这些标准，认为地区法院认定存在欺骗 USPTO 的意图的判决是明显错误的。在该案中，被控侵权方 Reynolds 基于“隔离”理论（“quarantine” theory）

---

[141] Star Scientific, Inc. v. R. J. Reynolds Tobacco Co., 537 F. 3d 1357, 1366 (Fed. Cir. 2008).

[142] 同上，at 1365。

[143] 同上，at 1366。

[144] 重要性和意图之间的反比关系也只能论到此为止。即便是所隐瞒的信息是 100% 的重要，但如果没有证据证明意图的存在，也不能确立不正当行为，反之亦然。举个例子，法院在 *Star Scientific* 案中强调，“如果没有‘清楚且具说服力’的证据证明欺骗意图或重要性的程度已经达到了阈值水平，地区法院就没有任何自由裁量权可以行使，并且无论相对地公平性如何或可以如何进行平衡，该法院都不可作出专利不可执行的决定。” *Star Scientific*, 537 F. 3d at 1367。对重要性和意图的平衡发生在“第二阶段”，即关于“是否有足够清楚且具说服力的证据证明重要性和/或欺骗意图”已经没有疑问之后的阶段。

[145] Critikon, Inc. v. Becton Dickinson Vascular Access, Inc. 120 F. 3d 1253, 1256 (Fed. Cir. 1997)。又见 Honeywell Int'l, Inc. v. Universal Avionics Sys. Corp., 488 F. 3d 982 999 (Fed. Cir. 2007)（指出“在成立不正当行为的判断中，申请人虚假陈述或隐瞒的信息越重要，就需要越少的证据来证明意图的存在”）。

[146] *Star Scientific*, 537 F. 3d at 1366.

[147] 同上，at 1368。

[148] 同上，at 1365。

认为 Star Scientific 的'649 专利申请过程中存在不正当行为。[149] Reynolds 声称，Star Scientific 在'649 专利的申请过程中更换了法律事务所，以便阻止第一家事务所向 USPTO 披露一封描述了特定现有技术的潜在的"破坏性"信件，并故意不让第二家事务所获知这封信。

联邦巡回上诉法院认为，在 *Star Scientific* 案中的被控侵权方针对欺骗性意图的隔离理论没有得到清楚且具说服力的证据的支持。Reynolds 的证据中存在"重大空白"——没有证据表明 Star Scientific 在更换事务所之前已经知晓该信件的内容，也没有证据表明该信件就是更换事务所的原因。[150] Star Scientific 给出了更换事务所的两个理由：第一，第一家事务所的一位合伙人在那时刚去世；第二，该发明人在另一件不相关的专利申请过程中对该事务所的一位律师的表现感到不满意。尽管地区法院认为该证词不可信，但联邦巡回上诉法院强调说，"即便 Star 的解释不可信，[Reynolds] 仍然负有证明其主张的责任……不能仅仅因为 Star 没有提出令人信服的其他解释，就认定 Reynolds 已经完成了其证明责任。"[151]换句话说，专利权人"不需要提出任何诚信解释，除非被控侵权方首先承担了其证明责任，并采用清楚且具说服力的证据证明欺骗意图达已经达到了阈值水平"。[152] 除非并且直到被控侵权方已经承担了其证明责任，否则专利权人无须提出诚信的解释，来反驳那些用来证明不正当行为的欺骗性意图的证据。[153]

Kingsdown Med. Consultants, Ltd. v. Hollister, Inc. 案是理解不正当行为意图要求的基础性案例。[154] 在该案中，联邦巡回上诉法院表达了对于几乎在每件专利侵权诉讼中都会常规性并且自动的主张存在不正当行为的现象的担心。联邦巡回上诉法院通过全席审判的方式澄清了会达到欺骗意图（阈值）水平的行为类型。在 *Kingsdown* 案之后，专利申请人的行为若被认定为"重大过失"（gross negligence）或"执行失误"（ministerial error），就不会达到认定不正当行为成立所需的意图（阈值）水平。

---

[149] Star Scientific 的 U. S. 6，202，649（'649 专利）美国专利涉及一种防止形成烟草特有的亚硝胺（Tobacco Specific Nitrosamines，TSNAs）的方法，这是一种在烤烟中存在的有害化学物质。见 *Star Scientific*，537 F. 3d at 1360 – 1361。

[150] 同上，at 1368。

[151] 同上。

[152] 同上。

[153] 同上。

[154] 863 F. 2d 867（Fed. Cir. 1998）（部分全席判决）。

Kingsdown 提交了一件美国专利申请，涉及的是一种用于为腹壁上有切口的病人排出废物的造口术器具（ostomy appliance）。在 6 年多的漫长且复杂的申请过程中，Kingsdown 提交了延续申请，该延续申请包括原案中的几项权利要求。当 Kingsdown 之前对这些权利要求进行了修改从而克服了第 112 条（b）款的不清楚问题之后，审查员已经指出这些权利要求是可被准许的。[155] 然而，在对权利要求进行重新编号并将这些权利要求纳入延续申请中时，Kingsdown 的代理人因疏忽把早先未经修改的（范围更大的）权利要求复制到延续申请中，而审查员在授权之前也没有注意到这个错误。

地区法院判决认为，Kingsdown 未能发现上述错误的"重大过失"已经达到了故意欺骗 USTPO 的程度，但联邦巡回上诉法院推翻了这一判决：

> 正如地区法院所言，将多个权利要求一起从母案转移到延续申请是一种执行行为。这样，在这个过程中的错误比较容易由漫不经心而引发，而不大可能由被视为反映了构成不正当行为的欺骗意图要件的更严重的故意遗漏和过犯行为所引发。[156]

审理 *Kingsdown* 案的法院全席判决的部分意见得出结论如下：

> "重大过失"被用来指代多种行为类型。然而，只有对全部情况都加以考虑后才能对特定行为进行定义。我们的观点是，将特定行为认定为"重大过失"的本身并不能推定存在欺骗意图；必须要结合所有证据，包括证明存在诚信的证据，对涉案行为进行审查后显示具有足够的归责性，才能认定存在故意欺骗意图。[157]

因此，不正当行为抗辩中欺骗意图这一要素要求需要有清楚且具说服力的证据表明，所涉行为是应该受到处罚的，而不仅仅是疏忽。

c. 权衡（balancing）

一旦质疑专利的一方证明了重要性和意图这两项基本事实要素的存

---

[155] 《美国专利法》第 112 条（b）款规定的有关权利要求要清楚的要求已在本书第 2 章（"专利权利要求"）中进行详述。

[156] *Kingsdown*, 863 F. 2d at 875.

[157] 同上，at 876。

在，地区法院就必须对证据，包括诚信证据，进行总体权衡，[158] 以依法确定是否发生了不正当行为。如果得到结论是肯定的，则法院会判决由于存在不正当行为导致该项专利不可执行。

重要的是，只有在已经通过清楚且具说服力的证据证明了重要性和意图这两项基本要素存在以后，才会进入权衡步骤。一旦这些基本要素已经得到证明，“地区法院必须对那些已经证明事实的本质以及本案的所有衡平利益进行权衡，以确定是否应当施加不可执行这一严厉惩罚。”[159] 这一最终权衡步骤属于地区法院的自由裁量范围。[160] 在行使这一裁量权的过程中，法院应当牢记的对于不正当行为的这一处罚是严厉的，“即便每项权利要求都符合可专利性的所有要求，也会丧失整个专利。”[161] 考虑到这一严重性，法院必须确保在他们执行裁量权以最终确定是否认定专利不可执行前，重要性和意图这两项基本要素已经得到了令人满意的证明。[162] 联邦巡回上诉法院告诫地区法院，要“保持警惕，以防允许［对不正当行为抗辩］过于轻率地使用”。[163] 一方面，允许“通过对重要信息故意进行虚假陈述或隐瞒而获得专利的专利权人行使其专利权来对抗他人”是不公平的；另一方面，“对于那些有着很小的过失，或其行为的可责性最低或是诚信的专利权人来说，否定其整个专利的做法”也是不公平的。[164]

d. 证明责任和复查的标准

基于不正当行为主张不可执行抗辩的一方，必须使用清楚且具说服力的证据来证明重要性和意图这两项基本要素，这与宣告一件授权专利无效的证明责任是一样的。

由于有关不正当行为的总体结论是地区法院裁量权范围内的衡平裁

---

[158] *Kings down*, 863 F. 2d at 876.

[159] Star Scientific, Inc. , v. R. J. Reynolds Tobacco Co. , 537 F. 3d 1357, 1367 (Fed. Cir. 2008) .

[160] 见同上。

[161] 同上，at 1365。在一些案件中，惩罚会更为严厉。根据“不可执行性传染”（infectious unenforceability）原则，涉及专利族中一项或多项专利（例如由一连串相关延续申请所授权的专利）的不正当行为可以“传染”相关联的专利申请并导致这些专利不可执行。见 Nilssen v. Osram Sylvania, Inc. , 504 F. 3d 1223, 1230 (Fed. Cir. 2007)。

[162] 见 *Star Scientific*, 537 F. 3d at 1366。

[163] 同上。

[164] 同上。

决，联邦巡回上诉法院对于有关不正当行为最终结论的复查标准也是持尊重态度的；也就是说，只有在地区法院滥用其裁量权的情况下，联邦巡回上诉法院才会推翻其判决。如果这些案件的结论是由地区法院而非陪审团作出的（在大多数情况下如此），就要根据《联邦民事诉讼规则》第52条（Fed. R. Cir. P. 52）对重要性和意图这两项基本要素的认定进行复查，以判断是否存在明显错误。[165] 如果对重要性和意图这两项要素的认定是由陪审团作出的，那么只要该认定能够得到实质性证据的支持就会被维持。[166]

2. 专利权滥用（patent misuse）[167]

a. 引　　言

被控侵权方还可以根据《美国专利法》第282条（b）款（1）项基于专利权人专利权滥用的行为提出不可执行抗辩。这项不可执行抗辩的法律基础与不正当行为是不同的。不正当行为关注的是专利申请人对USPTO所作出的行为，而专利权滥用抗辩关注的是专利权人对其授权专利的利用方式。

专利权滥用是一种无定性的法律原则，[168] 一般将其理解为“独立于反垄断法的限制专利权滥用的方法”。[169] 作为这一原则起源的司法判决是在任何美国反垄断法重要发展之前作出的。[170] 在诉讼程序方面，专利权滥用是作为对专利侵权主张的积极抗辩，[171] 而违反反垄断法则被控侵权方作为一种反诉理由。[172] 同一行为常常既构成专利权滥用的基础，又构成反垄断

---

[165] 见 PerSeptive Biosys., Inc. v. Pharmacia Biotech, Inc., 225 F. 3d 1315, 1318－1319（Fed. Cir. 2000）。

[166] 见 Juicy Whip, Inc. v. Orange Bang, Inc., 292 F. 3d 728, 737（Fed. Cir. 2002）。

[167] 这一部分的资料来源于 Janice M. Muller 所著的 *Patent Misuse Through the Capture of Industry Standards*, 17 Berkeley Tech. L. J. 623（2002）。

[168] Chisum 教授注意到，在专利权滥用领域，“缺乏清楚及具有普遍性理论来判断什么样的实践行为才应当被视为专利权人对其法定专利权的妥善行使”。6－19 Donald S. Chisum, Chisum on Patents §19.04（2008）。但由于专利权滥用是基于衡平法的原则，因此缺乏清楚的标准也不令人感到意外。见 Robert Merges 所著 *Reflections on Current Legislation Affecting Patent Misuse*, 70 J. Pat. & Trademark Off. Soc'y 793, 796（1983）（指出“衡平的特性就是多少有些‘混乱’”）。

[169] B. Braun Med. v. Abbott Labs., 124 F. 3d 1419 1426（Fed. Cir. 1997）.

[170] 见 USM Corp. v. SPS Techs., Inc., 694 F. 2d 505, 511（7th. Cir. 1982）。

[171] 见 Virginia Panel Corp. v. Mac Panel Co., 133 F. 3d 860, 868（Fed. Cir. 1997）；Windsurfing Int'l, Inc. v. AMF, Inc., 782 F. 2d 995, 1001（Fed. Cir. 1986）。

[172] 在本章第F节将对反垄断反诉进行解读。

的基础。[173] 然而，就实质性而言，专利权滥用和反垄断原则的政策基础是不同的。专利权滥用主要关注的是专利权人扩张其权利而逾越了法定的专利授权范围的行为，而反垄断法侧重的是这种行为对市场的影响。[174]

与不正当行为一样，专利权滥用原则的根源是衡平法上的"不洁之手"原则，"因此衡平法法院不会支持对被滥用专利的执行。"[175]实施专利权滥用原则的目的在于限制凭借专利权获得"抑制竞争能力"的行为。[176]

尽管专利权滥用原则被宽泛地定义为，禁止专利权人以不利于公共利益的方式使用其专利，但这种描述过于含糊，无法清楚的告知专利权人被禁止行为的范围。[177] 在实务中，只有由专利权人作出的范围很窄的特定做法或行为才能作为专利权滥用的基础，[178] 常常（但并非只有）发生在进行专利许可的情况下。[179] 关键的问题在于，专利权人是否通过施加被质疑的条件（例如在专利许可中设立的过于繁苛的条款）而"不当地扩

---

[173] 不过，要想证明存在专利滥用问题的专利权人同时也违反了反垄断法，需要证明"更多"：除了滥用的事实之外，还必须有证据显示在相关市场上的影响力以及反竞争效应。见 Marina Lao 所著的 *Unilateral Refusals to Sell or License Intellectual Property and the Antitrust Duty to Deal*, 9 Cornell J. L. & Pub. Pol'y 193, 207 (1999)。

[174] 见 Richard Calkins 所著的 *Patent Law: The Impact of the 1988 Patent Misuse Reform Act and Noerr-Pennington Doctrine on Misuse Defenses and Antitrust Counterclaims*, 38 Drake L. Rev. 175, 187 (1988－1989)（解释道，反垄断法"旨在阻止对贸易的不合理限制及非法垄断"，违反者为此要承担重责；而专利滥用原则只是暂时中止专利所有人因侵权而获得补偿的权利，"该原则禁止专利权人将被准许的有效权利的经济效应扩张至其合法垄断的范围之外"，"无论专利侵权诉讼中的被告是否遭受损失，或是否导致了贸易上的垄断"）（引用了 Panther Pumps & Equip. Co. v. Hydrocraft, Inc., 468 F.2d 225, 231 (7th Cir. 1972)）。

[175] B. Braun Med. v. Abbott Labs., 124 F.3d 1419 1427 (Fed. Cir. 1997).

[176] 见 Mallinckrodt, Inc. v. Medipart, Inc., 976 F.2d 700, 704 (Fed. Cir. 1992)。

[177] 见 USM Corp. v. SPS Techs., Inc., 694 F.2d, 505, 510 (7th Cir. 1982)（认为"如果认真执行这个模糊的定义的话……那么几乎所有的专利权就都有危险了"）。

[178] 同上。

[179] 见 Donald S. Chisum, *Chisum on Patents* § 19.04 [3] (2008)（《专利权滥用法案》(*Acts of Misuse*)）。关于可接受的专利许可重要指导可见 United States Department of Justice 出版的 *Antitrust Guidelines for the Licensing of Intellectual Property* (1995)，网址为 http://www.usdoj.gov/atr/public/guidelines/0558.pdf（下文称许可指导手册（*Licensing Guidelines*））。这一许可指导手册给出了在特定许可约束方面（如横向限制（horizontal restraints）、维持转售价格（resale price maintenance）、搭售（tying）及独家交易（exclusive dealing））以及在涉及知识产权交叉许可、汇集或获取方面应用反垄断准则的有用例子。见同前，at § 5。

尽管大多数专利权滥用案件都对专利权人的许可行为进行过调查，在涉及专利所有人对其专利产品施加售后使用限制的案件中也曾经提出过专利权滥用抗辩。见 *Mallinckrodt*, 976 F.2d at 709 (Fed. Cir. 1992)（撤销了基于专利权滥用而作出的专利不可执行简易判决，并发回重审以确定售后限制在相关销售法下是否是有效以及是否落在专利范围内）。

大了授权专利的‘实体或时间范围’，并具有反竞争的效果”。[180]

b. *Morton Salt* 案

专利权滥用方面的基础性案件是 *Morton Salt Co. v. G. S. Suppiger Co.* 案。[181] 在该案中，被质疑的行为是专利权人将专利许可与被许可人许诺从专利权人处购买非专利普通商品进行“搭售”（tying）的情形。涉诉专利机器用于在食品罐装处理中放置盐块，专利权人将被许可人从专利权人处购买非专利盐块，而不能从第三方盐商处购买作为授予专利许可的条件，因此最高法院拒绝执行涉案专利。

尽管最高法院认为，对于专利权人的搭售造成了专利权滥用，应受到专利权不可执行的惩罚，[182] 但是在 *Morton Salt* 案中过犯并不必然达到违反反垄断法的地步，这是因为并没有证据表明专利权人的许可行为“实质上减少了竞争或者有在盐块行业中产生垄断的倾向”。[183] 尽管专利权人因为自己滥用专利权致使无法禁止侵权行为，但该专利权人并不必面对反垄断法救济的惩罚，比如三倍的损害赔偿金。[184] 被滥用的专利也没有被判决永久性不可执行，这是因为通过减轻被质疑情况可以“清除”专利

---

[180] Windsurfing Int'l Inc. v. AMF, Inc., 782 F. 2d 995, 1001 (Fed. Cir. 1986)（引用了 Blonder-Tongue Labs., Inc. v. Univ. of Ill. Found., 402 U. S. 313, 343 (1971)）。评论家把 *Windsurfing* 案看作联邦巡回上诉法院将专利权滥用和反垄断理论的结合的典型案例。具体地说，评论家指出，*Windsurfing* 案判决所要求的“反竞争效果”背离了最高法院在 *Morton Salt Co. v. G. S. Suppiger Co.*（314 U. S. 488 (1942) 案判决，在该判决中最高法院并未要求证明“反竞争效果”才能认定专利权滥用成立。见 Robert J. Hoerner 所著的 *The Decline (And Fall?) of the Patent Misuse Doctrine in the Federal Circuit*, 69 Antitrust L. J. 669, 672 - 673 (2001)（认为 *Windsurfing* 案判决中法院在“具有反竞争效果”这样的文字后面引用 *Blonder-Tongue* 案判决的做法可以被认为是具有“误导性的”，因为 *Blonder-Tongue* 案中仅仅出现了“实体或时间范围”这样的文字）。

[181] 314 U. S. 488 (1942).

[182] 例如 *Morton Salt* 案这样的早期专利权滥用判例的历史地位是重要的，但如今若对其进行引用，则需要谨慎。根据当前的法律，*Morton Salt* 案中的专利权人是否还要承担专利权滥用的责任就不得而知。通过《1988 年专利权滥用改革法案》(*1988 Patent Misuse Reform Act*) 的修改，当前的专利法规定，将被许可人许诺从专利权人处购买即便是普通商品（例如盐）作为授予专利许可的条件，也不会被认为是专利权滥用，除非专利权人“在专利的相关市场具备市场势力……”《美国专利法》第 271 条（d）款（5）项。在本章 D. 2. c 部分会讨论第 271 条（d）款关于专利侵权的安全港规定。

[183] *Morton Salt*, 314 U. S. at 490。又见脚注 174 中的 Calkins, at 183（认为“*Morton Salt* 案巩固了最高法院之前作出的裁决，认为专利权滥用抗辩的基础是专利法背后的公众政策，且该抗辩并不受限于对反垄断法的违反”）。

[184] 见 15 U. S. C. §15 (§15 Clayton Act)（对由“由于反垄断法禁止的任何行为而造成业务及财产上损失的任意人”所提出的私人执行诉讼中提供 3 倍损害赔偿救济）。

权滥用的影响。[185]

显然，在 *Morton Salt* 案中被告/被控侵权方自身并不是专利权滥用行为的“受害者”，因为该被告方不是被许可方。根据最高法院的看法，专利权滥用的真正的受害者是公众。尽管看起来被告方没有提出专利权滥用抗辩的资格，但该法院仍然基于公共政策拒绝执行该专利权：

> 公共政策包括经授权垄断范围内的发明创造，并将该发明创造没有涵盖的内容全部排除在该垄断范围之外。公共政策同样禁止利用专利来获得专利局未曾授予、并有违公共利益的排他性权利或限制性垄断。[186]

Morton Salt 案表明，禁止专利权人以不当的扩展政府授予的权利范围的方式利用其专利的重要性使得对提起专利权滥用抗辩资格要求的宽松解释变得合理。因此，要提起专利权滥用抗辩，并不要求被控侵权方本身受到了专利权滥用行为的影响。[187]

c. 对专利权滥用抗辩的限制：《美国专利法》第 271 条（d）款

尽管法院对主张专利权滥用抗辩资格要求进行了宽松的解释，但美国专利法的其他部分为专利权人提供了针对该抗辩的例外或安全港（safe harbors），从而保障专利权人的一些类型的行为免于专利权滥用的法律责任。第 271 条（d）款是 1952 年被纳入专利法案的，并在 1988 年专利权

---

[185] 见 *Morton Salt*, 314 U. S. at 493，指出：衡平原则可以通过拒绝受理侵权之诉从而正当地拒绝给予专利权滥用以协助，并且至少应当保持到这种错误行为终止且专利权滥用的后果也得以消除为止。同前。一般见 6－19 Donald S. Chisum, Chisum on Patents §19.04［4］(2008)（“专利权滥用净化和消除”（Purging and Dissipation of Misuse））。

[186] *Morton Salt*, 314 U. S. 492.

[187] Lemley 教授对专利权滥用领域不要求诉讼资格的情况提出了批评，认为这给侵权者提供了发横财的机会：

> 在不存在损害要求的情况下，常常会出现这样的情形，未因专利权滥用受到损害的一方反而是能够从中渔利的一方。这样的规定不禁取消了救济手段本可以起到的补偿效果之外，还削弱了专利制度的目的，因为这样的规定犒赏（并因此鼓励）了侵权行为。与专利权人的错误行为毫无关系的人也能够侵犯其专利而无须承担责任，因为他们可以依靠专利权滥用原则而免责。事实上，由于在错误行为带来的影响完全消除之前都禁止提起侵权诉讼，对专利权滥用的认定实质上就在可预见的未来为专利侵权者开了绿灯。

Mark A. Lemley 所著的 *The Economic Irrationality of the Patent Misuse Doctrine*, 78 Calif. L. Rev. 1599, 1618－1619 (1990) .

滥用改革法案中得以扩展，该条款起源的立法意图在于调和专利权滥用抗辩与专利权人根据第271条（c）款起诉辅助侵权的权利之间的紧张关系。[188] 第271条（d）款的立法历史表明，发展对专利权滥用抗辩的限制主要是为了对辅助侵权进行平衡。对辅助侵权的主张就是质疑被告提供了一项或多项组件，且这些组件不足以构成所要求保护的发明创造整体的行为。与此相关的对专利权滥用的担心是，专利权人试图通过提出辅助侵权主张限制所述组件的市场竞争，从而扩张其依法获得的排他性权利范围，一般来说这些组件都是没有专利保护的。[189]

在1944年最高法院作出 *Mercoid* 案判决后，[190] 一些法院将提起辅助侵权诉讼的行为视为滥用专利权的行为。作为对专利权滥用正在消除辅助侵权之诉这种担忧的回应，国会在1952年的专利法案中通过了第271条（d）款。[191] 第271条（d）款并不打算对专利权滥用行为进行正面定义，但该条款规定了三种特定行为，如果专利权人本来有资格获得直接侵权或辅助侵权赔偿，则专利权人的上述三种行为不会被认为是“滥用专利权或非法扩张其专利权”。[192]

---

[188] 见本书第9章（“专利侵权”），其中详细描述了如何对待辅助侵权。简单来说，辅助侵权原则通过1952年专利法案作为美国专利法第271条（c）款被纳入专利法，该条款起源于如 *Wallace v. Holmes*, 29 F. Cas. 74 (No. 17, 100) (C. C. Conn. 1871) 案的司法判决。依据共同侵权理论，在 *Wallace* 案中，法院认为被告的灯头（burner）的供应商应负侵权责任，因为当消费者将该灯头与灯罩（chimney）组合起来就直接侵犯了原告的包括灯头及灯罩的整体照明装置的专利。见同前 at 79－80。又见 Tom Arnold and Louis Riley 所著的 *Contributory Infringement and Patent Misuse: The Enactment of §271 and its Subsequent Amendments*, 76 J. Pat. & Trademark Off. Soc'y 375, 365 (1994)（指出一些法院认为在 *Mercoid* 案后，“提起辅助侵权诉讼的行为就是对专利权的滥用”）。

[189] 见 Dawson Chem. Co. v. Rohm & Haas Co., 448 U. S. 176, 197 (1980)（指出“禁止他人辅助侵权的权利会无可避免地同时带来抑制非专利物品贸易中的竞争的能力”）。

[190] 一般见 Mercoid Corp. v. Mid-Continent Inv. Co., 320 U. S. 661 (1944); Mercoid Corp. v. Minneapolis-Honeywell Regulator Co., 320 U. S. 680 (1944)。

[191] 1952年法案中的避风港是当前《美国专利法》第271条（d）款(1)～(3)项（2008）。

[192] 同上。最初包括在1952年专利法案中的三个专利权滥用安全港，“本来有权获得侵权或辅助侵权救济的专利权人，不得因曾经作出以下一项或多项行为，而无法获得救济，或被视为滥用专利权或非法扩张专利权”，即专利权人曾经：

> （1）从某些行为中获得收益，而该行为如由他人未经同意而实施即构成对该专利的辅助侵权；
>
> （2）许可或授权他人实施某些行为，而该行为如由他人未经其同意实施即构成对该专利的辅助侵权；
>
> （3）企图执行其专利权以对抗侵权或辅助侵权。

Act of July 19, 1952, ch. 950, §§1, 66 Stat. 811, codified at 35 U. S. C. §§271 (d) (1)－(3) (1952).

Giles S. Rich 律师（后来成为法官）等人通过游说，成功地将第 271 条（d）款安全港条款纳入到专利法之中，并将其作为当前《美国专利法》第 271 条（c）款辅助侵权规定的必要平衡。鉴于最高法院作出的 *Mercoid* 案判决和下级法院对该判决的反应，Rich 及其同僚认为，在专利法中设置辅助侵权条款是毫无意义的，除非有相应的条款澄清，在涉及对被告提供非普通商品的有限情况下，专利权人主张辅助侵权的行为不应被视为对专利权的滥用。国会最终同意了这一观点，并在 1952 年的专利法案中通过了第 271 条（d）款（1）~（3）项。

直到 1980 年，最高法院才得以对第 271 条（d）款规定的专利权滥用安全港原则进行审查。在 *Dawson Chem. Co. v. Rohm & Haas Co.* 案[193]中，最高法院考虑了专利权人拒绝向被告以及"敌稗"（propanil，一种除草剂）的其他制造商作出许可的行为是否适当，所述敌稗是不受专利保护的非普通商品。在实施抑制稻田中杂草生长的专利方法时需要使用所述敌稗。最高法院还对专利权人的搭售行为，即该专利权人将水稻农场主向其购买敌稗、而不能从同样生产这种不受专利保护的化学品的专利权人的竞争者那里购买，作为向水稻农场主授予使用其专利方法默示许可的搭售条件的行为，进行了审查。被告承认其销售敌稗并附有使用说明的做法构成了对该方法专利的辅助侵权，但其提出了专利权滥用这一积极抗辩。被告辩称，专利权人的搭售行为以及拒绝作出许可的行为远远超出了《美国专利法》第 271 条（d）款规定的三种专利权滥用安全港的范围，并认为由于这些行为的存在，该专利权人就不属于第 271 条（d）款序言中所指的"本来有权获得赔偿"的那类专利权人。

最高法院以 5 票对 4 票的微弱多数在 *Dawson Chem.* 案中驳回了被告关于专利权滥用的主张，并认为专利权人的做法"在性质上和效果上都与第 271 条（d）款规定的安全港行为没有什么不同"。[194]而对于专利权人拒绝授予专利方法许可一事，该判决的多数意见并未给出多少分析，仅仅指出专利权人"没有许可他人销售敌稗，但法律也没有要求必须这样

---

[193] 448 U. S. 176（1980）.

[194] 同上，at 202，223.

做。”[195]最高法院主要关注的是专利权人的搭售行为，而非其拒绝对竞争者作出许可的行为。该判决的多数意见认为该搭售行为是可接受的，因为所搭售的产品（敌稗）是非普通商品（nonstaple good），“该商品除了用于该专利方法之外，别无它用”。[196] 该判决的多数意见认为，“第271条（d）款的规定实际上给予专利权人一种专利权的合法附加权利，可以有限的排除他人在非普通商品领域内的竞争。”[197]

在1988年，国会将 *Dawson Chem.* 案判决法典化，在《美国专利法》第271条（d）款已有的三条专利权滥用安全港规定之后，新增了两个子条款（4）和（5）。[198] 新增部分分别与拒绝许可和搭售有关：

> 本来有权获得侵权或辅助侵权救济的专利权人，不得因曾经作出以下一项或多项行为，而无法获得救济，或被视为滥用专利权或非法扩张专利权：
>
> ……
>
> （4）曾经拒绝作出许可或使用任何该专利的权利；或
>
> （5）将获得其他专利许可或购买其他产品作为许可该专利的任何权利或对该专利产品进行销售的条件，除非根据当时的情况，该专利权人在作为所述许可或销售基础的该专利或专利

---

[195] 488 U.S. 202（1980）. *Dawson Chem.* 案中的异议意见批评这种分析过于简单，指出：

> 第271条（d）款并未对构成专利权滥用的行为进行定义，相反，其仅仅提出了不属于专利权滥用的几种行为。因为该法条中的条件是例外条件，因此没有明确提及关于许可的要求并不表示被告拒绝向他人作出许可的行为是属于第271条（d）款保护范围的。

同前，at 234（White 法官持异议意见）。

与 *Dawson Chem.* 案中的异议意见不同，并部分地依赖于后来国会通过的《美国专利法》第271条（d）款（4）项的规定，联邦巡回上诉法院对于要求专利权人承担对其专利作出许可的任何确定性责任保持着强硬的反对态度。见 In re Ind. Serv. Orgs. Antitrust Litig.（CSU, L. L. C. v. Xerox Corp.），203 F.3d 1322，1326（Fed. Cir. 2000），在本章F部分将对其进一步讨论。

[196] *Dawson Chem.* 448 U.S. at 199.

[197] 同上，at 201。

[198] Act of Nov. 19，1988，Title II，Pub. No. 100－73，§201，102 Stat. 4674；又见 Robert P. Merges 和 Richard R. Nelson 所著的 *On the Complex Economics of Patent Scope*，90 Colum. L. Rev. 839，914 n. 374（1990）（描述了该立法是建立在 *Dawson Chem.* 案基础上的）。关于通过该法的具体情况，见脚注174中的 Calkins，at 192－200。

产品的相关市场内具有市场势力。⑲⑨

第271条（d）款（5）项关于搭售的规定反映了当前经济学和反垄断法的思想，规定搭售行为(200)不会构成专利权滥用或不法的权利扩张，只要专利权人在该搭售商品(the tying product)(201)的相关市场(relevant market)(202)不具备市场势力（market power）(203)。

---

(199) 35 U. S. C. §271d（4）-（5）(2008）.

(200) "'搭售'（tying）又称'搭卖'（tied in）或'捆绑销售'（tied sale）行为被定义为'一方通过协议将出售一种产品……的条件规定为购买方还要购买另一种不同产品（被搭售产品），或要求购买方至少同意不从其他供应商处购买该（被搭售）产品"。脚注179中提到的 *Licensing Guidelines*, at §5.3（引用了 Eastman Kodak Co. v. Image Tech. Servs, Inc., 112 S. Ct. 2072, 2079（1992））。

美国司法部反垄断局（antitrust division of the U. S. Justice Department, DOJ）和联邦贸易委员会（FTC）当前所持观点是，"尽管搭售协议可能导致反竞争效果，但这种行为也可能会带来显著的效率和促进竞争的益处。"同前。这两个行政机关在行使其控方自由裁量权（prosecutorial discretion）时，"不仅考虑搭售带来的反竞争效果，也考虑其带来的效率"。同前。

(201) 见 *Indep. Ink, Inc. v. Ill. Toll Works, Inc.*, 396 F. 3d 1342, 1349 n. 7 (Fed. Cir. 2005)（"要想基于专利搭售而确立专利权滥用抗辩，必须证明存在实际的市场势力"）；Virginia Panel Corp. v. MAC Panel Co., 133 F. 3d 860, 869 (Feb. Cir. 1997)（将美国专利法第271条（d）款（5）表述为"规定了……在没有市场势力的情况下，即便是搭售也不构成专利权滥用"）。又见脚注180中提到的 Hoerner, at 683（认为"搭售并非专利权'滥用'，也不是'对专利权利的非法扩张'，除非其符合《美国专利法》第271条（d）款（5）项的标准。"）。*Licensing*Guidelines 指出，DOJ和FTC"可能会质疑一项搭售协议，倘若：(1）销售方在搭售产品领域具备市场势力；(2）该协议对被搭售产品的相关市场的竞争具有不利效果；(3）该协议在效率方面的抗辩理由无法胜过其反竞争效果"。脚注179中提到的 *Licensing Guidelines*, at §5.3。

(202) "相关市场"是反垄断法的特定用语。联邦巡回上诉法院将"相关市场"定义为，"竞争者一般会愿意为潜在消费者进行竞争的有效竞争领域。"见 Intergraph Corp. v. Intel Corp., 195 F. 3d 1346, 1353 (Fed. Cir. 1999)（引用了 American Key Corp. v. Cole Nat'l Corp., 762 F. 2d 1569, 1581 (11th Cir. 1985)）。审理 *Intergraph* 案的法院将最高法院对于相关市场的观点总结如下：

> 在 *Brown Shoe Co. v. United States*, 370 U. S. 294, 324, 8 L. Ed. 2d 510, 82 S. Ct. 1502 (1962）案中，最高法院对相关市场的概括是其具有两个维度：
>
> 第一个维度是相关产品市场（the relcvant product market），指的是彼此竞争的产品或服务；第二个维度是地区性市场（the geographic market），当竞争是地区性的情况下，就与该维度相关。因此，"在确定生产商何时具有垄断权力时必须要研究的"市场"概念是伴随所考虑的贸易活动的变化而变化的。United States v. E. I. du Pont de Nemours & Co., 351 U. S. 377, 404, 76 S. Ct. 994, 100 L. Ed. 1264 (1956）。

同前。

(203) 市场势力的定义是"在相当长一段时间内为了获利将价格维持在高于竞争水准或将产量维持在低于竞争水准的能力"。脚注179中提到的 *Licensing Guidelines*, at §2.2。DOJ和FTC"不会推定专利权……必然地为其所有权人带来市场势力"。同前，at §5.3。

3. 申请历史懈怠（prosecution history laches）

主张一件专利不可执行的第三条、也是相对较新的一条准则是，专利权人通过不合理地延长其在USPTO的申请过程中所花费的时间来不适当地延迟该专利的授权。在2002年，联邦巡回上诉法院的合议庭在*Symbol Techs.*, *Inc. v. Lemelson Med.*案中正式认可了**申请历史懈怠**抗辩。[204] 在该案中，专利权人首先在1998年诉称专利遭侵权，涉案专利是一种条形码扫描技术，该专利还要求享有分别于1954年和1956年递交的两件申请的申请日。*Symbol Techs.*案的多数意见认为，作为一个法律问题，即使专利申请人满足了所有相关的法规，如果一件授权专利在申请过程中经历了不合理且无法解释的延迟，可以适用衡平懈怠原则来禁止该专利权的执行。[205] 该多数意见在最高法院的在先判例中找到了申请历史懈怠抗辩的支持，[206] 并进而确定1952年专利法案第120条和第121条（这两个条款规定延续申请和分案申请有资格要求享有其母案的申请日[207]）并不妨碍采用申请历史懈怠抗辩来禁止执行一项专利权利要求。[208]

尽管申请历史懈怠抗辩看起来似乎仅限适用于所谓的"潜水艇专利"，即在TRIPS协定之前根据专利期限为自授权起算17年的规

[204] 277 F. 3d 1361 (Fed. Cir. 2002).

[205] 异议意见指责道，该判决的多数意见"在司法上创立了一个新的理由，依据该理由可以对完全符合法定要求的专利进行质疑，这种做法直接地违反了若存在法律规定则可依据这些规定而免于衡平惩罚的原则"。*Symbol Techs.*, 277 F. 3d at 1369 (Newman法官持异议意见)。

[206] *Symbol Techs.*案判决中多数意见认为最高法院的在先判例已经在至少4个判决中认可了申请历史懈怠原则，包括：*General Talking Pictures Corp. v. Western Elec. Co.*, 304 U.S. 175 (1938); *Crown Cork & Seal v. Ferdinand Gutmann Co.*, 304 U.S. 159 (1938); *Webster Elec. Co. v. Splitdorf Elec. Co.*, 264 U.S. 463 (1924); 以及 *Woodbridge v. United States*, 263 U.S. 50 (1923)。

[207] 见本书第1章H.5部分（"延续性申请实务"）。

[208] 一家联邦地区法院随后基于申请历史懈怠认定Lemelson的专利权不可执行。见Symbol Tech., Inc. v. Lemelson Med., Educ. & Research Found., 301 F. Supp. 2d 1147, 1155 (D. Nev. 2004)（认定"Lemelson在14件涉案专利的权利要求在1953年和1956年的申请中首次公开之后，对递交和申请过程中有着长达18~39年的拖延，这是不合理且不正当的，根据申请历史懈怠原则判处该权利要求为不可执行的，因此对抗［被控侵权方］Symbol和Cognex"）。联邦巡回上诉法院维持了该判决。见Symbol Techs., Inc. v. Lemelson Med., Educ. & Research Found., LP, 422 F. 3d 1378 (Fed. Cir. 2005)。尽管本案的极端情况表明地区法院对不可执行的裁决是正当的，但联邦巡回上诉法院提醒道，对申请历史懈怠原则的"利用应当是保守的，以免不正当地削弱法律规定"，并且仅在"极端严重的"滥用专利法律制度的案子中才适用。同前，at 1385。

定而获取的专利，[209] 但联邦地区法院拒绝将该抗辩局限于这种情形。[210]

此外，申请历史懈怠并不限于在联邦法院进行的专利侵权之诉；*Symbol Techs.* 案之后不久，联邦巡回上诉法院在 *In re Bogese* 案中指出，USPTO 可以以该原则为基础在适当情况下驳回专利申请。[211]

E. 无　　效

《美国专利法》第 282 条（b）款（2）项和（3）项允许基于与在 USPTO 申请过程中否定可专利性相同的理由，即未能满足《美国专利法》第 101 条、第 102 条、第 103 条和第 112 条规定的一个或多个法定标准，来主张专利无效抗辩。对于根据《美国专利法》第 251 条获得的再颁专利，也可以根据相同理由进行无效抗辩。

1. 证明责任

《美国专利法》第 282 条（a）款规定：

> 专利权应推定为有效，每一权利要求（无论是独立权利要求、从属权利要求或多项从属权利要求）均应推定为独立有效，而不受其他权利要求影响；纵使所依附的权利要求无效，从属权利要求或多项从属权利要求仍应被推定为有效……主张专利全部或其中任何权利要求无效的证明责任，应由主张该专利无效的一方承担。

因此，根据《美国专利法》第 282 条（a）款，已授权专利应推定有效。这种推定至少部分地基于对“行政正确性”的假设：即 USPTO 在审查专

---

[209] 见本书第 1 章 C. 7 部分（“专利期限”）。

[210] 见 Cummins-Allison Corp. v. Glory Ltd., 2003 WL 355470, at *41 (N. D. Ill. 2003)（驳回了申请历史懈怠原则不能适用于在 1995 年 6 月 8 日之后提交的专利这个法律问题，美国专利期限于该日根据 GATT TRIPS 协定发生了改变，该判决与 *Digital Control* 案判决一致的）；Digital Control, Inc. v. McLaughlin Mfg. Co., 225 F. Supp. 2d 1224, 1226 – 1228 (W. D. Wash. 2002)（该判决拒绝将申请历史懈怠抗辩限制于根据 GATT TRIPS 协定对美国专利期限作出改变之前递交的专利申请）。

[211] 见 In re Bogese, 303 F. 3d 1362 (Fed. Cir. 2002)（维持了 USPTO 委员会的决定，认定 Bogese 已经丧失了取得专利的权利，因为其在 8 年时间里提交了 12 件延续申请，并且当 USPTO 要求并给予机会推进其申请时其并没有这样做）。

利申请和决定授予专利权的过程中所完成的是彻底的完整的。[212] 由于专利权人是专利权有效推定的获益方，其并不需要确认性的证明其专利是有效的才能提起侵权诉讼。相反，被控侵权一方要负责反驳《美国专利法》第282条（a）款的有效性推定。

证明无效所需要的证据标准是"清楚且具说服力"的证据，也就是说质疑专利有效性的一方（被控侵权方）只有使用清楚且具说服力的有关专利无效的证据，才可以反驳对专利有效的推定。"清楚且具说服力"（clear and convincing）这一证明责任表示需要的证据要比"优势证据"（preponderance）标准（或51%的证据量）要多，但比适用于刑事定罪的"排除合理怀疑"（beyond reasonable doubt）[213] 的证据量要少。最高法院将"清楚且具说服力"的证据标准描述为"这样的证据能够让事实审判者'确信该事实争论'非常可能'是真实的"。[214]

2. 无效决定的间接禁止再诉效果（collateral estoppel effect of invalidity adjudication）

在 *Blonder – Tongue Labs.*, *Inc. v. University of Ill. Found* 案[215]中，最高法院指出，一旦一件美国专利被联邦法院宣告无效，则该专利权人就被间接的禁止对另一被控侵权方再次主张其专利有效。换句话说，一旦一件美国专利被宣告无效，该专利就死亡了，并且无从复生。当然，该规则假定专利权人在早先的诉讼程序中已经有过完全且公平的机会来针对有效性问题进行抗辩，并且在上诉中没能推翻认定专利无效的判决。

最高法院在 *Blonder-Tongue* 案中宣布针对专利无效的间接禁止再诉原则时，明确地放弃了其之前在 *Triplett v. Lowell* 案中（*Triplett v. Lowell* 案[216]判决遭到其他法院和评论家的严厉批评）支持的"相互禁止反悔"要求。

---

[212] 见 Applied Materials, Inc. v. Advanced Semiconductor Materials America, Inc., 98 F. 3d 1563, 1569 (Fed. Cir. 1996)（解释道，"对有效性的推定基础是，负责审查可专利性机关的行为的行政正确性"）；Interconnect Planning Corp. v. Feil, 774 F. 2d 1132, 1139 (Fed. Cir. 1985)（指出对有效性的推定"部分地来源于对专利审查员的技术专业知识的认可"）。

[213] 见 Buildex, Inc. v. Kason Indus., Inc., 849 F. 2d 1461, 1463 (Fed. Cir. 1988)。

[214] 见 Colorado v. New Mexico, 467 U. S. 310, 316 (1984)。

[215] 402 U. S. 313 (1971).

[216] 见 297 U. S. 638 (1936)。法庭在 *Triplett* 案中认为认定专利无效的判决，不是在对抗另一被告的后续诉讼中用于对抗专利权人的既决事项（res judicata）。*Triplett* 案判决"体现了法官创建的相互禁止反悔原则，要求除非先前案件的判决对下一件诉讼中的双方（或其利害关系人）都有约束力，否则该下一件中的任何一方（或其利害关系人）都不能使用前案判决作为后案中争点的决定因素"。*Blonder-Tongue*, 402 U. S. at 320 – 321。

最高法院指出，持续采用“相互禁止反悔”原则会妨害专利制度参与者的经济利益。比如被控侵权方就是这项原则的受害者之一，他们被迫要么选择承担对已被宣告无效的专利再次进行抗辩的高额成本，要么选择接受许可并交纳许可费作为避免诉讼的成本。最高法院认为正如总统专利制度委员会所说的一样，对于其专利被宣告无效的专利权人来说，其已经“‘有机会出庭答辩’了，不应允许其使用已被无效的权利要求来骚扰他人”。[217]

3. 无效的法定理由

第282条（b）款规定，可以根据“《美国专利法》第II部分中作为可专利性的条件的任何理由”宣告一件专利无效。这些无效理由包括：《美国专利法》第101条（“法定客体和实用性”）、第102条（“新颖性和权利丧失”）以及第103条（“非显而易见性”）。根据第282条的规定，(前面的章节中讨论过的）这些可专利性的法定条件中的每条都可以作为主张已授权专利无效的基础。宣告无效的理由还可以是“未能符合第112条或第251条的规定”。[218]因此，如果授权专利的说明书不具备可实施性，或者没有提供对发明创造的书面描述，或者没有披露实施该发明创造的最佳方式，就可以依据《美国专利法》第112条（a）款宣告已授权专利无效；如果不符合《美国专利法》第112条（b）款规定的权利要求的清楚性要求，也可以被宣告无效。根据第251条再颁的专利同样受此限制。如果再颁专利扩大了权利要求的范围，且该再颁申请是在原申请授权2年之后提交的，则也可以根据第251条宣告该再颁专利无效。[219]

4. 对主张无效的被控侵权方资格的限制：被许可方拒绝履行合同（licensee repudiation）及让与方禁止反悔（assignor estoppel）

针对在被控侵权方与专利权人之间有或者曾经存在合同关系的情况，审判实践创立了对质疑专利有效性的被控侵权方资格的限制，美国专利法律体系也认可这些限制。受到限制的情况是，被控侵权方是或曾是专利被许可方，或者被控侵权方曾是该专利的让与方（一般指的是将其专利所有权让与其雇主的发明人）。在这些情况下，法院所面对的冲突是，规定被告应执行对专利权人应尽的合同义务的普通法，以及支持对不满

---

[217] 297 U. S 340（1936）.

[218] 《美国专利法》第282条（3）款。

[219] 见本书第8章C.4部分。

足可专利性法定要求的专利宣告无效的联邦政策。尽管法院起初同等地对待被许可方和让与方，从而排除二者中任何一种被告对专利权有效性提出质疑，但当前的情况是法律允许被许可方质疑专利有效性的情况并不适用于让与方。下文中将分别对被许可方拒绝履行合同和让与方禁止反悔这两种情况进行讨论。

a. 被许可方拒绝履行合同

专利被许可方在善意地确信该专利无效的情况下，是否可以停止向专利权人支付许可使用费，是否可以质疑专利的有效性呢？最高法院在 *Lear, Inc. v. Adkins.* 案[220]中给予了肯定回答。在 *Lear* 案中，法院废除了先前的被许可方禁止反悔原则，该原则认为在针对未支付专利许可使用费的合同之诉中，禁止专利的被许可方质疑专利有效性。在 *Lear* 案之后，被许可以专利无效为由拒绝履行合同的抗辩，不仅是被允许的，甚至可以说是受到鼓励的。

Lear 案情况如下。原告 Adkins 是 Lear 公司的前雇员，他申请了一件涉及航空陀螺仪（aviation gyroscope）的专利。在 Adkins 的专利处在申请阶段时，他与 Lear 公司达成了许可协议。此后，Lear 公司停止向 Adkins 支付许可使用费，声称该专利已被现有技术所预见。在冗长的申请过程之后，Adkins 的专利获得授权。Adkins 接着在加州法院起诉 Lear 违反许可协议的约定。该案最终进展到了加州最高法院，该院支持 Adkins，认为 Lear 公司应被禁止质疑该专利的有效性。

美国最高法院撤销了该判决，认为假设 Lear 可以成功证明该专利是无效的，那么 Lear 公司可以不支付 1960 年 Adkins 专利授权之后的全部专利许可使用费。[221] 最高法院注意到这里存在的冲突，即要求被许可方应该继续支付许可使用费作为使用该专利的代价的履行合同义务，与使用事实上构成公共领域一部分的想法进行完全和自由竞争所体现的公众利益之间存在的冲突。最高法院的结论是，衡平法明显地倾向于公众，而不是 Adkins（许可方/专利权人）。一般情况下，只有被许可方（一般是专利权人的市场竞争对手）才具备充足的资源和充分的动力去质疑被许可使用的专利。为了整体上的公众利益，法律不应阻止这种质疑。特别是在缺少欧洲

---

[220] 395 U. S. 653 (1969).

[221] 见同上，at 674。关于 Lear 公司是否还是应按合同约定向 Adkins 支付在专利授权之前使用其想法的使用费这个问题，需要发回州法院重新审理。见同前，at 674 - 675。

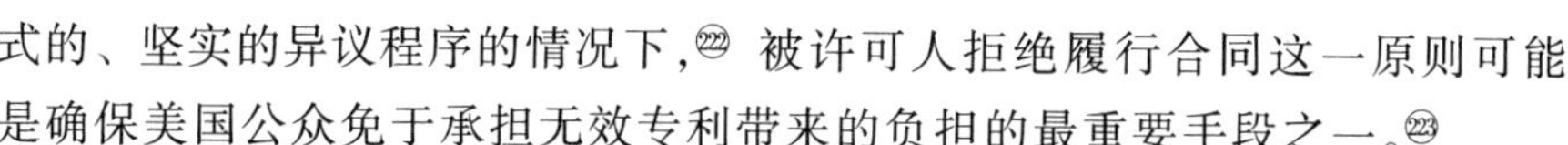

式的、坚实的异议程序的情况下，[222] 被许可人拒绝履行合同这一原则可能是确保美国公众免于承担无效专利带来的负担的最重要手段之一。[223]

Lear 案体现的政策与最高法院近期作出的 *MedImmune, Inc. v. Genentech, Inc.* 案[224]判决是一致的。在 *MedImmune* 案中，法院允许并未拒绝履行合同（持续向所抗议的专利权人支付许可使用费）的被许可方对被许可专利的有效性进行质疑。然而，*MedImmune* 案的不同之处在于，被许可方用于质疑专利有效性的手段是根据《确认判决法案》（*Declaratory Judgment Act*）提起的诉讼，而不是像 *Lear* 案那样将专利无效作为对由专利权人/许可方提出的违约之诉的抗辩理由。[225] *MedImmune* 案的关键争点在于，合格的许可是否满足在联邦法院起诉所要具备的"案件"（Case）或"争议"（Controversy）的宪法性要求，而这一争点并未出现在 *Lear* 案之中。本章中后面会详细地讨论 *MedImmune* 案判决和专利争议中的确认之诉。[226]

b. 让与方禁止反悔

在 *Lear* 案中，最高法院并没有机会涉及与上述原则伴生的另一原则，即让与方禁止反悔原则。该原则不是要禁止被许可方质疑专利有效性，而是禁止已将其对专利的权利在获得充分对价的条件下让与给他人的发明人再质疑该专利的有效性。考虑到与让与有关、而与许可无关的不同政策考量，联邦巡回上诉法院认为 *Diamond Scientific Co. v. Ambico, Inc.* 案与 *Lear* 案不同，并在该判决中支持了让与方禁止反悔原则。[227]

Clarence Welter 博士在为原告 Diamond Scientific 工作时，发明了并申请了三件涉及猪肠胃炎（gastroenteritis）疫苗的专利。Welter 将其专利权利让与给了 Diamond Scientific。Welter 后来创立了自己的公司——Ambico 公司，与其前雇主进行竞争。Diamond Scientific 起诉 Welter 及 Ambico 专利侵权。Welter/Ambico 辩称涉案专利无效，而 Diamond Scientific 则主张

---

[222] 见如 European Patent *Convention* arts. 99 - 105（13th ed. 2007），网址为 http://www.epo.org/patents/law/legal-texts/html/epc/2000/e/ma1.html。

[223] 这一观点并非得到所有人的认同。有说服力的批评意见和对 *Lear* 案建议的修改可见 Rochelle Copper Dreyfuss 所著的 Dethroning *Lear*: *Licensee Estoppel and the Incentive to Innovate*, 72 Va. L. Rev. 677（1986）。

[224] 549 U.S. 118（2007）.

[225] 见同上，at 145 n.2（*Thomas* 法官的异议意见）（认为 *Lear* 案与"本案无甚关系。[*Lear*] 案涉及的是普通法中的被许可方禁止反悔原则的正当性和范围，*Lear* 案中的被许可方已经停止根据许可协议支付许可费——特别是这一事实就将该案与本案区别开来。*Lear* 案并不涉及确认判决法案，因为该案是由不支付许可使用费引发的违约之诉"）。

[226] 见本章 G 部分。

[227] 848 F.2d 1220（Fed. Cir. 1988）.

根据让与方禁止反悔原则，Welter 及其公司不得质疑该专利的有效性。

在 *Lear* 案判决废除了被许可方禁止反悔原则之后，联邦巡回上诉法院也认识到关于"多少有些相似的"让与方禁止反悔原则是否仍适用一直存在争议，但该法院仍然支持了针对 Welter 及 Ambico（Welter 的利害关系人）适用让与方禁止反悔原则的做法。[228] 联邦巡回上诉法院认为，在 *Lear* 案中，对公共利益的考量倾向于支持被许可方质疑专利有效性的自由，但本案中并不存在这样的情况。"若不是 *Lear* 案判决，被许可方就得被迫继续为一件潜在的无效专利支付许可费用，与此不同的是，要质疑专利有效性的让与方已经基于该专利权获得了全部的报酬。"[229]

法院在 *Diamond Scientific* 案判决中以金钱来区别让与方和被许可方的做法并不是特别让人信服的。*Lear* 案判决曾提出鼓励对无效专利提出质疑的公共政策，因此令人很难理解的是为何质疑专利有效性的人的身份——被许可方或是让与方——会有影响。让与方可能是质疑专利有效性的最佳人选，甚至比 *Lear* 案中的被许可方更合适，因为让与方本人就是发明人。

毋庸置疑，*Diamond Scientific* 案的判决所反映的是，联邦巡回上诉法院不允许，曾积极地参与到专利申请过程中、签署过誓词（目的是证明他认为自己是第一个、也是唯一的发明人，以及在其发明创造之前，该发明创造在美国没有被知晓、也没有被使用过，该发明创造也未曾在任何地方被授予专利权或记载在印刷出版物之中[230]），并在申请中履行了披露义务的发明人，在此后试图证明其曾发誓、并通过让与获取了充分对价的专利是无效的。联邦巡回上诉法院称：[231]

---

[228] 见 848 F. 2d 1224（Fed. Cir. 1988）。在什么情况下许可方的公司就有利害关系，并受到禁止反悔原则的约束，这取决于双方之间关系的紧密程度，并且根据发明人仅仅是该公司的雇员或是全权代表而结论不同。

[229] 见同上。

[230] 见同上，at 1225。

[231] 让与方禁止反悔原则的一个可能的例外是，如果受让方控制该专利申请的申请过程，并且认可了对其权利要求的修改并显著地扩大了权利要求的范围，而这是发明人/让与方所不知晓或没有参与的。见 Westinghouse Elec. & Mfg. Co. v. Formica Insulation Co., 266 U. S. 342（1924），在该案中，法院表示：

> 对于在专利［授权］之前进行的让与，在受让方默许或请求之下，专利局会对权利要求进行限缩或扩张，而要授权的权利要求范围可能比让与方（发明人）所主张的更宽泛。正因为这种区别的存在，使得在确定后续禁止反悔范围时所需的相关、有效证据范围应当比对已授权专利让与的证据范围更宽泛。对于具体状况如何，我们不认为需要决定。

同上，at 353。

> 换句话说，这相当于让与方隐含地表示，其（被推定是为了利益而）让与的专利权并非毫无价值可言，这使得让与方不同于他人而不能随后再质疑该专利的有效性。如果允许让与方先是在让与时（为了自身的利益）表示该专利权有价值，在此之后却（仍然是为了自身的利益）否认其效力，这对于受让方来说是不公平的。[232]

由于衡平原则青睐的是 Diamond Scientific，联邦巡回上诉法院的结论是，让与方禁止反悔原则适用于 Welter 和 Ambico，尽管该法院也承认，"让与方禁止反悔原则可能无法继续作为宽泛的衡平法手段而自动适用了。"[233]

在 *Diamond Scientific* 案之后，联邦巡回上诉法院也审理了一些主张让与方禁止反悔原则的案件，尽管承认可能存在特定的有限例外，该法院继续适用该原则禁止专利让与方质疑专利有效性。[234]

F. 反垄断反诉

《美国专利法》第 282 条（b）款并没有将向专利权人主张反垄断责任作为侵权之诉的抗辩理由。因此，被控侵权方对专利权人违反反垄断法的主张并不是一种积极抗辩，而是一种反诉。[235] 但本章仍然包括这件侵权诉讼案件中的反垄断反诉的原因是，反垄断领域和联邦巡回上诉法院的专家都对这方面问题越来越有兴趣。[236]

专利案件中的反垄断反诉绝大多数是根据《谢尔曼法》（*the Sherman Act*）第 2 条提出的，该条款禁止通过反竞争性行为来获取或维持垄断势力（monopoly power）。[237] 曾经有人（多少有些轻蔑地）将专利视为"垄

---

[232] Diamond Scientific, 848 F. 2d at 1224.

[233] 同上，at 1225。

[234] 见如 Mentor Graphics Corp. v. Quickturn Design Sys. , Inc. , 150 F. 3d 1374, 1378 (Fed. Cir. 1998)（该案维持了地区法院对让与方禁止反悔原则的适用，并指出本案并不涉及允许的、特殊情况下的对该原则适用的例外，如让与方明确保留质疑该专利有效性的权利，或者受让方明确放弃主张专利有效性的权利）。

[235] 见 Nobelpharma AB v. Implant Innovations, Inc. , 141 F. 3d 1059, 1067 (Fed. Cir. 1998)（认为"主张剥夺专利权人的反垄断法豁免权的反垄断诉求通常是由专利侵权诉讼中的被控侵权方作为反诉提出的"）。

[236] 阐述专利—反垄断交叉领域及联邦巡回上诉法院在其中日益重要的地位的有用的系列文章结集出版为：*Symposium: The Federal Circuit and Antitrust*, 69 Antitrust L. J. 627 - 849 (2001)。

[237] 见 15 U. S. C. §2（规定："任何人垄断或企图垄断，或与他人联合、共谋垄断州际间或与外国间的商业和贸易，将构成严重犯罪……"）。

断”（monopolies），（在一些有限情况下）就有被控侵权方曾主张，专利权人对其“垄断性”权利（monopoly rights）的执行就违反了反垄断法。当然，仅仅主张专利权利不足以引起反垄断法责任。根据《谢尔曼法》第2条主张存在垄断的一方必须证明：（1）专利权人在相关市场中具备垄断势力；（2）该专利权人以一种反竞争的方式获取了或维持其垄断势力。[238] 一般将这两个要件简称为“市场势力”（market power）和“反竞争行为”（anti-competitive conduct）。下文就这两个要件进行讨论。

1. 市场势力

实务中，证明市场势力[239]的要求将专利权人的很多典型行为排除在反垄断范围之外。[240] 一家公司就某一发明创造拥有专利这项事实本身并不能证明存在必要的“市场势力”，这是因为市场定义的反垄断法承认存在非侵权的专利技术替代物的可能性。[241] 此外，对提起侵权之诉的专利权人主

---

[238] 见 U. S. Philips Corp. v. Windmere Corp., 861 F. 2d 695, 703（Fed. Cir. 1998）（其引用了 United States v. Grinnell Corp., 384 U. S. 563, 570－571（1966））。审理 *Grinnell* 案的法院指出：

> 根据《谢尔曼法》第2条，违法进行垄断包括两个要素：（1）在相关市场拥有垄断势力；（2）获得或维持该势力的故意，不同于因优良产品、敏锐的商业才智或历史性事件所导致的增长或发展。

[239] 见脚注202，其中对市场势力作出了定义。

[240] 见脚注168中提到的 Merges at 793（指出“专利技术的市场一般是非常有限（或狭窄）的，导致很难适用反垄断法对相关市场的消费者需求定义”）。又见脚注174中提到的 Calkins, at 187（指出“实际上，要求提供违反反垄断法的证据，用以制止专利权人的专利垄断在经济上的延伸，这样的做法意味着这种违法行为将无法得到制止，这是因为过度成本和不确定性对于证明违反合理原则（rule of reason）或存在垄断责任的过程来说是固有存在的”）。

[241] 见 Ill. Tool Works Inc. v. Indep. Ink, Inc., 547 U. S. 28, 45－46（2006）（“国会作为反垄断法的执法机构，以及很多经济学家都认为，专利并不必然给专利权人带来市场势力。今天，我们也得到了相同的结论……”）；Abbott Labs. v. Brennan, 952 F. 2d 1346, 1354－1355（Fed. Cir. 1991）。如 O' Connor 法官所言：

> 通常的误解是，专利权或著作权、高市场份额或竞争对手无法提供的独特产品，能够充分证明市场势力的存在。虽然这三要素中的每一项都有助于带给销售商以市场势力。但销售商仍然可能在具备这些要素的情况下却不具备市场势力。例如，专利产品有相近的替代品时，专利权人在任何相关意义上都不具有市场势力。类似地，只有对市场妥善地进行定义并且包含了所有合理替产品的时候，高市场份额才表明存在市场势力。见 Landes & Posner, Market Power in Antitrust Cases, 94 Harv. L. Rev. 937（1981）。

Jefferson Parish Hospital Dist. No. 2 v. Hyde, 466U. S. 2, 33（1984）（O'Connor 法官持赞同意见）。

张反垄断反诉的成功先例是相对少见的，这是因为知识产权持有者拥有一些反垄断保护，下面将对此进行讨论。

正如在 *Unitherm Food Sys.*，*Inc. v. Swift-Eckrich*，*Inc.* 案[242]判决中强调的，在专利/反垄断案件中需要对相关市场进行严格的经济学分析。地区法院陪审团作出的裁决是，专利权人 Swift-Eckrich（d/b/a ConAgra Refrigerated Foods）因试图垄断而应负反垄断法律责任，并判处三倍罚金为1 800万美元。联邦巡回上诉法院撤销了该判决，并认为“地区法院的错误在于，在不存在能够支持 Unitherm 的反垄断诉求的经济学证据的情况下，允许陪审团对该诉求作出了判断”。[243]

联邦巡回上诉法院将第十巡回上诉法院有关并不涉及专利法的反垄断判例法适用于 *Unitherm* 案中，并解释称，相关产品市场（relevant product market）是由“在生产目的方面具有合理可互换性的产品”构成的。[244]联邦巡回上诉法院指出，市场的界定依赖于经济学证据。在本案中，涉案专利发明创造涉及用于对半成品的肉进行着色的方法，Unitherm 公司的专家证人将相关产品市场定义为与该专利发明创造相同。该专家指出了该专利方法的 7 项优点，并认为没有任何其他类似方法具备这些优点，因此他认为该发明创造是独一无二的。联邦巡回上诉法院指出，该专家的证词，“或至少上诉记录所摘录的相关内容，不足以支持 Unitherm 对相关市场的定义”。该专家的证词关注的是技术上的可替代性，而非经济上的可替代性”。上诉记录中没有涉及“该专利方法的潜在客户在面对涨价时是否会转而使用提供不同优点的其他方法”。[245] 这一判断“是反垄断分析过程中市场界定的核心”。“不仅是因为经济上的可替代性对市场界定是至关重要的，而且不得将‘《谢尔曼法》解释为要求产品是可替换的以便被考虑纳入相关市场。’”[246] 该记录中最低限度的经济证据“强烈地表明”Unitherm 的专家对于市场的界定是错误的。特别是，联邦巡回上诉法院指出，ConAgra 没能吸引任何被许可人这一点就表明它没有定价权力，而定价权力是“对相关反垄断市场进行界定时最重要的元素”。[247]

---

[242] 375 F. 3d 1341 (Fed. Cir. 2004)

[243] 同上，at 1344。

[244] 同上，at 1363。

[245] 同上，at 1364。

[246] 同上，at 1364（引用了 United States v. E. I. Du Pont de Nemours & Co.，351 U. S. 377，394（1956），并一般性的引用了美国司法部出版的 *Merger Guidelines*（1982），ch. 1.1（其描述了反垄断机关在企业并购分析中和经济上可替代性的关键规则中对产品市场进行定义的方法））。

[247] 同上，at 1364。

尽管在《谢尔曼法》第2条相关案件（例如 *Unitherm* 案）中处理市场势力问题时联邦巡回上诉法院强调了经济因素的地位，然而在2005年该法院在有关专利/反垄断方面的另一案件（涉及《谢尔曼法》第1条专利搭售（patent tying）的案件[248]）中却对市场势力采取了非常不同的态度。[249] 在 *Indep. Ink, Inc. v. Ill. Tools Works, Inc.* 案[250]中，上诉法院认可了对搭售案中的专利权人推定存在市场势力的做法，如下文所述这一推定不久就被最高法院推翻了。被告 Trident（Illinois Tool Works 公司的全资子公司）持有一件关于打印头（printhead）的专利[251]，并销售这种打印头以及用于该打印头的（非专利）油墨。Trident 与打印机设备制造商（OEM）签订的格式许可合同准许 OEM“制造、使用和销售……由 Trident 提供的喷墨打印设备（打印头）”，但仅限“与 Trident 所提供的油墨及油墨供应系统一起组合使用”。因此，该许可合同明显的包括搭售条款，将非专利产品（油墨）的销售作为对专利产品（打印头）的销售条件。在油墨制造和销售方面与专利权人 Trident 竞争的原告 Independent Ink 针对 Trident 提起确认之诉，要求确认 Trident 的专利无效且不存在侵权。后来 Independent Ink 变更了其诉求，主张 Trident 的非法搭售行为违反了《谢尔曼法》第1条。审理该案的联邦地区法院驳回了关于专利权人存在市场势力的推定，认为这种推定与现代经济学思想不符，并认为主张反垄断的一方必须确定地证明专利权人具备市场势力。由于主张反垄断的 Independent Ink 并未提交用于界定相关市场的任何确定性证据，也没有提供证明专利权人 Trident 拥有相关市场势力的证据，因此该地区法院准予了 Trident 的动议，作出了不存在反垄断法责任的简易判决。

---

[248] 搭售指的是“一方将出售一种产品……的条件规定为购买方还要购买一项不同产品（被搭售产品），或要求购买方至少同意不从其他供应商处购买该［被搭售］产品”。Eastman Kodak Co. v. Image Tech. Servs, Inc., 504 U.S. 451, 461 (1992)。

[249] 《谢尔曼法》第1条规定：“任何契约、以托拉斯形式或其他形式的联合、共谋，用来限制州际间或与外国之间的贸易或商业”是非法的。15 U.S.C. §1。就专利而言，最典型的契约类型就是专利权人和第三方被许可人之间的协议，或多个专利权人之间用于“交叉许可”其各自专利或用于形成“专利池”的协议。通常将这类协议看作是对竞争有促进作用的，但是可能会引发反垄断的考量。《谢尔曼法》第1条的原则也可能与拥有专利的公司之间的合并和收购有关。

[250] 369 F.3d 1342 (Fed. Cir. 2005).

[251] 打印头是打印机的组件，用于控制油墨从墨盒到纸的流动。本书作者对 Lexmark 公司的 Neal McFarland 对此概念的见解表示感谢。

联邦巡回上诉法院在审理 *Indep. Ink* 案时推翻了该简易判决，并将该案发回重审。在广泛地查阅最高法院针对搭售的判决之后，联邦巡回上诉法院的结论是，根据最高法院作出的 *International Salt Co. v. United States* 案[252]和 *United States v. Loew's, Inc.* 案[253]判决，推定在专利搭售案件中适用市场势力推定。地区法院或 Trident 所依据的相反在先判例都无法推翻最高法院的这两项在先判例。[254] 联邦巡回上诉法院称，"即便最高法院的判例包含很多'缺陷'，并且这些判例的基础是'摇摇欲坠'和'朽坏不堪'的，但仍然'只有最高法院才有权推翻这些判例。'"[255] 联邦巡回上诉法院称，尽管"到了要放弃这些原则的时候"，但"有待国会或最高法院作出这一决断"。[256]

如所预料，最高法院接受了联邦巡回上诉法院的邀请。[257] 在 *Ill. Toll Works Inc. v. Indep. Ink, Inc* 案[258]中，最高法院撤销了联邦巡回上诉法院

---

[252] 332 U. S. 392, 396 (1947)（未曾调查被告的市场势力，而认定"已承认的事实并未遗留下任何真正的争议……，[专利搭售] 要达成垄断的趋势看起来是明显的"）。

[253] 371 U. S. 38, 45 (1962)（认为"当搭售产品是专利产品或有著作权的产品时，推定存在必要的经济势力"）。

[254] 相反的判例包括，最高法院在 *Walker Process Equip., Inc. v. Food Mach. & Chem. Corp.*, 382 U. S. 172 (1965) 案中的相反意见，这件涉及《谢尔曼法》第 2 条垄断的案件已在上文有所讨论；O'Connor 法官在 *Jefferson Parish* 赞同意见（会同当时的首席法官 Burger、Powell 法官和 Rehnquist 法官共同作出）中表示"常见的误解是……认为专利或著作权足以表明存在市场势力", 466 U. S. at 37 n. 7 (O'Connor 法官持赞同意见)；White 法官和 Blackmun 法官（二人在 *Jefferson Parish* 案中都属于多数意见）在 *Data General Corp. v. Digidyne Corp.*, 473 U. S. 908, 908 (1985) 案后 1 年对否决调卷令（certiorari）的异议意见中（White 法官会同 Blackmun 法官对调卷令的否决持异议意见）认为，该案"提出了许多反垄断法和政策上的实质问题包括……在确定市场势力时，对著作权或其他合法垄断权的存在给予何种效力"，同前；以及反垄断机构的政策，即在搭售情况下不会因为仅仅拥有专利权而认为成立市场势力推定，美国司法部出版的 *Antitrust Guidelines for the licensing of Intellectual Property*, §5.3 (1995), 网址为 http://www.usdoj.gov/atr/public/guidelines/0558.pdf。

[255] *Indep. Ink*, 369 F. 3d at 1351（引用了 State Oil Co. v. Khan, 522 U. S. 3, 20 (1997)）。

[256] 同上。为了进一步指出认为专利搭售案件中仅仅基于专利的存在就可以推定存在市场势力的看法，联邦巡回上诉法院在 *Indep. Ink* 案判决中指出，"值得注意的是"，"国会认为积极主张专利搭售的诉求不需要证明存在市场势力，这与基于专利搭售的专利权滥用抗辩的情况是不同的"，引用了《美国专利法》第 271 条（d）款（5）项（2000），该条款为专利权人建立了对抗专利权滥用指控的安全港，"除非根据情况可以认定，专利权人在对相应的许可或销售设定了搭售条件的专利或专利产品的相关市场中具有市场势力"。联邦巡回上诉法院注意到，该条款的这一版本最初出现在参议院，其包含了废除在反垄断专利搭售案中对市场势力推定的内容，但该内容在众议院的修改版中被删除，且没有出现在最终颁布的第 271 条（d）款（5）项中，"这清楚地表明国会并无意愿要改变现行法律在这方面的规定"。*Indep. Ink*, 396 F. 3d at 1349 n. 7。

[257] Ill. Tool Works Inc. v. Indep. Ink, Inc., 545 U. S. 1127 (2005)（准予调卷令）。

[258] 547 U. S. 28 (2006).

的判决，并指出“在所有涉及搭售的案子中，原告必须证明被告在搭售产品的市场具备市场势力”。[259]换句话说，不能根据其专利覆盖了所搭售的产品这样的事实就推定存在市场势力；主张反垄断的一方要控告存在非法搭售，必须提供令人信服的证据，根据实际市场情况而证明专利权人的市场势力。最高法院将传统上推定专利权人具备市场势力的观点比作“历史上对搭售所持不信任态度的残余”，[260] 而这种不信任的态度随时间推移“已经减少很多了”。[261] 最高法院解释说，推定专利权人具备市场势力最初是在专利权滥用原则的情况下提出的，与反垄断法并无关系，但后来被移植到反垄断法法理之中。然而就在有越来越多的案例法适用该推定时，国会却开始“在首先采用上述推定的专利权滥用案件中放弃该推定”。[262] 最明显的是，国会于 1998 年修改专利法时增加了第 271 条 (d) 款 (5) 项。该法条废除了专利权滥用案件中专利即市场权利的推定。[263] 基于国会的观点，最高法院认为，涉及专利产品的搭售案件不应再像 *Loew's* 案和 *Morton Salt Co. v. G. S. Suppiger Co.* 案那样依据先前适用的本身违法规则（per se rule）来作出评价。[264] 虽然涉及专利产品的一些搭售仍然是非法的，比如源于真正的垄断或对市场的共谋行为的搭售，但“该结论必须能得到在相关市场中具备市场势力的证据的支持，而非仅仅基于推定”。[265]

最高法院还注意到，该法院反对存在专利就推定存在市场势力的观点的做法“与该领域的大多数学术观点是一致的”。[266] 从这些学术观点中

---

[259] 57 U. S. 46（2006）.

[260] 同上，at 38。

[261] 同上，at 35。

[262] 同上，at 41。

[263] 《美国专利法》第 271 条（d）款（5）项规定：

> （d）本来有权获得侵权或辅助侵权救济的专利权人，不得因曾经作出以下一项或多项行为，而无法获得救济，或被视为滥用专利权或非法扩张专利权：
>
> ……（5）将获得其他专利许可或购买其他产品作为许可该专利的任何权利或对该专利产品进行销售的条件，除非根据当时的情况，该专利权人在作为所述许可或销售基础的该专利或专利产品的相关市场内具有市场势力。

[264] 见 Morton Salt Co. v. G. S. Suppiger Co.，314 U. S. 488，490（1942）（在没有对实际市场情况进行分析的情况下，专利权人把购买非专利产品作为出售专利产品条件的行为“限制了竞争”）。

[265] Illinois Tool Works Inc. v. Indep. Ink，Inc.，547 U. S. 28，42-43（2006）.

[266] 同上，at 43 n. 4。

得到的教示是，“很多搭售，即便是涉及专利和搭售要求，仍然是与自由竞争市场完全相符的”，这也正是国会和反垄断机关已经将采纳了的观点。[267] 因此，最高法院也得到了相同结论，即专利并不必然为其所有者带来市场势力。

2. 反竞争行为

联邦巡回上诉法院所适用的[268]针对反垄断的 *Noerr-Pennington* 原则使专利权人不会因主张其排他性权利而承担反垄断法责任，除非被控侵权方证明：（1）该专利是像 *Walker Process Equip.*, *Inc. v. Food Machinery & Chem. Corp.* 案[269]判决所定义的那样，通过明知且故意的欺诈行为而获得的；（2）该侵权之诉全然是“虚假诉讼”（a mere sham），以掩饰其“意图直接地妨碍竞争者商业关系”的真实目的；[270]（3）专利权人进行了非

---

[267] 547 U. S. 45（2006）.

[268] 见 Nobelpharma AB v. Implant Innovations Inc., 141 F. 3d 1059, 1068（Fed. Cir. 1998）。

[269] 382 U. S. 172, 177（1965）。在专利侵权诉讼中的反垄断反诉主张“*Walker Process* 欺诈”，依据的是将普通法的欺诈概念应用于专利权人对 USPTO 的行为。*Walker Process* 欺诈相比不正当行为的积极抗辩更难以证实。主张反垄断的一方必须表明，专利权人是通过欺诈性虚假陈述或者欺诈性遗漏获得其专利的，用证据证明其欺骗审查员并因此导致 USPTO 对该无效专利进行授权的清楚意图，还须证明该专利权人在起诉要求执行其专利权时是知晓上述欺诈行为的。此外，还需要证实违反反垄断法的其他要件［见脚注 238］。见 *Nobelpharma AB*, 141 F. 3d at 1069－1070。一般见 Peter M. Boyle 等人所著的 *Antitrust Law at the Federal Circuit*: *Red Light or Green Light at the IP-Antitrust Intersection?*, 69 Antitrust L. J. 739, 770－778（2001）（讨论了如何根据联邦巡回上诉法院的判例证明 *Walker Process* 主张）。

联邦巡回上诉法院已经考虑过了 *Walker Process* 反垄断主张的变形。这些变形包括“*Handgards* 主张”，基于已知专利无效主张，见 Bio-Technology Gen. Corp. v. Genentech, Inc., 267 F. 3d 1325, 1333（Fed. Cir. 2001）（指出，地区法院基于 *Noerr-Pennington* 豁免而拒绝 *Handgards* 主张的做法是正确的）；还包括“*Loctite* 主张”，基于已知专利未被侵权主张。见 Loctite Corp. v. Ultraseal, Ltd., 781 F. 2d 861（Fed. Cir. 1985），因为其他理由已经被推翻，*Nobelpharma AB*, 141 F. 3d at 1068。

[270] 见 In re Independent Serv. Orgs. Antitrust Litigation（CSU, L. L. C. v. Xerox Corp.）, 203 F. 3d 1322, 1326（Fed. Cir. 2000）。根据反垄断法的 *Noerr-Pennington* 原则规定，企图影响政府的行为（例如，通过提出专利侵权诉讼）通常是受到宪法第一修正案保护的，并因此豁免反垄断法责任。Eastern R. R. Presidents Conf. v. Noerr Motor Freight, Inc., 365 U. S. 127, 138－139（1961）; United Mine Workers v. Pennington, 381 U. S. 657, 670（1965）。*Noerr-Pennington* 反垄断豁免的例外是“虚假诉讼”，即被告证实该诉讼客观上是毫无理由的。见 Professional Real Estate Investors v. Columbia Pictures Indus., 508 U. S. 49, 60－61（1993）（该案中讨论了虚假诉讼的两部分定义）。又见 Filmtec Corp. v. Hydranautics, 67 F. 3d 931, 937－938（Fed. Cir. 1995）（根据 *Professional Real Estate Investors* 案判决详细讨论了专利案中虚假诉讼例外的特征）；James B. Kodak, Jr. 所著的 *Professional Real Estate Investors and the Future of Patent-Antitrust Litigation*: *Walker Process and Handgards Meet Noerr-Pennington*, 63 Antitrust L. J. 185（1994）。

法搔售。[271] 因此，对于想要通过提起诉讼来行使其排他性法定权利的专利权人而言，推定该专利权人不因提起诉讼而需承担反垄断责任，即便持续行使其法定权利会具有反竞争的效果。然而，对专利权人的这种豁免仅仅是推定性的，而非绝对的；在特定情况下会剥夺对专利权人的这种豁免。正如联邦巡回上诉法院所确认的，“在所授权的有限垄断之外，如何利用专利的行为会受到普通法的规制……拥有有效专利这一事实并不会给专利权人带来任何超出其专利垄断权之外的对《谢尔曼法》规定的豁免。”[272]

可能导致专利权人丧失反垄断法豁免的一种反竞争行为是明知一项专利是通过普通法欺诈行为获得的仍然执行该专利。在 *Walker Process Equip.*, *Inc. v. Food Machinery & Chem. Corp.* 案[273]中，最高法院认为，维持和行使通过欺诈 USPTO 而获得的专利的行为可以构成《谢尔曼法》第 2 条反垄断之诉的基础，并因而面临受害方根据《克莱顿法》（*Clayton Act*）第 4 条提出的三倍赔偿请求。[274] 最高法院认识到，允许这种诉讼会推动该法院先前在 *Precision Instrument Mfg. Co. v. Automotive Maintenance Mach. Co.* 案中提出的政策，即：

> 专利，就其本质而言，是受公众利益影响的……专利是反对垄断这个一般性原则的例外，也是对获取自由开放市场权利的例外。因此，专利对社会和经济领域的深远影响，给公众带来的首要权益在于见证专利垄断权所来源的背景是没有欺诈或其他不正当行为的，而且这些垄断权被限制在其法定范围之内。[275]

后来被专利律师称为“*Walker Process* 欺诈”的主张的基础是将普通法的欺诈概念应用于专利权人对 USPTO 的行为。联邦巡回上诉法院强调，

---

[271] In re Independent Serv. Orgs. Antitrust Litigation（CSU, L. L. C. v. Xerox Corp.）, 203 F. 3d 1322, 1327 – 1328（Fed. Cir. 2000）.

[272] 同上，at 1357 n. 4（引用了 United States v. Singer Mfg. Co., 374 U. S. 174, 196 – 197（1963））。

[273] 382 U. S. 172（1965）.

[274] 同上，at 176 – 177。

[275] 同上，at 177（引用了 Precision Instrument Mfg. Co. v. Automotive Maintenance Mach. Co., 324 U. S. 806, 816（1945））。

所述欺诈必须是明知和恶意的（knowing and willful）。[276] 主张反垄断的一方必须表明，专利权人是通过欺诈性虚假陈述（fraudulent misrepresentation）或者欺诈性遗漏（fraudulent omission）获得其专利的，用证据证明其欺骗审查员并因此导致USPTO对该无效专利进行授权的清楚意图，还须证明该专利权人在起诉要求执行其专利权时是知晓上述欺诈行为的。[277]

联邦巡回上诉法院在更近期的 *Unitherm Food Sys., Inc. v. Swift-Eckrich, Inc* 案[278]判决中指出，在威胁要行使专利权而并没有实际行使的情况下，如果该专利是通过 *Walker Process* 欺诈取得的，也可以构成反垄断法责任。推定侵权方 Unitherm 针对专利权人 ConAgra 提起了确认之诉，[279] 要求确认该专利无效且不可执行。Unitherm 的反垄断法诉求是与确认之诉一起提出的积极控诉（affirmative allegations）（而不是在专利侵权控诉中作为典型的反诉）。联邦巡回上诉法院指出，"严格地说，*Walker Process* 主张的前提是'对通过欺诈行为从专利局所获得的专利权加以行使。'"[280] 然而，即便不存在公开行使专利权的行为，类似 Unitherm 的一方也可以提起针对专利无效的确认之诉。类似地，这个观点也应该可以适用于反垄断主张。联邦巡回上诉法院的结论是，"作为一项联邦巡回上诉法院反垄断法问题，我们在主张专利无效的确认之诉中用于确定裁判权的标准，也可以用于定义成立意图进行垄断的 *Walker Process* 主张所必需的专利权人对其专利权的最低'行使'程度。"对于专利权人的威胁行为是否足以使推定侵权方产生对诉讼的合理担忧（reasonable apprehension）将是具有决定性的。"如果专利权人除了以（确认之诉的）原告认为的欺诈方式获得了专利外并未从事其他活动，则法院无论是对确认之诉还是 *Walker Process* 主张都没有裁判权。"

---

[276] *Walker Process* 欺诈比不正当行为的积极抗辩更难以证实。后者要求表明，专利权人向USPTO隐瞒了专利权人已知的、对可专利性来说是重要的信息（或者积极地提交了虚假的重要信息），并且该隐瞒信息（或提交虚假信息）的行为具有欺骗USPTO的意图。有关不正当行为抗辩的进一步讨论可参见本章D.1部分。

[277] 见 Nobelpharma AB. v. Implant Innovations, 141 F.3d 1059, 1069－70（Fed. Cir. 1998）。一般见 Peter M. Boyle 等人所著的 *Antitrust Law at the Federal Circuit: Red Light or Green Light at the IP-Antitrust Intersection?*, 69 Antitrust L.J. 739, 770－778（2001）（讨论了如何根据联邦巡回上诉法院的判例证明 *Walker Process* 主张）。

[278] 375 F.3d 1341（Fed. Cir. 2004）.

[279] 对确认之诉的讨论见本章G部分。

[280] *Unitherm*, 375 F.3d at 1357－1358（引用了 Walker Process Equip., Inc. v. Food Machinery & Chem. Corp, 382 U.S. 172, 174（1965））。

专利权人因反竞争行为导致丧失反垄断法豁免的第二种情况是，专利权人以“虚假”目的行使其专利权，无论该专利是如何取得的。[281] 因此，虚假专利诉讼与作为 *Noerr-Pennington* 反垄断豁免的例外——“虚假诉讼”是一致的。[282] 要证明此种形式的反竞争损害，主张反垄断的一方必须证明，该专利权人提起的“侵权诉讼‘根本是虚假诉讼，以掩饰其意图直接地妨碍竞争者商业关系的真实目的’”。[283] 更具体地说，反垄断请求权人必须根据 *Professional Real Estate Investors, Inc. v. Columbia Pictures Inds. Inc.* 案判决[284]来证明：（1）该诉讼“在客观上是毫无理由的，没有合理的诉讼当事人会实际期待依据该案情能够胜诉”[285]；（2）这一件毫无理由的诉讼背后隐藏的目的是，“通过利用行政程序而非该程序的结果，将其作为反竞争性质的武器，意图直接地妨碍竞争者的商业关系。”[286]

可以作为针对专利权人的反垄断主张基础的第三类反竞争行为涉及被反垄断法律师所谓的“拒绝交易”（refusals to deal）。专利权，作为政府授予的财产权，其本质是其所有者在专利保护期限内排除他人实施其专利创新的权利。另外，反垄断法认可垄断者拒绝与市场内的其他人进行交易的行为在特定情况下是可诉的。[287] 因此，专利权人会因拒绝作出许

---

[281] 见 *Nobelpharma AB*, 141 F. 3d at 1071（指出“无论专利申请人对 PTO 作出的行为如何，反垄断主张都可以基于认为该诉讼无依据的 *PRE*（*Professional Real Estate Investors*））指控提出……”）。

[282] 反垄断法的 *Noerr-Pennington* 原则规定，试图影响政府的行为（例如通过提出专利侵权诉讼）一般都可以豁免反垄断法责任。Eastern R. R. Presidents Conf. v. Noerr Motor Freight, Inc., 365 U. S. 127, 138 – 39（1961）；United Mine Workers. v. Pennington, 381 U. S. 657, 670（1965）。*Noeer-Pennington* 反垄断豁免的例外是“虚假诉讼”（sham litigation），即被告能够证明所提起的诉讼在客观上是没有依据的。见 Professional Real Estate Investors v. Columbia Pictures Indus., 508 U. S. 49, 60 – 61（1993）（描述了“虚假”诉讼的两部分定义）。又见 Filmtec Corp. v. Hydranautics, 67 F. 3d 931, 937 – 38（Fed. Cir. 1995）（根据 *Professional Real Estate Investors* 案判决详细讨论了专利案中虚假诉讼例外的特征）；James B. Kobk, Jr. 所著的 *Professional Real Estate Investors and the Future of Patent-Antitrust Litigations: Walker Process and Handgards Meet Noerr-Pennington*, 63 Antitrust L. J. 185（1994）。

[283] Nobelpharma AB v. Implant Innovations, 141 F. 3d 1059, 1068（Fed. Cir. 1998）（引用了 Eastern R. R. Presidents Conference v. Noerr Motor Freight, Inc., 365 U. S. 172, 177（1965））。

[284] 508 U. S. 49（1993）。

[285] *Nobelpharma AB*, 141 F. 3d at 1071（引用了 *Professional Real Estate Investors*, 508 U. S. at 60 – 61）。

[286] 同上。

[287] 见 Aspen Skiing Co. v. Aspen Highlands Skiing Corp., 472 U. S. 585（1985）。

可和/或拒绝出售专利产品被指控进行了反竞争行为。反垄断现代化委员会（Antitrust Modernization Commission）关于知识产权事务的一份报告承认关于“反垄断法能不能对是否以及何时对知识产权进行许可作出妥善的要求的问题存在着重大争议”。[288]委员会的这份报告表明美国上诉法院之间对该问题存在截然不同的态度。与第一巡回上诉法院[289]和第九巡回上诉法院[290]不同，联邦巡回上诉法院到目前为止对因不予许可而提起的反垄断主张都完全的予以驳回。

CSU v. Xerox 案[291]最清楚地表现出联邦巡回上诉法院对此类主张的否定态度。在该案中，被控侵权方主张专利权人拒绝许可或销售其专利产品的行为违反了反垄断法（并构成专利权滥用），联邦巡回上诉法院概括地驳回了该主张。CSU 是一家独立的复印机设备服务机构，它起诉 Xerox 违反了反垄断法，理由是 Xerox 拒绝出售其受专利保护的替换件。地区法院作出了有利于 Xerox 的简易判决，联邦巡回上诉法院维持了该判决，指出：

---

[288] Intellectual Property Working Group, Antitrust Modernization Commission, *Memorandum re Intellectual Property Issues Recommended for Commission Study* (Dec. 21, 2004)，网址为 http://govinfo.library.unt.edu/amc/pdf/meetings/IntellectualProperty.pdf（最后一次访问时间是 2008 年 12 月 8 日）。

[289] 见 Data General Corp. v. Grumman Sys. Support Corp., 36 F. 3d 1147 (1st Cir. 1994)（在一件著作权案件中采用了知识产权持有者没有任何义务对其知识产权作出许可的可推翻的推定）。

[290] 在 *Image Tech. Servs. v. Eastman Kodak Co.*, 125 F. 3d 1195 (9th Cir. 1997) (*Kodak II*) (Eastman Kodak Co. v. Image Technical Serv., Inc., 504 U. S. 451 (1992) 发回重审后的上诉）中，美国第九巡回上诉法院在专利案件中借用了第一巡回上诉法院作出的 *Data General* 推定，但却认为该推定可以被关于借口（pretext）的证据推翻。“无论是知识产权法还是反垄断法的立法目的，都不允许垄断者借以商业之名掩盖反竞争行为。”同前，at 1219。Kodak 辩称，其拒绝向原告独立服务机构销售影印机部件的主观动机是无关的。但第九巡回上诉法院驳回了这一观点。“有关 Kodak 雇员心理状态的证据可以体现借口的存在，当该证据显示所提供的商业理由与决策的作出毫无关系的时候。”同前，at 1219。法院注意到了 Kodak“完全”拒绝对既包括由专利也包括由著作权保护的产品，还包括那些未受保护的产品作出许可的行为。第九巡回上诉法院观察到，“Kodak 的影印机以及显微设备需要上千个部件，其中只有 65 个是有专利保护的。”在给陪审团的指示中，初审法院没有基于 Kodak 的知识产权足够的关注，但这仅仅是无伤大雅的错误。同前，at 1218。根据记录在案的证据，第九巡回上诉法院得出结论，“很有可能的情况是”，即便对陪审团作出了上述指示，Kodak 推定正当的商业理由也会因为是借口而被推翻。同前，at 1219。

[291] In re Independent Serv. Orgs. Antitrust Litigation (CSU, L. L. C. v. Xerox Corp.), 203 F. 3d 1332 (Fed. Cir. 2000).

在没有非法搭售、对专利商标局的欺诈或虚假诉讼证据的情况下，专利持有者可以行使其法定权利排除他人对其权利要求保护的发明创造进行制造、使用或销售，而不必承担反垄断法责任。因此，我们并不会对其行使其法定权利的主观动机进行调查，即便其拒绝销售或许可其专利发明创造的行为会导致反竞争效果，只要这种反竞争效果并未非法地超出法定专利授权的范围即可。[292]

联邦巡回上诉法院对于专利法和反垄断法交集部分的延伸性法律观点，包括该法院在适用法律政策方面，将联邦巡回上诉法院的法律适用于起源于专利争端的反垄断问题的做法，[293] 是2002年美国司法部和联邦贸易委员会举办的公共听证会的议题。[294] 联邦巡回上诉法院在这一领域的法律还在发展之中，这是专利诉讼从业人员应密切关注的。

G. 专利确认判决之诉（patent declaratory judgment actions）

本章A～E部分所讨论的辩护性理论（未侵权、不必承担侵权责任、无效以及不可执行），尽管一般是在专利权人提起的侵权诉讼中作为抗辩理由被主张，但这些辩护性理论也可以作为根据确认判决法（Declaratory Judgment Act）提起诉讼（或反诉）的一方（例如被控侵权方）的肯定性

---

[292] 203 F. 3d 1327－1328（Fed. Cir. 2000）. 有关联邦贸易委员会前主席对 *CSU* 判决的批评，可见 Robert Pitofsky 所著的 *Antitrust and Intellectual Property: Unresolved Issues at the Heart of the New Economy*, 16 Berkeley Tech. L. J. 535, 545－546（2001）（将联邦法院作出的 *CSU* 判决形容为"赋予了知识产权过分重要性的一个令人吃惊的例子"）。

[293] 见 Nobelphrma AB v. Implant Innovations, 141 F. 3d 1059, 1068（Fed. Cir. 1998）（全席判决"关于获得或行使专利的行为是否足以剥夺专利权人的反垄断法豁免权这一问题，是需要按照联邦巡回上诉法院的法律来处理的问题"）。

[294] 见 United States Dept. of Justice, *Press Release: DOJ/FTC Hearings to Highlight U. S. Court of Appeals for the Federal Circuit Perspectives on the Intersection between Antitrust and Intellectual Property Law and Policy*（July 3, 2002），网址为 http://www.usdoj.gov/atr/public/press release/2002/11407.pdf。2002年7月10～11日期间进行的FTC/DOJ听证会日程和相关材料可从 http://www.ftc.gov/opp/intellect/detailsandparticipants.shtm 获取（最后一次访问时间是2008年12月8日）。

指控。[295] 在专利确认之诉中的原告积极地请求确认，不存在侵权责任和/或涉案专利无效和/或不可执行。可以将专利确认之诉视为各种各样专利侵权诉讼的镜像，因为在确认之诉中被控侵权方通常是原告，专利权人是被告。在下文所讨论的特定情况下，提起专利确认之诉的一方不一定是正式的“被控侵权人”，而是被许可方，该被许可方因为还在向专利权人支付许可使用费，因此可能还并没有明确的受到侵权诉讼的威胁。然而，该被许可方认为其产品并未被所许可专利涵盖在内，和/或该专利是无效的和/或不可执行的。

《美国宪法》第3条要求联邦法院仅对“案件”和“争议”（“Cases” and “Controversies”）[296] 进行裁判，确认判决法案要求的是“具备实际争议的案件”（case of actual controversy）。[297] 最高法院已经确认了“确认判决法案”的合宪性，并解释说，该法律中使用的“实际争议案件”指的就是《美国宪法》第3条认为可由司法审判（justiciable）的“案

---

[295] 确认判决法案“以防可避免的损害发生在不清楚自己的权利、并因为裁决的延迟而可能遭受损害的当事人身上。” Minn. Mining & Mfg. Co. v. Norton Co., 929 F.2d 670, 673 (Fed. Cir. 1991)（引用了 Edwin Borchard, Declaratory Judgments 803 - 804 (2d ed. 1941)[此后称 Borchard]）。在该法通过之前，“只有专利权人能够提起诉讼对抗被控侵权者及其经销商，诉讼的目的通常是损害赔偿以及处罚，可能有也可能没有禁令。” Borchard at 803。专利权人“能够在不实际提起诉讼（提起诉讼可能会牵扯到专利有效性问题）的情况下，公开地或非公开地控诉侵权并威胁要向制造商或任何涉及该争议产品的人提起诉讼。经过不断威胁的强迫，[专利权人]不仅能够恐吓经销商以及客户，并且极大地损害竞争者的生意，通常还可以形成和解，且无须承担对可能完全没有依据的侵权主张进行裁决的风险”。

[296] 28 U.S.C. §2201 (a)。U.S. Const., art III, §2, cl. 1（规定“司法权适用的范围，应包括在本宪法、合众国法律和合众国已订的及将订的条约之下发生的一切涉及普通法及衡平法的法律争端，一切有关大使、公使及领事的法律争端，一切有关海上裁判权及海事裁判权的法律争端；合众国为当事一方的争议；州与州之间的争议，州与另一州的公民之间的争议，一州公民与另一州公民之间的争议，同州公民之间为不同州所授予的土地而起的争议，以及一州或其公民与外国政府、公民或其属民之间的争议”）。

[297] 确认判决法案的相关部分规定如下：

> 在管辖地发生实际争议的情况下（除某些税务及贸易诉讼之外），在递交任何适当的诉状时，美国的任意法院都可以宣告寻求确认的任何利益方的权利以及法律关系，而不论是否要求或者可以要求进一步的救济。任何此类宣告都具有最终判决的效力，且应当被这样看待。

28 U.S.C. §220 (a)。

件”和“争议”。[298] 因此，满足“实际争议”这项要求就是要提起确认之诉在裁判权方面的先决条件。

在 2007 年，最高法院在 *MedImmune*, *Inc. v. Genentech*, *Inc.* 案中推翻了联邦巡回上诉法院的判决，联邦巡回上诉法院用于判断是否存在可由司法处理的实际争议的标准从此发生了改变。[299] *MedImmune* 案判决无疑扩展了可以对已授权专利提出质疑的情况的范围。[300] “通过放宽针对专利有效性和保护范围有关的确认之诉救济程序的可用性范围，*MedImmune* 判决改变了专利制度倾向于保护专利权人利益的格局，而转向被许可方以及可能会因（无论是正当的或是错误的）专利权行使而受到威胁的人的利益。”[301]

1. 在 *MedImmune* 案之前，联邦巡回上诉法院适用的“合理担忧”(reasonable apprehension) 标准

在 2007 年最高法院作出 *MedImmune* 案判决之前，如果确认之诉的原告处在被控专利侵权的“合理担忧”中，联邦巡回上诉法院就认为已存在足够的实际争议。更具体地说，联邦巡回上诉法院在确认是否存在确认之诉裁判权时适用的是两部分的标准：

（1）专利权人的明显的威胁或其他行为导致确认之诉的原告将处在面临侵权诉讼的合理担忧之中；

（2）确认之诉原告当前的行为可能构成侵权，或者其所采取的具体步骤意图是从事这种行为。[302]

标准的第一部分关注的是专利权人的行为，第二部分关注的是确认之诉原告的行为。

联邦巡回上诉法院指出，该标准的第一部分要求确认之诉的原告表

---

[298] 见 MedImmune Inc. v. Genentech, Inc., 549 U. S. 118, 126 - 127 (2007)（引用了 Aetna Life Ins. Co. v. Haworth, 300 U. S. 227, 240 (1937)）。

[299] 549 U. S. 118 (2007).

[300] 见 Micron Tech., Inc. v. Mosaid Techs., Inc., 518 F. 3d 897, 902 (Fed. Cir. 2008)（指出“不管是否是有意的，[最高法院在 *MedImmune* 一案中提出的] 更为宽松的法律标准协助或增强了取得专利案件确认之诉裁判权的可能性”）。

[301] Donald S. Chisum 所著的 *License Challenges to Patent Validity After* MedImmune (Feb. 7, 2007)，网址为 http://www.chisum.com/MedImmuneWebPost.pdf。又见 Eric Yeager 所著的 *BNA Conference Panelists Examine Pharma Legislation and Declaratory Judgment Trends*, 77 Pat., Trademark & Copyright J. 92 (2008)（特别提到 MedImmune 判决对医药案件确认之诉管辖权上的“决定性影响”）。

[302] Teva Pharms. USA, Inc. v. Pfizer, Inc., 395 F. 3d 1324, 1332 (Fed. Cir. 2005).

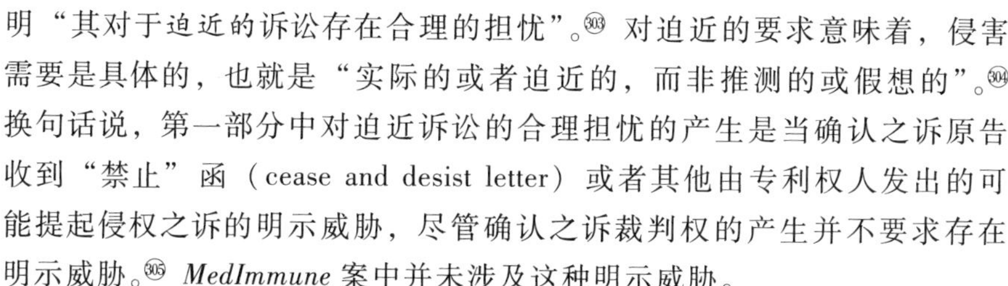

明“其对于迫近的诉讼存在合理的担忧”。[303] 对迫近的要求意味着，侵害需要是具体的，也就是“实际的或者迫近的，而非推测的或假想的”。[304] 换句话说，第一部分中对迫近诉讼的合理担忧的产生是当确认之诉原告收到“禁止”函（cease and desist letter）或者其他由专利权人发出的可能提起侵权之诉的明示威胁，尽管确认之诉裁判权的产生并不要求存在明示威胁。[305] *MedImmune* 案中并未涉及这种明示威胁。

2. 最高法院作出的 *MedImmune* 案判决

MedImmune 案[306]中的确认之诉原告并不是收到了禁止函或被明示威胁要提起侵权诉讼的典型被控侵权方。MedImmune 根据与专利权人 Genentech 的许可协议制造一种用于治疗呼吸疾病的药物 Synagis。值得注意的是，MedImmune 公司销售利润的 80% 来自 Synagis。许可合同是在 1997 年签订的，该合同涉及 Genentech 一件授权专利和一件未决专利申请。当该申请被授权成为“Cabilly II”专利时，Genentech 向 MedImmune 发出一封信，声称 Cabilly II 专利覆盖了 Synagis，因此 MedImmune 应向 Genentech 支付许可费。MedImmune 不同意，认为 Cabilly II 专利是无效且不可执行的，并认为 Synagis 在任何情况下都没有侵权。

然而，MedImmune 并不打算冒险拒绝支付许可费。MedImmune 预计，如果它拒绝支付 Cabilly II 专利的许可费，那么 Genentech 就会终止许可并起诉 MedImmune 侵权。想到侵权诉讼可能会引发对其主打产品销售的禁令，而且可能会被判处加重损害赔偿及律师费，MedImmune 在表示抗议的同时还是向 Genentech 支付了其要求的许可使用费。此后，MedImmune 提起了针对 Genentech 的确认之诉。一家联邦地区法院以不具备对诉讼标的裁判权为由驳回该案，联邦巡回上诉法院维持了该判决。驳回起诉的基础是联邦巡回上诉法院的在先判例，该判例认为信誉良好的专利被许可方无法成立《美国宪法》第 3 条所要求的案件和争议，这是因为，“除非出现对许可协议的重大违约，否则就不存在被许可方会对被控侵权的任何合理担忧。”[307]

最高法院同意对该案进行核查。并以 8 票对 1 票的结果，在 Scalia 法

---

[303] 395 F. 3d 1333 (Fed. Cir. 2005).

[304] 同上。

[305] 见 Vanguard Research, Inc., v. PEAT, Inc., 304 F. 3d 1249, 1254-1255 (Fed. Cir. 2002)。

[306] MedImmune, Inc. v. Genentech, Inc., 549 U. S. 118 (2007).

[307] Gen-Probe, Inc. v. Vysis, Inc., 359 F. 3d 1376, 1381 (Fed. Cir. 2004).

官执笔的意见中推翻了联邦巡回上诉法院的判决。[308] 最高法院认同，只要 MedImmune 继续支付许可费，就并不会面临 Genentech 禁止 Synagis 销售的风险。因此，需要作出判断的问题在于，“这种情况是否使得该争端不再是宪法第 3 条意义上的案件或争议。”[309] 最高法院早先的判决要求，可由司法审判的争端应该是“‘清楚且具体的，涉及具有对抗性法律权益的各方法律关系’；并且是‘真实且具有实质性的’、‘允许通过结论性的判决获得具体的救济途径，而与基于假想事实的法律意见不同。’”[310] 简言之，“每个案件中的问题在于，在总体情况下，所主张的事实是否表明在具有对抗性法律权益的各方之间存在实质性争议，该争议的急迫性和真实性（immediacy and reality）足以确保确认之诉的批准。”[311]

最高法院在回顾了本案和其他确认之诉在先判例之后，认为这些判例并没有在满足和不满足“案件或争议”要求的确认之诉之间“划出最明确的界线”,[312] 最高法院认为，本案中涉及真正的争议，该争议足以成立地区法院对 MedImmune 确认之诉的裁判权。MedImmune 继续支付许可费，是因为其一旦停止支付就面临被控侵权（以及潜在的负面影响）的威胁。这种威胁足以成立确认之诉的裁判权。“要求原告必须……孤注一掷，或者（如本案的情况）要求原告冒着三倍损害赔偿及损失 80% 业务的危险，才能对其主动质疑的法律权利要求进行确认，这种规则是无法得到宪法第 3 条支持的。”[313]Genentech 辩称，该许可协议可以像保险单或者和解协议一样排除 MedImmune 提出的质疑。但最高法院驳回了该论点，认为“允诺对未被无效的专利支付许可费并不意味着承诺不去要求确认该专利无效”。[314] 最高法院认为，“就宪法第 3 条而言，MedImmune 并不需要在向联邦法院提起要求确认涉案专利无效、不可执行或并未侵权的

[308] Thomas 法官持异议意见。见 *MedImmune*, 549 U. S. at 137 - 146。

[309] 同上，at 128。

[310] 同上，at 127（引用了 Aetna Life Ins. Co. v. Haworth, 300 U. S. 227, 240 - 241（1937））。

[311] 同上（引用了 Maryland Casualty Co. v. Pacific Coal & Oil Co., 312 U. S. 270, 273（1941））。

[312] 同上，at 127。

[313] 同上，at 134。尽管最高法院认为存在确认之诉的裁判权，但最高法院并没有触及争议的具体情况或地区法院是否应当发挥自由裁量权驳回该案。“让我们来决定地区法院是否应当或必须要拒绝所请求的确认之诉赔偿请求，并不是一种审慎的做法。我们将有利于发挥自由裁量权判断是否要驳回该案的衡平性、审慎及策略性讨论留待下级法院在重审时加以考虑。类似地，留待重审时考虑的还有任何基于法律事实的、关于是否拒绝确认之诉赔偿请求的问题。”同上，at 136 - 137。

[314] 同上，at 135。

确认之诉之前必须违约或终止许可合同。”[315]

在 *MedImmune* 案判决重要的脚注 11 中，最高法院有效的推翻了联邦巡回上诉法院判断确认之诉裁判权标准的第一部分——“对诉讼的合理担忧”。[316]

最高法院先前的一些判决与联邦巡回法院的该标准是相矛盾的，[317] 且该标准与最高法院的其他先例至少处于“紧张关系”。[318]

3. *MedImmune* 案后联邦巡回上诉法院作出的判决

在 *Teva Pharms. USA, Inc. v. Novartis Pharms. Corp.* 案[319]中，联邦巡回上诉法院承认，其用于判断确认之诉裁判权的标准——“对诉讼的合理担忧”已经被 *MedImmune* 案判决的脚注 11 推翻。[320] 从此之后，联邦巡回上诉法院适用的是 *MedImmune* 案中的“总体情况”（all the circumstances test）标准，即“考虑到总体情况后，所主张的事实是否表明在具有对抗性法律权益的各方之间存在实质争议，该争议的急迫性和真实性足以确保对确认之诉的准予”。[321] 在 *Caraco Phram. Labs., Ltd. v. Forest Labs., Inc.* 案[322]中，联邦巡回上诉法院解释说，证明确认之诉原告对诉讼存在合理担忧（联邦巡回上诉法院在 *MedImmune* 案之前使用的标准）“仅仅是可以满足最高法院提出的更一般化的‘总体情况’标准的诸多方式中的一种，这些方式都可表明一件案件体现了宪法第 3 条意义上可裁

---

[315] *MedImmune*, 549 U. S. at 137.

[316] 同上，at 132 n. 11。

[317] 同上。（引用了 Altvater v. Freeman, 319 U. S. 359（1943）（认为被许可人不停止缴纳专利许可费的行为并不会导致有关专利有效性的争议变得不可裁判）；Maryland Casualty Co. v. Pacific Coal & Oil Co., 312 U. S. 270, 273（1941）；以及 Aetna Life Ins. Co. v. Haworth, 300 U. S. 227, 239（1937））。不过，与 *MedImmune* 案相反，*Altvater* 案中的被许可人“在表示抗议的同时支付专利权人于在先案件中申请到的禁令所要求给付的许可费”。同前，at 130。也就是说，*Altvater* 是出于禁令强制之下的。基于这些及其他事实区别，Thomas 法官（以及联邦法院在 *Gen-Probe, Inc. v. Vysis, Inc.*, 359 F. 3d 1376（Fed. Cir. 2004）案中）认为 *Altvater* 案不适用于 *MedImmune* 案的事实。见 *MedImmune*, 549 U. S. 143－144（2007）（Thomas 法官持异议意见）。

[318] *MedImmune*, 549 U. S. at 132 n. 11（引用了 Cardinal Chem. Co. v. Morton Int'l, Inc., 508 U. S. 83, 98（1993）（认为即便在上诉中维持了不侵权判决，消除了诉讼担忧，也不会使得反诉专利无效的确认之诉变得没有实际意义））。

[319] 482 F. 3d 1330（Fed. Cir. 2007）.

[320] 见同上，at 1399。

[321] 同上，at 1337。

[322] 527 F. 3d 1278（Fed. Cir. 2008）.

判的争议。"[323] 正如任何"全部情况"类型的法律标准一样，对每件案子要就其具体事实进行评价，并没有明确的界限用于判断确认之诉是否满足案件或实际争议要求。[324]

MedImmune 案之后，联邦巡回上诉法院的一系列判决，包括 *Teva Pharms* 案、*Caraco Phram Labs* 案以及其他案件，"对（联邦巡回上诉法院）确认之诉标准的第一部分进行了重塑"。[325] 特别是，在 *MedImmune* 案之后联邦巡回上诉法院的案件在适用关于确认之诉 *MedImmune* 标准的同时还加入了另外一些可诉性原则。在 *Caraco* 案中，联邦巡回上诉法院通过利用最高法院在另一案件中提出的三部分框架来适用 *MedImmune* 案的"总体情况"标准。该判例确立了在下述情况下，根据宪法第 3 条的规定一件诉讼是可诉的：

> 仅当（1）原告具有诉权，*Lujan v. Defenders of Wildlife*, 504 U. S. 555, 560, 112 S. Ct. 2130, 119 L. Ed. 2d 351（1992），（2）对所提出的争议点进行司法审查的时机成熟，*Abbott Labs. v. Gardner*, 387 U. S. 136, 149, 87 S. Ct. 1507, 18 L. Ed. 2d 681（1967），以及（3）诉讼各阶段并未将该案认定为无讨论意义，*United States Parole Comm'n. v. Geraghty*, 445 U. S. 388, 397, 100 S. Ct. 1202, 63 L. Ed. 2d 479（1980）。[326]

联邦巡回上诉法院解释称，上述有关诉权、时机成熟和未丧失讨论意义的原则是"根植于宪法第 3 条要求的，更具体、但相互重叠的调查"，并且这几项原则是"适用 *MedImmune* 案'总体情况'标准的有益指南。"[327]

在 *MedImmune* 案之后的 *Prasco, LLC v. Medicis Pharm. Corp.* 案[328]中，联邦巡回上诉法院适用了有关诉权的要求，维持了地区法院因确认之诉

---

[323] 527 F. 3d 1291（Fed. Cir. 2008）.

[324] 见 Prasco, LLC v. Medicis Pharm. Corp., 537 F. 3d 1329, 1336（Fed. Cir. 2008）。

[325] Cat Tech LLC v. Tubemaster, Inc., 528 F. 3d 871, 880（Fed. Cir. 2008）. 联邦法院在 *MedImmune* 判决前标准的第二部分，也即确认之诉原告是否已在从事可能的侵权行为，或已经为可能的侵权行为作出了有意义的准备，"仍然是全部情况的重要部分，在判断确认之诉是否适当时是必须要考虑的"。同前。

[326] Caraco Pharm. Labs., LTD v. Forest Labs., Inc., 527 F. 3d 1278, 1291（Fed. Cir. 2008）.

[327] *Prasco*, 537 F. 3d at 1336.

[328] 537 F. 3d 1329（Fed. Cir. 2008）.

欠缺实际争议而驳回起诉的裁决。*Prasco* 案表明，*MedImmune* 案并未对基本原则作出改变，即诉至联邦法院的各方必须存在具体争端，而不能仅仅基于假想事实而寻求建议性的意见。确认之诉被告 Medicis 拥有覆盖了过氧化苯甲酰（benzoyl peroxide）清洁产品的 4 件专利。确认之诉原告 Prasco 制造了一种通用的过氧化苯甲酰清洁产品，在市场上称为 OSCION，并与专利权人的产品相竞争。在发生了下列事件之后，Prasco 于 2006 年提起了确认之诉，要求在司法上确认不存在侵权（并未主张该专利无效）：（1）Medicis 根据美国专利法第 287 条（a）款在其清洁产品上标注了其 4 项专利号；（2）Medicis 针对 Prasco 销售另一种不同的清洁产品的行为，于 2005 年起诉 Prasco 侵犯其另一件不相关的专利。在 Medicis 提出动议，要求以欠缺案件或争议为由驳回 Prasco 的确认之诉，此后，Prasco 将 OSCION 的样品发给了 Medicis，要求其签署不会基于 Medicis 专利起诉 Prasco 侵权的协议。Medicis 拒绝签署该协议。鉴于 Medicis 的行为，Prasco 主张其已经遭受实际损失；也就是对 Medicis 可能针对销售 OSCION 的行为再次起诉 Prasco 侵权的恐惧所产生的巨大的不确定性。

联邦巡回上诉法院不同意这种观点，维持了地区法院驳回 Prasco 确认之诉的做法。Prasco 未能主张产生确认之诉裁判权所需的具有充分“紧迫性和真实性”的争议。联邦巡回上诉法院解释称，可以通过诉讼资格的角度来看待“紧迫性和真实性”要求，该要求在确认之诉原告主张下述内容时可被满足：（1）“事实侵害（an injury-in-fact）”，即损害是具体而实际或迫在眉睫的，而非推测的或假想的；（2）这种损害可以合理地归因于确认之诉被告的行为；（3）该损害可以通过对原告有利的决定而得以补救。[329] 该法院解释道，“没有可归因于专利权人的事实侵害，就没有迫在眉睫且真实的争议。”[330] 尽管在确认之诉原告并没有对诉讼的合理担忧时，事实侵害也可能存在（比如 *MedImmune* 案中的情况），但必须存在“基于真实且迫在眉睫的侵害，或由被告引起的对未来侵害的威胁的案件或争议——该客观标准是无法被纯粹主观的或对未来损害的推测性恐惧所满足的。[331] 一般来说，需要确认之诉被告/专利权人作出肯定性行

---

[329] 537 F. 3d 1338（Fed. Cir. 2008）（引用了 *Caraco*, 527 F. 3d at 1291）。

[330] 同上。

[331] 同上，at 1339。

为来证明可诉争议的存在。

在 *Prasco* 案中，联邦巡回上诉法院认定，完全不存在可以证明“在双方当事人之间就 OSCION 存在着明确、既有的争端”的证据。[332]至于专利标注，法院认为 Medicis 是在完全不知晓 Prasco 的竞争性产品 OSCION 的情况下决定在其清洁产品上标注专利号的。关于 Medicis 于 2005 年提起的针对 Prasco 的侵权诉讼，联邦巡回上诉法院认为，在先诉讼行为是评估确认之诉裁判权整体情况要考虑的因素。然而，在本案中既有诉讼的重要性很低。“针对由一件不相关专利所覆盖的不同产品在先诉讼，并不是能够作为合理假定 Medicis 将会对 Prasco 的新产品提起诉讼的基础的在先行为模式。”[333] 对于 Medicis 拒绝签署不起诉 Prasco 协议的行为，尽管这也是评估确认之诉裁判权整体情况要考虑的因素之一，但在本案中此事“不足以产生实际争议——一般还是必须要被告作出一些肯定性的行为”。[334]“专利权人并无义务要花费时间和金钱对竞争对手的产品进行测试，也没有义务在其竞争者所选择时间和地点作出明确的决定保证其不会提起侵权诉讼。”[335] 联邦巡回上诉法院的结论是：

> Prasco 并没有遭受到任何可归因于被告的实际损害，而被告并未对 Prasco 主张过该专利的任何权利，也并未采取任何针对 Prasco 当前产品的明确行动，而针对不相关的专利和产品的在先诉讼、连同被告没有签署不起诉协议这两件事，绝不足以表明 Prasco 面临着来自被告的迫近的损害，也无法表明在双方之间存在着足够紧迫和真实的实际争议，因此确认之诉裁判权无法成立。尽管我们理解 Prasco 希望获得其产品是否侵犯被告专利的明确答案，但如果地区法院案情进行分析，其所提供的也仅仅是建议性的意见。而这是宪法第 3 条所不允许的。[336]

---

[332] 537 F. 3d 1340 (Fed. Cir. 2008)。
[333] 同上，at 1341 - 1342。
[334] 同上。
[335] 同上。
[336] 同上，at 1341 - 1342。

第 11 章
专利侵权救济

A. 引　言

专利侵权是一种民事侵权行为,[①] 专利权人可以通过民事诉讼[②]控告侵权人。本书前面的章节介绍了专利侵权[③]相关的实体法及其抗辩。[④] 本章介绍如果侵权成立并且专利的有效性和可实施性得以维持时，胜诉的专利侵权人可获得的救济类型。

概言之，有效并且可执行（enforceable）的专利被侵权时可以获得以下救济：

- 针对将要发生的侵权所实施的禁令（临时性禁令和/或永久性禁令）;
- 未被禁止的未来侵权行为的许可费;
- 对于已发生的侵权行为所作的损害赔偿（补偿性赔偿和/或扩大赔偿）;
- 律师费;
- 成本;
- 判决前利息。

---

① 见 Carbice Corp. v. American Patents Dev. Corp., 283 U. S. 27, 32 (1931)（“侵权……无论是直接侵权还是辅助侵权，本质上都是民事侵权行为，意味着对专利权人某种权利的侵犯”）。

② 见《美国专利法》第 281 条（2008）（规定“专利权人应依民事诉讼取得对侵害其专利权的赔偿”），法律没有规定专利侵权行为的刑事责任。

③ 见本书第 9 章（“专利侵权”）。

④ 见本书第 10 章（“专利侵权抗辩”）。

此外，1999年颁布的《美国发明人保护法案》规定了对于侵犯专利权人"临时权利"（provisional rights）的新的救济方式，这种新的救济方式依附于未决专利申请的公开。⑤ 对上述各种救济方式分别介绍如下。

B. 禁　　令

在美国，禁令（injunction）是指法院责令侵权人在专利权有效期间内停止一切侵权（直接侵权、诱导侵权以及辅助侵权）行为的命令。《美国专利法》中与禁令救济相关的第283条规定：

> 依本法规定，对于案件有管辖权的各法院，为防止专利权益受到侵害，可以依衡平原则及在法院认为合理的情况下，发布禁令。⑥

在专利受到侵害的大多数情形中，对专利权人最为重要的救济就是禁止进一步侵权的禁令。禁令救济的重要意义在于其折射出专利权的首要价值，即赋予专利权人排他性权利。⑦ 如果不能禁止侵权，专利权的排他性就不复存在。被告未被制止的侵权行为会影响到专利权人的市场前景，而这种影响是用金钱难以完全弥补的；⑧ 持续侵权行为会损害专利权人的名誉，并导致公众误以为侵权的劣质产品来自专利权人，从而使专利权人丧失信誉。禁令之所以重要还有一个实际原因是：一些被控侵权人可能无法履行判决（judgment-proof），难以支付损害赔偿金。在这种情况下，禁令是唯一有意义的救济行为。

---

⑤ 见《美国专利法》第154条（d）款。

⑥ 《美国专利法》第283条。

⑦ 法院在 *Smith Int'l, Inc. v. Hughes Tool Co.*, 718 F.2d 1573（Fed. Cir. 1983）案中强调了禁令救济的重要性，指出如果没有禁令，

> 专利权人将缺乏实现排他性，以及体现发明创造在市场中的全部价值的"杠杆"。如果没有获得禁令的权利，赋予专利权人的排他性权利将只能部分体现本应具有的价值，将不再对艰苦的科学技术研究产生构成巨大的激励。

同上，at 1577。

⑧ 见 Atlas Powder Co. v. Ireco Chems., 773 F.2d 1230, 1233（Fed. Cir. 1985）（Rich 法官）（"专利法规定了禁令救济用以保护各方的合法权利，以避免未来的侵权行为对市场产生用金钱难以完全弥补的影响"）。

然而，专利财产权并不是绝对的。正如下面所讨论的，最高法院在 *eBay, Inc. v. MercExchange, LLC* 案⑨中阐明，即使确认专利权被侵犯并且专利有效性得到确认，也不意味着就一定会判处禁令救济。正如该法院在判决中所指出的，“权利的产生与为被侵犯的权利提供救济是不同的”。⑩《美国专利法》第283条使用“可以”一词，就清楚地表示救济是选择性的衡平法上的补救措施，而非强制措施。

《美国专利法》第283条还规定地区法院对于禁令救济的使用具有很宽的自由裁量权（discretion）。但这种决定权也并非毫无限制的。对于禁令救济，法院必须符合《联邦民事诉讼规则》第65条（Fed. R. Civ. P. 65）的规定。上述法规规定禁止性裁决（injunctive orders）应提供明确的通知以及关于被禁止行为的具体细节。上述法规规定：

> （d）禁令（injunction）或禁制令（restraining order）的形式和范围：核发禁令或禁制令应说明理由；理由应明确详细；应不参考起诉状或其他文件尽可能对禁令所欲限制的行为做合理详细的说明；并且禁令仅对行为方，及其经营者、代理人、受雇人、雇员、律师及实际接收到禁令通知并积极加入到上述人员组成之中的第三方发生效力。⑪

专利法案例涉及两种禁令：临时性禁令和永久性禁令。下面先对更为常见的永久性禁令进行阐释。

1. 永久性禁令（permanent injunctions）

永久性禁令是在作出侵权终局判决后且不存在专利无效（invalidity）或不可执行（unenforceability）的情况下发出的。在最高法院对 *eBay, Inc. v. MercExchange, LLC* 案⑫作出判决前，联邦法院实际上一直将授予永久禁令作为专利权人胜诉后的一个标准程序。⑬ 这种救济永久性的禁止

---

⑨ 547 U.S. 388 (2006).

⑩ 同上，at 392。

⑪ Fed. R. Civ. Proc. 65 (d).

⑫ 547 U.S. 388 (2006).

⑬ 见 Richardson v. Suzuki Motor Co., 868 F.2d 1226, 1247 (Fed. Cir. 1989)（“只要不存在强有力的反对理由，一般的做法是只要侵权成立就会发布禁令”）；另见 MercExchange, L.L.C. v. eBay. Inc., 401 F.3d 1323, 1338－1339 (Fed. Cir. 2005)（推翻了地区法院拒绝发出永久性禁令的裁决，认为“地区法院没有提供充分的理由说明本案足以构成否决永久性禁令的充分例外情况”）。

侵权人在专利存续期间再进行任何侵权行为。最高法院 2006 年在 *eBay* 案作出的判决表示胜诉的专利权人不再自动获得永久性禁令的救济。

在 *eBay* 案之前，只有在很少的案例中，如显著影响公共健康和福利事业的情况下，法院才会拒绝发布永久性禁令。例如在联邦第七巡回上诉法院审理的 *City of Milwaukee v. Activated Sludge*, *Inc.* 案⑭中，法院认定城市侵犯了一项污水净化的方法专利，需进行损害赔偿，但法院拒绝颁发永久性禁令。因为永久性禁令“将使得整个城市的污水处理厂停止运作，会使整个城市的污水未经处理就排进密歇根湖中，将会污染湖水并进而危害该地区公众及相邻地区公众的健康和生命安全”。⑮

在 2005 年专利法修法讨论中，许多科技公司公开促请仅将专利侵权案的永久性禁令判予已经将其发明创造商业化的胜诉专利权人。而对于未将其发明创造商业的化专利权人仅判予金钱损害赔偿。⑯ 这些科技公司，例如 Apple，Intel，Microsoft 和 Hewlett-Packard 是专利投机公司（patent holding company）或个人（常指被贬斥为“专利流氓”（patent trolls）的专利权人）进行专利侵权诉讼的目标。这些专利权人获取专利（有时通过破产程序获取专利），然后起诉或威胁将要控告上述科技公司侵权，但他们并不参与市场运作。据称，这些专利权人利用当时几乎会自动发出的禁令救济作为威胁，逼迫其目标公司与其达成和解。这些被作为目标的科技公司希望法院考虑，如果没有得到禁令救济是否就会对这些专利投机公司产生不可挽回的损害。⑰ 因为 2005 年专利法修法建议从未被纳入专利法⑱，关于专利投机公司试图行使其专利权，尤其是那些有效性

---

⑭ 69 F. 2d 577（7th Cir. 1934）.

⑮ 同上，at 593。

⑯ 见本章 D 部分（“过往侵权损害赔偿”）。

⑰ 见 Brenda Sandburg 所著 *A Modest Proposal*, The Recorder（May 9, 2005），网址为 http：//www. law. com。

⑱ （标题为“2005 年专利法修改”的）立法建议主张将以下内容加入到《美国专利法》第 283 条的最后一段：

> 在进行衡平判断时，法院应结合所有事实和与发明创造有关各方的相关利益来认定救济手段的公平性。除非发出禁令的依据是不可上诉的侵权判决，否则在上诉期间应该暂缓禁令的发出，只要能够确定这样做不会对专利权人产生不可弥补的损失，同时也不会偏袒专利权人。

H. R. 2795, 109th Cong., 1st Sess. §7（2005），网址为 http：//thomas. loc. gov。

存在问题的专利权的忧虑仍然存在。[19]

a. *eBay v. MercExchange* 标准

美国最高法院2006年作出的标志性判决使国会对于专利法案例中有关禁令救济改革需求失去了意义。在 *eBay, Inc. v. MercExchange, LLC* 案[20]中，法院宣称不会在每件有效专利被确认侵权的案件中都自动颁发永久禁令。地区法院在作出是否对个案颁发永久性禁令的决定时，均需考虑适用于各种类型案件的传统衡平原则。换句话说，在判断是否发布永久性禁令时所做的衡平性考量不应是僵化的，也不能够采用不同于非专利案件的标准。

专利权人 MercExchange 是一家专利投机公司，只对专利进行许可但不生产任何专利产品。该公司声称 eBay 公司广泛用于在线拍卖的“Buy It Now”功能侵犯了其'265号商业方法专利[21]。在 eBay 公司及其子公司 Half. com 公司（统称“eBay 公司”）拒绝获取专利许可后，MercExchange 公司提起侵权诉讼。陪审团（jury）认为'265专利有效，认定 eBay 公司侵权成立并给 MercExchange 造成的损害进行赔偿。

但地区法院随后拒绝了 MercExchange 公司提出的永久禁令申请。地区法院认为 MercExchange 公司在希望对专利进行许可的同时，并没有对专利进行商业实施，因此不足以证明如果不发布禁令救济就会造成不可挽回的经济损失。[22] 之后联邦巡回上诉法院依据“一旦认定专利有效且侵权成立，法院应发布永久性禁令”的“通用规则”推翻了地区法院的判决。[23] 联邦巡回上诉法院认为，地区法院关于为商业方法专利授权的担心过于宽泛，并且这种担心“也不是重要的公众需要，从而不足以构成否

---

⑲ 见 Adam B. Jaffe & Josh Lerner, Innovation and Its Discontents: How Our Broken Patent System Is Endangering Innovation and Progress, and What to Do About It 15 (2004)（在许多案件中，个体发明人其从事的“令人担忧的开发”中获得了“有效性令人怀疑”（dubious validity）的专利，并试图阻拦行业中有所成就的公司）。

⑳ 547 U. S. 388 (2006).

㉑ 同上，at 390；“Consignment Nodes（寄售点）”美国专利5，845，265号（1998年12月1日授权）。'265专利摘要原文为“一种方法和设备，用于为旧货和可收集货物创建电子市场，通过在法律框架下使用数个低成本的邮政站点（posting terminals）和一台做市计算机（a market maker computer），与位于做市计算机一端的货物购买者建立受托人关系（a bailee relationship）和寄售合同（consignment contract），允许购买者一旦购买了该货物就可以改变该货物的价格，从而允许购买者推断可收集货物在电子旧货市场上的价格，同时确保经货物在受托保管人（a vetted bailee）处得到安全和可信的保管”。同前。

㉒ 见 *eBay*, 547 U. S. at 393。

㉓ MercExchange, LLC v. eBay, Inc., 401 F. 3d 1323, 1338 (Fed. Cir. 2005).

决禁令救济的特殊步骤”。[24]

最高法院推翻了联邦巡回上诉法院的判决，认为“正如地区法院错误的划分了否决禁令救济的类别一样，联邦巡回上诉法院错误的划分了授予禁令救济的类别”。[25] 联邦巡回上诉法院认为，专利权人根据《美国专利法》第154条（a）款（1）项获得的法定排他权是对被控侵权人发出禁令这一通用规则的唯一充分条件。但最高法院不同意这个观点。最高法院认为，“权利的产生与为被侵犯的权利提供救济是不同的。”[26] 联邦巡回上诉法院的观点也与版权法的法理相悖，最高法院一直都拒绝以“确定版权被侵犯后自动发布禁令”的规则替代传统的衡平考量。[27]

最高法院在 *eBay* 案判决中指出，对于专利案件的禁令救济，法院不应该遵循任何一般性原则或假设，而应该采用“完善的衡平原则”。[28] 上述原则要求，专利权人要申请永久禁令必须满足以下要素：

（1）专利权人遭受了不可挽回的损害；

（2）法律上的救济方式，例如金钱损害赔偿，都无法适当地补偿此损害；

（3）在权衡原被告的负担后，衡平救济是正当的；

（4）公共利益不会因永久禁令的发布而遭到损害。[29]

关于不可挽回的损害，最高法院告诫法院不应认为所有的未将专利付诸实施的专利权人均无法满足上述的四要素标准。最高法院认为，“一些专利权人，例如大学的科研人员或自行研究的发明人可能合理的倾向于许可其专利，而非尽可能融资将其发明推向市场。这样的专利权人是可能满足传统的四要素标准的，我们没有理由否定这些发明人获得禁令救济的机会。”[30]

---

[24] 401 F. 3d 1339（Fed. Cir. 2005）。相反，许多最高法院的法官对商业方法专利更加担忧。见 *eBay*, 547 U. S. at 397（Kennedy 法官持赞同意见）（“对于日益增长的商业方法专利来说禁令救济可能会具有非常不同的结果，这些商业方法在早些时候并不具有很大的经济意义和法律意义。这种专利有效性中潜在的不确定性，可能会影响根据四要素法进行的分析”）。

[25] *eBay*, 547 U. S. at 394.

[26] 同上，at 392。

[27] 同上，at 392－393。

[28] 同上，at 391。

[29] 同上。

[30] 同上，at 393。最高法院的其他成员并不愿意考虑给予未实施其专利的专利权人永久禁令的救济。同前，at 396－397。（Kennedy 法官持赞同意见）（“如果发明创造仅是被控公司试图生产的产品的一小部分，并且禁令的威胁只是在谈判中未尽的手段，那么法定的损害赔偿足以补偿侵权行为造成的损害，并且在这种情况下发布禁令未必对公众有利”）。

由于地区法院和联邦巡回上诉法院都没有正确的运用四要素标准来判断是否发布禁令，最高法院撤销了联邦巡回上诉法院的判决，以使地区法院在一审中就能够重新运用四要素标准。最高法院既没有对本案表明立场，也没有对是否应该对“任何由专利法而产生的纠纷”发布永久性禁令表明立场。㉛ 最高法院认为，“关于授予或否决禁令救济的决定取决于地区法院依据衡平原则作出的自由裁量，这种自由裁量的行使必须与传统的衡平原则一致，并且在专利案件中也要像在其他案件中一样遵循这一标准。”㉜

2. 临时性禁令（preliminary injunctions）

临时性禁令之所以被称为“临时性的”是因为它是在审判前，在对侵权问题进行完整的裁决之前发布的。临时性禁令也被称为中间的（interlocutory）或诉讼期间（*pendente lite*）（未决诉讼）中的禁令。临时性禁令的目的是在可能长达数年的侵权案件得到最终处理以前，通过维持现状来保护各方权利。

临时禁令是一种特殊而非常规的救济，并且只有在专利权人（临时禁令请求人）能够为必要因素提供强有力的证明时，法院才会发布禁令。美国联邦巡回上诉法院案例法列举了以下 4 项地区法院在专利案件中判断是否发布临时性禁令时必须考虑的实质性因素：

i. 合理的胜诉可能性（动议提出人在审判中胜诉）；

ii. 如不发布临时性禁令，是否会给动议提出人造成不可挽回的损害；

iii. 权衡原被告负担，是否更有利于动议提出人；

iv. 如果发布临时禁令将会对公共利益产生的影响。㉝

地区法院必须考虑所有因素，平衡各种影响。任何一个因素都不一定是决定性的。㉞ 但是，前两个因素的确被视为关键性的，如果地区法院发现临时性禁令请求人不能满足这两个因素中的任何一个，那么地区法

㉛ *eBay*, 547 U. S. at 394.

㉜ 同上。

㉝ 见 Nutrition 21 v. United States, 930 F. 2d 867, 869 (Fed. Cir. 1991).

㉞ 见 Smith Int'l Inc. v. Hughes Tool Co., 718 F. 2d 1573, 1579 (Fed. Cir. 1983)。又见 Hybritech, Inc. v. Abbott Labs., 849 F. 2d 1446, 1451 (Fed. Cir. 1988)（认为“临时性禁令的因素需单独考虑，都是非决定性的，但地区法院必须结合其他因素，以及所申请救济的形式与程度，权衡考虑每一项因素”）。

院根本不会对第三个和第四个因素进行分析，就可以直接拒绝发布禁令。[35] 以下将分别讨论上述四个因素。

在程序上，专利权人应向地区法院提出动议，申请针对被控侵权人发布临时性禁令。[36] 法院通常会基于证词进行审理，但是有时候对该动议的裁决也会仅仅基于宣誓书（affidavits）和其他书面证据进行。在两种情况下，都需要事先通知禁令申请所针对的一方。《联邦民事诉讼规则》第65条（a）款规定：没有事先通知不利的一方，不得发布临时性禁令。”该规则第65条（c）款进一步规定，在发布禁令前，提出动议人必须给予保证（security），也就是提出动议人必须支付地区法院认为适当的数额的保证金，如果随后发现针对被控侵权人的禁令是错误的，该保证金可以用来赔偿其所付出的成本和/或遭受的损害。

a. 胜诉可能性

胜诉可能性这一因素通常被认为是临时性禁令四要素中最重要的一个，因为一旦该要素“明确成立”，那么就推定作为第二项要素的不可挽回的损害成立。[37] 为了满足胜诉可能性这一要素，专利权人必须证明在侵权以及专利有效性和可执行性（enforceability）方面胜诉的合理可能性。更具体而言，考虑到审判中的举证责任，专利权人必须能够证明在以下方面存在胜诉的合理可能性：（1）将以优势证据（a preponderance of the evidence）证明侵权成立；（2）被控侵权人将无法以清楚和有说服力的证据证明专利无效或不可执行。[38] 尽管专利权人通常不承担专利有效性和可执行性的举证责任，但“在申请临时性禁令的阶段，由于特殊救济这一性质，专利权人需要承担证明在专利有效性、可执行性以及侵权方面胜诉的可能性的责任”。[39]

---

[35] 见 Reebok Int'l v. J. Baker, Inc., 32 F. 3d 1552, 1556 (Fed. Cir. 1994)（“地区法院在发布临时禁令以前，必须对全部四项因素加以考虑，从而判断提出动议方是否已经履行了证明四因素的责任，当前，由于当事人没有能够证明关键因素中的任一项因素，我们不再要求地区法院在拒绝发布禁令时仍要继续对第三个和第四个因素进行阐述”）。

[36] 专利案件中在提交申请临时禁令的动议之前，有时会申请临时性禁令（temporary retraining order, TRO）。见 Fed. R. Civ. Proc. 65 (b)。

[37] *Smith Int'l*, 718 F. 2d at 1581.

[38] 见 Vehicular Techs. v. Titan Wheel Int'l, Inc., 141 F. 3d 1084, 1088 (Fed. Cir. 1998)（“为了证实胜诉可能性，根据审判中的推定和责任，［专利权人］必须证明：（1）将可能证明［被控侵权人］侵犯了专利权；（2）（专利权人的）侵权断言应该禁得起［被控侵权人］对于专利有效性和可执行性的质疑”）。

[39] Nutrition 21 v. United States, 930 F. 2d 867, 869 (Fed. Cir. 1991).

对于侵权，专利权人/临时禁令动议提出人经常会试图证明被控侵权产品与之前被认定侵犯该专利的其他产品的相似性。至于有效性，如果该专利的有效性在面对其他被告人的质疑时得到了肯定，那么专利权人胜诉机会将大大提高。[40] 专利权人还可以依赖公众对专利有效性的默许，或者关于专利有效性的确凿而直接的技术证据。[41]

b. 不可挽回的损害

专利权人必须证明如果不发布临时性禁令将对其造成不可挽回的损害。早期案例判决认为，只有当被控侵权人可能无力偿债或破产时，才满足此因素。当代的观点并不认为只有当侵权人不能支付损害赔偿金时才满足上述因素；在诉讼进行时允许侵权继续将造成金钱难以弥补的损害的情况也可以满足这个因素。

实际上，如果专利权人“清楚”和“有力的”证明了第一因素——胜诉可能性的成立，法院通常都会推定不可挽回的损害的因素成立。[42] 在联邦巡回上诉法院成立之前，一些法院要求专利权人证明专利有效性和侵权的成立是“无可争议的”，但这一要求很难得以满足。[43] 非常可能是因为法院感知到 USPTO 单方面审查系统的弱点才提出这样的要求。

被控侵权人可以通过证明其已经停止所有侵权行为并且没有计划在将来重新开始侵权行为来否认不可挽回的损害这一因素。在得知侵权行为后，专

---

[40] 尽管在作出有关临时禁令动议的裁决时，先前对于该专利有效性的判决对地区法院并没有约束力，但仍然会被重视。见 Hybritech, Inc. v. Abbott Labs., 849 F. 2d 1446, 1452 (Fed. Cir. 1988)。

[41] 见 *Smith Int'l*, 718 F. 2d at 1578。

[42] 同上 at 1581；又见 Illinois Tool Works, Inc. v. Grip-Pak, Inc., 906 F. 2d 679, 682 (Fed. Cir. 1990)。

[43] 见 Atlas Powder Co. v. Ireco Chems., 773 F. 2d 1230 (Fed. Cir. 1985) (Rich 法官)，在该判决中，法院拒绝在临时性禁令期间采用“无可争议”的标准：

> 专利案件中动议提出人的责任应与其他知识产权案件中的责任没有区别，一般仅仅要求“清楚地证明”……而要求“最终判决”(a final adjudication)、“全面审理”(full trial) 或“不容置疑的”(beyond question) 证据是颁布永久性禁令的支持，要确定侵权人的责任除此以外也没有更多的步骤。但这并非我们所面临的状况。我们处理的是提供衡平法意义上的临时救济的临时性禁令。因此，当专利权人“清楚地证明”了其专利是有效的且侵权成立时，法院在衡量衡平性因素后，可以临时性的禁止其他人侵犯该专利权。

同上，at 1233。

利权人迟迟没有申请颁布临时禁令也会成为否定不可挽回的损害这一因素的理由。[44] 同样，证明专利权人许可他人使用其专利、所得许可费足以弥补专利权人放弃其排他权的证据，可以被用来反驳不可挽回损失的推定。[45]

c. 权衡各方负担并更倾向于动议提出方

临时性禁令是一种严厉措施。被控侵权人必须停止生产的可能是其首要产品或唯一的产品，并将不可避免地造成相关财产和工作方面的损失。一些侵权人甚至由于法院针对专利侵权颁布的临时性禁令而被迫宣布破产。

20 世纪 80 年代，备受瞩目的关于即时显影技术（instant photography）的 *Polaroid v. Kodak* 案[46]中，被控侵权人 Kodak 公司请求地区法院暂缓发出禁令，因为其已向联邦巡回上诉法院提起了上诉。[47] Kodak 公司辩称，如果颁布禁令将使其即时显影业务停产，会造成超过 4 000 多名员工失业和超过 2 亿美元的设备投资损失。[48] 尽管 Kodak 的理由很具有“蛊惑性”，但 Kodak 公司声称的困境并没能说服地区法院在上诉案未决时暂缓发出禁令：“从某种程度上说，Kodak 公司以 Polaroid 的代价换取了成功，其应早已‘估算过’侵犯专利权的‘风险’。”[49] 因此，地区法院认为，如果不颁布禁令，对专利权人 Polaroid 所造成的损害会超过对被控侵权人 Kodak 可能造成的损害。

㊹ 另一方面，

> 知识产权案件中，申请临时性禁令前的延迟期仅是地区法院在对不可避免的损失进行分析时，可以考虑的一个因素。尽管在地区法院的自由裁量范围内，证明存在延迟是很重要的，以至于可以排除对不可挽回损失的认定，作为法律问题，这种延迟并不能排除对不可挽回损失的认定。这种延迟期仅仅是地区法院在对总体情况进行考量时必须考虑的一种情况。

Hybritech, Inc. v. Abbott Labs., 849 F. 2d 1446 (Fed. Cir. 1988).

㊺ 见 Polymer Techs. v. Birdwell, 103 F. 3d 970. 974 (Fed. Cir. 1996)。

㊻ 最终 Kodak 为终结“与 Polaroid 就即时显影技术所进行的长达 10 年的侵权诉讼，赔偿了 Polaroid 9.25 亿美元。这 9.25 亿美元包括 8.73 亿美元的侵权赔偿和 5 200 万美元的利息”。Shawn K. Baldwin 所著文章“*To Promote the Progress of Science and Useful Arts*”: *A Role for Federal Regulation of Intellectual Property as Collateral*, 143 U. Pa. L. Rev. 1701, 1719 n. 92 (1995)（引用了 *Kodak to Pay Polaroid $925 Million to Settle Suit*, WALL ST. J. July 16, 1991, at C13）。

㊼ 见 Polaroid Corp. v. Eastman Kodak Co., 641 F. Supp. 828, 1985 U. S. Dist. LEXIS 15003 (D. Mass. 1985)。

㊽ 同上，at 1985 U. S. Dist. LEXIS 15003, * *5。

㊾ Polaroid Corp. v. Eastman Kodak Co., 641 F. Supp. 828, 1985 U. S. Dist. LEXIS 15003, * *6（引用了 Smith Int'l, Inc. v. Hughes Tool Co., 718 F. 2d 1573, 1581 (Fed. Cir. 1983)）。

由于可能造成的严重后果，地区法院在颁布禁令前必须平衡各方权益。法院必须比较颁布禁令和不颁布禁令所带来的不同影响。如果要颁布禁令，前提应是地区法院在权衡双方利益后认为这样做对专利权人更为有利。

d. 公 共 利 益

最后，公共利益也是地区法院在颁布禁令前所要考虑的因素。与前面的因素一样，法院需要站在双方的立场来权衡公共利益这项因素。确保有效专利的执行往往关系到社会公众的利益；这也是一个强有力的专利制度所代表的对创新的激励。但另一方面，被控侵权人也可能是为公众提供短缺的关键产品的额外渠道。例如，如果专利产品涉及一种对治疗潜在致命性疾病具有突破性疗效的药品，而专利权人无法大量生产。制止作为提供该药品第二来源的侵权人，可能会导致药价飞涨和供应紧张，可能对患者的生命造成重大影响。

第七巡回法院审理的 *City of Milwaukee v. Activated Sludge, Inc.* 案[50]，是一宗少见的出于对公众健康的考虑而拒绝颁布禁令（虽然是永久性的而非临时性的禁令）的案件。在 *Hybritech, Inc. v. Abbott Labs.* 案[51]中，联邦巡回上诉法院维持了地区法院颁布临时性禁令的裁决，该禁令禁止被控侵权人 Abbott 继续销售某种被控侵权产品，但允许 Abbott 继续销售其他两种产品——Abbott 的癌症检测试剂套件和肝炎检测试剂套件。地区法院认为允许继续生产上述两种试剂套件可以更好地为公众利益服务，而联邦巡回上诉法院也没有找到推翻这个观点的依据。[52]

e. 上诉审查标准

根据《美国法典》第 28 编第 1292 条的规定，颁布或拒绝颁布临时性禁令的决定是立即可上诉的（immediately appealable）的中间命令（interlocutory order）。[53] 因为是否颁布禁令是一项衡平法决定（equitable

---

㊿ 69 F. 2d 577 (7th Cir. 1934).

(51) 849 F. 2d 1446, 1458 (Fed. Cir. 1988).

(52) 同上。

(53) 法条规定：

> (a) 除本条（c）款和（d）款规定以外，上诉法院对以下上诉案件具有管辖权：
>
> (1) 美国地区法院……授予、继续、变更、拒绝或者取消禁令的中间命令（interlocutory orders）……或拒绝取消或变更禁令，最高法院可能直接进行复核的禁令除外……

28 U. S. C. §1292。

decision)，上诉法院仅能在地区法院滥用自由裁量权时才会推翻其判决。但是，如果地区法院没有能够充分阐述关于侵权和专利有效性认定的理由，联邦巡回上诉法院还是会毫不犹豫地撤销已经颁布的临时性禁令。[54]

C. 未来侵权行为的持续性许可费（ongoing royalty for future infringements）

在2006最高法院对 *eBay, Inc. v. MercExchange, LLC* 案作出判决后，[55] 地区法院在一些案件中不再颁布永久性禁令（因此允许持续侵权），而是要求侵权人在剩余的专利有效期内为每件侵权产品的销售支付许可费。[56] 例如，*Paice LLC v. Toyota Motor Corp.* 案中，联邦巡回上诉法院就认同了这种类型的救济方式。[57] Paice 拥有并许可了混合动力汽车传动系统的专利，但没有生产或销售任何产品。[58] 尽管陪审团认定，基于等同原则 Toyota 的混合动力汽车确实侵犯了该专利的某些权利要求，但地区法院拒绝了 Paice 对 Toyota 颁布永久性禁令的申请。通过应用 *eBay* 案中的四要素标准，[59] 地区法院认为即便不颁布永久性禁令，也不会对 Paice 许可专利的能力造成不可挽回的损害；法院还认为，相对于 Toyota 整个被控侵权汽车来说，侵权组件只是车子的一部分并且具有相对较低的价值，采用金钱损害赔偿的方式足以弥补损失；法院还认为，权衡双方的负担后认为这么做对 Toyota 有利。[60] 地区法院没有颁布永久性禁令，而

---

[54] 见例如 Oakley, Inc. v. Int'l Tropic-Cal, Inc., 923 F. 2d 167, 168 (Fed. Cir. 1991)（认为地区法院的判决是如此的具有局限性并且武断，使得上诉法院无法进行有意义的审查）。

[55] 547 U. S. 388 (2006).

[56] 见例如 Voda v. Cordis Corp., 536 F. 3d 1311, 1329 (Fed. Cir. 2008)（维持了地区法院拒绝获胜专利权人申请永久性禁令的决定，不同意专利权人宣称若不颁布永久性禁令将对其独占性许可人造成难以挽回损失的观点）；Paice LLC v. Toyota Motor Corp., 504 F. 3d 1293, 1313 - 1315 (Fed. Cir. 2007)（认同地区法院拒绝颁布永久性禁令的决定，但将该案发回，要求地区法院重新评价持续性许可费的金额）。

[57] 504 F. 3d 1293 (Fed. Cir. 2007).

[58] 见同上，at 1302 - 1303（讨论了 Paice 许可业务，并发现 "Paice 实际上没有生产任何产品"）。

[59] 见 eBay, 547 U. S. at 391（列出了专利权人申请永久性禁令必须满足的条件：(1) 其已经遭受不可挽回的损失；(2) 法律上的救济方式，例如金钱损害赔偿，无法充分补偿该损失；(3) 在权衡原被告的负担后，衡平救济是正当的；(4) 公共利益不会因禁令的颁布而遭到损害"）。

[60] 见 *Paice LLC*, 504 F. 3d, at 1302 - 1303。

是依职权判处在 Paice 专利剩下的有效期内，Toyota 每售出一辆侵权汽车需支付 25 美元的持续许可费。法院判处的 25 美元/车的持续许可费率与陪审团对既往侵权判处的合理许可费赔偿费率相同。[61]

联邦巡回上诉法院原则上没有驳回地区法院对持续许可费的判决，但仍然要求重新审理该案，因为地区法院没有解释 25 美元/车的持续许可费的判决是如何得出的。联邦巡回上诉法院认为在某些情况下，包括专利侵权或违反反垄断法的情况，以持续许可费代替禁令可能更为合适。但这种救济方式不应是“理所当然的”。[62] “在大部分案件中，如果确定永久性禁令并不正当……在判处**持续性许可费**前，法院应该允许双方进行谈判，就未来对该专利发明创造的使用达成许可协议。如果双方不能达成一致，地区法院才能介入，并根据持续侵权情况判处合理的许可费。”[63] 而不是像本案这样直接依职权作出决定。

一些联邦巡回上诉法院的法官认为，*Paice LLC* 案中对持续性许可费的判处应被认为是一项“强制许可”，至少因为双方在事前并没有机会就持续性许可费数额进行磋商。一般而言，强制许可是一种强迫性许可（而非主动许可），也就是说，是政府违背专利权人意志而发出的许可。美国专利法制度历来都非常不赞成强制许可的普遍适用。例如，联邦巡回上诉法院的 Rader 法官认为，“许可费作为排他性权利的替代性救济可能会带来很多不好的影响，为了避免这些不良影响，一审法院的自由裁量权不能过度延伸以至于剥夺双方自行约定许可费条件的正当机会。在给予了双方上述机会的前提下，持续性许可费才是真正的持续性许可费，而不是强制许可。”[64]

其他的联邦巡回上诉法院的法官持不同意见，认为像 *Paice LLC* 案中

---

[61] 同上，at 1303（陪审团判处的合理许可费率“约为 25 美元/被控汽车”）。

[62] 同上，at 314 – 1315。

[63] 同上，at 1315。In *Amado v. Microsoft Corp.*, 517 F. 3d 1353 (Fed. Cir. 2008)，联邦巡回上诉法院指出，“针对判决前侵权的合理许可费和针对判决后侵权的损害赔偿有着根本的区别……判决前，侵权责任和专利的有效性还不能肯定，损害赔偿是在不确定的前提下计算的。然而，一旦对有效性和侵权与否作出认定，由于涉及不同的经济因素，对赔偿的算法也就明显不同了。”同前，at 1361 – 1362。

[64] *Paice LLC*, 504 F. 3d at 1316 (Rader 法官持赞同意见)。在 *Atlas Powder Co. v. Ireco Chems.*, 773 F. 2d 1230 (Fed. Cir. 1985) (Rich 法官)，联邦巡回上诉法院维持了地区法院颁布临时性禁令的决定，并认为“如果金钱救济是专利法能负担的唯一救济方式，那么禁令将变得不必要，并且侵权人在诉讼期间将成为强制许可的被许可人”。同前，at 1233。

的持续性许可费和强制许可是不同的。[65] 美国联邦法院可以针对某一被认定侵权人（例如 *Paice LLC* 案中的 Toyota）判处持续性许可费，而国际上对强制许可的理解是，对于任何经国家专利授权机构认定，符合法律或法规情况的任何申请人都可以适用。与美国不同的是，许多其他国家已经实施了相关法律框架，允许国内生产者基于公共健康危机的理由向国家专利管理部门申请强制许可。[66] TRIPS 协定允许 WTO 成员在特定条件下授予强制许可。[67]

D. 过往侵权损害赔偿

1. 引　　言

除禁令之外，专利侵权救济的另一个重要形式是根据专利权人所受侵权损害而确定的金钱补偿。《美国专利法》第 284 条的标题就是“损害赔偿”，其规定：

> 在认定侵权的前提下，法院应判处侵权人支付专利权人足以弥补侵权损害的赔偿，但是在任何情况下该赔偿数目不得少于侵权人使用该发明的合理许可费，同时还要包括法院判定的利息和成本。
>
> 如果陪审团没有作出损害赔偿决定，法院应进行评估。无论哪种情况，法院均可以将陪审团决定的或法庭评估的损害赔偿额提高至 3 倍。本款增加赔偿额的规定不适用于《美国专利法》第 154 条（d）款规定的临时权利（provisional rights）。
>
> 法院可以接受专家证词作为确定损害赔偿的辅助信息，或作为在当时的情况下确定合理许可费的辅助信息。[68]

---

[65] *Paice LLC*, 504 F. 3d at 1313 n. 13（Prost 法官主笔的多数意见）（利用“持续性许可费”一词来“区分衡平法救济和强制许可。”）*Paice LLC* 案中多数意见认为，“‘强制许可’一词意味着满足一定标准的任何人均可以由国会授权使用被许可的专利”，例如美国《版权法》第 115 条规定的音乐作品的“机械性”许可。见 *Paice LLC*, 504 F. 3d at 1313 n. 13。“与之相反，在此有争议的持续性许可费命令仅限于特定的被告；法院发出的该命令中并没有默示授权其他汽车制造商可以效仿 Toyota 使用涉案专利发明创造。”同前。

[66] 见例如，《印度专利法》（1970）（2005 年修订）§ § 83 - 92A。

[67] 见 TRIPS art. 31。有关强制许可的更多讨论，见本书第 12 章 D 部分（“TRIPS 协定”）。

[68] 《美国专利法》第 284 条。

《美国专利法》第284条(a)款的关键语“足以弥补侵权损害的赔偿”是许多判例法阐释的主题。该法条并没有解释如何判定是“足够的”赔偿，只规定了“足够的”赔偿不得低于“合理的许可费”(下文将另行介绍)。地区法院“有很大的自由度选择他们认为符合案件证据的补偿方式”。[69] 然而，联邦巡回上诉法院也一直毫不犹豫地纠正他们认为是错误的经济评估。自1982年联邦巡回上诉法院创建以来，他们已经发展出了一套对专利侵权损害赔偿进行评估的详细理论。

损害赔偿基本分为两类：补偿性(compensatory)和加重性(enhanced)。以下分别讨论。简单地讲，补偿性损害赔偿就是为弥补专利权人因侵权而遭受的金钱损失的补偿。[70] 加重损害赔偿具有惩罚的性质，旨在惩罚被控侵权人的故意行为。因而加重赔偿不能用于补偿目的，其只能作为“对侵权人增加罪责即故意侵权或恶意的惩罚。”[71]

在专利侵权诉讼中，“确定损害赔偿的数额并不是一门精确的科学，地区法院在评估和计算损害赔偿方法方面具有自由裁量权。”[72] 而联邦巡回上诉法院的立场则是任何对于损害赔偿数额的疑虑都应从侵权者是违法方的角度出发来解决。[73]

2. 补偿性赔偿

美国联邦巡回上诉法院给补偿性损害赔偿设定的基本目标：将专利权人置于一个假设没有发生侵权的状况。用专利损害赔偿的专业术语来

---

[69] Paul M. Janicke 所著 *Contemporary Issues v. Patent Damages*, 42 Am. U. L. Rev. 691, 697 (1993)。Janicke 教授的文章是全方位论述专利侵权损害赔偿的宝贵资源。又见 Robert S. Frank, Jr. and Denis W. DeFranco 所著 *Patent Infringement Damages: A Brief Summary*, 10 Fed. Cir. B. J. 281 (2000)。

[70] 见 Birdsall v. Coolidge, 93 U. S. 64, 68-69 (1876) (解释了当专利权人“在法律上”针对侵权行为提起诉讼时[在普通法院和衡平法院合并以前]，“专利权人有权获得为弥补因侵权产生的金钱损害的赔偿，无论被告实施违法行为的结果是盈利还是亏损，——衡量损害赔偿的标准不是被告人的获利情况，而是原告的损失情况”)。

[71] 见 Beatrice Foods Co. v. New England Printing & Lithographing Co., 923 F. 2d 1576, 1579 (Fed. Cir. 1991) (“不能采用加重损害赔偿来额外补偿专利权人以此调整地区法院认为实际判处的损害补偿的不足”)。

[72] State Indus., Inc. v. Mor-Flo Indus., Inc., 883 F. 2d 1573, 1576-1577 (Fed. Cir. 1989).

[73] 见 Kalman v. Berlyn Corp., 914 F. 2d 1473, 1482 (Fed. Cir. 1990)。

说，上述状况指的是假想让专利权人恢复到“要不是的情况”（but for world）。[74] 换句话说，美国专利法试图将专利权人的财政状况恢复到“要不是”（but for）被侵权的状况。[75]

与著作权侵权不同的是，美国专利法没有规定具有一定金额范围的“法定赔偿”。[76] 专利权人所获得的补偿性损害赔偿的数额必须是基于个案的事实来确定。计算补偿性的美国专利侵权损害赔偿有两个基本的分析方法：利润损失（lost profits）与合理的许可费（reasonable royalty），[77] 分别介绍如下。

a. 利润损失（compensatory damages）

根据利润损失理论来计算损害赔偿额的目的是，对因侵权产品瓜分了市场份额，从而使专利权人失去了应得的利润进行估算。其中的关键问题在于：专利权人要证明其失去的利润与侵权产品的销售存在着因果联系——侵权是造成专利权人失去利润的原因，而不是由于其他的原因，

---

[74] 见 Grain Processing Corp. v. American Maize-Prods. Co., 185 F. 3d 1341, 1350（Fed. Cir. 1999）（“在本法院认可下，初审法院一直允许专利权人使用市场重建理论来展示在‘要不是状况’中专利权人的状况会优于现状的各种途径，并据此以各种形式收回所损失的利润”）。

[75] 见 Aro Mfg. Co. v. Convertible Top Replacement Co., 377 U. S. 476. 507（1964）（将“损害赔偿”定义为侵权后专利权人的财政状况与如果侵权没有发生的话专利权人的财政状况之间的差异）。

[76] 对比 17 U. S. C. § 504（c）（2008）（规定著作权人可以选择对侵权行为要求 750 ~ 30 000 美元的法定赔偿（如果是故意侵权可高达 150 000 美元），而不必提供其实际损益的数额。）

[77] 历史上，除损害赔偿以外还存在其他补偿方法：侵权人利润的衡平计算（an equitable accounting of the infringer's profits），有时仅称“利润”，但这里指的是被控侵权人的利润。（不同于专利权人损失的利润——一种损害赔偿形式，见本章 D. 2. a 部分）。这种计算的基础是被告应交出由侵权销售所获得利润（disgorgement of the profits）（违法所得）的理论。1946 年美国国会取消了针对发明专利侵权的衡平计费救济法。见 *Aro Mfg.*, 377 U. S. at 505。

尽管不再采用被告非法所得利润作为计算发明专利侵权损害赔偿的基础，但《美国专利法》第 289 条仍然规定该方法适用于外观设计专利侵权损害赔偿的计算：

> 任何人在外观设计专利权存续期间内，未经专利权人许可：（1）以销售为目在任何产品上应用已获准专利的设计，或效仿已获准专利的设计；（2）销售或以销售为目的展示应用了该外观设计或效仿该设计的产品，在任何具有管辖权的美国地区法院提起的针对上述行为的诉讼中，应就其全部获利对专利权人负损害赔偿责任，并不得少于 250 美元。本条的规定，不应妨碍、减少或排除权利被侵害的专利权人依本法可获得的其他救济途径，但亦不得重复获得专利侵权损害赔偿。

比如非侵权替代性产品的出现。专利权人对确定因果关系负有举证责任，换句话说，专利权人必须证明“要不是”由于该侵权行为的发生，专利权人将能通过销售获得其所要求赔偿的利润损失额。[78]

下面举一个简单的例子以便理解利润损失的计算。假设专利权人花费5美元生产一种获得专利的部件，并以25美元的价格进行销售，那么每个部件的净利润是20美元。进一步假设侵权人销售了100个侵权部件。如果专利权人能够证明要不是因为发生侵权，专利权人能够并且将会销售出上述100个额外部件，那么专利权人的利润损失计算结果就是20美元×100个，或2 000美元。[79]

（1）*Panduit* 分析法

在经典的 *Panduit Corp. v. Stahlin Bros. Fibre Works, Inc.* 案[80]中，提出了专利权人必须证明以下要素才能基于利润损失来获得损害赔偿：

> 为获得要不是发生侵权行为就可以取得的销售利润作为损害赔偿，即侵权人的销售额，专利权人必须证明：（1）对专利产品的需求；（2）不存在可接受的非侵权替代品；（3）其满足该需求的制造及市场销售能力；（4）其本应获得的利润额……[81]

下面分别对各个要素进行介绍。

（i）对专利产品的需求

Panduit 分析法中的第一个要素：“对专利产品的需求”通常是根据存在侵权事实推定成立。美国联邦巡回上诉法院认为，含有专利特征的侵权产品“可观的销售数量”，本身就是对专利产品需求的“强有力证据”。[82] 根据这样的分析，侵权者的销售事实必然意味着，有买家需要这

---

[78] 见 Water Techs. Corp. v. Calco, Ltd., 850 F. 2d 660, 671 (Fed. Cir. 1988)。

[79] 在这种情况下对专利权人利润损失的一种更有力分析对专利权人的固定成本和可变成本加以了区分。如下所述，利润损失的计算必须采用增加收入法，并将专利权人固定成本，也就是那部分不随产量的增加而变化的成本，例如管理层的工资、财产税和保险排除在外。见 Paper Converting Mach. Co. v. MagnaGraphics Corp., 745 F. 2d 11, 22 (Fed. Cir. 1984)。

[80] 575 F. 2d 1152 (6th Cir. 1978)（首席法官 Markey 被选派出席）。

[81] 同上，at 1156。

[82] 见 Gyromat Corp. v. Champion Spark Plug Co., 735 F. 2d 549, 552 (Fed. Cir. 1984)。

种产品并且愿意支付侵权者的定价。[83]

(ii) 不存在可接受的非侵权替代品

Panduit 分析法的第二个要素确保了因果关系，即专利权人所失去的销售量是由于侵权者的侵权（由于发生了侵权，本应是专利权人的销售量转变成了侵权人的销售量）导致，而不是由于消费者购买了第三方的非侵权替代性产品。对利润损失的确定并不能凭空推测，专利权人的举证责任在于，必须证明要不是因为侵权产品则侵权人的销售量应该是属于专利权人的合理可能性。[84] 证明 *Panduit* 分析法的第二个要素，并且判断什么是“可接受的非侵权替代”构成了专利诉讼中确定利润损失主要争议点。

例如，在旷日持久的关于 Polaroid 公司即时显影专利侵权的 *Polaroid Corp. v. Eastman Kodak Co.* 一案[85]中，Polaroid 要求赔偿其利润损失。被控侵权人 Kodak 抗辩称 Polaroid 所主张的利润损失并不存在，理由是传统照相技术（非即时显影技术）是可接受的非侵权替代品。但是地区法院并没有接受这一观点，认定即时显影技术在相片市场占有独特的位置，消费者对于照片可以立即冲印出来的这种独特的“即时感受”存在需求。[86] 因此，法院认为 *Panduit* 分析法的第二个要素得到了满足，并且认定存在利润损失。

联邦法院对“非侵权替代品”的定义随着时间的推移而发生了变化。在其早期的判决中，法院要求可接受的非侵权替代品应具有专利产品全部的优点或有益特征。[87] 但是很难想象一项真正的非侵权替代品如何才能满足上述条件。

最近，联邦巡回上诉法院着重考虑所提出的替代商品是否和专利产品“针对相同消费群体在相同市场上竞争”。这种分析考虑了价格和产品的特征，并需要对“相关市场”（relevant market）进行谨慎的定义。审

---

[83] 735 F. 2d 549, 552 (Fed. Cir. 1984).

[84] 见 Bic Leisure Prods., Inc. v. Windsurfing, Int'l, 1 F. 3d 1214, 1218 (Fed. Cir. 1993)。

[85] 见 Polaroid Corp. v. Eastman Kodak Co., 1990 U.S. Dist. LEXIS 17968, *2 (D. Mass. 1990)（双方“被锁定在长达 14 年的苦涩、顽强、令人筋疲力尽和昂贵的诉讼之中”）。

[86] 同上，1990 U.S. Dist. LEXIS 17968 at *36 - *42（认为在侵权期间传统照相技术并非即时成像技术的可接受的替代品）。

[87] 见 TWM Mfg. Co. v. Dura Corp., 789 F. 2d 895, 901 - 902 (Fed. Cir. 1986)。

理 *Bic Leisure Prods.*, *Inc. v. Windsurfing*, *Int'l* 案[88]的法院对 *Panduit* 分析法的第二个要素阐述如下：

> *Panduit* 分析法的第二个要素——没有可接受的非侵权替代物——假定专利权人和侵权人在同一市场销售：
>
> 基本相同的产品。在橡胶市场上，为了被侵权人所针对的消费群体接受，所宣称的替代物的"价格不应明显高于专利产品或替代物不应具有显著区别于专利产品的特性"。*Kaufman Co. v. Lantech*, *Inc.*, 926 F. 2d 1136, 1142 (Fed. Cir. 1991)。
>
> 例如在 *Kaufman* 案中，专利权人和侵权人所销售的是基本相同的产品。*Kaufman*, 926 F. 2d at 1143。因此，可以妥善适用 *Panduit* 分析法的第二个要素，以确保所提出的任何替代物是与侵权产品在相同市场里竞争，并且针对的是相同的消费群体。见 Yarway Corp. v. EurControl USA, Inc., 775 F. 2d 268, 276 (Fed. Cir. 1985)（替代产品既不具有专利产品和侵权产品的特征，也不在相同的"专门的小领域（special niche）或小市场上"参与竞争）。[89]

联邦巡回上诉法院认为，"消费者的需求定义了相关市场和产品间的相对可替换性……影响需求的重要因素包括，消费者对于专利产品的使用意图，专利产品和宣称的竞争产品在结构和功能属性上的相似性，还有价格。"[90]

可接受的非侵权替代品是否必须在侵害行为发生时已经上市销售？在 *Grain Processing Corp. v. American MaizeProds. Co.* 案[91]中，联邦巡回上诉法院的回答是否定的。被控侵权人具备了制造和销售替代产品的能力，但是因为经济上的考虑[92]没有制造和销售该产品。在这种情况下，联邦巡

---

[88] 1 F. 3d 1214 (Fed. Cir. 1993).

[89] 同上，at 1219。

[90] Grain Processing Corp. v. American MaizeProds. Co., 185 F. 3d 1341, 1355 (Fed. Cir. 1999).

[91] 同上，at 1341。

[92] 同上，at 1353 - 1355（支持地区法院的观点，认为被控侵权人"事实上拥有必要的化学原料、工具设备、技术诀窍、经验，以及整个计费期间制造［替代产品］的经济诱因"）；同前，at 1354（赞同一审法院的看法，认为整个计费期间被控侵权人没有使用替代方法的"唯一原因"是出于经济考虑；即替代物在一定程度上比被控侵权产品贵，被控侵权人"合理的认为其拥有非侵权产品"）。

回上诉法院认为，即使该产品在侵权行为发生时并未制造或许诺销售，但仍然是“存在的”。因此 *Grain Processing* 案的主张是，如果侵权人在侵权行为发生时得知已发生侵权，在重新构建“要不是”（but for）状况时必须考虑侵权人本可以提供的非侵权替代品。[93]

尽管 *Grain Processing* 案似乎提高了被控侵权人基于利润损失理论而逃避损害赔偿的能力，但可接受的非侵权替代物的存在并不会阻止专利权人获得任何对利润损失的弥补。虽然传统 *Panduit* 分析法最适合只有专利权人与侵权人的二供应商市场（two - supplier market）上(其中合理假设（要不是侵权发生）专利权人可以将侵权人的销售量转变为自己的销售量)，但后来的判决中指出，*Panduit* 分析法可以调整为适用于不仅包含专利权人和侵权人，还包含更多供应源的多供应商市场。在 *State Indus.*, *Inc. v. Mor - Flo Indus.*, *Inc.* 案[94]中，联邦巡回上诉法院认可了“市场份额”分析法（“market share” approach)，该方法允许专利权人以其在存在多提供商市场的占有率证据来取代满足 *Panduit* 分析法的第二个要素，即不存在可接受的非侵权替代物的证据。[95] 因此，严格的适用 *Panduit* 分析法并不是确定利润损失赔偿金数量的唯一方法。[96]

（iii）生产能力和市场销售能力

---

[93] 185 F. 3d 1350 - 1351（Fed. Cir. 1999）：

> 同样，要公平准确的重构“要不是”市场还必须考虑，如果侵权人没有实施侵权行为，其可能会采取的相关替代性行为。如果没有侵权产品，理性的潜在侵权人可能会提供可以接受的非侵权替代物，如果有的话，与专利权人竞争而不是将整个市场拱手相让。在“要不是”市场中的竞争者在面对专利时，如果可以以其他合法的方式展开竞争，是不太可能让出其市场份额的。另外，如果通过比较专利发明创造与仅次于它(nextbest）的可获得的替代物（无论侵权期间是否实际生产和销售了该替代物）法院就能够了解专利权人独占权的市场价值及其预期的利润和收入的话，侵权人的行为就不会阻止专利权人充分利用其权利而取得经济上的收益……因此，对假定“要不是”市场的准确重构应将任何对侵权人来说是可获得的替代物考虑在内。

[94] 883 F. 2d 1573（Fed. Cir. 1989）.

[95] 见 Bic Leiure Prods. v. Windsurfing, Int'l. 1 F. 3d 1214, 1219（Fed. Cir. 1993）。根据市场份额分析法，专利权人应该基于对应其市场份额的侵权销售获得利润损失赔偿，并且就余下的侵权销售获得合理的许可费赔偿。见 Atlantic Thermoplastics Co. v. Faytex Corp., 5 F. 3d 1477, 1481（Fed. Cir. 1993）。

[96] 见 Rite - Hite Corp. v. Kelley Co., 56 F. 3d 1538, 1545（Fed. Cir. 1995）（全席审判）。

Panduit 分析法的第三个要素是满足市场需求的能力，即要求赔偿利润损失的专利权人必须证明其具有或可以获得生产有争议的产品销量的能力，也就是具有生产专利权人自己和侵权产品销量的能力。[97] 专利权人能满足该因素不仅依赖其本身的生产能力，还依赖于其潜在的许可和外包生产能力。[98]

(iv) 利　益　额

Panduit 分析法最后一个要素是利益损失的数额，必须采用增量收入法来计算，并且将将专利权人固定成本即不随产量增加而变化的费用，例如管理层工资、财产税和保险排除在外。[99] 因此，利益损失数额的精确计算公式如下：

利润损失数额 = 收入损失 − 增量成本

其中，

收入损失总额 = 要不是因为发生侵权专利权人能够额外销售的产品数量，乘以专利权人的历史售价（即在侵害行为发生前的售价，使得原告的利益不会因为被告侵权行为对价格的影响而受到损害）；以及

增量成本 = 不固定成本，而不是由原告本身销售所负担的、不会随着侵权程度发生变化的固定成本，例如管理层工资、研发费用等。[100]

(2) *Rite-Hite* 案产生的扩张（*Rite-Hite* Expansion）

自联邦巡回上诉法院 1982 年成立以来，其审理损害赔偿案件的趋势是更宽泛的接受"足以弥补侵权损害的赔偿"这一新理论。[101] 象征着这种扩张的案件是 1995 年联邦巡回上诉法院全席审判的 *Rite-Hite Corp. v.*

---

[97] 见 Datascope Corp. v. SMEC, Inc., 879 F. 2d 820, 825 (Fed. Cir. 1989)（"专利权人必须有能力满足的市场需求是依据总销售量来衡量的，也就是专利权人和侵权人销售专利产品的销量"）。

[98] 见 Bio - Rad Lab. v. Nicolet Instrument Corp., 739 F. 2d 604, 616 (Fed. Cir. 1984); Gyromat Corp. v. Champion Spark Plug Co., 735 F. 2d 549, 554 (Fed. Cir. 1984)。

[99] 见 Paper Converting Machine Co. v. Magna - Graphics Corp., 745 F. 2d 11, 22 (Fed. Cir. 1984)。

[100] 见 Donald S. Chisum et al. 所著 Principles of Patentability 1233 n. 8 (2d ed. 2001)。

[101] 《美国专利法》第 284 条。

Kelley Co. 案。[102] 在此案前，联邦巡回上诉法院判决认为利润损失赔偿应基于被侵权专利所覆盖的产品的被瓜分的销售量（diverted sales）。换言之，基本的分析假设是侵权人的销售量对应于原告损失的专利产品销售量。而在 *Rite-Hite* 案中，联邦巡回上诉法院对损害赔偿规则进行了扩张，认为只要专利权人能够确立因果关系，就可以基于与侵权产品竞争的非专利产品（或争议专利以外专利涉及的产品）所损失的销售量导致的利润损失要求赔偿。

Rite-Hite 案的事实如下：涉案的 Rite-Hite 专利是一种将卡车固定在装卸码头的手动安全固定装置，产品名称为 MDL－55，每个售价约为 500 美元。Rite－Hite 公司还销售具有相同功能的自动安全装置专利，产品名称为 ADL－100，每个售价为 1 000 ~ 1 500 美元。虽然 ADL 也是一项美国专利的客体，但它并没有被涉案专利覆盖，因此在本案中被视为"非专利"产品。[103] 但是，ADL 装置和 Kelley 的被控侵权"Truk Stop"产品之间是直接竞争关系。

联邦巡回上诉法院已确认 Kelley 对于 Rite-Hite 公司专利的手动 MDL 装置的侵权责任，但此案的损害赔偿问题尚未判决。地区法院认定 Kelley 销售了 3 825 台侵权的"Truk Stop"设备，造成专利权人 Rite-Hite 公司损失了：（1）80 台专利手动 MDL－55 装置；（2）3 243 台非专利 ADL－100 装置；（3）1 692 台通常附随 MDL－55 或 ADL－100 销售的"码头升降机"（dock levelers）的销售量。[104] 地区法院依据这三种产品销售量的损失确定了 Rite-Hite 公司利润损失。

Kelley 公司提起上诉，并辩称即使假设 *Panduit* 要素得到了满足，作为一个法律问题，原告的利润损失范围应局限于专利产品的销售量损失。也就是说，Kelley 公司认为利润损失赔偿仅仅是对专利产品销售量损失的弥补。

联邦巡回上诉法院并不这样认为。地区法院认为，尽管没有被涉案专利覆盖，非专利自动 ADL－100 装置销售量损失应计算在利润损失赔偿

---

[102] 56 F. 3d 1538（Fed. Cir. 1995）（全席审判）。

[103] 见同上，at 1543。

[104] 联邦巡回上诉法院维持了基于 ADL 销售量的损失而确定的利润损失赔偿，但认为根据下面将要讨论的"整体市场价值规则"（entire market value rule），Rite-Hite 公司不能获得码头升降器（dock levelers）销售量减少所导致的利润损失的赔偿。同前，at 1549－1551。

之内。[105] 联邦巡回上诉法院的多数法官维持了这一决定。联邦巡回上诉法院根据基于民事侵权理论的近因（proximate cause）（“法律上的”或主要或决定性原因）[106]，以及合理预见（reasonable forseeability）原则，认定对APL销售量损失是可以主张赔偿的。法院扩张性的主张，在专利案件中“如果在宽泛定义的相关市场上，侵权的竞争对手预见或本可以预见特定的损害，如果不存在具有说服力的反对理由，这种损害通常是可以获得赔偿的。”[107]

联邦巡回上诉法院认为，Kelley的被控侵权设备是原告非专利产品ADL-100在市场上的直接竞争对手。考虑到市场上这种竞争状况，Kelley公司理应预见其侵权行为不只会造成专利产品MDL销售量减少，连带地也会影响到非专利产品ADL-100的销售量。法院认为这不同于那些因果关系很远而不能获得赔偿的损失类型，例如“由侵权间接引起发明人心脏病发作或专利权人公司的股票下跌……”[108]

Helen Nies法官（随后首席法官Archer、Mayer法官和高级法官Smith也加入评论）提出了一项非常全面的异议论点，“要形成可获得利润损失赔偿的法律意义上的伤害，侵权人必须对专利权人体现涉案发明创造的产品市场独占财产权造成了侵害。但专利权人的财产权不能延伸到那些没有受到涉案专利保护的其他产品的市场上。”[109] Nies法官进一步指出，Kelley公司在Rite-Hite公司专利授权两年前已开始销售“Truk Stop”设备。[110] 因此，Kelley公司不可能“预见”其会侵犯尚未授权的专利，并且其与ADL的合法竞争会演变为侵犯涉案专利的可赔偿损害。

b. 整体的市场价值规则（entire market value rule）/附随销售（convoyed sales）

对于那些一般与专利产品一起销售的附属产品，专利权人通常也会主张因侵权导致利润损失的损害赔偿。这些附属产品被称为“伴随销售”（tag-along sales）或“附随销售”（convoyed sales）产品。例如，专利剃

---

[105] 56 F. 3d 1544-1549（Fed. Cir. 1995）（全席审判）。
[106] 同上，at 1546。
[107] 同上。
[108] 同上。
[109] 同上，at 1556（Nies法官持部分异议意见）。
[110] 同上，at 1571。

刀生产商可能会宣称购买该剃刀的消费者也经常会购买专利权人销售的刀片配合剃刀使用。

在上面讨论的 *Rite-Hite* 案中,[111] 联邦巡回上诉法院对专利权人是否能基于“码头升降机”被瓜分的销售量导致的利润损失获得赔偿进行了分析,这种“码头升降机”是非专利产品,但常常作为专利权人 MDL 和 ADL 装置的附属产品出售。[112] 法院依据一种被称为“整体市场价值规则”(entire market value rule) 的案例法规则对上述损害赔偿的可行性进行了分析。[113] 在先判例指出,“如果专利设备非常重要,并在实质上创造了其组成部件的价值”,那么对该专利设备组成部件的侵害就可以得到补偿。[114] 在先判例还允许基于专利权人整个设备的价值来判断是否可以获得损害赔偿,这整个设备包含了作为“消费者需求基础”的专利特征。[115] 法院认为,整体的市场价值规则“典型的适用于当非专利配件和专利配件是同一机器的组成部分时,非专利部件内可以获得损害赔偿的范畴的情况”,并指出该规则“已经延伸运用于通常与专利部件一同销售但客观上分立的非专利部件”。[116] *Rite-Hite* 案多数法官认为,在这些案件中,“非专利部件和专利部件被视为一件集成设备的部件或一台完整机器的组成部分,或者说它们在功能上构成了一体。”[117]

基于上述判例,联邦巡回上诉法院在 *Rite-Hite* 案中将整体市场价值规则总结如下:

> 在先案例的事实清楚地表明了对于为那些与专利部件一起销售的非专利部件要求损害赔偿的限制,即非专利部件必须以某种方式与专利部件一起发挥功效,从而产生所期待的最终产品或结果。所有这些部件一起必须类似于一个集成设备的部件或是一台完整机器的组成部分,或者说它们在功能上必须是一

[111] Rite-Hite Corp. v. Kelley Co. , 56 F. 3d 1538 (Fed. Cir. 1995)(全席审判).

[112] 码头升降机被描述为“与固定装置一起销售的连接平台,用于将车辆的边缘和码头连在一起”见 56 F. 3d 1543 (Fed. Cir. 1995)(全席审判)。

[113] 同上, at 1549。

[114] 同上。

[115] 同上。

[116] 同上, at 1550。

[117] 同上。

> 体的。在先案例并未将损害赔偿的法律责任延伸至包括那些与专利发明创造基本上没有功能关系的产品，以及那些仅仅是因为便利或商业利益才与侵权设备一同销售的产品。我们并不认为应该将损害赔偿法律责任延伸到那种程度。针对那样的产品的损害赔偿超出了“足以弥补侵权损害的赔偿”范畴。[118]

将上述规则应用于本案事实可知，专利权人 Rite-Hite 不能基于码头升降机被瓜分的销售量而获得损害赔偿。[119] 尽管码头升降机可以与 Rite-Hite 的 MDL 和 ADL 固定装置一同使用，“但它们并没有共同发生功效以产生同一结果，它们可以各自独立的被使用。”[120] 联邦巡回上诉法院的结论是，Rite-Hite 将码头升降机与固定装置一起销售“是基于营销原因，而非必须一起发挥功效”。[121] 因此，码头升降机的销售损失无法作为利润损失获得赔偿。

与 *Rite-Hite* 案不同的是，*Juicy Whip*, *Inc. v. Orange Bang*, *Inc.* 案[122]中附属产品销售量的损失就被纳入了利润损失范畴。涉案专利要求保护的发明创造涉及一种便利店常见的冷饮自动售货机。地区法院拒绝了专利权人主张的售货机中调味果汁销量损失属于利润损失范畴的观点。在上诉中，联邦巡回上诉法院推翻了地区法院的判决。上诉法院认为 *Rite-Hite* 案阐述的整体市场价值规则适用于与专利产品在物理上分离但在功能上一体的部件的销量损失。与 *Rite-Hite* 案中的码头升降机不同，*Juicy Whip* 案中的果汁和售货机一同销售并非“仅出于便利或商业利益”；而是因为“售货机需要果汁，且果汁在售货机中进行混合”。地区法院错误地认为由于售货机有时与果汁分开销售，且其他果汁也可用于 *Juicy Whip* 的售货机中，因此专利售货机和果汁不具有功能性关系。联邦巡回上诉法院澄清道，“专利设备和用于专利设备的非专利材料之间的功能性关系不因该设备可与其他材料一同使用或非专利材料可与其他设备一同使用而被排除。”[123]

---

[118] 56 F. 3d 1550 (Fed. Cir. 1995)（全席审判）。

[119] 同上，at 1551。

[120] 同上。

[121] 同上。

[122] 382 F. 3d 1367 (Fed. Cir. 2004).

[123] 同上，at 1372。

c. 合理的许可费

当无法证明利润损失时，[124] 专利权人有权基于合理许可费理论获得赔偿。所谓合理许可费，是指"以商业为目的的试图制造或销售专利产品的人愿意支付的许可费，同时还能够通过在市场上制造或销售该专利产品获得合理利润"。[125] 正如前面提及的《美国专利法》第 284 条规定合理的许可费是损害赔偿的最低标准。[126]

下面举一个基于合理许可费计算损害赔偿的简单例子。在某个部件行业中标准的专利许可费是每售出一个部件需付 5 美元许可费。如果未经许可的被告销售了 100 个侵权部件，则需向专利权人支付侵权销售的合理许可费损害赔偿为 5 × 100 美元，即 500 美元。

（1）假想谈判（hypothetical negotiation）

在很多案件中，并不存在基于行业标准费率或专利权人进行的大量在先许可而得到的"现存许可费标准"。在这种情况下，地区法院必须根据《美国专利法》第 284 条判断怎样的许可费率才是"合理的"。

计算合理许可费的关键因素在于，必须要立足于侵权行为发生的时间。[127] 地区法院必须确定专利权人在了解专利有效并且被侵权的前提下，可能接受的许可费率。要想达到上述目的，法院就要建立在"愿意谈判的许可人"和"有意谈判的被许可人"之间的"假想谈判"，并且在这种"假想谈判"的基础上，估计双方可能达成一致的许可费。

假想谈判是必要的模拟操作，这是因为除了随后发生的侵权行为，

---

[124] 有时专利权人能够但不是每次都能够确定因侵权销售而导致的利润损失。在无法确定的时候，专利权人可以通过计算合理许可费而不是计算利润损失，来获得侵权销售的赔偿。见 State Indus., Inc. v. Mor-Flo Indus., Inc., 883 F. 2d 1573, 1577 (Fed. Cir. 1989)（"对于能够证明实际损害的案件可以采用利润损失来计算赔偿，而对于其余的案件可以采用合理许可费来计算"）。

[125] Panduit Corp. v. Stahlin Bros. Fibre Works, Inc., 575 F. 2d 1152, 1157 - 1158 (6th Cir. 1978)（引用了 Goodyear Tire and Rubber Co. v. Overman Cushion Tire Co., 95 F. 2d 978, 984 (6th Cir. 1937)（引用了 Rockwood v. General Fire Extinguisher Co., 37 F. 2d 62, 66 (2d Cir. 1930)），由于请求人律师提出的动议，上诉被驳回了，306 U. S. 665 (1938)）。

[126] 《美国专利法》第 284 条规定："在请求人胜诉的前提下，法院应判处支付请求人足以弥补侵权损害的赔偿，其数目不得少于侵权人使用该发明创造应支付的合理许可费，同时还要包括法院判定的利息和成本。"

[127] *Panduit Corp.*, 575 F. 2d at 1158.

双方实际上从未形成任何许可。正如法院在 *Panduit* 案中所描述的，

> 确定侵权发生后的合理许可费不能被视为……等同于在真正“愿意”谈判的专利权人和被许可人之间进行的普通许可费谈判。后者会构成侵权从不曾发生的错觉，并且还将为竞争者提供一种选择，使其以较为便捷的手段对专利权人实施“强制许可”。[128]
>
> ……
>
> 正如许多法律手段那样，对侵权后“合理许可费”的确定是建立在法律虚拟（legal fiction）基础上的。“合理许可费”是在无法证明利润损失时，用来“补偿”损失的手段。采用“合理许可费”这一方法进行分析时会假设存在“愿意谈判的”许可人和被许可人，他们仿佛是“圣诞精灵”，被依稀看到正在进行“许可”“谈判”。当然，实际上双方都不存在任何自愿，也没有任何许可，通常侵权人会被禁止……继续生产、使用或销售专利产品。[129]

因此，联邦巡回上诉法院将这种假想谈判法形容为试图为专利权人“主持公道”的方法，[130] 在许多案例中，法院准许的许可费率远高于行业标准。[131]

地区法院在确定假想谈判的内容时，通常会对一系列因素的证据（通常是以专利许可专家证词的形式）加以考虑，这些因素在重要的 *Georgia*

---

[128] *Panduit Corp.*, 575 F. 2d at 1158.

[129] 同上，at 1159。

[130] 见 TWM Mfg. v. Dura Corp., 789 F. 2d 895, 900（Fed. Cir. 1986），（“愿意谈判的被许可人/许可人方法必须灵活的用作‘有助于主持公道的手段’”）（引用了 Cincinnati Car Co. v. New York Rapid Transit Corp., 66 F2d 592, 595（2d Cir. 1933））。

[131] 见如 Rite-Hite Corp. v. Kelley Co., 56 F. 3d 1538, 1554（Fed. Cir. 1995）（全席审判），（将出售给零售商的每单位专利权人损失利润的估算值的 50% 来确定的合理的许可费比率）；Bio-Rad Lab. v. Nicolet Instrument Corp., 739 F. 2d 604, 617（Fed. Cir. 1984）（行业比率（industry rate）为销售额的 3% ~10% 时，许可费比率约为侵权人销售价格的 1/3）。

Pacific Corp. *v. United States Plywood Corp* 案中有所记载。[132] 对这 15 项 *Georgia Pacific* 因素详细介绍不在本书讨论之列。但第 15 项 *Georgia Pacific* 因素——许可费率，实质上包括了前面的 14 个因素。换言之，第（1）~（14）项因素的相关证据是最终确定第（15）项因素许可费率的依据。

（2）分析计算法（analytical approach）

在有些案件应用了另一种方法来计算合理许可费，这种方法被称为“分析计算法”。法院在采用该方法时，会以侵权人的预期净利润为起点，将其中的“行业标准”利润或“可接受”的利润[133]部分留给侵权人，以两部分之差作为应赔付给专利权人的合理许可费。[134] 这种分析计算法被评

---

[132] 318 F. Supp. 1116（S. D. N. Y. 1970），被 446 F. 2d 295（2d Cir. 1971）案所修改。*Georgia Pacific* 因素为：

> （1）专利权人对涉案专利进行许可所收取的许可费，用于证明或试图证明现存的许可费标准。
>
> （2）被许可人在使用与涉案专利类似的其他专利时所支付的许可费率。
>
> （3）许可的性质和范围，是独占或非独占许可，或者在产品的销售方面是否有地域限制。
>
> （4）许可人为保持其专利垄断地位而制定的既有策略和营销计划，包括不许可他人使用其发明创造或在特别的情况下作出许可，以保持其垄断地位。
>
> （5）许可人与被许可人间的商业关系，例如他们是否在相同的地区就相同业务互相竞争；或他们是否是发明人与促销者（promoter）的关系。
>
> （6）因销售专利产品而对被许可人其他产品产生的促销作用，发明创造为许可人创造其他非专利产品销售的现有价值，以及这些伴随或附随销售的程度。
>
> （7）专利权的期限及许可的条件。
>
> （8）专利产品既有赢利情况，其商业上的成功，以及其目前受欢迎程度。
>
> （9）专利产品与用于实现类似效果的旧方法或产品比较所具有的效果或好处。
>
> （10）专利发明创造的属性，许可人拥有并生产出的发明创造商业产品的特点，以及给使用该发明创造的人所带来的好处。
>
> （11）侵权人对发明创造的使用程度，以及检验这种使用的价值的证据。
>
> （12）在特定或类似领域使用涉案发明创造或类似发明创造的惯常利润或销售价格。
>
> （13）可实现的利润中应归功于专利发明创造的部分，区别于由非侵权元素、制造流程、商业风险、或侵权人所增加的重要特征或改进所带来的利润。
>
> （14）有资格的专家证人作出的意见证词。
>
> （15）如果许可人（如专利权人）和被许可人（如侵权人）在合理自愿的情况下试图签订许可合同的谈判中，可能（从侵权开始时）达成一致的许可费率；也就是说，一位审慎的被许可人（以商业为目的，欲取得制造、销售体现了专利发明创造的产品的许可）可能愿意支付的许可费，并且还能够获得合理利润；并且，对于一位审慎的愿意作出许可的专利权人来说这个许可费率也是可接受的。

318F. Supp. at 1120。

[133] 见 TWM Mfg.，789 F. 2d at 899（确认地区法院采用的分析方法：特别专家（special master）“从侵权人预期净利润中扣除 6.56% 到 12.5% 的‘行业标准’净利润”）。

[134] 脚注 69 中 Janicke 所著的文章，at 727。

论家认为是一种"从在想象的环境里进行虚拟的许可谈判转变到根据现实确定对专利侵权的公正赔偿"的方法。[135]

d. 价格侵蚀（price erosion）

除了利润损失和合理许可费以外，专利权人还可以基于专利侵权导致的产品价格降低或"侵蚀"而获得赔偿。[136] 与主张利润损失的情况类似，要求获得价格侵蚀损害赔偿的专利权人，必须证明损害与价格侵蚀之间的因果关系，也就是说，证明要不是发生了专利侵权，其专利产品可以卖到更高的价格。如果被控侵权人能够证明专利产品价格下降是受到其他因素，诸如消费者兴趣转变或外来产品涌入的影响，专利权人就无法完成上述举证责任了。[137]

3. 加重赔偿（enhanced damages）和故意侵权（willful infringement）

《美国专利法》第284条赋予地区法院将损害赔偿金额提高（或"加重"）至补偿性赔偿的3倍。[138] "在决定是否判处加重赔偿以及加重赔偿的数额时最重要的因素是被告行为的恶劣程度……"[139] 通常（并不总是）

---

[135] 脚注69中Janicke所著的文章，at 727。

[136] 见TWM Mfg. v. Dura Corp., 789 F. 2d 895, 902 (Fed. Cir. 1986)。

[137] 见Bic Leisure Prods. v. Windsurfing Int'l, 1 F. 3d 1214, 1220 (Fed. Cir. 1993)。

[138] 《美国专利法》第284条（b）款（"陪审团如未能对损害赔偿进行认定，法院应予以评估。在任一种情形下，法院均可以将所认定或评估的损害赔偿额提高至3倍"）。其中"高至"（up to）一词，说明3倍的损害赔偿是最高加重幅度。在不是特别严重的故意侵权案件中，法院可以选择将损害赔偿加重至补偿性赔偿的2倍（或其他低于3的倍数）。

[139] Read Corp. v. Portec, Inc., 970 F. 2d 816, 826 (Fed. Cir. 1992)（指出对恶劣行为的评价是基于"所有事实和情况"进行的，即"总体情况分析法"（a totality-of-the-circumstances analysis））。审理*Read*案的法院列举了以下需考虑的因素，"以确定在侵权人'在作出恶意行为时应对其判处的加重损害赔偿'……尤其是在决定加重赔偿的程度时"：

> （1）侵权人是否故意抄袭他人的构想或设计；
> （2）在知悉他人的专利保护时，侵权人是否对该专利的范围进行了研究，并且真心相信该专利是无效的或者并未侵犯该专利；
> （3）［侵权人］作为当事人在诉讼中的表现；
> （4）侵权人经营规模和财务状况；……
> （5）案件严密性，……
> （6）被告的侵权行为持续时间；……
> （7）被告采取的补救措施；……
> （8）被告造成侵害的动机；……
> （9）被告是否企图隐匿其侵权行为。

同前，at 826-827。法院认为对上述因素是与"其他民事侵权案件中惩罚性损害赔偿的考虑因素"是一致的。同前，at 827-828。

在确定被告的侵权行为属于“故意”侵权时会判处加重赔偿。[140] 如下详述，联邦法院于2007年在标志性案件 *In re Seagate Tech.*，*LLC* 案[141]中要求，要想证明存在故意，专利权人必须证明侵权人的行为从客观上看是轻率的（reckless）。[142] *Seagate* 案确立的标准显著地提高了认定故意的门槛，与联邦巡回上诉法院之前的标准相比增加了专利权人证明故意侵权的难度。[143]

结合历史背景就不难理解 *Seagate* 案所产生的影响。联邦巡回上诉法院成立于1982年，其早期的判决强调“尊重专利财产权的重要性，当时对这种权利的普遍忽视正在削弱这个国家对创新的激励”。[144] 尤其是联邦巡回上诉法院20世纪80年代作出的判决，认为当一个潜在的侵权人知晓他人专利的存在时，就承担了尽责（due care）去确定其本身是否侵权的积极义务（affirmative duty）。[145] 该项义务要求在开始任何可能的侵权活动之前，要寻求并取得专业的法律意见。[146]

在例如 *Underwater Devices*, *Inc. v. Morrison-Knudsen Co.* 案[147]和 *Kloster Speedsteel AB v. Crucible Inc.* 案[148]中，联邦巡回上诉法院允许地区法院和陪审团在被控侵权人没有针对故意侵权指控提供法律顾问作出的不侵

---

[140] 970 F. 2d 826（Fed. Cir. 1992）（“是否判处加重损害赔偿以及加重的程度都由一审法院自由裁量决定……当侵权人无视专利权人的专利权，即侵权人故意侵权时……本法院曾经这种裁决……另一方面，认定存在故意侵权并不意味着要判处加重损害赔偿，更不意味要将赔偿增加至3倍”）。另见 In re Seagate Tech.，LLC，497 F. 3d 1360，1368（Fed. Cir. 2007）（全席审判）（指出“故意侵权的成立并不要求必须判处加重损害赔偿，而仅是允许判处加重损害赔偿”）。

[141] 497 F. 3d 1360（Fed. Cir. 2007）（全席审判）。

[142] 同上，at 1371。

[143] 见 Carl G. Anderson 等人所著 *Willful Patent Infringement*：*The First Year of the Post-Seagate Era*，20 No. 9 Intell. Prop. & Tech. L. J. 11，13（2008）（根据 *Seagate* 案后约40件地区法院对故意侵权作出分析的判决，得出的结论是，“*Seagate* 案提高了赢得故意侵权诉讼请求的门槛”）；参见 Eric Yeager 所著的 *Conferences/Patents*：*Judge Linn Discusses* “*Challenges Ahead*” *for Patentees*，*PTO at AIPLA Luncheon*，77 BNA's Pat.，Trademark & Copyright J. 12（2008）（指出“毫无疑问，专利权人‘无法再仅仅基于侵权成立并且被控侵权人在侵权前知晓该专利的事实，就可以证明存在故意侵权并获得加重赔偿了’”）（引用了联邦法院法官 Richard Linn 的发言）。

[144] *Seagate*，497 F. 3d at 1369（引用了 Dep't of Commerce，Advisory Committee on Industrial Innovation Final Report（Sept. 1979））。

[145] 见 Avia Group Int'l Inc. v. L. A. Gear Cal.，Inc.，853 F. 2d 1557，1566（Fed. Cir. 1988）；Underwater Devices，Inc. v. Morrison-Knudsen Co.，717 F. 2d 1380，1389 - 1390（Fed. Cir. 1983）。

[146] 见 *Underwater Devices* 案，717 F. 2d at 1390。

[147] 717 F. 2d 1380（Fed. Cir. 1983）.

[148] 793 F. 2d 1565（Fed. Cir. 1986）.

权意见（exculpatory opinion）时，可以对被控侵权人作出不利的推断。换句话说，如果被控侵权人没有提供这样的法律意见，那么事实调查者就可以适当的推断该份法律意见的结果是对被控侵权人不利的（法律顾问已经认定其客户侵权），并且被控侵权人在此后仍然继续有意识的侵权。

批评意见认为，这种不利推断规则与律师—当事人保密特权（attorney - client privilege）存在冲突。被控侵权人被迫在以下两者之间作出抉择：提供其法律顾问的意见并因此放弃保密特权，或保持该特权但需承担不利推论的后果（可能导致认定故意侵权并被判处加重赔偿）。

2004年，在全席审判的 *Knorr-Bremse Sys. v. Dana Corp.* 案[149]的判决中，联邦巡回上诉法院从美国专利法中废除了由于被控侵权人没有提供其法律顾问作出的不侵权意见将会导致对其不利的推断的规则。在作出判决时，审理 *Knorr-Bremse* 案的法院意识到“这种不提供法律意见就导致不利于当事人的推断的规则，将会扭曲律师与当事人之间的关系”，“并且，专利案件中律师和当事人关系的特殊规则是没有依据的”。[150] 因此，考虑到法律主流思想对律师—当事人保密特权的看法，联邦巡回上诉法院认为“专利法不应是与美国法理体系割裂开来的孤岛”。[151]

除了废除对于不提供法律顾问意见的不利推论外，审理 *Knorr-Bremse* 案法院还废除了由于被控侵权人在知晓潜在专利侵权时未曾咨询法律顾问或寻求法律意见所导致的不利推论。但作出该全席判决的法院对于事实调查者是否应被告知未曾征询法律顾问意见的问题未置可否；这个悬

---

[149] 383 F. 3d 1337（Fed. Cir. 2004）（全席审判）。

[150] 同上，at 1344。

[151] 383 F. 3d 1351（Fed. Cir. 2004）（全席审判）。（Dyk 法官持部分赞同，部分异议意见）。在 Dky 法官单独发表的意见中，他认为 *Knorr-Bremse* 案全席审判多数意见做的还不够。Dky 法官认为，多数意见还应该废除实际上要求被控侵权人证明不侵权的尽责义务（duty of due care），也就是将证明其行为并非故意的举证责任转移给被控侵权人。Dky 法官认为，侵权人未能尽责的事实不足以构成故意侵权；相反，要认定故意侵权，法院还应该要求举证存在更多的“不当行为”，譬如故意抄袭。Dky 法官认为，保留尽责义务的 *Knorr-Bremse* 案多数意见与最高法院的判决是不一致的，最高法院认为没有基于真正应受责难行为（reprehensible conduct）而判处惩罚性损害赔偿可能会违反宪法正当程序条款（Due Process clause）的。3年后，联邦巡回上诉法院采纳了 Dky 法官的观点，废除了 *In re Seagate Tech.*, *LLC*, 497 F. 3d 1360（Fed. Cir. 2007）（全席审判）案中所提出的尽责的积极义务。

而未决的问题在陪审团审判中有着明显的反响。[152]

审理 *Knorr-Bremse* 案的法院并没有像一些法庭之友意见所敦促的那样，认定在实体法上存在对侵权的抗辩就可以否定故意侵权的成立。实体法上对侵权的抗辩是（但也仅仅是）之前在 *Read Corp. v. Portec, Inc.* 案中所讨论的“总体情况”故意侵权分析法中所要考虑的一个因素。[153]

2007 年，联邦巡回上诉法院在全席审判的案件中再次对故意侵权进行了讨论。*In re Seagate Technology, LLC* 案[154]中，基于“当前制度下当事人的实际担忧”，以及自 1983 年联邦巡回上诉法院作出的 *Underwater Device* 案[155]判决以来最高法院作出的指导性判决，法院对故意侵权的分析架构进行了重新考量。审理 *Seagate* 案的法院加重了要求专利权人认定被控侵权人存在故意的负担。法院摒弃了以前强加给被控侵权人的尽责积极义务，否定了这项“疏忽”型标准（“negligence”-type standard），认为该标准“与民事诉讼中对于故意的一般性理解并不一致”，并且认为该标准“允许判处惩罚性赔偿的方式与最高法院的在先案例不一致。”[156] 在本案中，法院针对故意侵权采用了客观标准，要求被控侵权人作出了“轻率”行为，指出：

> 我们推翻了 *Underwater Devices* 案设立的标准，并认为要认定可以判处加重赔偿的故意侵权成立，至少需要证明存在客观的轻率行为。因为我们摒弃了尽责的积极义务，所以我们再次强调，获得法律顾问意见的积极义务已经不复存在。[157]

审理 *Seagate* 案的法院没有试图对客观的“轻率行为”进行全面的定义，而是将此问题留待在案例法中继续发展。然而，基于民法中对于

---

[152] 一家联邦地区法院认为，尽管是在后 *Seagate* 案阶段，仍然可以告知陪审团被控侵权人没有获得法律顾问意见。见 Energy Transp. Group, Inc. v. William Demant Holding A/S, C. A. No. 05 - 422 GMS (D. Del. Jan. 7, 2008), http: //65. 36. 194. 206/mnat/documents/010708_ Order_ DI_ 493. pdf（被告认为 *Seagate* 案使法律发生了变化，陪审团不会考虑没有获得法律顾问意见的情况，但被告的这一主张遭到了拒绝；并得出结论，“*Seagate* 案判决中没有任何内容禁止陪审团在判断是否存在故意时，将被告是否获得法律顾问意见以作为总体情况的一部分来加以考虑”）。

[153] 见脚注 139（关于 *Read Corp.* 案的讨论）。

[154] 497 F. 3d 1360 (Fed. Cir. 2007)（全席审判）。

[155] 同上，at 1370。

[156] 同上，at 1371（省略引文）。

[157] 同上。

“轻率”行为的一般性定义，即“置已知或明显应该已知的不合理高风险危害于不顾的行为”，[158] 联邦巡回上诉法院制定了以下的两部分标准：

> 为了确认故意侵权成立，专利权人必须以确切和具有说服力的证据证明侵权人不顾客观上侵犯有效专利高度可能，仍然采取行动。见 *Safeco* [*Ins. Co. of Am. v. Burr*], 127 S. Ct. [2201,] 2215 [“普通法中轻率的实质就是客观上具有高风险的侵害”]。被控侵权人的心思与客观调查并不相关。如果满足了上述客观标准，专利权人还必须证明被控侵权人已知或明显应该已知该客观风险（根据侵权过程中产生的记录确定）。[159]

Seagate 案中，联邦巡回上诉法院除了重新界定了故意侵权的标准外，还考虑了在故意侵权案件中放弃律师—当事人特权的合理范围。当被控侵权人以法律顾问建议作为针对专利权人故意侵权指控的辩护理由时，所导致的放弃律师—当事人特权的范围通常会成为争议的焦点。例如，在 Convolve, Inc. 和 the Massachusetts Institute of Technology（合称为“Convolve”）起诉 Seagate 故意侵权后，Seagate 通知 Convolve 将依据 3 份针对涉案专利作出的法律意见作为辩护理由。Seagate 允许作出该法律意见的法律顾问宣誓作证，并公开了该法律顾问（律师）的全部工作成果。作为对 Convolve 动议的回复，地区法院裁决 Seagate 放弃律师—当事人保密特权的范围超越了其与作出该法律意见的法律顾问之间的交流内容，而延伸至其与任何法律顾问之间的交流内容，包括 Seagate 的诉讼律师和内部法律顾问。[160]

地区法院在 *Seagate* 案中对放弃律师—当事人保密特权的范围进行了宽泛解释，而联邦巡回上诉法院将上述解释作为一个具有一般性的问题进行了驳斥。提供法律意见的法律顾问与诉律师的作用大不相同，前者“为商业决定提出客观评价”，而后者负责制定对抗过程中的诉讼策略。[161]

---

[158] 497 F. 3d 1371 (Fed. Cir. 2007)（引用了民事侵权法律论文）。

[159] 同上，尽管审理 *Seagate* 案的法院将“这一标准的应用留待在今后的案件中继续发展，”（同前），但法庭同意持赞同意见的 Newman 法官的建议，即“商业标准也应该是法院可以考虑的因素之一”。同前，at 1371，n. 5。

[160] 同上，at 1366 - 1367。

[161] 同上，at 1373。

而且与诉讼律师的交流内容与诉前行为几乎没有关系，而在通常情况下对故意侵权的认定是基于诉前行为的。[162] 因此，联邦巡回上诉法院认为，“一般而言，将法律顾问意见作为辩护理由以及公开法律顾问意见，并不意味着放弃与诉讼律师之间的律师—当事人保密特权”。[163] 同样，上诉法院还认为，“在不存在例外情形的条件下，放弃提供法律意见的法律顾问工作成果的保密特权不会延伸至对诉讼律师工作成果保密特权的放弃。”[164]

E. 律　师　费

当认定故意侵权成立时，专利权人通常不仅会根据《美国专利法》第284条规定要求加重赔偿，还会根据《美国专利法》第285条要求获得律师费。然而，这两种类型的救济并不存在必然的联系，但彼此也并不相斥。[165]

标题为“律师费”的《美国专利法》第285条规定：

> 在例外情形下，法院可判处向胜诉方支付合理的律师费。[166]

地区法院可以基于被告的故意侵权行为认定属于《美国专利法》第285条规定的“例外情形”，这也是判处《美国专利法》第284条规定的加重赔偿的基础。但是，例外情形也可以基于故意侵权以外的其他行为，例如当事人任何一方在诉讼中的不正当行为（misconduct），或专利权人在申请专利时的不正当行为（inequitable conduct）[167]，或者存在“无理或无意义的诉讼”（vexatious or unjustified litigation or a frivolous suit）。[168]

由于上述法条中的文字是允许性而非强制性的，所以法院在例外情

---

[162] 497 F. 3d 1374 (Fed. Cir. 2007).

[163] 同上，联邦巡回上诉法院进一步解释，其关于律师—当事人保密特权的放弃范围的规定并不是绝对的，“在特定条件下，例如一方当事人或律师有欺骗行为，初审法院仍可自由的行使其裁量权从而将放弃范围延伸至诉讼律师（的工作成果）。”同前，at 1374-1375。

[164] 同上，at 1375-1376。

[165] 见 Advanced Cardiovascular Sys. v. Medtronic, Inc., 265 F 3d. 1294, 1303 (Fed. Cir. 2001)（维持了地区法院基于陪审团认定存在故意侵权的事实判处加重损害赔偿的决定，但否决了同时判处律师费的决定）。

[166] 《美国专利法》第285条。

[167] 见 A. B. Chance Co. v. RTE Corp., 854 F. 2d 1307, 1312 (Fed. Cir. 1988)（指出无论是与专利权人在诉讼中的不正当行为一起，或仅仅是专利权人在专利申请过程中的不正当行为本身均可构成《美国专利法》第285条规定的判处律师费的基础）。

[168] Standard Oil Co. v. American Cyanamid Co., 774 F. 2d 448, 455 (Fed. Cir. 1985).

形下并不一定要判处向胜诉方支付律师费。然而，联邦巡回上诉法院采用了一个一般性规则，即故意侵权成立时，认为不存在《美国专利法》第285条规定的“例外情形”的地区法院必须加以解释。[169] 类似地，如果地区法院认为存在《美国专利法》第285条规定的“例外情形”，但拒绝判处支付律师费，也必须对该决定作出解释。但是，联邦巡回上诉法院也承认该规则的例外，即当案件记录中存在充分的理由支持地区法院作出这样决定的情形。[170]

根据《美国专利法》第285条的规定，律师费仅能判给“胜诉方”。在 *Gentry Gallery v. Berkline Corp.* 案[171]中，联邦巡回上诉法院维持了地区法院作出的不存在专利侵权的判决，但被控侵权人 Berkline Corp. 也没有能够证明涉案专利无效。在上述条件下，专利权人 Gentry Gallery 并非“胜诉方”，因而不能获得《美国专利法》第285条规定的律师费。仅克服抗辩并不能将当事人提升到胜诉地位；要想被认定为可以获得律师费的胜诉方，该方当事人必须获得肯定性救济（affirmative relief），例如，对于专利权人来说就是发布禁令或获得损害赔偿。[172]

F. 判决前利息（prejudgment interest）

判处判决前利息（有时也称为“延迟补偿”）的依据是《美国专利法》第284条[173]，旨在补偿专利权人“在侵权行为发生至判决前这段时间本可以对［侵权人应赔偿给专利权人的］这笔钱进行的利用”。[174] 换言之，如果在专利权人实际遭受损失时（侵权发生时），侵权人就（以合理的许可费或利润损失的形式）向专利权人支付了侵权赔偿，专利权人可能可以通过将这笔钱用于投资而获取利息。判决前利息就是试图对专利权人在侵权行为开始至判决前这段时间可能获得的利息进行估算。美国最高法院认为“一般情况下应判处支付判决前利息”。[175]

联邦巡回上诉法院指出，判决前利息只适用于补偿性（实际）的赔

---

[169] 见 Transclean Corp. v. Bridgewood Servs., Inc., 290 F. 3d 1364, 1379 (Fed. Cir. 2002)。

[170] 同上。

[171] 134 F. 3d 1473 (Fed. Cir. 1998).

[172] 同上，at 1480。

[173] 《美国专利法》第284条（a）款规定：“在请求人胜诉的前提下，法院应判处支付请求人足以弥补侵权损害的赔偿，……同时还要包括法院判定的利息和成本。”

[174] General Motors Corp. v. Devex Corp., 461 U.S. 648, 656 (1983).

[175] 同上，at 655。

偿，而不适用于加重赔偿。[176]

令人惊奇的是，美国专利案件中判决前利息的赔偿标准法律并没有规定。适当的利息率和复利计算方法的问题分别依个案而定。地区法院在确定赔付利率和赔付单利还是复利方面具有实质的自由裁量权。[177]

G. 成　　本

《美国专利法》第284条[178]中所规定的“成本”的获得与《联邦民事诉讼规则》第54条（d）款（1）项（Fed. R. Civ. P. 54（d）（1））有关，该法条推定胜诉方将获得成本赔偿。[179]《美国法典》第28编第1920条列出了联邦法院基于《联邦民事诉讼规则》第54条（d）款（1）项有自由裁量权判处的成本费类型，包括：法庭记录员费、证人费、法庭指定的专家费、影印费及其他相类似的费用。

联邦巡回上诉法院在专利诉讼中判处赔偿诉讼成本的时候，对胜诉方的定义采用了法律选择规则（a choice-of-law rule），适用的是联邦巡回上诉法院自身的法律而不是案件发生地区巡回法院的法律。[180] 在 *Manildra Milling Corp. v. Ogilvie Mills, Inc.* 案[181]中，确认之诉的原告“并没有获得金钱损害赔偿，但‘赢得了确认其竞争对手专利无效的来之不易的宣告’，并且克服了其竞争对手反诉其侵犯专利权并要求1 700万美元损害赔偿的主张”，[182] 该案所争论的问题是，这样的原告是否是能够获得成本赔偿的胜诉方。尽管确认之诉的原告 Manildra Milling 依据《谢尔曼法》《兰哈姆法》和州普通法提出的诉求没有得到支持，但其在专利法方面的胜利是“完整的”。联邦巡回上诉法院认为，这种胜利使得 Manildra Mill-

---

[176] 见 Underwater Device, Inc. v. Morrison-Knudsen Co., 717 F. 2d 1380, 1389 (Fed. Cir. 1983)。

[177] 见 Gyromat Corp. v. Champion Spark Plug Co., 735 F.2d 549 F.2d 549, 556 – 557 (Fed. Cir. 1984)。

[178] 《美国专利法》第284条（a）款规定：“在请求人胜诉的前提下，法院应判处支付请求人足以弥补侵权损害的赔偿，……同时还要包括法院判定的利息和成本。”

[179] 见 Manildra Milling Corp. v. Ogilvie Mills, Inc., 76 F.3d 1178 (Fed. Cir. 1996)（认为在专利确认之诉中成功的无效了涉案专利的原告就是依据《联邦民事诉讼规则》第54条（d）款（1）项的规定可以获得成本赔偿的胜诉方，并确认了约83 000美元的成本赔偿额）。

[180] 76 F. 3d 1181 – 1182 (Fed. Cir. 1996).

[181] 同上，at 1178。

[182] 同上，at 1182 – 1183。

ing 具备了能够获得成本赔偿的“胜诉方”身份[183]，并可以获得约 83 000 美元的成本赔偿。[184]

H. 专利标注

美国专利法强烈地鼓励（但不是要求）专利权人和/或那些制造、销售、许诺销售或进口专利产品的人在专利产品上标注美国专利号。[185] 这就是为什么许多市场上的专利产品在产品本身或其包装上都标注着专利号的原因。美国专利法关于专利标注的规定的目的在于，在一定程度上告知公众专利权的存在（尽管由于标注是可选择的，因此告知范围并不完全）。为达到这个目的，《美国专利法》第 287 条（a）款规定，如产品未进行充分标注，“专利权人不得于任何侵权诉讼中获得损害赔偿，除非能证明侵权人已被告知侵权，但仍继续其侵权行为，则专利权人仅可以就通知后发生的侵权行为获得损害赔偿”。[186] 侵权诉讼的提起构成侵权通知。[187] 因此，第 287 条规定的通知可以是通过在专利产品上标注专利号的推定通知（constructive notice）；或通过与被控侵权人沟通或实际提起诉讼的实际通知。[188] 如果专利产品没有标注，也没有向被控侵权人发出其他通知，那么根据第 287 条的规定，专利权人不能基于发生在提起诉讼前的侵权获得任何损害赔偿。

联邦巡回上诉法院在一系列案件中所处理的问题是，专利权人与被控侵权人之间的特定诉前交流是否可以构成《美国专利法》第 287 条（a）款规定的“侵权人已被告知侵权”，从而可以作为计算损害赔偿期的开始。如果没有进一步证据，被控侵权人仅仅意识到专利的存在或者甚

---

[183] 76 F. 3d 1183（Fed. Cir. 1996）（指出“作为一个法律问题，成功的宣告竞争对手专利无效的当事人符合对‘胜诉方’的定义”）。

[184] 同上，at 1180。

[185] 《美国专利法》第 287 条（a）款规定：

> 专利权人与为其工作或依其指示于美国境内制造、许诺销售或销售专利产品，或将专利产品进口到美国境内的人，可以通过在专利产品上标注“patent”或其缩写“pat.”的字样以及该专利的号码，向公众告知其产品已经获得专利；如因产品的性质不能在其本身进行标注时，可以在装有一个或数个该产品的包装上进行类似的标注。

[186] 《美国专利法》第 287 条（a）款。

[187] 同上。

[188] 见 Gart v. Logitech, Inc., 254 F. 3d 1334, 1345（Fed. Cir. 2001）。

至拥有了声称被侵权的专利的副本的事实仍不足以满足第 287 条的规定。[189] 例如，在 *Amsted Industries, Inc. v. Buckeye. Steel Casting Co.* 案[190]中，法院认为，要判断是否存在满足《美国专利法》第 287 条规定的通知，“必须关注的是专利权人的行为，而不是侵权人的知晓或者了解。”[191] 为满足第 287 条规定的实际通知要求，则需要“积极地告知［被控侵权人］其某项产品或装置侵犯了某项专利”。[192] 而 *Amsted Industries* 案中，专利权人给整个行业包括被控侵权人发了通知信，仅仅表明专利权人拥有专利，并一般性的告诫这些公司不要侵权，这样的行为无法满足第 287 条的标准。[193]

第 287 条（a）款的规定并不适用于方法专利，[194] 因为在这种情况下通常没有可供标注的有形载体；但是，专利标注的规定可以适用于既包括方法权利要求又包括装置权利要求的专利。[195]

I. 临时赔偿救济（provisional compensation remedy）

1999 年颁布的《美国发明人保护法案》（AIPA）[196] 为侵犯专利相关的权益制定了一种新的救济方式。如果侵权发生在 USPTO 公开未决专利申请之后专利授权之前，美国专利权人现在可以基于对已公开的专利申请权利要求[197]的侵权寻求追溯性损害赔偿。根据《美国专利法》第 154 条（d）款的规定，临时赔偿救济的形式仅限于合理的许可费。

自 AIPA 通过以来，美国专利申请人只要发誓不会就相同的发明创造在其他国家申请专利，就可以选择“退出”递交后 18 个月对其申请的自动公开。[198] 因为有些美国专利申请人认为，（在专利申请公开后）在专利授

---

[189] 见 Amsted Indus. v. Buckeye Steel Castings Co., 24 F. 3d 178, 187 (Fed. Cir. 1994)。

[190] 24 F. 3d 178 (Fed. Cir. 1994).

[191] 同上，at 187。

[192] 同上。

[193] 见同上。

[194] 见 American Med. Sys., Inc. v. Medical Eng'g Corp., 6 F. 3d 1523, 1538 (Fed. Cir. 1993)。

[195] 见同上。（指出“但对于含装置权利要求和方法权利要求的专利，如果存在可以在其上进行标注从而构成对方法权利要求告知的有形物品，当事人若要满足《美国专利法》第 287 条（a）款的推定公示规定，就必须如此进行标注”）。

[196] Pub. L. No. 106-113 (Nov. 29, 1999).

[197] 除非存在例外情况，现在美国未决专利申请都会在申请日 18 个月后被公开。见《美国专利法》第 122 条（b）款。

[198] 《美国专利法》第 122 条（b）款（2）项（B）。

权前无法禁止他人制造、使用、销售、许诺销售或进口专利申请所要求保护的客体，因此他们会选择“退出”避免在递交后18个月对专利申请的公开。临时赔偿救济提供了一种可供选择的救济方式——一种采用合理许可费形式的获得损害赔偿的追溯性权利——旨在使专利申请人免受未经遏制的授权前侵权的损害，并鼓励对未决专利申请的公开。

为了确保适用第154条（d）款规定的临时赔偿救济，授权专利所保护的发明创造必须与公开专利申请所保护的发明创造“实质相同”（substantially identical)。[199] 法条中没有对“实质相同”作出定义，[200] 但其属于专利再颁程序和再审程序中的术语，[201] 因此法院在解释《美国专利法》第154条（d）款的时候可以到此类案例中寻求指导。Chisum教授认为：

> “实质相同”的标准无疑会制造出一些难题。如果在公开时专利实质审查并没有结束，就有可能会增加限定特征来对权利要求进行修改。权利要求范围也有可能会被扩大。为了充分利用临时性权利，申请人必须注意在公开的专利申请中包含具有适当范围的权利要求。[202]

另外，专利权人要获得第154条（d）款规定的合理许可费，被控侵权人必须已经得到关于专利权人的已公开专利申请的“实际通知”；[203] 法条仍然没有定义“实际通知”的含义，而是留给法院根据案例法经验对其进行解释。[204]

除非并且直到专利被授权，专利权人才能主张侵犯临时权利的赔偿。因此，《美国专利法》第154条（d）款设立的是一项追溯性救济。法条还规定要求获得侵犯临时权利的损害赔偿的诉讼必须在专利授权6年后提出，[205] 这是一项真正的诉讼时效，与根据《美国专利法》第286条获得

---

[199] 《美国专利法》第154条（d）款（2）项。

[200] 《美国专利法》第154条（d）款（2）项规定：“除非专利所保护的发明创造与公开的专利申请所保护的发明创造实质相同，否则不能拥有（a）款规定的获得合理许可费的权利。”

[201] 本书第8章（“授权专利的更正”）对再审和再颁专利有所讨论。

[202] Donald S. Chisum, 4-11 Chisum on Patents §11.02［4］［e］n. 145 (2008）.

[203] 见《美国专利法》第154条（d）款（1）项（B）。

[204] 最可能的情况是，法院会参考《美国专利法》第284条（a）款专利标注案件中对“通知”含义的解释。

[205] 《美国专利法》第154条（d）款（3）项。

损害赔偿的时间限制不同。[206]

最先依据第 154 条（d）款判处合理许可费的案件之一是 *Parker-Hannifin Corp. v. Champion Labs.*, *Inc.* 案[207]。涉案专利是关于一种汽车滤油器组件，并且毫无争议的是，被告也就是专利权人的前客户，在临时赔偿权利期间，销售了超过 100 000 件侵权滤油器。所要解决的问题在于如何确定基于侵犯临时赔偿权利而应该赔偿给专利权人的合理许可费数额。地区法院运用了前面提到的 15 个 *Georgia Pacific* 因素来假想专利权人和被控侵权人进行的许可谈判。[208] 地区法院的结论是，在专利权人“依专利法获得权利”时，双方当事人在临时权利期开始时就已经进行了这种谈判。[209] 地区法院并没有考虑当时关于专利是否会被最终授权（权利要求与公开的专利申请的权利要求相同或实质相同）的任何不确定性可能对该假想许可谈判造成的影响。地区法院还决定，被控侵权人回避专利设计的费用，也就是完成其非侵权替代品的费用不应成为临时赔偿权利期的合理许可费数额的上限。[210]

---

[206] 标题为“损害赔偿时间限制”的《美国专利法》第 286 条规定：“除法律另有规定外，对于提起侵权诉讼或反诉 6 年以前发生的任何侵权行为，不应获得赔偿。”

[207] No. 1：06 - CV - 2616, 2008 WL 3166318 (N. D. Ohio Aug. 4, 2008)。

[208] 见本章 D. 2. c（1）部分（“假想谈判”），对 *Georgia Pacific Corp. v. United States Plywood Corp.*, 318 F. Supp. 1116 (S. D. N. Y. 1970) 案中列出的因素进行了讨论。

[209] 见 *Parker-Hannifin*, 2008 WL 3166318, at ＊9。临时权利期始于 2005 年 6 月 16 日，2005 年 9 月 12 日收到 USPTO 核准通知，2006 年 1 月 10 日涉案专利获得授权。地区法院不同意被控侵权人关于核准通知日应该是假想谈判的合理日期的论点。同前。

[210] 在此问题上，地区法院的依据是 *Mars*, *Inc. v. Coin Acceptors*, *Inc.*, 527 F. 3d 1359, 1373 (Fed. Cir. 2008) 案（被控侵权人关于“合理许可费损害赔偿的上限是实现可获得的最便宜、可接受的非侵权替代品的费用”的主张被认为是“错误的法律问题”）。见 *Parker-Hannifin*, 2008 WL 3166318, at ＊7 - ＊8。

第12章
国际性的专利事务

A. 引　言

全球化经济的兴起要求美国的专利律师不仅要熟悉本国专利法，还要精通在全球范围内取得和执行专利权的实体及程序问题。本书前面介绍的关于可专利性和侵权的一些基本内容在国外专利制度中都有着不同的规定。本章将介绍其中主要的差别。本章还对在世界各国进行专利保护任务的主要的多国条约、公约和协定进行了总结。对美国专利法中体现这些条约的主要法条也有所介绍。由于本章篇幅的关系限制了所能介绍的范围，但列出了很多有价值的参考著作，这些参考著作提供了有关国际性和比较专利法的详细内容。①

1. 专利的区域性范围

首先必须明确的是，专利是国家而不是国际范围内的概念。专利通

---

① 见 Arnold & Siedsma, Manual for the Handling of Applications for Patents, Designs and Trademarks Throughout the World (Kluwer Law Int'l 2008); Graeme B. Dinwoodie et al., International and Comparative Patent Law (Matthew Bender 2003); Paul Goldstein, Cases and Materials on International Intellectual Property Law (Foundation Press 2001); Marshall A. Leaffer, International Treaties on Intellectual Property (BNA 2d ed. 1997); Michael N. Meller, International Patent Litigation: A Country-by-Country Analysis (BNA 2d ed. 2002); R. Carl Moy, *The History of the Patent Harmonization Treaty: Economic Self-Interest as an Influence*, 26 J. Marshall. Rev. 457 (1993); J. W. Baxter &John P. Sinnott, World Patent Law and Practice (Matthew Bender 1998)。

常不具有域外执行效力。[②] 这意味着专利权人的排他性权利范围止于授权国的地理边界。例如，美国的专利权人不能基于其美国专利阻止未经许可的第三方在日本复制和销售其发明创造。[③] 而是其必须为其发明创造获得日本专利，从而在日本法院针对侵权人执行其日本专利。[④]

因此，本章的标题“国际性的专利”在某种程度上讲是一个误称。目前，除了一些学术建议外没有任何形式的国际专利。但存在一系列的条约、公约和协定使得在不同国家获得专利保护更为容易。了解这些不同协议的历史和经济背景对于了解当今的多国专利体系是十分必要的。

2. 在《巴黎公约》以前获得的外国专利保护

1883 年生效的《巴黎公约》[⑤] 是第一个真正有关工业产权（专利、商标和工业设计）的国际性条约。《巴黎公约》为成员国国民[⑥]创立了更容易在不同国家取得专利权的重要权利。《巴黎公约》颁布前在不同国家

---

② 美国授权专利所承载的消极财产权在法律上仅限于禁止发生在美国境内的侵权行为。见《美国专利法》第 154 条（a）款（2008）（规定美国授权专利所承载的权利是“禁止他人于美国境内制造、使用、许诺销售或销售其发明创造或向美国境内进口其发明创造；若其发明创造是一种方法，其权利还包括禁止他人于美国境内使用、许诺销售或销售，或者向美国境内进口该方法所制备的产品”）。有关对知识产权法区域性的学术分析，见 Curtis A. Bradley 所著 *Territorial Intellectual Property Rights in an Age of Globalism*, 37 Va. J. Int'l l. 505 (1997)。

考虑到全球化经济的兴起，以及在全球范围内执行专利权的任务越来越复杂和昂贵，一些学者主张重新评价美国专利法中传统的区域性观点。见例如 Timothy R. Holbrook 所著 *Extraterritoriality in U. S. Patent Law*, 49 Wm. & Mary L. Rev. 2119 (2008)（建议美国法院考虑在域外执行美国专利，前提是对具有管辖权的相关国家专利法的确切分析结果显示确实发生了专利侵权，并且对该美国专利的域外执行与该国法律没有冲突）。

③ 见 Microsoft Corp. v. AT&T Corp., 127 S. Ct. 1746, 1750 (2007)（“美国专利法的一般规则是，在其他国家制造和销售专利产品的行为不构成侵权。”）。《美国专利法》第 271 条（f）款禁止将美国专利发明创造的组件出口用于域外组装，这属于对上述一般规则的例外。见同前；又见本书第 9 章 E. 5 部分。

④ 或者，如果专利权人已经在美国法院针对侵犯其美国专利的行为展开了诉讼，其可以要求美国法院根据《美国法典》第 28 编第 1367 条行使补充性管辖权，对侵犯其相应的日本专利权的行为进行裁判。但联邦巡回上诉法院迄今为止都对这种尝试予以拒绝。见本章 G 部分（“美国法院对外国专利的执行”）。

⑤ 《巴黎公约》签订于 1883 年 5 月 20 日，1967 年 7 月 14 日于斯德哥尔摩修订 21 U. S. T. 1583, 828 U. N. T. S. 305，网址为 http://www.wipo.int/treaties/en/ip/paris（1979 年 9 月 28 日修改版本）。

⑥ 在国际法术语中，一个国家的“国民”通常指的是居住在该国或在该国拥有商业机构的自然人或法人（在国际法中通常将国家称为“state”）。国民与公民是不同的概念，并且比公民的范围更宽泛。“国内法中所指公民通常是国际法意义上的国民，但在一些国家并非所有的国民都是公民。”Restatement (Third) of the Foreign Relations Law of the United States §211, cmt. h (1987)。

取得专利的复杂性证明了该公约的重要性。

在《巴黎公约》颁布前，同一个发明创造要在不同的国家取得专利保护是异常困难和昂贵的。许多国家（例如 A 国）会将基于同一发明创造的、在其他国家（例如 B 国）提出的申请作为根据 A 国专利法能够破坏新颖性的现有技术，即便 B 国申请的递交日只比 A 国申请的递交日早一天。因此，专利申请人必须要安排在同一天、在不同的国家为相同的发明创造提出多国申请。这种做法的难度和费用，尤其是在没有发明电话、传真机和网络的年代，是不言而喻的。

在《巴黎公约》颁布以前，不同国家的专利制度在专利法的许多实质基本层面上都是不同的。举个例子，美国 1793 年到 1836 年对专利的新颖性不进行实质审查。法国直到 20 世纪 60 年代才对专利新颖性进行实质审查。意大利曾一度仅审查与食物和饮料有关的专利。世界上许多发展中国家和最不发达的国家拒绝为医药或农业发明创造授予专利。⑦

各国的专利审查程序也是千差万别。专利申请的公开时间各不相同。一些国家在专利申请递交后立即公开专利说明书，而有些国家在申请未决期间公布，还有一些国家（例如美国）在专利授权前不会公开专利申请内容。⑧

19 世纪末期，一些国家的政府和经济学家都认为国家专利制度的差异可以用作控制国家财富的工具。具体而言，他们意识到向外国国民授予专利通常会导致国家财富的外流。⑨

要理解上述观点，可以参考以下美国国民基于其有用、新颖和非显而易见的部件获得美国专利的例子。美国国民在市场上销售该部件的价格能够反映出该部件受专利保护的事实，可以预料的是，如果该部件未获专利保护，各个竞争对手均能够生产和销售这种部件的情况下价格一定会低于有专利保护的价格。⑩ 在这种将专利授予本国国民的情况下，政府作出这个决定的成本和收益之间的联系是相对较为紧密的。美国国民的销售收入可能会在国内进行再投资，用于建造更多的部件生产厂，或

---

⑦ 见例如 Janice M. Mueller 所著 *The Tiger Awakens: The Tumultuous Transformation of India's Patent System and the Rise of Indian Pharmaceutical Innovation*, 68 Univ. Pitt. L. Rev. 491 (2007)。

⑧ 历史上，美国在专利授权前都不会公开未决专利申请的内容。但 1999 年颁布《美国发明人保护法案》，大多数专利申请会于自最早的优先权日起 18 个月被公开。见《美国专利法》第 122 条（b）款。

⑨ 这部分内容大多是基于脚注 1 中 Moy 的评论。

⑩ 见本书第 1 章（“美国专利制度的基础”），其对专利经济进行了总括性的讨论。

进一步在美国进行部件研发。这种业务的扩张很可能会为其他美国国民带来工作机会。

相反，当国家决定将专利授予外国国民时，成本和收益之间的联系就被显著削弱或不再有联系了。例如，如果一个德国国民的部件获得了美国专利。这个德国国民在美国销售所获得的利润通常不会投资到美国，而会投资到自己的国家——德国。因此，授权国的经济在向外国国民授予专利权中获得的收益与向本国国民授予专利权所得的收益是不可相提并论的。⑪

当各国政府意识到向外国人授予专利保护对其经济带来的冲击后，就开始在法律上实行各种保护性措施试图减少损失。这些措施通过降低专利的价值使得外国人的专利吸引力降低，从而减少国家财富的外流。这些措施明确的歧视外国国民，或在某些情况下尽管法律规定尽管表面上是中立的但在实际上也是歧视性的。

早先《美国专利法》第104条就是歧视外国发明人的实例。在美国加入世界贸易组织（WTO）和北美自由贸易协定（NAFTA）之前，《美国专利法》第104条禁止在USPTO冲突程序⑫（以及克服现有技术的单方审查程序（*ex parte* prior art antedating procedures））中接受在外国发生的发明创造活动（例如构思、勤勉和付诸实施）证据。在该版本的美国专利法中，即使在美国发明人于美国国内独立完成发明创造以前，外国发明人已经于该国作出了相同的发明创造，该外国发明人也不能凭借其较早的发明创造活动在冲突程序中击败美国发明人。结果美国发明人会基于该发明创造获得专利权，即便美国发明人并不是世界范围内最先作出该发明创造的人。⑬

---

⑪ 当然，授权国的经济也可通过其国家专利部门收取的申请费和维持费，以及对在该国的销售征税获得少量的收益。

⑫ 正如在本书第4章（“新颖性及权利丧失（《美国专利法》第102条）”）详细介绍的，冲突程序是USPTO针对当事人双方的行政程序，该程序用来确定两个或多个竞争对手中谁是争议专利的先发明人。

⑬ 修改《美国专利法》第104条是美国与墨西哥和加拿大签订《北美自由贸易协定》和与世界贸易组织签订TRIPS协定产生的结果。现在1993年12月8日及以后在NAFTA国家加拿大和墨西哥发生的发明创造活动，或在1996年1月1日及以后在WTO成员（除美国、加拿大和墨西哥以外）发生的发明创造活动证据在美国冲突程序和克服现有技术的单方审查程序中均可以像在美国产生的证据一样被接受。见《美国专利法》第104条；37 C.F.R. §1.131（2008）；U.S. Patent &Trademark Office, Manual of Patent Examining Procedure §715.07（c）（8th ed., 7th rev. 2008）（“所依据的行为必须发生在美国或NAFTA或WTO成员”），网址为http://www.uspto.gov/web/offices/pac/mpep/mpep.htm。

表面中立但在应用中带有歧视性的措施的实例包括“实施要求”(working requirements)。其要求专利权人在授权国对其专利进行实施；也就是说，专利权人不得不在授权国生产和/或销售该专利发明创造。美国从没有推行过这种“实施要求”，但许多在其他国家却存在这种要求。⑭尽管这种要求表面上看是中立的，因为其既适用于本国申请人也适用于外国申请人，但事实上，对于外国实体而言，要获得在授权国建厂生产发明创造所必需的资金和行政许可的难度远比国内实体要大得多。

B.《巴黎公约》

1. 引　言

《巴黎公约》是最早的具有成员国数最多的跨国工业产权法。⑮《巴黎公约》于1883年生效，美国于1903年成为《巴黎公约》成员国。条约经过多个版本的修改，现行版本为1967年在斯德哥尔摩修订的版本。⑯位于日内瓦的联合国专门机构——世界知识产权组织（WIPO）负责管理《巴黎公约》。到2008年为止，《巴黎公约》已有173个成员国。⑰

《巴黎公约》是有关国内专利法中对外国人待遇的基本国际协议。条约解决了部分（而非全部）以上提及的国际专利事务中的障碍。举个例子，《巴黎公约》对工业产权保护没有设定“实质性底限”（substantive minima），意味着其没有规定可专利性的技术标准或可专利客体的类型。事实上，一个国家可以成为《巴黎公约》成员国而无须授予任何专利；

---

⑭ 例如，2001年美国政府要求启动WTO争端解决程序以制裁巴西政府，原因是巴西专利法对巴西专利的当地实施要求违反了TRIPS协定。具体地说，美国认为“巴西1996年颁布的《工业产权法》第68条（法律编号：1996年5月14日第9，279号，1997年5月生效）……规定了‘当地实施’要求，即如果专利客体没有在巴西境内‘实施’，将对该专利进行强制许可。具体而言，如果该专利产品没有在巴西生产或该专利方法没有在巴西应用，将对专利进行强制许可。”见 *Request for the Establishment of a Panel by the United States*, *Brazil-Measure Affecting Patent Protection*, WT/DS199/3 (Jan. 9, 2001)，网址为 http://docsonline. wto. org。美国和巴西最后在争端中达成和解。见 *Notification of Mutually Agreed Solution*, *Brazil—Measures Affecting Patent Protection*, WT/DS199/3 (July 19, 2001)，网址为 http://docsonline. wto. org。

⑮ 尽管美国采用“知识产权”这个词来指代包括专利法、商标法和著作权法保护的客体，但是很多其他国家在提及专利、商标、工业设计时还是更愿意使用“工业产权”一词，并且使用“版权”一词来指代可获版权的客体。

⑯ 见脚注5中所提到的《巴黎公约》。

⑰ 见世界知识组织发表的 *Contracting parties of the Paris Convention*, http://www. wipo. int/treaties/en/ip/paris/index. html（最后访问时间：2008年12月30日）。

瑞士和荷兰两国在19世纪末虽然已经成为《巴黎公约》成员国，但当时还没有建立专利制度。[18]

《巴黎公约》也没有对妥善的保护性措施进行规定。例如，《巴黎公约》原始版本明确的允许国内实施要求的继续存在，并且对于强制许可只字未提。《巴黎公约》最新版本也仅是对成员国颁发**强制许可**进行了十分有限的限定。[19]

尽管《巴黎公约》没有规定实质性底限，对保护性措施也只是进行了很少的限定，《巴黎公约》确实创立了两个关键的权利，使发明创造相对以前能更快的在国外获得专利保护。这些权利，即**国民待遇原则**和**优先权原则**，成为了随后各国际专利协议的基石。

2. 国民待遇

《巴黎公约》第2条是有关国民待遇的条款。[20] 国民待遇意味着公约各成员国在保护工业产权方面，应给予其他成员国国民与本国国民相同（或可能是更优）的待遇。例如，在国民待遇原则下，美国不能向美国国民收取500美元申请费，而向外国申请人收取1 000美元申请费。外国国民必须同样缴纳500美元（或更低的）申请费。

《巴黎公约》的起草者选择了国民待遇原则，而没有选用“互惠”（reciprocity）原则。在互惠原则体系中，无论A国给予本国（或C国）国民何种待遇，A国给予B国国民的待遇与B国给予A国国民的待遇相同。例如，在“互惠”原则下，如果B国收取A国国民1 000美元申请费，A国也收取B国国民1 000美元申请费（无论A国是否仅收取其国民500美元申请费，还是收取C国国民2 000美元申请费）。这样实行互惠

---

⑱ 见Eric Schiff, Industrialization without National Patents（Princeton 1971）. 瑞士和荷兰于1884年成为《巴黎公约》成员国。见脚注17中提到的*Contracting Parties*。

⑲ 见《巴黎公约》第5条（A），网址为http：//www.wipo.int/treaties/en/ip/paris/trtdocs_wo020.html#P123_15283。

⑳ 《巴黎公约》第2条“本联盟成员国国民享受的国民待遇”规定：

> （1）本联盟任何国家的国民，在保护工业产权方面，在本联盟所有其他国家内应享有各该国法律现在授予或今后可能授予各该国国民的各种利益，一切都不应损害本公约特别规定的权利，他们应和各该国国民享有同样地保护，对侵犯他们的权利享有同样地法律救济手段，但是以他们遵守对各该国国民规定的条件和手续为限……

《巴黎公约》第2条第1款，网址为http：//www.wipo.int/treaties/en/ip/paris/trtdocs_wo020.html#P77_5133。

原则会增加大量的行政成本和负担，因为A国必须非常熟悉各国的专利法和程序，反之其他国家也是如此。出于对这种过高负担的考虑，《巴黎公约》的起草者放弃了“互惠”原则而采用了国民待遇原则。

3. 优　先　权

《巴黎公约》确立的又一关键权利是第4条规定的优先权。㉑ 优先权规定极大地简化了在各成员国取得工业产权保护的程序。发明人在一个《巴黎公约》成员国（特别是在发明人本国，因为这样最方便）为一项发明创造递交了专利申请，并在被称为优先权期限的时间段内在其他成员国为同一发明创造递交其他专利申请，那么该发明人可以获得享有相同的最初申请日（优先权日）的待遇。专利的优先权期限为12个月，自首次递交申请之日起算。㉒

例如，假设身为日本国民的发明人名叫Mayumi，于2002年1月1日在日本（《巴黎公约》成员国）为其发明创造X递交了专利申请。在2002年12月15日，Mayumi就相同发明创造向USPTO递交申请。如果根据《美国专利法》第112条（a）款，Mayumi在日本的申请能够充分支持其美国申请要求保护的发明创造，并且Mayumi根据《美国专利法》第119条（《巴黎公约》优先权在美国的体现，以下将详细讨论）作出了要求享有其外国优先权日的正式声明，USPTO的审查员在审查该美国申请

㉑ 《巴黎公约》第4条规定：

> A.（1）已经在本联盟的一个国家正式提出专利、实用新型注册、外观设计注册或商标注册的申请的任何人，或其权利继承人，为了在其他国家提出申请，在以下规定的期间内应享有优先权。
>
> （2）依照本联盟任何国家的本国立法，或依照本联盟各国之间缔结的双边或多边条约所递交的与正规国家申请相当的任何申请，应被认可为是产生优先权的基础。
>
> （3）正规的国家申请是指足以确定在有关国家中提出申请的日期的任何申请，而不计较该申请后续的结局如何。
>
> B. 因此，在上述期间届满前在本联盟的任何其他国家后来提出的任何申请，不应由于在这期间完成的任何行为，特别是另外一项申请的提出、发明创造的公开或利用、外观设计复制品的出售、或商标的使用而被认定无效，而且这些行为也不能产生任何第三人权利或个人占有的任何权利。第三人在作为优先权基础的首次申请日期以前所取得的权利，依照本联盟每一国家的国内法予以保留。

《巴黎公约》第4条，网址为http：//www.wipo.int/treaties/en/ip/paris/trtdocs_wo020.html#P83_6610。

㉒ 见《巴黎公约》第4条C（1），C（2）。

的新颖性和非显而易见性时，将视该美国申请为2002年1月1日递交的申请。这意味着USPTO将不考虑任何2002年1月1日至12月15日之间发生的、可能破坏可专利性的情况，例如对该发明创造的公开描述、针对同一发明创造递交的另一项美国申请等，无论这些行为是Mayumi还是第三方作出的。上述日期间发生的任何情况根本不会被视为Mayumi美国申请的现有技术。因此，在适用《美国专利法》第102条（第102条（a）款、（e）款、（g）款）㉓ 关于新颖性的规定和第103条（非显而易见性）时，Mayumi的日本申请日2002年1月1日将被USPTO视为在美国的推定发明日。具体参见图12.1。

图12.1 《巴黎公约》优先权

值得欣慰的是，要求享有《巴黎公约》优先权日而产生的优先权期限并不会导致专利保护期限的缩短。㉔ 在上面的例子中，Mayumi美国专利将于其美国专利最早的有效递交日起20年失效，而不是自外国优先权日起20年。因此其美国专利将于2022年12月15日失效。要求享有《巴黎公约》优先权日绝对是积极的获益行为。Mayumi不仅能够避免任何发生在优先权期限内（2002年1月1日至2002年12月15日期间）可能破坏可专利性的活动，而且20年专利有效期直到2002年12月15日在美国实际递交日才开始起算。

㉓ 值得注意的是，《美国专利法》第119条规定的外国优先权不能用于克服第102条（b）款规定的权利丧失。因此，在上文的例子中，如果Mayumi自2001年7月起通过在美国以商业为目的销售其发明创造，从而将其发明创造置于《美国专利法》第102条（b）款所定义的“销售状态”，那么在该销售行为发生1年后递交的美国申请将不能享受日本在先申请的申请日。由于不能被外国优先权所克服，因此第102条（b）款规定的销售限制在这个层面上被视为一项绝对性规定。见《美国专利法》第119条（a）款（“不得向任何要求获得专利的申请授权，如果该申请所要求保护的发明创造在美国的实际申请日1年以前已在任何国家获得专利，或在印刷出版物被描述，或已在美国公开使用或销售。”）

㉔ 见《巴黎公约》第4条之二（5）（“在本联盟各国，享有优先权的专利的有效期，与假设其在申请或授权时没有享有优先权的情况的有效期相同”）。

Mayumi 日本专利申请的结果与其美国申请状态无关。Mayumi 的日本申请被授权并不是其美国申请享有该日本申请较早申请日的必要条件。《巴黎公约》仅要求，优先权申请是“依照本联盟任何国家的本国立法，或依照本联盟各国之间缔结的双边或多边条约所递交的与正规的国家申请相当的任何申请……”㉕ 条约中所述“正规的国家申请”指的是“足以确定在有关国家中提出申请的日期的任何申请，而不计较该申请后续的结局如何。”㉖

4.《巴黎公约》优先权在美国的实施：《美国专利法》第 119 条

《美国专利法》第 119 条（a）~（d）款规定了专利案件中《巴黎公约》优先权在美国的实施。《美国专利法》第 119 条的上述规定是于 1952 年被纳入专利法案的，但类似条款自 1903 年就已经存在于更早版本的专利法中了。㉗

第 119 条的相关部分规定：

> （a）基于一项发明创造在美国递交专利申请的任何申请人，或其法定代理人或受让人，若先前在提供类似于美国申请或美国公民所受待遇的外国或 WTO 成员就相同的发明创造提出了正规的专利申请，该项美国申请应享有假设其是于该外国申请日在美国递交的申请相同的效力，前提是该项在美国的申请是在该外国申请最早日期起 12 个月内递交的；不得向任何要求获得专利的申请授权，如果该申请所要求保护的发明创造在美国实际申请日 1 年以前已在任何国家获得专利，或在印刷出版物被描述，或已在美国公开使用或销售。

要掌握上述复杂法律条文的含义就要理解几点基本的内容。《美国专利法》第 119 条（a）款赋予曾在其他国家就相同发明创造提出申请的美

㉕ 《巴黎公约》第 4 条 A（2）。

㉖ 同上，第 4 条 A（3）。USPTO 认为，根据《美国专利法》第 111 条（b）款递交的临时专利申请属于《巴黎公约》规定的正规国家申请，因此“自临时申请递交日起申请人有 12 个月的时间在国外或根据 PCT 条约递交申请以享有《巴黎公约》规定的优先权”。Charles E. VanHorn 所著 *Effects of GATT and NAFTA on PTO Practice*, 77 J. Pat. & Trademark Off. Soc'y 231, 238，网址为 http://www.uspto.gov/web/offices/com/doc/uruguay/URPAPER.html。

㉗ 见 In re Hilmer, 359 F.2d 859, 872–876（CCPA 1966）（描述了《美国专利法》第 119 条的立法历史和目的）。

国专利申请人一个重要的权益。概言之，第 119 条（a）款的含义是，如果申请人首先在 WTO 成员或提供与美国权益类似的外国（任何《巴黎公约》成员国或与美国就此问题达成双边协议的国家）申请了专利，并于该外国申请提出后 12 个月内在美国就“相同发明创造”[28] 递交了另一件申请，那么该申请人可以为该美国申请要求享有该在先的外国申请日（外国优先权日）作为其美国申请日的权益。

从法条上讲，获得这一权益意味着，该美国申请应享有假设其是于该外国申请日在美国递交的申请“相同的效力”。在实际操作中，这意味着 USPTO 在对现有技术进行检索时，将视该美国申请为在外国优先权日递交的申请。换言之，在根据有关新颖性的《美国专利法》第 102 条以及第 103 条进行审查的时候，该外国申请日将被视为推定的发明日。[29] 如前所述，那些发生在外国优先权日和美国实际申请日期间、本可以破坏发明创造的新颖性和非显而易见性的事件，因此不再对该美国申请“构成”威胁。

尽管我们在前面 Mayumi 的例子中假定其美国申请所要求保护的发明创造与日本申请所披露的是“相同发明创造”，但事实并非常常如此。通常，随着时间的推移，发明人会对发明创造作出改进，并在随后的申请中要求保护更宽的范围。联邦巡回上诉法院的案例法就曾经面临这样的情况，需要对《美国专利法》第 119 条（a）款中相同发明创造一词的含义进行解释。只要美国申请的权利要求能得到相应外国专利申请的支持，并且这种支持满足《美国专利法》第 112 条（a）款规定，那么该美国专利申请就可以根据第 119 条（a）款的规定享有外国优先权日。[30] 这意味着《美国专利法》第 112 条（a）款规定的三个要素必须都能被满足：该外国申请必须提供了美国申请要求保护的发明创造的具有**可实施性**的公开内容，必须包括对**该发明创造的书面描述**，且必须揭示该发明创造的

---

[28] 联邦巡回上诉法院在案例法中对第 119 条中“相同发明创造”的含义进行了阐释。只要美国申请的权利要求能得到外国相应专利申请的支持，并且这种支持满足《美国专利法》第 112 条（a）款规定，那么该美国专利申请就可以根据第 119 条的规定享有外国优先权日。见 In re Gosteli, 872 F. 2d 1008, 1010 (Fed. Cir. 1989)，正文中有详细讨论。这意味着该外国申请必须提供了美国申请要求保护的发明创造的具有可实施性的公开内容，必须包括对该发明创造的书面描述，且必须揭示该发明创造的最佳实施例。

[29] 然而，《美国专利法》第 119 条（a）款所规定的外国优先权并不能克服《美国专利法》第 102 条（b）款所规定的法定限制。见《美国专利法》第 119 条（a）款和脚注 23 中的内容。

[30] 见 *Gosteli*, 872 F. 2d at 1010（引用了 In re Wertheim, 541 F. 2d 257, 261 – 262（CCPA 1976））。

最佳实施例（假设存在最佳实施方式）。

上述条件在 *In re Gosteli* 案[31]中并没有得到满足，申请人 Gosteli 先在卢森堡递交了申请。该申请公开了具有抗生素活性的特定化合物种（certain species of chemical compounds）。申请人在同一年内向美国递交了具有更大范围权利要求的申请，要求保护的化合物属（a genus of compounds）包括原来的化合物种和其他化合物种。在裁决优先权要求时，USPTO 必须确定 Gosteli 的美国申请与其在先的卢森堡申请是否是相同的发明创造。

上诉时，联邦巡回上诉法院认同了 USPTO 的判断，认为两者并非相同的发明创造。由于卢森堡申请没有为美国申请要求保护的发明创造提供充分的书面描述，因此 Gosteli 的美国申请不能享有卢森堡申请的申请日。卢森堡申请的内容没有证明在卢森堡申请日时 Gosteli 已经掌握了该美国发明创造。因此，Gosteli 的美国申请中的属权利要求仅能将在美国的实际递交日作为其申请日。由于存在预见性现有技术文件对比文件（有效日期在 Gosteli 卢森堡申请日之后，美国申请日之前出现的第 102 条（e）款现有技术对比文件），Gosteli 的美国申请没有被授权。

5. *Hilmer* 规则

In re Hilmer（*Hilmer I*）[32] 规则涉及美国专利实践中颇具争议的一个方面——作为现有技术对比文件的美国专利的有效日期。由于以下种种原因，该规则被视为对外国发明人带有歧视性而常常遭到诟病。概言之，*Hilmer* 规则认为当美国专利（或公开的申请）被当作《美国专利法》第 102 条（e）款规定的现有技术时，其有效日期是其美国申请日，而不是在该美国专利获得授权的过程中要求享有的在先外国优先权日。《美国专利法》第 119 条（a）款规定的外国优先权是《巴黎公约》优先权在美国的体现，但是 *Hilmer* 规则要求区分外国优先权在获得专利授权（patent obtaining）过程中和在阻止专利授权（patent defeating）的过程中的适用性。*Hilmer* 规则只允许在获得专利授权的过程中适用外国优先权，而不允许在阻止专利授权的过程中适用。

现在介绍一下 *Hilmer* 案的情况。两个外国发明人，Hilmer（德国国民）和 Habicht（瑞士国民），就相同发明创造申请美国专利。Habicht 赢得了针对 Hilmer 的冲突程序。随后，Hilmer 再次进入单方审查程序，要

---

[31] 872 F. 2d 1008 (Fed. Cir. 1989).

[32] 359 F. 2d 859 (CCPA 1966)（Rich 法官）（下称 *Hilmer I*）。

求保护在冲突程序中所失去的客体的变形。Habicht 专利的公开内容被作为针对 Hilmer 权利要求的《美国专利法》第 102 条（e）款对比文件，与另一现有技术对比文件（Wagner）结合，构成根据《美国专利法》第 103 条针对显而易见性的驳回决定。[33] 图 12.2 绘制了相关日期的时间表。

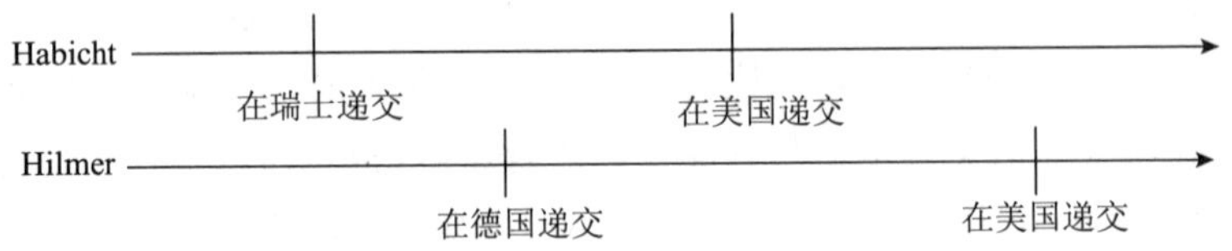

图 12.2 *In Re Hilmer* 案时间表

Hilmer 根据《美国专利法》第 119 条（a）款主张其德国优先权日，借此克服了 Habicht 在先的美国申请日。Hilmer 是为了获取专利授权而对外国优先权加以利用。但 USPTO 认为由于 Habicht 具有更早的瑞士优先权日，所以对于 Hilmer 申请来说其仍是第 102 条（e）款/第 103 条意义上的现有技术。这属于试图运用外国优先权来阻止专利授权。USPTO 认为，《美国专利法》第 119 条（a）款中"应具有相同效力"的规定应被广义的理解为在所有情况下具有"相同效力"，包括改变《美国专利法》第 102 条（e）款中关于"在美国"（in this country）的规定。

美国关税与专利上诉法院（CCPA）改变了这一决定。如本案中被作为第 102 条（e）款对比文件时，Habicht 专利公开内容的有效日期是其在美国的递交日，而不是其先前在瑞士的递交日。法院对《美国专利法》第 102 条（e）款中"在美国递交"这项规定的解释与其字面意思相同，[34] 并拒绝将适用于获取专利情形的第 119 条（a）款同样地适用于根

---

[33] 《美国专利法》第 102 条（e）款要求对比文件专利对专利申请的客体有所记载，但并未要求保护该客体。如果对比文件专利与申请人要求保护的发明创造相同，则可以根据第 102 条（g）款启动冲突程序。在本案中，先前已经进行了就 Hilmer 和 Habicht 的一些冲突权利要求而启动的冲突程序。由于在作为冲突程序"理由"（count）的客体优先权方面 Hilmer 不及 Habicht，因此 Habicht 在冲突程序中胜出。见 *Hilmer*, 359 F. 2d at 861。在 *In re Hilmer* 案中 Hilmer 随后递交的专利申请要求保护的发明创造与先前冲突程序中的客体并不相同，而是该客体的变形。见 *Hilmer*, 359 F. 2d at 862（引用委员会的观点，将冲突程序中的客体与 Hilmer 提出上诉的关于环己基取代化合物的权利要求 10、16 和 17 区分开来）。

[34] 当时《美国专利法》第 102 条（e）款规定，应该向申请人颁发专利，除非"该发明创造已经记载于专利申请人作出该发明创造申请前……他人在美国递交的授权专利中"。*Hilmer*, 359 F. 2d at 864。

据《美国专利法》第102条（e）款阻止专利授权的情形之中。因此，*Hilmer*案的判决表明，外国优先权仅能用于获取专利的积极目的（单方审查或冲突程序），而不适用于阻止专利授权的目的，例如通过对没有要求保护的技术进行公开从而将其贡献给公众。

CCPA在*Hilmer*案中制定上述规则的理由有很多，但是最强有力的一个理由就是，法院基于公共政策考量，拒绝加剧*Alexander Milburn Co. v. Davis-Bournonville Co.*案㉟所引起的"秘密现有技术"问题，即通过外国优先权将《美国专利法》第102条（e）款对比文件的有效申请日向后推长达一年的时间。法院视《美国专利法》第119条（a）款的外国优先权为一种权益而不是负担。外国优先权仅是一种获取专利的手段，而《美国专利法》第102条是关于阻止获取专利的规定。在CCPA看来，这两项法律条款是在不同的时间为了不同的目的制定的。

Hilmer要求保护的客体是Habicht已经获得专利的客体的显而易见的变形，而*Hilmer*案判决的实际结果就是，由于该项Hilmer美国专利被授权，使得Habicht的美国专利的价值相较本可能具有的价值明显降低。Habicht曾试图通过在专利申请中公布其发明创造的显而易见的变形，从而将之贡献给公众，并防止其他人就此获得专利；但*Hilmer*规则不允许Habicht（和USPTO在对Hilmer的申请进行审查的过程中）以上述方式利用Habicht曾经的公开内容。㊱

因为禁止外国专利权人（例如Habicht）以防御的方式使用其（其外国优先权日的）公开内容，*Hilmer*规则常被人批评是带有贸易保护主义色彩，并对外国人带有歧视性的规定。㊲ 一些专家质疑美国对*Hilmer*规则的持续遵守是否与《巴黎公约》和TRIPS协定中规定的国民待遇义务是

㉟ 270 U.S. 390 (1926)。本书第4章（"新颖性及权利丧失（《美国专利法》第102条）"）对编入《美国专利法》第102条（e）款的*Milburn*规则进行了详细介绍。

㊱ 在随后涉及相同专利申请的案件，*In re Hilmer*, 424 F.2d 1108 (CCPA 1970)（*Hilmer II*）中，法院再次确认了*Hilmer I*案中的分析，指出《美国专利法》第119条中"应具有相同效力"的规定并不是对第102条（g）款中"在美国"规定的改变。法院指出，在将美国专利作为现有技术对比文件时，USPTO不能将外国优先权日视为推定付诸实施的证据，借此将外国申请日转变为第102条（g）款的事件（他人在美国作出了该发明创造）从而根据第103条作出驳回决定。

㊲ 为了更清楚*Hilmer*规则的歧视效果，假设Hilmer是首先在德国递交申请的美国国民，然后（12个月内）在美国递交申请。Hilmer（假设的美国发明人）可以根据《美国专利法》第119条（a）款以德国优先权日克服Habicht的美国申请日，从而使Habicht对其不构成第102条（e）款现有技术，但Habicht在瑞士的优先权申请（递交日早于Hilmer在德国的优先权日）的公开内容却不能被USPTO引用作为第102条（e）款/第103条现有技术来驳回Hilmer的权利要求。

一致的。[38] 但无论如何，*Hilmer* 规则仍然是美国的现行法律。

6. 《巴黎公约》的局限性

对于《巴黎公约》的主要批评包括以下几点：（1）该条约没有设置任何关于可专利性的实质性底；（2）该条约没有规定执行机制用以对未能遵守条约规定的成员国提出质疑。[39]

在20世纪80年代末，对于WIPO无力对专利权和其他知识产权加以执行而日渐增长的不满使一些西方国家（以美国为首）转向了以乌拉圭回合（Uruguay Round）的《关贸总协定》（GATT）形式呈现的多边贸易会谈。[40] 这轮会谈产生了有WTO管理的TRIPS协定，本章下面将对此进行介绍。[41]

由于具备复杂的争端解决机制和在知识产权领域的专门技能，WTO已被看作解决国与国之间知识产权事务争议的优选机构。但WTO并没有取代WIPO在知识产权领域的专门地位。WIPO仍是国际知识产权框架下的核心成员，管理着包括《巴黎公约》在内的许多重要知识产权协定和条约。WIPO最为活跃和重要的一个角色就是对《专利合作条约》（PCT）的管理，本章下一部分将对此进行介绍。

---

[38] 见例如 Heinz Bardehle 所著 *A New Approach to Worldwide Harmonization of Patent Law*, 81 J. Pat. & Trademark Off. Soc'y 303. 310（1999）（认为应根据TRIPS协定对 *Hilmer* 规则提出质疑）；Harold C. Wegner 所著 *TRIPS Boomerang: Obligations for Domestic Reform*, 29 Vand. J. Transnat'l L. 535, 556（1996）（认为"在国际范围内，先申请原则后的第二个目标就是废除恶名昭彰的 *Hilmer I* 判决，该判决不公平地剥夺了外国《巴黎公约》赋予外国专利权人的禁止专利授权的权利"）。又见TRIPS协定第27.1条（规定"专利权的获得与专利权使用不应因发明地点的不同……而受到歧视"）。

Hilmer 规则可能没有明确地违反国民待遇原则，因为该规则既适用于美国专利申请人也适用于外国申请人。见 *Hilmer*, 359 F. 2d 878 n. 9（指出"产生优先权的是在条约国提出的首次申请，而非申请人的国籍"）。但事实上该规则确实产生了歧视的结果，因为许多外国发明人在递交美国申请之前，可能都会在本国先递交申请。一些在专利方面富有经验的外国公司会通过先在USPTO申请专利来避免 *Hilmer* 规则带来的影响。

[39] 理论上讲，《巴黎公约》成员国可以以其他成员国未能遵守该条约为由要求国际法庭进行审查。但并没有国家曾经提出过这样的要求。见 Ralph Oman 所著 *Intellectual Property After the Uruguay Round*, 42 J. Copyright Soc'y U. S. A. 18, 26 n. 11（1994）.

[40] 有关在20世纪80年代，WIPO未能成功的对《巴黎公约》进行现代化改造，以及随后美国转而努力开展包括知识产权在内的多边贸易会谈，并最终达成TRIPS协定的第一手资料，见脚注39中提到的 Oman 所著的文章。

[41] 见 Agreement on Trade-Related Aspects of Intellectual Property Rights, Apr. 15, 1994, Marrakesh Agreement Establishing the World Trade Organization, Annex 1C, Legal Instruments-Results of the Uruguay Round, 1869 U. N. T. S. 299, 33 I. L. M. 81（1994），网址为 http://www.wto.org/english/docs_e/legal_e/27-trips.pdf（下称TRIPS协定）。GATT是第二次世界大战后于20世纪40年代后期建立的组织，随后被1995年1月1日成立的WTO取代。WTO位于瑞士日内瓦，负责管理TRIPS协定。

C.《专利合作条约》

专利合作条约（PCT）于1978年1月24日生效，该条约为有效的利用《巴黎公约》创立的优先权提供了一个程序性的框架。PCT极大地简化了一项发明创造在多个国家获得专利保护的程序。PCT的受欢迎程度已经得到了证明；仅2007年一年就有159 737件依据该条约递交的国际申请。[42] PCT和《巴黎公约》一样都是由总部设在瑞士日内瓦的WIPO进行管理。在WIPO网站上可查到PCT的具体内容和成员国的名单。[43]

PCT创立了所谓的“一站式服务”（one-stop shopping）系统，即申请人只要是PCT成员国的国民或居民，就可以向其所属国的专利局（作为PCT“受理局”（receiving office））或位于日内瓦的WIPO国际局递交一份“国际申请”[44]，该国际申请在各指定成员国将具有国家申请的效力。[45] 如果可能，申请人也可以为该国际申请要求享有之前在《巴黎公约》成员国所递交的申请的申请日（优先权日）。[46] 在此情况下，申请人需要在向所属国专利局递交申请后12个月内就相同的发明创造递交国际申请。

PCT国际检索单位对针对该国际申请进行现有技术检索。[47] 该国际申

---

[42] World Intellectual Property Organization 公布的 *PCT Trends and Analysis*: *Quarterly Statistic Report July-Sept.* 2008 at 4（2008），网址为 http://www.wipo.int/export/sites/www/ipstats/en/statistics/pct/pdf/trends_ analysis.pdf。

[43] 见 Patent Cooperation Treaty, June 19, 1970, 28 U.S.T. 7645, 1160 U.N.T.S. 231，网址为 http://www.wipo.int./pct/en/texts/articles/atoc.htm（下称PCT）。PCT成员国名单见 http://www.wipo.int./pct/guide/en/gdvol1/annexes/annexa/ax_ a.pdf（最后一次访问时间为2009年1月15日）。PCT实务中有用的资源包括：World Intellectual Property Organization 公布的 *The PCT Applicant's Guide*（Jan. 12, 2009），网址为 http://www.wipo.int/pct/guide/en/index.html; World Intellectual Property Organization 公布的 *Protecting Your Inventions Abroad*: *Frequently Asked Questions About the Patent Cooperation Treaty*（*PCT*）（April 2006），网址为 www.wipo.int/export/sites/www/pct/en/basic_ facts/faqs_ about_ the_ pct.pdf; World Intellectual Property Organization 公布的 *Basic Facts About the Patent Cooperation Treaty*（*PCT*）（2002），网址为 www.dinarstandard.com/current/wipo_ pub_ 433.pdf。

[44] 见 PCT art. 3。

[45] 同上，arts. 4, 11。

[46] 同上，art. 8。

[47] 同上，arts. 15-18。对于在2004年1月1日后递交的国际申请，国际检索单位（ISA）还会制作一份关于可专利性的书面意见（a written opinion）。见 World Intellectual Property Organization 公布的 *Regulations Under the Patent Cooperation Treaty*（*as in force from January* 1, 2009），Rule 43 bis.1，网址为 http://www.wipo.int/export/sites/www/pct/en/texts/pdf/pct_ regs.pdf。书面意见将发给PCT申请人，除非并且直到该国际申请进入国家阶段时才会公开。见同前，Rules 44.1 & 44*ter*.1。

请副本以及上述检索结果将于优先权日起大约18个月时公开,[48] 并且WIPO国际局会将这些材料转给每个指定成员国的专利局。[49] 申请人还可以选择请求对该国际申请进行国际初步审查。[50]

PCT程序节约成本的关键原因是，该条约允许申请人延缓进入“国家阶段”的时间，也就是说，PCT程序将进入各指定成员国专利局专利审查程序的时间向后延缓了相当长的一段时间：对大多数申请来说这段时间可以长达自优先权日起30个月。[51] 延缓进入国家阶段的可能为专利申请人提供了更长的时间来评估发明创造的市场情况，并且临时性地推迟产生翻译费、申请费、律师费和其他在各国专利局专利从申请到授权所需的可观费用。

要记住PCT程序一个最重要的方面就是，PCT程序只是产生一件国际申请，并非一件授权专利或一系列国家专利（如《欧洲专利公约》那样)。管理PCT的WIPO并不为专利授权。指定的PCT成员国的国内专利制度基于PCT国际申请、PCT国际检索报告和（在一些情况下）PCT国际初步审查结果，决定相应的国家申请最终是否可以被授权或应被驳回。但这些报告对各国专利局并不具有约束性。[52]

D. TRIPS 协定

20世纪80年代，制定多国知识产权协定的主要机关从专门管理IP的组织WIPO，转变为第二次世界大战后为减少国家间贸易壁垒而建立的

---

[48] 见 PCT art. 21。

[49] 见同上，art. 20。

[50] 见同上，art. 31。

[51] 见同上，art. 22。自2002年4月1日始，30个月的期限开始生效。但一些国家（尤其是卢森堡、乌干达和坦桑尼亚联合共和国截至2008年10月1日）继续沿用在该日期前施行的20个月的期限。见 World Intellectual Property Organization 公布的 *PCT Reservations*, *Declarations*, *Notifications and Incompatibilities* (table)，网址为 http://www.wipo.int/pct/en/texts/reservations/res_incomp.pdf（最后访问时间为2009年1月15日）。

[52] 见 PCT art. 27 (5)（规定“本条约和细则的任何规定都不得解释为意图对任何缔约国按其意志规定授予专利权实质性条件的自由进行限制。特别是，本条约和细则关于现有技术定义的任何规定仅适用于国际程序，各缔约国在判断国际申请所要求保护的发明创造的可专利性时，可以自由的适用其本国法关于现有技术及其他可专利性条件的标准”）。

组织 WTO。[53] GATT 的乌拉圭回合[54]第一次将知识产权（包括专利、版权和商标）引入了 GATT WTO 系统。乌拉圭回合产生了 TRIPS 协定。[55] TRIPS 协定于 1995 年 1 月 1 日生效。

基于多方原因，TRIPS 协定被认为是一部里程碑式的协定。例如，TRIPS 协定是第一个制定了执行个人知识产权权利人权利的最低标准的国际知识产权条约。TRIPS 协定要求执行知识产权的程序应该是公正、公平的（fair and equitable）。[56] 根据案情作出的判决最好以书面形式作出。[57] 被控侵权人应有权获得及时和足够详尽的通知。[58] 可以颁布禁令[59]并判处损害赔偿[60]。

作为 WTO 协定的一部分，TRIPS 协定也规定了当一个成员认为另一个

---

[53] 以下是 WTO 网站上对其组织结构的概述：

> WTO 是由其成员的政府管理。所有重要决定都由成员共同作出，通过部长级会议（至少两年一次）或其大使或代表会议（在日内瓦定期举行）作出。通常需协商一致才能作出决定。
>
> 在这方面，WTO 不同于其他的一些国际组织，例如世界银行和国际货币组织。在 WTO 中，并没有将决定权授予委员会主席或组织首脑。
>
> 当 WTO 的规则对成员政策有所规制的时候，都是 WTO 各国磋商的结果。各成员通过约定的程序来执行这些经磋商的规则，甚至可能包括贸易制裁。但是这些制裁是由各成员施加，并经过全体成员的授权。这与那些采用如威胁停止发放信贷的手段而影响国家政策的组织是极为不同的。

World Trade Organization 公布的 *The Organization: Whose WTO Is It Anyway?*, http://www.wto.org/english/thewto_e/whatis_e/whatis_e/orgl_e.htm（最后访问时间为 2009 年 1 月 15 日）。

[54] 商品和服务的国际多边贸易体系是在关贸总协定下，通过一系列贸易谈判或“回合”建立起来的。GATT 的第一回合主要解决的是降低关税的问题，随后的谈判还包括了反倾销和非关税措施。最近，1986～1994 年度乌拉圭回合谈判创立了 WTO，并将知识产权问题纳入贸易议题，达成了 TRIPS 协定。见 World Trade Organization 公布的 *The multilateral trading system: past, present, and future*，网址为 http://www.wto.org/english/thewto_e/whatis_e/inbrief_e/inbr01_e.htm（最后访问时间为 2009 年 1 月 15 日）。

[55] 乌拉圭回合谈判达成了被称为《建立世界贸易组织协定》的一揽子协议，创立了 WTO。该一揽子协议通常被称为 WTO 协定，包括多个“附加的”补充协议。TRIPS 协定的正式名称为 WTO 协定的附录 1C（“Annex 1C”）。见脚注 41 中的 TRIPS Agreement。

[56] 见 TRIPS art. 41.2。

[57] 同上，art. 41.3。

[58] 同上，art. 42。

[59] 同上，art. 44。

[60] 同上，art. 45。

国家的知识产权法不符合 TRIPS 协定时的国家间争端解决程序。这些程序包括，国家间的磋商，成立 WTO 专家组分析争端并制作书面报告以及在 WTO 上诉审查的可能。WTO 公布的争端解决规则和程序的谅解（Dispute Settlement Understanding，DSU）[61] 规定了争端解决程序的详情。到目前为止，美国针对下列问题在专利案件中启动过争端解决程序：印度的“邮箱”规则（“mailbox”rule）问题，巴西的“本土实施”（local working）和强制许可（compulsory licensing）问题，以及加拿大的专利保护期限问题。[62]

DSU 程序使得 TRIPS 协定变得更加具有强制性。如果一个国家在 WTO 争端解决程序中落败，而且没有及时对其知识产权法进行修改使之与 WTO 规定保持一致，那么该国与这场知识产权争端无关的出口商品同样可能会遭到贸易制裁（例如关税、进口配额制和税收）。这就是所谓的“交叉报复”（cross-sectoral retaliation）。[63] 举个例子，假设美国认为法国对计算机软件没有提供充分的专利保护，并在与法国的争端解决程序中获胜，但法国并没有对其法律进行修改使之符合该决定。尽管计算机软件与葡萄酒并非相关商品，并且葡萄酒也不是 WTO 争议的主题，但 WTO 可以决定允许美国对于法国出口的葡萄酒增加关税从而对法国施加制裁。

TRIPS 协定是第一个为所有类型知识产权设立了“实质性底限”的国际知识产权条约，因此显得尤为重要。对于专利，TRIPS 协定规定，除

---

[61] 见 Understanding on Rules and Procedures Governing the Settlement of Disputes, Apr. 15, 1994, Marrakesh Agreement Establishing the World Trade Organization, Annex 2, 1869 U. N. T. S. 401, 33 I. L. M. 1226，网址为 http：//www. wto. org/english/docs_ e/legal_ e/28 - dsu_ e. htm（下称 DSU）。WTO 专家组处理争端的流程表，见 World Trade Organization 公布的 *The panel process*, http：//www. wto. org/english/thewto_ e/whatis_ e/tif_ e/disp2_ e. htm（最后访问时间为 2009 年 1 月 15 日）。另见 TRIPS art. 63（“透明度”（transparency）） and art. 64（“争端解决”（dispute settlement））。

[62] 有关这些争端的详情，见 World Trade Organization 公布的 *Index of disputes issues*, http：//www. wto. org/English/tratop_ e/dispu_ e/dispu_ subjects_ index_ e. htm（题为“专利”）（最后访问时间为 2009 年 1 月 15 日）。

[63] 见脚注 61 中的 DSU，at art. 22. 3。

非存在某些重要例外[64]，“所有技术领域的任何发明创造都应可以获得专利，无论是产品还是方法，只要它们具有新颖性、创造性，并可进行工业应用。”[65] 这些措辞针对的是之前曾经拒绝对药品和农业发明创造授予专利权的发展中和欠发达国家；如果这些国家想要成为 TRIPS 协定成员，就必须在指定期限内使该国专利法与 TRIPS 协定一致，并对上述客体提供专利保护（或至少提供管道保护（pipeline protection））。[66]

上面引用的 TRIPS 协定第 27 条还设定了可专利性的三个实质性标准（新颖性、创造性和工业应用性），这与美国专利法中关于新颖性、非显而易见性和实用性要求是相平行的。但 TRIPS 协定没有明确的定义这些实质性的标准，使成员在解释这些标准的时候拥有一定的灵活度。

TRIPS 协定还反映了美国一直以来对强制许可的抵触，强制许可指的是在没有得到专利权人同意的情况下国家强制授予第三方专利许可。TRIPS 协定允许（但不要求）成员颁布专利强制许可，且仅在满足 TRIPS 协定第 31 条所列出的所有条件的情况下才可以颁布。该条款规定，除非国家处在紧急状态或者存在其他极端情况，或者除非强制许可是为了非商业性的公共用途，否则在颁布强制许可前，试图获得许可一方必须已经尝试但并未能够以合理的商业期限和条件从专利权人那里获得经双方同意的许可。[67]

另外，强制许可被许可人对该专利的使用必须主要是为了供应强制

---

[64] TRIPS 协定第 27 条（“可授予专利的客体”）列出了 TRIPS 协定允许成员不授予专利的客体的类型。具体而言，第 27.2 条和第 27.3 条规定：

> 2. 各成员可拒绝对下述发明创造授予专利权，为了维护公共秩序或道德，在其境内禁止进行商业利用的发明创造，包括对于保护人类、动物或植物的生命或健康，或避免严重损害环境来说是必须禁止利用的发明创造，前提是并不仅仅因为这种利用是该国法律所禁止的就拒绝授予专利权。
>
> 3. 各成员也可拒绝对以下发明创造授予专利权：（a）对人体或动物体进行诊断、治疗和外科手术的方法；（b）除微生物外的植物或动物，以及除非生物和微生物过程之外的主要用于产生植物或动物的生物过程。各成员应通过专利或一个专门的系统、或通过二者的结合来提供对植物多样性的保护。在各成员加入 WTO 协定之日起 4 年后会对本款规定进行审核。

TRIPS art. 27。本书第 6 章（“实用性要求（《美国专利法》第 101 条）”）和第 7 章（“潜在的可专利客体（《美国专利法》第 101 条）”）对上述有选择的拒绝授予专利权的情况进行了详细的介绍。

[65] TRIPS art. 27.1.

[66] TRIPS 协定的“过渡性安排”条款为这些国家修改专利法提供了延长的“逐步到位”的期限。见 TRIPS arts. 65, 66。例如，根据 TRIPS art. 65.4，印度直到 2005 年 1 月 1 日才开始授予药品专利权。有关更多印度自加入 WTO 以来其专利制度演变的背景信息，见脚注 7 中提到的 *Mueller* 的文章。

[67] 见 TRIPS art. 31（b）。

许可颁布国的国内市场。[68] 这意味着，例如，如果巴西政府颁布了允许一家巴西医药公司生产和销售一种治疗 AIDS 的药品的强制许可，该药品之前由一家美国医药公司在巴西获得了专利，那么该巴西医药公司生产的药品必须主要用于供应巴西市场而不能出口到其他国家（如南非）。[69] 考虑到那些国内不具备生产能力的发展中国家和欠发达国家将因此无法受益于强制许可规定，WTO 于 2003 年在 TRIPS 协定第 31 条（f）款中增加了一项程序，使得在适当条件下可以免除"主要供应国内市场"的要求。在此程序下，成员（例如巴西或印度）可以颁布强制许可从而制造并向指定的国家，例如南非，出口所制造的专利药品，但仅限于规定的数量并采取适当保护措施防止药品流入非指定国。[70]

"必须根据每个案件的情况向其专利被授予强制许可的专利权人支付适当的费用，并对该许可的经济价值加以考虑。"[71] 授予强制许可的决定和付给专利权人的费用数额的确定都需要接受司法审查。[72]

E. 专利协调（patent harmonization）

在世界上不同专利制度之间进行协调的努力由来已久。[73] 最近的一个例子

---

[68] 见 TRIPS 协定，art. 31（f）。

[69] 对 TRIPS 协定第 31 条"主要供应国内市场"规定的解释源自 2001 年于卡塔尔签署的《WTO 多哈部长会议宣言》中有争议的问题。见 Ministerial Conference, *Declaration on the TRIPS Agreement and Public Health*, WT/MIN（01）/DEC/2（Nov. 20, 2001），网址为 http://www.wto.org/english/thewto_e/minist_e/min01_e/mindecl_trips_e.pdf。宣言第 6 段表示："对于在药品领域没有制造能力或制造能力不足的 WTO 成员来说，要想根据 TRIPS 协定有效利用强制许可的话可能会比较困难"，并且"责成 TRIPS 协定理事会在 2002 年底前提出迅速解决这一问题的方案并向 WTO 总理事会报告"。同前。

[70] 见 WTO General Council 公布的 *Implementation of paragraph 6 of the Doha Declaration on the TRIPS Agreement and public health*, WT/L/540 and Corr. 1（Aug. 30, 2003），网址为 http://www.wto.org/english/tratop_e/trips_e/implem_para6_e.htm。如果 2/3 成员接受 2003 年的补充决定，它将成为 TRIPS 协定（作为新 TRIPS 协定的 art. 31*bis*）的永久内容。接受该决定的期限为 2009 年 12 月 31 日。见 World Trade Organization，公布的 *Members accepting amendment of the TRIPS agreement*, http://www.wto.org/english/tratop_e/trips_e/amendment_e.htm（最后访问时间为 2009 年 1 月 15 日）。（在本书出版之时该决定已经被接受，TRIPS 协定的 art. 31*bis* 见 http://www.wto.org/english/tratop_e/trips_e/wtl641_e.htm。——编者注）

[71] TRIPS art. 31（h）.

[72] 见同上，arts. 31（g），（i），（j），and（k）。

[73] "协调"应区别于"统一化"。专利法意义上的协调指的是通过减少或消除不同国家专利制度之间的差异而使其达成一致的努力。例如，在专利协调问题上，最具争议的一个议题就是美国是否会从一直沿用的先发明制改为世界上其他国家普遍采用的先申请制。协调不是寻求建立统一的"世界专利"制度。（在本书出版时《美国专利法》已经修改为发明人先申请制。——编者注）

就是于2005年4月28日生效的WIPO《专利法条约》（*Patent Law Treaty*, PLT）。[74]

对于协调的争议主要集中在两个问题上：是以先申请制还是以先发明制确定专利权在时间上的优先权，以及新颖性要求应该是“绝对的”还是“有条件的”（qualified）。后者引发了专利制度是否应该提供申请前宽限期问题。以下将对上述协调问题逐一进行讨论。[75]

1. 先申请制 v. 先发明制

经过长期的争议后，美国于20世纪90年代早期宣布，将继续保持其独特的先发明系统。[76] 截至2009年，美国是世界上唯一采用先发明制的国家。尽管通常认为先发明制对个人/小实体发明人来说更为公平，但这使得美国专利法比其他国家的先申请制度更加复杂，并造成了繁重的行政负担。

美国决定实行先发明原则意味着，当两个（或更多）各自独立完成（非复制）相同发明创造的发明人都为其发明创造申请美国专利时，专利权（至少理论上讲）将授予首先发明的人，而无须考虑二者递交各自专利申请的顺序。前面使用“理论上讲”一词意味着这个过程不会自动启动。相互竞争的请求人必须参与到**冲突程序**中以确定哪一方发明在先，该程序是一项在USPTO进行的双方裁判程序。[77] 后递交申请的一方（the junior party，较晚方）要负责证明先递交申请的一方（较早方（the senior party））就是先发明方的推定不能成立。正如本书第4章（“新颖性及权利丧失（《美国专利法》第102条）”）所介绍的，《美国专利法》第102条（g）款（1）项是关于冲突程序的基本法规。有关冲突程序的规则和

---

[74] 《专利法条约》当前版本，June 1, 2000, 28 U.S.T. 7645, 1160 U.N.T.S. 221，网址为 http://www.wipo.int/treaties/en/ip/plt/trtdocs_ wo038.html。

[75] 关于USPTO对各种专利协调议题的观点汇总，见USPTO公布的 *Request for Comments on the International Effort to Harmonize the Substantive Requirements of Patent Laws*, 66 Fed. Reg. 15409 (2001)，网址为 http://www.uspto.gov/web/offices/com/sol/notices/intpatlaws.pdf。

[76] *U.S. Says "Not New" on First-to-File, Agrees with Japan on Patent Tem*, 47 Pat. Trademark & Copyright J. (BNA) 285 (Jan 27, 1994)。

[77] 美国专利制度将冲突程序作为一种确定发明创造优先权的方法。一般见 Edward Walterscheid 所著 *Priority of Invention: How the United States Came to Have a "First-to-Invent" Patent System*, 23 AIPLA Q. J. 263 (1995)。但采用先发明制度并不必然需要冲突程序。历史上，英国曾用使用发明创造递交日的相对顺序作为确定相对发明日的不可反驳的推定，并因此避免了先发明优先权制度所导致的关于事实的冗长争论。本书作者感谢 Carl Moy 教授对此提供的意见。

程序非常复杂，超出了本书的讨论范围。[78]

在除美国以外的国家，时间上的优先权是通过先申请制度确定的。从行政管理角度来讲，先申请制度要比先发明制度轻松很多，不需像美国冲突程序中那样要确定构思、勤勉和付诸实践的日期；一旦发生冲突，专利将授予先递交申请的一方。因此，在这些外国专利制度中，**发明日**这一概念没有什么意义。

先申请制度被认为对拥有较少资源并且能力有限从而不足以迅速向专利局递交申请的独立发明人来说是并不公平的。但很多外国专利制度承认“先用权”(prior user rights)，这对上述不公平现象来说是一定程度上的改善。[79]

先用权本质上是一种侵权抗辩。先用权的工作方式如下：假设A，一个德国国民，获得了一种酿造啤酒的方法专利，A控告B，一个与A不相关的德国国民，侵犯了A的专利。B认为其在A之前独立开发了相同的方法，并于A专利申请日前开始在B的酿酒生意中使用。在这种情况下，德国专利法将维持A专利有效，但授予B先用权，[80] 本质上就是B可以继续使用上述酿酒方法而无须对A负法律责任的许可。[81] 该许可是针对B

---

[78] 与冲突程序相关的法规和实务，见 Practice Before the Board of Patent Appeals and Interferences, 37 C. F. R. § §41. 1 - 41. 208 (2008); *Interference Proceedings*, Manual of Patent Examining Procedure § §2301 - 2309 (8th ed., 7th rev. 2008); Charles W. Rivise 和 A. D. Caesar 所著 Interference Law and Practice (W. S. Hein 2000); Charles L. Gholz 所著 *Interference Practice* in 5 Irving Kayton & Karyl S. Kayton, Patent Practice 23. 3 (6th ed. 1997)。

[79] 见 Gary L. Griswold 等所著 *Prior User Rights: Neither a Rose Nor a Thorn*, 2 U. Balt. Intell. Prop. L. J. 233, 236 (1994)（指出采用先用权作为侵权抗辩的国家“包括我们最重要的合作伙伴，这些国家约占美国以外的世界各国国内生产总值85%（欧洲：法国、德国、意大利、荷兰、西班牙、英国和其他12个国家；亚洲：中国大陆、中国香港地区、印度尼西亚、日本、韩国、马来西亚、菲律宾、新加坡和中国台湾地区；北美：加拿大和墨西哥；其他：澳大利亚、埃及和以色列)”）。

[80] 《德国专利法》规定：

> §12. (1) 专利权的效力不及于在递交专利申请时已经在德国开始使用该发明创造，或者已经为使用该发明创造做好了必要准备的人。这个人为了他生意的需要有权在自己或他人的工场或车间里使用该发明创造。该权利只可以被继承或与这个人的生意一起被转让……
>
> (2) 假如专利权人有权享有优先权，上面(1)中的申请日应替换为在先申请的申请日。然而，当外国国民要求享有外国优先权，但该国在此方面没有提供互惠待遇，此项规定则不能适用。

Patentgesetz [Patent Act], Dec. 16, 1980, BGBl. I 1981 at 1, last amended Aug. 6, 1998, BGBl. I at 2030, v §12 (F. R. G.), 译自 http://www.wipo.int/clea/docs_new/en/de/de081en.html。

[81] 因此先用权可以被看作是一种强制许可。

个人的，B不能将该许可转让给第三方C，除非是连同B的酿酒生意被完全、善意的转让。

1999年以前，美国完全不接受先用权，这可能是因为先用权被认为会减损专利排他性，从而降低专利的经济价值。但出于对商业方法专利兴起的关切，国会在1999年颁布的《美国发明人保护法案》中设立了一种有限的先用权。《美国专利法》第273条中被称为“在先发明人”的抗辩权，仅适用于在法条中被称为“从事或经营商业的方法”专利侵权情形。[82] 要主张该抗辩权，在先使用人必须：（1）在专利权人有效申请日（美国或外国的优先权日）一年前，实际将该发明创造付诸实施；（2）在同一日期前的任意时间以商业为目的使用了该发明创造。[83]

如果2005年6月向第109次国会提出立法草案能够生效，美国就会由长期的先发明制度转变为“发明人先申请”制度。后者就是先申请制度，如此命名为了强调独创性要求；也就是说，为了获取专利，发明创造必须是发明人原创的，而非复制或衍生自其他发明创造。立法草案H. R. 2795（题为“2005年专利改革法案”）[84]，建议删除《美国专利法》中所有与“发明日”有关的内容。无论发明创造何时构思并付诸实施，新颖性将被专利人有效申请日前发生的某类事件破坏。[85] 值得注意的

---

[82] 《美国专利法》第273条（a）款（3）项。

[83] 见《美国专利法》第273条（b）款（1）项。

[84] Patent Reform Act of 2005, H. R. 2795, 109th Cong. (2005)，网址为 http://frwebgate. access. gpo. gov/cgi - bin/getdoc. cgi? dbname = 109 _ cong _ bills&docid = f: h2795ih. txt. pdf。

[85] 2005年专利政策法案提出以下三种破坏新颖性的事件：

> （i）提议的《美国专利法》第102条（a）款（1）项（A）目：在所要求保护的发明创造有效申请日一年以前，该发明创造已经获得专利、在印刷出版物中被披露、或以其他方式为公众所知（此类包括发明人和第三方的披露）；
>
> （ii）提议的《美国专利法》第102条（a）款（1）项（B）目：在所要求保护的发明创造有效申请日以前，该发明创造已经获得专利、在印刷出版物中被披露、或以其他方式为公众所知（此类仅包括第三方的披露）；以及
>
> （iii）提议的《美国专利法》第102条（a）款（2）项：该发明创造已经被其他发明人在所要求保护的发明创造有效申请日以前递交的授权专利或已公开的专利申请所披露（此类最直接的贯彻了“发明人先申请”原则，与现在的《美国专利法》第102条（e）款类似，只是将发明日替换为有效申请日）。

见 H. R. 2795, 109th Cong. §3 (b) (2005)。

是，立法案建议保留申请前1年的宽限期，但仅适用于发明人而非第三方作出的公开。这项建议是希望在目前美国实行的有条件新颖性标准和以下要详细讨论的其他地方实行的绝对新颖性标准之间达成妥协。2007年专利改革法案也包括类似关于“发明人先申请”制度的建议，但与2005年的立法草案类似，2007年的立法草案没有生效成为法律。[86]

2. 绝对新颖性 v. 有条件新颖性：宽限期

专利协调中争论的第二个重要问题是国际上认可申请前**宽限期**的需要。正如本书第4章所介绍的，专利法中的宽限期是在申请人的申请日之前一段有限的时间，在这段时间内该发明创造可能以商业为目的被使用或进入公众领域，但不会因此丧失获得专利的权利。自1839年以来，美国专利法中就有了关于宽限期的规定。[87] 当前《美国专利法》第102条（b）款规定的宽限期是1年。在此期间，该发明创造可能已经获得专利，已被发明人或第三方在印刷出版物上公开，在公开使用或销售，但都不会引发第102条（b）款规定的权利丧失。

除美国外的国家采用的是“绝对新颖性”制度，并不承认任何申请前的宽限期（或者即使承认，宽限期的长度和目的也非常有限，例如特定类型的国际展览[88]）。例如，《欧洲专利公约》（EPC）第54条规定，任何在递交欧洲专利申请之前发生的、使得发明创造成为“现有技术”一部分的活动都会破坏该申请的新颖性。[89]

对于那些身处“不发表，即灭亡”的学术领域而又想要为其研究成果寻求专利保护的教授和研究人员来说，绝对新颖性制度使其陷入了十分困难的境地。在绝对新颖性制度下，必须在公开发明创造包括口头泄

---

[86] 见 Patent Reform Act of 2007, H. R. 1908, 110th Cong. §3 (2007); S. 1145, 110th Cong. §3 (2007)。

[87] 1893～1939年，美国专利法规定了2年的宽限期。1939年，宽限期减少到1年。

[88] 见例如，Convention on the Grant of European Patents art. 55 ("Non－prejudicial Disclosures"), Oct. 5, 1973, 13 I. L. M. 268, 2007 O. J. Eur. Pat. Off. (Spec. Ed. 4) 1, 57，网址为 http://www.epo.org/patents/law/legal－texts/html/epc/2000/e/mal.html（下称《欧洲专利公约》）。

[89] 见《欧洲专利公约》第54条（1）款（“一项发明创造应被认为是新的，只要该发明创造不是现有技术的一部分”）；同前，《欧洲专利公约》第54条（2）款（“现有技术包括在欧洲专利申请日前，通过书面或口头描述，使用，或任何其他方式成为公众可获得的任何内容”）。

露以前提交专利申请。[90]

在前面谈到的专利协调讨论中，美国提出其会考虑转为先申请制度以换取在世界范围内承认的适当的新颖性宽限期。除美国的建议以外，欧洲专利专家继续迫切要求在国际上采用新颖性宽限期。[91] 在2005年6月，向国会提交的立法草案如果生效，美国专利系统就会变为先申请系统，并对发明人作出的公开（例如销售，出版或公开使用）保持1年的申请前宽限期。[92] 但这一草案没有成为法律。

F. 关于灰色市场商品（gray market goods）和国际权利用尽理论（international exhaustion debate）的争论[93]

跨境专利纠纷常常涉及“灰色市场”商品。这种商品也称为“平行进口”商品，但并非伪造、非法、盗版或“黑市”产品。灰色市场商品是由专利权人生产或经过其授权生产的合法产品。无论是在国内生产还是离岸生产，灰色市场产品都由专利权人或其许可代理商首先在国外市场进行销售，随后被第三方购入，并未经许可就进口到专利权人所属国市场，并在该市场内与经许可（特别是价格较高的）销售渠道的产品进行竞争。因为这些产品通常是专利权人在国外市场以优惠的价格售出的，这对于灰色市场商人非常有吸引力，他们会将这类产品进口到专利权人的国内市场从而削弱那里较高的价格。

平行进口引发的法律问题在于，专利权人首先在国外市场销售专利产品后是否还能以专利侵权为由禁止这些产品随后被未经许可的第三方进口到专利权人的国内市场。专利权人以专利权为武器禁止灰色市场产

---

[90] 见《欧洲专利公约》第54条（2）款。

[91] 见欧洲专利局发布的 *The case for and against the introduction of a grace period in European patent law*（July 25, 2000）, http://www.epo.org/about-us/press/releases/archive/2000/25072000.html（对 Jan Galama 先生和 Dr. Joseph Straus 教授的评论进行了总结）。

[92] 见 H.R. 2795, 109th Cong. §3（b）（1）（2005）。

[93] 这部分内容的主要依据是 Janice Mueller 和 Jeffery Atik 所著的 *New International Dimensions In The Gray Market Goods Debate*, 1 J. Marshall Center for Intell. Prop. L. News Source 6（Summer 1999）中的观点。

品参与竞争的能力导致了“权利用尽”原则的产生。[94] 应区分权利用尽的三种形式：（1）国内范围内的权利用尽；（2）区域范围内的权利用尽（例如在欧盟范围内）；（3）国际范围内的权利用尽。逐一介绍如下。

1. 国内权利用尽

专利法意义上的国内范围内的权利用尽是所有国家法律公认的概念，并且没有直接涉及平行进口纠纷。国内范围内的权利用尽的含义就是，某产品首先被授权在一国内市场进行销售后，该产品专利权人不再具有对该客观产品的处置或通过在该国内市场对该产品进行再销售而获利的行为加以控制的可执行权利。[95]

例如，一个消费者在密歇根州购买了一辆新的福特汽车。车内装有一个或多个福特在美国拥有专利权的内部零件，如果消费者在加利福尼亚州将该汽车再次售出，就不需要再向福特汽车公司支付专利许可费或其他费用。福特公司在该汽车首次经许可的销售中已经获得了其汽车专利发明创造的所有价值或价值“体现”，购买者获得了以任何形式处置该汽车的权利且无须经过福特公司同意。[96] 国内权利用尽原则确认了反对限

---

[94] “权利用尽”是一种不恰当的称谓。知识产权本身（例如专利权人禁止他人制造、使用、许诺销售或进口要求保护的发明创造的权利）是不会用尽的，至少在专利权有效期间是不会用尽的。然而，用尽的是专利权人对特定产品进行处置的控制权，该产品最初在国外经专利权人许可制造，但随后被第三方购买并在未取得专利权人许可的情况下被进口至专利权人所属国。

法官 Giles Rich 认为“用尽”一词不合乎逻辑：

> 当专利权人自行制造或者销售时，他并不是在实施其专利权；因此其销售行为并没有用尽其专利权。问题本身不在于对售出产品的控制，而是在于对购买者和其他人的控制，如果有这样的人的话。享有过在没有竞争的情况下出售产品的潜在利益后，法律还应该给予专利权人控制购买者如何处置其所购买的产品的权利吗？我的回答是“不”，并且至少在近半个世纪以来法院一般也是这样认为的。但他们通过所谓的“用尽”理论将这种结果合理化，在我看来，这在逻辑上是不合理的。

Giles S. Rich, *My Favorite Things*, 35 Idea 1, 3 -4（1994）.

[95] 《美国版权法》第 109 条（a）款中的“首次销售原则”（first sale doctrine）是与国内权利用尽类似的原则。在 *Quanta Computer, Inc. v. LG Elecs., Inc.*, 128 S. Ct. 2109（2008）案中，最高法院认为国内权利用尽是一项专利侵权抗辩理由，关于 *Quanta* 案判决中的具体分析，见本书第 10 章 C. 8 部分。

[96] 但消费者并没有获得通过改装专利产品，也就是再次“制造”专利产品，从而侵犯福特公司专利权的权利。**改装**专利产品的侵权行为与不构成侵权的**修理**专利产品的行为是不同的，修理专利产品是在购买者使用其所购买的产品的默示许可范围内的行为。见 Jazz Photo Corp. v. Int'l Trade Comm'n, 264 F. 3d 1094, 1105（Fed. Cir. 2001）。

制个人财产转移的基本法律政策比福特的专利权更为重要。

2. 区域（欧盟范围内的）权利用尽

第二类权利用尽理论适用于欧盟的27个成员国范围内。[97] 欧洲联盟法院（European Court of Justice, ECJ）采用的“区域范围内的权利用尽”原则实质上就是覆盖整个欧盟（EU）市场的国内权利用尽原则。实际上区域范围内的权利用尽意味着，一旦专利产品在专利权人的许可下在EU任何地方进入市场，从此专利权人就不能禁止将该专利产品进口到其他EU成员国。[98] ECJ采用的区域范围内的权利用尽原则是对“货物自由流动”这项罗马条约的基本原则的体现，该原则也是欧盟反对成员国间贸易壁垒的基础。[99]

3. 国际权利用尽

第三种也是最后一种权利用尽，国际范围内的权利用尽，比前两种都要复杂，并且与前两种相比是个尚未定论的法律概念；国际范围内的权利用尽直接涉及国家间的平行进口纠纷。相对于国内范围内的权利用尽，各国对于是否应采用国际范围权利用尽原则尚未达成一致。国际范围权利用尽原则的支持者认为，专利权人的权利在专利产品于世界任何地方首次经许可销售后即用尽，随后将该产品进口到专利权人所属国的行为并不是法律上的错误行为。持这种观点的人包括，折扣零售商、消费者行动团体和一些经济学家，这些人认为消费者可以受益于平行进口引起的价格竞争。国际自由贸易和国际知识产权协调的支持者也赞同平

---

[97] 从2007年1月1日起，欧盟成员国已从25个增加至27个。见 http://ec.europa.eu/enlargement/the-policy/from-6-to-27-members/index_en.htm（最后访问时间为2009年1月16日）。

[98] 一般见 Case 187/80, Merck & Co. v. Stephar BV, 1981 E.C.R. 2063，网址为 http://eur-lex.europa.eu/LexUriServ.do?uri=CELEX:61980J0187:EN:HTML。

[99] 见 Consolidated Version of the Treaty Establishing the European Economic Community, 2006 O.J.（C321）E/37，网址为 http://eur-lex.europa.eu/LexUriServ/LexUriServ.do?uri=OJ:C:2006:321E:0001:0331:EN:pdf（以下简称《罗马条约》）。《罗马条约》的第28条和第30条共同阐释了货物自由流通原则和知识产权的区域性之间的关系（紧张）。第28条（原第30条）规定“进口数量限制以及全部具有相同效果的措施都应在成员国之间被禁止”。但第30条（原第36条）为知识产权设置了合理例外：

> 第28条的规定……不应成为排除为保护工业和商业产权而对进口、出口或运输中的货物而作出禁止或限制的理由。不过，上述禁止或限制不应成为在各成员国之间造成人为歧视或变向贸易限制的手段。

行进口，因为他们认为允许进口灰色市场商品即便不会消除也会减少专利权人在国际贸易中采取价格歧视的能力。

传统的观点是，专利权是国家范围的而非世界范围的概念，并且专利权的起点和终点都是以国界划定的。国际范围内的权利用尽原则之所以引发争议，是因为该原则对传统观点提出了挑战。事实上，美国专利法明确规定，未经许可进口专利产品的行为是一种可被控告的侵权行为。[100] 专利权人，尤其是医药领域的专利权人声称，他们通常以优惠的价格在外国市场销售其专利产品，但这不应该导致其国内专利权的用尽，国内专利权是依据带有地域限制的国内法律产生的，且专利权人并未从在国外以较低价格进行的销售中获得该专利的全部价值。

所有形式的知识产权保护中，专利法的复杂性导致其最具区域性，各国的专利法之间巨大的实质性差异就反映了这一点。《巴黎公约》第4条之二条明确规定了就同一发明创造在不同国家取得的专利是互相独立的这一原则。因此，当日本最高法院于1997年在 *BBS Kraftfahrzeug Technik AG v. Kabushiki Kaisha Racimex Janpan and Kabushiki Kaisha JapAuto Prods.* 案[101]判决中针对日本专利权人采用了国际范围内的权利用尽原则时，国际专利界的很多人都感到震惊。

美国并不（还未）认同专利产品在国际范围的权利用尽原则（与美国法院对待某些获得版权或商标权保护的产品的态度不同[102]）。因此，依据美国专利法对具有新颖性和非显而易见性的产品的保护，对要求禁止平行进口的国内公司来说是重要的承诺。

美国最高法院在其唯一涉及专利产品平行进口的案件，即 *Boesch v. Graff* 案[103]中，禁止进口从国外获得但被美国专利所覆盖的产品，该产品源于德国经授权的先用权，最高法院在判决中作出宽泛的断言，指出"在美国销售被美国专利所覆盖的商品不受外国法律的控制"。[104] 联邦巡回上诉法院在 *Jazz Photo Corp. v. U. S. Int'l Trade Commission* 案中以 *Boesch*

---

[100] 见《美国专利法》第271条（a）款（规定专利侵权包括"未经许可"将专利发明创造"进口到美国境内"）。

[101] 51 MINSH 299（Sup. Ct. July 1, 1997），译自 http://www.okuyama.com/c3v01ok.htm 以及 http://www.courts.go.jp/english/judgements/text/1997.07.01-1995-O-No.1988.html。有关 *BBS* 案的进一步分析，见脚注93中 Mueller 和 Atik 所著文章。

[102] 见 Quality King Distributors, Inc. v. L'Anza Res. Int'l, Inc., 523 U.S. 135（1998）（获得版权保护的产品）；K-Mart Corp. v. Cartier, Inc., 486 U.S. 281（1988）（获得商标权保护的产品）。

[103] 133 U.S. 697（1890）.

[104] 133 U.S. 703（1890）.

案拒绝采用国际范围权利用尽原则的观点为依据,[105] 认为“美国专利权不会因产品来自国外而被用尽”，对于被控侵权人“主张首次销售原则保护的情况，被许可的首次销售必须是基于美国专利的”。[106]

G. 美国法院对外国专利的执行

美国最高法院2007年在 *Microsoft Corp. v. AT & T Corp.* 案[107]判决中强调了反对美国专利域外适用的推定。[108] 由于美国法院并不可能认定域外行为侵犯美国专利权，对抗这种行为的传统策略是先取得外国专利保护，随后在侵权发生地具有司法管辖权的外国法院执行该外国专利。随着经济的全球化发展，在多国进行专利诉讼的费用和复杂性问题日益突出。[109]

因此，对特定发明创造拥有相应外国专利的美国专利权人要求美国法院不仅对国内侵权问题作出判决，还要根据《美国法典》第 28 编第 1367 条行使补充性管辖权（supplemental jurisdiction）来判断国外发生的行为是否侵犯了相应的外国专利。[110] 然而到目前为止，这项策略还未被证明是成功的，因为联邦巡回上诉法院一直在拒绝地区法院对外国专利争议行使补充性管辖权。[111]

例如，联邦巡回上诉法院在被密切关注的 *Voda v. Cordis Corp.* 案[112]中

---

[105] 264 F. 3d 1094 (Fed. Cir. 2001).

[106] 同上，at 1105（引用了 *Boesch* 案中的观点：“在国外发生的合法购买行为并不能排除在进口至美国并在美国进行销售之前应得到美国专利权人许可的需要”）。

[107] 550 U. S. 437 (2007).

[108] 同上，127 S. Ct. at 1758（指出美国法律“只在国内而并不是在全世界有效”的推定也适用于“专利法”）（引用了《美国专利法》第 154 条（a）款（1）项和 *Deepsouth Packing Co. v. Laitram Corp.*, 406 U. S. 518, 531 (1972) 案）。本书第 9 章 E. 4 部分对美国最高法院作出的 *Microsoft* 案判决进行了详细介绍。

[109] 见 Fairchild Semiconductor Corp. v. Third Dimension (3D) Semiconductor, Inc., No. 08 - 158-P-H, 2008 WL 5179743, at *10 (D. Me. Dec. 10, 2008)（指出“在全球化市场范围内，知识产权争端可能会涉及多个国家的专利法。解决这些争端的不确定性和复杂性会增加经营成本，并导致消费者成本的增加”）。

[110] 28 U. S. C. §1367（“补充性管辖权”）规定：“在任何联邦地区法院拥有原始管辖权的民事诉讼案件中，联邦法院应对全部其他诉求拥有补充性管辖权，这些其他诉求与原始管辖权范围内的本案诉求密切相关，从而构成美国宪法第 3 条所定义的相同案件或争议的一部分。但有本条（b）项与（c）项的情形，或其他在联邦法律中明文排除的情况，不在此限。”同前，at §1367 (a)。

[111] 见 Voda v. Cordis Corp., 476 F. 3d 887 (Fed. Cir. 2007)（撤销了地区法院接受补充性管辖权的判决）; cf. Mars, Inc. v. Kabushiki-Kaisha Nippon Conlux, 24 F. 3d 1368 (Fed. Cir. 1994)（维持了地区法院判决，拒绝对日本专利侵权的诉求行使补充性管辖权）。

[112] 476 F. 3d 887, 904 (Fed. Cir. 2007).

就认为地区法院对外国专利权利要求行使补充性管辖权是对其自由裁量权的滥用。原告 Voda 博士拥有用于介入性心脏病学的引导导管（guiding catheters for use in interventional cardiology）的美国和外国专利（后者由同一件 PCT 申请授权而来）。尽管双方对 Voda 的美国和外国专利是否在重要方面存在着区别的问题存在争议，但相同一种被控侵权的 Cordis 导管在美国、法国、德国、英国和加拿大都有出售。联邦巡回上诉法院讨论、但拒绝依据《美国法典》第 28 编第 1367 条来判断，Voda 声称其外国专利被侵权的诉求与 Voda 的美国专利是否被侵权的问题是否有着“共同的核心关系”（common nucleus of operative fact）。[113]

联邦巡回上诉法院认为，地区法院没有拒绝行使补充性管辖权，是对《美国法典》第 28 编第 1367 条（c）款自由裁量权的滥用。[114] *Voda* 案判决的多数意见认为，“礼让（comity）、司法节制（judicial economy）、便利（convenience）、公正（fairness）和其他例外条件构成了在本案中拒绝司法管辖权的重大理由”。[115] 首先，在该判决中的多数意见指出，《巴黎公约》、PCT 或 TRIPS 协定都没有“考虑或允许一个国家对另一个国家的专利进行裁判”。[116] 对于礼让，多数意见认为“美国法院没有理由取代英国、加拿大、法国或德国的法院来解释或执行这些国家的专利权”。[117] 行使补充性管辖权也不能实现司法节制，这是因为美国法院在涉案“外国专利体制不具备……制度能力（institutional competence）”，并且为了处理适用不同体制过程中可能给陪审团造成的困惑，可能还需要分别进行审判。[118] 地区法院并没有对便利因素进行详细分析。[119] 最后，国家行为原则（act of state doctrine）可能会使地区法院对外国专利行使补充性管辖权

---

[113] 476 F. 3d 896 (Fed. Cir. 2007).

[114] 第 1367 条（c）款规定：“地区法院可以拒绝对根据本条（a）款提出的诉求行使补充性管辖权，如果（1）该诉求引发了新的、复杂的州法争议；（2）该诉求的重要性已在实质上超过了地区法院拥有原始管辖权的诉求；（3）地区法院已驳回其拥有原始管辖权的所有诉求；（4）在特殊情况下，存在其他拒绝行使补充性管辖权的重大事由。”联邦巡回上诉法院在审理 *Voda* 案时指出，地区法院的错误在于没有根据第 1367 条（c）款中的第（4）种情况拒绝行使补充性管辖权，因为该案的“特殊情况”涉及可以拒绝形式补充性管辖权的“重大事由”。见 *Voda*, 476 F. 3d at 898。

[115] 同上。

[116] 同上，at 899。异议意见指出，这些条约也没有明确禁止一个国家的法庭对包含外国专利权的民间纠纷加以解决。同前，at 915（Newman 法官持异议意见）。

[117] 同上，at 901。

[118] 同上，at 903。

[119] 同上。

的诉求成为根本上不公正的行为。该原则可能会禁止美国法院调查外国专利的有效性，并可能要求法院对专利诉求作出裁判而不问其有效性和可执行性。[120]

联邦巡回法院指出，*Voda* 案中勒令地区法院拒绝行使补充性管辖权的原因，即国际条约的限制和对于礼让、司法节制、便利、公正的考量，构成的是“地区法院可以根据第1367条（c）款加以考虑的非穷尽清单，而不是一个标准”。[121]审理 *Voda* 案的法院认为，在其他具有不同事实的案件中，是可能存在对外国专利行使补充性管辖权的微小可能性的，“尤其是如果情形有所变化，例如如果美国加入新的国际专利条约，或诉讼期间的事件改变了地区法院对于礼让、司法节制、便利、公正的结论”。[122]但在本案中，所考虑的因素迫使多数意见得出结论，认为地区法院行使补充性管辖权是对其自由裁量权的滥用。[123]

---

[120] 476 F.3d 904（Fed. Cir. 2007）. 异议意见认为，“专利授权并非由美国或其他国家作出的国家行为”。同前，at 914（Newman 法官持异议意见）。“专利有效性和侵权问题是法律和商业问题，而非国家行为”。同前，at 915（Newman 法官持异议意见）。

[121] 同上，at 904 - 905。

[122] 同上，at 905。

[123] *Voda* 案的异议意见指出，美国法院常常对外国法律问题作出判决。多数意见“以在涉及外国专利为由极力阻止地区法院在该案中行使自由裁量，这在作出这种决定的众多理由中显得尤为突出”。同前，at 906（Newman 法官持异议意见）。该案的异议意见指责该案的多数意见“从实质上消除了对外国专利案件行使自由裁量权的可能”。同前，at 910。而且，多数意见与 *eBay Inc. v. MercExchange L. L. C.*，126 S. Ct. 1837（2006）案相悖，最高法院在该案判决中“反对专门为专利案件开设例外，并要求地区法院在专利案件中享有与其他案件中相同的衡平自由裁量权”。*Voda*，476 F.3d at 910（Newman 法官持异议意见）。作为对 *Voda* 案中异议意见的回应，一家联邦地区法院将该案的多数意见解读为“对美国法院几乎总是应该拒绝审理有关外国专利的纠纷的强烈主张，至少当这种案件的管辖权属于自由裁量时是这样”。Fairchild Semiconductor Corp. v. Third Dimension（3D）Semiconductor, Inc.，No. 08 - 158 - P-H, 2008 WL 5179743, at *1（D. Me. Dec. 10, 2008）。但该地区法院认为 *Fairchild* 案与 *Voda* 案是不同的，因为 *Fairchild* 案涉及许可争议，案件各方都对解决涉及美国专利和中国专利许可争议的法院选择条款都表示同意。地区法院认为多样国民身份管辖权（而不是第1367条的补充性管辖权）适用于这起合同纠纷，因此法院应该行使该管辖权，尽管这样做可能需要对中国专利法加以考虑。见同前，2008 WL 5179743, at *3, *9（结论是“*Voda* 案中所表达的顾虑并不妨碍在这种许可费纠纷中执行法院选择条款”）。

索　　引

A

C

E

F

G

J

K

L

P

S

T

U

V

W

术 语 表

Accused device, Accused composition of matter, Accused method（被控侵权设备、被控侵权物质组合、被控侵权方法）：由被控侵犯专利权的一方（称作为被控侵权者）制造、使用、销售、许诺销售或进口的侵权产品（或物质组合或方法）。

All-limitations rule（全特征原则）：全特征原则是用来确立侵权的原则，被控侵权设备必须满足（符合或匹配）被侵权（无论是字面侵权还是等同侵权）的专利权利要求的每一项特征。全特征原则有时也被称为“全要件原则”，其强调专利权利要求的每一项特征都是重要的。

Analogous art（类似技术）：类似技术是在分析《美国专利法》第103条的非显而易见性时要考虑的现有技术。作为一个法律问题，类似技术是本领域普通技术人员在解决该发明创造要处理的技术问题时会参考的现有技术。在判断一项现有技术是否与所主张的发明创造类似时，该现有技术必须满足如下条件之一：（1）与所主张的发明创造处于相同的技术领域；（2）虽与所主张的发明创造不属于相同的技术领域但与待解决的技术问题合理相关。另见“本领域普通技术人员”术语。

Antedate（居先）：与针对对比文件（reference）进行“在后宣誓”具有相同含义。根据37 C. F. R. §1. 131规定的程序，针对驳回意见中所引用的、根据《美国专利法》第102条（a）款至（e）款破坏权利要求新颖性、或根据《美国专利法》第103条破坏非显而易见性的现有技术对比文件，专利申请人可以证明该申请的“发明日”（invention date）居先于所引用的对比文件的有效日期。

Anticipation（预见）：预见指的是因为一项申请不满足《美国专利法》第102条中的一个或多个子条款的规定，所以其新颖性被否定（或异议）的情况。当上述一种情况发生的时候，就称为所要求保护的发明创造被预见了。具有预见性的现有技术对比文件与所主张的发明创造之间的关系必须是完全相同（strict identity）的；也就是说，要根据《美国专利法》第102条的规定证明一件申请被预见，则一篇单独的现有技术对比文件必须公开了所主张发明创造的每一项特征，并按照权利要求中记载的方式加以安排。另见“权利丧失”术语。

Assignment（转让）：转让是对专利或专利申请的所有权或其中任何利益的转移。见《美国专利法》第261条。对比许可。

Bestmode（最佳方式）：《美国专利法》第112条（b）款要求发明人必须在一件美国专利申请中公开在该申请的申请日之时该发明人已知的实施该发明创造的最佳方式。最佳方式有时被称为发明创造的优选实施例。

Blocking patents（牵制专利）：牵制专利指的是两件或多件专利的权利要求范围之间存在以下关系，实施其中一件专利就会侵犯另一件专利，反之亦然。牵制专利一般指的是第一件专利涉及基本发明创造，第二件专利涉及对该基本发明创造的改进，且这两件专利属于不同的实体。牵制专利的情况一般是通过交叉许可来解决的。

Central claiming（中心界定制）：中心界定制是一种权利要求撰写方式，在该方式下，权利要求记载发明创造的优选实施例，但从法律上认为该权利要求包括该优选实施例的所有等同物（与之实质相似的复制品）。对比周边界定制。

Claims（权利要求）：定义专利权人排除他人制造、使用、销售、许诺销售或进口其发明创造的权利范围的单句，并且位于专利说明书的末尾。见《美国专利法》第112条（b）款。专利权利要求的各个要素或组成部分被称为特征。

Commercial embodiment（商业体现）：与专利中所要求保护的发明创造相对应的（根据该发明创造制造的）在市场上销售的实际产品或方法。在进行侵权判定的时候，不应将专利发明的商业体现与被控侵权设备进行比较；在侵权判定中，专利权利要求才是被控侵权设备的比较对象，而非该发明创造的商业体现。

Composition of matter（物质组合）：《美国专利法》第101条规定的一类潜在的可专利客体，其包括化学物质组合，以及物质的混合，例如合金。

Compulsory license（强制许可）：政府迫使专利权人给予第三方的非合意专利许可。TRIPS 协定签约成员可以于存在协定第 31 条规定的情形下建立强制许可制度。美国在历史上反对大多数形式的强制许可。

Conception（构思）：发明行为中的思维部分。构思涉及发明人在头脑中对整个可操作的发明创造形成清楚且固定的想法，正如其后所付诸实施的一样。对比付诸实施。

Continuation application（延续申请）：一件专利申请，其包含了一件在先申请（母申请或原始申请）的全部公开内容，且没有增加任何新内容（new matter）。只要满足《美国专利法》第 120 条的规定，延续申请应具有与其母申请相同申请日。

Continuation-in-part（CIP）application（部分延续申请）：一件专利申请包含了一件在先申请（母申请或原始申请）的全部公开内容，且增加了新内容（new matter）。在判断可专利性（基于现有技术对新颖性和创造性进行评价）的时候，部分延续申请的权利要求中，与母申请具有相同客体的权利要求（既在母申请又在该部分延续申请中公开的客体）可享有母申请的申请日，而那些包含了母申请未公开的新内容的权利要求仅享有该部分延续申请的实际申请日。然而，如果一件专利申请根据《美国专利法》第 120 条或第 121 条的规定包含了对一件或多件在先递交申请的参考，那么要确定该专利的失效日的话，则该专利中的所有权利要求都将在最早的申请日后 20 年失效。

Contributory infringement（辅助侵权）：辅助侵权是间接侵权的一种形式，由《美国专利法》第 271 条（c）款予以规定。如果一方由于制造、使用、销售、许诺销售或进口受专利保护的发明创造的整体而构成了《美国专利法》第 271 条（a）款规定的直接侵权，而另一方为其提供（销售、许诺销售或进口到美国）该受专利保护的发明创造的专用部件就会构成辅助侵权。所提供的部件必须是该发明创造的重要部分，且辅助侵权者必须知道该部件是专为侵权用途而制造或使用的。此外，所提供的部件不得是非专用部件或适用于实质性非侵权用途的普通商品。另见“诱导侵权”“侵权”两个术语。

Critical date（关键日期）：美国专利申请递交日以前一年的日期。关键日期之所以关键，是因为其涉及《美国专利法》第 102 条（b）款中法定限制的适用。

Declaratory Judgment action（确认之诉）：依据《美国法典》第 28

编第2201条规定，被控侵权者可对专利权人提起诉讼，寻求地区法院确认其没有侵犯涉案专利，和/或涉案专利无效和/或不可实施。在能够递交确认之诉之前，当事人之间必须存在实质性争议。被控侵权者/确认之诉的原告：（1）必须对被诉侵权存在合理的担心；（2）必须参与了“会构成侵权的当前行为或［必须已经采取了］具体的步骤……并且是有意作出这种行为的”。

Definiteness（清楚）：《美国专利法》第112条（b）款规定专利权利要求应当“特别指出并明确主张申请人视为其发明创造的客体”。清楚就是对这一要求的简称。权利要求是否清楚是从PHOSITA的角度判断的。

Derivation（获得）：从他人处获得其发明创造的人实质上就是复制者，而不是发明人，也不具备获取专利的资格。获得指的是A方产生了对一件发明创造的构思，B方获知该构思的情况。依据《美国专利法》第102条（f）款规定，B方不应当被授予专利，因为“B方并没有自己发明出要求获得专利的客体”。

Diligence（勤勉）：为了将一项发明创造的构思日作为其发明日，发明人必须在构思后为了将该发明创造付诸实施（无论是实际付诸实施还是推定付诸实施）而保持勤勉工作。依据《美国专利法》第102条（g）款在争夺一件专利的两个请求人之间确定发明创造的优先权时，意图将构思日作为其发明日的一方必须证明“其在另一方之前完成构思”并从那时到其自己的付诸实施日之间保持了合理的勤勉。发明人持续积极地为将其构思的发明创造付诸实施而努力，或相关时间段内的任何不作为存在着合法理由，这两种证据都可以用来证明勤勉的成立。

Disclosure（公开内容）：公开内容是包括在专利说明书中的内容（以文本形式，并且在很多情形下是以附图形式），以满足《美国专利法》第112条（a）款的要求，即：发明创造的可实施性、最佳方式以及书面描述。

Divisional application（分案申请）：分案申请是从一件专利申请（母申请或原始申请）中分出来的专利申请。当在一件原始申请要求保护两项或多项“独立且不同”的发明创造时，USPTO就可以依据《美国专利法》第121条要求将原始申请限于一项发明创造。申请人可以选择对与原始申请中一项发明创造（所选择的权利要求）对应的权利要求继续审查，而为没有选择的其他发明创造递交“分案”申请。只要所述分案申请符合《美国专利法》第120条的规定，就“应当享有原始申请的申请日”（《美国专利法》第120条）。另见“限制要求”术语。

Doctrine of equivalents（等同原则）：司法创建的非字面专利侵权理论。等同原则扩大了专利权人排除他人制造、使用、销售、许诺销售或进口所要求保护的发明创造的权利范围，使之超出专利权利要求字面界定的保护范围。现实中，如果能够通过复制所要求保护的发明创造、同时作出微小的非实质性改变使得该复制品落在权利要求字面范围之外就可以规避掉专利侵权责任的话，那么专利的经济价值就会被大大削减。等同原则就是通过司法途径对上述问题作出的回答。

Double patenting（专利重复授权）：禁止对一项发明创造授予一件以上的美国专利。如果已经获得了一件专利的申请人想要基于与该专利相同的发明创造或显而易见的变形获得第二件专利，该申请人可能就会面对USPTO以专利重复授权为由对第二件专利申请权利要求的驳回。《美国专利法》认可至少两种类型的专利重复授权：（1）相同发明创造型（或法定）重复授权，这是基于《美国专利法》第101条的原文，即“任何人发明或发现任何新而有用的方法、机器、制造物、或物质组合，或其新而有用的改进……皆可获得专利……”；（2）显而易见型的重复授权，这是一种经司法创建的原则，旨在阻止专利权人基于第一件专利中的发明创造的显而易见的变形获得第二件专利，从而有效地扩张其专利垄断的情形。与相同发明创造型专利重复授权驳回意见不同，显而易见型专利重复授权的驳回意见可通过依据《美国专利法》第253条（b）款提交专利期限放弃声明（terminal disclaimer）来克服。对重复授权的驳回可以被理解为限制要求相反概念，后者是USPTO对申请人在单个专利申请中试图保护多于一项发明创造而作出的回应。

Effective filing date（**EFD**）（有效申请日）：如果一项专利申请根据《美国专利法》第119条（［国外申请日或国内临时申请日］确定的优先权）、第120条（享有在先申请的美国申请日）或第121条（分案申请）的规定可以享有一件在先申请的申请日。那么该申请的有效申请日就是该在先申请的申请日。然而，如果该申请无法享受上述待遇，那么其有效申请日即为其实际递交日。另见“外国优先权”术语。

Enablement（可实施性）：可实施性是《美国专利法》第112条（a）款的规定，要求专利申请人采用“完整、清楚、明确且确凿”的语言在说明书中描述如何制造并使用其所要求保护的发明创造，使得本领域普通技术人员能够无须进行过度实验就能达到上述目的。

Equitable estoppel（衡平禁止反悔）：是对专利侵权指控的衡平法抗辩。（尽管常常一起主张）衡平禁止反悔是独立于懈怠的一个抗辩理由。衡平禁止反悔抗辩的着眼点是原告的误导行为导致被告相信自己不会被起诉。如果衡平禁止反悔成立，则原告对侵权的主张将被完全阻却。

Experimental use（实验性使用）：这项司法创建的原则否定了（或规避了）发生在专利申请日 1 年之前，本可以在表面上适用《美国专利法》第 102 条（b）款的销售或公开使用限制的某些行为。要对法定限制加以否定，所述在关键日期之前的行为必须是“以实验形式”对所要求保护的发明创造的使用，并且该行为必须是“出于测试该发明创造质量的善意目的”。另见“关键日期”“法定限制”术语。

Foreign priority（外国优先权）：《巴黎公约》成员国的专利申请人可以享有的权益，其中在 B 国递交的在后申请可以享有基于相同发明创造在 A 国在先递交的专利申请的申请日（优先权日），只要该在后申请是在优先权有效期（《巴黎公约》规定的 12 个月）内递交的且符合其他所有形式要求。美国专利制度中对所述外国优先权的相应规定为《美国专利法》第 119 条（a）款。

Grace period（宽限期）：宽限期指的是在美国专利申请递交日以前的一年，在该段时间内可以在美国将所要求保护的发明创造进行销售或公开使用，或在世界任何地方基于该发明创造获得专利或在印刷出版物上对其进行描述，都不会因为《美国专利法》第 102 条（b）款的规定而导致权利丧失。除美国以外的国家通常没有提供这样的宽限期。另见“关键日期”“法定限制”术语。

Inducing infringement（诱导侵权）：一种间接侵权的形式（《美国专利法》第 271 条（b）款）。诱导侵权是一方诱导另一方进行《美国专利法》第 271 条（a）款规定的直接侵权的一种侵权行为。另见“辅助侵权”“侵权”术语。

Inequitable conduct（不正当行为）：不正当行为抗辩是有关专利不可执行的抗辩理论。根据衡平法上的“不洁之手”原则，如果专利权人以不正当的方式从 USPTO 获得了专利授权，那么法院不会对专利权人提供帮助，例如不会针对正在进行的侵权行为颁发禁令。不正当行为一般涉及专利申请人违反对 USPTO 的坦诚义务的行为，包括披露重要的关于可专利性的已知信息的义务。可以通过证明专利权人隐瞒与可专利性相关的重要信息且这样做是有意欺骗 USPTO，来证明不正当行为的存在。

Infringement（侵权）：侵权是指对专利权人排他权的侵犯。《美国专利法》第271条列出了导致侵权责任的行为。根据《美国专利法》第271条（a）款规定，直接侵权涉及未经许可制造、使用、销售、许诺销售或进口受专利保护的发明创造。根据《美国专利法》第271条（b）款规定，间接侵权涉及诱导他人直接侵权，或《美国专利法》第271条（c）款规定间接侵权涉及辅助他人直接侵权。《美国专利法》第271条（e）款（2）项规定，向食品药品管理局申请制造受专利保护的药物可能会引发技术侵权。《美国专利法》第271条（f）款和（g）款定义了涉及在美国域外发生行为的某些侵权行为。另见“辅助侵权”“诱导侵权”“字面侵权”“等同原则”术语。

Intellectual property（**IP**）（知识财产）：知识财产是人类思维产生的无形产品，包括诸如发明创造、创意、信息、艺术创作、音乐、品牌名称、产品包装、产品设计、名人形象、产业秘密以及客户名单，这些都是专利、作品、商标、商业秘密或相关法律保护形式的主题。

Intellectual property rights（**IPRs**）（知识产权）：知识产权是从专利、作品、商标、商业秘密等产生的一系列权利。

Interference（抵触）：抵触是在USPTO进行的双方程序，根据《美国专利法》第102条（g）款（1）项和《美国专利法》第135条的规定，在两个（或多个）请求人中确定谁是某发明创造的先发明人，并因此有权就该发明创造获得专利。

Invention date（发明日）：发明创造付诸实施（无论是实际或是推定付诸实施）的日期，除非该专利申请人能够根据《美国专利法》第102条（g）款对该发明创造的构思以及在相关时间段内合理的勤勉加以证明，该发明日就可以“后退到”该发明创造的构思日。为了依据《美国专利法》第102条（a）款、（e）款、（g）款对专利申请的新颖性进行审查，以及依据《美国专利法》第103条对专利申请的非显而易见性进行审查，USPTO根据推定付诸实施理论将申请递交日作为发明创造推定的发明日。由专利申请人负责证明任何在先的实际发明日，如果存在这样的证据的话。在单方审查过程中，可以根据37 C. F. R. §1. 131的规定证明该发明创造居先于第102条（a）款或（e）款现有技术对比文件来实现上述目的。在冲突程序中，在先发明日可以根据《美国专利法》第102条（g）款（1）项和第135条加以证明。另见“构思”“勤勉”“冲突”“付诸实施”术语。

Inventor（发明人）：发明人是对所要求保护的发明构思作出实质贡献的人。发明人并不一定是专利权人或保护该专利的所有人。

Laches（懈怠）：是对专利侵权指控的衡平抗辩。懈怠关注的是专利权人在已知（或合理地应知）被告的侵权行为后，不合理地拖延起诉的行为。如果专利权人在上述时间后拖延起诉的时间超过 6 年，则推定懈怠成立，并且要由该专利权人负责证明拖延的合法理由（例如专利权人在参与另一件诉讼）才可推翻该推定。如果这项抗辩理由成立，懈怠并不会阻却原告的全部诉讼请求，而只是使专利权人丧失对起诉前产生的损害获得赔偿的权利。另见“衡平禁止反悔”术语。

License（许可）：专利权人和被许可人之间订立的协议或契约，因此专利权人将不会就被许可人本可以构成侵权的行为提起诉讼。许可可以是排他或非排他的，可以包括一次性给付全部费用（up-front lump-sum payments），或以许可费的形式给付（royalty-bearing），或免除许可费。与转让相比，许可所涵盖的权利较少，转让是对专利所有权转移。

Limitation（特征）：特征是记载在专利权利要求中的发明创造的要素或组成部分。

Literal infringement（字面侵权）：专利侵权的两种类型（字面侵权以及等同原则下的侵权）之一。字面侵权是指被控侵权设备完全落入所主张专利权利要求的所表达的保护范围内的情况。另见“等同原则”术语。

Loss of right（权利丧失）：权利丧失指的是在发明创造进入公众领域和/或被发明人进行商业利用后的很长一段时间内都未对其提出专利申请，从而导致基于本应具有新颖性或创造性的该发明创造获得专利的权利的丧失。这样的权利丧失是由专利申请人或第三方的行为引发《美国专利法》第 102 条（b）款或第 102 条（d）款中列举的一项或多项法定限制导致的。《美国专利法》第 102 条（c）款中对发明创造放弃也被认为是权利丧失。另见“法定限制”术语。

Machine（机器）·《美国专利法》第 101 条规定的潜在的可专利客体中的一类。是设备的同义词。机器通常具有活动部件，例如内燃机。

Manufacture（制造物）：《美国专利法》第 101 条规定的潜在的可专利客体中的一类。专利法所称制造物是没有活动部件的人造客体的兜底种类（catch-all），例如咖啡杯保温套或可提高飞行性能的带螺旋槽的橄榄球。

National treatment（国民待遇）：要求一个国家给予外国国民与其本国国民相同（或更优越）待遇的国际法原则。

New matter（新内容）：新内容指的是在专利申请递交后禁止再修改对发明创造的公开内容。依据《美国专利法》第132条，对未授权专利申请进行的任何修改都不应当向发明创造的公开内容中加入新内容。试图通过对摘要、说明书或附图进行修改从而向专利申请递交时的原始公开内容中添加新公开内容的做法会受到USPTO发出的形式驳回（objection），而新内容禁止原则就是作出这种驳回意见的基础。

Nonobviousness（非显而易见性）：在美国，非显而易见性是评价可专利性的终极条件或标准。一项发明创造即便是新颖的，但如果其相对于现有技术没有体现出足够的有质量的进步，那么这项发明创造也无法获得专利保护。根据《美国专利法》第103条的规定，一项发明创造的非显而易见性是以具备该发明创造领域（技术领域）普通技术人员在该发明创造产生时的角度出发的。在大部分外国的专利制度中，非显而易见性的相对概念是创造性（inventive step）。另见“本领域普通技术人员”“新颖性”“现有技术”术语。

Nonprovisional application（非临时申请）：非临时申请是依据《美国专利法》第111条（a）款的规定正规递交的（而不是临时递交的）专利申请。

Novelty（新颖性）：新颖性指的是《美国专利法》第102条规定获得专利的发明创造必须是新的这项要求。

Patent（专利）：专利是法定的、政府颁发的一种法律工具，赋予其所有者在有限时间内禁止他人在美国境内制造、使用、销售、许诺销售或向美国进口在专利权利要求书中所记载的发明创造。

Patentee（专利权人）：专利权人即是专利所有人，即对专利拥有合法所有权的实体。专利权人不仅包括专利被授予的对象，还包括其所有权的继任者。《美国专利法》第100条（d）款。专利权人并不必须是专利发明创造的发明人。

Patent misuse（专利权滥用）：专利权滥用是对专利侵权指控的一种确认性抗辩，其关注点在于专利权人将其权利范围不当地扩张到超出法定专利权利范围之外的行为。只有很少由专利所有人作出的特定行为才会导致专利权滥用的认定，通常（但并非绝对）是在专利许可的背景下。

Patent term（专利期限）：专利期限是专利的可执行寿命，亦即，专利授权日与专利到期日之间的那段时间。对于在 1995 年 6 月 8 日及以后递交的美国专利申请来说，专利期限在其最早的美国有效申请日后的 20 年终止。《美国专利法》第 154 条（d）款（2）项。见有效申请日。

Peripheral claiming（周边界定制）：周边界定制是一种撰写权利要求的方式。采用周边界定制的专利权利要求记载了专利权人排他性权利的确切文字边界。落在专利权利要求范围之外的客体可能会依据等同原则被认定侵权，或可能根本不侵权。当前美国专利制度采用的是周边界定值。对比中心界定制。

Person having ordinary skill in the art（PHOSITA）（本领域普通技术人员）：本领域普通技术人员是假想的人，对《美国专利法》第 103 条规定的非显而易见性进行的判断必须是从本领域普通技术人员的角度出发的。PHOSITA 被认为是最高法院在著名的 *Hotchkiss v. Greenwood*, 52 U. S. 248（1850）案中描述的“普通技术工人”（ordinary mechanic）的现代对应。PHOSITA 还被认为知晓所有类似现有技术。另见“类似技术”“非显而易见性”“现有技术”术语。

Plurality（数个）：在数量上表示两个或两个以上的专利法用语。

Printed publication（印刷出版物）：印刷出版物是非专利类现有技术对比文件，例如论文、期刊、目录、技术文档、机械制图、相片等的统称。若要作为印刷出版物，对比文件的内容必须是对其所属技术领域感兴趣的公众能够充分获得的。如果要依据《美国专利法》第 102 条对所要求保护的发明创造构成预见，印刷出版物教导的内容还必须满足美国专利法第 112 条（a）款的可实施性要求。另见“预见”“现有技术”“对比文件”术语。

Prior art（现有技术）：现有技术是用来评价所要求保护的发明创造可专利性的在先技术或事件的总称。《美国专利法》第 102 条的各个子条款收录了在美国专利制度中可以评价新颖性的现有技术类型。《美国专利法》第 103 条有关非显而易见性的分析进一步将现有技术的范围限缩到与所要求保护的发明创造类似的客体。另见“类似技术”。

Process（方法）：《美国专利法》第 101 条规定的潜在的可专利客体中的一类。与步骤（method）是同义词，方法在专利法术语中指的是用以完成某项任务的一系列步骤。

Prosecution（申请过程）：专利申请过程就是获取专利的过程，涉及向 USPTO 递交专利申请以及后续阶段对 USPTO 发出的任何驳回和形式驳回意见进行答复。有时也称为“专利请求”（patent solicitation）。

Prosecution history estoppel（审查历史禁止反悔）：审查历史禁止反悔是一项司法创建的原则，是对等同原则的法律限制。依据该原则，专利权人被禁止依据等同原则获得对被控权的客体的覆盖，如果对专利权人在 USPTO 的审查过程中为了获得专利曾经放弃该客体。审查历史禁止反悔有时也称作“审查档案禁止反悔”（file wrapper estoppel）或“档案历史禁止反悔”（file history estoppel）。

Prosecution history laches（申请历史懈怠）：申请历史懈怠是司法创立的衡平原则，根据这一原则，即便专利申请人符合全部相关法规的规定，如果其申请过程中存在不合理且未经解释的拖延，其授权专利仍然可能被认定为不可执行。例如，为了延迟授权的商业目而再次提交仅包含先前已被核准的权利要求的专利申请，就可能会引发申请历史懈怠抗辩。然而，法院应保守地适用该原则，仅在出现对专利制度滥用、情节极严重的案件中才应适用。还应将申请历史懈怠与衡平懈怠（又称为“执行懈怠”）区分开来，后者着眼的是在对授权专利的执行过程中的不合理拖延行为。

Provisional application（临时申请）：临时申请是依据《美国专利法》第 111 条（b）款递交的专利申请，其必须包括说明书（如必要，还包括说明书附图），但不需要包括权利要求书以及发明人誓词。临时申请的申请费比非临时（正规递交的）申请要少很多，因为临时申请仅仅是一个“占位者（place holder）”，并不会对其可专利性进行实质审查。临时申请的意义在于产生一个较早的国内优先权日。如果在该临时申请的申请日后 1 年内依据《美国专利法》第 111 条（a）款递交的一件非临时申请，该非临时申请所要求保护的发明创造已经公开于该临时申请之中且满足《美国专利法》第 112 条（a）款的规定，那么该非临时申请就可以依据《美国专利法》第 119 条（e）款享有该临时申请的较早的申请日。

Reduction to practice（付诸实施）：付诸实施是发明过程的最后一个步骤。将发明创造付诸实施可以是实际付诸实施（actual reduction to practice），也可以是推定付诸实施（constructive reduction to practice）。实际付诸实施一般涉及的是制造能实现发明创造目的（通常需要进行测试以验证该目的是否得到满足）该发明创造的客观体现。推定付诸实施则意味着向 USPTO 递交要求保护该发明创造的专利申请，且该申请满足《美国专利法》第112条（a）款对所要求保护的发明创造公开内容的规定。

Reference（对比文件）：被作为现有技术的专利或印刷出版物。

Reissue（再颁）：再颁是在USPTO内部进行的一种用于更正已授权专利中的某些错误的行政程序，这些错误会使得专利全部或部分不可实施或无效，且这些错误的存在是不带有任何欺骗意图的。《美国专利法》第251条。只有利权人（而不是第三方）才有权要求对其专利进行再颁。

Repair versus reconstruction（修理与重造）：一般认为专利设备的购买者也获得了使用该设备的默认许可，这包括修理该专利设备的权利。因此，修理并不构成专利侵权。不过，如果修理的范围过大以至于可认为是重造或重新制作该专利设备，这样的行为就不再被视为属于购买者拥有的默认许可范围内。因此，重造会构成专利侵权。修理和重造这两者之间的界线很难界定，相关案例都是极为依赖于具体的案件事实。

Right of priority（优先权）：优先权是《巴黎公约》成员国的发明人享有的权利。发明人在一个成员国递交了一件专利申请（一般是发明人所属国）并在1年内就相同的发明创造在其他成员国递交其他申请。申请人通过要求其在后递交的申请享有其在先递交申请（一般是其所属国）的申请日来行使其优先权。《美国专利法》对《巴黎公约》优先权的体现见《美国专利法》第119条（a）款。

Specification（说明书）：说明书是专利申请文件的重要组成部分（根据《美国专利法》第111条（a）款专利申请文件还包括申请人的誓词以及理解发明创造所必须的说明书附图）。依据《美国专利法》第112条（a）款的规定，说明书必须提供发明创造的公开内容并满足以下条件：（1）发明创造的书面描述；（2）可实施性；（3）最佳方式。依据《美国专利法》第112条（b）款的规定，说明书必须以一项或多项权利要求（除非该申请是临时申请而不需包括权利要求）作为结束。也就是说，专利权利要求是说明书的一部分。另见“公开内容”“发明创造的书面描述”“可实施性”“最佳方式”“权利要求”“临时申请”术语。

Statutory bar（法定限制）：法定限制的适用意味着存在《美国专利法》第102条（b）款中罗列的四种情况中的一种或多种，并将导致基于本可能是具有新颖性和创造性的发明创造而获得专利的权利的丧失。具体来说，如果在专利申请递交日1年之前，所要求保护的发明创造：（1）在世界任一地方被授权为专利；（2）在世界任一地方的印刷出版物中有所描述；（3）在美国被公开使用；（4）在美国被销售，就《美国专利法》第102条（b）款规定的法定限制就会适用。《美国专利法》第102条（d）款被称为国外专利限制（foreign patenting bar），是另一种类型的法定限制。

Statutory subject matter（法定客体）:《美国专利法》第101条规定的潜在的可专利客体包括以下一类或几类：方法、机器、制造物、物质组合、或其改进。符合第101条规定的发明创造仅是潜在的可专利客体，因为除了需要属于法定种类外，该客体还必须是有用、新颖和非显而易见的。

Strict identity standard（严格相同标准）：严格相同标准体现了预见性现有技术对比文件与所要求保护的发明创造之间必须存在的关系。也就是说，如果要依据《美国专利法》第102条证明对发明创造的预见，必须存在单篇现有技术对比文件公开了该发明创造的每一项特征，并且按照权利要求所记载的方式加以安排。

Utility（实用性）：实用性是《美国专利法》第101条对可专利性的要求。具备实用性意味着从专利法的角度来说该发明创造是有用的，也即具有一定的实际用途。USPTO当前的审查指南要求一件可专利的发明创造具有“具体、实质并可信”的实用性。

Written description（书面描述）：书面描述是专利说明书除了权利要求书以外的组成部分，该部分通常包括“背景技术”（background of the invention）部分、“发明内容”（summary of the invention）部分以及用来对专利申请中的附图进行说明的“具体实施方式”（detailed description of the invention）部分。

Written description of the invention（发明创造的书面描述）：发明创造的书面描述是依据《美国专利法》第112条（b）款的规定，专利说明书必须满足的法律要求，是独立于可实施性和最佳方式要求的一项要求。这一法律要求的本源是充分的“支持”，即在专利申请的申请日之后新出现或进行修改的权利要求用语必须能够得到专利文件中书面描述的充分支持，从而才能够将该申请的申请日作为该权利要求的表见发明日。判断是否满足这项要求的方法是，判断PHOSITA在阅读于申请日所递交的专利说明书后是否能够合理的理解发明人在那时已经掌握了随后要求保护的发明创造。另见“最佳方式”“可实施性”“发明日”术语。